葛剑雄与导师谭其骧先生（中）、周振鹤（左）
摄于复旦大学博士学位授予仪式(1983年10月19日)

葛剑雄近影（2019年8月22日于北京）

本书编委会

（按姓氏拼音排序）

安介生　董龙凯　杜　非　高蒙河
葛庆华　侯杨方　李玉尚　孙宏年
王卫东　张根福　张　敏　赵发国

戚戚集

本书编委会 编

葛剑雄先生从教五十五年誌庆论文集

复旦大学出版社

序

1964年我高中毕业,尽管此前已经过一年半的病休,但报名高考的体检还是没有通过。考虑到我患的肺结核病不是短期内可以完全治愈,而参加工作的条件却能符合,班主任老师劝我报名接受师资培训——为解决师资紧缺,上海市教育学院试办一年制的师资培训班,直接到中学培训实习。知道我还没有放弃上大学的目标,他又劝我选择英语教师,以便工作后有较多时间保持自觉。他自己是语文教师,他告诉我,每星期要批两个班级的作文,连业余时间都没有。就这样,从1964年9月开始,我成了上海市教育学院师资培训班的学员,安排在我母校市北中学培训实习。实际上,我们连教育学院的门也没有进过,只是由闸北区教育局的人事科长给我们作了一次报告,提了具体要求。到1978年,上海市教育学院同意给这批培训班学员补发大专一年的学历证明。那时我已经成了复旦大学的研究生,觉得没有必要,所以始终未领。

从1964年10月起,我与另一位培训学员在市北中学外语教研组的办公室里放了一张课桌,每人有一位教初一英语的教师作为指导教师,跟着她们备课,写教案,批改作业,听她们和其他老师的课,在她们面前试讲。还在初一一个班级跟着班主任老师实习,协助组织班级活动,做学生教育工作。

一个意外的机会使我提前走上讲台,有了第一次上英语课的经历。11月初,教初三英语的老师突然请病假,没有人代课,教研组长是我高三的英语教师,知道我的英语基础,要我去代课。时间太紧,根本来不及备课,他同意我不上新课,将这节课改为复习。我在学生们的异样目光中走上讲台,因为我比他们大不了多少,读高中时这个班的不少同学就认识我。好在英语的课堂用语我已很熟练,马上就进入正常的复习课。进入提问练习阶段,我按课文内容问了问题:你经常去图书馆看书吗?一般多少时间去一次?当时提倡"精讲多练",每个问题都会指定一排学生依次回答。轮到一位认识我的学生时,不知是为了出我的洋相,还是给我捧场,他没有按常规回答 Yes,而是说 No,然后马上问我:"老师,近视眼英语怎么说?"幸而我知道,但我没有直接回答他,而是用英语问:"为什么你现在要问这个词?这个词与回答我的问题有关系吗?"因为当时规定,英语课上无论老师还是学生都要尽时讲英语,我也想给他出点难题,让他因回答不清楚知难而退。他大概也作了准备,马上用英语回答:"我想讲'因为我是近视眼,医生让我少看书,所以我不去图书馆'。"这时我才告诉他答案,这次意外有惊无险过去。如果从这次上讲台算起,到现在整整五十五年了。

1965年7月培训结束,我被分配到一所新建的古田中学工作,8月5日去该校借用的闸北区和田路第一小学校舍报到。按现行人事制度,我的工龄和教龄都是从这一天算起的,也已进入第五十五年。

1978年9月,我被录取为复旦大学历史系的研究生。但按当时的政策,我是属于"在职",人事关系还是在原来的中学,工资待遇不变,还是在中学领,只有研究生的书报津贴由复旦大学发。所以我的工龄、教龄是连续计算的,虽然在这三年间我完全是在学,而不是教,更没有在原单位从教。

1981年底我研究生毕业,根据刚实施的《学位条例》首批获得历史学硕士学位,留复旦大学工作,这时我的人事关系才转到复旦大学,成为复旦大学的教师。但从1980年起,系里已安排我担任导师谭其骧先生的助手,已经承担研究生学业以外的工作了。留校不久,首批博士研究生招生,因为我作为谭先生助手的工作不能中断,须保持复旦大学教师的身份,1982年3月我被录取为在职博士研究生。到1983年8月通过博士论文答辩,在此期间我的确是以工作为主的,通过课程考试、写论文基本是利用业余时间,是名副其实的"在职"。

1982年6月,经教育部批准,复旦大学历史系的中国历史地理研究室设置为中国历史地理研究所,成为专业研究机构。此后曾试验性地招过两届本科生外,都只招研究生,是全国首批历史地理硕士学位点,谭其骧教授是全国首批历史地理博士生导师。留校工作后,我先后为历史系、经济系本科生开过历史人口地理、人口史、历史地理的选修课,在本校和外校作过很多学术讲座。1989年9月我招收了第一位硕士研究生,同年被校学位委员会确定为博士生副导师,协助谭其骧教授。1991年10月谭先生突患重病,失去工作能力,他的一位博士生由我代行指导,在他逝世后通过博士论文答辩。1991年5月我晋升为教授,1993年增列为博士生导师,开始招收博士生。1996年我担任所长,见几位新晋升的副教授招不到硕士生,而完整地培养完一届硕士生是当时晋升教授、增列为博士生导师的必要条件,我就要求两位已被我录取的硕士生分别改投两位副教授同仁,并建议甚至规定本所博导只招博士生,以便让硕士生导师能及时具备培养硕士生的资历,并各尽所能,各得其所。所以此后我只在特殊情形下招过两位硕士生,一位是因为入学一年后的双向选择中未选到合适的导师,一位是想招他的导师没有名额,只能将学生挂在我的名下。到目前为止,由我指导完成学业的博士研究生四十二名(其中有两位因个人原因肄业)、硕士研究生十名,在学博士生四名。接受过合作研究的博士后六名,均已出站。还接受过多位访问学者、进修教师。得知将在年底办理退休手续,从今年起我已停止招生。

我自己是"不拘一格"的受益者,又有导师谭先生和他的老师顾颉刚先生垂范,我在招生、教学过程中注重学生的实际能力,鼓励他们自由创新,欢迎他们批评讨论,希望他们能超越自己。我的硕士生、博士生、博士后的前期专业,有历史、地理、中文、社会、宗教、思想政治、考古、文博、财政金融、电子通讯、电子工程、规划设计、古建筑等,有来自地方院校、三本学院,还招过一位只有财政金融本科学历的博士生。感谢校研究生院给我的特招权,使我能自主录取那些本来连复试资格或报名资格都没有的考生。我从来不指定研究生的研究方向,一般也不为研究生出学位论文题目,只是在他们征求我的意见时提出一些建议。令人欣慰的是,经过刻苦努力,其中三位同学的博士论文被评为"全国百篇优秀博士论文",一位同学的论文获得"全国百篇优秀博士论文"提名,六位同学的论文被评为"上海市优秀博士论文"。

从年初起,就有同学提出要为我从教五十五年作点纪念,我以为等到六十年时再办不迟。后来得知年底将要退休,知道今年就是工龄、教龄的终点,不妨与同学们一起作一回顾总结。于是有了编一部能集中反映同学们学术成果的论文集的建议,并使这本书最终问世。

命名为《成蹊集》自然是出于"桃李不言,下自成蹊",只是此"桃李"溯源植根于先师季龙(谭其骧)先生,他的老师顾颉刚先生、潘光旦先生、邓文如(之诚)先生、洪煨莲(业)先生等,他的同门师友史筱苏(念海)先生、侯仁之先生、周太初(一良)先生、王锺翰先生等。我和同学们正是在这片茂盛参天的桃李下瞻仰感悟,切磋琢磨,徘徊反侧,欣然会意,奋力前行,才成其蹊者。

是为序。

葛剑雄,2019 年 10 月

目 录

序 ·· 葛剑雄 1

移民史研究

历史时期中国人口迁移若干规律的探讨 ···················· 安介生 3
北宋初期党项内附初探 ·································· 杨 蕤 16
14—18世纪浙南的海疆经略、海岛社会与闽粤移民
　　——以乐清湾为中心 ·································· 谢 湜 29
明代湖北麻城县(孝感乡)移民问题 ······················ 李懋军 56
明清时期苏州府梨园子弟的播迁 ·························· 张 敏 63
从家谱资料试析清代登莱二府的人口迁移 ················ 赵发国 73
清代归化城土默特地区的移民过程 ······················ 王卫东 80
太平天国战后"下江南"移民的类型与动因
　　——以苏浙皖交界地区为中心 ·························· 葛庆华 94
抗战时期浙江省的人口迁移与地域分布 ·················· 张根福 111

人口史研究

论《广东省志·人口志》的编撰问题
　　——兼谈地方志的编修传统 ·························· 胡列箭 131
大散小聚：明清时期河南回族分布格局研究 ·············· 胡云生 141
乾隆时期民数汇报及评估 ································ 侯杨方 152
GIS支撑下的长时段区域人口变动规律分析
　　——以1776至1953年陕甘地区人口为例 ················ 路伟东 168

试论抗战时期户口统计中的壮丁调查与征兵·················· 郑发展　188

文化史研究

"炎黄认同"与"大一统"政治价值观的理论建构
　　——以"炎帝"身份转换和"大一统"观念为中心的考察········ 夏增民　201
从考古资料看孔子礼制思想的来源······················ 马　雷　213
处处是江南：中国古代耕织图中的地域意识与观念············ 王加华　223
从坞壁到"九龙攒珠"
　　——汉末以来长江中下游向塘式聚落的结构与演化·········· 张靖华　235
宋元东南沿海宝箧印石塔与中日建筑交流·················· 闫爱宾　253
上海开埠以来的城市人文精神························· 蒋有亮　276
关于虹口海派文化传承与发展的几点思考·················· 万　勇　282

经济史研究

宋代的茶叶"交引"和"茶引"························· 刘春燕　295
试论明清苏北"海势东迁"与淮盐兴衰···················· 鲍俊林　303
明清赋税核算技术变革与赋税折亩数字的制造················ 郭永钦　318
商镇聚落的生成环境及其历史变迁的考察
　　——以山西临县碛口镇为例······················· 杜　非　334
以曾国藩为视角观察清代京官的经济生活·················· 张宏杰　341
清至民国内蒙古土默特地区的水权交易
　　——兼与晋陕地区的比较研究····················· 张俊峰　352
新荒与老荒："丁戊奇荒"后山西省的荒地清查与整理
　　——兼论灾后山西土地抛荒情况···················· 张　力　368
近代山东黄河水患与人口迁移的时空变化·················· 董龙凯　392
略论民国时期河南水旱灾害及其对乡村地权转移的影响·········· 苏新留　408
20世纪上半叶的西康建省与藏彝走廊地区的发展初探············ 孙宏年　420

政区与政治史研究

西汉存在"太常郡"吗?
　　——西汉政区研究视野下与太常相关的几个问题 …………… 马孟龙　439
王朝和岭南双重视野下的广西边疆意象 …………………………… 郑维宽　452
"插花地"的命运:以章练塘镇为中心的考察 ……………………… 吴　滔　466
国家、族群与土司:清代傣族土司与滇缅边区的政治生态
　　——以孟连土司为中心 ……………………………………… 张　宁　488
清代新疆镇迪道与地方行政制度之演变 …………………………… 吴轶群　503
"天赐神佑":乾隆十三年钱塘江"潮归中门"的过程及其政治意义
　　………………………………………………………………… 王大学　520
20世纪50年代山西省崞县治所的迁移
　　——基于地域历史的长时段研究 …………………………… 李　嘎　532

环 境 史 研 究

上海冈身以西史前遗址分布东缘线的东扩 ………………… 高蒙河　潘碧华　559
历史时期塔里木盆地水资源的调控过程 …………………………… 阚耀平　573
汉唐时期的瘴与瘴意象 ……………………………………………… 左　鹏　585
感潮区变化与青浦沿湖地区的血吸虫病
　　——以任屯为中心 …………………………………………… 李玉尚　602
见微知著:1751年浙江大旱灾的时空过程与社会响应 …………… 陆长玮　618

附录:葛剑雄指导的硕士、博士研究生及博士后人员一览 ………………… 636

编后记 ……………………………………………………………………………… 640

移民史研究

历史时期中国人口迁移若干规律的探讨

安介生

人口迁移是引起人口数量空间分布变化的主导因素,是人口地理学研究的主要内容之一。同时,人口迁移研究又与出生率、死亡率的研究构成了人口学研究中的三大核心内容,另外,这项研究也可归入移民地理学(Geography of Immigration/Emigration)的研究范畴。近年来,以六卷本《中国移民史》[1]为代表的一批相关研究成果的出现,标志着历史时期中国人口迁移的研究工作已跨入了一个新的阶段。但是我们同时也发现,在大量实证性研究取得可喜成果之后,有关人口迁移规律(或"法则")等理论性探讨却仍处于较朦胧、较模糊的起步阶段。实证研究与理论探讨本为研究工作相辅相成的组成部分,实证研究是理论探讨的基础,理论探讨是实证研究的升华与提炼。在大量实证基础上进行理论归纳,是有力推进研究工作的必然需要。

人口迁徙规律是人口发展规律中不可或缺的重要内容。西方学术界很早便涉足于这一领域的探讨,并且提出了一系列颇具影响力的理论,如"拉文斯坦法则"、"引力模型"、"推—拉理论"、成本—效益理论、流转理论,等等,有力地推动了人口迁移研究的深入,也为我们的研究提供了有价值的借鉴与参考[2]。其实,历史时期纷繁复杂的中国人口迁移运动,为我们的探索提供了异常丰富的实例与可信的论证资料,使我们更有条件将理论研究工作推向新的高度。故而笔者不揣浅陋,提出一些不甚成熟的想法,抛砖引玉,就正于方家及学界同仁。

一、"拉文斯坦法则"的启示与参考价值

西方学者对人口迁移规律的探讨开始于19世纪七八十年代。最早成功

---

[1] 葛剑雄主编,葛剑雄、吴松弟、曹树基合著:《中国移民史》,福建人民出版社1997年。
[2] 张善余:《人口地理学概论》,华东师范大学出版社1999年,第379—387页。

地进行这方面尝试的是英国学者 E. G. 拉文斯坦(E. G. Ravenstein)。他于 1876 年在《地理杂志》上发表的一篇文章里[1]，以及在 1885 年[2]与 1889 年[3]两次提交英国皇家统计协会的发言中阐述了他的观点。他在这些文章中提出了著名的"人口迁移法则"(the Laws of Migration)，这些法则通常又被学术界称为"拉文斯坦法则"。根据拉文斯坦文章所归纳出来的迁移法则主要有[4]：

1. 移民主体距离法则："通常移民们经过长途跋涉，力求迁往一个规模较大的商业与工业中心城市，而在这一过程中，移民的主体只是移动了一个较短的距离。"(1885：198—199)从空间距离上看，人口迁移是一定数量的人口在迁出地与迁入地之间的移动。这条法则强调空间距离对人口迁移产生的影响，即净迁移率与迁移的距离成反比，移民的总数随着迁移距离的延长而递减，真正最后进入迁入地定居下来的移民，通常只占起初全部迁出移民的少数。导致这种状况出现的原因相当复杂，既有移民回流的因素，也有迁入地对外来移民的抵触作用。

2. 阶梯式迁移法则："当一场大规模的人口迁徙运动发生时，通常会出现移民潮：人们总是涌向拥有巨大吸引力的商业与工业中心。……通常迁移又是呈阶梯式地发生：首先是那些生活在这一城市周围的居民会争先恐后地抢先进入这个城市。……而这些移民外迁后留下的空隙区域就会由来自更远地区的人们所占据，就这样，迁移在一个阶梯一个阶梯式地形成，一直至日益增长的城市吸引力影响到王国最偏远的角落。"(1885：198—199)

3. 移民潮与反向移民潮法则：对于某一特定区域而言，迁出与迁入总是相对进行的。大多数移民过程都是一种双向运动。"每一次移民潮发生之后，总会有一次反向的、补偿性质的移民潮的出现。"(1885：199)尽管两次移民运动在数量上不一定实现对等。

---

[1] E. G. Ravenstein, 1876, "Census of the British Isles, 1871：Birthplace and Migration," *Geographical Magazine*, 3, 173-177, 201-206, 229-233.

[2] E. G. Ravenstein, 1885, "The Laws of Migration," *Journal of the Royal Statistical Society*, XLXLVIIL, Part 2, 167-227.

[3] Ravenstein, E. G. 1889, "The Laws of Migration," *Journal of the Royal Statistical Society*, LII, 241-305.

[4] 拉文斯坦本人并没有逐条列举出所有的"移民法则"条目，以下各条法则都是学者们根据拉文斯坦的文章总结出来的。参见"Raventein's migration model"，选自"Basic Information on Migration from http://www.geographyjim.org/migration.htm"。

4. 城乡移民差异法则:"与乡村居民相比,城镇居民更少移动性。"(1885:199)即乡村居民更富有移民的倾向。

5. 性别选择法则:"妇女们似乎在较短距离的迁移中的数量更占优势。"(1889:288)即女性移民在短途迁移中的数量更多,参与较长距离迁移的妇女数量则不及男子。

6. 经济因素主导法则:即大多数移民的发生都出于经济方面的因素。"恶劣的、压制性的法律条文,沉重的税务负担,令人生厌的气候,无法适应的社会生活氛围甚至其他强制力……所有这一切已经导致或仍然在促使移民潮的产生,但所有这些因素,都无法与大多数人为改善他们物质生活的强烈欲望所激发出的动力相比拟。"(1889:286)

7. 经济发展或技术进步促进法则:即经济与交通的发展都会刺激移民的增加。拉文斯坦在文中指出:"过去几乎在任何地方我都做过比较,我发现交通工具的增加、制造业与商业的发展都会引发移民的增加。"[1](1889:288)

8. 迁入地选择法则:人口总是朝着大的商业与工业中心城市迁移,特别是那些跨越长距离的移民,这种目的特征更为明显。

9. 年龄选择法则:大多数移民是年龄在 20 至 35 岁之间的成年人。

10. 城市发展与移民法则:很多大型城镇的发展主要借助移民的推动,而不是依靠它们自身的增长[2]。

拉文斯坦的探索性工作在学术史上占有极其重要的地位,引发了历史学者与地理学者对人口规律研究的热潮,迄今为止,仍是国际学术界引用最多、影响最大的人口迁移理论之一。尽管后来的研究者对"拉文斯坦法则"进行了种种修正与补充,但这些法则在总体上并没有被彻底推翻。在拉文斯坦之后,研究者还提出了不少人口迁移理论,但就影响力而言,均很难超过拉文斯坦法则的地位与贡献[3]。笔者认为:拉文斯坦的研究立足于大量人口统计资料的基础之上,没有简单地将结果套用在某一种数理模式上,而是对移民运动进行宏观把握与抽象提炼,力求用简捷平实的语言从不同层面、不同角度勾勒出

---

[1] Newman, James L. /Martzke, Gordon E., *Population: patterns, dynamics and prospects*, New Jersey, Englewood Cliffs, USA: Prentice-Hall Inc, 1984, pp. 166-167.

[2] Mayhew, Susan:《牛津地理学词典》,上海外语教育出版社 2001 年,第 352 页。

[3] Kammeyer, Kenneth C. W. /Ginn, Hellen, *An Introduction to Population*, Chicago: The Dorsey Press, 1986, pp. 116-117.

移民运动的特征。这些"法则"及理论的提出,对于激活人们的研究兴趣,强化人们对移民运动特征的认识与理解,促进学术界对人口迁移问题的关注,以及推动移民研究的进一步深入,都有莫大的裨益。其贡献与作用并不会轻易被单一而抽象的数学模型或推导公式所覆盖或取代,对于中国移民史的研究更具有特别重要的启发作用与参考价值。

马克思主义的创立者们曾断言:"每一种特殊的、历史的生产方式都有其特殊的、历史地起作用的人口规律。"[1]人口迁移规律也应该如此。当然,决定人口规律的主客观因素绝不仅限于生产方式,如社会制度、地理环境、大众心理、人口构成、人口密度等因素也都会产生不可忽视的作用。在不同生产方式与社会制度的社会里,必然会产生出不同的人口迁移规律。拉文斯坦阐释的"人口迁移法则",是根据1871年与1881年的英国人口统计资料,以及一些国家的相关资料提炼而成,因而带有十分突出的时代与区域特征。其所总结的"法则",集中反映了工业革命以后以英国为代表的西方资本主义国家迅速发展时期人口迁移运动的总体特征,特别强调了工商业发展与城市化趋势对移民运动的重要影响。而中国传统农业社会与近代工业革命之后的英国社会有着本质的区别。简单套用"拉文斯坦法则"来讨论中国历史时期人口迁移运动的努力肯定是行不通的,但是,我们又必须看到,尽管人口规律与人口迁移规律随着历史阶段、生产方式、各国地理与社会环境的不同而呈现不同的特征,但作为存在于人类社会中的一种特有群体运动形式,各国以及各地区的人口迁移活动之间毕竟还会有不少共通之处。深入研究其他国家人口迁移运动的规律与变化特征,对于推进对中国境内移民运动的研究无疑是非常必要的。

二、历史时期中国人口迁移"法则(规律)"举要

中国疆域幅员辽阔,民族众多,从上古夏、商、周三代直至清末发生在中国境内的各个民族的人口迁移运动,都是历史时期中国人口迁移(即移民史)研究的范畴。就人口构成而言,华夏汉族人口从秦汉时期开始占有了总人口的多数,因而也就成为大多数移民运动的主体;就生产生活方式而言,中国传统社会主要可分为农耕与游牧两种类型。其中居住于长城以南地区的华夏(汉)族以农耕生产为主,而居住于长城以北与西北地区的非汉民族通常以游牧业

---

[1]《马克思恩格斯全集》第23卷,人民出版社1972年,第692页。

为主。

限于客观的历史条件,中国历史人口研究主要建立在大量文献资料的论证基础之上,而不可能单纯依据人口统计数据。笔者提出的人口迁徙"法则(规律)",也主要依据学者们已有的较为成功的实证研究。这些法则(规律)初步归为以下几大类:

1. 政治主导法则:中心凝聚律、动乱驱散律、强制反弹或强制抵消律等。

正如拉文斯坦所强调的那样,经济因素是引发近代英国人口迁移运动的主导因素。拉文斯坦认为:人们渴望改变自己经济状况所产生的拉力,通常都远远超出严劣气候、高额赋税等因素所造成的推力。因此,有些学者将拉文斯坦视为"推—拉迁移理论"的创始者之一[1]。与之形成鲜明对比,历史时期中国移民运动最主要的动因却源自政治因素与影响,因而与政治相关的迁移规律也就更多、更复杂。众所周知,自秦汉以来,中国便形成了统一的中央集权的封建专制体制,这种体制形成的权力控制网络的终端完全集中于中央政权及皇帝本人手中。与之同时,中国历代封建统治者很早就认识到了人口的政治作用:"民为邦本,本固邦宁。"没有一定数量的人口,政权建设与维持都无从谈起。为此,历代封建王朝都建立起了严密的户籍管理制度,大大限制了普通百姓的自由迁移。政治主导法则主要表现在以下几个方面:

首先,首都是一个政权的最重要的据点与标志,历代王朝以及割据政权统治者们都特别重视首都的人口建设,同时,首都又是中央权力机关的所在地,也是皇族、官僚家族聚居之地,需要大批僚属及服务性人口,对外来人口的需要及拉力都较为强烈,因而首都或首府一般都会迅速发展成为其境内人口最为密集的区域之一。这也就是所谓"中心凝聚律"。在中国历史上著名大都城(如西汉长安、东汉洛阳、北魏洛阳、隋唐长安、北宋汴梁等)的建设发展史上,我们都可以发现大批移民的加入。通常,首都人口迁入人口数量要远远大于原来土著人口的自然增长。首都的人口迁入大致可分为两个部分:一部分为自愿迁入者,包括大批外省籍贯的贵族、官吏、儒士、奴仆、工商业者及其眷属,等等;另一部分则为强制迁入者。前一种移民最为常见,其特点是迁入地分散,移民构成复杂,移民次数多而累积数量大。后一种移民则常常是官府有组织的移民运动,次数不多但是数量庞大,迁入首都后往往会形成有特色的移民群体。历史时期向首都地区的强制移民屡见不鲜,如秦朝的实关中移民、西汉

[1] Weeks, John R., *Population*, California: Wadsworth Publishing Company, 1999, p. 238.

陵县移民、北魏的代都移民，等等。这些移民都会使首都地区在较短时间里人口骤增，甚至出现"人满为患"的过于饱和状态。如西汉王朝定都于长安（今陕西西安市）。自高祖刘邦起，就开始实施陵县制度，即除了为皇帝建造巨大陵墓外，为避免皇帝死后寂寞，还迁来大量关东人口，安置于陵墓附近，并特设陵县加以管理。由此，"五陵"地区成为关中繁盛一时的移民聚居区[1]。另如北魏后期的都城洛阳（今河南洛阳市）不仅是北朝的政治中心，而且是当时东亚地区重要的文化中心及佛教中心。据文献记载："自葱岭已西，至于大秦（即东罗马帝国），百国千城，莫不欢附，商胡贩客，日奔塞下，所谓尽天地之区已。乐中国土风，因而宅者，不可胜数。"[2]可见，当时洛阳对外来人口的吸引力已远及西域各国，大批异域移民的到来，已将洛阳城构建为具有相当大规模的国际化大都市。

其次，中央集权专制体制的建立，是以消灭地方割据及自治势力为前提的。而专制体制的维系又在很大程度上取决于政治权力核心——皇帝及最高决策者们权威性地位的稳固。一旦这种权力核心的权威性丧失，必然造成权力控制网络的全面崩溃。亿万百姓的生命财产受到致命的威胁，进而极大地冲击当地人口构成的稳定性，引发新的人口迁移运动。王朝变更、政治中心转移以及政治动乱爆发，等等，都会造成相当长的时间里权力核心的缺失，从而成为激发首都及其附近地区移民浪潮的最主要的动力源。历史时期发生的最著名的三次大规模移民运动（"永嘉南渡"、"安史之乱"之后的人口迁移以及"靖康南渡"）都是由政治动乱及首都迁移所引发的，是笔者所云"动乱驱散律"的典型体现。

西晋末年的"八王之乱"事实上已拉开了"永嘉丧乱"的序幕。在中央权威丧失殆尽、行政权力控制网络陷于崩溃的状况下，蕴积已久的阶级矛盾、民族矛盾全面爆发。南匈奴首领刘渊等率先起兵反晋，建立汉国。汉国军队先后攻占晋朝两都（洛阳与长安），俘获晋朝怀帝与愍帝，西晋政权垮台。于是，居住于首都洛阳一带及中原地区的官民四处奔逃，或西至河西，或东到辽东。因司马睿在建康（今江苏南京市）即位，建立东晋，因此，其中南下者居多，"中州士女避乱江左（即江东，指今安徽芜湖以东的长江南岸地区）者十六七"，史称"永嘉南渡"。根据学者的研究，"西晋时北方诸州及徐之淮北，共有户约百四

---

[1] 葛剑雄：《西汉人口地理》，人民出版社1986年，第131—164页。
[2] （北魏）杨衒之著，范祥雍校注：《洛阳伽蓝记校注》卷2，古典文学出版社1958年，第161页。

十万(《晋书·地理志》),以一户五口计,共有口七百余万,则南渡人口九十万,占其八分之一强"[1]。

唐代大诗人李白曾有诗句云:"三川北虏乱如麻,四海南奔似永嘉。"描写的正是唐代"安史之乱"爆发后人口南迁的情形。唐朝天宝末年,"安史之乱"掀起的狂飙自北向南,席卷华北,横扫两京(长安与洛阳)——当时人口最为繁庶的地区。聚留于两京及周围地区的士大夫与平民慌不择路,四处奔逃,其中还是以南走吴越(即今江苏省南部与浙江省北部)者居多:"天宝末,安禄山反,天子去蜀,多士奔吴为人海。""安史之乱"平定后,唐朝虽然还都于长安,先前发生的人口逃徙也有明显的回流迹象。但北部中国却从此无法恢复平静,人口流徙的现象也没有得到根本性的遏制[2]。

靖康之乱,又是中国历史上的一场政治剧变,由其引发的"靖康南渡"在中国移民史上影响极为巨大。靖康元年(1126),金朝军队攻陷汴梁(今河南开封市),俘获徽、钦二帝,北宋政权土崩瓦解,北部中国陷于动荡无序之中。在金朝军队的压迫下,中国北方各地的官绅、百姓大举南逃,其迁徙规模是空前的。据现代研究者估计,当时大约有500万人南迁。因继起的南宋政权以杭州为行在所(即临时首都),由此以杭州为核心的江浙地区便成为北方移民最集中的区域[3]。

再次,由政治强权直接操纵实施的强制性移民在中国历史上屡见不鲜,成为中国移民史中的重要组成部分,但最终的移民效果不尽相同,甚至相差悬殊,难以一概而论。笔者以为:强制移民能否成功的关键就在于是否有效地减轻迁出地的人口压力与人地矛盾,以及迁入地是否拥有充裕的、适宜移民定居的生存空间。如果根本不考虑移民的意愿以及迁出地、迁入地的实际人口与环境状况,单纯凭借武力与强制手段进行的移民,最终往往会以失败而告终。这就是"强制抵消或反弹律"。这也是拉文斯坦所云"移民潮与反移民潮法则"在中国历史上的特殊体现形式。东晋十六国时期的强制性移民颇具代表性,各个割据政权都将迁徙人口作为充实自己、削弱敌方(或征服地区)力量的重要手段之一,故而强制性人口迁徙特别频繁,然而其迁徙结果往往为反方向的逃难所抵消。如后赵石氏政权在攻灭前赵刘氏政权后,将大批关中地区

---

[1] 谭其骧:《晋永嘉丧乱后之民族迁徙》,《长水集》上,人民出版社1987年,第199—223页。
[2] 周振鹤:《唐代安史之乱与北方人民的南迁》,《中华文史论丛》1987第2、3合辑,第115—137页。
[3] 吴松弟:《北方移民与南宋社会变迁》,台湾文津出版社1993年,第137页。

民众迁往河北地区。但在石虎死后,后赵国内爆发内讧,自相残杀,那些强迁而来的各族移民纷纷逃难,"青、雍、幽、荆州各徙户及诸氐、羌、胡、蛮数百余万,各归本土,道路交错,互相杀掠,且饥疫死亡,其能达者十有二三"[1]。此前后赵政权向其首都邺(今河北临漳县西南)及河北地区实施的多次强制性移民行动完全归于失败。这种强制性移民及其反向迁徙的结果是千百万移民生命财产的巨大损失,对社会经济发展产生的影响极其恶劣。

但从另一角度而言,如果迁入地属于地旷人稀,人口密度远低于迁出地,移民可以得到从事生产生活的土地,那么,即使迁移之时带有强制色彩,这种移民运动的稳定性仍会大大增强。最典型的例证便是明朝初年山西"大槐树移民"。在元末农民战争以及明初"靖难之役"中,山西地区受到冲击较弱,人口数量及密度明显高于周边省份,因此,明朝官府多次组织实施大规模移民运动,将山西境内的百姓迁往河北、山东各地。后来,这些移民的后裔均称自己从洪洞大槐树(或云"老鸹窝")迁来,故通常又称之为"大槐树移民"。虽然这场移民运动留给广大山西百姓的是相当痛苦的回忆,但总体而言,这场大移民还是相当成功的,不仅缓解了山西地区的人口压力及人地矛盾,而且对河北、山东等地农业生产的恢复与发展做出了重要贡献[2]。

2. 人口密度及人口承载力决定移民法则:人口密度梯度决定律(包括"真空"吸引律)、人口承载力决定律(包括超载外迁律)等。

在中国广阔的国土上,各个地区自然条件千差万别,人口密度也各不相同。在不同时代以及不同的生产力条件下,土地人口承载量也存在着巨大差异[3]。"人口密度梯度决定律"与拉文斯坦所提出的"阶梯式迁移法则"颇有相通之处,即一次人口大迁移所造成的区域性人口空隙或所谓"真空",会引发周边人口的迁徙,来弥补或填充空隙与"真空",从而形成新的移民潮。当然,这种所谓"真空"只是相对于文献记载而言,既包括曾有人类居留记录的区域,也包括尚未开发的蛮荒之地。地球上真正的"真空"或"空白"地带必然不能适应人类居住,但是,在一个面积可观的、具备必要的人类生存条件的区域内,要想维持长期无人或少人居留的局面,几乎是不可能的。这也就是"人口密度梯度决定律"或称"'真空'吸引律"产生的根本原因。"人口密度梯度决定律"在历史时期蒙古高原(汉文文献通常分称为"漠北"与"漠南")的移民运动中表现

---

[1]《晋书》卷107《石季龙载记下》,中华书局1997年,第2795页。
[2] 安介生、葛剑雄:《洪洞大槐树》,《寻根》1997年第6期。
[3] 刘立华:《关中地区土地生产潜力与土地人口承载量》,《地理研究》第8卷第4期。

得非常突出。秦汉以来,"天苍苍,野茫茫"的蒙古高原地区长期是游牧民族的栖息地。匈奴人最早在辽阔的蒙古高原上组建了强大的部落联盟,他们分布的地域东到大兴安岭南段、西辽河流域,西至阿尔泰山东侧及河西走廊,这一广袤地域便被称作"匈奴故地"。在南、北匈奴分裂以及北匈奴败亡之后,鲜卑人大规模西迁,全面占据了"匈奴故地",形成了新的游牧部族大联盟,其中包括慕容鲜卑、宇文鲜卑、拓跋鲜卑及吐谷浑等重要分支。在鲜卑人南迁后,柔然、高车、丁零又先后迁居蒙古高原。至隋唐时期,大漠南北又出现了以突厥、回纥、薛延陀为代表的铁勒部族大联盟。在一个部落联盟远徙或衰亡之后,很快便有另外的部族迁入,填补所留下的"真空"区域,这也就是笔者所称人口梯度决定律或"真空"吸引律的典型体现。

明末清初所谓"湖广填四川"的移民运动,也是"人口密度梯度决定律"的极好证明。经过明朝末年社会动乱与农民战争的严重冲击,至清朝初年,四川地区地旷人稀,十分荒凉。在清朝官府的鼓励与支持下,湖广地区(今湖南与湖北两省)的平民开始大量涌入四川。根据学者的研究,"康熙二十年(1681)至六十一年(1722)间,四川人口的数量从50万增加至232万,人口的平均增长率达到了38‰"。其中,"康熙二十年以后迁入的移民总数及其后裔约为98万"[1]。

孤立静止地谈论人口密度,并没有多大的实际意义,我们对人口密度考察的真正目的,在于发现各个地区之间人口承载力(carrying capacity)的不同。人口密度的高低主要是由当地人口承载力所决定的。长期维持较高人口密度的区域,其人口承载力也相对较高;反之,如果某一地区长期保持地旷人稀的局面,对外来人口缺乏吸引力,则可证明这一区域的人口承载力是相当低的。然而,一个特定区域对人口的承载量总是有限度的,因此,人口密度绝不是一个无限变量。与"真空吸引律"相反,当某一地区的人口密度接近与超过当地的人口承载力时,即达到饱和状态,由此激发的人地矛盾就会迫使当地人口的一部分向外迁移。这也就是所谓"人口承载力决定律"所起作用的具体表现。

不同时代以及不同生产力条件下,同一区域的人口承载力也会有很大变化。总体而言,历史时期中国境内多数地区人口密度较低,人地矛盾并不十分突出,但是我们依然不难找到由于人口超载而引发的人口外迁的事例。如吐

---

[1] 葛剑雄主编,曹树基著:《中国移民史》第6卷,福建人民出版社1997年,第95页。

谷浑民族原本与慕容鲜卑属于同文同种的东部鲜卑集团,居住于辽东郡(今辽宁省辽阳市)一带。两者分离的起因是两部为马群争夺牧地而引发的纠纷,争执的结果是较为弱小的吐谷浑一部脱离故地而西迁,最后进入青海湖地区[1]。又如拓跋鲜卑创立的北魏王朝建都于句注塞以北的平城(今山西大同市),又称为"代都"。为迅速扭转当地人口稀少的状况,拓跋鲜卑统治者在军事征服的同时,频繁进行大规模的移民行动,使代都人口在较短时间里急剧增长[2]。然而,雁北地区的自然环境以及交通条件决定了当地有限的人口承载力水平。根据笔者的研究,随着移民的增多,代都地区不断受到粮食短缺的困扰,在严重自然灾害发生时,不得不外迁平城人口到各地"就食"。到太和初年,平城地区严重的饥荒状况又迫使大批平民外迁,因此,孝文帝最终迁都洛阳,与其说是仰慕汉化而实施的重大举措,不如说是出于代都地区有限的人口承载力的驱迫[3]。

3. 灾荒与移民法则:灾荒驱遣律或饥荒驱遣律等。

制约人口承载力水平的因素是多方面的,在中国传统农业社会中,制约人口承载力水平的主客观因素包括:可耕地面积、土壤肥沃程度、气候条件(包括降水、温度、无霜期等)之类,可归为自然因素;生产方式、生产力水平、社会分配制度、贫富差距、交通状况之类,可归为社会因素。应该说,上述多数制约因素与农业生产有着直接的关系,具有较强的稳定性及难以改易的特性,唯有气候条件具有很大的不可预测性及决定性影响。如果说传统的农业生产是"靠天吃饭",那么这个"天"主要就是指气候条件。风调雨顺可使农民得到较好收成,甚至是"五谷丰登";相反,严重的自然灾害就会直接破坏农业生产或粮食生产,造成食物的短缺,将区域性人口承载力的水平降至最低点。可以说,在这种情况下,自然灾害与饥荒程度便成为决定人口承载力水平的最关键因素。

在自然灾害肆虐及粮食供应极度短缺的情况下,摆在普通百姓面前的只有两种选择,即"死"与"徙",不愿等死的人们只有选择外出求食或"就食"。历史上通常将由灾荒引发的、缺乏稳定性的迁移人口称为"流民"。于是,每次严

---

[1] 周伟洲:《吐谷浑史》,宁夏人民出版社 1985 年,第 1—4 页。
[2] [日]前田正名《平城历史地理学研究》(书目文献出版社 1994 年,第 59—94 页)中有较详细的论述。
[3] 安介生:《北魏代都人口迁出考》,《史念海先生八十寿辰学术文集》,陕西师范大学出版社 1996 年,第 372—383 页。

重自然灾害降临之时,就是又一场流民运动爆发之日。自然灾害的肆虐程度以及饥荒程度,与流民运动的规模及持续时间相对应,同时也与流民转化为长久性移民的比例成正比。因此,在政治因素之外,自然灾害成为引发移民浪潮的又一种重要诱因。这也就是笔者所谓"灾荒驱遣律"或"饥荒驱遣律"。例如,明代是流民问题特别突出的朝代之一,大量流民的出现与明代北方地区自然灾害的肆虐有着直接的关联。以山西高原为例,根据笔者的研究,仅从永乐十年(1412)到弘治十一年(1498),山西境内人口的非正常损失数量就超过200万口,主要原因就是自然灾害造成的"死"与"徙"。大批山西流民永久地离开了山西,成为明代声势浩大的流民运动的主力军[1]。可以说,灾荒驱遣律是人口承载力决定律的又一种特殊表现形式。

4. 民族迁移法则:周边民族向心律、汉民趋边律等。

经过相当长时间的演变,华夏汉族与非汉民族在分布上形成了相对固定的格局,历史上称之为"华夷"五方格局,五方即"中夏、东夷、西戎、北狄、南蛮"。在这种格局中,华夏汉族居于"中国(即以伊水、洛水流域为核心的中原地区)",而非华夏族则居于较为偏远的"四裔"地区[2]。然而,自秦汉以来,周边民族迁移的浪潮势不可当,其迁徙的主要方向就是内迁,即向中原地区迁移。很多非华夏民族迁到长城以南后,逐渐与汉民族融合起来,从而在历史上消失了。这也就是"周边民族向心律"的主要内容。历史时期内迁中原的重要民族有匈奴、丁零、乌桓、鲜卑、契丹以及金朝女真等。如从东汉初年开始,匈奴分裂为北匈奴与南匈奴两部,南匈奴全面迁入汉朝边境一线。在南匈奴与东汉军队的联合攻击下,北匈奴日趋衰弱,直到最后全面崩溃。但是,南匈奴并没有因此重返塞北,到三国曹魏时期,并州地区(今山西省大部)成为南迁匈奴的最主要聚居区,当地匈奴人故而又被称为"并州之胡"。乌桓人与鲜卑人均发源于东北大兴安岭地区,其祖先被称为"东胡",曾长期役属于匈奴人。分布位置偏南的乌桓人更是长期遭受匈奴人的欺压,因而他们更早地接受东汉官府的资助,协助东汉军队共同对抗匈奴人的侵扰,这些都促使其聚居区逐渐向南迁移,进入今天的河北、山西北部地区,到三国曹魏时期,强悍的乌桓骑士已成为中原军队中的精锐力量。

---

[1] 安介生:《山西高原人口承载量的历史考察》,《中国历史地理论丛》2001 年增刊,第 370—379 页。
[2] 安介生:《"华夷五方格局论"之历史渊源与蜕变》,《历史教学问题》2000 年第 4 期,第 15—19 页。

另一方面,我们发现,历史时期华夏汉族向蛮荒及边疆地区的迁移也从来没有停止过。通常,汉民徙边的原因多为躲避赋役与灾祸。对农耕技术的熟悉,非常有利于汉族移民适应新的迁居地。汉族移民常常将农耕技术带入边远地区,从而推动了当地农业生产的发展。时至清朝,汉民徙边运动发生了根本性的变化。在实现全国政治疆域大一统的状况下,边疆地区与内地之间的联系大大增强,内地汉民向边疆地区移民问题上的政治壁垒也大为削弱,出现了向边疆地区移民的高潮,其中为人们耳熟能详的大移民有"走西口"、"闯关东"等。这些汉族移民不仅有力促进了边远地区农业生产,而且对于维护与巩固边疆地区的稳定做出了巨大的贡献。

5. 移民与文化区特征法则:雅文化从优律、俗文化从众律等。

人是文化最重要、最活跃的载体,这一点在学术界已成为共识。广义而言,文化是一个包罗万象、内容宏富的概念,涵盖了人类创造的一切物质生产与精神创造的成果;狭义而言,文化可分为有成熟的物化成果的雅文化或精英文化,与以大众生活风俗习惯为主的俗文化两个部分。雅文化体现在精神文化与物质生产技术方面取得的所有先进的成就,包括哲学思想、文学创作、制度建设、学术研究等方面。在中国历史上,汉民族在雅文化方面的成就最为突出,因而产生的影响也最大。从秦汉到明清,各个内迁的非汉民族几乎无一例外地接受了汉族雅文化的成就,因而"汉化"也就成为各个民族文化发展的重要组成部分。周边民族内迁之路,往往就是"汉化之路"。北魏是最早由北方非汉民族建立的重要王朝,而孝文帝迁都改制就是全面"汉化"运动的一个典型例证。金朝建立后,先后迁都于燕京(今北京市)与汴梁(今河南开封市),这种迁都历程同样与女真人接受汉文化的进程同步。这些"汉化"事实都是"雅文化从优律"的极好证明。

"广谷大川异制,民生其间异俗。"中国古代学者很早就意识到了民间风俗的地域性差异。然而,人口迁移让不同习俗的人们走到了一起。那么重新组合起来的区域社会的风俗特征又会是怎样呢?笔者以为:移民区风俗特征往往取决于占当地人口多数的民族或移民群体的风俗特征。这也就是所谓"俗文化从众律"。以关中地区为例,秦、汉两朝相继定都于咸阳、长安,并向这一地区大举迁徙关东人士,由此关中地区也一跃成为当时文化最为发达的区域。其俗文化自然以汉族风俗为主要特色。然而,从东汉开始,氐、羌等西部民族开始向关中地区迁徙,到西晋初年,关中地区人口构成已出现"戎狄居半"的状况。十六国时期,关中地区出现了前秦、后秦等氐、羌族首领建立的政权。至南北朝时期,关中地区依然是非汉民族人口众多、风俗剽悍的所谓"险绝之土"[1]。

如果说语言文字的研究、文学艺术品的创作属于雅文化的范畴,而方言则应归属于俗文化的范畴。移民与方言地理之间的关系更充分反映出"俗文化从众律"的作用。人口的迁移可直接导致方言地理格局的变化,如同一方言的移民在某一地区迅速聚集,在数量上超过当地的土著人口,就可形成一种独特的"方言岛"现象。南宋都城杭州便是一个典型的例证。大批北方移民(特别以来自汴梁一带的移民居多)的聚集,使杭州地区的方言及风俗特征与旧都汴梁有颇多相似之处[2]。

综上所述,历史时期发生在中国境内的移民运动现象异常复杂,涉及政治变迁、人口承载力、自然灾害、民族发展与文化传播等许多重要方面,从这些重要方面出发,考察与总结移民运动规律(法则),是笔者在本文中所着重强调的内容。必须指出,正如一场社会剧变通常是由于多种复杂因素所引发一样,引发移民运动的因素也不可能是单一性的,即使是在同一次移民运动中,往往也是多种诱发因素在同时发挥作用。所以,各种人口迁移规律(法则)发生作用之时,往往不是孤立的、单独发生作用的,而是交织在一起的,只不过有主、次之别而已。探讨其中的移民规律是一项非常艰苦而长期的工作。历史时期中国境内人口迁移规律的内容也远远不止于上述所列各条。归纳与验证对于理论研究是同等重要的,每一条规律或法则得以真正成立或被认可,都离不开大量实证研究的验证,也有必要借助于数理模式将迁移规律抽象而准确地表达出来[3]。与此同时,将中国的人口迁移规律与西方学者提出的人口迁移理论进行比较研究,才能更深入地理解中国移民历史的特殊性与复杂性,这些都是今后研究工作中需要探讨的重要课题。

本文原载《地理研究》2004年第5期。

---

[1] 马长寿:《碑铭所见前秦至隋初的关中部族》,中华书局1985年,第6—11页。
[2] (明)郎瑛:《七修类稿》卷26"杭音"条,中华书局1959年,第394页。
[3] 王铮等:《人口扩散与空间相互作用的联系》,《地理研究》第10卷第1期。

北宋初期党项内附初探

杨 蕤

据《隋书》《旧唐书》《旧五代史》等传统史籍的记载,党项族最初居于今川、甘、青三省交界的区域。唐贞观以后,吐蕃渐盛,一部分党项开始被迫内迁。学界关于党项内迁的著述颇丰,代表性的著述有《唐代党项》《隋唐时期党项部落迁徙考》《中国移民史》第 3 卷等[1],基本上廓清了党项内迁的路线、时间、大致规模等问题。这些研究主要对隋唐五代时期党项部族的迁徙、分布状况进行了较为翔实的考论,而对于北宋初期党项部落迁徙状况及其相关问题鲜有涉及。《宋史》《续资治通鉴长编》(以下简称《长编》)等史籍中的一些史料反映,北宋初期居于今鄂尔多斯及其边缘地区的党项部族不断内迁。虽然这一时期党项内附的规模和影响不及隋唐时期,但它使宋夏沿边地区的人口不断膨胀,居民结构、经济状况以及生态环境也随之发生了变化。拙文企图就这一历史现象的基本情况及其相关问题进行探讨。

一

笔者在检阅宋代文献如《宋史》《长编》时发现,从五代始便不断有党项部落南迁依附于宋,这一现象在北宋初期尤为明显[2]。为便于讨论,兹将北宋初期党项内附的史实列表如下:

---

[1] 周伟洲:《唐代党项》,三秦出版社 1988 年,第 27—52 页;汤开建:《隋唐时期党项部落迁徙考》,《暨南学报》1994 年第 1 期;葛剑雄主编,吴松弟著:《中国移民史》第 3 卷,福建人民出版社 1997 年,第 72—81 页。
[2] 西夏政权也采取各种手段诱惑沿边蕃部归顺。如《天盛律令》卷 7《为投诚者安置门》就规定了对于各类归顺者的待遇(史金波等:《天盛改旧新定律令》,法律出版社 2000 年,第 268—274 页)。但文献反映宋境内党项部族整体归附西夏的情况较为少见。此外,在这次内附浪潮中,主要以党项部族为主,但也有其他民族。如《长编》卷 23 太平兴国七年闰十二月庚寅载:"丰州刺史王承美言契丹日利、月益、没细、兀瑶等十一族七万帐内附。"

党项内附状况[1]

内迁时间	内迁状况	资料出处
968年	诏内属羌部十六府大首领屈遇与十二府首领罗崖领所部诛啜佶，啜佶惧，以其族归顺。	《宋史》卷491
980年	三交口言戎人二百三十四户老幼五千三十七口归附。	《长编》卷21
982年	银州羌部拓跋遇来诉本州赋役苛虐，乞移居内地。	《宋史》卷491
985年	于银州北破悉利诸族，斩首三千六百余级，生擒八十人，俘老小一千四百余口。五月，又于开光谷西杏子平破保寺、保香族，生擒四十九人，俘其老小三百余人。又破保、洗两族，俘三千人，降五十五族。	《宋史》卷491
985年	麟州及三族砦羌人二千余户皆降，酋长折御乜等六十四人献马首罪。又破银州杏子平东北山谷内没邵、浪悉讹等族，及浊轮川东、兔头川西诸族，生擒七十八人，枭五十九人，俘二百三十口，招降千四百五十二户。	《宋史》卷491
985年	吴移、越移等四族来降，宪等抚之。又降银、麟、夏等州，三族砦诸部一百二十五族，合万六千一百八十九户。	《宋史》卷491
988年	火山军言河西羌部直荡族内附。	《宋史》卷491
991年	黄乜族降户七百余散于银、夏州旧地处之。	《宋史》卷491
994年	诏隳夏州故城，迁其民于绥、银等州，分官地给之。	《长编》卷35
994年	银、夏州管勾生户八千帐族悉来归附，录其马牛羊万计。	《宋史》卷491
995年	勒浪嵬女儿门十六府大首领马尾等内附。	《宋史》卷491
996年	勒浪族副首领遇兀等百九十三人归附，贡马七匹。	《宋史》卷491
999年	羌族嵬通等徙帐来归，又继迁诸羌族明叶示及仆哗、讹猪等首领率属内附，并令给善地处之。	《宋史》卷491
1000年	张崇贵等破蕃贼大庐、小庐等十族，擒获人口、羊马二十万。	《长编》卷47
1002年	卧浪已等四十六人来附。	《长编》卷51
1002年	麟州界首领勒厥麻等三族千五百帐，相率越河内属，遂分处边境。	《长编》卷53
1003年	蕃部叶市族、罗埋等持贼迁伪署牒，帅其族百余帐来归。	《长编》卷54

---

[1] 由于篇幅所限，只将党项内附的主要信息列出。

续 表

内迁时间	内 迁 状 况	资料出处
1003 年	招降得岑移等三十三族,又从淮安镇入分水岭招降得麻谋等三十一族,又至柔远镇,招降得巢迷等二十族,遂抵业乐,招降得口树罗等百族,合四千八十户。"	《长编》卷 54
1003 年	刘赟等以继迁残虐,蕃部灾旱,率其属来归。	《长编》卷 55
1003 年	原、渭等州言本界戎人来归附者八部二十五族,今指吏纳质。	《宋史》卷 491
1004 年	麟府路附契丹戎人言泥族、拨黄太尉率三百帐内属。	《长编》卷 56
1004 年	泾原路言陇山外至王家、狸家、延家三族归顺,诏授其首领官。	《长编》卷 56
1004 年	环州、洪德寨言蕃部罗民大王本族诸首领各率其属归顺。	《长编》卷 56
1004 年	先叛去蕃官茄罗、兀臧、成王等三族及口移军主率属归顺。	《长编》卷 56
1004 年	渭州言妙娥、延家、熟鬼等族三千余帐,万七千余人内附。	《长编》卷 56
1004 年	知镇戎军曹玮言,伊普三才迷三族首领率其属来归,欲发兵应接。	《长编》卷 57
1006 年	镇戎军曹玮言叛去酋长苏尚娘复求归附。	《宋史》卷 491
1013 年	环州言熟户旺家族首领春州刺史都子今复来归,又有三族随至。	《长编》卷 83
1014 年	北界毛尸族、军主浪埋、骨咩族蕃官口唱、巢迷族蕃官冯移埋率其属千一百九十人来归,降招抚之。	《长编》卷 84
1014 年	叶市族大首领艳奴归附。	《宋史》卷 491
1018 年	樊家族九门都首领客厮铎内属,以厮铎为军主。	《宋史》卷 491
1019 年	委乞、骨羋、大门等族闻玮玉,归附者千余落。	《长编》卷 93
1020 年	鄜延路钤辖言扑咩族、马讹等,先为北界所略,今帅众来归。	《长编》卷 96
1025 年	环庆路钤辖王怀信言蕃部鬼逋等九百三十五户内附。	《长编》卷 103
1026 年	蕃部首领曹守贵等一千八百户内附。	《长编》卷 104
1039 年	柔远寨蕃部巡检珪咸,招诱白豹寨都指挥使裴永族内附。	《长编》卷 123

续　表

内迁时间	内 迁 状 况	资料出处
1081年	西界首领讹麦等十余人,并家属数百口,牛羊驮马近八千,已赴安定堡外。有投来首领,见于西界招呼之,结约人户来降。	《长编》卷315
1081年	西蕃剡毛鬼、驴耳、金星、啰述等四部大首领,蕃铃辖约苏等二百三十户,二千余口。各令归族,内有会州人户,权给官地住坐。	《长编》卷320
1085年	西夏韦州蕃官伯德率丁口二百五十归附。	《长编》卷351

由于笔者在检阅文献中的遗漏以及史籍漏载,上表恐怕只是反映这次党项内附的一部分内容,但从中能够看出一些基本信息。吴松弟先生认为党项第一次内迁发生在隋代,第二次为安史之乱前,第三次为安史之乱后[1]。而本文所讨论的党项内附就应该看作是党项的第四次迁徙了,也是党项从隋代以来迁徙的终结。可以看出,从北宋建国(960)到元丰年间(1078—1085)一直有党项内附的现象,但相对集中的时段在北宋建国到西夏建国(1038)之间。笔者就表中所提供的信息粗略统计,上述时段内附的党项部族近400余族,12 000多帐,28 000多户[2]。此外,还有一部分文献并没提供具体数据,因此内附的党项人口数字应不止于此。由于考虑到很难确定党项一族和一帐的标准人口数目,所以只能以户为单位进行估计内附党项的人口规模。若以每户四口人计算(人口史家一般以每户五口为标准,由于畜牧民族的核心家庭相对较小,故以四人计之),故在北宋建国到西夏建国这一时段迁入宋夏沿边地区的28 000户党项民众约有12万人。考虑到尚未提供数据的文献以及一些史籍未载的情况,保守估计宋初至少有十余万党项民众迁入宋夏沿边地区。大量党项民众的迁入,使宋夏沿边人口得到较快增长[3]。

---

[1] 葛剑雄主编,吴松弟著:《中国移民史》第3卷,第72—77页。
[2] 笔者就表中史料所提供内附党项的(部)族、帐、户、口进行分列统计,估计内附人口数目时应以其中最多的一项为准。因为这几个数据之间并不是统一的关系,如有的文献只载内附党项的部族数,有的只载户数,无载数据的文献则不计入统计范围。所以从统计结果看,帐和户的规模较大,口的数目偏小。
[3] 《长编》卷241熙宁五年十二月壬午载,上曰:"庆历中,麟府不过万人,今乃二万人。"庆历到熙宁年间麟府二州的人口翻了一番,足以看出宋夏沿边人口增长之迅速。

史料反映这些内附党项民众多来自今鄂尔多斯及其沿边地区[1]。中唐以来，今鄂尔多斯地区成为接纳内迁党项的主要区域，党项族取代粟特胡人而成为这里的主要居民。有研究认为，党项两次大规模地迁徙后，大致有三十三万党项民众散布于"河曲"地区[2]，即为今鄂尔多斯地区南缘及长城沿线地带。时隔三百余年，到北宋初期，上述区域党项人口日趋繁盛。如《旧五代史》卷138《党项传》载："（党项）其他诸族，散处沿边界上甚众，然皆无国邑、君长，故莫得而纪次云。"我们以唐代前期鄂尔多斯地区有二十万党项民众这一保守数字为底数，以4‰（古代人口增长率一般为6‰—7‰，但畜牧民族人口的自然增长率相对较低，故以4‰为准）的自然增长率计之，三百年后这里的人口规模至少翻了一番。因此，除去人口迁徙以及其他因素外，保守估计北宋初期鄂尔多斯地区至少有四十余万党项人口。目前所见内附党项的史料多为北宋麟、银、保安、环等沿边州县的官吏所禀报，可见宋夏沿边地带尤其是今陕北、陇东一线成为内附党项最主要的输入地（北宋鄜延路和环庆路）。宋人也曾讲："延有金明、府有丰州，皆戎人内附之地。"[3]亦是明证。

北宋初期党项部落为何纷纷内附？10—11世纪鄂尔多斯地区到底发生了什么，虽然我们无法彻底揭开这一历史谜团，但可以通过记载的蛛丝马迹作一些分析和判断。文献直接反映党项内附的原因大致有二：一是在北宋政府的武力干预下内附，主要是指通过武力征服的手段。这可以从上表中反映出来。如嘉祐元年（1061），环庆路经略司言："环州小遇等族叛，知州张揆以蕃官慕恩等九万七千余人往讨之，斩首一千一百，俘三十四人，羊、牛二千，余党各献马投降，即令依旧住坐。"[4]二是党项部落自愿内附，党项内附多属后者。主要原因有：第一，北宋政府为了军事防御等诸多目的，通过给予土地、授予官职、馈赠钱物等优厚待遇来招诱党项部落归顺。例如《宋史》卷491《党项传》载："环州言，继迁所掠羌族鬼逋等徙帐来归，又继迁诸羌族明叶示及仆咩、讹猪等首领率属内附，并令给善地处之。"又"环州言，熟户旺家族首领春州刺

---

[1] 原因有：(1) 中唐以来，今鄂尔多斯及其沿边地区是党项部落的主要分布区域；(2) 文献中党项内附的资料多为麟、银、环等北宋北沿州县所禀报，若这些党项部族来自其南部，就不存在归附或者依附宋朝的问题；(3) 一些文献直接表明内附者来自北部。如《长编》卷56景德元年正月己丑载："麟府路契丹嵬人言泥族、拨黄太尉率三百帐内属……诏府州赐茶彩，给公田，依险居之，计口赋粟，且言唐龙镇无得侵扰。"
[2] 艾冲：《论唐代前期"河曲"地区各民族人口数量与分布》，《民族研究》2003年第2期。
[3] 《宋史》卷285《贾昌朝传》。
[4] 《长编》卷183，嘉祐元年七月丁亥。

史都子,先为夏州蕃部所略,今复来归,又有三族随至,诏遣使劳赐之"[1]。当然,"元祐分疆"后,宋夏双方基本遵守了"土地换和平"的约定,双方将逃亡人口互送还对方,党项内附的现象因此渐趋减少。第二,从客观条件分析,宋夏沿边地区梳齿状分布着众多河流,水源等自然条件比鄂尔多斯北部沙碛区优越,因此是发展农牧业的极好场所;加之11、12世纪塞北地区气候较为严寒,灾患频仍[2],良好的自然条件和生存环境成为吸引党项部落内附的重要原因。第三,从生产方式角度讲,散居于鄂尔多斯地区的党项部族逐渐受到农耕文明的浸染,农耕业对其具有更大的吸引力,而在宋夏沿边地区就可以得到更多的耕地,使其从单纯的畜牧方式向农牧并举的生产方式转变。

党项内附使宋夏沿边的人口结构也发生了变化。《册府元龟》卷994《外臣部·备御七》唐武宗会昌四年四月己亥载:"奏曰:臣所部与绥、银二州接境,二州汉户约五千。自闻国家攻讨夏州,皆藏窜山险,请除二州刺史。"依一户五口标准计之,唐会昌年间绥、银二州应有二万五千左右的汉人。文献尚未提及这里蕃户状况,有一种可能是唐时党项部落习事畜牧,处于分散状态,故难以统计其确数(最多不过与汉人持平)。在鄂尔多斯地区的东南一带呈现出蕃汉杂居的状态,但具体的蕃汉比例不得而知[3]。不过横山山脉是唐时一条重要的人口分界线,党项部族多居于其北,其南的汉人比重较高。这是因为在唐敬宗长庆四年,唐朝在横山一线修筑了乌延、宥州、临塞、阴河、陶子等五座城寨,其主要目的就是为了防止党项的南下[4]。由此分析,唐代横山山脉南部地区汉人比例相对其北部地区自然会高一些。这一状况在五代时期就开始变化:由于北部党项民众不断地南迁或者附降,使北宋初期宋夏沿边党项人口的比重迅速增加。《太平寰宇记》卷37载:"皇朝管(夏州)汉户二千九十六,蕃户一万九千二百九十。"[5]蕃汉人口的比例关系大致为十比一弱。可见蕃汉比例发生了明显变化。当然,夏州处于毛乌素沙地的南缘,适于畜牧,

---

[1]《长编》卷83,大中祥符六年九月丙申。
[2] 参见邓辉:《论燕北地区辽代的气候特点》,《第四纪研究》1998年第2期;杨蕤:《西夏灾荒史略论》,《宁夏社会科学》2000年第4期。
[3](宋)张咏:《乖崖集》卷8《麟州通判厅壁记》载:"麟州旧垠,实曰新秦,戎人绥荒,在河一曲,党项部族,汉民混居。"
[4]《册府元龟》卷994《外臣部备御七》记载:"三月甲戌,夏州节度使奏于芦子关(位于今芦河源头)北木瓜岭创筑堡栅,以捍党项之冲……凡筑五城,乌延、宥州、临塞、阴河、陶子,而宥州、乌延皆方广数里,尤居要害,蕃戎畏之。"
[5]《宋本太平寰宇记》,中华书局(影印本)2000年,第65页。

也是拓跋党项割据政权的所在地,蕃户的比例自然会高一点,因此在横山以南的地区估计达不到十比一的蕃汉人口比例。即便如此,有十余万党项民众的迁入,蕃户依然占有绝对的优势,这也可以从文献的描述中体现出来。例如《宋史》卷335载:"横山延袤千里,多马宜稼,人物劲悍善战,且有盐铁之利,夏人恃以为生。"又《长编》卷314元丰四年七月辛卯载:"鄜延路已有旨,阴遣人招怀横山部落,缘环庆事体相同,又正当界之中,族帐尤更繁夥。"诸如此类,不一而足。还需指出的是,宋时仅夏州一州所辖人口就达到两万一千多户(蕃汉人口之和),概为十万之众,这也是党项人口迅速增长的又一佐证。

二

由于居住地的改变,内附党项民众的经济状况也发生了一些变化,主要表现在:

第一,宋夏沿边的土地得到了大规模的开垦。

北宋政权安置内附党项的重要措施就是给予土地。史载:"诏河东转运司,河西戎人归附者徙内地,给以闲田。"[1]又"环州言,继迁所掠羌族嵬逋等徙帐来归,又继迁诸羌族明叶示及仆咩、讹猪等首领率属内附,并令给善地处之",等等。[2] 在土地紧张的情况下,北宋政府甚至购买田地来安置内附党项。王安石曾言:"今诚嵬等自拔内附,若令失所,即恩信不孚,于边事所损不细。臣以谓倍以钱买蕃户地,多给与顷亩,须管优足;未买得地,即且振以粮食,令无失所。"[3] 足以看出北宋在利用土地诱惑党项内附这一点上的用心良苦。当然,西夏建国后与北宋形成对峙的局面,北宋以城寨为屯垦据点,大肆招募沿边部族充当弓箭手垦殖,一部分内附党项也应在其中。此外,宋夏沿边存在着一些"闲田"(又称"两不耕地")和天然草地,内迁党项部族自占田土也应是其土地的来源之一。

宋初党项内附导致多少宋夏沿边土地得到开垦,难以确定。史载:"招环庆荔原堡、大顺城降羌每口给地五十亩,首领加倍,不达,以里外官职田及逃绝田充,又不足即官买地给之。"[4]若以每口五十亩的标准计之,十余万内迁之

---

[1]《长编》卷53,咸平五年十月戊寅。
[2]《宋史》卷491《党项传》。
[3]《长编》卷234,熙宁五年六月乙丑。
[4]《长编》卷234,熙宁五年六月乙丑。

众足足需要五百多万亩的土地。当然,这仅仅是一个参考,因为不同年份和州县给内附党项土地的标准恐怕有所不同。宋夏沿边有河谷(川地)和山地两类土地,而河谷地带可资开垦的土地并不富裕,山地便成为垦殖的对象。宋臣种谔言:"蕃官三班差使麻也讹赏等,十月丙寅于西界德靖镇七里平山上,得西人谷窖大小百余所,约八万石,拨与转运司及河东转运司〔1〕。德靖镇位于今陕北志丹县城西南方向,处于横山山脉的南麓,为宋人所称的"膏腴地带";这一区域的河谷较为狭窄,耕地极为有限,大量的粮食恐多为山地所产。学界在论述辽金在塞北的耕地状况时多使用"插花地"一词,意思是农田与非农业用地相间分布〔2〕。实际上就是在开垦土地的过程中,大量耕地呈现出"块状"分布的状态。宋夏沿边的河流谷地和山区耕地就是这种形态,尤其是山区耕地与草地相间。如《长编》卷56景德元年四月壬午载:"是月,命殿直宋垂远乘传往原、渭、仪等州及镇戎军案视放草牧地。垂远,珰子。先是,垂远言四州军有草,可岁刈取百余万束,以秣饲战马。"即是如此。

第二,凸显了半农半牧的经济形态。

历史上,在中原农耕区与北方畜牧区之间存在着一条农牧交错地带,学界常冠以半农半牧或农牧并举,党项内迁后更凸显出这一特点。唐人沈亚之在《夏平》中讲到:"夏之属土,广长几千里,皆流沙。属民皆杂虏;虏之多曰党项。相聚为落于野,曰部落。其所业无农桑事,畜马、牛、羊、橐驼。"〔3〕这段学界甚为熟知的文字实际上是对鄂尔多斯地区党项部落生活状况的最好说明:以部落为单位从事单纯的畜牧业。内迁后,党项民众并未放弃原有的畜牧经济。宋人称"夏国赖以为生者,河南膏腴之地,东则横山,西则天都马衔山一带,其余多不堪耕牧"〔4〕。宋人所讲的"耕牧"之地实际上是对"半农半牧"经济形态的另一种阐释。当然,由于史籍阙载,我们不能否定宋夏沿边没有单纯以畜牧或农耕为业的党项部族,但大部分内附党项应兼营着农牧业。《长编》载:"环庆路部署张凝领兵自白豹镇入蕃界,焚族帐二百余,斩首五千级,降九百余人,毁刍粮八万,获牛羊、器甲二万。"〔5〕白豹镇位于今陕西省吴起县境内,也属于宋夏沿边的"膏腴"地带,故文献中部族的大量储粮极有可能是其自己生

---

〔1〕《长编》卷318,元丰四年十月丙子。
〔2〕 韩茂莉:《辽金农业地理》,社会科学文献出版社1999年,第47页。
〔3〕(唐)沈亚之:《夏平》,文渊阁四库全书集部第18册。
〔4〕《长编》卷466,元祐六年九月壬辰。
〔5〕《长编》卷51,咸平五年正月丁酉。

产而非交换所得。上引文献中的"刍粮八万","牛羊、器甲二万"实际上反映了分布在宋夏沿边的部族兼营农业和畜牧,它是一种相对内敛或隐含的半农半牧方式,这一点往往不为学者们所认识[1]。这与今天陕北、陇东、宁夏(宋夏沿边)等地农民兼营农业和牧业的状况十分相似,前者对后者应具有历史渊源的关系。

第三,出现了定居的趋势。

山地农业的发展,农耕业的浸染,使得内附党项出现了定居的趋向,这可以从其民居形式体现出来。内附以前的党项部落基本以族帐为活动单位,这不仅是其社会组织的一种反映,同时也体现了畜牧经济不稳定的生存状态(族帐的具体形态不清)。鄂尔多斯地区虽然不具备长距离游牧的地理背景,但党项部族的畜牧方式还是在小范围内移动(文献中称"逐水草")。内迁后的情况就有所不同。史载:"即至时必有西人侵逼旧地,搜罗劫掠。各家须有窖藏斛豆及木棚屋舍,何由拆移搬运。……所有弃地内住坐汉蕃弓箭手约九百余户,散在郊野,逐家当此丰年,皆有窖藏斛食,又各有土棚屋室,彼既以人马相临,利在抄夺。"[2]可见一些蕃汉民众以"土棚屋舍"为居,反映出定居的民居形态。文献中甚至有党项居于"土窟""土屋"的记载。如《西夏书事》卷21载:"继世与种谔夜引兵抵其土窟中,使其弟叩门,呼曰:'官军大集,兄速降,否则族灭矣。'名山使纳其手,扪之少一指,信之,遂率兵数千,户两万余降。"[3]笔者以为,文中的"土窟"应指窑洞。

窑洞是黄土高原地区颇具特色的居民形式,有关这一地区窑洞的记载多见于明清地方史籍中,宋代文献却很少有这方面的信息。窑洞不仅是一种民居形态,更是经济状况的反映。不难理解,以畜牧为业(尤其是游牧)的民族不大可能以窑洞为室;只有农业成为主导产业的时候,定居才成为可能。在黄土高原木材等自然资源相对匮乏,而又处于冬季严寒的地带,窑洞当然成为较为理想的民居形式。窑洞的选址多在黄土直立性较好的峁梁地区(山地),实际上与宋夏沿边地带大规模山地开发的历史背景相一致。又《西夏书事》卷18载:"夏国皆土屋,或织牦牛尾及羖𥎍毛为盖,惟有命者得以瓦覆,故国中鲜游

---

[1] 杨蕤:《地理环境与西夏的经济类型及其相关问题》,《宁夏社会科学》2003年第4期。
[2] 《长编》卷434,元祐四年十月乙卯。
[3] (宋)司马光《涑水纪闻》卷11亦载:"夏国酋长鬼名山部落在故绥州,有众万余人,其弟夷山先降,为熟户。青涧城使种谔使人因夷山以诱名山,赂以金盂。"可见夷山、名山确有其人,《西夏书事》所载概为信史。

观所。"文中的"土屋"概指窑洞。宋人郑刚中在《西征道里记》中讲:"自荥阳以西皆土山,人多穴处,谓土理直,无摧压之患。然见路旁高山多摧拆,存者尚如半掌,则土穴疑有压者,居人当自能择尔。"[1]文中的"土屋""土穴"显然是指窑洞,可见宋时窑洞在黄土高原南部农业区内已经较为普遍。因此,内附党项以窑洞为居就不足为奇了。

三

北宋初年党项内附对于我们认识宋夏沿边的区域社会以及党项内部结构具有一定的启发意义,党项内迁实际上是一个从"客人"到"主人"的转变过程。

周伟洲先生认为,党项内迁大致开始于唐贞观末年,唐永隆年间达到高潮[2],基本形成"平夏部落"、"南山部落"等几大集团。此后由于对迁入地的适应过程以及党项尚未完成内部的统一,所以一些党项部落依然处于迁徙状态,北宋初年党项部族纷纷内附即为明证。因此,我们可以形象地把依然处于迁徙状态的党项部落称为"客人",而把内附并定居于宋夏沿边地带的党项部落称为"主人"。"客人"—"主人"的转变表明始于隋唐时期的党项内迁得以最终完成,前后历经近六个世纪,在中国民族史上也算是一次较长的民族迁徙了。

当然,"主人"的另一层含义就是内附党项部族全面地融入宋夏沿边社会,并成为这一区域文化的创造者之一。民族学者认为,今天的陕北人是西北汉族的主要族群[3]。表明今天陕北人具有自己独特的精神方向、生活态度、人生信仰、行为模式、价值观念、情感态度、思维方式以及心理机制。这一族群何时得以形成呢?笔者认为,党项迁入这一地区并长期居留于此对陕北汉族族群的形成起到了重要的推动作用。内迁党项甚至模糊了对西南地区的祖先记忆,而把陕北一带当作自己的故乡。宋初,当党项首领李继捧欲以夏、银、绥、宥等四州之地献宋朝时,其弟李继迁、李继冲便竭力反对:"吾祖宗服食兹土逾三百年,父兄子弟列居州郡,雄视一方。今诏宗族入京师,死生束缚之,李氏将不西食矣。"[4]宋太宗雍熙元年至宋真宗咸平元年,夏州为宋所占,以李继迁

---

[1] (宋)郑刚中:《西征道里记》,《北山集》卷13,文渊阁四库全书集部第77册。
[2] 周伟洲:《唐代党项》,三秦出版社1988年,第39页。
[3] 徐杰舜主编:《雪球——汉民族的人类学分析》,上海人民出版社1999年,第954页。
[4] (清)吴广成:《西夏书事》卷3。

为首的割据政权处于流亡状态。李继迁采取软硬兼攻的策略企图夺回夏州,并于太宗至道元年乞表宋曰:"隶维夏州荒土,羌户零星……祖先灵爽,应恋首邱,明发怀私,敢忘宗土?"[1]李继迁对陕北一带故土的赤诚之情溢于言表。这些内附的党项民众与汉人杂居,经受着农耕文化的浸染,一部分党项人与汉民已经别无二样了。北宋边臣庞籍就曾讲:"且西羌(指党项)之俗,岁时以耕稼为事,略与汉同。"[2]实际上在蕃汉杂居的居民结构下,内附的党项民众最终融入汉人中去。陕北一带是党项部族的主要迁入地,不可否认今天陕北群体人格的塑造和形成与内附党项之间的渊源关系[3]。

由于大批党项民众涌入宋夏沿边地区,大面积的山区得到开垦,使原来呈现疏林—草原的自然植被遭到一定破坏,加剧了水土流失,进而对下游黄河泛滥造成一定影响。

20世纪60年代,谭其骧先生在《何以黄河在东汉后会出现一个长期安流的局面》一文中探讨了黄河中游土地利用与下游黄河泛滥之间的关系,指出黄河泛滥的根本症结在于中游不合理的土地利用,使得黄河含沙量大增,泥沙在下游淤积增加河患的频率[4]。学术界也基本认同黄河泛滥的症结在于来自黄河中上游泥沙淤积的观点。而从五代以来,黄河泛滥次数增多,"黄患"日趋严重。笔者在检录《宋史·河渠志》和《金史·河渠志》等史籍时发现,在北宋建国到金朝灭亡274年间,黄河共发生大的决口30余次(实际的决口次数恐怕不止于此,因为一些大的决口尚未载入史册。如北宋末年和金朝末年决口的次数明显少于平时),平均8—9年就有一次大的决口;北宋时期则4—5年就有一次较大的"黄患"。文献中也有此时黄河含沙量较大的记载。如《宋史》卷93《河渠志》载:"盖黄河混浊,泥沙相伴,流行既久,迤逦淤淀,则久而必决者,势不能变也。"又如宋都水监程师孟讲:"每春夏大雨,众水合流,浊如黄河。"[5]可见在宋人眼里,黄河已经成为一条"泥沙之河"。这些泥沙来自哪里?内附党项到底与黄河泥沙有无关系呢?这在文献中无明确记载,但我们可以从自然地理的角度作一些判断和分析。

---

[1] (清)吴广成:《西夏书事》卷5。
[2] 《长编》卷135,庆历二年二月辛巳。
[3] 元人余阙在其《青阳先生文集》卷4对党项人评价曰:"其性大抵直质而尚义,平居相与,岁异姓如亲姻。凡有所得,虽箪食豆羹不以自私,必招其朋友。朋友之间有无相共,有余则予人;无即取诸人,亦不少以属意。"党项民众"直质而尚义"的性格与今天陕北人颇为相近。
[4] 谭其骧:《何以黄河在东汉后会出现一个长期安流的局面》,《学术月刊》1962年第2期。
[5] 《长编》卷277,熙宁九年七月庚午。

谭先生在文章中指出：黄河泥沙主要来自中游，而黄河中游地区又可分为三区：第一区，包括内蒙古河套东北角的大黑河、沧头河流域，和晋西北、陕北东北部、伊盟东南部的山陕峡谷流域；第二区，包括山西的汾水、涑水流域，陕、甘二省的渭水、泾水、北洛水流域，和河南弘农河流域一角；第三区，包括豫西伊洛河流域，和晋东南沁丹河流域。而且，对黄河下游水患起决定性作用的在于第一和第二区[1]。西夏时期今内蒙古河套东北角的大黑河、沧头河流域为辽所居，是辽天德军的所在地（今呼和浩特市东），有河濡、山后等众多党项部落散居这里以畜牧为业[2]。当然，从辽河清军、金肃军有农耕的情况推测，大黑河、沧头河流域也应该有规模不等的农业。但不管当时这一地区经济形态如何，其水土流失的程度应不及宋夏沿边地区，因为这一带基本为今天的土默特平原，自然流水对土地的侵蚀度远远低于黄土高原丘陵沟壑区。北宋时山西汾水流域的植被尚好。北宋群牧使欧阳修言："至于唐世牧地，皆与马性相宜，西起陇右、金城、平凉、天水，外暨河曲之野，内则岐、彬、泾、宁，东接银、夏，又东至楼烦，此唐养马之地也。以今考之，或陷没夷狄，或已为农田，皆不可复得。惟闻今河东路岚、石之间，山荒甚多，及汾河之侧，草地亦广，其间草软水甘，最宜养牧，此乃唐楼烦牧监地也，可以兴置一监。"[3]"山荒甚多""草地亦广"表明河东路存在大量的荒芜土地，农业开发的力度自然较小，所以才是放养马匹的理想场所。由此推断，其自然植被状况尚佳，水土流失的程度也应该不及宋夏沿边地区。环庆路以东宋夏沿边特殊的地貌特征，使得由垦殖引起的水土流尤为严重。从《黄土高原侵蚀程度分区图》上可以明显地看出今马莲河以东的白于山区—佳县—神木、府谷一线是黄土高原地区侵蚀度最高的区域，侵蚀度基本在"最强"或"很强之上"[4]。这虽然显示的是现在的情况，但一些基本的地貌、土壤并未发生太大的变化，因此有助于分析宋夏时期水土流失的状况。若拿此图与宋夏沿边城寨分布状况对照，会发现环庆路以东的宋夏城寨刚好处在今天黄土高原地区侵蚀最严重的地区。还需指出的是，从宁夏海原向东北，经甘肃环县，陕西志丹、绥德，山西临县、静乐一线为界，该线西北黄土的粗粉砂含量均高于30％，其东南粘土含量超出15％。故

---

[1] 谭其骧：《何以黄河在东汉后会出现一个长期安流的局面》，《学术月刊》1962年第2期。
[2] 汤开建：《五代辽宋时期党项部落的分布》，《西北民族研究》1993年第1期。
[3] 《长编》卷192，嘉祐五年八月甲申。
[4] 参见中国科学院：《中国自然地理·地貌》第六章"附图"，科学出版社1980年，第168页。

当地人称前者为"沙黄土",后者为"黄土"〔1〕。可以看出宋夏沿边基本处在"沙黄土"区,而"沙黄土"区由于土壤颗粒大,土质疏松,更易引发水土流失。综合这些信息,可以认为环庆以东的宋夏沿边地区是这一时期黄河泥沙的主要来源,而这些区域刚好是吸纳内附党项民众的主要区域。只要内附党项在这里开垦山地,就为黄河输送更多的泥沙,这一点也容易理解,恕不赘言。

同时看到,党项内附不仅使大量山地得到开垦,牲畜的数量恐怕也在增加,较大的载畜量也成为破坏自然植被的另一因素。张忠培先生将中国北方农牧交错地带的环境状况总结为"环境适宜—农业发展、文化兴旺—环境恶化—发展牧业、文化衰退—生态恢复、环境适宜—农业发展、文化发达—环境恶化"的模式〔2〕。学术界也一般用农牧进退的标准来衡量历史上农牧交错地带人地关系的和谐与否,笔者基本认同这一点;但需要注意的是,不可机械地将畜牧业—生态恢复、农业—生态破坏等同起来,历史上一些具体的情况需要作具体的分析。例如,内附党项不仅带来了农业的扩张,从文献中可以清楚地看出其内附时往往携有大量的牲畜,使得这一地区的畜牧业也得到了扩张。宋夏沿边的插花地与草地相间,根本不存在可供轮牧的草场,这样无疑增加了天然草场的生态压力,成为破坏植被的另一个因素,造成水土流失。近年来我国政府出台禁牧政策正是考虑到放养牧群会破坏天然植被的情况。实际上,不合理的农牧业对环境都有负面影响。

最后需要指出的是,我们绝不能把黄河泛滥的全部责任归咎于党项内附而引起的生态失衡,它只是其中的一个因素。事实上,北宋在宋夏沿边陈列重兵、修筑堡寨、战事频仍,加之宋时特定的气候、降水等人为的、自然的要素交织在一起,共同导致了黄河的频繁泛滥,不过详细解释这一重要的历史现象,就非拙文所能了。

本文原载《民族研究》2005 年第 4 期,收录时略有删减。

---

〔1〕 参见中国科学院:《中国自然地理·地貌》第六章"附图",科学出版社 1980 年,第 168 页。
〔2〕 张忠培:《河套地区先秦两汉时期的生业、文化与环境》,《中国文物报》2000 年 6 月 18 日。

14—18世纪浙南的海疆经略、海岛社会与闽粤移民
——以乐清湾为中心

谢　湜

前　言

在中国东南近海海域,特别是浙江、福建沿海,群岛和列岛星罗棋布,孤屿岛礁离散不一,许多近海岛屿又与陆地构成了一个个形态各异的港湾,整体上联缀成一串与大陆若即若离、蜿蜒漫长的岛链。这一岛链既是东南沿海人群长期从事海上经济活动、并通过不断迁移和互相接触形成的文化区域,也是历史上连接中国内地与东亚海域的重要贸易纽带。从宋元到明清,王朝海疆经略的转变对东南中国海域社会产生了深刻的影响。

我在闽浙沿海实地调查中发现,不同海域的岛屿之间,一方面展现出社会过程的相似性,另一方面又凸显了具体海域文化的差异性。比如在浙江南部沿海及海岛考察中,我访问了不少由闽粤移民建构的海岛社区,岛上方言、礼俗、民间信仰以及谱牒、科仪等文本样式,显露出强烈的闽粤文化色彩。这种观感触发我去思考:在具体的地域社会,不同人群如何因应帝国的海疆治理政策,塑造着海上生计方式和岛屿社会形态,并形成了家族组织和其他基于经济、信仰的社会组织。

在东南沿海社会史的研究中,近年来学者们对省界与籍贯问题有不少重要研究成果。如杨国桢指出,海上社会组织的边缘认同是以海域为单位的,有别于陆地社会组织[1]。黄挺以明后期闽粤之交海域活动为研究对象,讨论

---

[1] 杨国桢:《籍贯分群还是海域分群——虚构的明末泉州三邑帮海商》,载福建省炎黄文化研究会等编:《闽南文化研究》,海峡文艺出版社2004年。

了海洋社会群体的分类、地域关系和社群组织原理,并强调了海洋社群与陆上社群的密切联系[1]。对于16世纪闽粤交界海上活动人群的特质,陈春声认为,由于省界的存在对于官府行政和军事活动的制约作用,使具有"反官府"或"非官方"活动性质的人群得以利用这样的限制,在行政区域的界邻地方发展自己的力量,使界邻地区成为一个为其所用的具有完整性的区域。这也提示我们,作为社会史研究分析工具的"区域",是与人的活动联系在一起的[2]。受这些研究的启发,本文以浙南乐清湾的海域历史为例,对王朝海疆经略与海岛社会变迁之关系,以及海域人群的籍贯特质问题试作探论。

一、"转岐":乐清湾与海运

从唐代到北宋,浙东南地区的造船业有了长足的发展。瓯江上游的深山密林盛产木材,为造船业提供了有利条件[3]。随着官营造船场的设置,明州和温州曾达到每年合造600艘船只的规模,南宋时期因粮运锐减,造船额一度下降,但每年除承担打造大批战船外,粮船岁额还有340只,仍列全国前茅[4]。随着海上交通贸易的发展,私营造船业兴起,南宋政府一方面禁止州县非法科征民船[5],另一方面又不时征调民船前往杭州湾及长江口等处守隘,民船的数量遂有增无减,温州所属四县共管民船达5 083艘,其中面阔一丈以上的有1 099艘[6]。南宋时温州船场已能根据图纸来建造船舶。元代初年,军队就曾乘坐温州等地所造战船渡海征讨爪哇[7]。

在元朝海上漕运兴盛的时期,温州地区再次成为海运重镇,《永乐大典》中所见《经世大典》记载元代至顺年间海运用船的数额如下:

> 今已至顺元年为率,用船总计一千八百只:昆山州太仓刘家港一带,六百一十三只;崇明州东西三沙,一百八十六只;海盐澉浦,十二只……

---

[1] 黄挺:《明代后期闽粤之交的海洋社会:分类、地缘关系与组织原理》,《海交史研究》2006年第2期。
[2] 陈春声:《16世纪闽粤交界地域海上活动人群的特质——以吴平的研究为中心》,李庆新主编:《海洋史研究》第1辑,社会科学文献出版社2010年,第129—152页。
[3] 周厚才:《温州港史》,人民交通出版社1990年,第5—6页。
[4] 《宋会要辑稿》食货五十之六、一一,中华书局1957年,5659、5662页。
[5] 《宋会要辑稿》刑法二之一三七,第6564页。
[6] 《开庆四明续志》卷6《三郡隘船》,中华书局1990年,第5992—5993页。
[7] 周厚才:《温州港史》,第14页。

> 平阳瑞安州飞云渡等港,七十四只;永嘉县外沙港,一十四只;乐清白溪沙屿等处,二百四十二只;黄岩州石塘等处,一十一只;烈港一带,三十四只……[1]

据此可见,温州漕船数量曾达到年度用船总量六分之一的规模,其中又以乐清湾为最。《经世大典》还特别叙述了温州、台州地区因征调船户承运官粮令船户苦不堪言的情形,其中最典型的例子是温州路船户陈孟四,据说他将13岁的女儿卖与温州乐清县尉,得中统钞五锭,起发船支。《经世大典》的撰者认为"此等船户,到此极矣"[2]。元代海运船户之苦固然可窥一斑,然而,如此艰辛的生计,船户非但没有大量逃逸,而仍有成千上万人置身其中,想必有利可图。

宋元时期兴盛的海贸传统,不仅塑造了流动性极强的海上世界,也造就了滨海豪民的崛起。与温州乐清县毗邻的台州县份是黄岩县,"襟山带海,膏腴百万亩。其地日益垦辟,甍宇十万家,其民日益蕃庶。故凡赋输之富倍于旁邑,诉牒之伙复绝浙地"[3]。宋元时期历任县令在沿海水利特别是水闸的修筑上着力颇多,对农田开发十分重视[4]。

宋代黄子约曾写作《黄岩大家录》一篇,所谓的"大家",指的是活跃在乐清县、黄岩县一带的赵、黄、林、毛、盛、戴、丁、蔡、阮等大姓,据说当时有一绝句总括大姓名单:"宋室传耒十八家,左陈柔极派未赊。潘林于马表毛盛,戴杜朱彭孔葛车。"[5]南塘戴氏是"大家"其一,嘉靖《太平县志》所录《戴氏始基祖》提及南塘戴氏祖先的发迹过程:

> 南塘戴氏,祖初甚贫。篓操小船,取砺灰海上。夜半泊浦溆门,见有鼓乐船自海上来。比近岸,闻哭声,灯烛荧煌,就视之,乃空舟也。戴怪之,束火入舟中检视,金银货物以巨万计,中有香火祀铜马神。盖劫海贼船,为敌兵剿杀,堕水死,独遗其船在尔。戴取之,立族南塘,子孙富盛,过于泉溪,亦世世祀铜马神,俗呼为铜马神戴云。[6]

---

[1] 《永乐大典》卷15949《元漕运二·经世大典》,《四库全书存目丛书补编》第71册,齐鲁书社2001年,第146页。
[2] 《永乐大典》卷15949《元漕运二·经世大典》。
[3] 蔡范:《黄岩知县续题名记》,《赤城集》卷4。
[4] 万历《黄岩县志》卷1《舆地志上·水利》。
[5] 嘉靖《太平县志》卷8《杂志·大家录》。
[6] 嘉靖《太平县志》卷8《杂志·戴氏始基祖》。

这类海上偶获珍宝的传奇故事,在滨海地域的人群记忆中时常有之,其真实性固然令人生疑,不过大致反映了戴氏先祖的海上活动传统。

温台地区的"大家"子弟,在宋元更迭的时代嬗变中沉浮不一,据黄子约引故老之言:"江南多富家,水田亘阡陌,美木数万章,家僮千百指。垣屋周遭,撞钟列鼎,所居赀地,与公侯相埒,谓之素封。……蒙古之变,兵火连年,富室子弟逃窜转徙,强者去从军,带弓矢,犹冒官名为将军。弱者流落田间,不耐劳苦,死亡过半。"[1]与其他衰落的大姓相比,乐清戴氏在元廷统治时则实现了成功转型,任海运千户,为官府运粮。对往来于东南海域的达官文武迎来送往,左右取适。在元末,戴氏族人还派船护送南下征粮的户部尚书李士瞻到温州、福建沿海等地,李士瞻在《赠戴氏序》中盛赞了戴氏的高义[2]。值得一提的是,乐清戴氏与元末叱咤东南的方国珍势力之崛起有着密切联系。据《方寇始末》所载:

> 元至正戊子年杨屿方谷珍兵起。先是童谣云:"杨屿青,出贼精。"已而谷珍生,兄弟三人,长谷珍,次谷璋,后避高庙讳,改谷珉,次谷瑛,咸有膂力,善走及奔马。一日清晨诣南塘戴氏,借大桄木造矼,将入海货鱼盐。戴世宦,屋有厅事,时主人尚卧未起,梦厅事廊柱有黑龙蟠绕,屋为震撼。惊寤视之,乃谷珍,遂以女妻其子。[3]

至正年间,台州黄岩的方国珍集合了东南沿海及岛屿的众多山民、船户,雄踞海上,方氏与戴氏结为儿女姻亲,并在戴氏的协助下造船贩海,势力更得以提升。对于元末方氏据温时期与其他地方势力的纠葛分合及其对明初战事的影响,陈彩云已有详尽的讨论[4],此不赘述。

元代乐清县位于温州路与台州路的交界区域。县境西朝北雁荡山地东面临乐清湾,狭长的沿海平原上,有官道沟通了温、台州二路。宋元时期在这条官路上先后设置了土兵寨以及驿站。乐清湾是一片深浅不一的海域,大大小小的岛屿点缀其间,明代方志常将这些小岛列入《山川》的《山》加以叙述。在人们的观念里,岛即是山,是海中之山。之所以归为山,除了其高阜的形态,更重要的是"海舰皆由此出入","海舰皆以为准",即是说,这些形态奇特、位置险

---

[1] 嘉靖《太平县志》卷8《杂志·大家录》。
[2] (元)李士瞻:《赠戴氏序》,《全元文》第50册,卷1528,凤凰出版社2004年,第200—201页。
[3] 嘉靖《太平县志》卷8《杂志·方寇始末》。
[4] 陈彩云:《元代温州研究》,浙江人民出版社2011年,第392—413页。

要的海岛,是海船从外海靠岸的参照物[1]。

一些岛屿与陆地之间,在明代以前就有诸多固定航线,比如白沙海渡,就有旧置官船,从乐清县东摆渡往返玉环岛南社,距离120里,往返玉环北社,距离150里[2]。玉环岛是乐清湾东侧最大的一个海岛,至今亦是浙江省第二大岛,面积169.51平方公里,北临楚门半岛。据宋代温州永嘉人叶适的记载,宋代在玉环岛上设置了天富北监盐场,居民千余家,"坊巷绳引,间伍鳞次"[3]。元人陈高在其《重修灵山寿圣寺记》中称,玉环岛上"山隈多平地,居其隈者凡数千家,有佛寺宫八所,而灵山寿圣寺为之冠"。他还提到,元代以前寺院僧人主持了玉环岛的海塘修筑,使岛上聚落免于海潮之害[4]。

乐清湾被乐清沿海平原与楚门半岛、玉环岛及其他大小岛屿所簇拥着,这片海域在明代方志中亦称作"白沙海"。在楚门半岛与玉环岛之间,连接乐清湾与外海的楚门港,亦作"楚门海",据永乐《乐清县志》记载:

> 白沙海,出县东南,横亘三百余里。居县之东为白沙、赤水、莆岐……温岭,转至玉环而止;居县之西为石马、章奥、三屿……至象浦而止。南望海之外则有青屿、倪奥、灵昆,东望海之外则有玉环、鸡笼、洋青、鹿西,横列海旁,历历可数。海居县东,至岐头折而南,波涛崩激汹涌,凡海舰西入郡城,至此必叙舟,谓之"转岐"云。自折叠奥,次黄门,次钱坎,次小鹿,次茅岘,次台州驴洋至台州松门寨。

> 楚门海,一名楚门港,去县东南一百九十里,港门之外,则海洋无际,海舰由此出入。[5]

"叙"是停船靠岸的意思,也就是说,基于白沙海的海域环境特质,温州外海来舶常常停靠其海域周边的岛屿及沿海港口,进而开始转运。这种海域交通特质,使得白沙海亦即乐清湾及其周边海岛,成为海上人群活动相当活跃的一个区域。

"转岐"贸易的规模,不局限于东南岛际贸易,还连接着南中国海更为广阔

---

[1] 可参永乐《乐清县志》卷2《山川·山》窑奥山,大、小乌山,苔山,大、小青山,南岸山,东、西门山,大、小竹冈山,楚门山诸条,古籍书店1964年,第3b、9a—10a页。
[2] 永乐《乐清县志》卷6《津渡》。
[3] (宋)叶适:《叶适集·水心文集》卷21《宜人郑氏墓志铭》,中华书局1961年,第401—402页。
[4] (元)陈高:《不系舟渔集》卷12《记·重建灵山寿圣寺记》,1928年《敬乡楼丛书》铅印本,第24a—25a页。
[5] 永乐《乐清县志》卷2《海》。

的区域。即使在厉行海禁的明初,太祖对温州海贸也另眼相待。洪武二十年,温州民人买卖暹罗国沉香,本应以"通番罪"弃市,结果皇帝发话:"温州乃暹罗必经之地,因其往来而市之,非通番也。"[1]民人得宽释。尽管海贸传统未断,海上漕运亦继续依赖东南沿海的船民与船舰,直至永乐宣德间,温州仍为重要的海舰建造基地[2],然而,明帝国的海疆策略已经开始转变。

二、楚门备倭与玉环遣徙

元初建立的海漕体制,容许两浙漕户通过夹带私盐等手段牟利,到了元末,由于负担繁重,很多船户贩盐逃役,遁为岛寇,聚为方国珍等海上强大势力。明初编里甲,厉海禁,方氏旧部中船户众多,骤失暴利,遂有"兰秀山之乱"。明廷平乱后,方氏旧部被编入沿海卫所[3]。关于明初温台地区大族的不同遭遇,嘉靖《永嘉县志》叙述如下:

> 及皇明天兵南下,方氏归降,楠溪诸大族若戴希周、玄明、彦章、文奎、张伯韫、仲辉、谢德明、董孟明、孟夷、金伯仁、李士允,凡有职事者皆南徙。寻因逃归,或以事被诉于朝,皆坐罪谪,甚者抄没典刑。洪武十年春,朝廷差右参政同方明敏由鄞至台、温,起取旧食方氏禄者赴京,三郡行者万计。比到,置之扬州等域,每一名与兵后荒田五亩,设头目管辖,开垦耕种。彼三十年间,诸豪强一时窃位苟禄,及互相戕贼,卒致身家覆灭,子孙播迁。[4]

洪武时期的岛寇倭乱来自方、张余部,其籍入卫所者,安身于沿海州县,这批入卫军士与其他桀骜逋逃者,生命周期均在洪武末年结束,故沿海暂安[5]。这种情形更加促使了明廷将东南海疆经略转为防守。此外,从永乐《乐清县志》和嘉靖《筹海图编》的相关记载可知,洪武二年和六年,倭寇曾两度洗劫温州永嘉、玉环滨海地区。洪武七年平海后,朝廷在乐清湾一带兵防设置

---

[1]《明史》卷324《暹罗传》,中华书局1995年,第8397页。
[2] 陈彩云:《元代温州研究》,第101—102页。
[3] 参陈波:《海运船户与元末海寇的生成》,《史林》2010年第2期;《兰秀山之乱与明初海运的展开——基于朝鲜史料的明初海运"运军"素描》,收入《舟山普陀与东亚海域文化交流》,浙江大学出版社2009年。
[4] 嘉靖《永嘉县志》卷9《杂志·遗事·楠溪据守始末》。
[5] (明)郑晓:《吾学编》《皇明四夷考卷上·日本》,刻本,第36a页。

的战略意图非常明显，即是以松门卫统辖的楚门千户所和隘顽千户所为骨干，锁住乐清湾的咽喉之地，复以楚门寨和十多个烽墩，散置于楚门半岛及乐清湾内诸岛，而把面积最大的玉环岛置于防守范围之外[1]。洪武二十年，朝廷下令徙悬海居民于腹里，宋元时期设置于玉环岛的楚门海渡、天富北盐场盐课司、北监巡检司都被革去。此外，岛上始建于五代、宋元时期的寺院如福生院、福严院、谷顺院、灵峰院、普济院都因此被废弃[2]。

据永乐《乐清县志》的《里至》《山川》《古迹·乡社旧址》诸记述，可知明初以前玉环岛上设有玉环乡南、北二社，"洪武二十年徙悬海居民于腹里，其地今为荒墟"[3]。志中《坊郭乡镇·乡都》的记载，则反映了洪武海岛遣徙后的区划，新的玉环乡都图情况为：

  玉环乡，里名三十三，竹冈、横山、樊塘、三山、芳杜、钱奥、徐都、蒲田、清港、渡头、田奥、枫林、小间、上湾、横塘、陈司徒、羊坑、鱼井、水动、章奥、陵门、后湾、江绾、骊头、芦殊、箸奥、炎奥、邢田、下奥、石龟、郑奥、庄头、金田、北社。今管都三，计图三十三，三十二都管图十六，三十三都管图九，三十四都管图八。[4]

上述三十三个里名中，竹冈、横山、樊塘、三山、芳杜、钱奥、徐都、蒲田、清港九个里同见于另一个乡山门乡的里名中，这是否反映了当时徙民安插的情形，尚待考证，更待追述的问题还在于海岛人群的动向。

从明初至清初，王朝对于浙江海岛的整体经略，长期存在弃与守之间的两难抉择，部分岛屿较早被纳入海上漕运体系，后来逐渐难以控制，部分岛屿曾被纳入卫所军事管制体系，此后军卫趋于松懈，部分岛屿在历次征战后长期被弃守。从洪武十九年开始，一部分海岛居民面对迁遣，就有留驻和开复海岛的要求，并非所有海岛居民都迁入内地。此点笔者另有专文叙述[5]。当永乐年间海上漕运体制逐渐为运河漕运体制所取代之后，船户、军丁进一步失去从事海上漕运并挟私贸易之便利，许多人脱离了官府控制，或留居海岛，私垦私煎，舟随渔汛，收鱼盐之利，或串合入寇，航行于东亚海域，从事长途贸易。据

---

[1] 永乐《乐清县志》卷4《军卫》；(明) 胡宗宪：《筹海图编》卷5《浙江倭变纪》，解放军出版社、辽沈书社1990年，第16册，第411页。
[2] 永乐《乐清县志》卷4《廨舍》、卷5《寺院》、卷6《古迹》。嘉靖《太平县志》卷8《外志·古迹》。
[3] 永乐《乐清县志》卷1《里至》、卷2《山川》、卷6《古迹》。
[4] 永乐《乐清县志》卷3《里至·坊郭乡镇·乡都》。
[5] 谢湜：《明清舟山群岛的迁界与展复》，《历史地理》第32辑，上海人民出版社2015年。

嘉靖《筹海图编》载:

> 楚门所……南隔一小港为玉环山,周围百里,旧有民居。国初遣入内地台、温二境,乃贼去来泊船之渊薮也。对岸则温州府蒲岐所,近被势豪据以耕种。夫耕田则起屋,起屋则招贼。衅端虽不宜开,然当事者谁肯任怨哉?又由西北至太平城江下地方,谓之东门港,沿山滨海而行,山林密茂,水港出入。[1]

显然,自海岛徙民之后,玉环岛成了海贼来去泊船之渊薮。对岸的温州府蒲岐所则面临着垦田兴聚与清野防海的利益矛盾,沿山滨海地区的河港,在军事防卫上也存在隐患。种种情势的演化,促成了成化年间太平县的设立。

三、太平析置与倭寇漳贼

在海岛弃守、沿海布防的同时,明初地方官的州县治理面临不少问题,永乐《乐清县志》所述明初知县宦绩,较多体现在对"僻居山海,素不服役"乃至"啸聚劫掠"的山民的剿抚善政,譬如洪武三十年任乐清典史、三十五年升知县的朱约,洪武元年任县丞、后升浙江行省都事的袁英,就是典型官员[2]。

不过,直到宣德年间,治理效果似乎并不乐观。明代温州永嘉人姜淮所著《岐海琐谈》搜集了不少温州地方掌故,其中一则叙及江西人何文渊任知府时的政绩,其文曰:

> 宣德庚戌,何公自宪台出守温,乐清为属邑。濒海之民去县远,罕至官府,若一闻呼召,则心魄丧失,潜匿窜伏,间有被获而至官。吏视之若(得)狼虎然,鞭笞之,禁锢之,或死于狱,或破荡产业,然后得释。以故民视官府如雷霆地域,不敢轻出。或聚徒抗拒,构辞连年,殃及无辜。[3]

另有一则名为《粒沙殄牙》的掌故,则讲述了温州卫军余黄三粮"怙势作威",后来终被何文渊收拾的故事[4]。宣德、正统年间,温、台二府界邻山区的行政疲难愈演愈烈,特别是黄岩县,"民或依山傍海,呼召猝不能至,征徭赋役往往

---

[1] (明)胡忠宪:《筹海图编》卷5《浙江事宜》。
[2] 永乐《乐清县志》卷7《宦绩》。
[3] (明)姜淮:《岐海琐谈》卷3《七八 何公守温》,蔡克骄点校,上海社会科学院出版社2002年,第40页。
[4] (明)姜淮:《岐海琐谈》卷3《七九 粒沙殄牙》,第40页。

后时,甚或相率逃避,虽有贤守令,弗能治用"[1]。正统九年,江西人周旭鉴任台州知州时,黄岩县"民性凶犷,尚告讦,俗小忿,动以兵斗。其豪黠者,把握官府短长,以张势射利。吏稍与龃龉,即群起媒蘖。以法褫职去者接踵"。周知州"力行政教,且爬梳其逸,蠹山海寇,出设方略,剿除殆尽……奏减军需,及风伤田禾,度逋税不能偿者,达于监司,议代以钞。编户赀产高下之数,悉籍记之,遇役则据以差其轻重"[2]。力求恢复地方秩序。

鉴于温、台界邻一带治政疲难的情况,成化五年,朝廷从黄岩县析出南部毗邻乐清县的3个乡21个都,设立了太平县[3]。对这一番析县的举措,当时存在争议,譬如时任按察司佥事的林克贤,就上书力言分县之弊,明代谢铎的《赤城后集》收入其《上分县封事》,该文阐述了二县徭役民更难应、西乡南乡不能相通而令民失教养、官府急功近利归罪于地方、新添事务必定累及商民、饥馑之秋追征钱粮以致窦政更张等五点理由[4]。一番博弈之后,太平设县得以实现,清代县志对此有一番记述:

> 立县之议,始于郡守阮公勤,以太平、繁昌等乡离黄城远八九十里,界连温属,征徭呼召,鞭长莫及。具奏添设县治。北山林给事克贤在都闻之,上封事,力言无故分割、重新经造分县不可者五。部已覆准,不能阻也。初议县立于半岭,距今治东南二十里地平旷处。继之又议在温岭,嫌水轻,兼迩海。故立百千山下。林氏老人私叹曰:"泉溪立县,吾族子孙科第无望矣。"盖逆料后日筑城,其先坟墓来脉所在必有挖伤也。[5]

林氏叹惜风水受损之记载颇值得玩味,据林克贤墓表之述,林克贤一族据说来自福建,定居太平泉村已十几代。太平泉林氏是否就是《黄岩大家录》所提到的林家(按:《大家录》称"林即林伯和之族,里语云林有珠海半横车浦,谓六族,皆同始基祖,而散居各处云"[6]),他们在明初地方扮演何种角色?与分县事又有何纠葛?还有待日后挖掘资料详加讨论。

---

[1] 嘉靖《太平县志》卷1《地舆志上·疆境》《章恭毅公纶新建县治记》。
[2] (明)费宏:《费文宪公摘稿》卷16《浙江右参政知台州事周公传》,《续修四库全书》第1331册,上海古籍出版社2002年,第581—583页。
[3] 嘉靖《太平县志》卷1《地舆志上·沿革》。
[4] (明)谢铎:《赤城后集》卷3《林克贤上分县封事》,徐三见点校,中国文史出版社2007年,第316—319页。
[5] 嘉庆《太平县志》卷3《建置志·城池》。
[6] 嘉靖《太平县志》卷8《杂志·大家录》。

成化五年析县后,第一任县令为常完,由江西彭泽调至,县治初设,经理营建悉出其手,未几,坐罢免去。第二任知县袁道,于成化十年来任,执政有方,上任之后审清冤案,颇得民心,当时"黄岩县有贼杀捕盗官姜昕者,民惊悸甚,相率据户竖白旗,几至激变","盗贼充斥,豪民持官府短长,武断乡曲以为利"。袁道劝谕乱民收旗归顺,行保伍法,纠察奸细,廉请耆宿,疏治迂浦,闸兴水利。在一番励精图治之后,社会秩序得到安定,据说还吸引了乐清县民意愿加入太平县[1]。于是,围绕新县的增扩,又有一番波折,据县志记载:

> 邑西乐清民闻其风,皆愿属焉。乃奏割东南凡六都隶吾邑,然不善。事上官府,符下,设有令,非其令违民好,公执而不行。郡守刘公忠憾之,欲以法中公,调无他过。[2]

从这段记述来看,乐清东南六都割入太平县的方案,一开始没有获准,袁道本人也因此与上司交恶。然而,乐清割属在成化十二年终得实现[3]。如此看来,乐清割属的议题,几乎是在成化十年袁道上任伊始就开始运作。至于其主要动力,是民心所向还是官场角逐?是太平扩县还是乐清推诿?大概就很难去细细追究了。

乐清六都割入太平县之后,新的都图编排也随之编订[4]。比较前引永乐《乐清县志》关于玉环岛迁徙后的玉环乡的都里名录,可以发现,此次太平设县只是将迁徙后的玉环乡全部划入,也就是说,玉环岛依然处于迁弃状态。

关于太平设县后的治理,嘉靖《太平县志》的纂者笔调较为奇特,他在《职官志》中对太平创县初期袁道等官员的施政表示肯定,同时也毫不隐晦地批评了成弘以后诸多官员短于吏治[5]。从太平泉林氏的例子,我们可以粗疏摹绘一个地域图景,即是从宋元到明,乐清、黄岩界邻一带,包括白沙海以及黄岩海域的人群和社会,始终与王朝施治保持着不即不离的关系。太平县的设立表明了明廷的治理决心,然而,在不同层级的官员之间,以及地方势力与官府之间,还存在不少利益的纠葛,使得每次区划调整都存在争议。

从明初迁弃海岛,到明中期设立太平等滨海新县,明帝国的海防局势,海

---

[1] 嘉靖《太平县志》卷4《职官志上·职官名氏·知县》。
[2] 嘉靖《太平县志》卷4《职官志上·职官名氏·知县》。
[3] 嘉靖《太平县志》卷1《地舆志上·沿革》。
[4] 嘉靖《太平县志》卷2《地舆志下·乡都》。
[5] 可参嘉靖《太平县志》卷4《职官志上·职官名氏》所列刘用、樊轩、罗政、吕川、邹山龄、刘友德诸传。

上秩序亦愈发复杂。在宋元时期,温州、明州的海上豪强,在浙闽海域叱咤风云,宋代文献称其为"温明之寇",或"北洋之寇",例如南宋真德秀的文集中录有《海神祝文》,其文曰:

> 比者温明之寇来自北洋,所至剽夺,重为民旅之害。舟师致讨,稍挫其锋,而余孽尚蕃也。倘弗即扑除,则其纵横海道未有穷已。某既大集官民之兵,俾往迹捕,然鲸波浩渺,实为危道,非神力助顺岂能必济?〔1〕

入明以后,倭患频发使得东南海防日趋紧张。据万历《黄岩县志》所述,明初沿海"沿海筑城置将,皆以备倭为名。弘治以后海氛无警,军民缓带咽哺,上下恬然,不以东夷为意,海防渐弛,而奸商巨贾阑出不禁"。嘉靖二年宁波"争贡"之后,明廷厉行海禁,倭乱问题则愈演愈烈,使得"襟连溟澥,为倭帆必经之冲"的黄岩地区海防难以招架〔2〕。在倭乱与抗倭的历史过程中,浙南海域有一个突出的转变,即是大量闽南人盘踞于此。嘉靖《太平县志》强调了这一变化,志称:

> 昔之为寇,一谓倭也,今之为寇,二谓漳贼也,与导漳之贼也,而倭不与焉。〔3〕

据《蒲岐所志》记载:"嘉靖六年丁亥,闽广蜑丁泛舟寇境,备倭把总白文捕之。"〔4〕姜准在《岐海琐谈》中也记载了嘉万年间倭乱之剧烈,如嘉靖三十七年初,倭寇攻打县城,四出焚劫,"至夏六月乃捆载而去。两乡死者无算,往往堙井为之腥"〔5〕。到了万历中期,沿海民众仍然闻倭色变,据姜准记载:

> 万历辛丑三月二十七日,有倭船二只,以风雾梢泊桐盘山,网墨鱼人被劫而归。永嘉场诸乡遂哄传倭警,居民奔避。各所及乡堡俱戒城守。越数日,蒲岐所报有异船在后塘行驶。又磐石卫关外望见苏州商船七只。群讹传倭至,溪乡、江乡、河乡居民多奔入府城。〔6〕

倭警之间,姜准所述聚落人居之分布情形值得关注,首先是所谓"各所及乡

---

〔1〕(宋)真德秀:《西山文集》卷54《海神祝文》,《文渊阁四库全书》第1174册,台湾商务印书馆1986年,第858页。
〔2〕万历《黄岩县志》卷7《外志·纪变》。
〔3〕嘉靖《太平县志》卷5《职官志下·兵防·军政考格》。
〔4〕《蒲岐所志》卷下《杂志·寇警》。
〔5〕(明)姜准:《岐海琐谈》卷9《三○三 乐清御寇》。
〔6〕(明)姜准:《岐海琐谈》卷9《三○八 讹传倭至》。

堡",在磐石卫、蒲岐所这些卫城所城之外,乡堡之设是明中后期聚落变迁的突出表现。关于各乡堡的建造及规模,康熙二十五年刻印的《温州府志》有较详细的记载:

> 县后堡,在乐清县后,居民即旧城翼,其两旁附县城后;
> 鹎渚堡,在乐清十五都后塘,明嘉靖间知县欧阳震谕筑,周三百丈,门六;
> 寿宁堡,在乐清县窑岙,明嘉靖间邑人朱守宣倡筑,周五百丈,门五;
> 永康堡,在乐清县竹屿,明嘉靖间筑,周四百丈,门三,河洞三;
> 福安堡,在乐清县十七都濩前,明嘉靖间筑周四里,门四,水洞二;
> 宁安堡,在乐清县三都郭路,明嘉靖间筑……〔1〕

民堡的出现是地方武装大量兴起而且得到官方默许的表现。在万历"倭警"中,还出现"溪乡、江乡、河乡居民多奔入府城"的情况,对于这些滨海沿江的居民来说,江海之交的世界尤其不太平,除了海上寇盗,还有江上豪强的威胁。据姜准所述,当时瓯江上还有一位赫赫有名的黄老爷,其文称:

> 瓯江入夜潮平际,辄有盗伙驾船摽掠,或往海口劫夺渔船。咸是乐清湖头黄姓族属,每自称曰"黄老爷"。人因所称目之,遂成贼号。张守国谦侦知为害,密访贼众若干,擒而治之,囊木于首,置诸江干,禁绝赍送,次第就毙。江中敛戢几二十载。〔2〕

在倭警与战乱之间,社会日常生活的情态也值得考察。从嘉靖《太平县志》关于风俗嬗变的一些描述来看,从明中期到后期,温台地区不论是聚落结构还是社会风气,都有了较大的改变,志中也提到"漳贼倭寇"造成的影响,其文曰:

> 国初新离,兵革人少,地空旷,上田率不过亩一金……至宣德正统间稍稍盛,此后法纲亦渐疏阔,豪民率募浮客耕种,亩税什五,任侠之徒时时微官府短长,把持要结……至成化弘治间,民寖驯善,役轻省费,生理滋殖,田或亩十金。屋有厅事,高广倍常,率仿效品官第宅……正德中年以来,寖复贫耗,无高訾富人。郡西北界高山,岭峻,溪流悍急,大商贾不通,又无薮泽之饶,特东南濒海以鱼盐为利,比年海舶被漳贼倭寇率亡其假贷母钱。〔3〕

---

〔1〕 康熙《温州府志》卷5《城池》。
〔2〕 (明)姜准《岐海琐谈》卷9《三二六 贼盗黄老爷》。
〔3〕 嘉靖《太平县志》卷2《地舆志下·风俗》。

前已提到,宋元至明代前期活跃于浙江海域的"温明之寇"、"北洋之寇",其海上地位已逊于"漳贼"与"导漳之贼",到了明中后期,浙南滨海沿江地区的水域日渐形成游离于官方控制之外的权势格局。

对于明中后期倭寇和海盗问题的产生与明朝海禁政策的关系,陈春声认为,明嘉靖至清康熙前期,东南沿海社会经历了急剧动荡、由"乱"入"治"的过程,原有社会秩序和地方权力结构发生了重大变化。嘉靖海禁的实施,正好发生于东南沿海商品货币关系空前发展,商人和地方势家力量增强,社会组织和社会权力结构转型的关键时期,从而引发了长达百年的东南"海盗"之患。从嘉靖后期开始,能够自由来往于海上,并操有实际海上利益的,绝大多数是违法犯禁的武装集团,其中又以活跃于广东、福建界邻海域的所谓"漳潮海盗"牵连最广,影响最深[1]。这一观点启示我们将海上动乱、海防政策与沿海社会的转型作为整体过程加以考察。对于乐清湾的寇乱新动向,嘉靖《太平县志》有一段重要的叙述:

> 凡漳贼与导漳之贼,率闽浙贾人耳。贾赢则以好归,即穷困则为寇,顾其人不皆武勇,然而官军恒畏之,罔敢与敌者。予尝备询其故矣,盖兵之所仰者食,或粮给不以其时则饥,又其人率以商贾为活,不闲操练,弱弓败矢,置之废橐,是教之不豫也;武职官皆生长兹地,素不能服属其众,是令之不严也。[2]

该志明确地指出,所谓"漳贼"和"导漳之贼"等亦商亦寇的海上武装力量,海防军兵出于物资短缺,不得不倚仗于这股力量,遂造成地方海防的掣肘乃至实际运作的虚与委蛇。这种利益的关联正折射出嘉靖中期以后寇乱与海上商贸的关系,寇乱不止,并非全然归咎于兵防之衰颓,滨海失序,也不一定导致海贸受阻,实际的情形或如地方志所言:

> 远而业于商者,或商于广,或商于闽,或商苏杭,或商留都。嵊县以上载于舟,新昌以下率负担运于陆,由闽广来者间用海舶。[3]

这样的一个海上世界,为南明时期东南诸政权提供了海上割据的有利环境。

---

[1] 可参陈春声《嘉靖"倭患"与潮州地方文献编修之关系——以〈东里志〉的研究为中心》,《潮学研究》第5辑,汕头大学出版社1996年,第65—85页;《从"倭乱"到"迁海"——明末清初潮州地方动乱与乡村社会变迁》,《明清论丛》第2辑,紫禁城出版社2001年,第73—106页。
[2] 嘉靖《太平县志》卷5《职官志下·兵防·军政考格》。
[3] 嘉靖《太平县志》卷3《食货志·民业》。

四、迁界、复界与玉环招垦

南明时期,东南诸政权利用了近海岛链在岛际贩运以及长途海贸方面的便利,隐匿追剿,争锋角力。贺君尧、张名振、黄斌卿等南明部将都曾盘踞玉环山,或劫掠,或征渔税。在这段"海上藩镇"[1]时期,如玉环岛一般的近海大岛,亦成为海上兵家必争之地。据张麟白《浮海记》记载,顺治四年贺君尧与张肯堂"联入浙,至温之玉环山——其故治也。洋中鱼利,不下万金;时值初夏,鱼船正盛,轻重税之,所得不赀"[2]。贺君尧在崇祯末年任温州参将,顺治三年清军攻入温州后,逃海投奔鲁王部下周鹤芝,并随其入福建。后来在福建招募洋船五十余艘杀回玉环,显然,玉环岛可观的渔税,是贺君尧据岛屯兵的资本。

到了顺治十二年(永历九年),玉环山被陈文达占据,并成为郑成功海上"四屯"之一。所谓"四屯",是指永历九年秋九月郑成功驻厦门(并改为思明州)后,部署各地驻兵,令"张煌言驻临门,陈文达驻玉环山,阮春雷驻楚山,牛头门亦宿劲旅,遥为犄角相声应"[3]。陈文达为温州人,清初活跃于乐清湾一带,蒲岐成为其造船基地[4]。据《蒲岐所志》载:

> (顺治)十八年辛丑,郑成功寇党陈文达、阮禄掠边海村坊,朝议诏濒海居民入内地,至康熙十年旨谕展复故里。[5]

就顺治十八年迁界令的整体而言,针对的是清廷无法掌控的浙闽岛寇势力。温台一带的迁界,主要就是为了对付盘踞玉环岛的陈文达势力。在乐清湾沙门岛上,百姓手中还流传着一本撰于晚清、题作《西门志》的长篇诗歌,其中叙及明末清初乐清湾之战事时写到:

> 明朝将没江山乱,李闯争夺动刀兵。天崖海角俱摇动,海洋强盗乱纷纷。

---

[1] (清)阮旻锡:《海上闻见录》卷1,《台湾文献史料丛刊》第24种,台湾大通书局1987年,第6页。

[2] (明)黑甜道人张麟白:《浮海记》,《台湾文献史料丛刊》第309种,第13页。

[3] (明)查继佐:《鲁春秋》《监国纪》,《台湾文献史料丛刊》第118种,第69页。

[4] 《明清史料》丁编上册第三本《温台贼势重大残揭帖》,《明清内阁大库档案系列》,国家图书馆出版社2008年,第423页。

[5] 《蒲岐所志》卷下《杂志·寇警》。

掳掠不闻男和女,烧杀何用富与贫。温州总政无法治,文书投递乐清城。

令令告示墙上贴,限传地保各乡村。近海居民遭贼难,遣界内地可安身。

任官判□各依从,谁人不愿贼相同。各乡遣界俱不晓,西门遣界小芙蓉。

拆舍居房皆搬运,万物无存一山空。海洋来了陈文达,烟基山顶立寨营。

交结姻亲蜒头寨,贼兵往来闹盈盈。每年贼母寿旦期,号跑连声震天门。[1]

据诗中所述情形,迁界令下达之后,海岛各乡面临突如其来的遣徙,居民骤然搬迁,互不知晓安插地点。乐清县在迁界中总计遣弃田地山池3700多顷,迁移人丁近7万[2],太平县迁弃田地山塘2393顷[3]。在这一波大迁徙中,位于乐清沿海的盘石卫、蒲岐所、蒲岐后所这三座明代修筑的卫所城池也被废弃[4],与海中诸岛一样,成为陈文达等枭雄安营扎寨之处。

清廷在顺治十八年八月发出了安插迁界移民的指示[5],而实际的安插效果不尽如人意。浙江巡抚蒋国柱在康熙五年上疏称,浙江宁、台、温三府"界内荒田招垦九万余亩,尚有水冲沙压一十六万二千一百余亩,旧课未除,莫敢承佃,此界内田土之无征也"[6]。也就是说,界内土地本身就面临着赋役不清的困境。乐清县的情形亦不例外,该县康熙二年就出现"遣徙扦界田地、丁口额数不符"的情况,官府有意"重行丈量",却面临"明季鱼鳞失籍,茫无考据"的窘境[7]。康熙初年,太平县的役困问题亦令人堪忧[8]。

这些迁界后出现的问题,说明了迁界令下的徙民安插,并不是在沿海府县赋役户籍已经整饬的基础上进行的,相反,滨海的迁界徙民与州县的秩序重建处于同一时态,在迁界之后兵荒不平的情况下,土地实际占有格局的和赋役的

---

[1] (清)郑茂国:《西门志》,乐清县雁荡镇岙里村藏,第3页。
[2] 康熙《温州府志》卷9《贡赋》。
[3] 康熙《太平县志》卷3《田赋志·土田》。
[4] 康熙《乐清县志》卷2《建制沿革·卫所 附》。
[5] 《清圣祖实录》卷4,顺治十八年八月己未。
[6] 《国朝耆献类征初编》卷152《疆臣四》,明文书局1985年,第551页。
[7] 康熙《乐清县志》卷3《贡赋·土田》。
[8] 康熙《太平县志》卷3《田赋志·役法·国朝正役》。

具体征派,仍然十分混乱。

《西门志》中的"西门迁界小芙蓉",说的是西门岛的居民被安插到乐清芙蓉镇。关于迁界后芙蓉镇的状况,乾隆《温州府志》的《盐法志》有所记载,志称:

> 康熙三年……温台各场地临滨海,顺治十八年间奉旨迁徙,界外灶无煎办,商无买补,前经盐臣萧震酌议,将温、台二所引商改于杭、绍二所买补行销……界内摊沙起灶之所,则有册报永嘉县之茅竹岭、瑞安县之飞云渡、乐清县之芙蓉岭等处。其灶丁之粮、地亩之税,俟奉旨开煎之日确有定数,照例派纳。〔1〕

显然,"界外灶无煎办,商无买补"的盐政困境,推动了官方在界内"摊沙起灶"的改革,其针对的人户,一部分即是自沿海及海岛安插而来的灶户。对于这一番盐法改革的由来,后世的光绪《乐清县志》有一段简扼的回顾:

> 国朝防海徙界,长林诸场灶丁不复烧煎,民食杭盐,价昂数倍,穷民每多食淡。自制台赵廷臣具题内地开煎,因之白沙、芳杜、大小芙蓉等处摊沙起灶,民不苦无盐……穷则变,变则通。今法榷盐商行远不行近,近民既不得买商盐,又不得自食其盐,即官府所食皆私盐也。律贯肩挑、背负而逻者率执之。顾鬻法纵稛载者,徒罔民而利盐捕耳。盖通之以盐票乎,出境执之可也。〔2〕

穷则思变,"摊沙起灶"主要是以界内开煎为主题的、安插迁界灶户的权益应对,这一调整思路继续突破,则促成了"盐票出境"的改革。这一类的新政策在黄岩、太平县一带也得到了不同程度的实施,据康熙《太平县志》载:

> 平邑编立里递,各有一定赋税,轮役催办。今请于每递中各立盐户一名,给腰牌,令赴场与旧盐户一体煎烧。更拨外郡之巨商赍引至场,支递户所煎盐,估值投县算,销其额赋。以惠民,以足国,以通商,一举而三,善备矣。〔3〕

有了"腰牌",新立的盐户得以随旧盐户同往盐场煎烧,所煎之盐也得以抵消其田赋之额。

---

〔1〕 乾隆《温州府志》卷11《盐法》。
〔2〕 光绪《乐清县志》卷5《田赋志·盐法》。
〔3〕 康熙《太平县志》卷3《田赋志·盐课》。

整体上看，顺治十八年迁界后，滨海地方实际的赋役、盐政困境，触发了役法和盐法的改革，实质上也促成了复界的渐次展开。黄岩、太平县的邻县临海县，渐次复界的趋势就十分明显，据康熙二十二年《临海县志》称：

> 国朝顺治十八年，沿海扦遣都十有九，图五十。康熙十年展界复图三十有七……始因寇警而扦遣，继因民穷而复界，不十年间已复十之七。海波渐平，将来势必全复。〔1〕

浙江沿海及岛屿的展复是一个渐进的过程，并非一蹴而就。太平县"自康熙八年展复，弛前禁，边民仍归外地筑室垦田，康熙十年审编……康熙二十年界外开荒成熟者是约十之九"〔2〕，到康熙二十二年郑克塽投诚之后，复界全面展开，其时楚门一带尚属荒塗。到雍正年间，自明初被迁弃、一直孤悬海上的玉环岛，终于设置了行政区划，雍正六年，"总督李卫题准展复玉环山，设玉环同知，析太平二十四、五、六等都原属玉环乡地以附益之。"正式成立了玉环厅〔3〕。

雍正十年修纂而成的《特开玉环志》，不仅记载了新设玉环厅诸建置，还保存了玉环展复过程的题奏批复文书，呈现了展界的复杂过程及所涉问题。在这些文件中，李卫的题本详述了玉环设厅的必要性和复杂性，其中提到：

> 台州府属太平县及温州府属乐清县之间海滨不远处所，有玉环山，地方辽阔。自迁徙之后，未曾展复，无籍游民，多潜其中，私垦田亩，刮土煎盐，及网船渔人，搭寮居住，渐次混杂。虽经禁逐，仍恐朝驱暮回，即有巡兵，亦恐通同容隐……玉环山虽孤悬海面，然由彼而之内地，各有港口……又各呑口有潮水浸灌成滩者，尚可煮盐……从前督抚诸臣非不见及于此，而究未议作何保安者，一则恐外来认垦之徒奸良难辨；一则恐垦熟之日私卖下海；一则恐添设官兵所费不赀故也。臣等愚见以为，垦户若听其四方纷杂而来，实难稽查。方今生齿日繁，即以浙地温、台而观，良有人多地少之势，莫若就本处近地之人，查明根底，由地方官取结给照往垦，其他闽、广无籍之人，概不收录，则奸良不难分晰矣。〔4〕

李卫的题奏有很大篇幅是针对复界后如何招垦的问题。他在奏疏中多次

---

〔1〕 康熙《临海县志》卷1《舆地·坊都》。
〔2〕 康熙《太平县志》卷3《舆地志·乡都》。
〔3〕 光绪《玉环厅志》卷1上《舆地志·沿革表》。
〔4〕 雍正《特开玉环志》卷1《题奏》。

指出,闽、广无籍之徒的冒垦,就是导致奸良杂处之祸端,因此李卫坚持要"查明实系太平、乐清两邑籍贯无过之人,取具本县族邻保结移送,该令给与印照,计口授田。一切闽、广游惰及曾有过犯者,概不准其保送"[1]。

之所以限定太平、乐清两县人户入垦,显然是因为玉环厅是析太平、乐清之地而合成,此次开界,自然首先照顾被遣之民。不过,迁界的过程看似统一步调,而复界安插过程却颇为混乱,不是简单的迁界的反过程。实际的情况是,"富豪势力之家,本土有田可耕,有庐可居,断不肯挟妻子亲戚,舍旧图新,反事旷闲之地,不过假立垦户,招雇工人代为力作。若辈往来无常,既不同于土著之垦户,兼并营私,反令无业穷人不得籍力耕以自给,殊非广土利民之计"。一旦入垦之人来去无常,人户不定,则官方无从管控。因此,李卫又担心"若限定二县之民,或致招徕不广"。然而,新治确立,箭在弦上不得不发,如果招垦效果不佳,则难以支撑民政军事。于是,李卫又提出:"如本省各府属县相近之处,有愿入籍开垦者,照例于本地方官取结移送,必须居住玉环,编入保甲,毋许往来不常。其外省远处之人,仍行禁止,则户口得实而藏奸无所矣。"[2]

李卫的谋略可谓费尽苦心,周划甚详,清廷也照准其题奏,各项施政提上日程。从李卫关于入籍认垦问题的纠结陈述,我们也有兴趣进一步追述玉环设厅后的人地关系之演进。

五、闽粤移民的谱系建构

如前所述,玉环展复之际,面临着无籍游民私垦私煎,网船渔人搭寮杂处的人居情境。康熙四十二年任浙江巡抚的张泰交就发现:

> 今玉环、东洛、南麂诸山,皆有外来之人搭盖茅厂,去来不定,飘忽无常。其间奸良莫辨,保无有匪类潜藏,贻患地方,或接济贼艘者乎?访得此等流寓无籍之人,营弁之不肖者私收租钱岁纳若干为例,贪小利而忘大害。[3]

---

[1] 雍正《特开玉环志》卷1《题奏》。
[2] 雍正《特开玉环志》卷1《题奏》。
[3] (清)张泰交:《受祜堂集》卷8《抚浙中·查玉环诸山搭厂》,《四库禁毁书丛刊》集部第53册,据清康熙高熊征刻本影印,北京出版社,1997年,第469页上。

这里提到的东洛岛位于闽北近海,南麂岛则位于温州飞云江口以东30海里处,这些面积较大的海岛上普遍存在外来之人搭厂寮居的情况,官军也都习以为常,从中渔利。

其实,东南近海岛链向来都是浙、闽、粤渔民的共同作业区域,在这个流动性极大的海上世界,其社会节奏也从来与陆地的定居社会迥然不同。譬如在玉环岛的石塘岙内,"闽人搭盖棚厂一十四所,每年自八、九月起至正、二月止渔汛方毕各船始散,各厂亦回。……又有钓艚,悉属闽民,船系租用,水手亦系顶替,人照面貌,俱不相符,修泊坎门,修泊石塘,往来无定,并不遵奉宪行船傍实刊字号,止用小板浮钉"[1]。在清初迁界、厉行海禁的岁月里,越界捕鱼的例子也是层出不穷,生活于顺治、康熙年间的浙江人徐旭旦就曾写道:"今日海水温、台、宁三府之边界,袤延数千余里,一口出一人,百口出百人矣,一口出一船,百口出百船矣,欲从而禁绝之不可得。"[2]待到玉环设厅之际,官方对海岛的查勘也更加深入。雍正五年,张坦熊受命署太平县印,兼理玉环垦务,他在详文中便提到:

> 各岛之棚厂宜稽也。查黄坎门、梁湾、大麦屿、东白、三盘、鸡冠、冲担、石塘、虾蟆等处,搭有棚厂百余,采捕鱼虾、做鲞晒皮、杉板船只市卖贸易者,不下千余人。因念若辈在岙谋生已久,不便遽绝其业,若漫无稽查,听其多人混杂,又恐易藏奸匪……
>
> 渔船之稽察宜严也。查黄坎门、梁湾、乌洋、鸡冠、石塘、东白、三盘等处,闽、浙两省之人船只数百,往来错杂。春夏网鱼打鳅,秋冬捉钩带。其初不过挟网罟微赀,冀其厚利,一遇风潮吹散渔汛,遂有不可问者。海洋不靖,多由于此。而闽省之钓艚船为尤甚。但闽人以渔为生,玉环周匝洋面,船只甚多,似难概为禁绝……[3]

张坦熊的描述显然较李卫更为具体,也道出了闽广之人长年于此杂居谋生,难以禁绝的实情。

从迁界到展界的几十年间,清廷在东南沿海及岛屿的施治,其实面临的是同样的海上社会格局。长期活跃于在浙闽海域活动的闽粤之人,在官方厉行

---

[1] 雍正《特开玉环志》卷3《请禁沿海搭厂》。
[2] (清)徐旭旦:《世经堂初集》卷15《台寨条议》,《四库未收书辑刊》第7辑第29册,据清康熙刻本影印,北京出版社,2000年,第351页下—352页下。
[3] 雍正《特开玉环志》卷1《议详》。

海禁之时自然成为无籍之徒,待到清朝下令展复沿海,早已在明初弃守的海岛一并列入展复方略,而在运作层面就始终需要解决海上人群的身份问题。

明廷在王朝统治的意识形态上,自然希望拒绝这些无籍之徒,然而新的施政有赖于各府州县在地方层面的运作,如何招徕民众到海岛认垦入籍,实现户口和土地的顺利登记和有效管理,是令地方官十分头疼的问题。面对海岛土田、聚落早已被各式人群占有的既成事实,在缺乏故有簿册的情形下,尽快认垦造册,或许比辨明忠奸再定户落籍更易操作。官方的题报奏覆文书,自然都是以严肃的措辞厉行禁饬,然而字里行间亦留下不少政策余地,比如雍正六年浙江布政司在收到张坦熊造送的"上年垦过田地,收过租谷、渔盐税课及支用存贮各数目简明清册",就严饬地方稽查冒籍之事端,其文曰:

> 从前潜入玉环台、温偷垦私煎之人,作何禁逐安插?据该丞申称:"卑职上年奉饬到山,查偷垦私煎之人,内有闽省民人五十四名,当时驱逐出境,不许容留在山;内有温、台两府属县民人,俱经移关各地方官查明并无假冒,取有亲邻族保甘结,准其入籍。"等因。现在严饬该丞悉力稽察,倘有此等闽、广民人潜入玉环偷垦私煎,即时禁逐安插,仍招徕台、温二府属县民人报垦,取具地方官并无假冒,印甘结详送,查编入籍。如闽、广之人冒籍捏名,并曾有过犯者,地方官不行详查,混行移送,以致户口无稽,课税缺欠,及妄生事端,照依原题将原送并验收各官详参议处。[1]

此番叙述颇值得玩味。若严格执行政策,要地方官认定招徕民人来自台、温二府,所需要的工作量也是不可低估的。实际情况是,在稽查中被驱逐出境者仅有数十人。不难想象,许多闽、广民人可能早已通过各种方式获得入垦的资格。

在张坦熊执掌玉环垦务的过程中,主导了私垦钱粮以"隐漏"税项归入玉环课饷的改革,对入籍政策也逐步放宽,张坦熊所撰《查出隐漏改征本色》一文颇为重要,其中指出:

> 复量度形势,因地制宜。伏查玉环乡附近楚门之东岙、芳杜、田岙、密溪等处,与玉环仅隔一港,实玉环山紧接后路,为垦民往来之要道,所系綦重。其民间始而私垦,继而逐年报升之条丁粮米,与查出隐漏之课饷数目适相符合。请将附近之数处,仍归复玉环旧日之都分,庶便就近稽查,改

---

〔1〕 雍正《特开玉环志》卷1《司详(条议玉环事宜)》。

征本色，以济饷糈。将查出隐漏之课饷，归补太平，以符原额。总之，玉环半壁，本属太平，原无彼此之别。今所有现在闽省人民六十余口，除搬有家室住居十年以外者，准其入籍，一体编入保甲，不时严行稽察，其无籍之徒概行驱逐，俾玉环山之后路为之一清。〔1〕

闽省之人居住十年以上即可入籍编甲，这一政策如何具体执行？居住年限如何认证？给人留下了相当大的想象空间。

在楚门半岛和玉环岛的考察中，我们从搜集到的谱牒文献中发现了一个有趣现象，不少闽籍姓氏关于祖先入垦楚门和玉环的记载，呈现出相似的叙述结构，此引若干谱序为例：

> 我罗氏世居闽省汀州府永宁县，自三世祖万球公兄弟三人避乱，移迁温之平阳县赤垟，迨四世祖金英公闻玉环展复之令，遂挈眷来玉开荒报垦，而居于大普竹布袋岙南山。〔2〕（玉环《小屿罗氏房谱》光绪四年八世孙罗嘉煜撰序）

> 我家苏氏原籍福建漳州府龙溪县南门外员山头，其先则自泉郡安溪分派者，此际世系无稽。至祖号南泉公，传允祖、允佃二公。允祖公生我高高祖，昆季有三，长常山公，次东山公，四壁山公。允佃公生连山公，行独居三，时以齿序也。明季遇乱，我祖东山公偕兄弟及其叔父允佃公，携眷至温州平阳蒲门，而常山公子渊明公择居三十一都兰松洋夏井村，东山公择居五十三都下魁村，连山公择居二十八都宕顶村，惟璧山公独往江西，不知里居。窃念我祖流离迁徙，保有家族，今距槐才八世耳。其在平邑居住者，生齿已不下千余人，其间至我父文廷偕胞叔文元自平邑迁玉环三合潭住居，又经六十余载矣，而房亲同来散处玉环不一，其方且而来，族叔世杰自玉环复移宁波。〔3〕（玉环《武功郡苏氏宗谱》乾隆五十六年八世孙苏槐撰序）

> 始祖讳有春，字明台，闽同安佛子冈岭下人也。明崇祯年间，迁居浙东瓯平邑妃艚东山之麓曰潘处而家焉。天祥厥允，孙支蕃衍，传至四世，

---

〔1〕雍正《特开玉环志》卷3《查出隐漏改征本色》。
〔2〕玉环南山头《小屿罗氏房谱》（内题为《新纂豫章郡罗氏族谱》）光绪四年谱序，台州市玉环县图书馆藏光绪四年本复印本，不分页。
〔3〕玉环《武功郡苏氏宗谱》《苏氏族谱原序（乾隆五十六年）》，台州市玉环县图书馆藏民国三十八年刻本复印本，卷首不分页。

半徙玉环,而卜宅于楚门所者为最多,故俗云叶半城也。其余象山青田等处四散者,亦复不少矣。嘉庆乙丑纂成谱牒,历经四十余年。[1](楚门《叶氏宗谱》道光二十五年二十四世孙叶佩蘅撰序)

维我平邑始祖荣所公,闽省泉州惠安大平庄里人。明崇祯年间。卜居平邑横阳江南二十三都将军里百家湾,开基且未百年,世传五代。缘雍正年间玉环展复,谕示招徕,太祖讳文哲公之次男讳景凤公闻风随往玉环地方观境,旋至江北楚门,识其地旷人稀,即返故里向告父尊,相议变产,仅留屋宇基址六分五厘,嘱托房分兄弟历年基租出息,作祭祀祖坟之用,誓许宏愿,遂携男女老幼迁居环山江北楚门所西山之前,于雍正八年垦筑田地,躬耕务业,室家顺遂。[2](楚门《孙氏宗谱》六世孙大明手录前代传记)

所幸存而考者,有森鸣公自闽省永春溪塔居住,后来浙,迁平阳南港,择处归仁乡三十三都仲林村凤池里牛尾山,承前启后……爰整羁旅,聿来胥宇。清雍正十一二年间乃迁玉环二都三峡潭地方居焉。夫天赐公原与平邑元礼公亲堂兄弟也。彼时地旷人稀,平族相率来居,故宗谱久废,殊不知元礼公是何公派下。[3](《玉环县三合潭西山周氏宗谱》道光十五年七世孙周允烈修谱自序)

自公考兄弟立成、立宽、立智三公初迁于平邑岭门,时贸易蒲门马站街,不数载被海寇屈累,案害莫羁。公考立智公转徙玉环十三都芦岙之地居焉。询其措业几何,公曰,玉环基址自吾先考始也,但地当海水冲流,非筑堤不能拓。吾先考沾体涂足,独力支干,爰开乌巾塘、垟西塘之地百余亩,置此薄业,家给颇裕。[4](瑞安市荆谷山《蔡氏宗谱》道光四年修谱记)

以上谱牒撰述,都突出了入垦玉环(楚门)的闽省移民曾以温州府属县平阳或瑞安、或台州府属县作为迁居"中转站"的情节。这类撰述结构,还出现在于楚

---

[1] 楚门《叶氏宗谱》卷1《总序·重修宗谱序(道光二十五年)》,台州市玉环县楚门镇叶氏藏民国十八年刻本,卷首不分页。
[2] 楚门《孙氏宗谱》卷首《谱序·六世孙大明手录前代传记(道光年间)》,台州市玉环县楚门镇叶氏藏民国三十年,不分页。
[3] 《玉环县三合潭西山周氏宗谱》《修谱自序(道光十五年)》,台州市玉环县城关镇三合潭周氏藏1992年再修1995年校订本,第4页。
[4] 瑞安《蔡氏宗谱》卷1《记·玉环圣族公暨叔日曜合记(道光四年)》,台州市玉环县清港镇上湫蔡氏藏1994年本,不分页。

门林氏[1]、楚门吴家村吴氏[2]、玉环后排黄氏[3]、玉环三合潭谢氏[4]等姓氏的家谱中,相信同类现象还可以找到不少。这些族谱以明确或模糊的语句记录了入籍年份,或以明后期平阳始迁祖,历数三四代,说明康雍之际始至玉环(楚门)开基,或直接写明其始迁祖系雍正后期到玉环应垦入籍。另外,还有一类浙南地区的联宗谱,如上述楚门《林氏宗谱》、瑞安《蔡氏宗谱》以及玉环《江夏黄氏宗谱》[5]等,其世系支派繁多,但叙及玉环楚门支派时,一般也会强调其开基时间。还有一个值得注意的现象,不少谱序都表述了玉环(楚门)支派与平阳、瑞安支派长期"失联",随后才逐渐寻宗合谱的事实。

对于民间社会来说,除了需要以各种方式获得合法的户籍,得到官方的政策认可,还可能因实际土地利益的竞争结成各种组织。《西门志》长诗中就写道:

> 随后有人来开垦,不约而来禁姓人。叶施朱黄乐清祖,林郑吴胡太平人。
>
> 八姓相逢情欢悦,如兄如弟倍相亲。事斟酌□共商量,立写公据要周详。
>
> 只许进山同开垦,不准退悔转还乡。毋许谅想并利己,八股开山世泽长。
>
> 开成山地能播种,皆种萝卜与生姜。后种蕃苕兴大发,丰衣足食岁无疆。
>
> 到雍正 二年昌,上司限落地丈量。始立化户千百号,新造册籍纳钱粮。
>
> 七年续丈广户额,岁岁报垦自新粮。到乾隆□第六年,五谷丰登无渔船。[6]

可以看到,在乐清湾的复界垦殖过程中,乐清、平阳籍的一些垦户采取了合股

---

[1] 楚门《林氏宗谱》《详载里居》,台州市玉环县楚门镇林氏藏同治十二年本,不分页。
[2] 楚门《吴氏宗谱》《创修楚门吴氏宗谱序(光绪十八年)》,台州市玉环县楚门镇吴氏藏民国十二年本,不分页。
[3] 玉环《江夏黄氏宗谱》《后排黄氏重修宗谱序(一九九三年)》《黄氏宗谱序(民国三十二年)》《先祖简历》,台州市玉环县后排黄氏藏1993年本,卷首不分页。
[4] 玉环《谢氏宗谱(玉环派)》,台州市玉环县城关镇三合潭周氏藏民国三十一年本。
[5] 玉环《江夏黄氏宗谱》,台州市玉环县楚门镇小黄村藏1997年本。
[6] (清)郑茂国:《西门志》,第4—5页。

经营的方式,通过缔结契约结成了进岛同垦的协议。诗中所叙事件编年也颇为明确,强调了雍正二年官府丈量西门岛之前,八户已经缔约入垦,雍正丈量后立户造册之后并继续报垦。"五谷丰登无渔船"一句则耐人寻味,其用意是叙说土地垦发过程,即由前期航行登岛进行滩涂或沙田作业,到后期田地拓展,堤围成型?还是讲述聚落变迁过程,即是此前八股垦户及其他外来垦户主要为船户,如今岛上生齿日繁,衍为农耕定居户?抑或二者兼而有之,还有待研究。

浙江图书馆古籍部藏《玉环大筼岗戴氏宗谱》钞本,载录清代族人戴明俸所撰《开复玉环伊始事略》一文,简述了闽粤垦户与乐清垦户在玉环展复中的报垦竞争,其文曰:

> 雍正三年(乙巳),有平阳县籍之(闽音)华文旦、姚云者率众六十余人,赴我邑主,告复玉环之土田,拟据而有之。时江南含山张公世锡抚莅兹土,(华、姚等)以千一百金托垦书陈良佐转致邑尊,嘱其详请,先进金七百。议以玉环虽隔一江,声息相通。正在缮文间,邑尊奉参谢事矣。文旦等又赴福建,觇知吾大房云峰哥虽经告致,因第三子天荣犹仕闽,故羁留省会。文旦等复以千金托兄子制台觉罗满保前,请准题复。制台覆函云:查衢山、临门停止开复,曾经浙抚法海题覆有案,未便开复。文旦等竟夥党先在玉环偷种,将玉环隐讳,改以塘垟出名,呈恳本邑接任县主江南宣城人张公仕骧,为之详准。会发觉,赴玉环亲勘,始悉其伪,转详销案。次年,浙抚李卫查浙……[1]

从这段叙述可知,平阳籍闽人在玉环展复前夕早已动作频频,冒垦案件牵涉了中央到地方的各级官员。玉环开垦事还与整个浙东沿海岛屿如舟山群岛的衢山岛、台州临门岛的整体垦荒政策动向密切相关。此外,这篇事略后半段还讲述了玉环展复后建筑楚门内塘的经过,当时编九柱,立柱头,采用"每柱垦田民夫二十人……塘夫按工给以食米盐蔬,塘成依柱按人给田"的办法进行农田水利建设和田地分配,还列出九柱柱头的姓名,其中"八柱吾族弟戴良音,九柱平阳人姚云",也即雍正三年冒垦案中的相关人物姓名赫然在列,实际垦荒过程的人群关系,可能比我们想象的更为复杂。

---

[1] (清)戴明俸:《开复玉环伊始事略》,浙江省图书馆古籍部藏《玉环大筼岗戴氏宗谱》,抄本,转引自玉环史志网 http://yhnews.zjol.com.cn/yhsz/fztd/gwxd/201309/t20130929_484363.htm。

六、结　　语

　　从宋元海运到元明之际方氏势力的消长，从明前期军事体制及漕运体制的转变，到南明时期的海上屯聚，在海上人群季节性渔作以及东亚海域的海上贸易背景下，浙南海岛社区经历了几番播迁与嬗变。在清初复界后的官方施政和民间报垦的进程中，玉环岛实现了秩序的重建，张坦熊在《特开玉环志》篇末《总论》中"自信"地宣称：

> 当未开垦以前，闽、广、温、台各处匪类，私搭棚厂，聚居各岙。或沿海刮土，公行私贩之盐；或群聚垦种，坐收无税之产。网鱼捕虾，捉蜇钓带，船艘千余，藏垢纳污。今流民尽行驱去，而所招徕开垦者，乐清、太平、平阳、永嘉四县良民。非有籍之土著勿用，非地方官之保结勿留，俾奸宄无所潜形，比匪为之扫影。[1]

　　据张坦熊所言，玉环原有十八都及附近各岙约三四万亩田地垦成膏腴之地，其各岙口涂地及玉环乡老岸修筑塘坝渐次成田者，也达到六七万亩。

　　《特开玉环志》以"襟山环海，岙深岛杂"[2]描述乐清湾的地貌，十分形象。随着各地人群在不同港湾的入垦、拓殖，以及长期以来海岛社会的播迁、演化，如今温、台地区诸多海岛形成了复杂的方言分布和风俗差异。

　　据1994年编纂的《玉环县志》记载，玉环岛的代表性方言主要有坎门话、鲜叠话、楚门话，坎门话与泉州口音相近，分布在坎门渔区，也与古城、陈屿、普青的所谓"平阳话"相近；鲜叠话近温州永嘉口音，主要分布在玉环岛东南和西南先期以网捕为业的应东、鲜叠、大麦屿等地，亦散布于城关乡村；楚门话属台州片方言，故称太平话，分布于玉环青山麓以北乡村及楚门半岛全区。此外城关西青街的上、中、下街民众，曾一度分别使用平阳话、乐清话、太平话。而海山茅埏、江岩等地，则太平话与乐清话相混交杂。

　　在风俗方面，闽籍人的确特色鲜明，譬如每年正月十五，闽籍人合家吃汤籴丸子做上元，七夕节拜"七姐亭"，七月半酬"百家愿"；又如闽籍渔民起季出海前，有"开船目"仪式，还在渔船设天后妈祖神位。玉环坎门镇钓艚大岙的天后宫，即由闽粤渔民助资兴建，每年二月二十九，福建惠安、兴化、泉州、厦门及

---

[1]　雍正《特开玉环志》卷4《总论》。
[2]　雍正《特开玉环志》卷1《议详》。

广东汕头的渔民都会来此与当地渔民共同祭拜。

在许多节庆时,所谓闽籍及温州籍人又习俗相近,譬如在冬至,闽籍及温州籍人都是一早吃麻心或馅肉水氽汤丸,稍有不同的是,闽籍渔船一定会在节前返回,举行祭祖和"冬祭"海神天后妈祖的仪式。

相比之下,由楚门港隔开的港南玉环与港北楚门习俗则差别很大,譬如在春节习俗上,闽籍和温州籍人初二出门走亲,港北太平籍人以初二、三为"白日子",一般不串门。八月十五港北及太平籍人通常十六过节。腊月半过"小年"时,闽籍及温州籍人家炊松糕,港北及太平籍人扼粽子。在婚俗和丧葬习俗方面,闽籍和温州籍也比较接近,而港南、港北的差异更大[1]。

从这些差异参差的风俗与方言比较结果来看,无论是籍贯记忆和称呼,或是风俗与方言习惯,在实际的海域社会空间中都不可能泾渭分明。当我们把海湾、海岛或者海域作为一个研究区域,始终必须看到长期频繁的人群流动所造成的多维的宽广的空间联系。许多时候,同质性个案的不断呈现,常令人产生将其文化结构均质化处理的冲动。我们固然可以尝试揭示不同时空的入垦定居过程,如何造成不同地域文化的空间沉淀,但更应该时时提醒自己的是,在海域社会日常生活和人群交往中,种种所谓的文化界限常常是不存在的,即使真的存在,也常常是不重要的。有时候,当研究者不经意地将籍贯作为方言、习俗调查的分类标准,乃至历史过程的分析起点时,反倒误导了受访者的表述,放大了文化界限存在的假象。一旦受访者被动地表现出某种似是而非的认可,研究者的错误预设很可能进一步被援引为讨论前提,这就愈发偏离实际的社会生活情境了。其实,只要我们更多地注意到讲述者的平心静气和社区生活的和谐共生,首先淡化而不是强化各种族群或籍贯符号,就有望真正地将籍贯和身份作为一组过程中的现象或策略、记忆或传统,发现地域文化鲜活而具体的互相建构现象。

在此,笔者无意强求对所谓移民故事"真实性"的追述,也担心草率地得出玉环(楚门)闽省移民在玉环设厅间即已在乐清湾普遍占垦、并刻意杜撰迁居世系的论断,更不在于归纳温州闽省移民的迁居线路或拓殖模式。这类以偏概全的解释,终究会抹杀海岛社会本身的流动性和不同人群及组织丰富的生命历程。笔者希望尝试的是,通过这些谱牒文本透露出的考量重点,对照官方

---

[1] 以上资料参浙江省玉环县编史修志委员会编纂:《玉环县志》第 24 编《风俗宗教方言》,汉语大词典出版社 1994 年,第 623—664 页。

文书中所透露的中央与各级官员关于展复招垦的政策走向,从而将地方招垦的"务实化"方案与民间的"合理化"解释,视为一种策略的默契,从而更好地理解清初迁界、复界实施的地域语境和社会机制。

只有追述具体岛屿、海湾、海港的史事,关注海岛社区中,具备不同社会身份的各类人群在不同时期的制度下谋生、拓殖和互动的方式,才能把握变动的国家和社会情境中的人群,弹性地把握东南海域历史的流动性和稳定性。

本文原载《学术研究》2015 年第 1 期。

明代湖北麻城县(孝感乡)移民问题

李懋军

麻城人,特别是麻城孝感乡人给四川人口史蒙上了一层神秘色彩。麻城人对四川的影响如此之深,甚至泸州叙永县的彝族群众中也出现了其祖上系"从湖北麻城迁来"的说法[1]。四川地方志作者及一些专家学者曾做过大量的探讨,但都未能得出令人满意的结论。本文因涉及此问题,故在此做一次尝试。

孝感乡是否有,孝感乡在哪里?这些问题是研究元末明初麻城移民的首要问题。我们首先看看麻城四乡之沿革。据光绪《麻城县志》载:"初分四乡,曰太平,曰仙居,曰亭川,曰孝感。统一百三十里,里各有图。成化八年(1472),以户口消耗并为九十四里,复并孝感一乡入仙居乡为三乡。嘉靖四十三年(1563),建置黄安县,复析太平、仙居二乡二十里入黄安,止七十四里。"[2]弘治《黄州府志》记载了太平、亭州、仙居三乡的位置。太平位于县东,亭州在县南,仙居在县西[3]。既然成化年间孝感乡已并入仙居,孝感乡就应在县西。那么,孝感乡和仙居乡的位置又该如何安排呢?在对四乡沿革的记载里已经指出,孝感乡并入仙居乡的重要原因在于其户口减耗过甚,已不足以作为一乡而存在。如果其位置紧靠县城,即使迁出大量人口,但是县城作为一县之政治、经济、文化中心,明初虽有大批移民迁出,经过一段时间的休养生息,人口也应当有所回升。然后,从明初直到成化初,人口不仅未能回升,却因户口减耗过甚,不得不并入仙居乡,可见孝感乡的位置应较仙居乡偏西一些较为合适。

下面,我们再看看黄安县(今红安县)设置的情况。黄安县位于麻城的西部,即麻城、黄安、黄陂与河南交界的地区,因"地僻民顽",地方官难以驾驭,几经督促,方于嘉靖四十年析麻城之太平、仙居二乡二十里甲,黄陂滠源一乡八

---

[1] 翁独健主编:《中国民族关系史研究》,中国社会科学出版社1984年,第456页。
[2] 光绪《麻城县志》卷3《方舆志·疆域》;乾隆《黄州府志》卷4《市镇》因简略,故未采用。
[3] 弘治《黄州府志》卷1《城池 附坊社乡镇》,嘉靖《湖广图经志书》卷4《黄州府·坊乡》。

里甲及黄冈之上中和一乡一十二里甲设置黄安县。既然孝感乡位居麻城县的最西部,这次划归黄安县亦应顺理成章。这里,我们可以利用黄安县之风土情况加以证实。黄安县治设在麻城县西之姜家畈,这一带的地势是"四距皆山,中有平原",但"其地多田亩,稀少居民"。从沿革记载中可以看出,孝感乡在明初的人口也很多,后因户口消耗太多才并入仙居乡的,说明明中叶的孝感乡已是土旷人稀的了。可见前后两者相吻合。这里的风俗是,"盛代名为内地,其间仕宦何虑百家,生民不下万族。平时拘摄则阻山依谷以自雄,岁荒流离则累户或以为盗。钱粮紧急,足迹无寻;法度牵缠,徙居不定"〔1〕。这一段文字概述了当地居民的生活特点,在政治清明时期,物盛人蕃,一旦遇到天灾人祸,便四处逃散。元末明初之际,既然孝感乡曾迁出大量的人口,那么,只有在孝感乡居住了大量人口才有可能,而黄安县治附近地区正具备这样的条件。

除此之外,尚有一个旁证可资证明。泸州《王氏族谱》中保存有三世祖所作的谱序(原序详后),这个序作于景泰七年(1456),其后人在序中"麻城孝感乡"这个地名下面加了一个注:"嘉靖中改为黄安县。"由于族谱中尚保存有康熙四年(1665)的谱序,估计加注的时间不迟于康熙四年。在明代,由于"麻乡约"的产生,在四川的孝感人对故土的归属情况应该是了解的。所谓"麻乡约",即是在川的麻城"移民们的思乡之情与日俱增,遂推举代表数人回麻探视,以致年年如此,相约成习,后来竟发展成为通信史上著名的'麻乡约'"〔2〕。需要指出的是,"麻乡约"是真实存在的,据从内江市志办张仲荧先生那里得知,他看到有些族谱还记载了当时两地来往的信件及所送礼物。

综上所述,孝感乡是存在的,于成化年间并入仙居乡。通过对地理位置、人口状况、风俗习惯等方面的分析,可以断定,孝感乡在嘉靖四十二年(1563)已基本划归黄安县,包括黄安县治在内及其以东、以北大部分地区原为孝感乡地(图1)。由于孝感乡早在成化年间既已并入仙居乡,其面积到底有多大、是否全部并入黄安县等问题尚需进一步考证。

大致上说,孝感乡的地形类似一个盆地,既可以凭险自固,又可生产自给。所以,在元末能保存相当数量的土著居民,同时又吸引大量人口来此避难,也可以此为中转站,在作短暂的休整后,再迁往四川或其他地方。1909年《黄安乡土志》所记载的51个氏族迁徙情形正是对以上分析的最好说明。

---

〔1〕 嘉靖四十一年《两台疏》,见光绪《黄安县志》卷9《艺文》。
〔2〕 邹功勇:《麻城县迁民四川问题初探》,《湖北方志》1991年第1期。

表1 黄安(红安)氏族原籍及迁入时间

时间	江西	苏浙	其他省	湖北	不详	麻城	
土著	—	—	—	—	—	3	3
北宋	1	—	—	—	—	—	1
南宋	5	—	1	—	1	—	7
元末	9	1	1	—	1	—	12
明初	13	1	2	—	1	—	17
明中后	1	—	—	—	—	—	1
不详	2	—	1	1	6	—	10
	31	2	5	1	9	3	51

说明：有7个氏族不计迁入年代，仅说代数21代1族、20代5族、15—16代1族分别纳入元末、明初和明中后期。

本表据曹树基博士学位论文《明清时期湘鄂皖赣浙地区的人口迁移》中表3-3再整理而成。

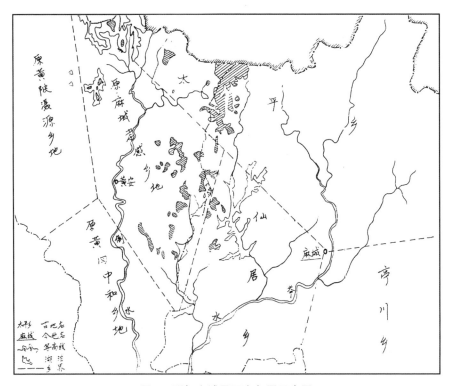

图1 明初麻城县四乡复原示意图

表 1 中所显示的是黄安县 51 个氏族的来源及其迁入时间,南宋以前的氏族为 11 族,在有明确记载的 41 族中,占近 27%。亦可以这样说,经过元末动乱和明初的迁徙,黄安县尚保存有近 27% 的土著居民。元末迁入的是 12 族,亦占 29% 之多,即是说元末来此避难的氏族占了 20%。土著居民的大量保存和移民的大批迁入为明初移民提供了充分的人口保证。当然,在这些迁出的移民中,并非都是孝感乡籍的,关于这一点,可在后面所引诸族谱中看出,此不赘述。

现在,我们开始探讨麻城移民问题。

元末,湖北大乱,大量湖北人纷纷逃往四川,麻城人也不例外,如明《泾阳县知县白崖吴公墓表》云:"其先楚之麻城人。胜国末,红寇乱,徙居蜀之罗江。"[1]万历年间《陈演墓志铭》云:"其先祖麻城人,祖忠,因兵乱迁蜀成都资阳家焉。"[2]明人杨铭作《寿官黎公合葬墓志铭》云:"其先系楚麻城,元季兵乱,曾祖讳文秀者随父守蜀崇庆。"[3]像这样的例子不胜枚举,说明元末的确有大批麻城人迁往四川。

徐寿辉所建立的政权扎根于其乡黄州府,并得到其乡人的支持,徐寿辉之死,必然引起其乡人对陈友谅的不满,很多人西入四川,投奔明玉珍。麻城人也是如此,前面所举的《仁寿李氏宗谱》中记载的正明说了这一点。

随着战场下移至江西、安徽境内,江西、安徽各地居民为躲避战乱,纷纷逃亡湖广,麻城由于地处鄂东一隅,境内山地、平原相间,是个避难的好地方,因而聚集了相当数量来自外地的难民,填补了因土著居民逃亡所留下的空白。同时,也有一部分来此避难的人,再度逃往四川。这里需要指出的是,因时间长久而遗忘或记载的简略,结果有许多其祖籍并不属于麻城反倒落在麻城的。如明代名相杨廷和,据熊过《杨少师石斋先生墓表》中云:"公先世庐陵人,有名世贤者,以元末欧祥乱徙麻城,避红巾贼入蜀,家新者。"[4]而赵吉在《杨文忠公神道碑记》中却云:"公廷和,字介夫,系出湖广之麻城,五世祖世贤避乱入蜀,居新都。"如果我们不看其墓表而只看碑记,就会以为杨廷和原籍是麻城,不是江西。明代名相杨氏尚且如此,更何况一般平民百姓。明白这些,我们便不难对自称麻城籍的氏族的原籍问题作一个适当的

---

〔1〕 同治《罗江县志》卷 19《金石志·石》。
〔2〕 咸丰《资阳县志》卷 5《古迹考》。
〔3〕 光绪《乐至县续志》卷 3《冢墓》。
〔4〕 道光《新都县志》卷 11《艺文》。

评价。

自称其祖先于洪武二年(1369)奉旨填川的氏族主要分布在今天的乐山和内江两市。由于洪武二年四川尚在明氏政权控制之下,明政府怎么能够移民实川呢?地方志作者对此颇为疑惑,如《荣县志》作者云:"明太祖洪武二年,蜀人楚籍者,动称是年内麻城县孝感入川。"[1]有趣的是,以泸州为界,其东北部诸市县的明代氏族又以洪武四年奉旨填川的为多数。

关于洪武二年移民实川的问题,我曾经考虑很久,并检阅了大量的四川、湖北两省方志,皆不得其解。我这次四川之行有幸见到一些族谱。正如《荣县志》的作者所怀疑的那样,洪武二年移民实川是不可能的。既然不是,为什么人人以为如此呢?如果他们确实奉旨实川,那又是何时入川的呢?下面,我们首先看看几种族谱的记载。

泸州《王氏族谱》[2]保存有明代景泰七年(1456)三世祖五仁义所撰的谱序:

> 予思我父讳九,母雷氏亦历风尘跋涉之苦,先由河南地随祖讳久禄于洪武元年戊申十月内至湖广黄州府麻城县孝感乡(嘉靖中改为黄安县——原注)复阳村居住。新旧未满三年,奉旨入蜀,填籍四川,有凭可据。由陕西至川北,洪武四年辛亥岁八月十四日至泸州安贤乡安十四图大佛坎下居住,共计老幼男妇二十二名。

康熙四年(1665)序云:

> 余时年五十有五,在外者一十九载。……祖王公讳久禄,妣黄氏,原籍河南省汝宁府信阳州罗山县崎岖乡木头关第五都人氏,携家游至湖广黄州府麻城县孝感乡,喜其风土,不二载,奉旨填籍四川,孝感乡人尽搬入四川。故始祖自明洪武四年八月入蜀,落业泸州大佛坎……

头一篇序的作者的父母曾饱尝明初辗转迁移之苦,而景泰七年离明初不过七八十年的时间,作者亦是六七十岁的老人了。因而对明初的情况了解得比较清楚。序中对家族的原籍,迁徙过的地点、时间、人口以及迁徙路线记载都比较详细,因而可以肯定这篇序是真实可靠的。后篇序强调了这次移民乃是尽迁孝感乡人入蜀,同时也指明了孝感乡人入蜀时间在洪武四年,作者在明

---

[1] 民国《荣县志·事纪第十五》。
[2] 泸州图书馆藏,民国三年(1914)刻本。

代也生活了三十余年,家中又保存有族谱,对这一问题应该比较是比较了解的。

简州(今简阳县)所保存下来的明代氏族多以洪武二年奉旨填川而著称。查光绪《简州傅氏谱》:"傅氏迁蜀始祖讳说岩,有遗像并族谱,湖广麻城人。洪武中,平明玉珍,以楚实川,故蜀人多麻城籍云。"[1]很显然,蜀人之所以多麻城籍人,可能是平定明氏政权之后移民实川的结果,然而傅氏谱却自称洪武二年来川,看来时间记载错误是一个重要的原因。

又如民国《宗氏族谱》[2]序云:"吾宗氏先祖以来,原自江西省吉安府吉水县分派迁居湖北黄州府之麻城孝感信高水井历九代矣。于大明洪武初年,平红巾乱,恢复西川,奉旨填实。"可见此族也是在平定四川后才迁入的。

由于所搜集到的族谱有限,现只能举出这几种以资证明。不过,结合早期方志如乾隆《大竹县志》等的记载,我认为,这次有组织的移民的发生时间应在洪武四年,而不是洪武二年。洪武二年,确实有人来到四川,这在前面业已谈过,当时明政府对湖广实行高压政策,垛百姓为军,强移麻城人入德安府为铺伍,等等,由此引起了当地居民的不满,纷纷迁往四川。另外,也有一部分元末逃亡到四川的人自称洪武二年奉旨填川。正如嘉庆《内江县志》的作者所说的那样:"内邑旧户祖籍多属楚麻城,邻邑亦然,人多不识其故,故沿称明洪武二年奉诏迁麻城之孝感乡实蜀……间阅杨升庵及本邑王侍郎范墓志铭,皆云先世籍麻城,干戈蝟起,明玉珍以至正乙未入蜀,据有诸郡,东人避乱者归之。玉珍又楚北随州人,招集乡人,以自固其势然也。迄明平蜀,草去伪号,人讳称之,故咸谓洪武初迁蜀耳。"[3]不过,由于作者因不知洪武四年确有移民实蜀之事,而采用一概而论的观点,失之偏颇。

从方志和族谱的记载来看,洪武四年的移民主要来自于麻城,特别是孝感乡。湖北其他地区是否也能提供移民呢? 在后面研究湖北人口迁入时,我们就会知道,洪武初,湖北境内的各府州县正在接纳来自各个方向的移民,来开发久经战争破坏而荒芜不堪的土地,它们是不可能提供移民的。这里应特别提出的是孝感县,大批孝感乡人早在元末就随明玉珍入蜀。洪武元年归附明政府时,已是满目荒凉,百里不见人烟。明政府不得不从江西、麻城等地移民实之。因而至洪武四年移民时,孝感县已不能提供移民了。换句话说,洪武四

---

[1] 北碚图书馆藏。
[2] 自贡市盐业博物馆藏。
[3] 嘉庆《内江县志》卷54《外纪》。

年孝感乡人与孝感县人无关。然而由于元末曾有大量难民逃往麻城并定居下来,洪武四年移民实川之时,其中一部分移民其原籍已不属于麻城,如前面所举的泸州王氏,其原籍属于河南罗山县,并不是麻城籍。

洪武四年以后向四川的移民已在头一部分讨论过,这里不再赘述。还有一点需要补充的是,此后直到清代,在由湖北迁往四川的移民中,黄州府人特别是麻城人仍然扮演着极其重要的角色。在湖北,除了黄州府外,其他地区的人口一般比较少,基本还属于人口迁入区,而只有黄州府诸州县人口一直位于全国榜首。正德七年(1512)湖北境内各府州县的总人口为 2 286 341 人,而黄州府就有 797 828 人[1],竟占总人口的近 35%,而麻城县在明初有 130 里,位居全国各州县榜首,此后虽经并析,仍有 74 里,在湖北境内仍然是里数最高的县份之一,这就为人口迁移提供了人口保证。另外,与其他地区居民不同的是,他们并未完全为安土重迁这种传统观念所约束,"平时拘摄,则阻山依谷以自雄,岁荒流离则累户或以为盗。钱粮紧急,足迹无寻;法度牵缠,徙居不定"。这种思想也促使他们随时"适彼乐土"。

该文为作者硕士学位论文《明代湖北人口迁移研究》的一部分。

---

[1] 据嘉靖《湖广图经志书》诸卷各府州户口数统计。由于明中期户口隐漏,统计不实,实际情况或不至于如此悬殊,但黄州府人口占全省比例之高,当无疑问。

明清时期苏州府梨园子弟的播迁

张　敏

"梨园"一词,始见于《旧唐书·音乐志》。志载,唐玄宗"于听政之暇,教太常乐工子弟三百人为丝竹之戏,音响齐发,有一声误,玄宗必觉而正之,号为皇帝弟子,又云梨园弟子,以置院近于禁苑之梨园"[1]。后来人们遂称戏班子为梨园,戏曲演员为梨园子弟。

明清时期苏州府梨园盛况擅胜一方,有"《吴趋》一曲起阊门,楚叹齐讴已莫论"[2]之说。梨园子弟作为苏州府的一个特殊的文化群体,是与当地的人文气氛相互依存、相互影响、共同发展的。他们的播迁——不论是出于谋求声名的自愿外迁,还是出于外在的压力如战乱、政府禁令等的被迫外迁;不论是长久居住,生息繁衍,还是暂时寓居——给迁入地的文化景观添注了浓艳亮丽的一笔,促进了当地文化的繁荣,也为中国戏曲艺术的发展做出了不可磨灭的贡献。

一、苏州府梨园之盛

清康熙时人钮琇在《觚剩》里记载了这么一则趣闻:

> 长洲汪钝翁(琬)在词馆日,玉署之友各夸乡土所产……侈举备陈,以为欢笑。唯钝翁嘿无一言。众共揶揄之曰:"苏州自号名邦,公是苏人,宁不知苏产乎?"钝翁曰:"苏产绝少,唯有二物耳。"众问二者为何。钝翁曰:"一为梨园子弟。"众皆抚掌称是。钝翁遂止不语。众复坚问其一,钝翁徐曰:"状元也。"众因结舌而散。[3]

---

[1]《旧唐书》卷28《音乐志》。
[2](清)顾禄:《清嘉录》卷首《题辞》。
[3](清)钮琇:《觚剩》续编卷4。

可见,梨园子弟以苏州府为最多最好,是人人尽知的。在当时,"梨园乐部,苏州最盛"是人们的普遍看法[1]。

明清时期的苏州府城有许多戏班子,因此,"丝竹讴舞,与市声相杂"[2]。这些戏班子大致分为两类。一是从事商业活动的演出团体,即职业戏班,大多是由个人自行组织的;二是官僚士绅、富商大贾家中蓄养的"家班"。康熙年间,苏州府的职业戏班中名声较著的有寒香班、凝碧班、妙观班、雅存班等,以后继起的又有集秀、合秀、撷芳诸班。乾隆年间规模较大、名气较响的戏班子就有四十多个。管理戏班子的机构称"梨园总局",俗称"老郎庙",位于镇抚司前。《清嘉录》言:"老郎庙,梨园总局也。凡隶乐籍者,必先署名于老郎庙。庙属织造府管辖,以南府供奉需人,必由织造府选取也。"[3]苏州府的家班,以明代为最盛。如常熟的钱岱,私家园林面积广大,女乐所在的"百顺堂"房屋多达百余间。除此之外,范长白、申时行、沈璟、顾大典、许自昌、袁于令、尤侗的家班,也颇负盛名。资金雄厚的富家的家班规模一般都比较大,有的甚至多达几十人。

固定的演出场所称戏园或戏馆。戏园子产生之前,演戏是在虎丘山塘卷梢大船头上,船舱为戏房,船尾备菜,观众则坐在环列大船旁的小船上。"至雍正年间,由郭园始创戏馆,既而一二馆,人皆称便。由是卷梢船歇矣。今仅存一只,而戏馆不下二十余处。"[4]之后戏园遍布苏州各地,单是一个附郭县长洲,"不论城内城外,遍开戏园,集游惰之民,昼夜不绝,男女杂混"[5]。戏园子除演戏外,还代举办酒宴,这是苏州人消费观念超前的一个重要体现。

苏州府梨园之盛,是建立在人们文化消费需求的基础之上的。苏州为商贾云集之地,风尚侈靡,又有风雅文人诗酒唱和,染翰弄笔,翻制新曲。歌伎舞女,莺燕纷杂。昆腔自产生到兴盛到式微,前后持续了三百五十多年,保持在戏曲界的统治地位也有一个半世纪。其流播之处,受到社会各阶层的普遍喜爱。有的达官显贵不仅爱听戏看戏,而且还"下海串戏",甚至玩物丧志,康熙时苏州织造李煦的儿子李佛即是如此。李佛"性奢华,好串戏,演《长生殿》传

---

[1] (清)沈起凤:《谐铎》卷4。
[2] (明)王锜:《寓圃杂记》卷5。
[3] (清)顾禄:《清嘉录》卷7。
[4] (清)顾公燮:《消夏闲记选存》。
[5] 乾隆《长洲县志》卷10《风俗》。

奇,衣装费至数万,以至亏空若干万"[1]。

戏曲之盛,与商人的扶持有着很大关系。苏州汇集了众多的商贾,这些商人为联系同乡或同业而组成了不同的会馆和公所。会馆里大多建有戏台,以作酬神、娱乐之用。有的戏台规模很大,形制华丽,气势宏伟,例如潮州会馆的戏台,整座台是古典式建筑,歇山顶二层重楼。屋脊嵌彩瓷片双龙戏珠,额枋是雕刻精美的龙头,漆色艳丽。屋檐高翘,翩然若飞。这座戏台之美轮美奂在当时的全国亦属凤毛麟角[2]。

苏州梨园之盛,也是当地的社会条件造成的。苏州府役重赋繁,且易受灾荒,下层民众生活无以为继,只好卖儿卖女,有的幼童就被富商或戏班主买去教习戏曲表演,成为戏子。涌入城市的贫民中,有的生活无着,便投身梨园。由于众多的梨园子弟都是靠售艺为生,苏州富商官绅的豪奢生活无疑是给梨园子弟提供了一条生路,而且伴随着梨园业的兴盛,其他许多服务性行业也随之兴盛起来,即"有千万人之奢华,即有千万人之生理","金阊商贾云集,宴会无时,戏馆数十处,每日演剧,养活小民不下数万人"[3]。

二、明清时期苏州府梨园子弟的播迁

在当时的条件下,能够欣赏戏曲的,主要是达官显贵、富商大贾,以及城市中心的市民阶层。以卖艺谋生的梨园子弟,其服务的对象也主要是这一类人。所以,在云集官僚豪富的全国性或地区性的政治、经济、文化中心的城市里,活跃着梨园子弟这一特殊的文化群体。苏州府梨园子弟的外迁,主要流向也是这些城市。其外迁的形式主要有两种:一种是被外地的官宦人家或富商买去组建家班,如明末著名的复社文人、江苏如皋的冒辟疆,河南归德府(治今商丘)的侯方域,曾经在苏州采买戏子,清代京师此风尤盛;另一种是苏州的戏班子、艺人,为谋生或求得发展而流向外地的一些城市。以下撷取几例述之。

(一) 扬州

扬州地处长江下游、京杭大运河沿线,明清时期既是工商业发达地区,也

---

[1] (清) 顾公燮:《丹午笔记》。
[2] 周昭京:《潮州会馆史话》,上海古籍出版社 1995 年。
[3] (清) 顾公燮:《消夏闲记摘抄》卷上。

是文人荟萃的风雅之地。早在半个多世纪以前,潘光旦先生就注意到了中国伶人空间分布上的血缘和地缘关系。在《中国伶人血缘之研究·前论》中,他以清人李斗《扬州画舫录》为本,考察了一百零三个昆曲伶人的籍贯,得出了扬州的伶人中苏州籍特多的结论。扬州是两淮盐商麋集之地,它与苏州隔江相望,舟楫往来,互通声气。因地利之便,苏州的梨园子弟赴扬州的颇多。在扬州城内,也有一个梨园总局"老郎堂",而且又是位于"苏唱街"——苏唱街在扬州城南,渡江路附近——这足可证明扬州苏伶人数之众,以及苏伶来扬州的恰是经过水路。

扬州汇集众多苏伶,还与皇帝南巡有关。自乾隆十六年起,皇帝几次南巡,行至扬州时,均由两淮盐务负责接待。两淮盐务除了捐银、建造行宫和园林之外,还负责供应皇帝南巡日常所需,如饮食、娱乐等。为了御前承应,特意"例蓄花雅两部以备大戏"[1],把许多地方的名演员都招集到这里。苏州多名伶,自然会有大批人荟萃其中。嘉庆五年西山林啸云所著《续扬州竹枝词》中还保留着苏州伶人的史料:"老昆小旦尽东吴,一色浓妆艳紫朱。""苏班名戏维扬聚,副净当场在莽仓。王炳文真无敌手,单刀送子走刘唐。"[2]其中的王炳文即苏州著名的艺人。

扬州有些商人还自筹资金,招集梨园子弟,组织戏班。例如昆腔兴盛时期,扬州商人徐尚志,征苏州名伶为"老徐班",一时传为美谈[3]。也有的苏州人来到扬州,采买当地女子,教习昆曲,创办戏班,如乾隆时苏州人顾阿夷,"征女子为昆腔,名双清班,延师教之"[4]。

(二) 北京

北京是首善之区,全国政治、文化的中心,戏曲艺术也相当发达。明代时有乐户,歌舞艺伎和优伶充盈其间。清初有教坊司,雍正时改名为和声署,乾隆五年又专设了一个演剧机构——南府,隶属于内务府。在京师的梨园子弟中,很多来自江南农村,"或因战乱,或以年荒,侨居既久,渐成土著"[5]。而他们能够跻身京师,自然与社会上层的喜好有关。清室入主中原之后,逐渐浸

---

[1] (清)李斗:《扬州画舫录》卷5《新城北录》下。
[2] 见唐碧所辑录扬州风土词中的戏曲曲艺史料,《曲苑》第1辑,江苏古籍出版社1984年。
[3][4] (清)李斗:《扬州画舫录》卷5《新城北录》下。
[5] 张江裁撰:《燕归来簃随笔》,张江裁辑,吴启文等点校:《清代燕都梨园史料汇编》,中国戏剧出版社1988年。

淫于汉文化，杀伐鼓角之声也渐为丝竹雅唱之音所代替。上以此导，下以此应，于是各地梨园子弟相率入都。从主观上讲，梨园子弟入京，有着他们自身的需求，那就是为赢得声名而谋求发展。因为京师多高官贵族、文人名士，他们的品评关系着伶人身价之高低。经过名人品评的伶人，声价倍增，诚如《日下看花记》所说："一经品题，顿增声价。吹嘘送上，端赖文人。"再者，京师既为政治中心，也是文化的一个重要辐射源，京师的文化风尚往往成为全国风尚的指向标。梨园子弟在京唱红，很快便会声名大噪。晚明时期的北京，已经成为中国最大的娱乐中心，苏州梨园子弟因此源源不断地涌入京师。

在京师梨园界，苏扬人占了很大的比例。《燕京杂记》载："京师优童，甲于天下。一部中多者数百，少者亦数十。……大半是苏扬小民，从粮艘至天津，老优买之教歌舞以媚人也。"〔1〕明清时期的小说对此多有描写：《红楼梦》中讲到贾府为了迎接贾妃省亲，特意去苏州采买了十二个唱戏的女孩子；《品花宝鉴》也有京师的四大名班去苏州买戏子之事。联锦、联珠、八龄等戏班子中多为苏州伶人。书中还杜撰了一本《曲台花选》，内中所选优伶八人，五人为苏州籍。笔者曾据《清代燕都梨园史料汇编》的记载做过统计，发现在光绪初年之前，京师梨园界江苏籍者占有非常突出的地位，而苏州籍的伶人又在其中占了绝大多数。但光绪十二年之后，苏籍伶人渐为衰落。究其原因，不外以下几点：

一是"乱弹"的兴起，雅部的式微。乾隆年间，秦腔、罗罗腔、梆子等渐为社会各阶层所接受，观众"所好惟秦声、罗、弋，厌听吴骚；闻歌昆曲，辄哄然散去"〔2〕。观众的喜好直接影响到剧种的发展变化、演员的行为，"即苏州、扬州，向习昆腔，近有厌旧喜新，皆以乱弹等腔为新奇可喜，转将素习昆腔抛弃"〔3〕。作为昆腔源地的苏州尚且如此，京师尚"乱弹"也就不足为奇了。流风所及，有许多苏伶转向他部，毕竟昆腔开到荼蘼，花事已了，风光不再。

二是同光年间开始，京畿一带本土的伶人渐成气候，这是因为"近畿一带尝苦饥旱。贫乏人家，有自愿鬻其子弟入乐籍者；有为老优买绝，任其携去教

---

〔1〕《清代燕都梨园史料汇编》上，中国戏剧出版社 1988 年。
〔2〕乾隆九年，徐孝常为张坚《梦中缘》传奇所写序文。转引自《中国戏曲通史》下册，中国戏剧出版社 1981 年。
〔3〕嘉庆三年三月初四日《翼宿神祠碑记》，江苏省博物馆编：《江苏省明清以来碑刻资料选集》，生活·读书·新知三联书店 1959 年。

导者"〔1〕。由于地近乡关,必多同乡之间的联络;同时人多必定势众,这无疑给苏伶造成排挤之势。

三是上海开埠之后的崛起与繁荣,对苏州梨园子弟有很大的吸引力。苏、沪两地相距甚近,因此苏州的许多梨园子弟赴沪寻求发展。尤其是太平天国起义后,"苏、昆沦陷,苏人至京者无多。……自南北隔绝以来,旧者老死,后至无人"〔2〕。"吴中曲师无从北上,苏扬稚子亦不复贩鬻入都,唱昆曲的人没有来源,一天比一天少。"〔3〕但是昆曲衰落,南北皆同,苏州府梨园子弟在京势力的渐趋式微,更主要的还是与昆曲本身在京的衰落有关。

(三) 上海

苏州梨园子弟进入上海,最早大约是在明万历年间。《云间据目抄》载:

> 近年上海潘方伯〔4〕,从吴门购戏子颇雅丽,而华亭顾正心、陈大廷继之,松人又争尚苏州戏,故苏人鬻身学戏者甚众。又有"女旦""女生",插班射利,而本地戏子十无二三矣,亦一异数。〔5〕

明清时期苏、松二府都是江南富庶之区,地相毗邻且风俗颇类,松江人"争尚苏州戏",必定有为数甚多的苏伶往赴沪上。但因此时上海尚为江南一普通县城,所以,苏州府梨园子弟更多的还是流向城市规模更大、经济更为繁华发达的地方。

1843年(清道光二十三年)11月,上海正式开埠,但往上海的大规模移民却是以太平天国起义为契机的。1860年苏州城陷,有相当一部分苏州人避祸到了上海,其中不乏梨园子弟。

苏州府梨园子弟势力在上海的发展变化,是随着戏曲在上海的发展变化而变化的。昆曲盛行时代,沪上伶人"俱来自苏台"。同治时期,徽班满庭芳创于南靖远街,惯听昆曲的人们乍闻徽调,耳目一新,"都人士簪裾毕集,几如群

---

〔1〕 (清) 艺兰生辑:《侧帽余谭》,张江裁辑,吴启文等点校:《清代燕都梨园史料汇编》。
〔2〕 王梦生:《梨园佳话》。
〔3〕 潘静芙、陈墨香:《梨园外史》第七回,宝文堂书局1989年。
〔4〕 潘方伯,即潘允端(1526—1601),豫园的主人。(明) 何三畏《潘方伯充庵公传》:"潘允端,字仲履,号充庵,上海人,潘恭定公笠江恩之仲子,学宪公衡斋允哲之弟也。嘉靖壬戌进士,授刑部主事,官至四川右布政使。"世人常以"潘方伯"称之。
〔5〕 (明) 范濂:《云间据目抄》卷2。

蚁附膻。而吴下旧伶,渐若晨星落落矣"[1]。后由于变乱而麇集上海,纯粹是出于外力的迫使。光绪七年(1881),苏州梨园界重修老郎庙,所立碑刻的碑文记录了太平天国时代苏州伶人的情况:"自咸丰庚申发逆蹂躏,苏城失陷,各班分散逃避,在申者尚存百十余名,在夷场分设两班开演,计文乐园、丰乐园,暂为糊口。"[2]但苏州收复以后,很多人又回到原籍。

苏州府梨园子弟涌入上海,地利之便是一个客观原因,太平天国运动造成的南北隔绝亦起了推波助澜作用。而更主要的则是上海开埠以来的经济繁荣产生的文化效应和上海人对戏曲的欢迎程度。洋场人士对戏曲的鉴赏品味与皇城根儿下的人们有很大的不同。前者注重形式,演员以身段优美、扮相俊雅为准,若唱功稍好便可获得台下一片掌声;而后者因受戏曲文化浸淫日久,对演员的要求也更高一些,品评演员的目光便过挑剔,有的人听戏,"品评戏剧过于认真,小疵不掩,小过必诛,一般伶人因此弄得没处混饭吃的不知有多少"[3]。在这种情况下,梨园子弟在上海比在北京更容易谋生。

苏州与上海同属吴方言区,语言上的隔阂较小,而且太平天国时期,上海人中苏州移民的数量占了很大比例。这些移民在文化上对上海本地人产生了一定的影响,喜爱昆曲即为其一。由是苏州府梨园子弟在上海得到很快的发展。

苏州府梨园子弟势力在上海的衰落,与昆曲的地位渐衰有关。由于徽班、京班次第擅场,而"三雅专演昆腔,调甚悠扬,时人以其不及京腔之繁缛,不喜也"[4]。知音鲜少,影响力也渐趋衰弱。其次,也跟上海人的心态有一定关联。上海五方杂处,洋场繁华,上海人对外来事物的接受程度也较他处更快更容易。所以徽调、汉调等进入上海很快就被上海人所接受;之后,京剧又吸收了昆曲、乱弹等地方戏的精华,成为中国的国粹艺术而在全国产生了非常大的影响,在上海也是广为流播。相形之下,昆曲更是曲高和寡,无人问津了。

(四) 其他城市

明清时期的南京,由于政治、经济地位上的特殊性,所以风俗侈靡,是歌舞

---

[1] (清) 黄式权:《淞南梦影录》卷2,上海古籍出版社1989年。
[2] 光绪七年六月《重修老郎庙捐资碑记》,江苏省博物馆编:《江苏省明清以来碑刻资料选集》,生活・读书・新知三联书店1959年。
[3] 潘静英、陈墨香:《梨园外史》第二十二回。
[4] (清) 池志澂:《沪游梦影》。

之场,"南曲靡丽之乡",南京的伶界艺人中,有很大一部分是苏州人,著名的如《吴梅村文集》中提到的王郎,即王紫稼,就是苏州人。王紫稼声名颇著,《随园诗话》中讲到他死后,顾赤方作挽诗曰:"昆山腔管三弦鼓,谁唱新翻《赤凤儿》?说着苏州王紫稼,勾栏红粉泪齐垂。"[1]

杭州风景秀丽,商业繁华,与苏州并称"人间天堂"。杭州的戏班子叫"堂名","即清音班,多自姑苏来者,共有一二十班……每班以十岁以上至十五六岁孩子八人,一式装饰,四季衣裳,均皆华丽,吹弹歌唱,各出戏文,昆腔居多,近今亦会唱徽调"[2]。

天津由于地近京师,所以有些伶人在北京得不到发展机会,无法走红,就会转徙天津,诚所谓"格低无奈下天津"[3]。道光时天津有著名的戏园七处,伶人五十余家。江南称营业的音乐演唱班为"堂名",最初是由苏州传过来的。而天津亦称戏班为"堂名",因此估计天津的梨园子弟中,江南人为多,其中苏州人当占绝大多数。

姑苏的戏班子不仅播迁到附近的各大中城市,甚至远在华南的广州也有不少苏州梨园子弟。根据乾隆五十六年所立《梨园会馆上会碑记》,统计出这时在广州的戏班,湖南占十七八班(当是因地利之便),安徽占七班,姑苏占十一班[4]。苏州与广州,即不属同一方言区,亦不属相同的文化区,竟然也有那么多的姑苏戏班,可见梨园文化的影响之巨。

运河沿线城市临清,由于水陆交通便利,所以汇集了来自各地的商贾和手工业者,经济的繁华程度可与区域性的中心城市相媲美,这也刺激了社会各阶层对文化消费的需求。从苏州北上京师的梨园子弟,大都是取道运河。临清滨运河,有近水楼台之利,有钱且有闲的人们就利用交通之便从苏州采戏子以供娱乐。《金瓶梅词话》反映的是明代临清的社会情况,小说第三十六回写到西门庆等人听戏的场面:

> (西门庆)因在李知县衙内吃酒,看见有一起苏州戏子唱得好……旋叫了四个来答应。……不一时,四个戏子跪下磕头。……安进士问:"你每是哪里子弟?"苟子孝(为头的戏子)道:"小的都是苏州人。"

---

[1]《袁枚全集·随园诗话》卷16。
[2] 见《小方壶斋舆地丛钞》第六帙。
[3] 引自(清)艺兰生辑:《宣南杂俎》,张江裁辑,吴启文等点校:《清代燕都梨园史料汇编》。
[4] 见张庚、郭汉城主编:《中国戏曲通史》下册。

因此可以看出当时临清有许多苏州梨园子弟。

明清时期苏州府梨园子弟外迁的特点是：迁入地多为城市，这自然是由城市本身所具有的文化职能所决定的；而且这些城市大多水陆交通便利，从苏州沿运河北上南下或经运河至江，溯江而上或顺江而下便可到达。

三、苏州府梨园子弟播迁与迁入地社会风气的变化

梨园子弟对迁入地的影响，主要体现在社会风气的变化上面。明清时期的苏州府，由于经济、文化高度发达，梨园子弟质量较高，昆曲又是社会各阶层喜闻乐见的一种艺术形式，所以苏州府梨园子弟的播迁，对迁入地的文化气息、社会风气带来了很大影响。这种影响有时也许不直接的，但却是持久的、潜移默化的。

明清时期，戏曲在全国很多地方受到普遍欢迎。苏州更是达到了"家歌户唱寻常事，三岁孩童识戏文"[1]的地步。而在其他经济、文化发达地方，情形也大致相同。对戏曲的喜好是上至皇帝，下及平民的一种风气。康熙皇帝玄烨南巡之时，苏州织造以寒香班等在行宫"承应"演出，长洲籍伶人陈明智的演技颇得皇帝赏识，于是陈明智被带回宫中，"供奉内廷"，充当教习长达二十年[2]。乾隆年间南府之设立，也是因为皇帝对戏曲之喜好。之后南府虽废，但宫中演剧机构旋改为升平署，并一直存在至清朝灭亡。北京演戏的地方，有戏庄，有戏园，是不同层次的人的娱乐场所。前者主要是官绅士人燕集之所，后者则面向的是平民阶层。京师梨园，当是苏伶人肇之始，之后方是徽班、京班各擅胜场。

由于戏曲文化的传播，所以"仕绅宴会，非音不樽，而郡邑城乡，岁时祭赛，亦无不有剧"[3]。以听戏为娱乐，成为全国上下普遍的风气。而赏音之外，结交优伶也被京师士人视为身份、地位、风雅的象征，"不结优伶则诮曰：'此不识优伶，安得名士？'"[4]以优伶侑酒也为一时流风。《菽园赘谈》说："京师狎优之风，冠绝天下，朝贵名公，不相避忌，互成惯俗"，以致"执役无俊仆，皆以为

---

[1] 乾隆《苏州竹枝词·艳苏州》之二。
[2] （清）史承谦：《菊庄新话》，转引自张庚、郭汉城《中国戏曲通史》中册。
[3] （清）杨懋建：《长安看花记》，张江裁辑，吴启文等点校：《清代燕都梨园史料汇编》。
[4] （清）陈澹然：《异伶传》，张江裁辑，吴启文等点校：《清代燕都梨园史料汇编》。

不韵;侑酒无歌童,便为不欢"〔1〕。

流风所及,有一些达官显贵甚至以"下海串戏"为娱乐,如乾隆时钱泳所见:"近士大夫皆能唱昆曲,即三弦、笙笛、鼓板亦娴熟异常。余在京师,见盛甫山舍人之三弦,程香谷礼部之鼓板,席子进、陈石士两编修能唱大小,喉咙俱妙,亦其聪明过人之一端。"〔2〕有的人就在家道中落之后以唱戏为业,聊以糊口。也有人"下海"之后功成名就,成为戏曲发展史上颇具影响的人物,例如清廷大员穆彰阿之孙德珺如。上海的一些富家子弟也玩票"下海",如光绪年间的聚芳、集贤二局,"皆富室子弟为之,竞以豪奢相尚。每当熏香剃面,鹄立氍毹,极悱恻缠绵之致,令观者目炫神移。尝演《思凡》《断桥》二剧,尽态极妍,合座为之倾倒"〔3〕。由此可见,这些票友的演技已臻于一流,这当是因为久习而谙熟的原故。

由于戏曲文化的传播和苏州府梨园子弟的迁入,说苏州话也成为一种时尚。尤震《红草堂集》载,当时北京的风气是"索得姑苏钱,便买姑苏女。多少北京人,乱学姑苏语"。至于上海,自太平天国以来,苏州伶人多以沪为歌场。沪上演剧也多仿照苏州,"主席者设宴款客,任招歌者以侑觞,略如吴门之例"〔4〕。而苏白也成为沪上浮浪子弟效颦之语。

本文原载《复旦学报(社会科学版)》1997年第6期,收录时略有修改。

---

〔1〕 (清)柴桑:《京师偶记》,与《菽园赘谈》皆转引自《品花宝鉴·前言》。
〔2〕 (清)钱泳:《履园丛话》卷十二《度曲》。
〔3〕〔4〕 (清)王韬:《瀛壖杂志》,《小方壶斋舆地丛钞》第九帙。

从家谱资料试析清代登莱二府的人口迁移

赵发国

清代的登州府、莱州府占有山东半岛的绝大部分地区,而成为山东一个独特的地理单元,具有其特殊的地理条件,现将登州、莱州二府结合在一起,根据山东省图书馆所藏的一些家谱资料对二府的人口迁移做一分析。

各家谱的作者、刊年、版本如下:

《高密王氏族谱》 王言箴辑 民国二十二年排印本;
《东莱曲氏族谱》 清 曲际清撰 宣统元年刻本;
《高密綦氏家乘》 綦德华修 民国六年石印本;
《昌邑綦氏族谱》 綦德华修 民国六年石印本;
《莱阳辛氏族谱》 清 辛时震编 清乾隆三十七年莱阳辛氏祠堂刻本;
《黄县丁氏族谱》 清 丁在麟修 宣统元年刻本;
《芝阳赵氏族谱》 清 赵延缓辑 道光十五年刻本;
《鳌山王氏世系谱》 清光绪十七年敦睦堂刻本;
《黄县西支赵氏族谱》 赵常龄辑 民国四年镂云斋石印本。

以上家谱的刊印时间绝大多数在清末或民国初年,作者都是本家族人员,故这些家谱资料基本上能够反映其家族在清代的人口迁移的实际状况。

那么怎么确定与清朝时间段大致相符的各家谱的世(或代)数呢?一般说来,家谱修毕,就要刻板,刻板的时间大致是该家族最后一代所在的时间,所以世数可以根据 25 年一个周期[1]向上逆推。

东莱曲氏、高密綦氏、莱阳辛氏、黄县丁氏,家谱刻板时其世(代)分别为:二十一、二十、十五、十九世。以 25 年为一世周期上溯到清初,东莱曲氏大致为十世,高密綦氏大致为九世,莱阳辛氏大致为十世,黄县丁氏大致为八世。

---

[1] 刘国伟:《试论古代家族人口过程及其观念——〈李氏族谱〉仲温支氏系之研究》,《谱牒学研究》,文化出版社 1991 年,第 69 页。

昌邑綦氏与高密綦氏一脉相承故世（代）相同，清初大致也为九世。《芝阳赵氏族谱》中有"十一世鼎昌为康熙年间岁贡生"，因此清初芝阳赵氏大致已到十一世。《鳌山王氏世系谱》中有一世祖永乐十八年平唐赛儿有功而擢职的记载。如以25年为一世周期下推，清初大致为九世；《黄县西支赵氏族谱》因与芝阳赵氏共祖，故世（代）相同，清初大致也为十一世。

各家谱中由于其成员的生卒年月大多失载，故很难确定各世（代）所处的确切年代，况且同一家族中各支派的繁衍也不同步，有快有慢，长支会比次支、三支等快些，但由于各谱记载的历史不长，故差别不会太大，所以在各家族人口和人口迁移的比较统计中，仍以世（或代）为计算单位。

下列表1列出的是各家族的各世人口数(P)各世外迁人数(I)及其迁移率(R)。表2是各家族有确切迁入地点的各地人口数所占有确切迁入地点的总人口数的百分比。

表1　各家族各世系人口外迁状况

		10世	11世	12世	13世	14世	15世	16世	17世	18世	19世	20世
高密王氏	P	86	159	281	412	540	636	757	608	262	44	0
	I	2	2	3	8	10	33	19	5	1	0	0
	R	2.32	1.25	1.06	1.94	1.85	5.19	2.51	0.82	0.38	0	0
东莱曲氏	P	79	107	151	196	231	230	217	207	189	71	31
	I	1	1	11	16	23	19	12	7	4	0	0
	R	1.27	0.93	7.28	8.16	9.96	8.26	5.53	3.38	2.12	0	0
高密綦氏	P	50	137	213	263	327	393	532	523	548	136	17
	I	0	2	1	0	6	6	13	2	1	0	0
	R	0	1.46	0.47	0	1.83	2.53	2.44	0.19	0.37	0	0
昌邑綦氏	P	12	12	18	20	32	33	11	0	0	0	0
	I	1	1	0	3	12	0	0	0	0	0	0
	R	8.33	8.33	0	15	37.5	0	0	0	0	0	0
莱阳辛氏	P	309	436	587	579	287	82	14	0	0	0	0
	I	1	1	3	10	1	0	0	0	0	0	0
	R	0.32	0.23	0.51	1.73	0.35	0	0	0	0	0	0

续 表

		10世	11世	12世	13世	14世	15世	16世	17世	18世	19世	20世
黄县丁氏	P	40	54	185	153	237	372	457	200	61	14	14
	I	4	4	0	0	0	0	3	0	0	0	0
	R	10	7.4	0	0	0	0	0.66	0	0	0	0
芝阳赵氏	P	0	128	171	230	276	362	378	288	138	65	27
	I	0	7	8	9	18	8	12	4	2	0	0
	R	0	5.47	4.68	3.91	6.52	2.21	3.17	1.39	1.45	0	0
鳌山王氏	P	104	159	202	286	400	469	578	194	182	98	21
	I	2	2	11	7	27	8	5	12	1	0	0
	R	1.92	1.26	5.45	2.45	6.75	1.71	0.87	6.19	0.55	0	0
黄县西赵	P	0	143	198	281	384	476	609	761	816	685	454
	I	0	7	5	9	17	19	31	58	34	2	1
	R	0	5.00	2.53	3.20	4.43	3.99	5.09	7.62	4.17	0.29	0.22

说明：高密綦氏、昌邑綦氏、黄县丁氏、鳌山王氏10世以前均无迁移者，故一再列于表中。

表2 各家族外迁分布状况

家族	外迁人数	关东 人数	关东 比例	北京 人数	北京 比例	山西 人数	山西 比例	河南 人数	河南 比例	广西 人数	广西 比例	云南 人数	云南 比例	湖南 人数	湖南 比例
高密王氏	66	58	87%	8	12%	—		—		—		—		—	
东莱曲氏	7	6	86%	1	14%	—		—		—		—		—	
高密綦氏	30	29	97%	—		—		—		—		1	3%	—	
昌邑綦氏	17	17	100%	—		—		—		—		—		—	
莱阳辛氏	5	2	40%	1	20%	1	20%	—		—		—		1	20%
黄县丁氏	7	7	100%	—		—		—		—		—		—	
芝阳赵氏	66	65	98%	1	2%	—		—		—		—		—	
鳌山王氏	44	39	88%	—		2	5%	3	7%	—		—		—	
黄县赵氏	168	161	96%	4	2%	—		—		—		3	2%	—	

由上面的图表观察可以得到以下几点：

1. 各族人口迁移比例最大的时期一般处于十四至十五世，即相当于清朝前期,这种现象的出现当然不是偶然的,因为上面所列各家族修谱起点时间相差不太大。清朝初期,由于长期的社会动乱"地土荒芜,有一户之中,止存一二人,十亩之田,止种一二亩者"。面对这种情况,顺治帝下令"将现在熟地或免一,或免半;其抛荒之地不论有主无主,尽行蠲免"[1],以期恢复社会经济,招徕流散之民。康熙时期为安定社会秩序,采取奖励垦殖,轻徭薄赋,与民生息的政策,使人民得到了喘息之机。这些时期人口尽管有所增长,但这个时期还未形成压力,所以人口外迁者不多。康熙以后,继之而来的乾隆盛世使经济得到发展,"盛世滋生人丁永不加赋"政策的实行,使人口急剧膨胀,人地矛盾逐渐增大,有些家族由于人口增加,每逢自然灾荒或战争、动乱,再也难以维持生计,便开始大规模地外迁。

2. 在绝大多数家族中"闯关东"的人占绝对优势,在有去处可考的外迁人数中,迁往关东的最高比率达100%,最低也达到40%。这是因为东北三省地广人稀,便于生存,对山东的饥民具有很大的吸引力。每逢灾荒,难民为饥饿所迫,就再也顾不得清政府的禁令,便大规模地向关东迁移。

3. 登、莱二府人口除主要到关东外,还流向北京、山西、河南、广西、云南等地,而到北京的却占了第二位。这与京城的特殊地位有关,甚至有的家族迁往北京的人数占迁移人数的比例高达9.64%(如高密王氏)。

4. 各家族的迁移率都有差别,有的还相差甚远。这大概是因为各家族所拥有的生活资料不同,造成了生活的难易程度不一,故外迁人数有多有寡。另外还可能与家族人口的繁衍速度、安土重迁思想影响程度有关。

登州、莱州流民的迁移,不仅具有地域上的选择性,而且年龄上、性别上也有其特点,请参看表3。

表3 各家族外迁人口婚姻状况

外迁状况 家族	外迁人数	有 配 者		无 配 者	
		人数	占外迁人数比(%)	人数	占外迁人数比(%)
高密王氏	83	33	39.76	50	60.24
东莱曲氏	94	9	9.57	85	90.43
高密綦氏	21	8	38.10	13	61.90

---

[1]《清世祖实录》卷13,顺治二年正月己丑。

续表

外迁状况\家族	外迁人数	有配者		无配者	
		人数	占外迁人数比(%)	人数	占外迁人数比(%)
昌邑綦氏	17	14	82.35	3	17.65
莱阳辛氏	16	5	31.25	11	68.75
黄县丁氏	12	0	0.00	12	100.00
芝阳王氏	68	30	44.12	38	55.88
鳌山王氏	75	7	9.33	68	90.67
黄县西赵	183	51	27.87	132	72.13

从表3可以看出,除昌邑綦氏外的其他各家族外迁人口中,无配偶者占较大的比例。根据《黄县西支赵氏族谱》所载:十六世(赵)其贵"幼年赴北贸易于凤凰城,未成室而卒,殁年18岁"。由此看出有的男子在不到18岁之时就已"闯关东"了。一般地说18—40岁的男子都有迁移的能力,假设一般男子的婚龄为25岁(恐怕不能再大过这个年龄了),那么为何18—25岁这个年龄阶段的外迁人口要比25—40岁这个年龄段的外迁人口为多呢?这是因为族谱记载的大都是定居于外的人口。而外迁人口中又以"闯关东"为主。在1866年清廷允许妇女出关以前,恐怕能在关东定居的已婚男子为数不会太多,除非冒险把妻子儿女带出关来或抛妻弃子独居于外另寻妻室。这毕竟是特殊的例子,恐怕不会太多。因此已婚男子的"闯关东"更多地表现为流动式的,出外挣了钱再回家养家糊口。而那些未婚者则不同,他们来去无牵挂,因此定居于外的比例要大得多。1866年以后妇女可以合法地被带出关。有偶男子迁居于外的数目会有增加。虽然从家谱的记载中无法确切地把其家族的移民分为1866年前后两个时期(或更多的时期)进行量的考察,但可以断定,在此之前未婚男子占较大的比例,之后已婚男子比例有所上升。但总起来说,有清一代定居东北的未婚男子占大多数。当然,未婚青年中可能有一些大龄的,但人数不会太多。

清代登州、莱州二府的人口迁移,上面已讲到主要流向关东,这也是历史上山东人"闯关东"中的一股洪流。由于"闯关东"的人数多,比较典型,现就"闯关东"的登、莱二府移民在东北的分布特点做一归纳,见表4(为便于对移民迁移路程远近进行考察,故迁移地的省级区划用了现代的名称)。

表 4 各家族闯关东人口分布

		高密王氏	高密綦氏	昌邑綦氏	莱阳辛氏	芝阳赵氏	鳌山王氏	黄县西赵
辽宁省	盖州	5(14、15)				1(12)	2(12)	8（12、14、15、15、17）
	复州		1(14)			4(11)	4(12)	11（12、14、15、16＊＊）
	宁古塔					1(13)		
	耀州					1(13)		
	岫岩					1(14)		2(14、16)
	承德	3(15、16)			1(11)	4(14、15)	3(14＊)	
	海州					9(14、16)		3(16、18)
	辽阳					2(13)		2(13)
	熊岳							2(14)
	凤凰城							9(16、17、18)
	宽甸							4(18)
	牛庄城					2(11、16)		4（14、15、16、17）
吉林省	桓仁府	1(12)						
	通化县		6(16、17)					
	船厂					1(15)		
	新立屯							1(18)
	无考	2(15)						
黑龙江省	哈尔滨			1(14)				
	穆棱县							
	拜泉县			1(14)				
	海参崴							1(16)
	海伦县							1(16)
	无考			1(14)				

说明：括号内是迁往某地人的代（或世）数。
＊系弟兄三人，十三世朝瑞的三个儿子（《鳌山王氏世系谱》）。
＊＊中的三人：文成、文降、文杰随父学约徙居复州（《黄县西支赵氏族谱》）。

从表4中可以看出：

1. 在有确切迁入地点的人口中以辽宁为最多，达 86 人；其次为吉林，9 人；黑龙江最少，6 人。这是因为陆上交通不便，而登、莱二府与辽宁只一海之隔（他们还往往把闯关东叫赴海北），乘船渡海路近，旅费低廉。而辽宁又具备山东所没有的优越生存条件，所以登、莱二府的流民移居辽宁的较多。辽宁便成了"闯关东"移民的第一个落脚点，也是以后进一步深入东北腹地的根据地。当然也有一些人舍近求远去了吉林、黑龙江等地，但路途越远，去的人越少。

2. 在同一家族中，甚至几个家族中，人们往往集中同一区域，这表现为同代或同一家的兄弟住在同一个不太大的地区内，更有的是几代人连续迁居于同一州县。这样做的目的在于移入一个生疏地方的移民之间可以有个相互照应。而后来的也是为了寻求暂时的帮助，因此往往投靠亲戚朋友或老乡。如黄县西支赵氏，十四世有一位赵继在，其子赵学智"持己勤俭，存心宽厚，亲友频求而无吝啬之意，贫穷者屡乞而不嫌调济之烦，凡海南族人来此，尤加周旋"，因而得到了敦宗睦族的称赞。尽管像赵学智这样在亲友频求之下不嫌调济之烦的人不可能太多，但能对从家乡远途而来的亲友或老乡，提供一些方便的应该为数不会太少。

通过以上几个家族人口迁移的观察分析，本文大致可归纳出以下几点：

1. 随着人口增加，当对家族形成压力时，家族内便产生人口的外迁，由于各家族的人口增长速度造成的压力及经济条件各不相同，致使他们的外迁率有较大的差异性。

2. 外迁人口中以青壮年为主，大致在 18—40 岁，未婚男性占了较大比例，因此形成了性别单一、年龄构成轻的特点。

3. 登州、莱州二府的外迁人口，分布于众多省区，但又以"闯关东"者为最多，其中迁入辽宁的占绝大多数，这与登州、莱州到辽宁的便利的航运条件有关，但也与家族成员的互相吸引有联系，先定居的往往是后来者的吸引力。其次到北京的占第二位，这当与京师的特殊地位和离登、莱二府不远有关。

本文原载《中国历史地理论丛》1996 年第 2 期。

清代归化城土默特地区的移民过程

王卫东

一、引　言

土默特地区北靠大青山，南面是黄土高原的北部边缘，中间为土壤肥沃的土默川平原。这一带的农业本来就发展很早，尤其在明代嘉靖、隆庆时期，俺答汗控制了土默特平原后，广招汉人，引进农业技术，发展成为板升相连欣欣向荣的农业景象。明清鼎革之际，察哈尔林丹汗与蒙古各部的封建主在归化城附近激战，林丹汗西逃时强迫归化城的富民西迁，皇太极远征林丹汗返回时又纵火焚烧，所有这些都给土默特平原的农业带来了极大的损害，许多地方又重新成为牧业区。

清入主中原以后，为将蒙古地区保持在封闭状态下，屡屡颁发禁令，禁止汉人越过长城进入蒙古地区。但是，口内汉人却不断突破禁令进入该地区进行垦种。到清代中后期，归化城土默特地区的社会风貌已发生了很大的变化，发展成为一个独特的移民社会。据笔者对《内蒙古自治区地名志·乌兰察布盟分册》及《呼和浩特市地名志》[1]所载和林格尔县、清水河县、武川县、呼和浩特市郊区、托克托县、土默特左旗 6 县市旗的 1 539 个自然村进行统计，扣除建村时间不明的 337 个自然村不计，其中清代之前建村的 166 个，占 13.8％，清代建村的 995 个，占 82.8％，清代之后建村的 41 个，占 3.4％，在清代建立的村庄中，完全由口内移民迁入建立的（不含增析的村庄）又有 828 个，占 53.8％，因土默特地区人口增长而增析的村庄 52 个，占 3.4％。

移民进入这个地区的过程也就是移民对这个地区开发的过程。因此，对

---

[1]《呼和浩特市地名志》和《内蒙古自治区地名志·乌兰察布盟分册》所载村庄包含村名及来源语种、建村时间、最早迁居人、迁自何处、村名含义、户口（含有不同民族的亦分别注明）耕地及牲畜数量、物产、地形、交通状况等内容。《呼和浩特市地名志》包含其辖区内的每一个自然村，而《内蒙古自治区地名志·乌兰察布盟分册》只载有村民委员会驻地及一些规模较大的自然村。

此地社会研究的前提是对移民的研究。由于土默特地区的移民属于非政府组织的自发移民,所以很少有史料对此作专门记载,正如民国《绥远通志稿》卷20中所说:"清既入主中夏,察哈尔、西土默特及鄂尔多斯、乌拉特等各旗,悉录版图,其时私垦禁严,蒙荒如故。在有清一代,未闻有大批之移民,如历朝故事者也。然其设官分治,渐形成厅道之制者,则以康雍而后,私垦禁弛,佃农渐多,虽未尝由官移民,顾已开民人自移之路。"因而对此地移民过程的研究仍相当缺乏。迄今所见,国外学者的论文有20世纪30年代日本人安斋库治发表的《清代的开垦和土地关系》和《清末土地关系的整理》两篇文章,对清代土默特地区的土地开垦过程中的清初移民私垦、清代中叶移民的逃逸和清末放垦都有较为详细的论述[1]。但由于土默特地区的土地关系十分复杂,迁入汉人的大部分人并不入籍,土地的升科相对于土地的开垦有很大的滞后性,而且整个清代该地区都存在着大量的"雁行人",春来秋归,并不在此定居,因而,安斋库治对土地开垦的研究并不能真实地反映移民进入这一地区的确切过程。国内学者的研究论文仅见一篇,只是对这一地区的开发的过程进行简单描述,无法从中看出移民的过程[2]。

本文所涉清代归化城土默特的范围大致包括现在的内蒙古自治区的清水河县、和林格尔县、呼和浩特市、武川县、土默特左旗、土默特右旗及包头市东河区以东的部分;所依据的资料主要为地名志及其他一些历史文献。笔者希望通过对这一地区移民的时空过程进行研究,复原清代该区域的移民过程。

二、移 民 过 程

清代的移民可以看作是明代移民的继续,只是这一过程被明末清初的战乱所打断。明代归化城土默特地区的移民主要来自山西,大多数移民迫于生计而出外谋生。明末清初的灾荒、瘟疫和战争给山西的人口带来了很大的损失,大量土地抛荒,山西口内的人口与土地的矛盾得到了一定的缓解。因此,清代初年,山西地方官员致力于招徕流民进行垦荒。这一时期很少有人突破清政府的禁令进入土默特地区。

在康熙时期口内百姓迫于生计开始大量出口垦种,他们的原籍多在口内

---

[1] 原载1938年《满铁调查月报》第18卷第20号及第19卷第2号,转引内蒙古大学历史系蒙古史研究室编印《蒙古史研究参考资料》,1963年10月第6、7辑。
[2] 李辅斌:《清代直隶山西口外地区垦殖述略》,载《中国历史地理论丛》1994年第1期。

附近地区,多数春去秋回,并不在口外入籍,被称为"雁行人"。据《呈报十五沟人口地亩清册》记载:"旧管各沟通共种地民人一百七十户,通共种地三百五十一顷七十二亩一分,通共男妇七百名口。"[1]若按此计算,每户约耕种二顷土地。该地区耕地是雍正年间起科的,到该清册所记之乾隆二十九年,早已成为熟地,户均耕种两顷土地,几乎是不可能的;有相当一部分土地由"雁行人"来耕种。据此可知,这一地区是存在大量"雁行人"的。随着时间的推移,部分雁行人定居下来,成为真正的移民。

清顺治五年四月,原降清的明代大同总兵姜瓖及其部下万有孚等人起兵反清,兵败后,一部分人逃到大青山地区进行垦种。《偏关志》载:"难发,万氏子孙相率逃至大青山,山故多煤,夜梦大司马冠带坐其上,旦日挖之,果然,遂家焉。其后椒聊蕃衍,聚族而居,名万家沟云。"[2]地方志所记载的仅仅是当地的著名人物,逃往该地区的不仅仅有万氏子孙,应该还有相当一部分士兵。他们可以视为清代关内移民进入土默特地区的先声。

除了因政治原因逃入土默特地区的军人外,最初从山西口内来的移民绝大多数属于生存型的移民。虽然政府一再下令禁止到口外垦种,但是禁令仍不断被突破。

为了更清楚地了解清代各个时期移民迁入该地区的具体情况,笔者对清代归化城土默特地区的自然村进行了统计,因资料不全,表1的统计不包含包头市的东河区以东地区及土默特右旗。

表1 移民在归化城土默特地区建立的自然村

时间		和林格尔	呼和浩特	清水河	土默特左旗	托克托	武川	总计	年均建村数	所占百分比(%)
清初*	—	26	14	0	12	9	0	61	—	7.0
顺治	1644—1661	4	1	5	0	1	0	11	0.6	1.3
康熙	1662—1722	16	9	19	31	10	6	91	1.5	10.5
雍正	1723—1735	4	10	2	6	1	5	28	2.2	3.2
乾隆	1736—1795	34	42	12	189	92	14	283	4.7	32.6

[1] 土默特左旗档案馆藏第1856号档案《呈报十五沟人口地亩清册》。
[2] 《偏关志》卷上《人物志》。

续 表

时间		和林格尔	呼和浩特	清水河	土默特左旗	托克托	武川	总计	年均建村数	所占百分比(%)
嘉庆	1796—1820	3	11	1	5	9	7	36	1.4	4.1
道光	1821—1850	2	3	2	8	10	4	27	0.9	3.1
咸丰	1851—1861	0	5	1	1	69	1	77	7.0	8.9
同治	1862—1874	2	2	0	2	5	1	12	0.9	1.4
光绪	1875—1908	3	7	2	13	22	17	64	4.6	7.4
宣统	1909—1911	0	0	0	0	2	7	9	3.0	1.0
清末*	—	5	18	0	3	3	0	29	—	3.3
民国	1912—1948	1	4	0	4	4	19	32	0.9	3.9
解放后	1949—1980	2	2	0	5	0	0	9	0.3	1.0
总计	—	102	128	44	279	235	81	869	2.6	100

* 原资料中仅注明清末、清初,具体时间不清楚。

资料来源:《内蒙古自治区地名志·乌兰察布盟分册》的武川、清水河、和林格尔部分及《呼和浩特市地名志》。

从表1中可以看出,清代归化城土默特地区自然村的建立共有三个高峰。第一次高峰在康熙到乾隆时期,这一高峰持续时间较长;第二次高峰发生在咸丰时期,这一次高峰持续时间较短,第三个高峰期发生在光绪宣统时期。

据表1,康熙年间年均建村为1.5个,若是将清初设立的村庄按比例加进去的话,康熙时期平均每年建立的自然村也要超过2个。这一时期主要由于人口大量增加,口内人口压力增大,同时政府也采取了比较宽松的政策,在灾荒之年开放关口,允许百姓迁到口外;康熙皇帝说:"伊等皆朕黎庶,既到口外种田生理,若不容留,令伊等何往?"[1]所以大量人口迁到口外。康熙年间连年对西北部用兵,从口内长途转运军粮,至为艰难。康熙帝深感"边外积谷,甚属重要"[2],遂于三十一年(1692)下令在山西长城的杀虎口外和归化城附近进行屯田[3],把大小黑河沿岸土地"分画九区,招民认种"。绥远城将军费扬

---

[1]《清圣祖实录》卷250,康熙五十一年五月壬寅。
[2]《清圣祖实录》卷153,康熙三十年十二月丁亥。
[3]《清圣祖实录》卷154,康熙三十一年十二月壬寅。

古还在此开渠灌溉,当地称为"将军渠"[1]。同时还设立粮庄,占地约 234 顷。三十四年,政府在归化城安设粮庄 13 所,每庄给地 18 顷,岁征粮 200 石,由归化城都统收贮。其实,在康熙二十七年,张鹏翮出使俄罗斯途径此地,就看到不少村落,已是一派农区的风光[2]。

在康熙时期对移民虽然还有许多限制,但这时已有一部分口内的移民进入大青山以北的地区。安斋库治《清末土默特土地关系整理》根据范昭逵《出塞纪略》一文的记载,认为"在康熙时代,汉人进军的前锋停留在归化城一带,还没有深入到大青山地区"。在武川县,笔者一共找到后毛林坝、前窑子、什八台、巨宝庄、南苏吉和前花格台六个康熙时期建立的村庄;其实就整个武川地区来说,康熙时期设立的村庄应该还不止这些。大青山以北地面辽阔,人烟稀少,范昭逵等人所走为驿路,看不到村庄是很正常的,而安斋库治却引为汉人在这一时期还未进入大青山以北的证据,显然是错误的。

到雍正初年,仅大同府民人"散居在土默特各村落者"已不下 2 000 家,"而归化城外尚有五百余村,更不知有几千家矣"[3]。雍正十三年(1735),清朝在归化城土默特开放了 4 万顷土地,从山西等地广泛招民垦种,由官府借给牛具籽种[4]。乾隆初年,归化城、萨拉齐、托克托、和林格尔、清水河 5 处已开垦了土地 2 万顷。乾隆二年(1737),归化城 13 所皇庄的垦地达 2 600 顷,超过了原额的 10 倍,乾隆皇帝令每庄留地 60 顷,其余 1 900 余顷交地方官募民垦种,向户部输租。[5] 据乾隆八年的统计,归化城土默特共有土地 75 048 顷,已垦土地 60 780 顷,牧场地仅剩 14 268 顷,约点总数的 1/5[6]。右卫八旗马厂设立于雍正年间,乾隆时期由于军事形势的变化,绥远城代替了山西右卫而变成了新的军事中心,八旗马厂于乾隆三十一年被奏准开垦。起初预定将厢黄、正白、厢白三旗牧厂留作马厂,其余正黄、正红、厢红、厢兰、正兰等五旗所属牧厂,由地方官经手招民垦种;三十五年厢黄旗牧厂继上述五旗牧厂也被奏准开垦[7]。乾隆四十九年,包头一带的黄河河道北移,达拉特旗与归化

---

[1] 民国《绥远县志·金石志》《萨属善里九旗四村公立遵断复整水利碑碑文》。
[2] 张鹏翮:《奉使俄罗斯纪程》,《小方壶斋舆地丛钞》第二帙。
[3] 《宫中档雍正朝奏折》第 17 册。
[4] 《土默特志》卷 5《赋税》。
[5] 《八旗通志》二集卷 68《土田志七》。
[6] 《清高宗实录》卷 198,乾隆八年八月壬子。
[7] 《晋政辑要》卷 10《户制》。

城土默特因河南之耕地而发生争执[1]。这一时期，土默特平原垦殖范围已北至大青山脚下，西达包头黄河岸边。

值得注意的是，一些从事游牧的少数民族也加入了农耕的行列。雍正十一年，"自张家口至山西杀虎口，沿边千里，窑民与土默特人咸业耕种，北路军粮岁取给于此，内地无挽输之劳"[2]。所有这些都反映出农业垦殖的深入，已经改变了当地游牧民族的生产习惯。

汉人大量迁入引起清政府的注意，康熙皇帝担心这些移民"但不互相查明，将来俱为蒙古矣"，于是谕令："嗣后山东民人有到口外种田者，该抚查明年貌、姓名、籍贯造册移送稽察；由口外到山东去者亦查明造册移送该抚对阅稽查，百姓不得往返。"[3]乾隆十三年(1748)，清廷以"蒙古民人借耕种为由，互相容留，恐滋事端"为由，规定"嗣后蒙古内部所有民人、民人屯种中所有蒙古，各将彼此附近地亩照数换给，各令归其地，此内惟土默特、四子旗、喀拉沁三旗民人杂处已久，难以分移，即令札萨克会同司员同知通判等渐次清理"[4]，但从以后该地区的发展看，清廷的这种命令根本没有能够执行下去。十四年清廷颁令禁止在蒙古开垦，"嗣后将容留民人居住，增垦地亩严行禁止"。三十七年又明确规定："口内居住旗民人等，不准出边在蒙古地方开垦地亩，违者照例治罪。"[5]但是这并没有能够遏住移民的浪潮。

经过康熙年间的迁移，雍正时期归化城土默特地区已经集聚了相当多的移民。蒙古地区向来是清政府十分敏感的地方，于是行政管理的问题被提上日程。雍正元年(1732)清廷在归化城置理事同知，隶山西大同府，七年改属朔平府。乾隆六年升为直隶厅，置抚民理事同知，分理蒙汉事务，隶山西归绥道。乾隆四年，在绥远城置绥远城厅，设理事同知一人，专管归化、绥远一带的粮饷，隶山西归绥道。雍正十二年，在萨拉齐(今包头市土默特右旗萨拉齐镇)置协理笔帖式，办理蒙汉事务；乾隆四年置协理通判。乾隆元年在归化城南的清水河地方置协理通判，办理蒙汉事务。雍正十二年在和林格尔置协理笔帖式；乾隆元年置协理通判，二十五升为理事厅。雍正十二年，在托克托城置协理笔

---

[1]《光绪朝东华录》光绪十一年四月庚午，绍祺奏。
[2] 方观承《从军杂记》，《小方壶斋舆地丛钞》第二帙。
[3]《清圣祖实录》卷250，康熙五十一年五月壬寅。
[4] 嘉庆《大清会典事例》卷742《理藩院·户丁·稽查种地民人》。
[5] 嘉庆《大清会典事例》卷742《理藩院·耕牧》。

帖式,乾隆元年置协理通判,二十五年升理事厅。[1]

与此同时,严格的牌甲制度也建立了起来,《晋政辑要》卷10《户制》说:

> 边外各厅原立牌甲,《会典》内载:"雍正八年奏准山西、陕西边外蒙古地方,种地民人甚多,其间奸良难以分晰,应设立牌头总甲,令其稽查。即于种地民人内择其诚实者,每堡设牌头四名,总甲一名,如种地民人内有拖欠地租并犯偷窃等事及来历不明之人即报明治罪,如通同徇隐,将该牌头等到一并治罪。"又载:"归化城北大青山十五峪民人三百余户,开垦地亩,边界立牌,查明户口,注册,不容多留一人,每年仍派出旗员会同地方官画下巡查。"又载:"雍正十三年覆准山西、陕西边外设立总甲牌头,令其专查不肖之人。如有犯罪逃往蒙古地方并情有可疑之人,即禀明该管各官,解回原籍,该管各官于每年春秋二季,取具总甲牌头等并无容隐甘结,注册。"

地方行政机构和牌甲制度的设立,说明该地区开发已臻成熟。归化城土默特地区的村庄很多都是在这一时期建立的,据表1的统计,康雍乾时期建立的村庄占所有移民村的46.3%;这主要是因为,承平日久,人口大量增加,再加上清廷虽然屡下禁令,但是执行并不很严格,所以在康雍乾持续一百三十多年的移民高潮中大量的人口迁移到土默特地区。

嘉庆、道光时期清政府虽然三令五申禁止移民迁入内蒙古地区,还是有很多移民到口外垦种。由于归化城土默特地区已经聚集了大量的移民,大部分土地已被开垦,剩余的土地土质较差,部分移民迁入后并未建立新的村庄,而附入到原先建立的村庄中;从乾隆时期,西部的河套开始开垦,道光年间,黄河河道改行南道,北道沿岸淤出大量肥沃土地,河套地区开始大力兴修水利,"晋、秦、燕、豫贫民争趋之,日操畚锸者常数万人"[2],大量的移民转向河套,迁到土默特地区的移民相对减少,因而嘉庆道光时期建立移民村数量很少,55年间共建立63个村庄,平均每年建村仅1.1个。

咸丰时期形成第二次移民高潮,年均建村7个。与以前不同的是,这次移民高潮期中,移民主要迁入托克托县,仅此一地就建村庄69个。咸丰时期中国的南方发生了太平天国运动,清政府将主要精力都放在扑灭太平天国,对移

---

[1] 周清澍主编:《内蒙古历史地理》,内蒙古大学出版社1994年,第229—230页。
[2] 顾颉刚:《王同春开发河套记》,《禹贡》第2卷第12期。

民口外的控制相对松弛。南方战乱导致大量的人口北迁,有例子证明长江中游地区的部分移民迁到这一地区[1]。但由于他们迁来较晚,大多迁入原有的村庄定居,所以在地名志中难以发现他们的踪迹。

同治时期,长江流域经历过长期战乱,大量的人口死亡,土地抛荒,战后很多移民迁到长江中下游地区。山西也有大量的人口南迁安徽、江苏等地,给当地居民带来许多社会问题,沈葆桢甚至要求禁止山西、河南一带的流民进入[2]。因此,这一时期迁移到归化城土默特地区的移民不多。

光绪年间,鉴于越来越严重的边疆危机,岑春煊、赵尔巽等人呼吁移民实边[3],清廷决定放垦全部口外土地,招募移民,所以又形成了又一次移民的高潮。这一次迁入归化城土默特地区的移民主要集中在武川地区,主要因为武川地处大青山以北,开发相对较晚,可垦土地较多。其实武川地区的移民高潮一直持续到民国时期。其他如呼和浩特、托克托及土默特左旗等地也形成一个小的高潮,这是因为这些地区的土质较差的土地尚未完全垦辟,仍能吸纳一部分移民。

当一个地区新建的自然村达到一定的数量以后,新村建立的速度就会减缓甚至停止,但这并不是说此时没有移民进入此地,随之而来的是这些移民村的人口的自然增殖暨新来的移民的补充。临近山西偏关、平鲁的清水河、和林格尔地区,其自然村的建立在康熙年间就已进入了高峰期。清水河、和林格尔在乾隆以后移民村的建立几乎趋于停滞,笔者认为这些现象不仅与清水河、和林格尔靠近移民的源地有密切关系,而且与清水河、和林格尔的地理条件分不开。清水河、和林格尔地处属于黄土高原的北部,大部分为黄土丘陵,地形崎岖,可耕地比较少,因此,乾隆以后就很少有大量的移民继续迁入并对原先的移民村进行补充。事实上,到嘉庆时期,这一地区已经成为人口输出的源地。托克托、土默特左旗自然村的建立在乾隆以后仍然保持强劲的增长势头,原因有二,其一,托克托、土默特左旗位于清水河、和林格尔的西北部,没有直接靠近山西而成为山西移民进入归化城土默特地区的第一站;其西部伊克昭盟为陕西省的移民直接进入的地区,所以陕西省的移民在康熙、乾隆时代进入到土默特地区的移民还很少。其二,托克托、土默特左旗占据土默川平原相当大的一部分,土地相当广阔,可以开垦的时间较长。清代的后期,土默特左旗、托克

---

[1] 光绪《清水河厅志》卷15《人物志·烈妇》,查毕氏条。
[2] 《苏皖招垦晋豫流民为难情形片》,《皇清道咸同光奏议》卷39《户政类·屯垦》。
[3] 《光绪朝东华录》光绪二十八年十月甲午,赵尔巽奏。

托的移民村的建立的势头逐渐趋缓,原来建立的移民村的人口已大大增加,而且很多村庄已经开始析出。具体情况可见表2。

表2 土默特地区汉人移民村增析村庄

时间	和林格尔县	呼和浩特	清水河县	土默特左旗	托克托县	武川县
顺治						
康熙				4		
雍正						
乾隆				14	1	
嘉庆				1		
道光			1	2	2	
咸丰	1			1		
同治				1		
光绪				14	1	
宣统					1	
清末*				2		
民国						1
解放后				2	3	

*原资料中仅注明清末,具体时间不明。

资料来源:《内蒙古自治区地名志·乌兰察布盟分册》的武川、清水河、和林格尔部分及《呼和浩特市地名志》。

据表2,清水河、和林格尔、呼和浩特和武川地区,只有3个村庄由移民村析出。《内蒙古自治区地名志·乌兰察布盟分册》只是统计了较大一点的自然村,并没有将所有的自然村统计进去,如果将所有自然村都统计进去的话,我们可能会得到较多由移民村析出的村庄,但对这类村庄不能有更高的估计。根据笔者对资料的理解,这些地区的规模较小的自然村绝大多数不是由移民村在成长过程中析出的,而是由移民进入直接建立的。此正如下文所指出的,由于这一地区属于丘陵或山地,土地硗薄,地块零碎,在开垦一段时间后极易出现沙化和水土流失现象,从而导致移民村的人口逃逸。根据《呼和浩特市志地名志》,该地区的移民村的析出主要来自其临近的村庄;呼和浩特周围地区移民进入较早,聚集在土地最肥沃的地方,后期的移民集中在土地较差的地方,早期的移民村并未因人口增加而迁居到条件较差的地方。土默特左旗、托克托等地,地面辽阔,土地平衍,因此大量由移民村析出的村庄集中于这两个地方。

三、移民数量

有关归化城土默特地区的户口统计数字向来很少,我们只能对现有的几个数字进行分析。

清水河地区是归化城土默特地区现存户口统计数字比较完备的一个地区。据光绪《清水河厅志》卷2《户口》的记载,清乾隆间该区牌数为185,户数为1 850,男为8 500,女为8 000,总口数16 500;光绪八年的牌数为116,户数为923,男为8 273,女为6 335;《归绥道志》载光绪三十三年的人口数为38 862人,此数字包含蒙古族75人[1]。

归化城土默特地区的牌甲制度是在雍正年间建立起来的,而且,乾隆年间一再谕令严格管理,牌甲制度的执行比较严格,乾隆年间的户口统计数字应该是比较准确的。到光绪前期,牌甲制度已成为地方应付上级的措施,其户口记录已不具有任何意义;光绪三十三年的人口统计数字是比较准确可信的,这一点已有人证明[2]。但是乾隆年间的人口记录为1 850户,16 500口,平均每户8.6口,很显然,每户8.6口是很不合理的。其实这是牌甲制度的问题,一般说来,编好的牌甲数量是不轻易变动的,如果在雍正八年编牌甲时每户为4.5人的话,即使年增长率为7‰,到乾隆中期也要增长到每户5.7口,若再加上新迁来付进去的人口,牌甲登记的每户8.6人就不足为奇了。

据表1,至乾隆年间,由移民迁入而设立的自然村基本上趋于停滞,其后人口的增长主要是移民的自然增殖。为了便于计算,我们将乾隆三十年(1765)作为分析的标准时点,从乾隆三十年到光绪三十三年,清水河厅的人口增长至38 862人,其人口年平均增长率为4.3‰。由于环境的恶化,清水河厅的人口年平均增长率已经低于1650—1950年我国6.0‰的年平均人口增长率[3]。以此推算,到宣统三年,其人口应增长到39 530人左右。

如果说乾隆年间的户口数字比较接近真实,以每个核心家庭4.5人计算

---

[1] 《归绥道志》卷11《户口》,下文所引光绪三十三的年户口数均引自此书。
[2] 忒莫勒:《建国前内蒙古方志考述》,内蒙古大学出版社1998年,第65页。
[3] 此人口增长率据江涛《中国近代人口史》,浙江人民出版社1993年,第124页。

的话,牌甲统计的户口应包含有3 660个左右的核心家庭,若每个核心家庭耕种1顷土地来计算,清水厅的居民仅能耕种3 660顷左右的土地。乾隆二年(1737)的升科土地为13 426.83顷,近四分之三的土地为雁行人所耕种,可见在乾隆时代存在着数量相当多的雁行人,考虑到雁行人大多为单身男子,若以每个雁行人耕种0.5顷土地来计算,至少有23 000名雁行人存在,比当地编入牌甲的人口还要多。这样看来,乾隆初年"民人寄居者十余万"[1],显然是夸大之辞。从该地区的人口增长率来看,这一地区的"雁行人"并没有大量地定居下来,而是随着耕地的减少雁行人的数量也在逐渐的减少,当然这是一个缓慢的过程,但一直到民国时期雁行人始终是存在的,《绥远概况》说:"绥远各县农户,多系内地民人,其中一部分农户,春去秋来,向无精确调查。"

如需对人口数字进行准确的估计与推算,还需要解释光绪《清水河厅志》中的两个问题,即村庄数量的减少和土地的减少,具体统计数字见表3和表4。

表3　清水河厅村庄数量变动

	时里	和里	年里		丰里	家里	室里	盈里	镶兰里	马厂
			前五甲	后五甲						
原村数	62	54	38	38	76	45	72	36	—	—
现村数	59	53	22	16	75	44	68	34	3	41

资料来源:《清水河厅志》卷4《市镇村庄》。

表4　清水河厅土地的升科与报废　　　　　单位:顷

	乾隆二年	嘉庆五年	道光元年	十五年	二十三年	三十年	咸丰二年	合计
升科地亩	13 426.83				438			13 864.83
报废地亩		1 774.79	413.88	3 087.05	262.5	670.14	2 604.85	8 813.21

资料来源:光绪《清水河厅志》卷13《田赋》。

乾隆以后迁入清水河地区的移民逐渐趋于停止,但人口数量还是在增加,这时的人口数量的增长主要来自移民人口自身的增殖。在移民刚刚进入这一

---

[1] 光绪《清水河厅志》卷2《户口》。

地区时,人口增长会有较快的发展,但是随着这一地区的开发,生态环境发生了很大的变化。从表4中可以看出,乾隆时期升科的土地达到了13 426.83顷,此后,只有在道光二十三年开垦牧厂升科438顷土地外,其余再无土地升科。相反,随着水土流失和土地沙化,到咸丰二年只剩下5 051.62顷科税地亩。光绪《清水河厅志》卷14所载"嗣因所垦熟地或被风刮,或被水冲,是以口内招来之民弃地逃回原籍者实繁",虽然有所夸大,却也反映出人口逃逸的现象。

水土流失和土地沙化的存在并不一定使整个清水河地区的人口总数在减少,我们知道清水河地区地处黄土高原的北部,长期的流水侵蚀使这一地区的土地变得支离破碎,很多自然村仅仅由几户甚至一二户人家组成,即使是现在的清水河县的自然村也是如此,局部的沙化的水土流失很容易导致一些小自然村的人口全部逃逸。土地的减少和人口的增加并不矛盾,这可以通过生活的贫困化来实现的。

清代和林格尔地区的人口数字可查到三个:咸丰二年为18 777口[1],同治十年为6 695口[2],光绪三十三年为55 104口。咸丰二年的人口数字来源于咸丰《和林格尔志》,经学者考证,这是一部伪书[3],这一数字不具有任何意义。同治十年的人口数为6 695口,这种人口记录与清水河地区光绪年间的人口记录属于同一情况。清水河地区的人口若以4.3‰的增长率,到咸丰二年清水河地区的人口要增长到24 000人左右,与清水河相比,和林格尔的自然条件要好,可耕地发展的潜力比较大,因此迁入这一地区的移民持续的时期也比较长,其人口增长率估计在10‰左右,我们以光绪三十三年的人口数进行逆推,那么咸丰二年和林格尔地区人口大约为31 800人,同治十年约为38 400人。清末,边外蒙古全面放垦,此时的和林格尔地区进入的移民又有所增加,民国时期继续这一政策,鼓励开垦边外蒙古,到1928年人口增长到97 546人[4],从光绪三十三年到1928年人口年平均增长率为27.6‰。以此推算,宣统三年的人口约为61 430人。

武川地区光绪三十三年人口统计数字为47 688人。与归化城土默特的

---

[1] 托明:《和林格尔厅志》(中国地方志丛书本)。
[2] 陈宝晋:《和林格尔厅志略·户口》,油印本。
[3] 忒莫勒:《建国前古方志考述》,第132页。
[4]《民国十七年户口调查统计报告》,内政部统计司编,南京京华印书馆1931年,第143页。以下所引民国十七年(1928)户口数据均引于此,不一一注明。

其他地区相比较,从光绪三十三年到1928年,武川地区人口增长最快,1928年人口已达147 460人,这一时期其人口年平均增长率为55.2‰。清末移民实边,武川县是一个移民迁入比较集中的一个地区,所以这一时期武川的人口有一个快速的增长。以此推算,至宣统三年,武川厅的人口应增长到58 100余人。

光绪三十三年托克托地区的人口数为93 056人(此数不含蒙古及回族人口),到1928年增长到131 720人,其年平均增长率为16.7‰。据表2,光绪宣统时期移民村的建立正处于一高峰期,这一时期有相当数量的移民迁入此地,这一人口增长率还是比较可信的;若以此增长率来推算,至宣统三年该地人口应增长到99 420人左右。

光绪三十三年萨拉齐地区的人口数约为500 000人(此数不包括蒙古族及基督教徒的人口数),民国时期,萨拉齐地区分为萨拉齐县和包头县两部分,1928年的人口,萨拉齐县为402 275人,包头县为131 675人,二者合计为533 950人。其年平均人口增长率为3.1‰。民国初年,外蒙独立,蒙匪内犯,继而土匪卢占魁在五原起事,攻破萨拉齐,大肆抢劫,萨拉齐县、包头县大受影响,所以民国初年萨拉齐县包头的人口增长缓慢。因此,不能用光绪三十三年到1928年该地区人口年平均增长率来推算宣统三年的人口数。据表2,在清末,萨拉齐地区有大量的移民迁入,其人口年平均增长率估计不会低于20.0‰。若以此增长率推算,到宣统三年,其人口也应达到541 220人左右。

光绪二十二年归化城地区的人口数101 337人(此数字中所含城区27 288人为光绪三十三年人口数)〔1〕,其民国元年的人口数为242 906人〔2〕。年均增长率为56.1‰。从表1中可以看出,清朝末年该地区仍有部分移民进入该地,但由于移民进入这一地区较早,经过移民的长期开发,若再进入大量的农业移民已不可能。其人口增长更多的是归化城一带的商业移民。以此回溯,宣统三年其人口可接近230 000人。

据以上推算,归化城土默特地区宣统三年汉族人口合计约为1 029 700人。据宣统元年民政部户口调查,归化城土默特地区蒙古族的人口为30 683人〔3〕。考虑到计算时部分蒙古人口的重复及其他方面的一些误差,估计清宣统三年归化城土默特地区的人口已超过100万人,有清一代迁入该地区的

---

〔1〕《归绥道志》卷11《户口》。
〔2〕民国《归绥县志·民族志》。
〔3〕实业部《中国经济年鉴》第三章《人口》,商务印书馆1934年。

移民及其后裔不少于 80 万人。

四、结　语

通过对于清代归化城土默特地区移民过程及数量的分析，我们可以得出以下几点认识：

清代初年，清廷为了有一个稳定的后方，对口外地区实施封禁，既防止汉人迁入口外，也限制蒙古人进入口内，其目的在于防止汉人与蒙古人联合。然而，口内人民生存的压力迫使清政府在口内发生灾荒之年放松禁令，开放关口，但在放松禁令之后不久，又实行更严厉的禁令。直到清末，清政府对待移民的态度基本上不变，即禁止—局部开放—禁止—暂时开放—再禁止，往复循环，始终坚持封禁政策。最后边疆面临着严重的危机，清政府才彻底开关，鼓励移民边疆。这种长时期的封禁与反封禁，是政府的边疆政策与口内资源紧缺之间的矛盾冲突所引发的。这一对矛盾冲突构成清代边疆开发史的主线。

口内人民迁移到口外，垦荒种地，汉蒙民族融合，形成了一个独特的移民社会。清政府采用不同的管理体制分别管理汉族人民与蒙人，即设"厅"管辖迁入的汉人，原来的"盟"、"旗"治理蒙古人，但这却没有能够阻挡住民族融合的大趋势。到清末，归化城土默特地区迁入了大量的人口，成了后来绥远省的政治经济和文化的中心。

富有讽刺意味的是，清政府为加强对边疆蒙地的控制而拒绝汉族移民迁入，最后却因汉族移民迁入使得清政府从根本上巩固了对这一区域的统治。

如何做到因势利导地合理安排内地人口向边疆地区的流动，一直是 20 世纪上半期中国政府边疆政策的难题之一。清代归化城土默特地区的移民过程，或许可以为这一难题的最终解决提供有益的借鉴。

本文原载《历史地理》第 16 辑，上海人民出版社 2000 年。

太平天国战后"下江南"移民的类型与动因
——以苏浙皖交界地区[1]为中心

葛庆华

19世纪中叶爆发的太平天国运动,对于近代中国社会产生了极大的冲击,其中的一个重要表现便是——引发了大规模的"下江南"移民浪潮。对此,前人虽已取得了一些重要的研究成果[2],但其中的不少侧面,仍有待于进一步的深入探讨。此处,笔者拟以苏浙皖交界地区为中心,收集方志、族谱、文集、诗歌、报刊及花鼓戏词等资料,结合实地调查收集到的口述史料,探讨战争结束以后"下江南"移民潮的过程及移民的类型和动因,以期更为全面地揭示出"下江南"移民浪潮的历史图景。

一、移 民 过 程

太平天国运动虽历时十余年,战事波及十六省,但长江中下游地区的江苏、浙江和安徽三省是双方拉锯的主战场,受破坏最为严重。苏浙皖三省"几于百里无人烟。其中大半人民死亡,室庐焚毁,田亩无主,荒弃不耕"[3]。由于人口大量死亡和流徙,使得江南地区从战前的人满为患、耕地不足,一变而为人烟稀少、土地荒芜。战后,为了迅速恢复残破的经济,清廷于同治五年

---

[1] 本文所指的苏浙皖交界地区,是指清后期江宁府属句容、溧水、高淳、镇江府属金坛、溧阳、常州府属宜兴、荆溪,湖州府属乌程、归安、长兴、安吉、孝丰、德清、武康,广德州属广德、建平以及宁国府属宣城、宁国、南陵、泾县、旌德、太平等二十二州县。
[2] 王天奖:《清同光时期客民的移垦》(《近代史研究》1983年第2期);行龙:《论太平天国革命前后江南地区的人口变动及其影响》(《中国经济史研究》1991年第2期);[日]夏井春喜:《太平天国の浙西における客民の問題について》(《近きに在りて》9期,1986年);[美]何炳棣:《1368—1953年中国人口研究》(上海古籍出版社1989年版);曹树基:《中国移民史》第六卷(福建人民出版社1997年版)对此也有所论述。
[3] 王韬:《弢园文录外编》卷7《平贼议》。

(1866)谕令各省招垦荒田。于是,曾国藩于皖,杨昌濬于浙,"皆分别土客,部署开荒"。而马新贻于苏,刘典于陕,"亦汲汲督劝"[1]。在清廷和地方大吏的督饬下,各州县先后设立了"劝农局"、"招垦局"或"开垦局"等机构,负责招垦事宜。在当时的条件下,要垦辟荒废的土地,就必须解决人少地多的矛盾。为此,苏浙皖三省在大力招引本地民人返乡的同时,积极鼓励外省、外府县农民前来就垦。时任两江总督的曾国藩,就向河南、湖北等省发布招垦文告,文告大意是:

> 你们离开你们贫瘠之土,到这里肥沃之地来吧!让这些田地、这些房屋成为你们的不动产吧!头几年,你们可免交公粮,到了规定时期,你们再和其他人民同样地向朝廷纳税,共享同样利益。只要你们奉公守法,我们一致保护你们。[2]

江南地区的招垦,在两湖、河南等地无地或少地的农民中间引起了极大轰动。以湖北安陆县为例,同治六、七年,"民间讹言下江南,种无主良田,住无主美屋,无一村一堡不轰动,凡佃户皆辞田而去……"[3]正是在这种背景下,出现了一场大规模的"下江南"移民浪潮。对此,皖南花鼓戏《唐老三下江南》有相当生动的反映:

> 昨日里无事去把集赶,耳听得众人等讲一遍。……江南人儿发瘟死,全都是客家人种庄田。唐老三不信下河去看,背的背挑的挑都下江南。[4]

兵燹战乱,再加上劫后的瘟疫,使得凋零衰败的江南社会雪上加霜。上述的戏词,栩栩如生地展示了一幅流民图。

在江南地区,苏浙皖三省交界各州县因地处天京的外围,成为战争中的"重灾区",许多地方的人口在战后都出现了"真空"或"半真空"的状态,大量土地闲置乃至抛荒,从而为大批外地移民的迁入预留了空间,因此,这一带也就成为战后移民的重要麇聚地。早在同治初年,外来移民就纷纷进入本区各州县。如宜兴、荆溪县自同治三年克县城以后,"遗黎凋敝,新氓沓来"[5];湖州府西部"山田荒旷尤多,温台人及湖北人咸来占耕,自同治至光绪初年,湖北人

---

[1] 《清史稿》卷120《食货志》。
[2] [法]史式微:《江南传教史》第2卷,上海译文出版社1983年,第217页。
[3] 同治《安陆县志补正》卷下《祥异》。
[4] 《安徽省传统剧目汇编:皖南花鼓戏》。
[5] 光绪《宜兴荆溪县新志》卷3《赋役》。

蔓延郡东"[1]；建平县（今郎溪县）同治四、五年，"有河南、湖北等省客民陆续挈家就垦"[2]；宁国县"兵燹后土著稀少，田地荒芜，自同治五、六年以来，两湖、河南以及皖北等处客民携带家口，前来就垦者人数众多"[3]。大批移民涌入本区，因移民本身良莠不齐，在垦荒的过程中，极易出现纷争乃至酿成事端。因此，两江总督曾国藩于同治末年咨会两湖督抚大宪，要求停止招垦，并请水师统帅彭玉麟派遣炮船在沿江游弋[4]。然而，一纸禁令显然无法阻遏民间的迁移行动。直到清末，各地百姓仍然依亲伴友，呼朋引类地前来本区垦荒。譬如，光绪中后期，"平阳、瑞安一带乡间穷民，大率赴杭、嘉、湖佣耕"。光绪二十六年（1900），湖北应山县先后有上万农民离井背乡下江南，分布于皖南各县及江西的彭泽诸县，其中，以安徽的宁国、宣城和广德等县为数最多[5]。在苏南地区，移民活动甚至持续至民国年间。对此20世纪30年代的一份调查报告指出："生长在江南的儿女们……又年年看见许多江北人来到各县的乡村，开垦荒田或是佣工，盖起一二间草蓬子，与江南的清秀丰腴的田野以一点可怜的点缀。"[6]根据估计，在长达半个多世纪的"下江南"移民潮中，有200多万移民及其后裔定居本区，占全区总人口的58%，构成本区人口的主体。

二、移民的类型

太平天国战后，苏浙皖三省交界地区接纳的外来移民，有着不同的类型。依其阶层划分，大致可分为以下几类：

（一）垦荒农民

这是战后移民的主体。为了改变江南地区满目蓬蒿的残破局面，苏浙皖三省积极招徕外地民人前来垦荒。根据一份杂志报道："自兵燹后户口逃亡，人烟阒若，几不国矣。其时统兵大帅乃出示广招客民，入皖垦种荒地，以补土

---

[1] 温鼎：《见闻偶记》，民国《南浔志》卷30《农桑》。
[2] 光绪《广德州志》卷50《艺文》。
[3] 民国《宁国县志》卷14《杂志·大事记》。
[4] 《客民禁入皖省宣城示》，《申报》同治十三年（1874）十二月十一日。
[5] 《时务报》第33册，《应山县志》卷2《户口》，湖北科学技术出版社1990年，第90页。
[6] 吴寿彭：《逗留于农村经济时代的徐海各属》，《东方杂志》第27卷7期，民国十九年（1930）。

著之不足。"[1]官方还借给移民籽种和家具,并许诺给以无主空地和空屋[2]。在如此优惠条件的吸引下,各地无地或少地的农民纷纷前往江南地区垦荒。如在淮安府,百姓因江南经战乱,"田畴榛芜,招徕垦治,去者或留而不归"。无为县"有应招赴他处垦荒者,多留不复归,携男挈女,别营家室"[3]。苏浙皖交界地区因战时人口损失最巨,荒芜的土地很多,故而成为垦荒农民麇集之所。对此,各种资料的记载颇多。如荆溪县兵乱之后,"又多旷土,两楚之人争来垦治","楚豫淮海之民,蜂至蚁屯"[4];长兴县"三江两湖之人,以垦荒为名而至者,岁不下数百千户,二十余年来生齿日繁"[5];广德州在曾国藩出示招垦后,"楚、豫各邻省之民络绎来归,岔集境内,垦荒纳税"[6]。其他各县情况也大致相同。

与此同时,战前就已在本区各县垦荒的"棚民",战后更成为招垦的对象。棚民,又称山棚,明代就已在福建、江西、浙东地区出现,棚民进入本区则迟至清中叶[7]。至咸丰初年,棚民在本区的分布已非常广泛。"自省垣朝阳门外三十五里而东,经金坛、溧阳以达荆溪,又自金坛、溧阳迤逦而东南,经安徽所属之建平县、广德州,直趋浙江所属之湖州府,此两路崇山复岭,中间皆浙、闽客民搭棚居住,名曰棚民。"[8]由于棚民"僻处深山,未受大害,现较农民尚胜一筹"[9],也就是说,他们因住在山径险恶、本地人不能上下之处,故在战争期间死亡较少。为了尽快垦辟荒芜的土地,地方政府乃大力招引棚民出山垦荒。乌程县"转更招徕(棚民)使垦荒田,仍复渐聚渐众"[10]。句容县"自同治初,温州、台州、安庆等处棚民寄居于此,即以垦山为事"[11]。其他各县也有棚民迁入。同治三年(1864)安吉县有棚民烟户78户,男妇大小丁口144,其

---

[1] 《振兴文教》,《益闻录》第九十一号,光绪七年(1881)二月十三日。
[2] 史式徽:《江南传教史》,第217页。
[3] 光绪《淮安府志》卷2《疆域·风俗》;民国《无为小志》第七《居民》。
[4] 钱仪吉:《庐江钱氏年谱续编》卷6;光绪《宜兴荆溪县新志》卷5《武事·营讯记》。
[5] 《嘉湖两属勘荒清粮情形不同说》,《申报》光绪六年(1880)四月六日。
[6] 光绪《广德州志》卷16《田赋志·户口》。
[7] "湖州府属之乌程、归安、德清、安吉、孝丰、武康、长兴等县为苏、松、太之上游,皆系山县,……三十年前从无开垦,嗣有江苏之徐淮民,安徽之安庆民,浙江之温台民来杭、湖两属之各县,棚居山中,开种苞芦。"(《皇朝道咸同光奏议》卷29《户政类·屯垦》);"徽州、宁国、池州、滁州、广德等州所属,山多闲旷,间有浙江温、台等处民人搭棚栖止。"(《清续文献通考》卷25《户口》)。
[8] 向荣:《向荣奏稿》卷3《办理东坝防堵情形片》。
[9] 严棨:《定严属垦荒章程并招棚民开荒记》,《两浙宦游记略》。
[10] 光绪《乌程县志》卷35《杂识》。
[11] 光绪《续纂句容县志》卷6上《水利》。

中"男丁"155,"女丁"29;同治十年(1871)孝丰县有棚民299户,"男女大小丁口"1 565[1]。

除受招而来的垦荒农民外,其他地方一旦发生水旱灾害,灾民也多迁入本区就食。《申报》报道光绪十一年:"近有湖北大冶、监利等处难民一百六十余名,搭船到皖……据云因该处去年被灾,现值青黄不接之时,无从觅食,欲投皖南各属为人耕种以糊口也。"[2]光绪二十六年(1900)湖北应山大旱,继又瘟疫流行,先后有上万农民迁往广德、建平、宣城、宁国、泾县、旌德及江西的彭泽等县。其中,有些灾民迁居本区后,不再返乡,从而转化为移民。根据我的调查,湖北谷城县(今县)陈宗仁兄弟四人,便于光绪初年逃荒下江南,后来也就定居在溧水县共和乡王家边[3]。

此外,还有一部分人口作"候鸟型"的迁移。由于对本区缺乏了解,贸然迁来定居具有一定的冒险性,故许多外地百姓春天来本区做工,及至冬天返回家乡,作季节性的迁移。如长兴县"农忙作散工者,夏来冬去,又数千人";孝丰县"邑内挖笋、束彗客民各数千人,冬去春来"[4]。民国《台州府志》卷60《风俗志》称:"黄(岩)、太(平)人稔稼穑,赴杭、嘉、湖、甬(宁波府)佃农以亿万计,往往春出冬归。"在皖南地区,也有此类民人,"春种秋收,虚来实返,地非本主,册无户名"[5]。作候鸟型迁移的人口,随着经济条件的改善,对本区了解的加深,往往转化为移民。如前述黄岩、太平县民人,"健者或积资置产不归,占客籍焉"。此前,我在当地实地调查时,也发现有这样的例子。如今安吉县鄣吴镇王季平的祖父,于光绪年间前来该镇作泥水匠,每年往返于鄣吴与家乡之间,后来遂定居不归[6]。

(二) 军人

这种类型的移民包括两种:一是湘、淮各军裁撤的散勇;一是被遣散的太平军战士。

湘、淮各军虽为挽救清朝的统治立下了汗马功劳,但他们是为了镇压太平

---

[1] 同治《安吉县志》卷4《户口》;光绪《孝丰县志》卷4《食货志·户口》。
[2] 《难民到皖》,《申报》光绪十一年(1885)四月十一日。
[3] 1997年7月26日笔者在溧水县政协座谈时,由杨智敏先生(70岁,溧水县退休干部)提供,谨此致谢!
[4] 《长兴志拾遗》卷下《风俗》;李应珏:《孝丰县序》,《浙志便览》卷1。
[5] 《光绪二十二年安徽巡抚福润奏折》,《光绪朝朱批奏折》第九十三辑。
[6] 1998年11月笔者在安吉县鄣吴镇调查时,由王季平先生(56岁,鄣吴镇文化站站长)提供。

军而临时组建的,不属于正规军。按照清朝的制度和惯例,这些征募来的军队在战事结束后,必须解甲归田。鉴于嘉庆年间镇压川楚白莲教起义后,解散乡勇曾遗留下许多后患,清廷对湘、淮军的处置,采取了相当谨慎的态度。同治三年(1864),清廷采纳富明阿的建议,对裁撤的兵勇区别对待:"有业可归,有田可耕,有亲戚可依者",派员递送回籍;对无可依赖之人,则加以安插。清廷谕令曾国藩、左宗棠、李鸿章、乔松年和吴棠等大员,"严饬所属,悉心酌核,妥议章程,派委贤能地方官实心经理"[1]。各省大吏遵照清廷谕旨,对裁撤兵勇进行了安置。同治四年(1865),曾国藩饬令"所撤遣各湘勇委员押令,悉数溯江西上,毋得停留"[2]。左宗棠则在浙江创行"撤勇归农之法",就地安置一批裁撤兵勇;曾国藩派遣五千名湘勇在建平(今郎溪县)安插垦田;在句容,也约有八千名楚军士兵在圩区安家[3]。

虽然地方大吏派人押送裁撤兵勇还乡,但这些散勇并非如其所愿,安静回籍,他们往往逗留不去,留居于江南各地。对此,江苏巡抚李鸿章在同治三年七月的一封信中谈到:"所虑已撤之军,驱遣未净,或致逗留。"丁日昌继任巡抚后,两次饬令遣撤兵勇回籍。可见,散勇已成为地方大员颇为棘手的一个难题[4]。不仅江苏,浙西地区同样如此。《申报》光绪七年(1881)四月十九日报道:"此外更有遣撤之勇流落不归者,亦改而务农。其人则皖、楚、闽、粤不同乡贯,而其性尤桀黠顽冥,不可教训。"那些返乡散勇能否安于田亩呢?时人对此表示怀疑:"迨军事平,议遣散,曾文正公深悉其难,胥厚给资斧,勒限还乡里,使复故业。斯举也,余深疑之。"[5]事后的发展,证明了此人的怀疑有着相当的道理。揆诸史实,战后湖南被遣撤的兵勇多达数十万人,这些人久处军中,养成桀骜之性,返乡后焉能安于农事?再加上谋生乏术,"既不屑从事耕耘,为力农以没世,又不能略权子母,与商贾逐什一之利,文墨非其所长,医卜非其所习"[6]。生计无着,往往逃往他乡。据《益闻录》记载:"客民逃荒而就外方觅食者,惟两湖为最多。盖军兴以后,所遣撤之勇,大半皆此两省之人,恒

---

[1] 《清穆宗实录》卷104,同治三年五月壬戌。
[2] 《曾文正公年谱》卷10。
[3] 《论长兴按亩申粮》,《申报》光绪六年(1880)四月十六日;《建平近事》,《上海新报》,同治十年(1871)三月一日。
[4] 《复冯萃亭督办》,《李文忠公朋僚函稿》;丁日昌:《抚吴公牍》卷2,宣统元年南洋官书局石印本。
[5] 《嘉兴残杀客民说下》,《申报》光绪九年(1883)三月八日。
[6] 《论会匪》,《清经世文四编》卷39《兵政·剿匪》。

产既无,谋生乏术,遂扮作难民模样,靦颜求食,亦万不得已之事,其情原可悯也。"[1]于是,许多人流入本区,成为战后本区移民的一个组成部分。

及至19世纪八九十年代,清政府又大量裁军,被裁撤的湘淮兵勇亦纷纷来本区垦荒。"甲申、甲午两役频频招募,频频裁撤,游手无赖之徒无所得食,尽入客民之籍。"[2]光绪中叶,散勇在本区的分布已大致形成一种格局:"游勇虽到处皆有,而惟杭、嘉、湖三府为尤甚。"安吉、孝丰、武康各县、泗安、安溪各乡镇及余杭北乡,"尤客民所聚集,此辈大都散自营中,不安本分"[3]。

与此同时,也有部分太平军将士留居本区垦荒。太平天国战争后期,如在江西玉山县,有自太平军中逃出者,"各处乡团率截杀邀功,其幸免者身无寸缕,编草菅自盖,行乞于市"[4],许多人不得已留居本区垦荒。为了分化太平军,清廷实行安抚政策。同治二年(1863),令将荒废地亩,"酌给难民降众,量为耕种,以资衣食"[5]。于是,部分太平军将士被安置在本区各县垦荒。如太平军将领韦志俊在贵池降清后,韦姓广西人就被安置在宣城水东镇[6]。此外,参与战后垦荒的,还有返乡的太平军战士。战争初期,太平军以广西、两湖人为主。但至后期,其人员构成发生了变化。同治元年(1862),李秀成所部太平军"大半苏、浙、江西人";古隆贤所部"多系皖南被胁之人"[7]。战争结束后,这些太平军战士基本上都返回故里。金坛人费仁源,曾随太平军"崎岖数千里",至同治三年"始旋故里"[8]。宜兴人陆裕丰,于兵燹战后返归故土[9]。据同治三年(1864)时人观察:"无锡富安乡起,由宜兴和桥、张渚、罗埠,延至浙江之长兴、余杭一带,种田者无数,所谓客民是也。"在安徽,"降众散处,不一而足"[10]。可见,在战后的本区移民中,不乏太平军战士。

大量被遣散的军人流入本区,成为战后移民的一部分,这引起了清朝一官

---

[1]《钟山芳讯》,《益闻录》第八百五十号,光绪十五年(1889)三月十一日。
[2]《苏报·客民篇》,《中国近代史资料丛刊》,《辛亥革命》(一)。
[3]《浙抚新政》,《申报》光绪十二年(1886)九月二十四日;《益闻录》第九百七十五号,光绪十六年(1890)五月九日。
[4] 同治《玉山县志》卷10《杂类》。
[5]《清穆宗实录》卷86,同治二年十一月戊辰。
[6] 马昌华:《清季安徽教案述略》,《近代中国教案研究》,四川省社会科学院出版社1997年。
[7] 李鸿章:《上曾相》,《李文忠公朋僚函稿》;曾国藩:《曾文正公全集·批牍》卷2。
[8] 符莘农:《仁源翁六十寿序》,宣统《金坛上城费氏宗谱》。
[9] 民国《宜兴上头陆氏宗谱》卷7下《裕丰公传》。
[10] 佚名:《平浙纪略》,《太平天国史料丛编简辑》第一册,中华书局1961年,第369页;《清经世文续编》卷100《刑政·律例下》。

员忧虑:"犹隐伏于各州各县之中,则所以办理善后诸政,不可不实力讲求也。"他提出整饬吏治,以加强对这些特殊移民的管理[1]。这种忧虑显然并非多余,战后本区社会秩序之混乱,土客关系之紧张,实际上也正反映了此类特殊移民对于区域社会变迁的重要影响。

(三) 商人

这是战后移民的又一重要类型。高淳县东坝镇,因交通便利,汇集了六合、合肥、舒城、桐城、庐江、巢县、无为、和县、歙县及宁波等地的商人,经营粮食、茶叶、桐油、黄烟和纸张等商品[2];湖州城,绍兴商人约占十分之四,宁波商人约占十分之一,本地商人约占十分之四,其他地方的商人约占十分之一。长兴县泗安镇,交通便利,商贾云集,几乎是外籍商人的天下,这可从下表中看出。

长兴县泗安镇土、客籍商人一览表

籍贯	客栈	铁器	理发	民船	国药	水作	合计	比例(％)
本籍商人	1	0	0	1	3	2	7	6
外籍商人	12	16	16	23	16	21	104	94
合计	13	16	16	24	19	23	111	100

资料来源:《长兴泗安镇商会会员名册》(民国36年6月)。
长兴县档案馆35—1—1014。

在长期的经营活动中,各地商人形成了各具特色的经营项目。在湖州,"钱庄往昔以宁、绍帮为最盛";典当业"以宁、绍、杭、嘉等帮为多,徽帮次之"[3]。孝丰县饭馆业,绩溪商人一统天下[4]。而宣城县孙家埠,各地商人经营的项目亦非常明晰:

安庆、徽州商人:经营木材业;
泾县商人:经营耆坊、南北杂货、京广百货;
江苏商人:经营药材业;
江西商人:经营竹器、瓷器;

---

[1] 周恒祺:《请整饬吏治疏》,《皇朝经世文三编》。
[2] 邢志刚:《贾客云集的东坝城》,《高淳文史资料》第八集。
[3] 《中国经济志:浙江省吴兴县》,第76页。
[4] 《孝丰县饭馆商业同业公会会员代表名册》(民国29年11月)安吉县档案馆281-55-08-67。

庐和商人：经营茶酒饭馆、旅社、浴池及木器、建筑业[1]。

此种类型的移民虽然数量不多,但对本区经济的促进作用不容低估。

（四）手工业者、塾师及艺人

在本区,这种类型的移民也有相当数量。双林镇的石工、木工和染工等"大半来是他乡";乌青镇染坊业工人,以南京、绍兴两帮为主,菜馆业系宁波籍人开设,碾米业由绍兴人经营[2]。广德则有大量的外地造纸工人,据民国《广德县志稿》记载:"吾广以嫩毛竹制表芯纸,产额甚巨,资生活者不下十余万人,工人以江西、富阳人为最多。"同时,也有因行医、任教而迁来的,如当涂人陈荣宝,"精歧黄术,设药肆于南陵,医名益著,遇贫者施药且却其酬",他后来在南陵倡设当涂公所。许均鹄,侨居泾县,"旁通医术,济人无算"[3]。河南商城人程洁苏,应在广德垦荒乡人之聘,"设帐于北乡百龙、九斗之间,从游者众"[4]。这些,都反映了战后移民类型的多样性。

此外,在战后的移民中,也有少量的戏曲艺人。咸丰三年(1853),太平军攻克武昌后,为了庆祝胜利,曾雇用戏班十余部,优伶二百余人,连日演唱。后太平军挥师东下,有些戏曲艺人随军而行[5]。战后,就有一些艺人留居本区。如同治初年长兴知县赵定邦收置"戏班行头,传班演唱"[6]。宣城韦四保的祖父即是太平军的"随军戏子,后逃到宣城安家"。在战后迁居本区的湖北、河南移民中,也不乏戏曲艺人。如杜老么的伯父和叔父都是湖北民间花鼓戏艺人,"老兄弟下江南开荒种田,岁终伏腊,农家无事,便邀集自家子侄和乡里子弟玩灯、唱戏,形成一方盛况"。大老耿,祖籍河南,"是现在所知沿途卖唱下江南的灯曲艺人"。除这些零星的艺人外,也有成形的班社迁入本区。同治九年(1870)前后,湖北花鼓戏艺人李菊香带了一个戏班迁至皖南,后定居宣城垦荒[7]。前来本区的艺人们,把湖北的花鼓灯、河南的灯曲子和皖南地区的民间歌舞相结合,形成"皖南花鼓戏"这种深受人们喜爱的戏剧艺术。

---

[1] 潘云鹤：《孙家埠的形成、变化与发展》,《宣州文史资料》第四辑。
[2] 民国《双林镇志》卷15《风俗》;民国《乌青镇志》卷21《工商》。
[3] 民国《当涂县志·人物志·义行》。
[4] 钱文选：《程洁苏先生事略》,《诵芬堂文稿·初编》。
[5] 汪堃：《盾鼻随闻录》卷5《摭言纪略》:"湖北汉阳人张双喜善唱诸曲,取幼童二百余人教习演唱,各逆均喜之,赏给无算。"《中国近代史资料丛刊》《太平天国》(四)。
[6] 《论长兴按亩申粮》,《申报》光绪六年四月十六日。
[7] 安徽省宣城行署文化局：《皖南花鼓戏一百年》,第359—368页。

（五）官宦

任职于外地的行政、军政官员致仕后,有些人不愿返回原籍,或在任职地定居,或经过精心选择,在另外的地方定居。其间的情况不一而足,地方文献对此多有记述:

1. 熊盛伟,原籍长沙人。咸丰十一年(1861)投效楚军新右营。同治间随军克复浙江、广东和陕西等省各州县,升任陕西总哨。光绪三年(1877)克复新疆南路及吐鲁番等处,擢职副将;(光绪)二十九年(1903)卜居南陵西乡樛冲[1]。

2. 徐荣福,字锦文,桐城人。赏戴花翎,两江尽先补用都司,署宁国县把总。莳花嗜酒,有文士风。致仕后,爱宁山水清幽,风土淳朴,遂买宅家焉[2]。

3. 吴焕周,字叙斋,泾县人。附贡生,署贵池县教谕,升署池州府教谕。同治初迁宁,遂家焉[3]。

4. 朱昌琳,祖籍安徽,居南陵县治。七世祖曾幕游湖南,因隶籍长沙。昌琳秉承先人遗训,谓后世子孙,若稍树立,当归原籍,无忘祖系之所出。昌琳谨识之。同治五年乃于南陵置田宅,遂家焉。光绪二十一年(1895)呈请以子恩绶归南陵籍[4]。

5. 韦士圣,江苏盐城人。以骑射入徽州营,补外委,历任宁国营把总,驻防宁国县。宅心仁恕,兵民怀之。去官,家于宁,子孙遂为宁国人[5]。

上述的五个例子显示,这种类型的移民数量虽然不多,但因其身份特殊,上层关系多,经济条件优裕,容易在迁入地定居、发展,对迁入地的影响亦较大。

以上所谈均是汉族人口的迁移,值得注意的是,在战后的移民浪潮中,还有少数畲、回族移民迁居本区。

畲族:是我国一支古老的民族,约在唐朝初年进入广东、江西和福建三省交界地区,其后曾多次迁移。明初,逐渐进入浙江境内,分处温州、处州府属各县[6]。太平天国战争后,畲族群众也和汉族百姓一起向本区迁移,主要分布

---

[1] 民国《南陵县志》卷22《选举》。
[2][3] 民国《宁国县志》卷11《人物志》。
[4] 民国《南陵县志》卷22《人物志》。
[5] 民国《宁国县志》卷11《人物志》。
[6] 徐规:《畲族的名称、来源和迁徙》,《畲族研究论文集》,民族出版社1987年。

在安吉、宁国两县。如安吉县雷姓,原籍浙江省龙泉县,初迁临安县,光绪十一年(1885)由临安迁至报福乡张村,以劈山种玉米和佣工为生[1]。又如,宁国县钟姓,原籍浙江淳安县,光绪五年(1879)迁至今杨山乡青草湖,后搬至今云梯乡千秋关;雷姓,祖籍浙江景宁县,先迁桐庐县,光绪十三年(1887)迁至今云梯乡独山头;蓝姓,祖籍浙江景宁县,先迁兰溪县,光绪十九年(1893)由兰溪迁至今云梯乡白鹿村定居。至1982年,宁国县畲族发展到一千余人,成为安徽省最大的畲族聚居地[2]。

回族:战后,一批回族群众从寿县、安庆和淮北各地迁入句容县,定居在县城和陈武镇。迁居农村的回民主要从事农牧业,迁居城市的则从事饮食业。同治十年(1871)一批回民从江苏和皖北地区迁入南陵定居[3]。

总之,战后本区移民的类型复杂多样。按阶层划分,既有官员、军人,又有商人、手工业者、艺人和垦荒农民;按民族划分,则有汉族、畲族和回族。在各类移民中,垦荒农民数量最多,是移民的主体;其次是裁撤的军人,由于特殊的背景,裁撤的湘、淮军士兵和遣散的太平军战士,在移民中占有相当大的比例,这与其他地区的移民类型有着很大的不同;再次为商人和手工业者;官宦的数量则最少。

三、迁移的动因

自太平天国战争结束迄至清末,"下江南"的移民浪潮便始终未曾停息。如此波澜壮阔的大规模移民运动,显然有着诸多值得探讨的自然及社会因素。大致说来,战后移民迁移的动因主要有以下几种:

(一)经济利益的诱导

战后本区的移民,除来自苏北、浙东和皖北地区之外,外省移民主要来自江西、湖南、湖北和河南等省。这些地区在战争中都不同程度地受到影响,人口压力较战前有所缓解,有些地方甚至还出现了人少地多的状况。但在这种情况下,对于苏浙皖三省的招垦,人们反应却颇为强烈,他们纷纷前往就垦。

---

[1]《安吉县志》第三编《居民》,浙江人民出版社1994年。
[2]《宁国县云梯公社畲族情况调查》,《畲族社会历史调查》,福建人民出版社1986年。
[3] 冯定国:《句容回民概说》,《句容文史资料》第六辑;《南陵县志》第二十八章《宗教·风俗》,黄山书社1994年。

在本地存在土地荒芜、劳动力缺乏的情况下，人们却背井离乡，到江南地区垦荒，其根本原因当然不外是"由于长江下游很多地方不可抗拒的经济利益的诱导"[1]。对此，皖南花鼓戏《唐老三下江南》所反映的湖北襄阳府南漳县百姓唐老三夫妻下江南的故事，可以说是当时千千万万"下江南"移民的缩影。是对江南富庶的艳羡和追求，强烈地吸引着他们：

> 有人说江南田地好，
> 有人说孝丰县好大竹山，
> 一棵毛竹做水桶外做扁担，
> 那杉树能造米粮舟船。
> 一束稻子能打一大碗，
> 粟谷米能长到一尺二三。
> 棉花桃子赛鹅蛋，
> 一串钱能买八十斤盐。
> 葫芦长得水桶大，
> 南瓜长得磨盘圆。

肥沃的土地田园，茂盛的竹杉林木，丰产的稻谷棉花，硕大的菜蔬瓜果，这种夹杂着现实和想象的富庶，给那些殚精竭虑要改变自身经济状况的人们以极大的满足。于是，充满着美好愿望的人们纷纷"背的背挑的挑都下江南"。战争期间，湖北人口损失巨大，同治三年三月，太平军与皖、豫捻军不下数十万人自西来，屯住西山一带，上下纵横二百余里……就是在这个深受战争创伤的地区，战后却掀起了人口外迁的浪潮。同治六、七年，"民间讹言下江南，种无主良田，住无主美屋，无一村一堡不轰动"。

由于清军控扼长江，苏北地区基本上免于战祸，战后大量的苏北百姓迁往江南地区垦荒。对此，光绪《盐城县志》卷2《舆地志·风俗》有相当详细的记述。尤其可贵的是，县志作者将明代以来县人的迁移方向作了比较，从而显示出经济利益对百姓迁往江南地区的促动作用。《明史·河渠志》载崇祯间"黄淮奔注，兴（化）、盐（城）为壑，少壮转徙江、仪、通、泰间。孙渠《被缨集》则谓盐邑流民多逃徙山阳，皆无渡江而南之说。盖路近而邦族易复，途远则乡间难归，其时犹有安土重迁之思。今则每遇水旱，穷佃隐民竞弃田庐，携妇孺过江

---

[1] [美]何炳棣著，葛剑雄译：《1368—1953年中国人口研究》，上海古籍出版社1989年，第243页。

乞食,络绎于途。江南经寇乱,田畴榛芜,招徕垦治,去者或留而不归,而本境之田益荒"。

浙西钱塘县,"县中旧俗,本以离乡弃井为重,近四五十年,以浙西及江苏偏僻诸县,开垦荒莱,前往营田,多得上腴之利,移家置宅,为富人居,乡里喧传,群趋若鹜"[1]。在宁国县的皖北移民中,流传着这样一首民谣:"家住庐和州,十年九不收;逃荒来宁国,吃住不用愁。"[2]这显然反映了皖北人民生活得到改善后的喜悦心情。

(二) 人口的压力

嘉庆、道光年间,各地已人满为患,面临着严重的人口压力。汪士铎发出这样的惊呼:"人多之害,山顶已植黍稷,江中已有洲田,川中已辟老林,苗洞已开深菁,犹不足养。天地之力穷矣!"[3]太平天国战争波及范围虽广,但受战祸最深的只是苏南、浙西、皖南及江西的部分地区。遭受战争影响较小的地区,人口压力并未得到多大缓解。正是在这种人口压力下,一些地区的百姓纷纷迁往那些处于"真空"或"半真空"状态的本区。

早在乾隆后期,河南光山县就因生齿日繁,境内无田可佃,县人只好"远赴陕、汝、桐柏诸地,赁地开垦"。太平天国战争期间,光山人口损失无几,当地的早婚习俗,又使得县内的人口激增,从而形成了一定的人口压力,于是,许多人只得迁往江南地区垦荒。自清同治以来七十年间,迁居江苏、浙江、安徽、江西四省者,占六十余县,"人口比老籍加倍,蕃衍之盛,亘古未有"[4]。

浙江的温州、台州、宁波和绍兴四府,战前就已人浮于地,战争期间人口损失较小,"浙东八府,惟宁波、温州尚称完善,绍兴次之,台州又次之"[5]。战后仍存在着较重的人口压力,四府民人多迁往包括本区在内的浙西地区垦荒。"浙中温、台两属山多田少,且被害较轻,民多出谋开垦"。台州"庶而不富,生齿日繁,人浮于地,田不敷耕,天(台)、仙(居)尤甚,或散之四方,觅食劳工。黄(岩)、太(平)人稔稼穑,赴杭、嘉、湖、甬佃农以亿万计"[6]。宁波府属慈溪县

---

[1] 吴承志:《逊斋文集》卷12《答问》。
[2] 黄国华:《宁国纺织业的历史回顾》,《宁国文史资料》第五辑。
[3] 汪士铎:《乙丙日记》卷3。
[4] 民国《光山县志稿》卷1《地理志·风俗·户口》。
[5] 左宗棠:《浙省被灾郡县同治三年应征钱粮分别征蠲折》,《左文襄公全集·奏稿》卷9。
[6] 马新贻:《办理垦荒新旧比较荒熟清理庶狱摺》,《马端敏公奏议》卷3;民国《台州府志》卷60《风俗志》。

"生齿日盛,地之所产不给于用,四出营生"[1],经商者尤多。

湖北应山县,咸丰年间已是"山陬水澨,村舍鳞鳞,几有人满之患",虽经战乱,仍"家有闲丁,野无旷土",故多"负耒耜,走吴越,离乐土,垦荒芜"[2]。自同治三年(1864)至光绪二十六年(1900),不断有县人迁往本区垦荒。安徽潜山县,"兵燹之后,乘以灾歉,生齿众而食艰"[3],成为重要的移民迁出地。

上述记载,均反映了在人口压力之下,一些地区已成为移民的重要输出地。

(三) 因灾害而迁移

水、旱等自然灾害的发生,是人类所无法抗拒的,尤其是在古代社会。在灾害较轻、受灾面较小的情况下,地方政府还可以加以赈济;一旦灾荒严重,当地政府无法救济时,就只得听任灾民就食他乡。陶誉相《逃荒行》诗云:

> 淮徐大水凤阳旱,千人万人争逃荒。
> 逃荒却欲往何处,闻道江南多富庶。
> 锁门担釜辞乡邻,全家都上黄泥路。[4]

可见,在清初中期,富庶的江南地区已成为灾民就食的首选目标。同治、光绪年间,灾害频仍,灾民转徙流离,就食各方。他们往往沿着先人的逃荒之路,纷下江南。"前因山东黄河决口,民叹其鱼,所有田庐尽沉泽国。其有幸逃性命者,流离失所,向清江一路乞食而来。近日鸠形鹄面之流,男妇纷纷,每伴数十人,皆咏'江南好'新词一阕,结队而南。"光绪九年(1883)九月,湖州有难民千余人,向各城乡乞赈[5]。光绪十四年(1888)庐州府某地,春夏之季,"遍地旱灾,继之以黄河之水冲毁圩堤,故收成毫无。夏季人民每日从庐州府到芜者川流不息,皆拟到宁国府寻觅工作"[6]。湖北应山县张氏,"嗣因岁歉,远

---

[1] 光绪《慈溪县志》卷55《前事·风俗》。
[2] 同治《应山县志》卷15《政治志·户口》。
[3] 民国《潜山县志》卷1《舆地志·风俗》。
[4] 张应昌:《清诗铎》(下),中华书局1960年,第558页。
[5] 《灾民南下》、《弹压难民》,分别见于《益闻录》第三百二号(光绪九年九月二十七日);第二百九十五号(光绪九年九月初三日)。
[6] 《芜湖口华洋贸易情形论略》,《近代史资料》总72号。

适江南"。其族人分迁宣城、宁国、泾县、旌德等县[1]。

在广德、宁国一带,流传着反映灾民下江南的民歌:"去年干,今年淹,爹爹饿死大路边;姐挖野菜娘讨饭,哭哭啼啼下江南。""娃哭饿,囡走瘫,爹爹背着娘手搀。江南咋不见?'俺头'那片山。"[2]

正是在不可抗拒的灾害驱使下,成千上万的灾民涌入江南,有些灾民不再返乡,转变成移民。

(四)因不堪繁重的赋税杂役而迁移

战争期间,为支付巨额军费,战后为办理善后事宜,均需大量费用,为此各地都加强了对农民的盘剥。许多百姓因不堪重负,不得不背井离乡,远适江南。

战争期间,苏北地区作为完善之区,成为军费的重要供给地。南北粮台在沿江及里下河地区设立大小捐卡百余处,征收名目繁多的捐税。"镇江守城冯公捐名曰火捐,镇江府师公捐名曰府捐,道台英公捐名曰道捐,又有局捐、日捐、保卫捐、大捐、小捐,而今又有借捐,纷纷不一。"[3]这给各县增加了沉重的负担,如仪征一县,前后捐输约银四十余万两,"另有亩捐、柴捐等项,为数甚巨,多属侵渔"[4]。安徽各州县沿用里书催征钱粮,为蠹吏上下其手、敲诈勒索提供了方便。桐城县有里书二百多名,"每里书赴花户家收取钱粮,每亩正项按投柜完纳者须多费数十文。花户杀鸡置酒,款待殷勤,按户之多寡,三户则供一餐,五户合供一日。若三五日不完,照亩又须加三五十文,名为息资,若清完则挑夫亦有酒资,此历来之弊端"[5]。河南、湖北两省,此种弊端同样存在。罗山县,同治二年(1863)县令周祜带领书役,挨户勒派勇费,对有粮各户,"勒借次年钱粮,并于地方绅士应纳粮银外,多给粮条数倍",将多得的一万余串制钱,归入私囊[6]。在湖北,负责征收钱粮的催役,"酒食供给外,每票勒索钱数百文,甚者数千文。稍不遂意,辄以抗粮报官",使得"三农憔悴,百室怨咨,剜肉医疮"[7]。不仅赋税沉重,而且遇到灾歉,地主也不给予减免。皖南

---

[1]《应山县志》引《张氏宗谱》,湖北科学技术出版社1990年,第90页。
[2] 刘永濂:《皖南花鼓戏初探》,安徽文艺出版社1989年,第11—12页。
[3] 佚名:《蘋湖日记》,《江浙皖太平天国史料选编》,江苏人民出版社1983年。
[4]《清穆宗实录》卷50,同治元年十一月丁丑。
[5]《申报》光绪六年(1880)五月二十三日。
[6]《清穆宗实录》卷60,同治二年三月戊申。
[7] 屠仁宗:《请革除湖北钱粮积弊片》,《皇朝经世文续编》卷30《户政七》。

花鼓戏《唐老三下江南》一戏曰：

前年遇着大天干,我请老板把租看,一家老小忙不安。
众位先生与我方便,为夫的旁边哀告半天,他亲自让租只两担,
我一家老小都喜欢。下半年我去把账算,扣了我的押板钱。

与此形成鲜明对比的是,战后的江南地区屡减赋税,以宽民力。为了使江南地区尽快恢复,同光年间,地方官员多次提出减赋要求[1]。而因遭受战祸惨重,战后地税曾一再减免。溧阳县同治三年,邑城克复,钦奉上谕,同治二年以前所有地丁钱粮一概蠲免。是年,因被兵燹,民困未苏,免本年地丁钱粮;四年,钦奉上谕,免四、五两年地丁钱粮;六、七、八年水,免新垦灾田地丁钱粮;九年水,免未完地丁豆折银两,并蠲免漕米一成;十年秋歉,免地丁钱粮二成;十一年,恩诏蠲免六年以前民欠地丁钱粮[2]。不仅如此,对垦荒者还制定了优惠政策。孝丰县同治三年(1864)规定,开垦荒田,免交粮租三年,"其后陆续开垦者免当年租,次年免租之半"[3]。江南不仅有大量荒田可垦,而且负担相对较轻,这对其他地区百姓显然具有很大的诱惑力,无怪乎他们要"趋之若鹜"了。

（五）为了某种爱好

下层人物的迁移,一般是为了改善经济状况,而上层人物有一定的经济基础,故把风土淳朴、环境优美作为选择定居地的重要条件。湖南龙阳县人陈永豫,"同治壬戌（元年）副贡生,选授宝庆府学训导。壬申（同治十一年）乞病归,放浪山水间,乃循洞庭湖而东,饱览沿江名胜,寻卜地南陵,筑东山草堂,遂家焉"[4]。宁国县把总谢玉珍,江西人,"爱宁（国）土沃风淳,遂占籍焉"[5]。太平县教谕马素臣,卸任后"慕泾县茂林村之胜,遂移居于此"[6]。

---

[1] 同治二年,李鸿章:《请减苏松太浮粮疏》,冯桂芬:《启李宫保论减赋》,杨沂孙:《苏松太常镇减浮减赋议》《拟江苏藩司请减五属钱粮详稿》;同治三年,左宗棠:《议减杭嘉湖三属漕粮疏》;光绪三年,沈葆桢:《江宁府属拟请酌减漕粮疏》(《皇朝经世文续编》卷37《赋役四》)。
[2] 光绪《溧阳县续志》卷4《食货志·蠲恤》。
[3] 光绪《孝丰县志》卷4《食货志·赈蠲》。
[4] 民国《南陵县志》卷33《人物》。
[5] 民国《宁国县志》卷11《人物志·流寓》。
[6] 《襄垣琐志》,《申报》光绪十四年(1888)四月十五日。

四、简短的结语

　　在太平天国战争的冲击下,昔日人口稠密的江南部分地区,出现了人口"真空"或"半真空"的状态,从而引发了战后"下江南"的移民浪潮。这场颇具规模的人口迁移运动,构成了中国近代移民史上的重要内容。太平天国战后"下江南"移民的类型颇为纷繁多样,而导致他们迁移的动因,也往往并非单一因素所致,而是多种因素交织作用的结果。也正因为如此,才使得这场移民运动显现出如此宏大的规模与持久不息的影响。"下江南"移民,为苏浙皖交界地区提供了大批急需的劳动力,促进了当地荒地的垦辟和经济的恢复,并使得生产关系出现了两大变化——即自耕农的增加和永佃制的盛行。在农作物方面,玉米、番薯等在战后的种植得以拓展,从而使得该二者在粮食作物中占据了重要的地位。人口迁移运动还促进了该区内外生产经验、技术的交流,引发了市镇经济的繁兴。与此同时,战后的社会秩序、婚姻方式和土客关系等方面,也经历了混乱、冲突和融合等复杂的过程。"下江南"移民在很大程度上还奠定了近现代苏浙皖交界地区的文化格局,使得当地在教育、艺术、饮食、方言和风俗习尚等诸多方面,均打上了移民文化的烙印。

　　本文原载《历史地理》第17辑,上海人民出版社2001年。

抗战时期浙江省的人口迁移与地域分布

张根福

20世纪三四十年代,日本发动的侵华战争给中华民族带来深重的灾难,数以千万计的民众为避战祸被迫进行迁移。对中华民族这场空前的大迁移,有价值的研究成果非常少见,区域(省区)人口迁移的研究更是如此。为此,本文探讨战时浙江省的人口迁移与地域分布,希望能推动这一领域的研究深入开展。

抗日战争时期的人口迁移,情况是极其复杂的,它虽有部分自觉的、有组织的群体迁移,但更多的是自发的、非组织的个体行为,表现为非秩序的社会运动,它与常态下的人口迁移有着重大区别。常态下人口迁移的主体是可以明确选择的,迁移的时间和地点也是可以肯定的,战时人口迁移在战局演变下则具有不确定性。为此,笔者在研究时,将本文的人口迁移界定为:越过一定地界、经历一定时间的人口移动。这里的"一定地界",包括浙省与他省之间,也包括省内各区域之间,如国统区、沦陷区、抗日根据地之间,各行政区域之间及同一行政区的县城与乡村、平原与山区之间等。"一定时间"既包括永久性,也包括暂时性,但这里的暂时性是特指的,如战役的前后或重大事件的前后等。

为论述和分析问题的方便起见,本文将浙江省划分为杭属、嘉属、湖属、宁属、绍属、台属、金属、衢属、严属、温属、处属等11个区域[1]。

---

[1] 其属县情况如下:杭属:杭州市、杭县(今属余杭)、海宁、富阳、余杭、临安、於潜(今属临安)、新登(今属桐庐)、昌化(今属临安);嘉属:嘉兴、嘉善、海盐、崇德(今属桐乡)、平湖、桐乡;湖属:吴兴(今属湖州市)、长兴、德清、武康(今属德清)、安吉、孝丰(今属安吉);宁属:鄞县、慈溪、奉化、镇海、定海、象山;绍属:绍兴、萧山、诸暨、余姚、上虞、嵊县、新昌;台属:临海、黄岩、宁海、温岭、天台、仙居、南田(三门);金属:金华、兰溪、汤溪(今属金华)、东阳、磐安、义乌、永康、武义、浦江;衢属:衢县、龙游、江山、常山、开化;严属:建德、淳安、桐庐、遂安(今属淳安)、寿昌(今属建德)、分水(今属桐庐);温属:永嘉、瑞安、乐清、平阳、泰顺、玉环;处属:丽水、青田、缙云、松阳、遂昌、龙泉、庆元、云和、宣平(今属武义)、景宁。文中提到的杭嘉湖为杭属、嘉属、湖属的总称,宁绍地区为宁属与绍属的总称,以此类推。

人口迁移的数量与过程

浙江战时"寇祸连年",多数市县先后沦于敌手,"未遭沦陷者亦皆迭经窜扰",其能免于寇患者,"仅龙泉、云和、庆元、景宁、泰顺、淳安、遂安、磐安等数县而已"[1]。残酷的战争使浙江省遭受严重的破坏,据《浙江省善后救济资料调查报告》,农业方面,8年中全省共计荒芜耕地280万亩,占全部耕地面积的10%;工业方面,损失工业293家,手工业745家,其他如碾米、酿造、面粉等业10 862家,共计39 240 805 000元[2]。其他各业损失也不在少数,如文化教育事业损失即达33 434 024 000元[3]。大批民众由此失去生活的基本依恃和谋生的基本途径。同时浙江大批房屋被毁,"房氛所届,闾里为墟"[4],8年间计毁屋"全省以75市县计算(因遂安、庆元二县无毁损),约在731 400间"[5]。广大民众的生命财产和最低生活得不到保障,为避战祸,不得不远走他乡,另觅栖身之处。加之战时浙江的自然灾害也极其频繁,且常常是水旱风虫诸灾并发,致使大批灾民"或避难他乡,或迁移内地"[6]。

关于战时浙省人口迁移的数量,浙省政府在战时曾进行过调查,估计难民总数在500万以上[7]。抗战胜利后,沦陷区解放,各地迁移民众相率还乡。至1945年冬,据72市县上报材料统计,尚有难民1 574 200人[8]。战后,国民政府对战区各省市的难民及流离人口数也进行过统计,其中浙江的难民及流离人口达5 185 210人,仅次于江苏、湖北、湖南、河北、山东、河南等省[9]。

从上述的调查统计中可以得知,战时浙省人口迁移的总数在500万左右。调查资料没有具体区分迁向省外的人数和省内迁移的人数,那么到底有多少人口迁向省外呢?因浙江人口迁移情况极其复杂,各地沦陷前后不一,不少民众战役一结束,便开始回籍,抗战胜利后,更有大批人口迁回,加之缺乏完整可

---

[1]《浙江省善后救济资料调查报告》,龙泉市档案馆:13-3-174,第26页。
[2]《浙江省善后救济资料调查报告》,第14、17—20页。
[3] 浙江省档案馆、中共浙江省委党史研究室编:《日军侵略浙江实录(1937—1945)》,中共党史出版社1995年,第803页。
[4]《浙灾筹赈会募捐公启》,《浙灾筹赈会征信录及总报告书》,上海图书馆藏,第1页。
[5]《浙江省善后救济资料调查报告》,第4页。
[6]《浙江省善后救济资料调查报告》,第26页。
[7]《浙江省善后救济资料调查报告》,第26页。
[8] 据《浙江省善后救济资料调查报告》提供的数字计算;绍兴、新昌、衢县、武义、鄞县未报。
[9]《难民及流离人民数总表》,中国第二历史档案馆:二一/221。

靠的统计材料,因此要弄清其迁出总数是非常困难的。我们只能对其最低值进行估计,但这种估计也只是一个约数。其估算方法是:

$P_2-P_1=B-D+I-E$(P_2 为战后人口数,P_1 为战前人口数,B 为战时出生数,D 为战时死亡数,I 为战时迁入数,E 为战时迁出数)。

那么,$E=P_1-P_2+B-D+I$。

P_1 以 1936 年为标准,此年内政部为筹办国民大会代表选举,需要全国各行政区人口数字,通令各省市政府,查报所属各县最新户口实数。浙省的上报数为 21 230 749 人[1],其来源大部分系根据编查保甲户口所得,大体反映了抗战前的人口数。P_2 以 1946 年为标准。这一年度,为准备实施新户籍法,重奠战后户政基础,曾于 4 月 1 日举行了一次全省户口调查,获得了全省总人口比较准确的数据,即 19 657 551 人[2]。I 据《浙江省善后救济资料调查报告》,至 1945 年冬上报之 72 县,尚有 56 289 人,每县平均数为 782 人,该资料缺绍兴、新昌、衢县、鄞县、武义统计数,以每县平均数计算,5 县为 3 910 人,则总数为 60 199 人。浙省缺乏战时出生数统计,战时死亡数只有战争死亡人数统计(为 317 268 人[3]),而无非战争死亡人数统计。但我们可参照抗战前的自然增长率进行估算。入民国以来浙江省人口的增长是缓慢的,以 1928 年的总人口数(20 642 701 人[4])与 1936 年人口数相比,8 年间增加 588 048 人,年平均增长率仅 3.5‰。若以抗战前 8 年的平均增长率为标准,在正常情况下,1937—1945 年的人口增加数(即 B—D)应为:

$$21\ 230\ 749\times[(1+3.5‰)^9-1]=678\ 208\ 人。$$

再减去战争死亡人数 317 268 人,战时实际增加数为 360 940 人。这样,迁向省外人数大约是:

$$21\ 230\ 749-19\ 657\ 551+360\ 940+60\ 199=1\ 994\ 337\ 人。$$

可见,迁向省外人数近 200 万。

浙省人口迁移主要发生在杭嘉湖沦陷时期、宁绍战役时期和浙赣战役时期。

1937 年八一三淞沪会战以后,江浙沪局势日趋紧张。同年 11 月 5 日,日

---

[1] 《各省市历年户口统计》(浙江省),中国第二历史档案馆:十二 2/2466。
[2] 《浙江省民国卅五年户口统计》,浙江省图书馆藏。
[3] 据 1945 年 9 月 18 日浙省政府致电军政部《抗战损失调查表》所列数字,参见《本省编查户口之沿革》,浙江省图书馆藏。
[4] 《中国经济年鉴》(1934)第 3 章。

军在杭州湾登陆,战火烧到浙江。不久,日军相继占领嘉善、嘉兴、海盐、平湖、桐乡、吴兴、长兴、武康、德清、海宁、余杭、崇德、杭县、富阳及杭州的一些主要市镇,对其他区域也进行狂轰滥炸。杭嘉湖地区"充满了硫磺气,炸药气,厉气和杀气",许多地方"朝为繁华街,夕暮成死市"[1]。广大民众的生命财产受到严重威胁,只得抛弃家园,扶老携幼,仓皇逃难。省府机关、社会团体、部分学校及工厂商店等陆续南迁。战前,杭州市有50多万人,沦陷时仅剩10万人[2]。其他各县迁移人数也很多。伪浙江省政府秘书处曾于1938年11月底至1939年3月,对杭嘉湖部分陷区进行调查。杭县塘栖、瓶调、临乔、钦履、上四五区战前共有309 624人,调查时降至220 228人,减少28.87%;海宁一、二、四、五四区,由210 000人降至135 000人,减少35.71%;平湖城区及永丰、当湖、启元、东湖四镇,由23 506人降至12 358人,减少47.43%;德清县属各处由176 963人,降至139 800人,减少21%;嘉兴城区减少82.95%;嘉善一、二、三、四四区,减少15.04%;崇德减少21.19%[3]。王惟英也曾根据一些资料对抗战初期的浙省难民进行了统计,迁入后方国统区有1 310 801人。其来源有三:一是杭嘉湖各旧府属人民,受战争影响,仓猝离乡;二是后方各县在京沪及杭嘉湖一带,经营农工商业者,如宁绍之商人,东阳之土木工人,温处之农户,骤告失业,迁避回籍;三是松沪难民,迭次后移,流落浙境。其中战区各属民众数量最多[4]。杭嘉湖地区人口迁移情况从战前、战后的人口比较中也可清楚地看到(表1):

表1　　　　　　　　　　　　　　　　　单位:人

市　县	1936年	1946年	增减数	市　县	1936年	1946年	增减数
杭州市	574 439	367 802	−206 637	於　潜	68 547	59 609	−8 938
杭　县	402 643	335 440	−67 203	新　登	63 483	63 069	−414
海　宁	367 050	306 261	−60 789	昌　化	78 367	71 876	−6 491
富　阳	216 893	168 027	−48 866	嘉　兴	423 974	425 557	+1 583
余　杭	137 577	114 590	−22 987	嘉　善	194 697	211 828	+17 131
临　安	89 751	80 797	−8 954	海　盐	206 292	185 879	−20 413

[1] 丰子恺:《缘缘堂随笔集》,浙江文艺出版社1983年,第236页。
[2] 杭州市档案馆编《民国时期杭州市政府档案史料汇编(1927—1949年)》,1990年,第233页。
[3] 伪浙江省政府秘书处第一科编印《浙江省政府成立初周纪念特刊》,1939年,杭州泰昌印务局印刷。
[4] 参见王惟英:《抗战一年来浙江省救济难民概况》,浙江地方银行编辑发行《浙光》战时半月刊6期,1938年7月,第4页。

续 表

市 县	1936年	1946年	增减数	市 县	1936年	1946年	增减数
崇 德	198 264	183 615	-14 649	德 清	177 552	142 542	-35 010
平 湖	278 823	253 872	-24 951	武 康	61 970	50 102	-11 868
桐 乡	161 805	145 362	-16 443	安 吉	88 648	75 627	-13 021
吴 兴	702 118	548 517	-153 601	孝 丰	93 419	83 456	-9 963
长 兴	243 067	225 190	-17 877	合 计	4 829 379	4 099 018	-730 361

资料来源：1936年人口数据内政部统计处编印《户口统计》，1938年5月；1946年人口数据《浙江省民国卅五年户口统计》，浙江省图书馆藏。

战前杭嘉湖地区共有人口4 829 379人，至1946年降为4 099 018人，减少730 361人。其中杭属减少431 279人，嘉属减少57 742人，湖属减少241 340人。除部分战时死亡外，大多属迁移人口，但不包括各属县境之内的迁移。

杭嘉湖地区沦陷后，日军暂时固守钱塘江以北，与中国军队隔江对峙，钱塘江以南局势一度相对安定。其间虽有部分日军渡江骚扰萧山、诸暨、绍兴等地，但对整个时局影响不大。这种对峙局面一直到1941年宁绍战役爆发才被打破。同年4月，日军大举进犯浙东，绍兴、镇海、宁波、慈溪、奉化、余姚、上虞等地先后沦陷，宁绍其他各县也遭侵扰。受战事影响，人口迁移极其频繁。如宁属之鄞县，自县境沦陷，"兵灾之余，庐舍为墟，人民流离失所"[1]。城区民众，"备受敌伪之蹂躏摧残，以致迁移靡定或因此而流离失所"[2]。许多乡镇也逃亡严重，如林锡乡，"迭遭兵灾匪祸，十室九空，满目疮痍，殊深悯恻"[3]。第九乡镇，"居民见敌临境，皆惊惶疏散，逃避一空"[4]。章蜜乡原有人口15 740人，战时被害及逃亡人数占20%；宝幢镇原有人口6 209人，被害及逃亡者占20%；江东镇原有人口40 000人，被害及逃亡者占30%；俞塘乡原有人口2 878人，被害及逃亡者占14%。其他如和益乡、桃浦乡、丰南乡、龙嘘乡、永南乡、瞻岐镇等人口逃亡也不少[5]。据有关统计，鄞县共"有灾民难民

---

[1] 宁波市档案馆藏：5-1-270。
[2] 《鄞县城区唐塔镇镇公所呈鄞县县政府》，宁波市档案馆：5-1-96。
[3] 《据四明区署转报林锡乡遭受兵灾匪祸灾情惨重请予赈邮等情转请核示由》，宁波市档案馆：5-1-231。
[4] 《鄞县第九镇办事处呈鄞县政府》，宁波市档案馆：5-1-231。
[5] 参章蜜乡、宝幢镇、江东镇、俞塘乡、和益乡、桃浦乡、丰南乡、龙嘘乡、永南乡、瞻岐镇《战时农村灾害损失调查表》，宁波市档案馆：2-1-9。

约数 20 余万人"[1]。又如镇海,自日军登陆后,"商店业主和居民纷纷逃难,县城人口从五万降到六七千"[2]。宁绍其他各县人口也纷纷迁移。以战役前的人口数与 1946 年人口数相比,宁属各县共减少 493 885 人,绍属各县减少 482 475 人(见表 2)。除战时死亡外,其余都是迁移的结果。此数包括一批抗战初期迁至宁绍各属的杭嘉湖民众及其他省区的迁浙人口在战事发生后的再度迁移人数,但不包括县境之内的迁移人数。

表 2 单位:人

县别	战役前	1946 年	减少人数	县别	战役前	1946 年	减少人数
鄞县	787 247	588 340	198 907	绍兴	1 189 374	825 933	363 441
镇海	377 666	313 632	64 034	萧山	521 234	505 561	15 673
慈溪	299 447	259 374	40 073	诸暨	534 455	500 005	34 450
奉化	296 477	236 328	60 149	余姚	707 242	688 914	18 328
象山	217 656	207 952	9 704	上虞	337 834	305 663	32 171
定海	414 130	293 112	121 018	嵊县	425 535	407 748	17 787
				新昌	255 975	255 350	625
合计	2 392 623	1 898 738	493 885	合计	3 971 649	3 489 174	482 475

资料来源:战役前人口数见《历年(28—32 年)户口增减情形》,浙江省档案馆:29/2/24;1946 年人口数据《浙江省民国卅五年户口统计》,浙江省图书馆藏。

1942 年 5 月,日军为了封锁浙闽沿海地区和浙赣路,破坏衢县、丽水、玉山等机场,以消除对日本本土的威胁,发动了浙赣战役。这次战役历时 3 个多月,浙省 30 个县的县城沦于或一度沦于敌手,6 个县的县境曾遭日军窜扰,战区人口迁移络绎不绝。据吴之英《旅行金华战区记事》记载,从诸暨到义乌,"沿途绝少发现人民踪迹";从义乌至金华,民众大量逃亡,如苏溪镇"仅存少数之龙钟老妇而已",义亭镇"所留人民,不过百一而已,民房亦十室九空";金华城厢,"原有商民七万余人,另有流动商民三万余人",战后已成一座空城,"经派人四处巡查,得能在茅棚草舍,与夫其他偏僻处所发见者,仅老弱妇孺十八人而已"[3]。原迁永康的省府机关、社会团体、金融机构及部分工厂商店等

---

[1]《浙江省鄞县三十年度被灾情形及赈济办法》,宁波市档案馆:5-230。
[2] 王明、周绍裘:《民国时期的镇海县商业概况》,《镇海文史资料》第 4 辑,第 27 页。
[3] 吴之英:《旅行金华战区记事》,《潮声》1 卷,创刊号,1942 年 11 月 15 日。

也转迁处属地区,永康因战事"无家可归,流浪各地难民计 12 000 人"[1]。战区其他各县人口逃亡也极其严重,现将受战事影响的 36 县战役前的人口数与 1946 年人口数进行比较(见表 3)。36 县共减少 603 585 人,其中灾情较重的金属减少 175 622 人,衢属减少 182 333 人。此数除少量战时死亡人数外,也基本上为迁移人数,它包括杭嘉湖沦陷时期和宁绍战役时期退至这些地区之部分人口再度迁移的人数,但同样不包括县境之内的迁移数。

表 3　　　　　　　　　　　　　　　　　　　　　　单位：人

县名	战役前	1946 年	增减数	县名	战役前	1946 年	增减数
金华	318 941	236 306	−82 635	淳安	264 649	189 664	−74 985
兰溪	308 136	280 090	−28 046	分水	48 520	42 171	−6 349
东阳	460 851	449 826	−11 025	象山	217 723	207 952	−9 771
义乌	326 454	327 098	+644	嵊县	407 748	407 748	0
永康	284 794	271 873	−12 921	新昌	250 985	255 350	+4 365
武义	105 743	93 155	−12 588	诸暨	502 300	500 005	−2 295
浦江	233 762	232 728	−1 034	天台	257 721	254 579	−3 142
汤溪	139 559	111 477	−28 082	丽水	146 957	115 024	−31 933
磐安	81 042	81 107	+65	遂昌	138 559	116 069	−22 490
衢县	363 465	318 386	−45 079	松阳	134 698	116 710	−17 988
龙游	204 134	170 593	−33 541	缙云	200 345	203 201	+2 856
江山	321 326	270 960	−50 366	宣平	77 594	73 930	−3 664
常山	156 195	134 656	−21 539	青田	273 107	256 496	−16 611
开化	151 583	119 775	−31 808	永嘉	748 639	769 569	+20 930
临安	93 691	80 797	−12 894	瑞安	550 884	538 757	−12 127
新登	70 336	63 069	−7 267	乐清	372 254	379 189	+6 935
桐庐	115 706	105 644	−10 062	平阳	742 119	709 445	−32 674
寿昌	84 088	77 485	−6 603				
建德	132 560	122 699	−9 861	合计	9 287 168	8 683 583	−603 585

资料来源：战役前人口数见《历年(28—32 年)户口增减情形》,浙江省档案馆,29-2-24；1946 年人口数据《浙江省民国卅五年户口统计》,浙江省图书馆藏。

---

[1]《永康县敌灾损失调查》,永康市档案馆：425-4-245。

至抗战后期,浙省战事相对比较平静,人口迁移也开始大幅度减少。1943年5月至12月,浙省政府对孝丰、遂安、寿昌、江山、常山、温岭、瑞安、遂昌、景宁、云和、宣平等11县的人口进行了统计。8个月中共迁移人口52 527人,其中迁入31 940人,迁出20 587人[1]。

1944年,为配合豫湘桂战役,日军又发动了第二次浙赣战役,受战事影响的龙(游)衢(县)地区及丽水、温州等地的民众也进行了迁移。因这次战役属局部的牵制性作战,规模不大,迁移人口比前几次要少得多。但抗战后期,浙江自然灾害比较严重,灾区民众受其影响也进行了不同程度的迁移。

人口回迁问题

人口回迁包括战时和战后两个时期。

抗战初期,在沦陷区就已有人口回迁现象。杭州市,沦陷时仅剩10万余人,但自1938年初开始,便陆续有人回杭。1938年7—12月,来杭之难民有30 959人,其中不少就是原先从杭州迁出的[2]。此后,随着工商和交通各业的逐步恢复,"人民来归日众",1939年,"每日来归者尚不下二三千人"[3]。1940年回迁人口增加更快,该年杭市人口"已增至三十二万"[4]。杭嘉湖其他各县回迁的人数也很多。伪浙江省政府秘书处曾于1938年末至1939年初对嘉善、吴兴、长兴、平湖、武康、桐乡、海宁等县的部分区域进行过实况调查,其中也涉及一些地方迁回人数。现根据调查资料,整理如表4:

表4 战时嘉善、吴兴等8县部分地区迁回居住人数统计
(1938年末至1939年初)

县别	调查区域	灾前人数	迁回人数	百分比(%)
嘉善	第一区	54 515	40 886	75
	第二区	46 727	36 992	79.2
	第三区	50 621	45 556	90
	第四区	42 833	41 976	98

[1]《本省十一县市三十二年度五至十二月人口动态统计》,浙江省档案馆:29-2-24。
[2] 参《难民来杭统计图》,载《浙江省政府成立初周纪念特刊》,封页。
[3]《浙江省政府成立初周纪念特刊》,第1页。
[4]《日寇浙西的经济进攻及资源掠夺》,《日军侵略浙江实录(1937—1945)》,第426页。

续 表

县别	调查区域	灾前人数	迁回人数	百分比(%)
桐乡	城区城北乡镇	6 000	5 100	85
	城区城坊乡镇	5 837	5 774	98.9
	城区附廓乡镇	5 050	5 150	102
	城区城乐乡	6 500	5 525	85
海宁	第一区盐官镇	12 600	1 236	9.8
	第二区硖石镇	100 000	14 000	14
平湖		247 996	173 597	70
长兴		247 000	178 000	72
吴兴	松亭镇	12 300	9 600	78
	织里镇	23 725	11 897	50.1
	新蜀乡镇	3 120	2 996	96
	松亭乡、护浪乡	6 850	6 147	89.7
	石淙乡镇	42 810	411	1
	大河乡镇	10 360	3 962	38.2
	升山乡、民熟乡	11 041	9 002	81.5
	大钱镇	4 592	1 716	37.4
	白雀乡、滨湖乡	6 029	5 587	92.7
武康	余英镇	3 000	67	2.2
	上柏镇	3 800	87	2.3

资料来源：(1)据《浙江省政府成立初周纪念特刊》所载嘉善、吴兴、长兴、平湖、武康、桐乡、海宁等县灾况调查表整理计算；(2)武康上柏镇灾前人数统计为760余户，以每户5人计，共3 800人；(3)表中百分比为迁回人数占灾前人数的百分比。

从表中可以看到，各地回迁人口是不同的，嘉善、长兴、桐乡、平湖的比例较高，在70%以上，个别区和乡镇甚至在90%以上；吴兴各乡镇情况悬殊，高者如新蜀乡镇达96%，低者如石淙乡镇仅1%；武康、海宁各乡镇比例较低，武康仅2%，海宁也不到15%。

抗战中后期，人口回迁仍络绎不绝。如杭州市随着市场日臻繁荣，"工商各业蓬勃，逗留客地市民纷归故里，以致本市人口愈形激增。省会警察局据各分局队报告,上月份(1942年7月)共有39万2千6百71人"[1]。伪警务处于1943年对杭嘉湖及萧绍等17市县其控制区人口进行统计,"计自三十年九月份起,至三十二年六月份止,人口总数已由1 544 975人增至2 331 100人"[2]。在浙东宁属陷区,同样存在人口回流现象。据鄞县县政府鄞东区署户口异动月报统计表,1943年4月至1945年7月(缺1945年1月),该区共迁入人口26 732人,其中男15 106人,女11 626人[3]。另据鄞西区署户口异动报告表,1943年7月至1944年5月,该区迁入3 363人,其中男1 733人,女1 630人[4]。金、衢等其他陷区也是如此。如1943年10月18日的《浙江日报》刊登了《省警务处计划办理金华等县居住证》的消息,谈及伪警务处"以浙东和平地区日渐拓展,金华、兰溪、义乌、东阳、诸暨、浦江等县均已恢复县治,人民纷纷归里安居乐业,为确保人民身份,计划办理居住证"。由此可见,战时人口回迁是一个普遍的现象,而且回迁数量相当可观。

战时之所以会有大规模人口回迁,原因是多方面的,譬如迁移民众生活窘迫,无以为生;对家乡存在"恋土情结"及对财产的担忧;对迁入地生产、生活的不适应以及日伪的招致引诱等。其中生活窘迫、无以为生和日伪的招致引诱是两个至关重要的因素。

对大多数民众来说,战时迁移的直接目的是为了保全生命并使生活有所保证,但这最低要求无法满足时,只好重返故里,以求生路。战时的民众迁移,均系仓猝离乡,流离失所,生活极其惨苦。那些迁避战区附近山乡僻壤者,或因无资远离,或以为战事不久,即可还乡,而不愿远去。日复一日,资尽粮绝,生计日蹙。"据报现以糠秕草类充饥者,所在皆是,为状之惨,不忍观闻。"此类情况,仅战初避居钱江南岸及富阳山地一带,"已有三万余人,在沦陷区内,避寇入山,其生活之类于此者,尚不计在内"。那些薄有积蓄自动迁居于后方各县者,"历时既久,资斧已罄,典质将尽,告贷无门,日常生计,渐濒绝境,此项难民颇占多数,严重情势,将与日俱增"[5]。甚至一些避居上海租界的绅商也面临困境,"即如杭城附近各处绅商之在沪居住者,不但中下级资产之住户,于

---

[1]《杭户口调查完竣共计三十九万余人》,《浙江日报》1942年8月15日。
[2] 伪浙江省政府印行:《浙江省政概况》,1944年6月,第196页。
[3] 据鄞县县政府鄞东区署1943年4月—1945年7月户口异动月报统计表计算,宁波市档案馆藏:5-1-42。
[4] 据《鄞县县政府鄞西区署户口异动报告表》1943年7月—1944年5月统计计算,宁波市档案馆藏:5-1-96。
[5] 王惟英:《抗战一年来浙江省救济难民概况》,《浙光》6期,第5页。

兹五、六月来,已有捉襟见肘之处,即比较稍富有者,亦有难于为继之慨"[1]。可见,迁移群众生活是十分困苦的,除少数地主富商外,广大民众生活窘迫,无以为生,加之衣食失调,寒暑靡当,疫疠丛生,处境十分悲惨。国民政府和社会各界虽采取过不少收容、救济、安置的措施,但受救济、安置人数毕竟有限,一些收容所因受人力、财力的限制,常常不堪负担,难以为继。因最起码的生存、生活环境得不到保证,避难民众只能重新卷起行李,返回故地。

日伪的招致引诱也是人口回迁的重要原因。日军占领沦陷区后,为维护自己的统治,实现"以战养战"、"以华制华"的方针,在沦陷区也实施了一些维持地方秩序,恢复生产的措施。如,在工业方面,它一方面迫令原有的工业复业,另一方面奖励小型家庭工厂的开办,同时,"为使诱致资本的效果增大起见,发还军管工厂的办法,予以部分的实现,以减除资本家工厂被没收的忧虑"[2]。在商业方面,督促各业商店复业,并在一定期限内"缓征旅店、住屋、店屋等捐以纾民力"[3]。日伪以此引诱工商界人士回迁为其服务。日伪还在"中日亲善"的旗号下,采取了一些怀柔招致的措施,如平粜、施粥、制发寒衣、小本借贷、收容难民、散粮赈济等,"其目的则在引诱我民众回乡"[4]。这些措施取得了一定的成效。如杭嘉湖陷区,"地方秩序,逐渐恢复,向日流亡于上海、宁绍等地人民,亦相率归来"[5]。又如浙赣战役时期,日军占领金华城区时,该城已是一座空城。但日伪通过建立民事指导处、民事调解处等机构开展工作,在城区设置临时公共住所,"着重给回家住民以各种便利",并广泛开展宣传,"以增大其胆识而促成与实现其回家的决心",诱使相当一部分人回迁。回家登记领证处"开始实行之期未至,而人民之鹄候于途者,几已满坑满谷",至1942年7月中旬,"逃住在山乡间或山上的数万住民,都已陆续得能仍回其故居"[6]。浙赣路沿线其他各地日军也采用类似手段诱使民众相继回迁。

总之,战时人口回迁的原因是多方面的,而生存条件的艰难和日伪的招致是两个极其重要的因素。这些回迁的民众并不是心甘情愿受日伪统治,而是

---

[1]《沪上居大不易旅沪浙籍绅商归其时矣》,《新浙江日报》1938年4月15日。
[2]《日伪经济侵略的阴谋与策略》(1941),《日军侵略浙江实录(1937—1945)》,第443页。
[3]《杭州自治会财政科工作概况》,《浙江日报》1938年6月6日。
[4]《日伪在浙西的统治》(1940年1月),《日军侵略浙江实录(1937—1945)》,第31页。
[5] 伪浙江省政府印行:《浙江省政概况》,第1页。
[6] 吴之英:《旅行金华战区记事》,《潮声》1卷,创刊号。

为了生存。其中虽有极少部分人沦为汉奸,做日伪的鹰犬,但绝大部分人并没有做出对不起国家、民族之事。这是不容否认的事实。

抗战胜利后,随着沦陷区解放,人口开始大规模回迁。政府机关、社会团体、报社、学校、工厂、商店等大都迁返原地,大批难民也纷纷回到原籍。据《浙江省善后救济资料调查报告》,1945年冬上报材料的72市县内本省外县难民仅20余万人。可见,大部分难民已经迁回。对流落省外的人口,行政院善后救济总署浙江分署专门成立了遣送机构,从事遣返工作,但因受人力、物力、财力的限制,得到遣返的毕竟是少数,大多难民自行迁回。1946年浙省人口数为19 657 551人,1947年为19 942 112人。1949年则增至20 831 000人[1],与战前的21 230 749人相比,仅差399 749人。除战后生育率有所增加外,大批人口迁回是主要的原因。

迁移人口的地域分布

(一) 迁向省外人口的分布

迁向省外的人口主要分布在闽、赣、皖、上海租界和西南各省。

1. 闽、赣、皖

抗战时期,闽赣两省及皖南地区局势相对平静。1938年5月,福建省府机关迁往闽北小城永安,军事机关迁至南平。1939年2月,南昌陷落,江西省政府也陆续迁至赣南的泰和、吉安、赣州等地。闽北、赣南成为福建、江西的后方抗战基地。从抗战初期开始,浙省战区的民众便大批迁入闽、赣、皖诸省。抗战中、后期,特别是浙赣战役时期迁入这些省份的浙籍人口则更多。诚如当时的浙省主席黄绍竑所说:"三十一年的寇灾,逼得浙省好多的人到外省去度流浪生活,尤其是福建、江西,为浙江灾民流浪的两个目的地。"[2]

迁入福建的浙省人口主要分布于闽北地区。譬如南平,战初市区的居民,从1万人猛增到10万人,其中大多是从福建沿海、浙江及上海等地迁入[3]。抗战中后期,宁波、绍兴、金华、兰溪、衢县、江山等地人口"大批涌入闽北"[4],南平人口激增,住屋与旅馆均供不应求,公私医院门诊无不拥挤异

---

[1] 1947年数据据《中华民国统计年鉴》(1947年);1949年数据浙江省统计局统计资料。
[2] 《黄绍竑回忆录》,广西人民出版社1991年,第461页。
[3] 刘光舟:《八年抗战话南平》,《南平市文史资料》第2辑,第15页。
[4] 《东南日报》1942年9月1日。

常,其中以浙籍病家占最多数[1]。又如崇安,抗战爆发后,浙江难民大量迁入,"一时间拖老携幼前去崇安垦荒者络绎不绝","移民地点遍及崇安南部每个村落和建阳县北部的许多地方"[2],仅1938年2月浙江省政府选送移往崇安等地就垦的难民及家属就有4 000人[3]。1941年后,迁入崇安的人口已扩展到其他行业,"移民不仅仅限于贫苦农民,其中还有手工业者、小商小贩、小业主等,各行各业俱有"[4]。再如建瓯,汇聚的浙省人士也很多,"江浙一带的官绅、客商、学生、难民涌至建瓯,人们的生活用品日益紧张"[5]。据笔者在衢属、处属等地的调查,浙省民众也有不少迁入闽北其他地方,如永安、邵武、建阳、建宁、顺昌、浦城、松溪、政和等地。

迁入江西的浙省人口主要分布于赣南地区。这可从国民政府制定的《难民输送计划大纲》中得到佐证。该《大纲》规定,"浙江沿浙赣铁路及铁路以东各地难民,由浙赣路送至南昌,再由南昌沿赣江经丰城送至赣南安置","浙南永嘉、青田、丽水、松阳以南各地难民经浙云和、龙泉,闽浦城、建阳、邵武,赣光泽、黎川、南城、临川、崇仁送至赣南安置"[6]。可见,赣南是浙江难民的重要安置地。1939年2月南昌沦陷,江西的政治、文化中心转至赣南的赣州、泰和、吉安一带。当时任江西第四区专员的蒋经国主政赣州,实行一些开明政策,在赣州实施政治、经济、文化等"新政",影响及于整个东南地区。江西省主席熊式辉也表现出进步色彩,邀请一些著名的进步教授、学者来赣从事救亡活动。在这一背景之下,浙省许多工商、文化人士及难民陆续迁入赣南地区。江西东部的玉山、上饶、鹰潭等地因紧邻浙省,也迁居了不少浙籍民众。

除闽、赣两省外,皖南地区也有不少浙省人口迁入。如屯溪,战初曾是第三战区司令部所在地和第三救济区所在地,人口由战前的五六千增至20多万[7],其中就有许多迁自浙江。至1941年初,屯溪到处都是外地人,而"江浙人占了外乡人中的大半"[8]。战时皖南的休宁、歙县等山区相对比较安定,与之相邻的浙省杭州、临安、於潜、昌化、富阳、桐庐、建德等市县的工商人

---

[1]《南平点滴》,《东南日报》1942年9月10日。
[2] 李木树:《解放前龙泉移民崇安梗概》,《龙泉文史资料》第6辑,第157页。
[3] 浙江省动员委员会战时教育文化事业委员会编行:《浙江省战时民政》,1939年,第91页。
[4] 李木树:《解放前龙泉移民崇安梗概》,《龙泉文史资料》第6辑,第157页。
[5] 徐志耀:《建瓯抗日救亡史事杂纪》,《南平市文史资料》第2辑,第40页。
[6]《难民输送计划大纲》1938年7月,金华县档案馆。汤07-79。
[7] 孙艳魁:《苦难的人流——抗战时期的难民》,广西师范大学出版社1994年,第268页。
[8] 率真:《屯溪写照》,《东南日报》1941年1月9日。

士及难民也有一部分迁入此地。浙赣战役时期,原在战区经商的徽州人也纷纷迁回老家。

2. 上海租界

太平洋战争爆发前,因英美等国持中立态度,上海租界成为局部的安全区。战区各地,尤其是江苏、浙江及上海华界地区的大批人口为逃避日伪的烧杀掳掠,保全生命财产,纷纷迁入租界居住。1938年至1941年4年间,租界人口净增78万[1]。

租界增加的人口中,有不少迁自浙江,特别是杭嘉湖、宁绍等地的工商人士,如杭州都锦生丝织厂、民生药厂、孔凤春香粉店、王星记扇庄、张小泉近记剪号、翁险盛茶号、万隆盐鳌店、宓大昌烟店、边福成鞋店、亨得利钟表店等及宁波的正大火柴厂、太平面粉厂、恒丰布厂、源康布店等的业主、职工、店员等都有相当一部分迁入租界。其他社会成员也有迁入,如象山,"军兴以来,旅沪同乡为数日众,约计不下二万余人"[2]。绍属各县,随战事推移,受严重威胁,"同乡青年负笈来沪者日众"[3]。

3. 西南各省

抗战时期,浙省通往大后方的途径主要有两条,一是经长江溯水而上,二是沿浙赣线转其他铁路西迁。杭嘉湖地区沦陷之后,后一线成为西迁的主途。因1938年10月前,武汉是后方抗战的中心,所以与其他南方各省一样,浙省人口先是涌向以武汉三镇为中心的华中地区。武汉弃守后,难民又迁往以重庆为中心的西南地区。其分布大势为:一是迁向重庆、成都、昆明、贵阳。重庆是战时陪都,成都、昆明、贵阳分别为四川、云南、贵州的省会,所以首先成为西迁人口的重要栖息地。如1937年,重庆有浙籍人口3 150人,1945年增至48 799人[4]。又如,在第二历史档案馆所藏《成都区难民待遣人数统计表》(二一/1898)、《善后救济总署重庆难民疏送站成都办事处第一批遣送侨民及难民名册》(二一/1898)及贵阳、昆明的一些遣送、救济资料中都有大量的浙籍人口。二是迁入中等城市和交通沿线。除大城市外,中等城市和交通沿线也是西迁人口的重要分布区。因为这些地方是区域性的政治、经济中心,交通便利,住所和日常用品容易解决,择业也相对容易。如四川万县、邵武、沅陵、丰

---

[1] 张仲礼主编:《近代上海城市研究》,上海人民出版社1990年,第26页。
[2] 《象山旅沪同乡会概况》,《宁波文史资料》第5辑,第29页。
[3] 《绍兴七县旅沪同乡会第三十一届报告》,上海市档案馆藏。
[4] 重庆市档案馆藏,市政府,卷66。

都、合川等地都有浙江人口迁入[1]。贵州之遵义、湄潭因浙江大学的迁入也汇聚了一批浙江人士。广西桂林作为战时主要的文化中心之一,同样吸引了不少浙籍文化人。其他如云南、湖南等地一些中等城市、交通沿线也有一些浙江人口迁入。此外,浙省还有部分人口迁入西北的陕西、甘肃等地[2]。

(二) 省内迁移人口的分布

抗战时期,浙省省内迁移人口分布比较分散,常常是一县的人口分布于省内各县,而另一县往往接纳十数或数十县迁移人口。但总的说来,其分布区域:一是迁向后方国统区;二是迁向沦陷区或游击区的安全地带。

抗战初期,浙北地区大部分市县相继沦陷,淞沪及杭嘉湖战区的难民及部分在此经营农工商业的外地人口,大批渡过钱塘江,进入浙东、浙南等后方国统区。当时迁移的路线主要有三条:"(1) 由海盐、海宁、杭县、富阳等处渡江者,大部自临浦沿浙赣铁路转入内地;另有一部,经绍兴再向东南各县迁移。(2) 由富阳、临安、於潜、昌化等县向西南迁移者,一溯桐江上徙,一由陆路南迁,转入金、衢、严各旧府属。(3) 此外亦有由上海乘轮迄至宁波、温州转入内地,但属少数。"王惟英根据调查资料,统计了迁至后方国统区的难民人数,至1938年7月共1 310 801人,其分布情形如下:绍属273 407人、宁属199 450人、金属390 623人、衢属95 414人、严属80 549人、台属60 525人、温属180 375人、处属30 458人[3]。其中迁入金属地区的最多,再则是绍属、宁属和温属各县。迁入后方国统区的人口分布比较分散。如杭县难民,1938年8月,"散居各县城者,诸暨约300人,义乌400人,东阳300人,金华3 300人,兰溪400余人,武义270人,永康2 600人,龙游100余人,江山800余人,汤溪80人,合计1万余人;散居各县乡村者,尚未统计在内"[4]。杭嘉湖难民除迁向后方国统区外,其余大都避居沦陷区或游击区的安全地带,从县城避往乡村或从平原迁至山区。如,崇德县百姓,信奉"小乱避城,大乱居乡"的观念,"纷纷离开崇德(县城),往乡下投靠亲友。城内剩下的人,寥寥无

---

[1] 重庆档案馆藏浙江旅渝同乡会档案卷1、卷18之有关浙江旅万(县)、旅邵(武)、旅沅(陵)、旅合(川)同乡会的档案及中国第二历史档案馆藏(二一/1435)有关丰都浙籍难民的档案。
[2] 参见中国第二历史档案馆藏(二一/1436)有关陕西等地难民的档案。
[3] 王惟英:《抗战一年来浙江省救济难民概况》,《浙光》第6期,第5页。
[4] 《非常时期难民救济委员会浙江省分会训令救字第1713号》(1938年8月30日),金华县档案馆:汤07-79。

几"[1]。又如邻近战区的富阳、新登一些山乡僻壤也迁来了大批难民[2]。天目山一带的游击区域如安吉、孝丰、武康、长兴及昌化、於潜、临安等地的山区、乡镇迁居的难民则更多。

  抗战中后期,省内迁移人口的分布也主要是上述两种类型。宁绍战役期间,战区各县难民大部分避入乡下,不少撤至四明山区和会稽山区。其余则陆续后移,杭嘉湖地区原迁宁绍各属的难民亦纷纷南下,迁入金、衢、台、温等属国民党控制区域。以汤溪县收容的难民为例,1941年1—5月、7—9月及1942年1月,9个月的统计中,汤溪县共收容难民1 292人。其中绍属地区868人,杭嘉湖地区426人,这些难民基本上迁自宁绍战区[3]。又如衢属之江山县,自1941年4月日军进扰浙东以来,宁绍等地人口陆续迁至,"本县人口增加数在叁万以上,粮食供应倍增,万难为继"[4]。龙游也于1941年度迁入人口5 856人[5]。处属之龙泉还成立了绍属七县旅龙泉同乡会[6],可见其迁入的人数也不少。浙赣战役以后,国统区被压缩至金华—兰溪一线以南地区。战区民众纷纷逃至山区避难,如金华城厢居民,在接到金兰司令部的撤退命令后,"不得不抛弃家业,逃避乡间"[7]。其中大部分避往安地山区。衢县居民则大都迁避石梁一带。同时,金衢各属民众也有大批迁至处属和温属地区,使龙泉、云和及温属部分县的人口激增。如龙泉县,据1943年该县政府调查报告,"本县自三十一年度起人口激增,外来机关、军队、公共户口约3万余人,城镇房屋之租赁遂成为大问题"[8]。又如温属之永嘉1943年迁入10 444人[9]。至1945年6月,避难国统区后方的人口仍有651 055人[10]。

---

[1] 蔡一、朱近仁:《抗战时期的崇德》,《嘉兴文史资料》第1辑,第110页。
[2] 王惟英:《抗战一年来浙江省救济难民概况》,《浙光》第6期,第5页。
[3] 《浙江汤溪县现时收容难民移动月报表》(1941年1—5月、7—9月,1942年1月),金华县档案馆:汤07-3-102。
[4] 《浙省府快邮代电》,1941年10月21日,浙江省档案馆:57-7-1823。
[5] 《浙江省各县历代户口异动统计表》(龙游,1941年),浙江省图书馆藏。
[6] 《绍属七县旅龙泉同乡会理监事名册》,龙泉市档案馆:13-3-社7。
[7] 吴之英:《旅行金华战区记事》,《潮声》1卷,创刊号。
[8] 龙泉县方志办藏。
[9] 《浙江省各县历代户口异动统计表》(永嘉,1943年),浙江省图书馆藏。
[10] 《战时浙江省沦陷市县及难民人数》(1945年6月8日),《日军侵略浙江实录(1937—1945)》,第804页。

小　　结

　　通过前面的论述可以得知,战时浙省人口迁移的情况是极其复杂的,它不仅包括消极的逃难者,也包括积极的抗战者,其迁移总数达 500 余万,其中迁至省外的不少于 200 万,在全国迁移人口中占有重要的比例。迁移主要发生在战役前后,迁移人数随战局发展而波动,杭嘉湖沦陷时期、宁绍战役时期和浙赣战役时期,迁移数量较多,其他时期则变化比较平稳。

　　但无论省内迁移,还是迁向省外,最终转化为移民的只是少数。因全面的抗日战争前后共 8 年时间,浙江又是分阶段沦陷,所以人口迁移持续时间较短;日军占领的又大多是经济发达区域或重要城镇、据点,迁移人口的避难地除大后方、上海租界外,一般比迁出地要落后,生存环境要差。战时政府的安置与救济,主要是设所收容,进行生活救济,将其编入保甲,从事生产的只是少数。加之日军为实现"以战养战"的目的,实行了招致引诱的政策。所以,在抗战期间,浙省即有大量人口回迁。战后,政府机关、学校、金融机构、工厂企业及大部分人口陆续迁回。只有少数真正无家可归,或出于某种需要由政府部门强行留住的公营单位职员转化为当地的移民。这也说明,移民的最根本、最内在的动力来自经济和政治因素,尤其是经济因素。

　　战时浙省迁移人口的流向和地域分布非常广泛,就迁向省外而言,其比较集中的分布区是闽、赣、皖,上海租界和西南各省。省内迁移比较分散。但总的说,其分布区域:一是迁向后方国统区,二是迁向陷区或游击区的安全地带。随着国统区的缩小和沦陷区的扩张,表现出向国统区逐次迁移的特征。战时人口迁移,特别是一些特殊的群体,如政界、文化界、工商界、金融界的迁移对推动抗战事业及迁入地工、农、金融、交通运输及文化教育的发展起到了重要作用,但人口的大量迁移也必然带来一些消极的影响和社会问题,如加重后方国统区民众的负担,加剧疾病的流行,导致生态的破坏,引起土客冲突等。

　　　　　　　　　　　　　　　　　　　本文原载《历史研究》2000 年第 4 期。

人口史研究

论《广东省志·人口志》的编撰问题
——兼谈地方志的编修传统

胡列箭

地方志的主要功能据说包括存史、资治与教化。当然,已经有很多研究指出存史是地方志最主要的功能。实事求是地说,地方志已经比较难同时起到这三个方面的作用。如资治功能,估计是说地方志能帮助官方尤其是一把手了解辖区内各个地区的情况,便于治理地方和采取合适的政策。客观地说,在知识信息非常丰富的当代社会,地方志能起到的资治作用已经越来越小了。更为不通的是,地方志的教化功能。因为现今官员与民众作为政治地位平等的国民,已经没有传统话语体系下的官员士大夫对民众进行教化的陈旧说法了。

在要求地方志实现资治功能和教化功能的同时,可能会忽略它更为根本的存史功能。这样一来,要判断哪些地方志修得好或不好,就有了比较具体的标准。人们直接查看这个地方志有没有真正做到存史的要求,即是否收录了当地的"原始资料"。如果这些"原始资料"正好没有被其他典籍收录,就会让这个地方志成为典范。

自 2010 年起,笔者多次翻阅过《广东省志·总述》《广东省志总述大事记》《广东省志·人口志》《广东省志·地理志》《广东省志·地名志》《广东省志·少数民族志》等新方志。现以《广东省志·人口志》[1](下文简称《人口志》)的存史功能为中心,阐述现今地方志的编撰困境及今后的修志建议,敬请方家批评和指正。

一、数据来源问题

《人口志》的正文部分共 258 页,作为 20 多年前的一个集体项目,它的完

---

[1] 广东省地方史志编纂委员会编:《广东省志·人口志》,广东人民出版社 1995 年。

成是集体智慧的结晶。该志书的优点比较多,限于文章的篇幅,本文不一一阐述,现就其数据来源问题展开论述。本文先从第一章《建国前历代人口》的明清两代人口数量问题说起。在编撰《人口志》时,如果不记载历代广东人口的变化情况,似乎是不合适的。不过,在论述历史时期的人口情况时,稍不注意就会出错。

表1 明代广东人口

年 份	人口数(人)	人口密度(人/平方公里)	占全国人口比重(%)
1381(洪武十四年)	3 095 506	14.01	4.6
1391(洪武二十四年)	2 935 507	13.28	4.2
1393(洪武二十六年)	2 935 441	13.28	4.16
1491(弘治四年)	3 816 073	17.27	4.15

资料来源:《广东省志·人口志》第38页。说明:括号内的明朝年号为笔者所添加。

表1是摘录《人口志》的四个人口数据,修志人没有交代资料来源。笔者找遍明代史料文献,也没找到该资料所依据的文献。从1381年至1393年,广东内部既没有发生大的自然灾害和瘟疫,也没有发生剧烈的战争和社会动乱,所以可以肯定12年的人数变化应该不是正常的变化,而是人口数字方面的错误。现存洪武年间广东的人口数字只有三个(表2):

表2 明代洪武年间广东人口数字

年 份	户 数	口 数
洪武十四年(1381)	705 633	3 171 950
洪武二十四年(1391)	607 241	2 581 719
洪武二十六年(1393)	675 599	3 007 932

数据来源:1.《明太祖实录》卷140;2.《明太祖实录》卷214;3.《后湖志》卷2《黄册户口》,南京出版社2011年,第12页。

由此可知,洪武年间广东是有三个人口统计数字,但是表1的人口数除年份正确之外,数值都对不上。表1的人口数可能是人为修改后的数字。或许是《人口志》的编撰者觉得洪武年间人口数的变化过于离奇,自己又难以解释清楚,只好将数字改得更符合逻辑一些。不过,改动后的数据很容易就混淆了洪武人口数背后的真实情况。因为洪武十四年的广东人口数字是全省人口的总量,而二十四年的人口数之所以下降,是因为它没有包括军户的人口数。紧接着二十六年(并非十年一度的大造之年)的人口数是因为中央政府不满全国各省份上报的人口数普遍减少,所以广东等省又重新核查并尽量多报一些户口数。

表3 清代广东人口数量变化

年　　份	原　始　数　据	修　订　数
1661(顺治十八年)	1 000 715	4 333 053
1685(康熙二十四年)	1 109 400	4 803 702
1724(雍正二年)	1 307 866	5 846 993
1749(乾隆十四年)	6 460 638	
1757(乾隆二十二年)	6 699 517	
1762(乾隆二十七年)	6 818 931	
1767(乾隆三十二年)	6 938 855	
1786(乾隆五十一年)	15 923 000	
1787(乾隆五十二年)	16 014 000	

资料来源:《广东省志·人口志》,第40页。说明:由于该表特别长,本文只摘录了前九个年份。另,括号内的年号为笔者所添加。

与表1相同,表3也没有交代数据来源。笔者查找了诸多资料,发现表3广东人口主要来源于《清文献通考》卷19《户口》[1]。但是《清文献通考》的人口资料只记载到1783年,故表3的1783年以后的人口数字的资料来源不明。粗略浏览,表3的人口数字好像没有问题,但核对《清文献通考》之后,很容易就发现《人口志》抄错了1685年的人口数量,表3为1 109 400人,实际应为1 119 400人。更为不妥的是,《人口志》编撰者故意忽略了某些不符合人口逐年增长的记录。如1753年(乾隆十八年)广东人口为3 969 248人。因为此前人口已经增长到646万,随后突然下降到396万,接着又上升到669万,八年之内广东人口数量发生了巨大的波动。或许编撰者觉得这个人口数明显不符合常识,而自己又解释不清楚,所以就直接不收录它,免得引起他人的质疑。

但是查阅过《清文献通考》卷19《户口》的人都会发现,当中的户口数有可

---

[1]《清文献通考》卷19《户口》,台湾商务印书馆1986年影印本,第400—431页。

能不是现今意义上的户口数,因为通篇记载都是"广东人丁"的数量,如1753年(乾隆十八年)"广东人丁三百九十六万九千二百四十八",其他年份的记载也一样。问题在于"广东人丁"能等同于"广东人口"或"广东户口"吗?

此外,表3的修订数是什么意思呢?在统计学方面,修正数的意思是某些统计误差起初没有考虑到,而此次统计又不能重新进行,现在只能对原来计算的结果进行一定的微调。也就是说修订数通常只会对原有统计数进行小幅度的调整。具体而言,《人口志》的编写者似乎感觉到了乾隆十四年前后的人口数量相差过大,导致其无法自圆其说。因此想到修正原来顺治、康熙和雍正的人口数,让人口数总体看上去更富有连续性。笔者经过重新核算,发现清前期人口修订数很可能是《人口志》的编撰者以乾隆年间的人口数为基础,按照5‰的年均人口增长率往前推导的。[1]

问题在于如果不指出清代前期与后期人口数据的跳跃问题,还是会继续引起人们的疑惑。为何是大幅度提高前期人口数,而不是大幅度降低后期的人口数呢?在不交代相关历史缘由的情况下,后期的人口数不见得就比前期的数据准确。另外,需要注意的是当修正的幅度特别大时,说明数据本身存在严重的偏差,甚至是错误。遗憾的是,《人口志》对于清代广东人口数前后断裂的情况,没有作出相关的解释。

也正是在这方面,著名历史学家何炳棣先生通过研究发现这些人口数字几乎都是赋税数字,而丁也只是赋税单位,与真实的人口数量几乎无关[2]。现今当然不能要求《人口志》的编撰者去解决这些问题,但是最起码的要求是,在编志过程中尽量不要制造新的问题。在编撰地方志的过程中,可以不了解学界的研究成果,但是有责任交代资料的来源。

另外,关于现当代(1949年之后)人口数量变化的论述,应该会比较容易交代数据的资料来源了吧?不见得。因为《人口志》的其余部分虽然有很多统计图表和数据,但是几乎都没有交代相关论述所依据的原始文献或档案。无独有偶,《广东省志·地名志》第十章《人口》也几乎都是流水账式的叙述和分析,并没有交代相关论述的资料来源,这是非常可惜的[3]。客观地说,这些

---

[1] 曹树基认为清代广东的年均人口增长率约为3.5‰,详见曹树基:《中国人口史·清时期》,复旦大学出版社2001年,第209页。

[2] 何炳棣著,葛剑雄译:《明初以降人口及其相关问题(1368—1953)》,生活·读书·新知三联书店2000年,第41页。

[3] 《广东省志·地理志》,广东人民出版社1999年,第359—378页。

内容几乎都是"表"或"图",不是严格意义上的"志"。

二、提高编撰质量

为何需要交代数据来源?因为历史时期的人口数据只是当时官方的人口统计数,通常不会是社会的人口总数。现今从当时的人口统计数去推测其人口总数,必须建立在可靠数据的基础上,并尽可能考证该数据的制度基础。

同一个资料上记载的不同时期的人口数据,也可能有些数据是可信的,有些数据则不可信。如前文提到的《后湖志》载洪武二十六年(1393)的人口数(3 007 932 人)是可信的,而该书载嘉靖二十一年(1542)的人口数(2 052 343 人)[1]就难以让人相信了。因为在并无大规模战乱、天灾和人祸的近150年中,广东竟然减少了95万多人口,减少率高达31.77%。如果将明代广东人口甚至是全国人口数编为一个表格,很容易发现明代中后期的人口数变化极不规律,时而突降,时而剧增,而且普遍不高于洪武年间。

这些扑朔迷离的人口数字基本都精确到个位数,怎么还不可信呢?其实很多人口数据的确与真实人口数量无关,尤其是随后清代前期的人口数字。广东人口在康熙元年(1662)的人丁为 485 974.605 996 4,康熙十一年(1672)人丁为 547 465.444 020 9。嘉庆二十三年(1818)……现编征丁为 1 140 520.300 419 7[2]。这些清代中前期广东人口数量不仅精确到个位,而且还保留了小数点后的多位数字,通常记载为"×分×厘×毫×丝"等样式。

何炳棣先生的贡献就在于此,他说明代中期以来的人口数据很可能都不是真实的人口数,而是赋税数字。在何炳棣的基础上,周宏伟对顺治、康熙、雍正和乾隆前期的广东人口数据也作了进一步的分析。周宏伟指出顺治、康熙和雍正年间的广东人口数字主要是广东省征收赋税的单位,乾隆年间的人口数字主要统计的是男性,几乎没有包括女性[3]。

当然,今天不是要去苛求《人口志》的编撰者们都得读懂这些研究著作,毕竟这些学术成果相对枯燥,与日常的修志工作相隔较远,而且领悟其中的人口制度,需要耐心反复阅读相关专著或接受专门的培训。不过,也有一些便捷的应对办法,能快速避开这方面的问题:

---

[1]《后湖志》卷2《黄册户口》,南京出版社2011年,第14页。
[2] 道光《广东通志》卷90《舆地略八·户口一》。现编征丁的数量节录小数点后七位。
[3] 周宏伟:《清代两广农业地理》第三章《人口状况》,湖南教育出版社1998年,第52—59页。

第一,交代资料的来源。历史时期的记载尽量清晰地交代资料来源,现当代的记载尽量多地收录当地的档案资料,以便于今人和后人查阅。也就是说《广东省志·人口志》要做到客观并不难,只要一一交代所载数据的资料来源就可以了。在交代资料来源方面,1988年出版的《中国人口·广东分册》就做得比较规范和准确[1]。虽然它也没有注意到历史人口数量变化的问题,但是该书已经清楚交代各个时期人口数据及相关论述的资料来源。在这种情况下,相关分析如果有不当之处,人们也不会苛求它,而是直接去寻找它所引用的著作和资料。

第二,求取数据的均值。如果同期有多个人口数据,编者也确实搞不清楚应该选择哪一个数据。遇到这种情况,可以先将这些数据罗列出来,然后选择这些数据的加权平均值,交代清楚数据的来源和处理的方法。这种情况不只是历史时期会出现。笔者曾经浏览过20世纪80年代初期,广东省公安部门、商务部门和计生部门的人口数据,发现三个单位的同期人口数各自都不一样。到底哪个单位的人口数据比较可信呢?经过反复对比这三套数据,发现商务部门的人口数据总是最高的,公安部门的数据适中,而计生部门的数据最低。可见,现当代的人口数据也很有必要交代资料来源。不过,如果年份相隔过长,这个加权也会变得毫无意义。比如说1391年的人口数与1491的人口数,由于时间相隔百年,进行加权求取平均值就没有必要了。

第三,指出数据的问题。对于不能简单地进行加权求取平均值的情况,应该如何处理呢?首先,指出数据之间的内在矛盾。其次,不进行牵强的解释,以免衍生新的问题。如关于明朝中后期官方册载人口数量长期变化不大,以前就有人写文章认为这是因为明朝封建统治的腐败和没落导致的。甚至还有人直接认为中国历史发展到明朝,封建统治已经病入膏肓,所以人口数量才会长期停止增长。如今看来,这类不明就里的观点实在要不得。

三、学界研究状况

关于历史人口方面的研究,葛剑雄先生在何炳棣先生的基础上,写成了《中国人口发展史》[2]。随后,由葛剑雄先生领衔主编的集体项目六卷本《中

---

[1] 朱云成主编:《中国人口·广东分册》,中国财政经济出版社1988年。
[2] 葛剑雄:《中国人口发展史》,福建人民出版社1991年。

国人口史》[1],甚至估算了历代中国人口总量和各地的分布情况。这为各省编写《人口志》打下了坚实的基础。具体到明代广东的人口情况,可参阅《中国人口史·明时期》的详细研究。前文说过明代人口数字只有洪武和永乐时期比较真实,所以《中国人口史·明时期》在研究洪武年间广东分府人口情况的基础上,简单估算出广东地区的年均人口增长率(3‰),进而推算了明末广东人口的总量。

表4 明代广东人口总量估测　　　　　　　　　　单位:万人

时间	民籍人口	军籍人口	总人口
洪武二十六年(1393)	361.6	23.5	385
崇祯三年(1630)	—	—	780

注释:数据来源于曹树基:《中国人口史·明时期》,第141、195—197、243、281页。另,民籍人口为在籍人口数加上少数民族人口的估计数。年均人口增长率(3‰)系根据明代潮州府人口增长情况计算而来,并假定全省的人口增长情况与潮州府类似。

洪武二十六年广东各府的具体人口数量,可参阅《中国人口史·明时期》的第四章第四节。[2]同样,清代广东人口的情况,也可查阅《中国人口史·清时期》。

需要强调的是,前文提到的清代乾隆年间人口数量突然剧增的情况,是因为乾隆年间发生了一件影响人口登记的大事。何炳棣在《明初以降人口及其相关问题(1368—1953)》中指出:自顺治以来,清代户口严重失实。以至在乾隆四十年出现了湖北东部19县受灾后,上报请求赈济的人数竟比这些县的"总人数"还要多出十万人,使得乾隆皇帝注意到一些县的户口数只是在原来数字的基础上逐年增加一个很小的个位数而已。这个事情促使乾隆下令严格要求各省督抚严查所属州县的实际人口,并于每年十月上报,"若造报不实,予以议处"[3]。此后,人口数字严重失实的现象有所改善,虽然还没有达到现代人口普查的标准,但是已经有可能根据官方统计的人口数去推算社会的人口总数了。

具体到清代广东省的情况,曹树基先交代顺治、康熙、雍正和乾隆前期的人口数据都是有问题的。不过乾隆四十一年之后,现存资料没有立即记载清

---

[1] 葛剑雄主编:《中国人口史》,复旦大学出版社2000—2002年。
[2] 曹树基:《中国人口史·明时期》,复旦大学出版社2000年,第141—143页。
[3] 何炳棣:《明初以降人口及其相关问题(1368—1953)》,第55—56页。

代广东各府的详细人口数。比较可信的最早记载是嘉庆二十三年(1818)的人口数,它出现在道光《广东通志》卷90《舆地略·户口》中。以之为基础,曹树基参核《清朝文献通考》、嘉庆《清一统志》及相关府志、县志,估算出嘉庆二十五年(1820)广东各府的人口数量。随后,在1820年人口数量的基础上,根据各府的年均人口增长率,估算乾隆四十一年(1776)的人口数(表5)。

表5 清代广东各府人口数量 单位:万人

府　州	乾隆四十一年(1776)	嘉庆二十五年(1820)	1953年
广州府	529.3	587.9	824.3
肇庆府	169.1	202.2	353.4
罗定州	49.1	57.1	92.7
佛冈厅	5.5	6.5	11.0
惠州府	150.3	183.0	341.5
潮州府	215.8	266.1	519.6
嘉应州	121.5	133.3	160.9
韶州府	96.3	102.8	116.5
南雄州	17.6	20.5	33.4
连　州	27.2	30.2	47.7
连山厅	5.0	5.9	9.9
高州府	204.3	235.1	346.7
雷州府	58.5	68.2	121.5
廉州府	83.0	103.4	200.7
琼州府	112.0	138.3	267.2
合　计	1 844.5	2 140.5	3 447.0

数据来源:曹树基:《中国人口史·清时期》,第208页。注:曹氏只计算了1820年的人口数,而1776年的人口数是他根据各府1820年与1953年的人口数,计算出各府的年均人口增长率,再以1820年的人口数为基础,推导出1776年的人口数。

其实,对地方志的编撰者来说,如果不了解学术界的最新研究成果也没有关系。后人不会责怪志书的编撰者,因为学术成果需要经过长期沉淀才能变为大家都熟知的常识。需要做到的是,交代清楚各部分论述的资料来源,并尽可能多地收录地方资料。在这种情况下,即使该志书的体例不够完善、装帧不够漂亮、言辞不够优美,后人应该也不会苛求。

在历史人口研究领域,中国财政经济出版社1991年出版的《中国人口·总论》在论述历史时期中国人口变化的概况方面,就做得比较完善[1]。地方志编撰者只需要认真阅读和借鉴,就能对历史时期的人口变化有一个大概的认识。关于历史时期的内容,尽量做到有几分材料,就说几分话。关于现当代的内容,尽量多收录地方档案文献,并交代清楚编撰过程中所征引的资料。

四、今后编撰建议

前文的分析难免会有不当之处,但笔者并非要去责备前贤。盖因地方志的"志"在《说文解字》中的大概意思是"记也"[2]。同样,《康熙字典》也提到"(志)又记也。与誌同。……《前汉书》有十志。师古曰:志,记也"[3]。可见,传统时期的学者对书的认识是它的记载功能。因而,地方志有必要尽可能地交代相关记载所征引的资料,并尽可能多地收录当代档案文献。

照理说,宋元以来中国各地编修地方志的传统一直都没有中断过,它本身也总是在变化的过程中。不过,正如循环中的血液总是在不断地重塑自身一样,地方志的编修方法和写作范式也在时常更新。如今地方志的编修工作正面临着一种编修传统日益模糊的境况。现今强调重塑地方志的修志传统,并不是要去否定最近四十年的修志成果,也没有必要推倒重来,而是要在既有修志传统已经日益模糊的局面下,去找寻地方志的编修源头,为地方志的流传寻找活水,以编修出更具有传统规范的地方志。这确实是一个当下非常紧迫的问题,因为如果不能重新培育出一种新的修志规范,新修的地方志很容易就会在快餐式的阅读漩涡中,找不到立身之处。

21世纪的全国各省地方志都需要一种新的修志规范。一方面,它应当回到最初的源头。中国的史志传统发源于两千年前的《汉书》诸志,尤其是《地理志》,最起码也能追溯到宋元以来地方志的编修传统。重温过去的修志传统,并不只是简单恢复地方志最原初的记载体例和书写形式,而是要明确地方志在记载地方事务时,应该多收录地方档案文献,并详尽注明资料来源。实在不行的话,可以另辟蹊径,争取另外编辑关于某某志的资料集。在这方面,日本

---

[1] 袁永熙主编:《中国人口·总论》,中国财政经济出版社1991年,第42—61页。
[2] (汉)许慎撰,(清)段玉裁注:《说文解字注》,上海古籍出版社1981年,第502页上。
[3] (清)张玉书等主编:《康熙字典》卯集上《心部》,日本1778年翻刻版,第5页左。

各地已经有了相当成熟的处理办法。他们在编撰某某史或某某志的同时,往往会编辑一套关于该史或该志的资料集。如总共 27 卷本的《广岛县史》(1980年前后版),其中 15 卷本是资料编,另外还有 4 卷本是不太算史志正文的别编[1]。

另一方面,还需要根据时代的需求,开拓地方志的新方向。如近年国家在推进粤港澳大湾区城市群的发展战略,广东省方志部门可以尝试策划粤港澳大湾区人口志。鉴于粤港澳大湾区是目前中国实力最强的湾区,笔者建议将来可改名为"中国(粤港澳)大湾区"。粤港澳大湾区人口志可以从明代中期起开始编写。另外,还可以建立一套《中国(粤港澳)大湾区人口地理信息系统》(The China Great Bay Area Population GIS,简称:CBPGIS)。在借鉴《中国历史地图集》[2]和《中国历史地理信息系统》[3]的研究成果的基础上,先设计一套中国(粤港澳)大湾区的历史地理信息系统。随后,结合《中国人口史》的研究成果,研制一套尽量精确到府县甚至是乡镇级别的人口地理信息系统。届时,输入相关地名即可查询到从葡萄牙人租借澳门起,各个历史阶段的大湾区政区与人口数量的变化。

修志工作者需要考虑到地方志与报纸、杂志、网络小说等文献不一样,地方志作为地方的"百科全书"很可能会长期保存下去。后人评论今天的新修方志也会像今人评论古代方志那样,将"是否收录了有价值的地方性资料"作为最主要的评价依据。如果今天的新方志都能达到这个要求,后人的评价应该会比较高。

本文原载《中国地方志》2019 年第 3 期。

---

[1] [日]广岛县编:《广岛县史》,早稻田大学图书馆藏。
[2] 谭其骧主编:《中国历史地图集》,中国地图出版社 1982 年。
[3] 葛剑雄、包弼德主编:《中国历史地理信息系统(CHGIS)》,复旦大学历史地理研究中心 2003 年。

大散小聚：明清时期河南回族分布格局研究

胡云生

明清时期，回族移居河南又出现高潮，不仅人数与年俱增，分布区域也逐渐扩展到省内各个村落。一方面，由小集中向大分散变迁；另一方面，由相对独立的封闭性寺坊聚居区，转变为开放性象征聚居区。可以说，回族"大分散小聚居"的分布方式最终形成是今天河南回族分布格局产生的基础。

一、河南回族聚居区分布格局的变迁

河南回族人口数量较多，但河南回族历史人口的统计，可以说是一笔"糊涂账"。1949年以前，关于回族人口数量，无论是官方的，还是非官方的，都属于估计和预测。如，1947年称"约有一百万人强"[1]。河南回族聚居区分布格局的形成是建立在回族聚居区村街范围、乡镇区厢范围和清真寺数量的扩展3个特征基础上的。

（一）回族聚居区村街范围的扩展

明清时期，河南回族的空间分布不断发展变化：一是分布范围进一步扩大；二是回族的聚居程度有所减弱，出现了一些新的回族聚落；三是回族人口的小跨度流动频繁，民族杂居程度增强。经过明清时期的流变与重组，回汉民族广泛交错居住的空间格局逐步形成和定型。具体表现为几户或几十户回族在一城、一镇、一村的一隅自成一个聚居点，在乡自成村落，在城则自成街区。

---

[1] 特瓦杜阿：《中原回回》，原载《月华》1947年6月号。

回汉混居是回族分布区居住格局的基本形式,居住区内回族的人口比例相对较大,在城镇的居住以板块式为主。明初,开封出现了许多回族聚居区。《如梦录》记载:开封城内的"草三亭又名凤凰巷,俱回子居住,有礼拜寺"。在西门大街府城隍庙迤西,有皮局,"俱回回居住"。在周王府西华门西边,有街五道,亦有"回子居住"[1]。常茂徕增订《如梦录》注称,文殊寺街皆回族居住。此外,开封城东北隅、北门外也有回族聚居区。清代,大量回族从山东、河北、江苏、安徽、湖南、广西、陕西、甘肃、青海、宁夏以及河南其他地方来开封定居,开封回族聚居区得以进一步扩展。如,家庙街的回族聚居区,就是因清初孟县桑坡的丁、白、买、拜姓回族移入而形成;鹁鸽市街回族聚居区,是因为清咸丰时期来自陕西马姓回族而形成;宋门关回族聚居区则是因为来自南阳、荥阳、商丘、封丘的回族而形成。清代,开封已有以"回回"为名称的村落。如《清史稿》载:"副总河嵇曾筠奏于祥符县回回寨浚引河。"[2]清末民初,开封工商业有了较大发展,回族人口也随之增加较快,约五万人[3]。开封周围所辖县的回族人口数量和聚居区也在不断增加。如,通许县"所统回教人共计一千二百四十二人"[4]。从明代起,地方文献开始记述郑州回族的情况。据明嘉靖三十一年(1552)成书的《郑州志》载:州城内有"回回巷",并注明这是"回回群处"的地方。进入清代,郑州已有"回回营""里营街""外营街""清真寺街""北大街"等多处回族聚居区。清乾隆十三年(1748)的《郑州志》在"山川"条目说:金水河"旧渠自回回墓东北绕旧城与祭城水合"。同书又说:"回回营在旧州治东"。由于外地回族的迁入以及内部回族的互移,郑州回族聚居点扩大到北下街、清真寺街、丁兴里、河东街、河阳街、城南路西段、南顺城街、阜民里等处[5]。外地迁入郑州的,有山西洪洞县以及省内的开封、襄县、嵩县、偃师等地。如,登封颍阳乡马家寨、君召乡火龙庙和石道的回族均是清初由偃师卜村迁来的。荥阳也有大量回族聚居,据清代乾隆版本《荥阳县志》卷2《建置》部分记述回族聚居区有丁家庄、丁家凹、虎家庄、法家庄、丁家沟、帖家沟、帖家河、丁铁庄、铁家顶、回回沟等,以回族名称及回族姓氏命名村庄者不下十多处。洛阳回族主要集中在东关、北窑、瀍西、塔湾、马坡等街道。清末,新安县

---

[1] 孔宪易校注:《如梦录·街市纪》,中州古籍出版社1984年。
[2] 《清史稿》卷300《齐苏勒传》,中华书局1976年,第10622页。
[3] 卢振明:《开封回教谭》,原载《禹贡半月刊》第7卷第4期。
[4] 民国《通许县新志》卷11《风土志·宗教》。
[5] 郑州市管城回族区史志编纂委员会编:《管城回族》(内部资料),1989年,第27页。

"五头西坡有回族民四十户,计三百二十余口;铁门十余户,五十余口……与汉族杂相往来,无甚区别"。"五头西坡、铁门俱有清真寺,为回族阿衡主持。"[1]驻马店的西平、驻马店、汝南、平舆、泌阳等县市回族人口较多,清末阳武县回族"散处阳武境内者,城内南街十余家,城东吕寨四十家,齐亦集南街七十家,张大夫寨数家,其余散处各村,总计约千口上下"[2]。正阳县"多数住北关……教徒九十余家,人口五百余名"[3]。确山县城关、新安店,泌阳县羊册、象河关、二铺、百秩店,遂平县石寨铺、玉山、和店、余庄,西平县北关、五沟营、大吕庄、花马刘,上蔡县北街、黄埠,汝南县城关、南和孝,平舆县庙湾、东和店、杨埠,新蔡县北关、李桥,正阳县北关、铜钟和驻马店市的平等路、老街等,也都是回族比较集中的村镇或街道。河南农村回族聚居区也很多。如,许昌鄢陵"县东北之丁庄与丁桥有回民百余口,聚族而处"[4]。孟县桑坡村为回族聚居之所,回族多来自山西省洪洞县,清代已分成东西两个村,光绪年间达1 200户,全村以丁、白、张三姓为大户。

(二) 回族聚居区乡镇区厢范围的扩展

今天河南回族人数比较多的一些地方,明清时期都先后向乡镇区厢范围扩展。如,开封的朱仙镇、沈丘的槐店、沁阳的水南关、博爱县的城西关、洛阳的塔湾、商丘的西关等。开封城内是以东大寺为中心的清平南北街、清平东西街、东岳庙前街、东岳庙后街、穆家桥、学院门、南羊市街、北羊市街、铁娘娘庙街、炒米胡同、顺河街、王家胡同、草市街等街道,形成有许多这种模式的回族聚居区。豫东沈丘槐店也是河南重要回族聚居地,清顺治十年(1653)开始外地迁入的回族增多,以李、马、庞、海、刘姓为主,形成三十余回族村落。豫北沁阳自治街北大寺万历十一年(1583)碑记记述,立碑人384人,以一人最少一户来计算是384户,此坊少算也有400户。沁阳水南关清真寺中明朝天启五年(1625)碑文上立石人有:丁(18家)、马(8家)、王(5家)、卢(5家)、闪(3家)、白(3家)、买(3家)、张(3家)、袁(3家)、拜(2家)、丹(2家)、吕(1家),由此可见回族的人口数。

---

[1] 民国《新安县志》卷9《社会·宗教》。
[2] 民国《阳武县志》卷3《宗教》。
[3] 民国《正阳县志》卷3《教育·宗教》。
[4] 民国《鄢陵县志》卷4《地理志·种族·宗教》。

(三) 回族聚居区清真寺数量的增多

回族分布区内居家多以清真寺为轴心,分布区呈封闭性结构。清真寺以及以其为中心环寺而居的回族聚居区构成了回族分布独特的"寺坊",是明清时期河南回族分布格局的一个重要特点。明朝,河南清真寺初步统计为128坊。其中,明确记载为正德、嘉靖年间创建的清真寺达37坊,占总数的30%。这些清真寺分布于开封、郑州、洛阳、焦作、南阳、许昌等地60个市县。清代,河南清真寺的创建和增修进入一个新的高潮期,全省共有800多坊清真寺,不仅在数量上明显增加,而且分布区域也明显扩展。以驻马店为例,元末明初,"回回人"大量迁居本区,回族人口随之增多。其间,西平、遂平、新蔡、正阳、汝南、确山、平舆等县先后创建或重建清真寺。清朝是其发展的繁盛时期,该区各县皆有清真寺建立。汝南县"城内外有清真寺两所,大集镇如庙湾亦有清真寺"[1]。确山县"查回回隶确者亦只数十家,城内建有清真寺"[2]。至清末,全区已有清真寺40余座。再如周口地区,据1933年《淮阳县志》寺院篇记载:"清真寺本城一处,南关、北关各一处,周口北寨四处,南寨三处,西寨一处,新站、水寨、高河铺蔡桥、龙泉寺方庄、城南小李庄、城北刘庄、城东北盖庄、城西北沙各一处"。又据《淮阳县志》宗教篇记述:"现分设清真寺于北关、南关、新站、刘庄、沙庄、盖庄、小李庄、汪洼、龙泉寺、蔡桥、高河铺、周口老街、韭菜庙街、天房街、陈州街、怀庆寺、荥阳寺、河西寺等处。"周口各市县清真寺数目不一,太康县有清真寺21处,沈丘县7处,扶沟县有城内、吕潭2处清真寺,淮阳县17坊。

总体上来说,由于上述三个方面的原因,河南回族聚居区空间结构的特点表现为:(1) 由于历史原因,回族社区多分布在城市外围地带,如很多城镇的西关就是回族的聚居区。(2) 回汉混居是回族聚居区居住格局的基本形式,回族传统的聚居模式正在消退,早期形成的回族聚居区内的回族人口比例已明显下降,回族居民在市区的分布已从板块式转向散点式,成片集中分布的格局正在逐步解体。(3) 城市郊区回族聚居区较多,但以聚居为主的态势在逐步弱化。(4) 回族聚居区内居家多以清真寺为轴心。(5) 回族聚居区空间结构由封闭趋向开放,回族聚居区纵向格局正在加强,聚居区同大社会的人流、物流、信息流的循环逐步加快,同时回族聚居区自身的自主性

---

[1] 民国《重修汝南县志》卷18《宗教》。
[2] 民国《确山县志》卷11《宗教·回教》。

亦呈减弱趋势[1]。

二、影响河南回族聚居区变迁的因素分析

涉及回族聚居区问题较早的研究成果是杜磊（Dru C. Gladney）关于中国回族穆斯林认同问题的研究，杜磊认为，工商企业主义对回族聚居区的变迁至关重要。回族的民族和宗教传统使回族在文化和宗教上，更重要的是在社会经济层面上，形成了与汉族不同的特点。这些传统成为回族的生存策略，在他们保持回族聚居区发展的过程中，边缘化的商业活动及其民族传统成为重要的象征资本，而不仅仅具有经济价值。杜磊还注意到了国家政策对回族聚居区变迁的影响作用[2]。除此之外，还有学者从地理研究的角度提出应当重视聚居区所处地理位置和行政地理因素对聚居区发展变迁的影响。王文飞等通过对北京市马甸和牛街两个回族聚居区的历史及其最近的不同发展方向进行比较研究提出，牛街回族聚居区继续存在和发展而马甸聚居区不断衰落的主要原因是其在城市中所处的不同地理位置所致。该研究强调，影响城市回族聚居区变迁的因素除了社会和文化因素外，地理位置和中国行政地理特点等因素也发挥了重要作用[3]。笔者认为，回族聚居区的变迁发展方向应该是多方面因素共同影响作用的结果，探讨回族聚居区的发展模式，不仅要注意以上各类因素的影响作用，还应当关注回族生存发展中的大的社会历史背景，以及国家与回族社会关系特点的影响。

（一）国家与回族社会关系变迁的作用

按照国家与回族社会关系的一般规律，在弱国家强社会关系的历史条件下，回族社区基本处于一种封闭的状态，社区的权力、经济和文化发展的"自主性"较强；而在强国家弱社会关系的历史条件下，回族社会很容易被国家力量渗透，回族聚居区也会因此经历一个被分解—疏散—组合的再分布过程。明

---

[1] 陈忠祥：《宁夏回族社区空间结构特征及其变迁》，载《人文地理》2000 年第 5 期。
[2] Dru C. Gladney, Muslim Tombs and Ethnic Folklore: Charters for Hui Identity, *Journal of Asian Studies*, 46(3), 1988, pp. 495-532.
[3] Wenfei Wang, Shangyi Zhou and C Cindy Fan, Grouth and Decline of Muslim Hui Enclaves in Beijing, *Eurasian Geography and Economics*, 2002, 43, No. 2, pp. 104-122.

清时期,由于国家力量强势存在,河南回族相对独立的社会空间在制度层面上被打破。具体表现在:(1)国家通过屯田和编户齐民,使与汉族杂居的河南回族中国本土化、民族化的程度越来越高。处于生存和向社会上层流动的考虑,河南回族策略地加强与国家政权互应、加大与汉族交流,其结果导致回族聚居区不断地由点状向四面辐射,由封闭走向开放。人口数量的急遽增加,不可避免地促使已经饱和的回族聚居区不断地分化拓展。(2)国家政权运用其行政、军事的权力直接干预了河南回族聚居区的历史变迁,通过国家强制移民政策,回族被置于国家政权的直接控制之下或与汉族杂居,聚居状态遭到很大瓦解,分布更加分散。(3)国家通过文化和意识层面树立了正统的象征性,回族个体成员的向上流动的行为模式都融入了传统的士绅社会结构中。明清时期,大量河南回族知识个体通过与汉族社会成员类似的方式进入了官僚阶层,从而加强了河南回族个体成员的流动程度,进一步促进了回族聚居区的变化和拓展。因此,回族的居住区域更为分散,县与县之间构成了若断若续、点线结合的居住区。

(二)国家的回族移民政策的影响

河南回族人口较多,聚居区变化较大,国家移民政策是重要原因。据笔者的实地调查,河南多数回族称其先祖来自山西洪洞县。据河南清真寺碑文载,明代洪武四年(1371),山西洪洞县赵姓回族迁山货厂;洪洞大枣树刘姓回族迁梁北东刘庄;洪洞丁姓、艾姓先迁桑坡,丁姓再迁砖桥,艾姓迁皂角坪。孟县丁氏回族家谱记载,其始祖丁贵,是明洪武年间来自洪洞县。禹县山货厂回族乡赵姓回族,其"显祖考府君赵公来义之墓"碑称:"首自洪洞而迁移河南禹境。"洛阳七根橡马的马氏家谱载,七根橡马来自洪洞。淮阳穆氏家谱记载:"先祖兄弟二人率全家由山西洪洞县枣林村移民而来,在城内回民区落户。"顺治四年(1649),又从山西洪洞县等处迁来大量回族,李、马、庞、刘、苏、沙、白、方等姓较多,村名随姓而定。如淮阳的苏花园、刘庄、李庄、马庄、方庄、盖庄、沙庄等。明代迁入河南的回族除来自洪洞县外,还有来自北京的。明太祖朱元璋派兵占领中原后,两次驾临汴梁。1368年十月,他下令"徙北平在城兵与汴梁",迁民中除汉族军民外,还有一些居住在北平城内的回族军民。所以至今开封某些回族中,仍有其祖先是北京迁来的传说。豫西南以及湖北荆襄地区回族入附者亦多,如明成化十二年(1476),"申荆襄等处流民入山之禁,时巡抚湖广右列都御史刘敷等奏,比年荆襄流民复聚,且有外郡安置回回、达子,结合成群,假以贩马为名,侵扰道路"[1]。再如,鲁番进贡回族牙木兰迁居湖北鄂城"广买田地,盛置宅业,为东南一大贾胡,迄今殷富"[2]。到19世纪中叶以后,清朝政府对回族采取大量强迫疏散的政策,又有从外地迁入回族以及本地区的回族互迁。

(三) 回族传统经济的作用

杜磊探讨了民族传统如何成为城市回族的生存策略,反过来这种策略又成为一种文化象征[3]。从严格意义上来说,回族传统经济,尤其是商业,在河南回族聚居区的发展变迁中也起到了很大的作用。随着回族商业的发展,回族人口不断地迁移,形成一个个非区域性的虚拟聚居区。河南回族商业经济的发展正是与这样的一些虚拟聚居区的发展联系在一起,从而使河南回族聚居区本身也成为一个连结城乡的、开放性的跨越边界的回族聚居区。在近代铁路未筑成前,水运系统是回族在明清时期的经商路线,短程轻便的舟楫运输,是适合小商贩往来活动的。河流的交汇点,是商业上的聚点;河流之间的平原和盆地,是回族自然村落出现的温床。河南迤东有从元代开通的从杭州到北京的大运河,迤南是长江。运河是南北纵贯,长江是东西横行,运河、长江和省内的黄河是沟通省内外各水系的大干线,和省内的各河流相衔通,形成了内外纵横的水运航线。明清时期从京津和沿长城内外来河南的回族,是经通州取道运河入山东向西而进入河南,这是菏泽、东明入濮阳的航线。这一线上的回族,京商较多,终点是开封,在河南从事珠宝古玩业和航运业。再是从河北的大名沿卫河而达河南的浚县和新乡,沿漳河而抵安阳。浚县是河北漳、卫二水和由山东上岸而入河南的三角交汇点,浚县成为回族聚点,他们以经营牛羊肉业而称著。东南方是回族在河南经营皮毛业的通道,是从安徽蚌埠西上,沿淮河经豫皖交界的界首,顺颍河,过项城而达周口。周口是河南历史上的名镇,水陆交通便利,是重要的皮毛集散地。这里的回族沿颍河西北到许昌,沿沙河向南达漯河和驻马店,可与湖北入信阳的回族接踵。驻马店目前的

---

[1] 《明宪宗实录》卷151,成化十三年三月丁卯。
[2] (明)严从简:《殊域周咨录》卷14。
[3] Dru C. Gladney, Hui entrepreneurialism in Beijing: State policy, Ethnoreligious Identity, and the Chinese City, *Urban Anthropology in China*, Edited by Grey Guldin and Aidan Southall, E. J. Brill, Leiden, The Netherlands, 1993. pp. 278-307.

回族大半是从周口迁去的。"城关是人行必经之道,是商业贸易的好地方。"[1]回族善于经商,且有经商的传统,农村的大批回族来到城市经商,城内不允许居住,便寻找城边交通要道——城关地带,既可解决居住问题,又便利其就地从事商业活动。这是回族居住城镇边缘的重要原因。

(四) 自然因素作用及其他

影响河南回族"大分散小集中"分布格局的因素还有其他形式,如自然因素、传教落籍、避难疏居等亦是不可忽视的因素。(1) 传教落籍。河南回族有请西北人来当阿訇的传统,镇平县吕坡答姓,元时由西域入中原,落籍陕西后又迁居湖北省钟祥县答家湖,于清代受吕坡的邀请,来此出任阿訇,遂留居于此。清初,湖南沅陵县的著名经学大师"尊经革俗"的首创者舍起灵,于康熙年间定居襄城县石羊行街,至今已传十二代人。另外,因当阿訇而定居河南的回族亦不少,如西平县蔡寨回族乡黄氏,其先辈因当阿訇由甘肃凉州迁至蔡寨落户;又如确山县刘氏、汝南县盖氏、上蔡县杨氏、遂平县马氏等,也是因前辈当阿訇而落户于该地。(2) 疏散反明义军。明末农民起义军中名列十三家之一的马守应,率领农民起义军,在淅川、南阳一带活动频繁,起义失败后,军中不少回族疏散隐藏居于河南,南阳现在的马、杨、吴、陈、柏、白等姓回族多半是那时留居下来的。南阳宛城区黄池陂一带的马姓回族与荥阳马沟马姓回族的辈序排列完全一致,出于一脉,海、法、虎、刘四姓回族是由荥阳县的法堂、虎沟等地迁来的。平舆、汝南、确山等县部分回族是跟随马守应、李自成的起义军而落户于此。河南、山西交界的太行山区陵川、辉县等地回族于崇祯初年掀起反抗斗争,河南与山东交界的曹(县)濮(阳)一带也有回族参加,起义失败后,回族多疏散在河南,成为今天河南回族来源的一部分。(3) 避难疏居。由于政治上的因素,明清两代多有回族人避难隐居河南。明初,"胡蓝之狱"牵连人数较多,蓝玉一党的钱姓回族因遭受迫害而隐居睢县。明成祖夺位后,又有回族刘姓流居睢县,逐渐形成了东关和西门里两回族聚居区。再如,西北回族起事失败后,有部分回族以贩马为名来汴隐名落籍,集资在开封市鹁鸽市街创建了"善义堂"清真寺,建寺碑上明载其"因避秦乱"而东迁开封定居。(4) 官宦入籍。此以方城县闻姓为典型。闻姓原籍山东,清初因闻富喜出任南阳镇台游击而落籍镇平县闻家营,后代迁入方城县闻岗,至今闻姓家族在南阳、镇平、方

---

[1] 南文渊:《伊斯兰教与西北穆斯林社会生活》,青海人民出版社1994年,第115页。

城、新野、社旗诸县境内分布很广。陕西泾阳县永乐镇马姓回族于明朝末年因官宦移居新野县沙堰定居。洛阳沈姓回族祖籍江宁上元县,明徙大姓实畿辅,随成祖至燕,隶属顺天大兴籍。至清,宦游河南,遂定居洛阳。因为黄河泛滥、自然灾害以及交通的原因,也对河南回族分布格局产生影响。历史上,黄河多次决口,导致大量回族流民迁徙。明嘉靖年间(1522—1566),回族盖氏由汴梁迁居归德府,万历年间迁居考城县西十二里之盖庄。明万历年间,回族张氏由西华县小中窑迁至考城西十里之谷皮村。明末回族李氏由封丘县金葛谷迁至开封草三厅(即今三民胡同),清初由开封迁至考城县大凡集,后至考城县城。近代由于陇海铁路的建成通车,河南各地火车站附近因此而形成了回族集聚区。

三、"大散小聚"居住特点的意义

目前,回族学术界一直认为回族在元代已经形成了"大分散小集中"的居住格局,当然这是从全国范围的层面上解构的。但如果考虑到一定区域内回族人居住方式的特点,以及明清及其以降时期回族由板块式到散点式的居住特征演变过程,显然将河南回族"大分散小集中"居住格局的形成时间界定为明清时期更加客观和合理。"大分散小集中"对加快河南回族本土化过程发挥了重要作用。

(一)形成了回族社区文化

进入明代以后,经过数代甚至十几代、数十代在中国本土上的繁衍生息,回族已经有了与周围文化环境相一致的共同的通用的语言——夹杂着大量经堂语词汇的汉语。而元代初年进入中原的回族,其共同语言由于种族的关系必定没有形成,或还不够稳定。其次,由于战争的需要,元代初年的回族往往没有固定的居住区域,被编入军营的回族常常是随军而战,不战则农,流动性较大,是作为国家机器中的一部分在发挥着作用。到了明代初年,原有军垦的回族兵士已长期固定在了全国各地,并经过开荒种地,繁衍生息,形成了稳定的居住区域,而长期经商的回族也开始有了长期稳定的居住区域,常常聚寺而居,共同生活在一起。这些稳定的居住区域,是以一个或几个村子、一条或几条街道为共同的居住区域,并不像其他古老的民族那样,孤立地生活在同一个广阔的地理环境中。在这一区域中必定有一个或几个清真寺,由于有了共同的居住区域,才有可能形成以清真寺为核心的回族社区文化,而这个文化就是中国特色的伊斯兰文化,是回族文化。

(二) 提供了文化载体

事实上,称为"回回"的穆斯林,在入居内地,落籍屯戍于河南后,形成主要散布于交通沿线的"大分散、小集中"的分布格局。这种"大分散"决定了回族要与周围的环境相适应并与生存的空间融为一体,也决定了回族必须要与分布全国、且作为中国主体民族——汉族发生密切的关系。这种地域分布特点,一方面,使其事实上处于汉民族传统文化汪洋大海般的包围之中,与汉人的通婚和语言、服饰、姓氏方面的日趋一致,显示了汉文化的强大影响力。由于长期处于大分散的状态,回族文化在与周围环境相适应的过程中表现出"汉文化"的色彩。在与汉民族的相处中,回族人从一开始就以开放的心态对待主体文化,主动学习和吸收汉文化,不少人成为有名望的学者诗人,如李贽、萨都剌、高克恭、丁鹤年等。回族在形成和发展过程中不仅接受汉文化教育,而且积极提倡之。他们穿汉服、操汉语、取汉名、读汉文,从外表及社会交往中没有明显的与汉族人区别的特征。这也是产生内地回族与西域各族穆斯林之间文化差异的重要历史原因。前者因此在历史上曾被呼为"汉装回""汉回""熟回"或"民回",后者则被相对应地称为"缠回""生回"或"夷回"。所谓汉缠、熟生、民夷之分,形象地反映了二者在所受汉文化影响的程度上确实存在着比较明显的区别。另一方面,在回族相对聚居之地所传承的以伊斯兰教信仰为内核的传统文化,又成功地为穆斯林群体提供了无形而又坚实的文化屏障。这种维系着广大内地回族日常生活的精神纽带,和由其造成的文化隔离机制遏止了汉文化影响的进一步渗入,并使"回回人"从原属异邦宗教的文化载体,逐渐地衍化为伊斯兰教在中国境内具有代表性的重要民族实体——回族[1]。

(三) 提供了地域条件

因为"大分散",全省不可能建立统一的宗教机构,各地的清真寺只能是各自独立,互不统属,各教坊只能是一个独立的宗教组织单位。因为"小集中",所以一个地区的教民能集款造寺,并以清真寺为中心组织在一起,形成一个地域性宗教集团——教坊。16 世纪中叶,西北地区出现了门宦教派。后来,随

---

[1] 葛壮:《明代社会中的伊斯兰教和穆斯林》,载《世界宗教研究》2002 年第 1 期。

着农业经济的发展,社会阶级的分化,世俗势力与宗教势力紧密结合,门宦教派的教坊单位被突破,形成门宦制度。但从河南范围看,广大回族地区实行的基本上仍是教坊制。造成这种现象的原因固然很多,其中回族"大分散,小集中"的分布特点显然是一个非常重要的因素。

本文原载《地域开发与研究》2011年第1期,收录时略有修改。

乾隆时期民数汇报及评估

侯杨方

清朝人口研究的重要开创者是何炳棣,他率先对乾隆时期的民数汇报制度进行了研究,利用的基本资料是《清实录》《清朝文献通考》以及地方志、文集等[1]。在何炳棣的基础上,姜涛利用清宫档案《户部民数、谷数清册》对这一制度进行了研究[2]。王跃生利用部分的民数奏折和《户部民数、谷数清册》对18世纪中后期的人口数量进行估计,但他没有利用某些重要的奏折、录副以及收藏于台湾且未出版的相关档案,且引用的数据有误[3]。乾隆民数汇报的基本核心资料是各省汇报的民数册、民数奏折及其副本,这些资料不仅包含着较完整的、成序列的民数数据,而且包含着复原这一制度及其执行过程的丰富细节,却并未被相关研究充分利用。本文即利用收藏于中国第一历史档案馆、台北故宫博物院、台北"中央研究院"历史语言研究所等处的有关清宫原始档案来研究乾隆时期的民数汇报制度及其执行过程。

一、民数汇报制度的建立和资料来源

清乾隆五年(1740)十一月,乾隆皇帝上谕:"每岁仲冬,该督抚将各府州县户口减增、仓谷存用一一详悉具折奏闻。"[4]同月,户部根据这道上谕制订了

---

[1] 见何炳棣著,葛剑雄译:《明初以降人口及其相关问题》,生活·读书·新知三联书店2000年,第55—76页。
[2] 参见姜涛:《中国近代人口史》,浙江人民出版社1993年,第41页。《户部民数、谷数清册》应为"黄册",详见下文论述。最早整理并利用《户部民数、谷数黄册》的研究者为故宫博物院的王梅庄,但他也没有利用民数奏折进行研究,参见王梅庄:《清代黄册中之户籍制度》(《故宫文献论丛》抽印本),故宫博物院1936年。
[3] 参见王跃生:《18世纪中后期中国人口数量变动研究》,《中国人口科学》1997年第4期。他错误地认为《清朝文献通考》中的乾隆四十一年各省民数是乾隆四十年的复查数,详见下文注释。
[4] 《清高宗实录》卷130,"中央研究院"历史语言研究所汉籍电子文献系统。如无注明,本文中的月份和日期均为旧历。

民数汇报的方案："应令各督抚即于辛酉年（乾隆六年）编审后，将各府州县人丁按户清查，及户内大小各口，一并造报，毋漏毋隐。其各项仓谷……亦于册内登明，详核存用实数。俱于每岁十一月缮写黄册奏闻。"皇帝对此方案表示同意[1]。但同年十二月在乾清门举行的御前会议上，御史苏霖渤认为此方案难以施行，因为民众居住分散，"若令赴署听点，则民不能堪；若官自下乡查验，则官不能堪"；再加上"商旅往来莫定，流民工役聚散不常"，"番界苗疆，多未便清查之处"；各省户口众多，若每年清查"诚多纷扰"。他提出了自己的方案，等乾隆六年人丁编审后"户口业有成数，各督抚于每岁仲冬除去流寓人等及番苗处所，将该省户口总数与谷数一并造报，毋庸逐户挨查"。乾隆皇帝采纳了苏霖渤的建议[2]。随后户部根据苏的建议重新拟定了方案："直省各州县设立保甲门牌，土著、流寓原有册籍可稽。若除去流寓，将土著造报即可得其实数。应令各督抚于每年十一月将户口数与谷数一并造报，番疆苗界不入编审者不在此例"[3]，民数汇报制度就此建立。

户部原来的方案实质是人口普查（population census），但即使在现代，一个幅员辽阔、人口众多的国度每年进行一次人口普查都是不切实际的，因此这个方案根本无法执行，苏霖渤准确地指出了这一点，并且得到了乾隆皇帝的认同。修改后的方案实质是人口登记（population registers），即利用原有的户籍管理制度——保甲制对户籍人口（de jure population）进行统计，不包括以前没有人丁编审的"番疆苗界"人口。

由于各地对这一新的制度准备不足，因此第一个汇报年份乾隆六年有几个省无法按期汇报民数。据兼管户部的大学士徐本奏称，乾隆六年十一月山西巡抚喀尔吉善、湖北巡抚范璨咨请户部展限，户部批准展限半年。到了第二年七月，盛京、直隶等地仍然没有上报民数；直至十一月，除盛京、云南两地外，其他各地都陆续将民数汇报户部，户部将各省送到的民数册和谷数册"汇总核明，造具黄册恭呈御览"[4]。根据徐本的奏折，各省将民数、谷数汇总成册咨送户部，然后户部负责将其汇总成"黄册"进呈皇帝审阅；但自乾隆八年起，《户部民数、谷数黄册》不再随户部的奏折而是改由随户部的题本汇

---

[1]《清高宗实录》卷131。原文中的"编审"即为清朝的另一项重要统计制度"编审人丁"。
[2]《清高宗实录》卷133。
[3]《清朝文献通考》卷19《户口考一》。
[4] 大学士徐本等：《汇奏各省上年民数、谷数折》，乾隆七年十一月。原件收藏于中国第一历史档案馆（以下简称"一档"），档号 04-01-35-1122-008（以下省略"档号 04-01-"）。

报皇帝[1]。

各省不仅将民数、谷数册咨送户部,同时还要将民数、谷数册作为奏折的附件直接呈送皇帝,并同时咨呈军机处。在中国第一历史档案馆、台北故宫博物院收藏有乾隆时期各省督抚呈送皇帝的民数、谷数奏折原件800余件,各省咨呈军机处的民数、谷数奏折副本3件,军机处各省民数、谷数朱批奏折录副400余件,以及台北"中央研究院"历史语言研究所收藏的户部移会内阁稽察房各省民数、谷数奏折副本39件[2],另外还有咨呈军机处的吉林民数清册1册、呈送皇帝的吉林民数黄册1册,表明各省呈送的民数册中有县级的户数和人口数的统计[3]。它们都是乾隆时期各省民数统计的原始来源。

贵州、湖南的民数于乾隆六年十一月奏报,它们的统计工作项目有"户"和"男妇大小"两项[4]。江西、陕西、广西、湖北的民数于十二月奏报,江西的统计项目共有"户""男大口""男小口""妇女大口""女小口""通共男妇大小"六项,陕西只有"男女大小"一项,广西有"大小人丁""大口""小口"三项,湖北有"编审随粮原额人丁暨改土归流案内勘出人丁""不加赋盛世滋生人丁""不成丁土著男女大口""小口""实在人丁户口"五项[5]。四川、山东、安徽、直隶、甘肃、广东、山西、奉天、云南的民数陆续于乾隆七年奏报,山东、安徽、甘肃的

---

[1] 大学士兼管户部事务徐本等:《题报乾隆七年民数、谷数事》,乾隆八年十一月,一档,2-171-13530-1。
[2] 军机处成立后,奏稿由原上奏者相应咨送;另经皇帝批阅后的奏折,发交军机处誊抄副本备查,称为"奏折录副";凡各部院遵旨议覆事件处传抄后,稽察房按日记档,俟各部院移会到时,逐一核对,分别已结、未结每月汇奏一次。因此包括奏折原件在内的4种资料内容会有重复,即可能同一省同一年同时有民数、谷数奏折、咨送军机处奏稿、稽察房奏折副本、或军机处录副,它们的内容完全一样。如果有同地同年的以上四种材料,本文采用的顺序是奏折、咨送军机处奏稿、稽察房奏折副本、军机处录副。奏折也应由相应部院抄录副本移会内阁典籍厅,但现在没有发现民数、谷数奏折的典籍厅副本。根据这些原始奏折及其副本,可复原乾隆六年至五十八年间90%以上的各省逐年民数统计数据。另外,各地每年将民数清册送交户部,但迄今未被发现。呈送皇帝的民数黄册和咨送军机处的民数清册也仅存各一件。
[3] 吉林将军庆桂:《民人总数清册》,乾隆四十七年十一月,一档,03-0354-013;吉林将军都尔嘉:《呈乾隆五十二年分实在民人总数清册》(里面注明为"恭呈御览"的"黄册",且封面是黄绫),乾隆五十二年十一月,一档,03-0290-012。
[4] 贵州总督张广泗:《贵州本年民数、谷数折》,乾隆六年十一月,一档,01-0060-023;湖南巡抚许容:《湖南本年民数、谷数折》,乾隆六年十一月,一档,0060-0072-035。
[5] 两江总督那苏图:《江西本年民数、谷数折》,乾隆六年十二月,一档,35-1117-041;署理西安巡抚岱奇:《陕西本年民数、谷数折》,乾隆六年十二月,一档,02-0134-003;署理两广总督庆复等:《广西本年民数、谷数折》,乾隆六年十二月,一档,01-0073-057;湖北巡抚范璨:《湖北本年民数、谷数折》,乾隆六年十二月,一档,01-0072-028。

统计项目仅有"口"一项,四川有"户"与"大小"两项,广东有"民屯丁口""编审正额滋生民屯丁口""不入编审老幼民屯丁口"三项,直隶有"户""大口""小口""通共大小口"四项统计,云南有"户""大丁""小丁""总计"四项统计[1]。这些统计都包括了男女两性和所有年龄的人口。现存乾隆六年各省奏报的民数、谷数奏折共有上述 15 件,虽然统计对象相同,但是各省的统计单位和数据格式并不一致,而且随后也一直没有统一。由于是第一年汇报民数,各省大多突破了原来期限,因此上报的时间多有差次。乾隆七年以后,各省上报的时间多集中于每年的十月至十二月,尤以十一月居多[2]。乾隆六年两江总督那苏图奏报的《江西民数、谷数折》中提到了一个清代官方典章志书未载的细节:"原议编审之年龄照编审造报,其不值编审之年照烟户门牌数目造报","编审"即指"编审人丁",并不包括老幼、残废、仆丁等项,而门牌"则无论老幼、男妇、残废、仆丁等项"全部包括,因此"悉照烟户门牌实在户口数目缮造黄册。嗣后无论编审与不编审之年,统照烟户门牌实数造报,俾大小户口毋漏毋隐"[3]。

根据《清内阁旧藏汉文黄册联合目录》,现存乾隆年间的《户部民数、谷数黄册》仅存乾隆四十六、五十二、五十四、五十六、六十年 5 册,其中四十六年册收藏于台北"中央研究院"历史语言研究所,但现在已无从查寻,其余 4 册均收藏于中国第一历史档案馆[4]。《清内阁旧藏汉文黄册联合目录》称《户部民数、谷数黄册》为《(各省)民数、谷数清册》,且封面题签上也称之为《民数、谷数清册》,但册中却全部明确标明此为"缮造黄册",因此题签肯定错误[5]。罗

---

[1] 四川巡抚硕色:《四川上年民数、谷数折》,乾隆七年正月,一档,35-1118-002;山东巡抚朱定元:《山东年民数、谷数折》,乾隆七年二月,一档,01-0073-030;安徽巡抚张楷《安徽上年民数、谷数折》,乾隆七年六月,一档,35-1119-021;直隶总督高斌:《直隶上年民数、谷数折》,乾隆七年六月,一档,35-1119-016;甘肃巡抚黄廷桂:《甘肃上年民数、谷数折》,乾隆七年七月,一档,35-1119-028;署理两广总督庆复、广东巡抚王安国:《广东上年民数、谷数折》,乾隆七年七月,一档,35-1121-023;山西巡抚喀尔吉善:《山西上年民数、谷数折》,乾隆七年九月,一档,01-0073-057;奉天府府尹霍备:《奉天上年民数、谷数折》,乾隆七年九月,一档,01-0073-064;云南巡抚张允随:《云南上年民数、谷数折》,乾隆七年十一月,一档,35-1121-026。
[2] 见各地的《民数、谷数折》及其各种副本,收藏于中国第一历史档案馆、台北故宫博物院、"中央研究院"历史语言研究所。
[3] 两江总督那苏图:《江西本年民数、谷数折》,乾隆六年十二月。编审人丁每五年一次。
[4] 国立北平故宫博物院文献馆、国立北京大学文科研究所、中央研究院历史语言研究所:《清内阁旧藏汉文黄册联合目录》,出版者同责任者,1947 年 10 月,第 250—251 页。乾隆五十二年册因残破无法查阅。
[5] 题签可能是后来整理时粘贴到封面上的,封面均为黄绫。另一种原因可能是当时名词使用不规范。

继祖编的《史料丛编》中收录有乾隆七年《奉天等省民数、谷数汇总黄册》,其中有盛京、直隶、安庆、江苏、江西、浙江、福建、湖南、湖北、山东、河南、山西、西安、甘肃、四川、广东、广西、云南、贵州等19省的民数、谷数以及补报的乾隆六年盛京、云南两省的民数、谷数数据,是年总计"各省通共大小男妇"159 801 551"口",此为现存最早的《户部民数、谷数黄册》(影印件)。[1]乾隆五十四年的《民数、谷数黄册》中增加了"吉林"、"巴里坤—乌鲁木齐"两个地区,并收录了上一年的统计数用以比较,统计单位也由"口"统一改为"名口",五十六年、六十年两册体例与其相同[2]。

据乌鲁木齐都统索诺上奏:"自(乾隆)四十二年为始,哈密以西府厅州县民数、谷数由奴才查明",并汇报了乾隆四十三年的民数,这是现存的"巴里坤—乌鲁木齐"最早的民数奏折[3]。乾隆五十四年,出于治安的原因,上谕要求奏报有人居住、建有房屋的海岛民数。是年底山东巡抚长麟奏报山东所属30处海岛的民数[4]。但是山东30处海岛民数22 026名口并未被黄册汇总于这年的山东省民数内[5]。乾隆五十五年,闽浙总督伍拉纳单独奏报台湾府乾隆五十三、五十四年的民数,在户部黄册中台湾仍然包括在福建省内,并未单列[6]。

乾隆五十九年,民数汇报制度发生了重大变化。正月"钦奉上谕,各省年

---

[1] 清户部:《奉天等省民数、谷数汇总黄册》(影印本),罗继祖编:《史料丛编》,伪满洲国康德二年(1935)春,库籍整理处编印,无出版处。
[2] 清户部:《汇造各省乾隆五十四年分民数、谷数清册》,一档,文966。清户部:《汇造各省乾隆五十六年分民数、谷数清册》,一档,文967、册4978。男性统计单位为"名",女性统计单位为"口"。册名是根据原封面题签,实际应为"黄册"。在清朝,清册与黄册的差异在于浏览对象,清册的浏览对象是政府官员,黄册的浏览对象是皇帝,黄册均为黄色封面,参见上引王梅庄文。笔者翻阅过中国第一历史档案馆收藏的大量的黄册、清册,册中的原有说明可以证明此论点。本文正文中均改为"黄册",但在脚注中还沿用原题签名"清册",以方便检索。这些《户部民数、谷数黄册》均以《民数、谷数清册》为册名收录于《清内阁旧藏汉文黄册联合目录》中,应属编者的失察。
[3] 乌鲁木齐都统索诺:《新疆上年民数、谷数折》,乾隆四十四年正月,一档,35-1176-004。"巴里坤—乌鲁木齐"以下简称"新疆"。
[4] 山东巡抚长麟:《山东海岛民数折》(军机录副),乾隆五十四年十二月,台北故宫博物院军机处档折件,文献编号042938。
[5] 据是年的汇报,山东省(不包括海岛)民数为23 065 813名口,参见山东巡抚长麟:《山东本年民数、谷数折》,乾隆五十四年十二月,台北故宫博物院军机处档折件,文献编号042760。此数字与《汇造各省乾隆五十四年分民数、谷数清册》中的山东省民数统计相同。
[6] 闽浙总督伍拉纳:《台湾本年民数、谷数折》(军机录副),乾隆五十五年十一月,台北故宫博物院军机处档折件,文献编号046476;清户部:《汇造各省乾隆五十四年分民数、谷数清册》,一档,文966。

终汇奏事件毋庸陆续具奏,著于每年十月内截数咨报军机处,仍交部分列核议具题"[1]。随后户部咨行各省:"'每年办理民数、谷数一款向系十一月内备造清册并恭缮黄册随折进呈。今改奏为咨报,于十月内办送。向应止造清册咨呈军机处,汇、开、清具奏,所有进呈黄册似毋庸造送等语',应如所咨办理。所有咨送清册务于十一月内送部并咨军机处核办,毋任迟逾。仍先移知军机处、内阁典籍厅查照。"[2]根据新规定,每年各地的民数、谷数清册只需要咨送户部和军机处,并移会内阁典籍厅即可,不再缮造黄册随奏折奏报皇帝,但户部仍然需要汇造各省的《民数、谷数黄册》随题本"恭呈御览",现存乾隆六十年的《民数、谷数黄册》即为证明。现在没有发现乾隆五十九年及六十年各地咨送军机处的民数、谷数资料。

乾隆六十年三月,浙江仍然奏报所属海岛的民数[3],表明海岛的民数与各省的民数汇报并不属于一个系统,这从侧面揭示户部黄册中山东海岛的民数不被加入山东省民数内的原因。

二、民数统计的对象范围

(一) 土著、流寓人口的民数统计

据户部的民数汇报方案,民数统计的对象只包括当地的土著人口,并不包括流寓人口和"番疆苗界不入编审者"。姜涛认为"只报'土著'不报'流寓'的规定,必然使上报人口大大低于实际人口"[4]。实际上对户籍人口进行登记并不必然导致人口遗漏,只要登记结果准确,无论是采用户籍人口登记或现有实际人口(defactopopulation)登记,其统计结果都是相同的;而如果土著、流寓全部上报,则一定会重复登记,因为在此地为流寓,在彼地必为土著,因此户部才制订"除去流寓,将土著造报即可得其实数"的原则[5]。囿于技术限制,乾隆时期无法像现代人口普查一样确定统一的标准时点,因此无法采用现有实际人口登记方式,否则必然重复登记。

---

[1] 清户部:《汇造嘉庆十一年分各省民数、谷数清册》,台北故宫博物院军机处档折件,文献编号408018011。
[2] 四川总督琦善:《咨军机处民数、谷数》,道光九年十二月,一档,军机处来文,第414包,卷4。这段资料同样说明了黄册与清册的不同在于呈送的对象,黄册仅供"御览"。
[3] 浙江巡抚吉庆:《浙江海岛民数折》,乾隆六十年三月,一档,02-0022-006。具体原因详见下文。
[4] 姜涛:《中国近代人口史》,第41页。
[5] 《清朝文献通考》卷19《户口考》。

虽然规定民数只汇报土著人口,但福建省是一个例外。乾隆二十四年,福建省上报民数:"台湾府属实在土著、流寓并社番男妇大小丁口共 665 589 名口",即台湾府的民数包括了流寓人口,但福建省内地民数只包括土著人口[1]。但乾隆四十年福建民数汇报发生了变化,对象变为"闽省内地福州等九府二州,并各盐场灶户,核实土著、流寓民户男妇大小户口",加上台湾府的"土著、流寓民户男妇大小户口",此时福建全省的民数汇报包括了土著和流寓[2]。福建并不是唯一的例外,贵州也将部分流寓人口纳入民数汇报。据贵州总督张广泗奏称:"入来黔日久或已住有数代或已置有田产,此等流寓与土著无异,虽未造入编审,已经编入保甲"[3],因此也要进行登记汇报,对此何炳棣、姜涛、王跃生等学者都没有涉及[4]。山西省因北部有较多的流寓人口,在上报民数时特别申明:"边外之丰川、宁朔、镇宁、怀远四卫所,俱系内地出口耕种民人,并非土著户口……均不入册报"[5],因为从理论上讲原籍地的民数统计中应该包括这些人口。

除福建、贵州外,民数汇报的对象是户籍人口,因此就可以理解为什么山东海岛居民并不纳入其所属州县的民数统计中,这是为了避免重复计算,这些海岛居民都各有其原籍。

(二) 不同户籍的民数统计

民数人口中有多种户籍,最常见的是民籍,此外还有军(卫)籍、屯籍、灶籍等。安徽、江苏、湖北等省的民数中包括了民籍和军(卫)籍[6];贵州的民数中包括了汉民籍、苗民籍和僧道尼僧籍[7];福建的民数中包括民籍、灶籍和番籍[8];广东的民数中包括了民籍和屯籍,乾隆十七年还增加了

---

[1] 福建巡抚吴士功:《福建本年民数、谷数折》,乾隆五十五年十一月,一档,35-1158-002。
[2] 闽浙总督署福建巡抚钟音:《福建上年民数、谷数折》,乾隆四十一年十月,一档,01-0351-026。
[3] 贵州总督张广泗:《贵州本年民数、谷数折》,乾隆八年十一月,一档,35-1128-002。
[4] 参见何炳棣:《明初以降人口及其相关问题》,第 42—54 页;姜涛:《中国近代人口史》,第 42 页;王跃生:《18 世纪中后期中国人口数量变动研究》,《中国人口科学》1997 年第 4 期。
[5] 山西巡抚阿里衮:《山西本年民数、谷数折》,乾隆十三年十一月,一档,35-1145-038。
[6] 安徽巡抚张楷:《安徽上年民数、谷数折》,乾隆七年六月,一档,35-1119-021;苏州巡抚陈大受:《苏州(江苏)上年民数、谷数折》,乾隆十年正月,一档,35-1132-025;湖北巡抚晏斯盛:《湖北本年民数、谷数折》,乾隆八年十二月,一档,35-1128-024。
[7] 贵州总督张广泗:《贵州本年民数、谷数折》,乾隆八年十一月,一档,35-1128-002。
[8] 闽浙总督那苏图:《福建本年民数、谷数折》,乾隆八年十二月,一档,35-1128-011。

"僧道、尼僧、沙弥、连招徒"[1];直隶还单独汇报了乾隆十四年的僧道尼数,并于十五年增加了盐场的灶户统计[2];江西乾隆十八年的汇报中也包括了僧道尼数,自乾隆三十八年后增加了棚民的统计[3];山东自乾隆三十七年后的汇报中增加了盐场的灶户[4]。浙江自乾隆四十年后增加了屯籍民数统计,四十二年增加了各卫所"屯、舍、运丁"民数统计[5]。从这些奏报的内容看,乾隆时期民数统计包括了军籍、屯籍、灶籍甚至苗籍等几乎所有户籍的人口。

(三) 少数民族的民数统计

按规定"番疆苗界不入编审者"不包括在民数统计中,但有些地区的民数汇报包括了少数民族人口。何炳棣、姜涛等学者都没有注意到民数汇报中也包括部分少数民族[6]。福建一向将台湾府凤山县的"八社土著"或称"社番"包括在民数统计中,此即为台湾的少数民族人口[7]。

贵州民数从乾隆六年起就包括了部分少数民族人口,据贵州总督张广泗奏报:"黔省向属夷疆……其苗蛮地方除新开苗疆甫归王化,既不入编审又未编保甲门牌者亦应遵照部议无庸造报外,其余各府州县所辖内地熟苗与汉民鳞栉居处,向虽未入编审,而保甲门牌与汉民一体编设。况此等苗民归化已久,平日纳粮征赋既与汉民一例输将,即偶有水旱不齐亦与汉民同行赈恤,自不便遗弃,臣通饬确查"[8],此后到乾隆四十年,贵州一直将这部分苗民纳入

---

[1] 广东巡抚策楞:《广东本年民数、谷数折》,乾隆九年十二月,一档,35-1132-007;广东巡抚苏昌:《广东本年民数、谷数折》,乾隆九年十一月,台北故宫博物院:《宫中档乾隆朝奏折》第4辑,台北故宫博物院1982年,第448页。
[2] 直隶总督方观承:《直隶上年僧道尼数折》,乾隆十五年三月,一档,35-1149-003;直隶总督方观承:《直隶本年民数、谷数折》,乾隆十五年十二月,一档,35-1150-024。
[3] 护理江西巡抚印务布政使王兴吾:《江西本年民数、谷数折》,乾隆十八年十二月,台北故宫博物院:《宫中档乾隆朝奏折》第7辑,第176页;江西布政使李瀚:《江西本年民数、谷数折》,乾隆三十八年十一月,台北故宫博物院:《宫中档乾隆朝奏折》第33辑,第362页。
[4] 山东巡抚徐绩:《山东本年民数、谷数折》,乾隆三十七年十一月,一档,35-1169-041。
[5] 浙江巡抚三宝:《浙江上年民数、谷数折》,乾隆四十一年九月,一档,01-0351-030。浙江巡抚王亶望:《浙江本年民数、谷数折》(军机录副),乾隆四十二年十二月,一档,03-0287-079。
[6] 参见何炳棣:《明初以降人口及其相关问题》,第60页;姜涛:《中国近代人口史》,第41页;王跃生提到贵州曾有部分苗民纳入了民数汇报,但对其他省的这一情况并未涉及,王跃生:《18世纪中后期中国人口数量变动研究》,《中国人口科学》1997年第4期。
[7] 闽浙总督那苏图:《福建本年民数、谷数折》,乾隆八年十二月,一档,35-1128-011。
[8] 贵州总督张广泗:《贵州本年民数、谷数折》,乾隆六年十一月,一档,01-0060-023。

民数统计[1]。

广西也将部分少数民族人口纳入了民数统计。乾隆三十一年，广西布政使淑宝奏请将永宁、养利、永康、宁明等土州县户口纳入民数统计，因为这些地区早在雍正年间已经改土归流，"历俱设保甲"[2]，因此自乾隆三十二年起，广西的民数统计对象变成了"桂林等十二府州所属，并番界苗疆之永宁等十一州县"的户口[3]。

贵州的事例说明部分未入编审的少数民族人口也包括在民数汇报内，而广西和贵州的事例均说明，编入保甲者未必就是民数汇报的对象。

乾隆四十一年，贵州巡抚裴宗锡奏请查办民苗户口数目，他认为苗民"向化已久"，应该"确查实在数目，分别汉苗一体开报"[4]。但事与愿违，乾隆皇帝否定了他的建议："各省岁报民数，用以验盛世间阎繁富之征，原止就内地编氓而言。其边徼苗瑶，本不在此例。国家休养生息，户口殷繁，各省滋生之数，不啻岁增万倍。岂藉此数处苗民，以形阜庶？况苗性多疑，只应以镇静抚驭为主。伊等箐居峒处，滋息相安，素不知有造报户口之事，忽见地方有司逐户稽查，汉苗悉登名册，必致猜惧惊惶，罔知所措；甚或吏胥保长藉此扰累，致滋事端，于绥辑苗疆之道甚有关系，断不可行"；"着传谕裴宗锡，所有汉苗一体查造之处即速停止。且不独黔省为然，其云南、两广、两湖等省，凡有苗、瑶、僮等类，其户口皆不必查办。陕西、四川之番夷及福建之生熟番境，并遵此旨，一体妥办，毋稍滋扰"[5]。这段上谕明确禁止对部分地区的少数民族人口进行汇报，原因是担心少数民族产生猜疑，影响社会稳定；同时也透露了乾隆推行民数汇报的目的，不过是为了证明"盛世间阎繁富"而已。自此之后，贵州、福建等地停止了对苗、社番的民数汇报，但广西番界苗疆永宁等十一州县少数民族的民数汇报仍然照旧[6]。

---

[1] 参见历年《贵州民数、谷数折》，收藏于中国第一历史档案馆和台北故宫博物院。
[2] 广西布政使淑宝：《奏请将永宁等土州县户口并入黄册事》（军机录副），乾隆三十一年七月，一档，03-285-026。
[3] 广西巡抚宋邦绥：《广西本年民数、谷数折》，乾隆三十二年十一月，台北故宫博物院：《宫中档乾隆朝奏折》第28辑，第468页。
[4] 贵州巡抚裴宗锡：《奏请查办民苗户口折》（军机录副），乾隆四十一年五月，一档，03-657-074。
[5] 广西巡抚吴虎炳：《查办民数折》（军机录副），乾隆四十一年九月，一档，03-0286-043。
[6] 参见历年福建、贵州、广西《民数、谷数折》及其各种副本，收藏于中国第一历史档案馆、台北故宫博物院、"中央研究院"历史语言研究所。

三、民数汇报的实际执行效果

乾隆六年的民数并非来源于人口普查,只是将当年保甲登记的人口数减去流寓人口得来的。清朝人口登记中有人口动态的统计,即"新收""开除",近似于现代人口统计中的"出生""死亡";上一年的人口数为"旧管",加"新收"减"开除"即为今年的"实在",以后历年的民数实际上就是通过这种方式计算而来[1]。"新收"和"开除"的统计必然存在着误差,随着时间的推移,误差可能累积越来越大,更何况作为起始数据的乾隆六年民数统计也必然有误差。

乾隆十二年,因山东沂州府兰山县发生灾荒,发现该县"应赈户口较上年造报民数甚属浮多",随后发现东平、济宁、临清卫、郯城、蒙阴、齐河、肥城、即墨、济宁卫等地均存在着同样的问题,山东巡抚阿里衮向皇帝奏报其中的原因:"每年民数原难按户挨查,先经廷议令各州县查照保甲册内数目开造,而各州县保甲册籍每户亦止载紧要男妇数,人不能名名入册",因此他要求进行全面复查[2]。但是乾隆皇帝的反应却是"传谕阿里衮:除伊已饬清查之州县外,余可不必饬查",因为"督抚年终奏报民数、谷数,原欲知户口之繁多,计仓储之盈缩,乃国家应行办理之政务。然必欲逐户挨查,被蚩蚩之氓转以为累"[3]。很显然,皇帝对于民数的确切数目并不太介意,他担心认真清查会骚扰民众。

乾隆二十八年,甘肃巡抚常钧进一步指出了民数汇报的根本性缺陷:"(民数汇报)递年加增已阅二十余载,旧管之数是否确切已无从查核,而州县造报又多拘泥无须挨查之议,惟责之乡保头人,乡保头人又责之户首,其户首不过将承粮应差之人开报,其余男女弟侄多不造入,积久渐悬,以致现今各属实在户口往往与册造之数不符。"在上一年的冬天赈灾,常钧发现灵州、静宁州的灾民人数比民数册人数多出许多,怀疑有人假冒骗取赈济物次,彻查才发现民数册确实比实际人数要少许多。因此常钧请求该年的民数汇报推迟,等清查户口后再行奏报[4]。乾隆二十九年,经过清查,大学士管陕甘总督杨应琚补报

---

[1] 对于此点,在以前研究者均未提及。严格地讲,民数"新收"不完全等于出生的婴儿,而是指该年户籍册中新登记的人口,包括入籍的成年人;同理,"开除"也不完全等于死亡人口,而是指该年户籍册中消除的人口,包括销籍但没有死亡的人口。
[2] 山东巡抚阿里衮:《民数造报不实折》,乾隆十二年十二月,一档,01-0141-041。
[3] 山东巡抚阿里衮:《民数造报照旧造报折》,乾隆十三年五月,一档,01-0159-031。
[4] 甘肃巡抚常钧:《汇报民数事由折》(户部移会典籍厅粘单),乾隆二十八年十一月,"中央研究院"历史语言研究所藏明清史料,编号179450。

上年的甘肃民数"共男女大小"10 236 773 人,而二十七年的民数是 7 470 929 人,一年之间竟然增加了 37%,276 万多人[1],即民数册至少遗漏了三分之一以上的人口。这种情况不止甘肃一地。乾隆四十年,湖北巡抚陈辉祖奏报在赈灾时发现民数登记有重大纰漏:"如应城一县每岁只报滋生八口,应山、枣阳只报二十余口及五、六、七口,且岁岁滋生数目一律雷同。"[2]赈灾需要编造灾民册,必须逐一登记以申请赈灾物资,因此容易发现原有户籍册的漏报问题。

更荒谬的事情发生在广东。乾隆四十年广东巡抚德保奏称:"粤东原额丁银久经摊入地亩征收,其粮税不及一丁者列为分、厘等尾数。乾隆六年,前抚臣王安国奉旨奏报民数之始,未将零尾删除,历年遂相沿开报"[3],即广东汇报的民数竟然一直有小数。情况确实如此,署理两广总督庆复、广东巡抚王安国共同奏报乾隆六年广东民数:"实在民屯丁口共六百三十二万八千六十一丁口零。"[4]广东的民数显然是照抄了原来的编审人丁数再加上未入编审的女性、未成年等人口,所以才产生民数居然有小数的谬误。这个谬误居然维持了 34 年,一直陈陈相因,广东各级地方官以及他们的属吏只是编造照抄,连这个再明显不过的错误也没发现、更正,广东民数汇报的执行效果让人难以相信。这个事件表明在 34 年里,乾隆皇帝本人并没有认真浏览过民数奏折和民数黄册,因此难以相信广东及其他地区的地方官会认真执行民数登记和汇报。

湖北揭发的问题让一向并不太介意确切民数的乾隆皇帝再也无法容忍,乾隆四十年十月上谕:"(民数汇报)顾行之日久,有司视为具文……所报之折及册,竟有不及实数什之二三者……嗣后各督抚饬所属,具实在民数上之督抚,督抚汇折上之于朝。"[5]当时已经奏报了当年民数的省份也要重新奏报,各省纷纷要求宽限奏报,因此同年十一月上谕:"各省岁报民数均着展至明年

---

[1] 大学士管陕甘总督杨应琚:《甘肃上年民数、谷数折》,乾隆二十九年十一月,台北故宫博物院:《宫中档乾隆朝奏折》第 23 辑,第 245 页;甘肃巡抚常钧:《甘肃本年民数、谷数折》,乾隆二十七年十一月,一档,35-1162-052。
[2] 《清朝文献通考》卷 19《户口考一》。
[3] 广东巡抚德保:《奏报谷数事折》,乾隆四十年十一月,一档,35-1171-041。对于广东民数统计有小数点的事件,此前并无研究者揭示。
[4] 署理两广总督庆复、广东巡抚王安国:《广东上年民数、谷数折》,乾隆七年七月。一直到乾隆四十年,广东历年奏报的民数均有小数,参见历年《广东民数、谷数折》,收藏于中国第一历史档案馆和台北故宫博物院。
[5] 广东历年奏报的民数均有小数,参见历年《广东民数、谷数折》,收藏于中国第一历史档案馆和台北故宫博物院。

底缮进,俾得从容确核以期得实",并威胁再不认真查报将予以处分[1]。乾隆四十一年,各省陆续将上年的民数奏报,除了山东、奉天外,其余各地区的民数都有显著的增加。

表1 乾隆三十九年和四十年各省汇报民数比较

地 区	乾隆三十九年(A)	乾隆四十年(B)	B－A	漏报率(%)
山东	26 280 605	21 414 071	－4 866 534	－22.73
奉天	69 986	752 690	－17 296	－2.30
甘肃	13 897 066	15 065 362	1 168 296	7.75
广西	4 859 319	5 293 357	434 038	8.20
浙江	17 448 122	19 008 143	1 560 021	8.21
陕西	7 445 958	8 190 607	744 649	9.09
江西	14 157 370	15 721 764	1 564 394	9.95
河南	17 696 003	19 680 577	1 984 574	10.08
安徽	23 934 685	27 314 617	3 379 932	12.37
山西	10 727 313	12 300 285	1 572 972	12.79
江苏	24 526 556	28 706 104	4 179 548	14.56
直隶	17 015 190	20 440 978	3 425 788	16.76
福建	8 427 502	10 713 229	2 285 727	21.34
云南	2 255 666	3 083 459	827 793	26.85
贵州	3 485 419	4 990 760	1 505 341	30.16
湖南	9 098 010	14 854 834	5 756 824	38.75
湖北	8 707 764	14 595 369	5 887 605	40.34
广东	7 093 892	14 167 177	7 073 285	49.93
四川	3 144 125	7 693 991	4 549 866	59.14
总计	220 970 551	263 987 374	43 016 823	16.30

说明:乾隆四十年的民数均为第二年的奏报数;漏报率＝(B－A)/B,即以乾隆四十年的汇报民数作为乾隆三十九年的实际民数。

---

[1] 湖北巡抚陈辉祖:《汇报民数展限折》,乾隆四十年十一月,一档,35-1173-031。

资料来源(按地区顺序):山东巡抚杨景素:《山东本年民数、谷数折》,乾隆三十九年十一月,一档,35-1171-045。山东巡抚杨景素:《山东上年民数、谷数折》,乾隆四十一年九月,一档,01-0351-033。盛京户部侍郎德风:《奉天本年民数、谷数折》,乾隆三十九年十一月,一档,35-1172-007。盛京工部侍郎富察善:《奉天上年民数、谷数折》,乾隆四十一年十一月,一档,30-0432-016。陕甘总督勒尔锦:《甘肃本年民数、谷数折》,乾隆三十九年十二月,一档,35-1172-012。陕甘总督勒尔锦:《甘肃上年民数、谷数折》,乾隆四十一年十月,一档,01-0351-021。广西巡抚熊学鹏:《广西本年民数、谷数折》,乾隆三十九年十一月,一档,35-1171-042。广西巡抚吴虎炳:《广西上年民数、谷数折》,乾隆四十一年十月,一档,30-0432-020。浙江巡抚三宝:《浙江本年民数、谷数折》,乾隆三十九年十一月,一档,35-1172-008。浙江巡抚三宝:《浙江上年民数、谷数折》,乾隆四十一年九月,一档,01-0351-030。陕西巡抚毕沅:《陕西本年民数、谷数折》,乾隆三十九年十一月,一档,35-1172-006。陕西巡抚毕沅:《陕西上年民数、谷数折》,乾隆四十一年九月,一档,01-0351-032。江西巡抚海成:《江西本年民数、谷数折》,乾隆三十九年十二月,一档,35-1172-015。江西巡抚海成:《江西上年民数、谷数折》(军机录副),乾隆四十一年十一月,一档,03-286-066。河南巡抚徐绩:《河南本年民数、谷数折》,乾隆三十九年十二月,一档,35-1172-018。河南巡抚徐绩:《河南上年民数、谷数折》,乾隆四十一年十一月,一档,01-0351-019。安徽巡抚裴宗锡:《安徽本年民数、谷数折》,乾隆三十九年十一月,一档,35-1172-003。安徽巡抚闵鹗元:《安徽上年民数、谷数折》,乾隆四十一年十一月,一档,30-0432-018。山西巡抚巴延三:《山西本年民数、谷数折》,乾隆三十九年十二月,一档,35-1172-010。山西巡抚巴延三:《山西上年民数、谷数折》,乾隆四十一年十月,一档,01-0351-023。江苏巡抚萨载:《江苏本年民数、谷数折》,乾隆三十九年十一月,一档,1169-043。江苏巡抚杨魁:《江苏上年民数、谷数折》,乾隆四十一年九月,一档,01-0351-035。直隶总督周元理:《直隶本年民数、谷数折》,乾隆三十九年十二月,一档,35-1172-013。直隶总督周元理:《直隶上年民数、谷数折》(军机录副),乾隆四十一年十月,一档,03-286-041。福建巡抚余文仪:《福建本年民数、谷数折》,乾隆三十九年十一月,一档,35-1171-043。闽浙总督署福建巡抚钟音:《福建上年民数、谷数折》,乾隆四十一年十月,一档,01-0351-026。云南巡抚李湖:《云南本年民数、谷数折》,乾隆三十九年十一月,一档,35-1171-040。署云贵总督图思德:《云南上年民数、谷数折》,乾隆四十一年十月,一档,30-0432-019。护理贵州巡抚韦谦恒:《贵州本年民数、谷数折》,乾隆三十九年十一月,一档,35-0023-019。贵州巡抚裴宗锡:《贵州上年民数、谷数折》,乾隆四十一年十月,一档,01-0351-024。湖南巡抚敦福:《湖南本年民数、谷数折》,乾隆三十九年十一月,一档,35-1171-048。湖南巡抚敦福:《湖南上年民数、谷数折》(军机录副),乾隆四十一年十月,一档,03-0286-050。湖北巡抚陈辉祖:《湖北本年民数、谷数折》,乾隆三十九年十一月,一档,35-1171-046。湖北巡抚陈辉祖:《湖北上年民数、谷数折》,乾隆四十一年九月,一档,01-0351-028。广东巡抚德保:《广东本年民数、谷数折》,乾隆三十九年十一月,一档,35-1171-041。广东巡抚李质颖:《广东上年民数、谷数折》,乾隆四十一年十月,一档,30-0432-021。四川总督文绶:《四川本年民数、谷数折》,乾隆三十九年十一月,一档,35-1171-048。四川总督文绶:《四川上年民数、谷数折》,乾隆四十一年十一月,一档,30-0432-017。

表1中将乾隆三十九年与四十年的各省汇报民数进行比较[1],并且按漏报率进行排序。在各省中,只有山东、奉天乾隆四十年的民数较三十九年分

---

[1] 姜涛由于没有利用这些奏折档案,只比较了《清朝文献通考》中的乾隆三十五年和四十一年的数据,参见姜涛:《中国近代人口史》,第48页。王跃生同样引用了《清朝文献通考》中乾隆四十一年的数据,并认为此即乾隆四十年的复查数,并根据乾隆三十八年以前的各省汇报奏折民数推算乾隆四十年的民数,参见王跃生:《18世纪中后期中国人口数量变动研究》表1。通过与民数奏折比对,《清朝文献通考》中的乾隆四十一年民数并非乾隆四十年的复查数,二者无一相同。因此王跃生引用了错误的数据,参见《清朝文献通考》卷19《户口考一》。姜涛、王跃生都没有利用奏报的乾隆三十九年、四十年的民数进行比较,因此都不能准确反映乾隆四十年复查数的效果。

别减少了480多万和1.7万余人,存在虚报,山东甚至不及乾隆七年时的民数[1]。山东由乾隆十二年前的漏报变成浮报22.73%,这很可能是地方官为了掩饰错误而矫枉过正的结果。其余各省都有不同程度的漏报,尤其是四川漏报了近60%,广东漏报了近一半,湖北漏报了40%,可知以前的民数漏报现象非常严重。甘肃漏报率较低,这与乾隆二十八年进行过的一次清查户口有关,因此漏报现象比较轻微。广西、奉天、广东、四川、云南、贵州六省的乾隆四十年民数已经于当年奏报,根据上谕,第二年又重报了四十年的民数。广西两次奏报的结果完全一样[2]。奉天第一次奏报"实在民人大小男妇"785 839"名口",重报为752 690"名口",减少幅度为4.22%[3]。贵州第一次奏报"男妇大小"3 738 464"名口",而重报为4 990 760"名口",增长幅度高达33.50%[4]。广东第一次奏报"实在民屯丁男妇女"7 120 421"丁口零",重报为14 167 177"丁口",几乎增加了一倍[5]。四川第一次奏报"实在男妇"3 169 693"名口",重报为7 693 991"名口",增加幅度高达142.74%[6]。云南第一次奏报"实在土著民人大小"2 227 499"丁口",重报为3 083 459"丁口",增加幅度为12.55%[7]。乾隆四十年民数重新汇报的结果显示,除了山东省外,其他各省以往的民数均低于实际人口数,且有的省份人口漏报的比例是很高的,最极端的四川有一大半的人口没有登记汇报,全国总计约有4 300万人漏报,漏报率略低于16%[8]。

---

[1] 山东巡抚包括:《山东本年民数、谷数折》,乾隆七年十一月,一档,35-1122-010。
[2] 广西巡抚熊学鹏:《广西本年民数、谷数折》,乾隆四十年十一月,一档,35-1173-020。广西巡抚吴虎炳:《广西上年民数、谷数折》,乾隆四十一年十月,一档,30-0432-020。
[3] 盛京工部侍郎富察善:《奉天本年民数、谷数折》,乾隆四十年十一月,一档,35-1173-30。盛京工部侍郎富察善:《奉天上年民数、谷数折》,乾隆四十一年十一月,一档,30-0432-016。
[4] 贵州巡抚裴宗锡:《贵州本年民数、谷数折》,乾隆四十年十一月,一档,35-1173-035。贵州巡抚裴宗锡:《贵州上年民数、谷数折》,乾隆四十一年十月,一档,01-0351-024。
[5] 注意第一次奏报的民数有小数,即"丁口零",第二次奏报时取消了。广东巡抚德保:《广东本年民数、谷数折》,乾隆四十年十一月,一档,035-1173-021。广东巡抚李质颖:《广东上年民数、谷数折》,乾隆四十一年十月,一档,30-0432-021。
[6] 四川总督文绶:《四川本年民数、谷数折》乾隆四十年十一月,一档,35-1173-023。四川总督文绶:《四川上年民数、谷数折》,乾隆四十一年十一月,一档,30-0432-017。
[7] 云南巡抚裴宗锡:《云南本年民数、谷数折》,乾隆四十年十一月,一档,35-1173-017。署云贵总督图思德:《云南上年民数、谷数折》,乾隆四十一年十月,一档,30-0432-019。
[8] 如果没有发生重大影响人口增长的因素,比如战乱、饥荒或疾病,人口通常会增长,乾隆四十年民数应高于乾隆三十九年民数。考虑到人口自然增长率的因素(假定为年增长率为10‰),全国实际的漏报率应为15.46%,低于16%。表中并不代表笔者认同乾隆四十年汇报民数的准确性,对此笔者将有另文专述。

姜涛认为乾隆四十年民数大幅度增加的原因是汇报从"本籍主义"（登记对象为户籍人口）向"现住主义"（登记对象为现有实际人口）的转变,换句话讲,以前民数漏报是因为将流寓人口排除在汇报之外的缘故。前文提到,不论人口登记的对象为户籍人口还是现有实际人口,只要登记准确,结果都是相同的。乾隆四十年十月的上谕中明确提到"现今直省查保甲所在户口人数,俱稽考成编,无难按籍而计"[1],很显然乾隆四十年及以后民数汇报的对象仍然是户籍人口。姜涛误解了乾隆上谕中"实在民数"的含义,"实在民数"是清朝的公文术语,指该年实有的民数,而并不是如姜所指的包括土著和流寓在内的现有实住人口[2]。在乾隆四十年以前的民数奏折中,已经多次出现过"实在土著"和"实在土著、流寓"字样[3];乾隆四十年之后"实在土著"和"实在土著、流寓"仍然多次出现[4],由此可证"实在民数"与土著、流寓无关。当然,一些离家已久的流寓人口在家乡可能已经被注销了户籍,不再列入民数汇报,而现住地却仍因他们是流寓而没有被纳入当地的民数汇报中,这确实可能是乾隆四十年以后民数大幅度增加的部分原因[5]。正因为要避免漏记,福建和贵州登记了那些居住已久、实际已脱离了原籍的流寓。

乾隆四十年以后历年的民数仍然是按照之前的方法计算而来,因此随着时间的推移,人口动态变化的数据误差会被再一次累积,从而可能导致民数统计误差的增加[6]。

---

[1] 《清高宗实录》卷992。
[2] 参见姜涛:《中国近代人口史》,第50页。"旧管""新收""开除""实在"是清朝的官方术语,用以反映统计对象的动态变化,因此"实在民数"并不是现有实际人口(姜涛所说的"现住人口")。
[3] 安徽巡抚高晋:《安徽本年民数、谷数折》,乾隆二十五年十二月,一档,35-1159-053;福建巡抚苏昌:《福建本年民数、谷数折》,乾隆三十一年十一月,一档,35-1164-001。
[4] 江苏巡抚闵鹗元:《江苏本年民数、谷数折》,乾隆四十九年十一月,一档,35-11177-038;福建巡抚黄检:《福建本年民数、谷数折》(军机录副),乾隆四十三年十一月,台北故宫博物院军机处档折件,文献编号021951。
[5] 同时也存在着重复登记的可能,比如福建与贵州均登记流寓人口,而这部分人口有可能在其原籍也被登记。不过总的趋势应是遗漏登记,这也被乾隆四十年民数统计的结果证明。这未必主要是流寓人口导致的,而是因为遗漏几乎是人口登记不可避免的特性,现代社会也同样如此。
[6] 这一点还有待能发现更详细的数据资料予以证实。现在仅发现乾隆时期吉林奏报、呈送的分县民数黄册和民数清册各一本,其他年代其他地区的黄册和清册均未发现,因此现在无法证实这一假设。

四、结 论

每年仲冬各省奏报皇帝当年的民数和谷数,随奏折附有民数黄册、谷数黄册;奏折副本、民数清册、谷数清册(内容与黄册相同)咨呈军机处;军机处再将经皇帝朱批的民数、谷数奏折抄录副本;各省同时将民数清册和谷数清册咨报户部,户部在核查后于次年将各省的民数清册和谷数清册汇总合编成一本分省的民数、谷数黄册呈报皇帝,并将抄出的民数、谷数奏折副本移会内阁典籍厅和稽察房。自乾隆五十九年起各省不再将民数、谷数奏报皇帝,每年的民数、谷数清册只需咨送户部和军机处,并移会内阁典籍厅即可。以上即是民数汇报的总流程。

民数汇报的空间范围包括了除黑龙江、青海、西藏、内外蒙古以外的全国所有地区,民数统计对象包括了所有户籍类型的汉族人口和部分少数民族人口,在部分地区也包括了流寓人口。另外,编入保甲者并不意味着就是民数汇报的对象,未入人丁编审者却有可能被纳入汇报。这些都是此前的相关研究没有涉及的。

历年汇报的"实在"民数是通过"旧管"民数加"新收"民数,减"开除"民数的方法计算出来的。由于起始年乾隆六年并没有进行过人口普查,以及随后历年人口动态登记的不准确,再加上这些误差历年累积,导致了乾隆四十年以前的民数严重漏报,尤其以四川、广东的漏报最为严重,民数汇报的执行效果最差,广东的民数居然还带有小数;山东是另一个极端,由以前的漏报变成严重浮报,这些均揭示了民数汇报的随意性和人为性。以乾隆四十年重新清查的结果检验,乾隆三十九年的民数漏报率可能略低于16%。

正如乾隆皇帝宣称的那样,民数汇报只是"用以验盛世间阎繁富之征",精确的民数并不是其首要目的。除非迫不得已,官方因行政成本及担心可能导致的社会骚乱,一直避免"按户清查",因此民数汇报的结果有明显的随意性和官方操作性。

本文原载《历史研究》2008 年第 3 期。

GIS 支撑下的长时段区域人口变动规律分析

——以 1776 至 1953 年陕甘地区人口为例

路伟东

2001 年,复旦大学葛剑雄教授与哈佛大学包弼德教授(Peter K. Bol)共同推动的重大国际合作项目中国历史地理信息系统(CHGIS, China Historical GIS)正式启动[1]。该项目基于中国传承有序的方志、总志等海量历史文献,以 GIS 技术为平台,核心目标是构建千年尺度具有完整时间序列的空间基础数据[2]。最终完成的 CHGIS 可以为回溯的人文社科研究提供精确的时空定位,具有极其重要的学术价值。更重要的是,以 CHGIS 为起点,历史地理信息系统(HGIS, Historical GIS)成为近三十年来,历史地理学界最重要的学术增长点之一。葛剑雄先生对于学科发展的推动泽被学林,功莫大焉。

HGIS 的核心是数据,但 HGIS 的灵魂则空间分析。对于研究者来讲,把时间和精力投入到基础数据的开发上当然极具工作价值,但如何能够把 GIS 的技术、理论与方法应用到传统人文社科研究中来,发现或者解决那些通过传统手段无法发现或者解决的问题,做出真正具有明确学术指向和学术关切的交叉研究个案更具吸引力,更能体现 HGIS 的魅力,也更有利于这种交叉研究

---

[1] 作为 CHGIS 项目的前期筹备,2000 年秋,我陪同葛先生一同前往美国印第安纳波利斯参加"电子文化地图集行动计划"(ECAI)的学术研讨会。2001 年 1 月 8 日 CHGIS 项目正式启动。该项目详细信息请查看复旦大学中国历史地理研究所官方网站禹贡网(http://yugong.fudan.edu.cn),本人有幸参与了其中一点点工作。2009 年,以 CHGIS 为基础开发的中国历史地理信息系统展示平台,参加"辉煌 60 年——中华人民共和国成立 60 周年成就展",成为教育部展厅仅有的整个教育部展厅仅有的三件实物展览之一,本人因此有幸分享第八届复旦大学校长奖。
[2] 路伟东:《CHGIS 数据模型与千年尺度完整时间序列空间基础数据——以 1912—1949 县级治所点数据为例》,《历史地理》第 33 辑,上海人民出版社 2016 年,第 269—279 页。

的发展。本节在现有研究史料及研究成果的基础上,把 GIS 引入到中国人口史的研究中来,结合新发现的宣统人口调查地理调查表分村户口数据,对清以来近两百年间的区域人口发展过程进行系统研究。希望能在检验中国人口史现有成果的同时,给出研究长时段区域人口史的不同方法,为 GIS 在中国人口史研究领域的应用提供有益的尝试和探索。

一、清末民国初人口史研究的困境与 HGIS 方法的引入

葛剑雄教授主编的六卷本《中国移民史》和《中国人口史》是中国人口史这一学科的重要奠基石,其重要性不言而喻。其中,曹树基著《中国人口史》第五卷《清时期》与侯杨方著《中国人口史》第六卷《1910—1953 年》对清末宣统人口调查的历史评价、数据可信度、修正方法以及修正结果都存在明显不同。这直接导致了同一套书中对于清以来整个中国人口发展进程的理解与表述出现了分歧,前后无法衔接。

作为一部由多位顶尖学界专家共同完成的多卷本中国人口史专著,不同作者之间因为学术见解不同而产生分歧与争议是很正常的。在第一卷《导论》开篇,葛剑雄先生就对此作了声明:"尽管我是本书的主编,但各卷都是作者独立撰写的,文责自负。导论部分是我撰写,也应由我负责。当然,我是在本书各卷的基础上撰写的,获益于各位作者的地方很多,但也有与他们的观点不尽相同之处,所以并不代表其他作者。"[1]但是,历史人口数据是典型的具有时间序列特征的空间数据,人口的发展如同奔流的河水,前后是流动的、连续的。因此,各卷册之间在人口发展的重大问题上,应该尽可能做到前后衔接。

这一看似简单的问题,在实际撰写过程中面临巨大挑战。对于中国人口史这样一个宏大的题目来讲,内容所涉及的时空范围都极其广泛。限于时间、精力和研究能力,一个人很难完成,只能由多位作者断代分卷撰写。但这一工作模式也面临极大考验。首先,从时间尺度来讲,历史人口的发展历程与朝代的更替并不完全同步,传统断代人口史的划分方法往往人为割裂了历史人口发展的这种内在有机连续;其次,从空间尺度来讲,历史人口的空间分布及变化具有其独特的规律,传统历史学文字描述式和简单数学统计式的研究方法

---

[1] 葛剑雄主编,葛剑雄著:《中国人口史·导论、先秦至南北朝时期》,复旦大学出版社 2002 年,第 1 页。

并不能完整表达其空间特性。

　　基于此种原因,《中国人口史》第五卷与第六卷间关于晚清宣统人口的不同见解更应该引起重视。但是,如何解决这一问题却困难重重。这是因为,第五卷作者曹树基与第六卷作者侯杨方都是学界最顶尖的专家,他们使用的史料、研究方法、论证逻辑、论证过程以及最终的结论,都已经处在很高的起点之上。如果使用相同的史料,遵循相同的工作模式,后辈学者很难有所突破和超越,也很难对他们之间的分歧进行有效地检验和判断。基于此种困境,笔者认为,在面对这一问题时,在一个相对完整的历史人口发展时段内,使用新的方法来重新进行研究,极有必要。

　　与自然科学研究者需要样本独立的基本研究前提不同,人文社科研究者往往是自己研究对象的一部分。因为只有这样,才可以更了解自己的研究对象。历史人口这类具有时间序列的空间数据通常具有非独立性,不符合经典统计学样本独立的基本假设。因此,专门的空间分析理论和技术在过去的二三十年间迅速发展,日益成为社会科学研究中的重要研究方法和手段[1]。GIS 是由遥感、全球定位系统、地理信息系统、数字传输网络等一系列现代信息技术高度集成的。作为以地理信息系统为核心的空间信息技术体系的总称,GIS 是操纵和处理空间数据的有力工具。任何人文、自然要素的发生与演化,都处于特定的时间和空间中。而今天的 GIS 早已不是局限于系统与技术,更多的是强调一种处理和分析空间数据的理论与方法。正因为如此,自 1990 年代初 GIS 从实验室走出来,进入普通研究者,尤其是人文社科研究者的视野后,其技术、理论与方法就得到了广泛地应用。就国内研究现状而言,以 CHGIS[2]为代表的 HGIS 研究工作,是近 30 年来历史地理学界最主要的学术增长点之一。

　　HGIS 的核心和 GIS 一样,都是数据,从人口史的角度讲,就是史料。人口史的研究对象发生在过去,研究数据来源于历史文献之中。在中国人口史研究的大部分时段内,尤其是民国以前,严重缺少建立在现代人口普查基础上的高质量人口数据,同时也缺少可以替代的相关数据或资料。因此,哪怕是对中国人口史最基本的认知和最粗略的分析,研究者往往都要甚至是只能依赖或借助于历史学文献学的方法和手段,通过对大量历史文献的搜集、整理、研

---

〔1〕 Goodchild M. F., Anselin L., Richardp A., Toward Spatially Intergrated Social Science. *International Regional Science Review*, 2000, 23(2): 139-159.

〔2〕 中国历史地理信息系统(CHGIS),复旦大学历史地理研究中心 2003 年。

读与分析才能获取。

这一研究方法,人口史的学者非常熟悉,其过程大概包括从史书、史料,到数据、图表,最后到论文、专著等几个步骤。在这一典范式的工作过程中,研究者需要将大量的时间和精力聚焦在原始史料的收集、整理、分析、归纳与总结等方面上,人口数量的历史学考证和人口数据本身的统计学分析是研究者关注的重点,而获取数据的过程往往就是主要的,甚至是全部的研究过程。常常某一特定时间截面的历史人口规模考证出来了,整个研究也就结束了。至于数据背后所隐含的那些地理空间上真正值得认真审视的现象与规律,反而常常被有意无意地忽略了。

通过使用GIS空间分析的理论与方法,我们可以对现有的、经过细致研究获取的大量研究数据,进行深入地挖掘和分析,探究数据背后的规律与特征。GIS这一"文献爬梳→数据提取→空间模型建立→分析",最后生成新结论的工作流程,是被既有研究证明的、行之有效的方法[1]。对于中国人口史研究中遇到的问题和分歧,可以从GIS的视角,使用这些成功的研究范式,进行一定的尝试。

二、不同时间切面的人口数据与可视化

入清以来,西北地区的人口发展态势与全国人口相似,都经历了一段比较长的持续稳定发展时期。至道咸年间,西北人口已经臻于极盛。虽然全国人口在19世纪50年代初(1851年太平天国运动开始,此后的十余年间,由于天灾人祸的影响,全国损失人口总数接近1亿人[2])就已达到峰值,但就西北地区而言,人口峰值出现的时间稍晚一些,大约在19世纪60年代初期。

1862年初,西北回民战争爆发,此后数年间,整个西北地区,尤其是人口稠密、富庶的关中、河西、宁夏平原等处,沦为双方厮杀的战场,大批汉族与回族人口因此而丧生。光绪初,还没有从战争废墟中完全恢复过来的陕西省,又遭到了光绪大旱灾的沉重打击[3]。在战争与灾荒的双重打击下,仅短短十

---

[1] 潘威、孙涛、满志敏:《GIS进入历史地理学研究10年回顾》,《中国历史地理论丛》2012年第1期。
[2] 葛剑雄主编,曹树基著:《中国人口史·清时期》,复旦大学出版社2001年,第867页。
[3] 这次旱灾,因光绪丁丑(1877)、戊寅(1878)两年灾情最重,史称"丁戊奇荒",又因晋、豫两省被灾最烈,亦称"晋豫奇荒"。在所有被灾省份中,陕西旱灾开始晚而结束早,灾情亦不如晋、豫两省严重。

余年间[1],西北区域人口损失就在两千万左右。

同治中期以后,随着西北战事的逐渐西迁与结束,区域外人口开始陆续迁入,慢慢填补那些战乱灾荒造成的人口稀疏区或人口空白区[2]。抗日战争以来,又有大批关东人口西迁入关,躲避战乱。总之,这一人口入迁的趋势,一直持续至中华人民共和国成立,仍未停止[3]。在外来人口入迁导致的人口机械增长和区域人口自然增长的共同推动下,从光绪初至中华人民共和国成立的七十余年间,虽然西北地区仍然不时有战乱、灾荒发生,但区域人口一直处于缓慢地恢复和增长中。

对这样一个长时段内西北地区的人口变动进行研究,有四个比较重要的人口数据支点,即乾隆四十一年(1776)人口、嘉庆二十五年(1820)人口、宣统二年(1910)人口、1953年人口。1776年是清代在理论上废除人丁编审,将户口与赋税脱钩,并以全体人口为登记对象后,官方登记数据开始较为准确的起点。此时,中国的人口统计已经完成了从纳税的"人丁"向全体"人口"的转变。因此,至少在理论上,这一年的人口数较之前的人口数有了本质的区别。1820年人口数来源于嘉庆《重修大清一统志》(以下简称《一统志》),虽然像乾隆四十一年这样的全国规模的人口清查,直到1851年再也没有举行过[4],但在严格、完善的登记制度的保障下,这一时期的户口统计数据基本还是可靠的[5]。曹树基认为,这一数据被广泛引用,不只是因为其相对较为可靠,"而且因为其有一套以府为单位的完整数据"[6]。1910年人口来源于宣统人口调查,宣统年间的人口调查以宪政为目地,其谱查办法及实施过程比较接近于现代人口普查,人口数据质量较高。1953年人口普查是中国有史以来第一次现代人口普查,数据非常可靠,是中国人口史研究的重要基石。

曹树基经过系统分析和研究,按照嘉庆二十五年(1820)的行政区划,给出了以上6个时间切面上8个分府人口数据:分别是1776年考证人口数、1820年《一统志》人口数、1820年《一统志》人口修正数、1851年考证人口数、1880

---

[1] 从同治元年(1862)回民战争爆发到光绪六年旱灾完全结束,前后共约17年。
[2] 钞晓鸿:《晚清时期陕西移民入迁与土客融合》,《中国社会经济史研究》1998年第1期。
[3] 张颖:《抗战时期人口内迁对陕西民众社会生活的影响》,《西安社会科学》2008年第4期。
[4] 姜涛:《中国近代人口史》,浙江人民出版社1997年,第48—50页。
[5] 葛剑雄:《中国人口发展史》,福建人民出版社1991年,第63页。
[6] 葛剑雄主编,曹树基著:《中国人口史·清时期》,复旦大学出版社2001年,第70页。

年考证人口数、1910年新政人口数、1910年新政人口修正数和1953年普查人口数。各时间切面人口数汇总见表1：

表1　1776—1953年西北陕甘两省人口数　　　　　人口单位：万人

年　　份	陕西人口数	甘肃人口数	合　　计	环比增长
1776年考证人口数	796.5	1 579.9	2 376.4	0
1820年《一统志》人口数	1 197.4	1 713.9	2 911.3	22.5%
1820年《一统志》人口修正值	1 213.4	1 760.5	2 973.9	2.2%
1851年考证人口数	1 326.9	1 899.0	3 225.9	8.5%
1880年考证人口数	707.5	495.5	1 203.0	−62.7%
1910年新政人口数	807.5	470.4	1 277.9	6.2%
1910年新政人口修正值	954.5	716.1	1 670.6	30.7%
1953年普查人口数	1 583.4	1 411.0	2 994.4	79.2%

数据来源：葛剑雄主编，曹树基著：《中国人口史·清时期》，第704页。

图1是以年份为X轴，以考证人口和修正值人口数为Y轴的柱状图，并添加了趋势线。陕甘地区入清以来的人口长时段稳定持续、同治及光绪初年西北战乱造成的巨大的人口损失、光绪年间人口的缓慢增长以及民国以来的人口急速恢复等人口变动在图上都清晰可见。

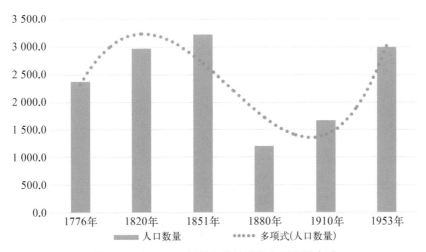

图1　1776—1953年西北陕甘两省人口规模变动

表1和图1比较直观地展示了1776年至1953年间,陕甘地区人口规模变动的大概趋势,从中可以看在这一个较长时段内,陕甘两省的人口从缓慢增长到急速减少,再到缓慢恢复的发展过程。表2是分府人口的汇总信息,从中可以看到研究区域内人口空间分布变动的更多细部细节。

表2　1776—1953年间六个时间切面上八组分府人口数据

人口单位:万人

府州	1776年	1820年	1820年R	1851年	1880年	1910年	1910年R	1953年
西安	242.3	296.2	294.4	325.1	103.9	206.2	206.2	463.8
同州	158.2	180.5	180.5	198.1	90.0	94.1	112.9	156.2
鄜州	24.8	31.4	27.2	30.8	14.1	10.4	17.8	21.8
兴安	10.0	121.4	121.4	131.3	67.3	95.3	95.3	164.9
商州	11.3	75.2	75.2	89.8	57.1	60.1	82.3	128.9
汉中	75.1	154.1	179.5	183.0	138.9	128.1	167.5	218.5
绥德	24.9	28.4	28.4	33.8	25.9	23.4	34.5	51.9
榆林	41.8	51.5	47.7	58.3	41.7	38.2	50.6	66.9
延安	56.0	63.8	63.8	68.9	30.0	15.3	15.3	65.5
凤翔	100.0	134.8	134.8	142.9	106.7	93.1	123.3	151.9
邠州	22.1	25.8	25.8	28.3	13.4	15.7	21.2	41.0
乾州	30.0	34.3	34.3	36.6	18.5	27.6	27.6	49.1
兰州	241.5	269.5	269.5	291.2	88.1	62.8	129.8	225.4
巩昌	340.1	379.5	379.5	410.0	75.9	60.7	118.6	225.1
平凉	230.0	234.0	253.9	274.3	32.1	37.6	57.6	133.0
庆阳	114.1	127.3	127.3	137.5	12.3	14.3	17.0	70.6
宁夏	135.3	139.3	151.0	162.9	17.0	28.9	22.4	89.0
甘州	81.0	81.4	90.4	97.6	18.8	24.5	28.5	51.5
凉州	134.8	150.4	150.4	162.5	45.8	41.0	71.6	135.9
西宁	63.8	70.9	70.9	78.8	26.4	41.3	41.3	125.3
泾州	80.0	83.8	89.8	92.1	23.5	18.3	24.5	61.3

续　表

府州	1776年	1820年	1820年R	1851年	1880年	1910年	1910年R	1953年
秦州	77.9	86.9	86.9	93.9	93.3	83.7	116.4	160.1
阶州	34.0	37.9	37.9	41.0	47.1	36.4	64.9	84.1
肃州	40.5	45.2	45.2	48.8	11.6	16.8	19.0	36.6
安西	6.9	7.8	7.8	8.4	3.6	4.0	4.5	13.1
合计	2 376.4	2 911.3	2 973.5	3 225.9	1 203.0	1 277.8	1 670.6	2 991.4

数据说明：1820年为《一统志》人口数，1820年R是1820年修正人口数，1910年R是新政修正人口数。其他年份为曹树基考证人口数。

　　1776年至1953年间，陕甘地方政区变动较大，前后政区不同的人口数据要进行对比，需要统一在一个标准的政区切面上。曹树基在处理这一问题时统一使用了《一统志》记载的1820年标准政区。分府人口数据的考证工作极为复杂，而把前后不同政区的人口标准化到1820年政区上来，处理过程更为繁琐。分府人口考证是曹树基《中国人口史·清时期》中的基础内容，尽管在局部细节方面存在诸多问题，并多被其他研究者所诟病，但实际上，几乎所有这些个案数据，都可以在统计层面加以调整和消除。这一整套标准数据对相关的人口史研究提供了极大的便利，具有极其重要的学术意义。

　　人口统计数据本身就具有空间属性，使用GIS软件可以轻松把表格存储的统计数据，存储为以电子地图为背景的地理空间数据。近而根据人口规模大小，通过分级符号化的方式，实现数据可视化，从而更直观地显示人口数据在空间上的分布。图2显示了四个年份分级符号化后的陕甘两省人口空间分布态势。

　　数据的分级符号化是指利用符号将连续的数据进行分类分级、概括化、抽象化的过程。这种方法可以同时直观地表达制图要素的数值差异和空间差异，增加对数据整体的认知。但是，数据的可视化只是数据表达的不同方式，本身没有任何学术意义。图2中任何一个时间切面的等级符号化数据都可以很清晰地展示当前数据空间分布状态。但是，当不同时间切面上分级符号化后的地图并列在一起时，反而使数据间的差异变得更加模糊。显然，单纯依靠分级符号，我们很难清楚地了解同一地理要素在不同时间切面上的变化。研究历史人口这样具有时间序列特征的空间数据，需要使用更为简洁的空间分析模型，以便可以把复杂的数据简单化抽象化，从而可以更加清晰地看清数据

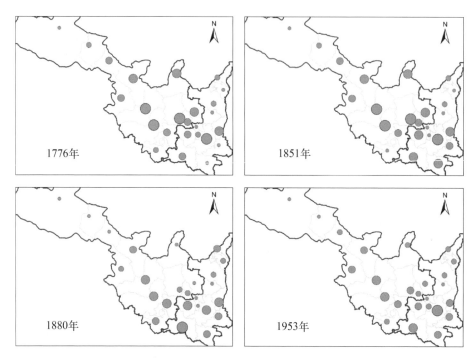

图2　四个不同时间切面上的陕甘分府人口空间分布

之间的差异与变动趋势。基于此种考虑,笔者使用人口重心模型来模拟1776年至1953年间的陕甘人口变动。

三、人口重心模型的在西北地区的适用性检验

重心是物理学概念,指的是在重力场中,物体处于任何方位时所有各组成支点重力的合力都通过的那一点。假设人口所在区域为一均质的平面,而每一个人都是平面上的一个质点,具有相同的重量,则重心应为区域中距离的平和最小的一点,即一定空间平面上力矩达到平衡的一点。人口重心的概念由美国学者沃尔克(F. Walker)于1874年首先提出并使用,可提供某地区人口分布的简明、概括而又准确的印象,并可表明地区人口分布的总趋势或中心区位。

人口重心的计算是以某国家或地区中下属的若干子区域的人口数为权数,以子区域的代表地点的经纬度坐标为变量,分别计算经度和纬度的平均数,其交点位置即为人口重心。具体计算公式为:

$$X = \int x \, dp / p$$
$$Y = \int y \, dp / p$$

其中 X，Y 分别为人口重心的横坐标和纵坐标，x，y 分别为把这一地域划分为无限小的各区域的位置，dp 为相应的人口数。在实际应用中为便于计算，通常使用如下计算方法：

$$X = \sum p_i x_i / \sum p_i$$
$$Y = \sum p_i y_i / \sum p_i$$

其中 X，Y 分别为人口重心的横坐标和纵坐标，X_i，Y_i 分别为各小区域中心点的横坐标和纵坐标，P_i 为相应区域的人口数。显然，人口重心的横坐标是各子区域人口数与子区域中心点横坐标乘积的和与区域人口总数的除数。而人口重心的纵坐标则是各子区域人口数与子区域中心点纵坐标乘积的和与区域人口总数的除数。

子区域中心点的选择可以是各区域的几何重心，但人口空间分布受自然和人文环境直接影响，而现实中各区域自然与人文环境各不相同，且非均质。因此，人口从来就不是均匀的分布。一般情况下，计算人口重心时，会选择行政治所为各子区域中心点。显然人口重心位置取决于人口的空间分布状态，如果人口的空间分布是均匀的，重心则应处于该区域的几何重心，偏移均衡状态的人口分布则将导致人口重心旁移。在人口地理信息系统中运用人口重心分析的意义在于：从人口重心在一段历史时期的移动轨迹中，可以看出人口分布的变动的过程、方向、距离以及速度等。使用人口重心模型计算的陕甘地区 1776—1953 年间 6 个时间切面上的人口重心如下：

表3 1776—1953年六个时间切面的陕甘人口重心

年 份	经度值	纬度值	相对移动方向	移动距离
1776 年考证数	105.893 859	35.786 145	—	0
1820 年《一统志》数	106.191 145	35.514 627	往东偏南	40.41 公里
1851 年考证数	106.193 818	35.525 813	往北偏东	1.27 公里
1880 年考证数	106.801 774	35.016 425	往东偏南	79.04 公里

续　表

年　份	经度值	纬度值	相对移动方向	移动距离
1910 年新政数	106.955 449	34.958 304	往东偏南	15.40 公里
1953 年普查数	106.565 159	35.206 570	往西偏北	45.99 公里

根据表 3 的经纬度数据,使用 ArcGIS 等 GIS 软件,我们可以很轻松的将以上六个年份的坐标值标注在地图上。图 3 显示了这六个时间切面上人口重心位置及转移的轨迹。

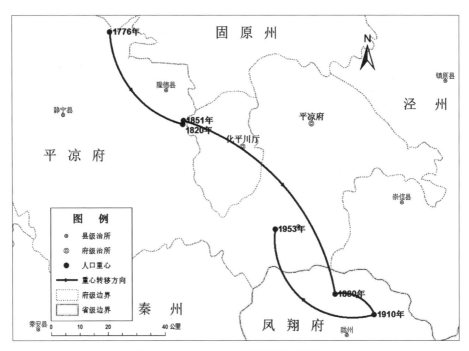

图 3　1776—1953 年陕甘区域人口重心

数据说明:人口重心转移方向使用弧线并无计算意义,仅为避免直线链接重叠,增加制图美观之用,弧线表意与线段相同。

从表 2、图 3 可知,陕甘区域人口重心在 1776—1953 年的 177 年间,一直处于变动的状态之中,前后总共移动了 181.11 公里。从移动方向来看,六个时间切面的五次相对移动,基本上可分为两个过程,即:其一,从 1776 年至 1910 年的 134 年间,总体呈现由西北向东南方向移动的趋势;其二,从 1910

年至1953年的43年间,移动方向发生逆转,改为从东南向西北方向移动。这五次移动的具体情况及背后可能的历史原因如下:

1. 从1776年至1820年的44年间,陕甘人口重心从西北向东南移动了40.41公里。这一时期人口重心向东南偏移的原因主要是陕南山区开发,外来移民大量迁入造成的。陕南山区北靠秦岭、南倚巴山,汉江自西向东穿流而过。群山怀抱之地,直至清初仍然覆盖大片原始森林,"虎迹狼蹄多于人迹,千里幅员,大半黄茅白苇"[1]。其地分属商州直隶州、兴安府和汉中府三个行政区。陕南山区与川北及鄂西北山地连为一片,是清代人口往山区迁徙运动的主要迁入地之一。康熙五十一年后,川陕总督通饬各地招民开垦,外来移民纷至沓来,"扶老携幼,千百为群,到处络绎不绝……写地开垦,伐木支椽,上覆茅草,仅蔽风雨,借杂粮数石作种,数年有收"[2]。随着移民迁入,仅乾隆年间,陕南就新设置了留坝[乾隆三十年(1765)五月析汉中府凤县留坝一带地置]、孝义[乾隆四十七年(1782)九月析西安府咸宁县孝义川地置]、宁陕[乾隆四十七年(1782)九月析西安府同官县五郎关地置]三个厅[3]。现有研究表明,仅至乾隆末年,陕南山区接受的移民及其后裔总数就已高达120余万人[4]。这一人数,大约相当于同时期陕甘两省人口总数的5%,陕西人口总数的15%。外来移民入迁是这一时期陕西人口持续快速增长的一个极为重要的因素[5]。区域东南山地外来人口大量迁入,人口机械增长导致区域人口原来的空间分布的平衡状态被打破,重心往东南偏移。

2. 从1820年至1851年的31年间,陕甘人口重心从西南向北偏东方向移动了1.27公里。相比于前一时段人口大幅度往东南移动,这一时期的人口重心基本保持了原地踏步状态,不再向东南方向偏移。其背后原因主要是1820年后,陕南山区外来移民入迁过程已基本完成,由大批外来人口迁入造成的区域人口增长不平衡的状态已经结束,人口增长方式改为内生性的自然增长为主。乾隆至道光初年,陕南山区新增政区较多,比如乾隆四十七年(1782)九月兴安直隶州升为府,嘉庆七年(1802)七月析汉中府西乡县渔渡路

---

[1] 康熙《西乡县志》卷9《风俗》。
[2] (清)严如煜:《三省山内风土杂识》。
[3] 周振鹤主编,傅林祥等著:《中国行政区划通史·清代卷》,复旦大学出版社2007年,第366—368页。
[4] 葛剑雄主编,曹树基著:《中国移民史·清、民国时期》,福建人民出版社1997年,第128页。
[5] 薛平栓:《陕西历史人口地理》,人民出版社2001年,第260页。

地方置定远厅,道光三年(1823)四月,析兴安府安康县砖坪营地方置砖坪厅,道光四年(1824)五月,析汉中府洋县与西安府盩厔县地方置佛坪厅[1]。县是历代地方行政区划的基本单位,集中建县,表明该地方的开发已臻成熟。道光四年后,陕南不再有新设政区,这表明,区域开发与人口入迁已基本停止。人口重心向东北方向略有偏移的情况表明,在区域人口完全依靠内生的自然增长的情况下,区域东北部宁夏平原的人口增长速度,要略高于其他地区。

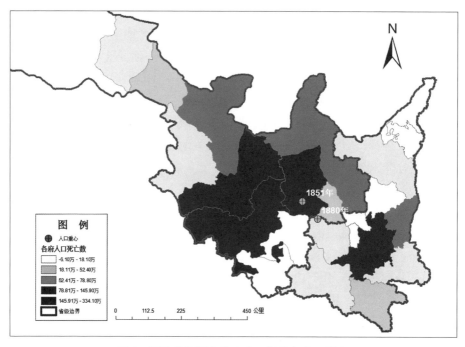

图4 同治战争西北分府人口损失与人口重心

3. 从1851年至1880年的29年间,陕甘人口重心从西北向东南大幅度移动了79.04公里。人口重心的这一移动方向与幅度,与同光年间西北地区的战争和灾荒有关。同治西北战争,源于关中,波及整个区域。十余年战乱造成了极其严重的人口损失,很多战前人口繁庶的沃野之区,战后都沦为焦土。其中,关中平原、河西走廊、宁夏平原、河湟谷等,受影响最大,人口损失最严

---

[1] 牛平汉主编:《清代政区沿革综表》,中国地图出版社1990年,第435—452页;周振鹤主编,傅林祥等著:《中国行政区划通史·清代卷》,复旦大学出版社2007年,第368—369页。

重。在区域人口普遍遭受严重损失的情况下,人口重心快速向东南大幅度偏移,主要是两方面的原因:其一,虽然位于区域东南部的关中平原人口损失非常严重,但位于区域西北方向的兰州、巩昌、平凉等府人口损失更重,区域西北的河西走廊各府州以及区域北偏西的宁夏府等处,人口损失亦重;其二,位于区域东南部的阶(州)、秦(州)、安(康)、汉(中)等地区因战乱较少,大批邻域人口避难迁入,战时人口总数不但没有减少,反而所有增加。以秦州直隶州秦安县县城为例,清末人数高达三万,在整个甘肃省之中,其人口规模仅次于兰州省城,超过其他所有的府、州、厅、县[1]。

4. 从1880年至1910年的30年间,陕甘人口重心从西北向东南移动了15.40公里。这一时期人口重心继续向东南方向偏移,是战乱之后区域东南部人口增长较快造成的。西北地区在灾祸之后,到处旷野,人稀地广,各地方官员都积极安置流民,招徕垦荒。但绝大多数地区收效不大,只有陕西关中地区,因为其特殊的地理位置,有大批客民涌入。这些移民大都来自临近的河南、湖北、四川、山东、山西、直隶等省。战后与外来移民迁出地距离较近的关中地区因为首先得到移民填补,人口增加较快,区域人口重心因此向东南方向移动。

5. 从1910年至1953年的43年间,陕甘人口重心从东南向西北移动了44.99公里。这一时期人口重心的移动方向与1776年以来的陕甘人口重心移动方向相比,发生了逆转,由西北东南向转为东南西北向。造成这一现象的原因,主要是1910年后,位于区域东部的关中地区在外来移民大量迁入的推动下,人口增加较多,局部小区域人口已经趋于饱和。由此,外来人口开始越过陇山,继续向西进发,西北方向兰巩一带、河西走廊与宁夏平原等处的人口增长速度开始大于东南方向关中地区。但是,从人口重心移动的距离和速度看,直到1953年第一次人口普查时,整个区域人口不论从绝对数量还是空间分布状态来看,都远没有恢复到同治战前的水平。

综上所述,1776年至1953年间陕甘区域人口重心移动轨迹与实际的区域人口空间分布变化吻合度较高,人口重心的转移方向与幅度完全可以找到合理的历史学解释。这表明,人口重心模型可以比较好的模拟较长的时段内陕甘区域人口空间变动趋势。

---

[1] 路伟东:《清代陕甘人口专题研究》,上海书店出版社2011年,第383页。

四、地理调查表近 7 000 个分村数据
支持的西北人口分析

传统典范式历史人口规模的研究,一般都是通过对大量相关史料的判读来进行概略的估算。曹树基认为,更多的样本数量和更高的样本精度可以有效提升最终研究结论的可靠度。简单地说,就是估算一个省或更大区域的人口规模时,使用县一级的人口样本要优于使用府一级的人口样本,使用更多的县一级的人口样本要优于使用较少的县一级的人口样本。这一研究思路和方法,从统计的角度讲是正确的。在无法获取全部数据时,一般情况下,较多的样本容量(样本数)可以得到较高精度的估值。但是,这有两个重要的前提:其一,要有科学合理的抽样规则;其二,样本本身要足够准确。否则,更多的样本数,意味着更多的样本误差,而更多样本误差累积,可能会使总误差超出可以接受的范围,最终导致错误的结论。实际上,历史人口数据很难做到这两点。其一,因为所有的历史人口数据都是经过记录者和时间筛选之后的结果,研究者最终得到的样本数据都是不可控的。其二,几乎所有的历史人口数据,最初来源都是以收税为目的的保甲登记,这样的人口数据,一般都严重漏报未成年人、老人及女性等非纳税人口,并非实际的人口数。基于这些数据的研究,尤其需要谨慎处理。而过于主观随意的厅、县人口估计数,实际上缺乏真正实证的意义。

如何对曹树基的研究结论进行检验,是一个很有挑战性的工作。对于历史人口规模的估算,在大部分情况下,由于史料极其有限,研究的过程并不复杂。所使用基本方法也比较有限,就是历史文献学的方法,即史料的人工判读和简单的数理统计。所以,如果没有新的研究手段或方法,仅使用原来的史料、按照原来的套路对现有研究数据进行重复检验,很难有新的发现,也很难证明其真伪。对于后来的研究者来讲,这种重复性的检验,既没有必要,也缺乏意义。在此,笔者使用人口重心模型,对曹树基给出的 1820 年《一统志》人口修正值和 1910 年新政人口修正值,分别进行检验。

(一) 1820 年人口数据的校验

《一统志》1820 年陕甘人口总数是 2 911.3 万,曹树基修正后的人口总数是 2 973.5 万,仅比原始人口数多了 62.2 万,约占《一统志》陕甘人口总数的 2.14%。

图5显示了两个不同的1820年陕甘区域人口重心,其中曹树基修正的1820年陕甘人口重心与《一统志》1820年陕甘人口重心非常接近,测量数据显示,两者相距仅1.95公里。这一现象表明,曹树基修正的1820陕甘人口数与《一统志》的1820年陕甘人口数在空间分布上基本是一致的,两者不存在系统性的偏差。对于一个规模接近三千万的区域汇总人口数据而言,在样本数值极为有限,且大多出于个人估计的情况下,进行一个与原值变动幅度仅2%强的误差修正,本身的意义并不大。

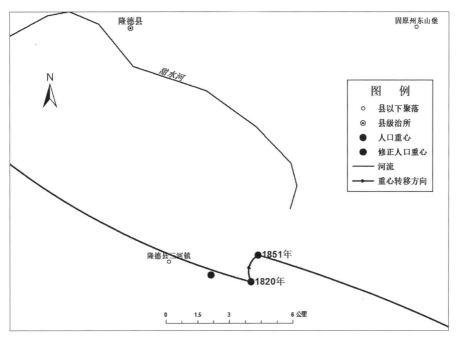

图5　1820年陕甘人口重心

人口信息对于一个国家的重要性不言而喻,除了征收赋税之外,它还是处理诸如确定学额、界定诸色人户法律身份以及赈济救灾等社会日常或重大突发事件的重要标尺。即便是现代国家,进行全面的人口普查,获取翔实可靠的人口信息都是一件需要投入大量财力、人力及物力,且费时、费力的事情,人口普查体现了一个现代国家社会总动员的能力。对于任何一个传统农业社会的封建王朝来讲,获取人口信息的工作更是一项极为艰巨的任务。保甲体系是清代整个户籍管理体系的基础,除此之外,既没有可能,也没有必要,创建另一套户口管理制度。所以所有各层级的官方户口数据,都是由地方保甲统计之后逐层汇总上报的结果。方志中的户口数据与总志中的户口数据其实是同一来源。葛剑雄早就指出:"官方的总数正是各省上报后合计的结果,两者岂有不合之理?"[1]因此,以各县方志的户口数来验证官方的省级户口总数,当然会得出了完全相同或相似的结论,这一做法,本身就缺乏逻辑意义。

(二) 1910 年人口数据的校验

1910 年陕甘地区新政人口数是 1 277.8 万,曹树基修正后的 1910 年陕甘人口总数是 1 670.0 万,比原始人口数多了 392.2 万,约占 1910 年陕甘新政人口总数的 30.7%。两个数值间的差距是极大的。曹树基对宣统普查数据进行了大幅度的修正,这表明他对宣统人口调查数据的可靠性,基本持否定态度。侯杨方在其所著的《中国人口史·1910—1953 年》中,则对这次人口调查给予了高度评价,他认为:"1953 年人口普查中的总人口性别比偏低(107.6)的原因,可能是由于此前的战争中男子死亡较多,但自 1949—1987 年间,中国人口的性别比始终徘徊在 105—108 之间……1911 年时中国总人口性别比高达 121.6 几乎是不可能的,唯一的原因是女性人口的遗漏登记(特别是未成年女性),即便考虑到当时的女性人口死亡率较高的因素,1911 年中国总人口性别比也不会超过 110。另外,此次普查大约遗漏了占男性人口 5% 的男性未成年人口。"即便如此,总体而言,这次人口调查具有完善的制度保障、有力的人员支持,组织严密,实施标准,是中国历史上第一次现代人口普查[2]。就陕甘具体数据来讲,甘肃性别比仅为 109.8,极为接近于正常水平,陕西性别比则比较高,约为 120.0。这表明,甘肃人口调查结果相当准确,陕甘人口调查中女性人口漏登者较多。

侯杨方所指 1911 年人口数即曹树基指的 1910 年人口数。宣统人口调查开始于 1909 年,结束于 1911 年。从甘肃地理调查表信息看,大部分地区上报的人口数实际上是 1910 年的。那么,何来评判两位学者对宣统人口调查数据两种相左的观点呢? GIS 人口重心空间分析模型,为我们提供了新的研究思路和方法。图 6 显示的是两个 1910 年人口重心及变动趋势。

从图 6 上可以看到,以 1880 年人口重心为参照点,新政 1910 年人口重心与曹树基修正后的 1910 年人口重心,出现了完全相反的走势。前者在 1880

---

[1] 葛剑雄:《中国人口发展史》,第 243 页。
[2] 葛剑雄主编,侯杨方著:《中国人口史·1910—1953 年》,复旦大学出版社 2001 年,第 247—248、48—54 页。

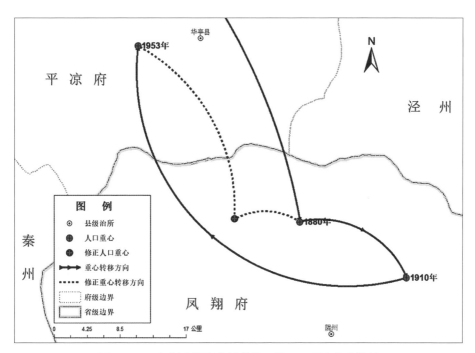

图 6　1910 年新政数和曹树基修正数人口重心移动趋势

年后继续往东南偏移了 14.5 公里,后者则相反,掉头往西北偏移了 8.3 公里。如果曹树基校正后的 1910 年人口数据是正确的,那表明以下两点推论至少有一个是肯定的:其一,1910 新政人口数在整个陕甘区域的西北部存在严重漏报现象,人口数严重偏低;其二,1880—1910 年间,整个陕甘区域的西北部人口增长率度远大于东南部。然而,实际的情况是,以上两点都是错误的,具体理由分述如下:

1. 关于陕甘区域西北地方宣统人口调查新政人口数的漏报问题。陕甘区域西北部主要是甘肃省,尤其是人口最集中的河西走廊地区。在这一省区,笔者发现了宣统人口调查最原始的普查档案地理调查表。研究表明,甘肃新政人口调查实施严格,人口调查数据质量较高,不存在严重漏报的情况[1]。

从男女性别比上看,新政人口数甘肃性别比为 109.78,陕西为 120.00[2]。

---

[1] 路伟东:《宣统人口普查"地理调查表"甘肃分村户口数据分析》,《历史地理》第 25 辑,上海人民出版社 2011 年,第 402—412 页;路伟东:《晚清西北人口五十年(1861—1911)》,复旦大学出版社 2017 年,第 35—74 页。
[2] 王士达:《民政部户口调查及各家估计》表十一,《社会科学杂志》第 6 卷第 2 期。

两者相较,甘肃男女性别比更接近于正常值,陕西男女性别比偏高,说明陕西新政人口数中女性人口漏报更多一些。仅就这一点来看,修正后人口重心也应该向东南方向,而不是西北偏移。

2. 关于1880—1910年间,整个陕甘地区的西北部的人口增长率度远大于东南部。从前所述1820年至1851年的陕甘人口重心分布来看,外来人口入迁导致的人口机械增长因素消除后,区域内部的人口自然增长速度,相差不大。如果1880年后,陕甘区域的西北部人口增长率度远大于东南部,那就说明,1880—1910年间,西北地区的外来人口迁入数量和速度,要远大于东南地区。

然而,实际的情况是,由于战后移民迁出地主要是陕甘区域东部及东南部的河南、湖北、四川、山东、山西、直隶等省,移民西迁入潼关后,首先补充的是靠近迁出地,且人口稀少,自然条件优越的关中地区,陕南山地。而这些区域人口基本饱和,外来移民开始大规模的越过陇山,继续涌入更西部的地区,至少是1910年之后的事。

综上所述,显然,曹树基对于陕甘地区1910年新政人口数的判断出现了错误,他对新政人口数的修正是不可靠的。GIS提供的人口重心模型,是我们实现对这一研究数据进行校验,并证伪的重要手段。

宣统人口调查是中国现代人口普查的萌芽,其普查目的、登记方法及人口数据等,较之以前的户口数有本质区别。在此之前的户口数据,不论出于总志、方志,还是清册、通典,抑或是其他官私文献,实际上都属于同一个系统,来源都是一样的,那就是以收税为目的的、依托保甲体系逐层汇总的、最终记录于户部清册中的户口数。在这样一个数据体系里面,用方志的数据去校验总志的数据,用汇总的地方数据,去检验更高层级的区域或全国数据,不论在什么样的精度上进行讨论和分析,最后的结论都应该是相同或相近的。但当用同样的方法去检验宣统普查人口这样一个系统外的数据时,问题就出现了。

五、余　论

从学科分类上讲,历史人口学是现代人口学的一个分支,但从研究方法与研究侧重点来看,两者并不存在很大的差别。对于历史人口学家来讲,研究工作首先需要解决的是历史人口数据的研究考证,而不是现代人口学的统计分析。历史人口的研究过程,实际上主要就是人口数据的获取过程。历史人口数据往往不符合现代人口学的规范，考证一个看似简单的人口规模已经穷尽所能，至于人口年龄结构、性别结构、职业结构等这些详细的人口学指标，则更是难上加难。因此，现代人口学的统计分析手段对于人口史研究更深层次的需求，往往无能为力。

历史人口数据是具有时间序列的空间数据。历史人口的时间序列、属性信息与空间信息脱节，将严重制约着各种信息，如环境数据、自然资源数据、经济统计数据等的集成。解决这一问题的重要方法就是进行人口数据空间化。以管理、分析空间数据见长的 GIS 的研究方法和技术手段，是我们可以选择的重要依赖。

GIS 的核心是数据，而优质的历史人口数据正是历史人口研究所长。使用人口分布的数据模型，结合传统的人口专题地图表示方法，可以更好地反映人口分布的特征。GIS 支持下的 1776—1953 年陕甘区域人口长时期变动规律分析研究个案表明，GIS 与历史人口学可以很好地结合起来，进行交叉研究。

本文原载《历史地理》第 30 辑，上海人民出版社 2014 年，收录时有修改。

试论抗战时期户口统计中的壮丁调查与征兵

郑发展

1937年全面抗战爆发后,战争所造成大量兵力伤亡,急需兵员补充,兵员补充成了维持战争进行下去的首要问题。兵员补充的基础在于户口统计,为此国民政府颁布了一系列的法规,企图在人口统计的基础上,通过壮丁调查,抽调壮丁以补充兵源,并制定了"兵役制度三原则",即平等、平均、平允。平等乃"办理兵役,不问阶级,不论贵贱,凡届兵役年龄之男子均需服任兵役义务";平均乃"按征兵一定数目,依地方人口壮丁之比例,平均征集";平允即"凡届兵役年龄之男子,依兵役法施行细则应予免役缓役者,即免役缓役,其不当免役缓役者,虽富贵子弟亦不能除外,以平允办法处理之。"[1]而三平原则的实施,基础在于户籍登记、人口统计和壮丁调查,关键在于壮丁抽签办法的落实。

一

民国建立后,由于连年战争不断,加之南京国民政府建立后,曾考虑在全国推行地方自治,一直未有系统的户籍调查机构和基层管理机构。蒋介石出于"剿共"的需要,从1931年开始,先是在江西南部,后来在鄂豫皖三省推行保甲制度,其目的主要是为了通过编组保甲来清查户口。户籍调查更是和兵役调查密切结合,并随着形势发展而不断出台新的政策法规。据笔者统计,抗战期间国民政府施行以及先后颁布的主要户口法规条例计有:《户籍法》(1931颁布,1934年第一次修订,1946年第二次修订)、《保甲条例》(1937年)、《县保

---

[1] 西北研究社编:《保甲制度研究》,1941年。

甲户口编查办法》(1941年)、《户口普查条例》(1941颁布,1942年修订)、《非常时期各大城市户口查报暂行办法》(1941年)、《暂居户口登记办法》(1942年)、《迁徙人口登记办法》(1943年)、《各省市办理户籍及人事登记实施程序》(1943年)、《省市县各级户政机构充实办法草案》(1944年)、《各省市户政干部人员训练办法》(1944年)等,所有这些法规条例的制定,目的主要是要加强对人口、特别是流动人口的管理。其中的《保甲条例》和《县保甲户口编查办法》则成为抗战期间县以下地区户口调查的法律依据。征兵方面主要依据的是1933年6月颁布的《兵役法》(1933年6月17日公布,1936年3月1日正式施行)和1942年颁布的修正后的《兵役法》(1943年3月15日施行),前者被称为旧兵役法,后者被称为新兵役法。同时还制定了其他配套的条例和办法。

《兵役法》规定:凡年满18岁至45岁之男子,皆有服兵役的义务,因此,在户籍统计中,在统计户数、口数、男女人口数外,还有一项统计就是壮丁人数。壮丁的年龄范围在18—45岁之间。通过户籍统计进行全面的壮丁调查是征兵的必要前提,国民政府下达各省征兵配额标准是依据人口数、现役及龄壮丁人数、交通状况等项因素决定以征募并行。征兵工作的进行,尽管法律有明文规定,兵役及壮丁的征集由县市级政府主管,但实际上,都是由各地的保甲长来具体执行。因此兵役与与保甲、户口之关系,抗战前夕人们就有比较清醒的认识,闻钧天认为:征兵制的推行,"尤必须举行户口调查,体格检查等工作,欲达此工作,必须依赖保甲之力,且被征之兵,取之保甲","故保甲制度苟能办理完善,则政府征兵令一下,自有水到渠成之势"[1]。而保甲实施的步骤,也鲜明地说明了与征兵的关系,闻钧天总结道:保甲制度推行有纵横两个角度来分析,纵的角度"第一步为编户编丁,第二步为联村,第三步为选任保甲长,第四步为抽选壮丁,第五步为编练保丁团,第六步为抽查"。横的角度看是要有利于政令的实施,"第一为警察法之实施,第二为人口法之施行……第六为征兵法之施行"[2]。壮丁之抽选,先选而后抽:"除家无壮丁者不计外,有二丁者选一人,三丁者亦选一人,四丁者选二人,五丁以上按比例抽选之。"[3]此即后来的所谓三丁抽一,五丁抽二。

各省的征兵数额按照所谓征额配赋的办法,即国民政府军政部按照《兵役法》的规定订定各年度的《征补兵员实施办法》,确定每年的征补兵额总数,然

---

[1] 闻钧天:《中国保甲制度》,商务印书馆出版1935年,第436页。
[2] 闻钧天:《中国保甲制度》,第463页。
[3] 闻钧天:《中国保甲制度》,第466页。

后再按照各省的人口数现役及龄壮丁人数和交通状况等确定各省当年应征的兵额。各省按照应征兵额每年分三到四次征兵,完成规定的征兵任务。各师管区将征兵人数分配至团管区直至基层,在经过壮丁身家调查和体格检查后,以区乡镇联保为单位举行抽签,抽中的壮丁即整编入营。抽签的办法是抗战时期国民党统治区征集壮丁时采用的最主要的办法。这就要求保甲长要在人口登记的基础上进行壮丁调查,在征兵工作开始前保甲长必须"按年依户籍名册调查其年度内适合征兵年龄之壮丁,及壮丁名册之制造"。壮丁平时需参加壮丁大队训练,交做兵员补充之准备,"斟酌各壮丁之体力学力与志愿,决定其兵种,确定兵役应行、免除或续役之程度",征兵时"检查合格壮丁施行抽签时之监视",等等[1]。

1936 年在《兵役法》正式实施的同时,内政部、军政部、训练总监部会同颁布了《兵役及龄男子调查规则》,规定现役及龄调查、国民兵役及龄调查,现役及龄调查在男子 20 岁之年施行,国民兵役及龄调查在男子年满 18 岁之年施行,而现役及龄调查又分为征兵调查与募兵调查,这是兵役调查法规之开始[2]。1936 年国民政府进行了全国范围内的户口统计,这次户口统计结果于 1938 年公布。1936 年的户口统计是抗战前最后一次全国范围的户口统计,抗战期间未能再进行如此大规模的全国普查,因此 1936 年的数据就显得非常重要。1936 年户口调查同时也进行了壮丁调查,所以兵役调查从一开始就和人口调查相一致。1936 年 10 月 30 日,行政院还就壮丁调查及征兵下达训令,"对于乡镇保甲长办理兵役,酌给费用,并令各县市添造户口调查表"[3]。

户籍制度建立在保甲制度的基础上,而保甲制度在 30 年代中期仍在全国推广过程中,至 1937 年底,已经编组完成保甲制度的省份有江苏、浙江、安徽、江西、河南、甘肃、绥远、宁夏、广西、湖南、四川、贵州、南京、北平等 16 省市,其他省份或正在编组,或根本未拟定实施方案等未及推行[4]。保甲制度所进行的人口登记从一开始就不准确,何炳棣先生认为"由于成年男子须承担这种民兵的职责,当时保甲系统中所搜集的人口数字,内中必有大量遗漏的壮丁",这种成年男子在登记中隐漏的现象反映在保甲的人口登记上,如"在保甲制恢

---

[1] 闻钧天:《中国保甲制度》,第 470 页。
[2] 兵役部役政月刊社编印:《抗战八年来兵役行政工作总报告》,1945 年 11 月,第 69 页。
[3] 林振镛:《兵役制概论》,正中书局 1940,第 84 页。
[4] 李宗黄:《现行保甲制度》,中华书局 1943 年,第 33 页。

复前的1928年,江西上报的成年男子数是3 477 039人,在保甲制实施下的1935年这项数字仅为2 665 065人,六年中减少了801 974人"[1],这是绝对不可信的。兵员征集是依据各县户籍册,户籍册记载确实,则服役、免役、缓役、禁役资格自然容易确定,但是如果各种户籍册记载失去了准确性,则壮丁调查的准确性也就大可质疑。如四川"至于各县正式举办之全县户口调查,为数无多,且每每自为风气,随意草拟条例,制定表格,故其统计结果,多不适用"[2]。

由于人口调查不彻底,办理役政的保甲长随意填报,人口数字自然缺乏准确性,"某县调查壮丁数字,与壮丁请求免缓役数字相较,壮丁请求免缓役数字,反超出调查壮丁数字";"某县二十七年度调查壮丁数字,竟与二十八年度调查壮丁数字,完全吻合"[3]。为规范基层人员的工作,1939军政部颁布《兵役调查须知》,详细规定了家长、壮丁、保甲长、乡镇长、区公所及县政府应办的事项,规定调查范围在凡年满18岁至45岁之壮丁,同时颁布《国民兵役施行规则》,"订定《国民兵役各期役龄壮丁推算表》,县(市)以下各级地方《各役期国民兵数概算表》暨《户口与受调国民兵之比率表》,以为推算国民兵概数之根据"[4]。

抗战时期,基层民众将人口调查与壮丁调查混为一谈,如甘肃有些地区民众"以为调查户口就是为的征拨壮丁,往往以多报少,或隐匿不报"[5]。时任河南省巩县民政科员杨景庆(再兴)提供1939年的实有人口为279 391,其中男136 360,女143 031,据他说当时为了少出差款(即少出壮丁、款项),少上报六万人口,实报213 931[6]。为求确知各地壮丁人数,1941年12月军事委员会颁布1942年《征补兵员实施办法》,其中征兵调查办法规定,调查时,须召集保民大会,检举漏丁,应严重处分,县政府国民兵团须点阅壮丁,各师区配属军应重行点阅,各师(团)管区应抽查点阅,以免壮丁借此逃役。1942年军政部更规定"壮丁调查,由乡(镇)保甲长负专责,如经发现漏丁,或不当免缓禁停役,或年龄不确,在每甲一人以上每保三人以上,每乡镇十人以上者,各该乡镇

---

[1] 何炳棣著,葛剑雄译:《1368—1953年中国人口研究》,上海古籍出版社1989年,第81—82页。
[2] 施居父:《四川人口数字研究之新资料》,民间意识社1936年。
[3] 《四川兵役月刊》第3卷第1、2期合刊,第14—15页。
[4] 兵役部役政月刊社编印:《抗战八年来兵役行政工作总报告》,1945年11月,第69页。
[5] 《本府为整理一五两区各县保甲告民众书》,《甘肃省政府公报》1939年,第473页。
[6] 刘年成:《解放前巩县人口》,《巩县文史资料》第3辑,第40页,1983年。

保甲长,不予缓征,并应提前征送入营,以示惩处"[1]。

全面准确的人口调查是壮丁调查的前提,而抗战前我国没有严格的户籍制度,有关居民的各项资料缺乏确实依据,保甲长随意填报,各地流动人口亦无切实稽查。因此保甲长在征兵问题上首先"碰上调查户口与造壮丁名册的大难题。严格地讲来,这名册是无法造出来的。但他们的联保主任保甲长只要有上面的命令,就可以在限定期内交卷"[2],从有关统计数据看,不同省份男子数与壮丁数的比例相差悬殊,有的省18岁至45岁的壮丁竟占全体男子的9.88%,而有的地区适龄壮丁占到了人口的51.59%,这就说明有些省份的壮丁人数显系编造[3]。

由于调查过程中出现了许多舞弊现象,所以人口的准确性仍然无法把握。各地只能先根据户口的大概情形粗略推算。到1942年,内政部推广户籍行政,1943年全国展开户籍普查,新《兵役法》也同时公布,规定每年四至六月举行壮丁身家调查,每年七月至九月进行体检,每年十月进行抽签。军政部同时拟订《三十三年度壮丁调查计划大纲》,规定"凡壮丁年满十八岁迄四十五岁者,不论是否具有免禁役缓征召条件,概须登记列册,无论本籍、寄籍或暂居户口,均于现住地举行,壮丁统计,应集中县府办理,名册名簿,应设柜保储",并附颁了《国民兵役龄对照表》,及修正之壮丁名册暨国民兵名簿格式,以利调查时换算阴阳历出生年月日,1944年5月,军政部规定根据各省三十二年度所报壮丁数目,每名补助调查费二角,指定专为印制壮丁名册暨国民兵名册费用,并对统计表的纸张、格式进行了明确的要求,该调查上实际上没有进行下去,"正督促彻底办理间,适逢敌寇进扰,豫、陕、鄂、湘、桂、粤、赣、黔等省,各该省区域沦陷殆半,遂致调查无法举办"[4]。

1945年兵役部成立后,为加强户口调查与壮丁身家调查的联系,以利户政役政之推行,会同内政部颁布《户口调查与壮丁身家调查联系办法》,要求"各级主管户籍机关及兵役机关业务,应互相通报,各级人员,得互相服务,县以下机构应合并办公,户口统计表与国民兵统计表应分送备查,国民兵干部训练,应讲授户籍法,户籍干部训练,应讲授兵役法及调查法令,各级户籍机关,

---

[1] 兵役部役政月刊社编印:《抗战八年来兵役行政工作总报告》,1945年11月,第70页。
[2] 西北研究社编:《保甲制度研究》,1941年,第20页。
[3] 参见葛剑雄主编,侯杨方著:《中国人口史·1910—1953年》,复旦大学出版社2001年,第330页。
[4] 兵役部役政月刊社编印:《抗战八年来兵役行政工作总报告》,1945年11月,第70页。

应对各级兵役机关,予以调查之技术协助调查后,发现漏丁时,其办理人员,应同受户籍法及陆军兵役惩罚条例之处分"[1]。进一步明确户口调查与壮丁调查的关系。

二

国民政府于1931年12月公布《户籍法》,开始对全国人口进行调查,以便确立各省的征兵配额,为实行征兵做准备。1934年内政部强调征兵"依照壮丁人数为比例,不当以地方人口为比例,因若依后者,便会失去正确的标准,不符合平均的原则了"[2]。编整户籍、进行严格的人口登记是办理役政的基本的首要的工作,在此基础上,根据各省情况进行兵额分配,以体现平等、平均、平允的原则,但实际上,兵役部下达给各省的征兵指标悬殊尤甚,并未按照人口调查中的壮丁额核拨,以1943年为例,河南的征丁数竟然占到了全体男子的2.25%,当时河南正面临全省性的大饥荒,当年饿死人口三百万,沦陷区达30余县,国统区实际只有六十余县,仍然实征壮丁20万人,八年抗战,河南实征丁数达到189万多,高居全国第二位。这就必然导致兵额分配额度多的地区,出现拉丁、抓丁现象的盛行,就目前资料来看,抓壮丁最多的地区,也就是实征壮丁最多的省份。

从各省抗战八年实征人数来看,兵役的分配存在十分悬殊的情况。壮丁调查既定,就应当按照壮丁比例进行抽调,我们目前尚未找到国民政府给各省分配兵役名额的相关规定,但从相关省份当时关于兵役数量的情况陈述中可以看出,兵役指标的分配本身就存在不公平的现象,同时实征壮丁人数与实际补充到部队的人数也有较大的差距。

表1 抗战时期征配额、实征壮丁数与补充到部队新兵一览表

年 份	征配数额	实征壮丁数额	补充至部队新兵数额	备 注
1937	1 008 310	1 008 310	305 874	
1938	1 658 915	1 658 915	1 713 786	
1939	2 344 569	1 975 501	1 777 871	

[1] 兵役部役政月刊社编印:《抗战八年来兵役行政工作总报告》,1945年11月,第71页。
[2] 林振镛:《兵役制概论》,正中书局1940年,第273页。

续表

年份	征配数额	实征壮丁数额	补充至部队新兵数额	备注
1940	2 073 043	1 908 839	2 013 546	
1941	2 049 782	1 667 830	1 537 238	
1942	1 949 834	1 711 132	1 591 413	
1943	1 765 537	1 666 918	1 524 126	
1944	1 722 096	1 512 352	1 014 093	
1945	1 500 000	813 062	541 763	
总计	16 072 086	13 922 859	12 019 710	

资料来源：根据《抗战八年来兵役行政工作总报告》整理。

由上表可知，八年全国实征壮丁1 392万，补充至部队的只有1 201万，那么征来壮丁中的那191万壮丁哪里去了呢？抗战中期，蒋梦麟以中国红十字会会长的身份，对兵役状况作过一次实地考察，考察结果令他触目惊心。由于缺乏交通工具，被征召的新兵常常要步行数百里，才能到达指定的部队。新征壮丁因徒步远行、饥饿、疾病而死于路途者十之八九。从韶关解来300壮丁，至贵阳只剩27人；从江西解来1 800人，至贵阳只剩150余人；从龙潭解来1 000人，至贵阳仅余100余人。死亡壮丁与存活壮丁的比例高达11∶1[1]。董必武曾对国统区所征壮丁状况做了详尽的描述："在拉去的时候，没有衣服没有被单，曾有从云南到湖南前线去的新兵，一路上一丝不挂，只弄些草遮一遮盖，见到老百姓的东西，就拿到嘴里吃。捆来的兵在送补训处之前都是关在小屋子里，既无草，又无铺，热天闷得要死，冬天冻得要死，吃喝大小便都在那里，生病的很多，新兵能到达前线的，达到百分之五十就算是最好的，经常只能保持百分之三十。"[2]

1943年以前，由于学生等知识分子阶层免缓役人口过多，导致兵源质量十分低下，抗战中期，黄仁宇任排长，他的士兵"不仅体格羸弱，而且状似白痴，不堪教练。师部的办法，即是抽调各营连可堪训练的士兵，组织突击队，集中训练，其他的则归各部队看管，也谈不上训练，只希望来日作战时在

---

[1] 蒋梦麟：《西潮·新潮》，岳麓书社2000年，第294—300页，转引自王奇生《湖南会战：中国军队对日军"一号作战"的回应》，《抗日战争研究》2004年第3期。

[2] 董必武：《抗日战争时期国民党统治区的情况》，《近代史研究》1980年第3期。

山上表现人多"[1]。1944年底,兵役部长鹿钟麟巡查发现,"一百个壮丁中,想找一小学生都非常难"[2]。

三

户口调查是征兵的前提,户口调查完成对壮丁进行身家调查、体格检查以后,兵员征集的下一程序就是壮丁抽签,即老百姓所说的抽丁。鉴于一般适龄壮丁畏服兵役,壮丁根据身家调查的情况,抽签决定谁应该服役。1938年4月军政部《兵役法施行暂行条例修正草案》,1940年5月,军政部为改进各省役政,修正征兵及抽签办法,颁布《非常时期征集国民兵及抽签实施办法》。1942年12月由军委会制颁的《战时征补兵员实施办法》、1943年新兵役法,都对壮丁抽签作出一些新的规定。1944年军政部特制定抽签办法,其目的也是为平等、平均、平允的推行壮丁抽签,完成征兵任务。各省也相应都制定了壮丁抽选办法和条例,办法差异也比较大,但基层的保甲制度仍然是抽签进行的保证。

国民政府实施征兵制,是抗日战争胜利的基本需要,各省都不同程度的进行了发动和动员,在抽签过程中也根据国民政府的要求采取了各种办法,抗战时期实征壮丁人数最多的是四川、河南两省。四川省采用直接抽签办法,分三步进行:第一步,全省各县(市)于同日召集保长以上会议,按所属保数,抽签确定全年各保征兵次序;第二步,区乡(镇)按所属甲数,抽签确定各甲征集次序;第三步,甲长接到配额征集令时,召集除免、缓、停役人员以外适龄壮丁(按三丁抽一、五丁抽二),举行直接抽签,第一个中签者即为被征集人(每甲每次征一人),抽签结果张榜公布[3]。这样相对公开的做法,与国民政府所要求三平原则基本相符,因而征兵的过程在初期还是较为顺利的。有些地方对于被抽中的壮丁采取了各种优惠办法,也使征兵工作进行顺利。如被河南省政府主席刘峙誉为"青年敢为"县长的王光新,1938年在唐河任县长时就对征兵工作提出了明确而具体的要求,保甲长们在抽签过程中也能按照要求办事,而且鉴于"当时各地征兵,大多采取抓、拉、顶替,绳捆索绑,民众不堪其苦。王氏

---

[1] 黄仁宇:《地北天南叙古今》,时报文化出版社1991年,第141页,转引自王奇生:《湖南会战:中国军队对日军"一号作战"的回应》,《抗日战争研究》2004年第3期。
[2] 鹿钟麟:《视察役政纪实》,南京图书馆藏,第3页。
[3] 成都市地方志编纂委员会:《成都市志·军事志》,四川大学出版社1997年,第59页。

对应征入伍的壮丁,要他们骑马戴花,由乡镇保长在前面给他们牵着马,民众及各机关、学校人员在后边敲锣打鼓,呼口号欢送,并对他们的家属给予一定照顾。经豫南师管区考核,唐河县征兵成绩名列第一,专案报请军政部奖励"[1]。在有些地方还出现当兵未遂心愿而出现极端的事例,如"广西某处的几个壮丁因为抽签没有抽到自己,及愤而自杀"[2]。

然而从各地的史料看,大部分民众还是不愿当兵的。抗战时期由于民众没有文化,很多人视兵役为畏途,当兵是死路,所以一般民众皆愿出钱而逃役。有钱有势人家"往往等抽签抽到他们的时候,就花几十元或几百元去买通穷人家来顶替,有时或且向征兵官纳贿,以求免役。这种情形在各处都已屡见不鲜"[3]。而壮丁的分配征集,完全由区乡保甲长负责执行,但因为这些人员自身的不健全,许多不了解兵役法令,或者没有国家民族的观念,不依法令执行,往往舞弊营私,从中渔利,更有包庇亲友,欠额不缴,欺压良民,顶替买卖,无所不有。至于户籍、人口调查不清,壮丁的数目不确实,任由保甲长的虚报,或以多报少,或秘而不报,弊端百出,兵员征补也就无法公平执行了。蒋介石对此情况十分清楚,他在谈到基层征兵情况时就谈到"保甲长等不按征兵条例,不论壮丁及龄与否,仅视被征者出价之多寡,有钱免谈,孤子必征,动辄索价五六十元"的现象[4]。

早在抗战开始,征兵就遇到了实际困难,1938年,四川省新津县第三区太平联保第三十保保长王茂轩等人"为无丁派送,免征单丁,联恳察核,恐误征章事",向上级汇报"以本保征丁论,早已违犯征章,政府明令三丁抽一、五丁抽二,今单丁亦申送五名,艰难可想。职保户口六十五家,除曾为军人正在抗日前方","照章应征壮丁并无一人。尚有单丁数人,全家生活均以是赖";"每次抽送单丁,哭号四野,惨不忍睹"[5]。1939年四川省江津县第二区金银石联保亦呈述:"辖境共划六保,人口不满四千,统计男丁仅一千八百余名,壮丁不过五百","本联保所送之丁,除中途逃亡及验收剔除外,为数当在二百名以上。凡家有壮丁二人以上者,早已抽送无余,末后数次惟斟酌其家庭环境及生活状

---

[1] 陈兆新:《王光临事迹片段》,《河南文史资料》第32辑,1989年,第82页。
[2] 唐崇慈:《抗战中的征兵问题》,中山文化教育馆1938年,第25页。
[3] 唐崇慈:《抗战中的征兵问题》,第24页。
[4] 西北研究社编:《保甲制度研究》,第199—200页。
[5] 《三区太平联保第三十保呈文》,四川新津县档案馆:新津县政府兵役科,归档号218。转引自冉绵惠《抗战时期的兵役制度——以四川为例》,《四川师范大学学报》2007年第5期。

况,虽有适龄壮丁一人之家",亦"强迫征送,以符政令,以致人心惶惶,舆情鼎沸,咸视服役为畏途。有避而夜宿荒野者,有逃征而跌伤者,有迁移黔省者,甚有持械拒征者,又有被征丁之父母扭殴保甲索子拼命者,或于送丁时妻儿牵衣拦道哭阻,种种险象、惨状,实难枚举"[1]。征兵之难,已经到了凄惨的境地。

各级兵役人员收受贿赂,买卖壮丁,"江北市区壮丁以小商贩最多,每逢征兵之期,应征者则以数十元贿赂其保长,以期免役。而保长或通贿各甲长,或通贿其联保主任(即巡官)后,即派壮丁数名在四乡路口强拉商旅服役,或以钱收买贫民、流氓滥竽充数。上级机关以征兵非易,只求足数即可转送,向不究查其征兵之方式及手续,而主办兵役机构只验其合格与否,亦不查其是否为应征之壮丁。近在民间查询则过去所征之兵,计什九均如是。江北各保甲长等虽声称征兵困难,但莫不借此为发财之机会"[2]。"国民党依靠保甲来征兵……结果它的征兵变成掠夫和绑索,表面上虽做抽签的样式,实际上有钱有势的人家子弟,就是中了签也还是不去的。保甲长就把最穷苦的人或行路的人捆去塞责"[3]。1945年3月25日《新华日报》报道:"万县县属城守镇临时保长林子桢,在二月一日夜间,带领武装到桥马滩船帮,估拉壮丁,该帮队员牟顺之拿出身份证和符号,证明已准予缓役,保长当面把各种证件撕碎,硬要拉去,牟反抗时被打,受了重伤,落水淹死,死尸第二天才被捞起。"因此而也产生专门卖身为壮丁的兵油子,如河南宜阳农民索富堂回忆自己于民国三十年七月、民国三十一年麦后、民国三十二年春夏之交、同年秋、民国三十二年冬短短三年间,自己将自己卖身为壮丁达五次之多[4]。

由于抗战形势的多变,战场兵员的伤亡,致使国民政府只求壮丁的征调,只求每年各省县按征召分配名额交足即可,至于征召的方式,政府不大追究过问。这样就使得壮丁抽调过程中出现了抓壮丁的现象。河南省方城县在"抽签选拔过程中,基层官吏弄虚作假,从中舞弊;应征者几乎全系劳动人民子弟,使抽签流于形式,以致怨声载道,人心沸腾,遭到强烈抵制。在这种情况下,旧政权进而采取出其不备,深更半夜上门绑架的办法,这就形成了所说的"抓壮

---

[1]《江津县政府训令第二区查酌办理(1939年役字100号)》,四川江津市档案局:江津县政府档案,案卷号1(101)-318-1。转引自冉绵惠《抗战时期的兵役制度——以四川为例》,《四川师范大学学报》2007年第5期。
[2]《江北保甲之弊端》第43—44页。重庆市档案馆:重庆市政府档案,案卷号2-555。转引自冉绵惠《抗战时期的兵役制度——以四川为例》,《四川师范大学学报》2007年第5期。
[3] 董必武:《抗日战争时期国民党统治区的情况》,《近代史研究》1980年第3期。
[4] 索富堂口述,索贯顺整理:《我对卖壮丁的回忆》,《宜阳县文史资料》第6辑,1991年,第107页。

丁"了。一招失效,再招不灵,最后竟演变到见人就抓的地步[1]。据1941年国民政府在河南襄城19个村的调查,适龄壮丁有38.7%是当兵的[2]。

　　抗战时期的户籍调查、人口登记,其主要目的是为弄清壮丁口数,然而由于战争态势的不断变化,始终没有一个准确的全国性人口数字,1943年推行的户籍及人事登记,在征兵过程中所造成的负面影响有其存在的条件,但从总体上说,壮丁调查与征兵仍有效保障了抗战对兵员的需求,为抗战胜利起到了重要作用。

本文原载《齐鲁学刊》2010年第1期。

---

〔1〕 李克文:《一次壮丁反抗记实》,《方城县文史资料》第9辑,1992年,第42页。
〔2〕 董长芝、李帆著:《中国现代经济史》,东北师范大学出版社1988年,第159页。

文化史研究

"炎黄认同"与"大一统"政治价值观的理论建构

——以"炎帝"身份转换和"大一统"观念为中心的考察

夏增民

一、战国秦汉时期炎帝身份的转换

炎帝和黄帝是中华民族的"人文初祖",是中国民族团结、国家统一的象征和文化认同的源泉。早期中国对炎帝和黄帝的文化认同,体现了时人在政治和文化上对"大一统"理念的认知和实践,那么炎帝和黄帝形象与身份的转变,就代表了"大一统"政治价值观的认识深化。本文即以炎帝在战国秦汉时期身份角色的变化入手,探寻"大一统"的思想建构和政治实践。

"炎帝"始见于文献,约是《逸周书·尝麦解》,其中云:"昔天之初□作二后,乃设建典。命赤帝分正二卿,命蚩尤宇于少昊,以临西方,司□□上天未成之庆。蚩尤乃逐帝,争于涿鹿之河九隅无遗。赤帝大慑,乃说于黄帝,执蚩尤,杀之于中冀。"[1]这里的"赤帝",即是指"炎帝"。另外,较早关于"炎帝"的记载,还见于《国语》和《左传》。

《国语》卷10《晋语四》载:

> 昔少典取于有蟜氏,生黄帝、炎帝。黄帝以姬水成,炎帝以姜水成。成而异德,故黄帝为姬,炎帝为姜,二帝用师以相济也,异德之故也。[2]

《左传·昭公十七年》载:

> 秋,郯子来朝,公与之宴。昭子问焉,曰:"少皞氏鸟名官,何故也?"郯

---

[1]《逸周书·尝麦解》,黄怀信:《逸周书校补注译》,三秦出版社2006年,第294页。
[2]《国语》,胡文波校点,上海古籍出版社2015年,第237页。

子曰:"吾祖也,我知之。昔者黄帝氏以云纪,故为云师而云名。炎帝氏以火纪,故为火师而火名。共工氏以水纪,故为水师而水名。太暤氏以龙纪,故为龙师而龙名。我高祖少暤挚之立也,凤鸟适至,故纪于鸟,为鸟师而鸟名。"〔1〕

另,《左传·哀公九年》载:

> 晋赵鞅卜救郑,遇水适火,占诸史赵、史墨、史龟。史龟曰:"'是谓沈阳,可以兴兵,利以伐姜,不利子商。'伐齐则可,敌宋不吉。"墨曰:"盈,水名也;子,水位也。名位敌,不可干也。炎帝为火师,姜姓其后也。水胜火,伐姜则可。"〔2〕

此四条记载反映了当时人对炎帝最早的认识,应该具有相当的可靠性。陈立柱认为,春秋以至战国早期,氏族组织依然存在,氏族祖先的起源传说、事迹和谱系不仅在族人中通过长老的代代传诵,而且也掌握在巫、史、卜、祝的口头与记述中,巫、史、卜、祝世官其职,代代相传,家法谨严,几十代的谱系常常背诵不爽〔3〕。因此,《国语》和《左传》这样成书较早的典籍所载事迹往往相对准确。司马迁在写作《史记·五帝本纪》的时候,已经感受到了由于年代久远所带来的撰述上的困难,感叹"其言不雅训",但他仍以良史的品格完成了对上古史事的记录。关于炎帝和黄帝,《五帝本纪》载:

> 轩辕之时,神农氏世衰,诸侯相侵伐,暴虐百姓,而神农氏弗能征。于是轩辕乃习用干戈,以征不享,诸侯咸来宾从。而蚩尤最为暴,莫能伐。炎帝欲侵陵诸侯,诸侯咸归轩辕。轩辕乃修德振兵,治五气,艺五种,抚万民,度四方,教熊罴貔貅䝙虎,以与炎帝战于阪泉之野。三战,然后得其志。蚩尤作乱,不用帝命。于是黄帝乃征师诸侯,与蚩尤战于涿鹿之野,遂禽杀蚩尤。而诸侯咸尊轩辕为天子,代神农氏,是为黄帝。〔4〕

由以上资料,可以得到的基本事实是:神农氏在黄帝和炎帝之前;黄帝和炎帝同时,且为兄弟;黄帝和炎帝之间曾发生阪泉之战;炎帝为蚩尤所败,黄帝与之联兵杀蚩尤;炎帝与"火"有一定的关系。不仅如此,同时也必须注意到

---

〔1〕 杨伯峻编著:《春秋左传注》,中华书局1990年,第1386—1387页。
〔2〕 杨伯峻编著:《春秋左传注》,第1652—1653页。
〔3〕 陈立柱:《两种视野下的炎帝研究与其给出的启示》,《安徽史学》2006年第6期。
〔4〕 《史记》卷1《五帝本纪》,中华书局2014年,第4页。

《国语·晋语四》所记"成而异德"一语,并且认为"二帝用师以相济也,异德之故也"。"异德"至少指出黄帝和炎帝在文化上的异质性,并导致了战争,当然,最终二者还是走上共同发展的道路。

但自从战国中期以后,文献所载炎帝形象和身份发生了变化,其主要表现在炎帝与黄帝的关系变迁、炎帝与神农氏合二为一这两个问题上。

早期文献提到黄帝和炎帝,均是"黄炎"。如《国语·晋语四》云"生黄帝、炎帝",黄帝在前;《国语》卷3《周语下》亦曰:"夫亡者岂繄无宠?皆黄炎之后也。"[1]至《吕氏春秋·荡兵》,其载:"兵所自来者久矣,黄、炎固用水火矣。"[2]仍是"黄炎"。"黄炎"的称谓是符合早期历史记载的,但也就大致在秦汉之际,"黄炎"的说法即为"炎黄"所取代。《汉书》卷33《魏豹田儋韩王信传》"赞曰"即提到:"炎、黄、唐、虞之苗裔尚犹颇有存者。"[3]"炎黄"称谓的出现,是上古帝王次序更改的产物。

上古帝王次序的更改,最直接的原因是为了符合"五德终始说"的需要,确立以黄帝为先的禅位次序,如《大戴礼记》中之《五帝德》和《帝系》。但同时,这样就出现了炎帝(火德)不好安置的难题。为了解决五行相生相克的秩序,只好把炎帝与神农氏合二为一。神农氏是战国时期人们心目较重要的古圣王,且在黄帝之前[4],这样,"炎黄"次序的更改就顺理成章了。

在先秦文献中,炎帝与神农氏本无直接关系。如《管子·封禅》载:

> 桓公既霸,会诸侯于葵丘,而欲封禅。管仲曰:古者封泰山禅梁父者七十二家,而夷吾所记者十有二焉。昔无怀氏封泰山,禅云云;虙羲封泰山,禅云云;神农封泰山,禅云云;炎帝封泰山,禅云云;黄帝封泰山,禅亭亭;颛顼封泰山,禅云云;帝喾封泰山,禅云云;尧封泰山,禅云云;舜封泰山,禅云云;禹封泰山,禅会稽;汤封泰山,禅云云;周成王封泰山,禅社首。皆受命然后得封禅。[5]

开始之时,神农与炎帝皆不相混,比如《山海经》喜言炎帝,但绝口不谈神

---

[1] 《国语》,胡文波校点,第70—71页。
[2] 《吕氏春秋·荡兵》,徐小蛮标点本,上海古籍出版社2015年,第136页。
[3] 《汉书》卷33《魏豹田儋韩王信传》,中华书局1962年,第1858页。
[4] 如《吕氏春秋·尊师》即载:"神农师悉诸,黄帝师大挠,帝颛顼师伯夷父,帝喾师伯招,帝尧师子州支父,帝舜师许由,禹师大成赘……"(徐小蛮标点本,第74页)可确证传统上是把神农放置在黄帝之前的。
[5] 姜涛:《管子新注》,齐鲁书社2009年,第363页。

农;《庄子》侈谈神农,然闭口不言炎帝。周及徐认为炎帝与神农合二为一,始自刘歆《世经》。刘歆采缀《左传·昭公十七年》和《易·系辞下》之内容,为配合五德终始说的需要,改易五帝次序,以遂政治变革。刘歆确立的五帝次序是:太昊(伏羲)、共工、炎帝(神农)、黄帝、少昊。[1]

然而就文献而言,较早把炎帝和神农氏合在一起,则可能是在战国晚期。据《左传·昭公十七年》唐孔颖达疏曰:"《帝系》《世本》皆谓炎帝即神农氏。炎帝,身号;神农,代号也。"唐刘知幾《史通》卷12《古今正史》亦云:"楚汉之际,有好事者,录自古帝王、公侯、卿大夫之世,终乎秦末,号曰《世本》。"不仅《世本》成书于秦汉之际,据郭永秉的研究,《五帝德》《帝系》著作的时间,也不会早于战国晚期[2]。如此,则至晚在秦汉之际,炎帝与神农氏即合称了[3]。

王树民认为,战国之时,古帝王之名号多被并合。"春秋以来,各国贵族不仅有姓有氏,且有名有字。战国时人受此影响,本为单名的古帝王,多以二名结合为一人。如黄帝与轩辕氏相结合,炎帝与神农氏相结合。"[4]这可能的确是战国时人的思路。然而,炎帝名号的并合有好几种,根据汉人的记载,炎帝曾被称为厉山氏或烈山氏,如《礼记·祭法》郑玄注:"厉山氏,炎帝也,起于厉山,或曰烈山氏。"又曾称大庭氏,如《礼记·月令》郑注:"炎帝大庭氏也。"而在早先,《汉书》卷20《古今人表》在谈到炎帝神农氏时,先列烈山氏,后又列归藏氏;《太平御览》卷78引西晋皇甫谧《帝王世纪》则说炎帝"号魁隗氏,又曰连山氏,又曰烈山氏",等等。那么为何炎帝与神农氏的结合得到了广泛的认同呢?

首先是因为在传统的帝王次序中,神农氏在黄帝前,而且事功大,《周易·系辞传下》载:

> 包牺氏没,神农氏作,斲木为耜,揉木为耒,耒耨之利,以教天下,盖取诸《益》。日为市,致天下之民,聚天下之货,交易而退,各得其所,盖取诸《噬嗑》。神农氏没,黄帝、尧、舜氏作,通其变,使民不倦,神而化之,使民宜之。[5]

---

[1] 周及徐:《"炎帝神农氏"辨伪》,《四川师范大学学报》2006年第6期。
[2] 郭永秉:《帝系新研》,北京大学出版社2008年,第94、222页。
[3] 多有论者称《竹书纪年》记有"炎帝神农",其曰"炎帝神农氏,其初国伊,继国耆"云云。经查,并未有此条,不知何据,疑为《路史》之讹。
[4] 王树民:《黄帝和炎帝的历史地位》,《文史知识》1999年第10期。
[5] 《周易·系辞传下》,周振甫《周易译注》本,中华书局1991年,第257页。

神农氏在传统的知识体系中,是农业、医药、商业的发明者,其功劳可与黄帝相比。而且关键是,炎帝属火德,早期农业刀耕火种,因此炎帝之火与发明农业之神农因此建立了直接的联系,使双方合二为一成为可能[1]。

西汉以后,炎帝号神农氏,基本成为共识。《说文》云:"姜,神农居姜水,以为姓。"《吕氏春秋·慎势》高诱注曰:"神农,炎帝也。农植嘉谷,化养兆民,天下号之曰神农。"《国语》卷10《晋语四》韦昭注引贾逵曰:"炎帝,神农也。"《左传·昭公十七年》杜预注曰:"炎帝神农氏,姜姓之祖也。"是为其证。另,西晋皇甫谧《帝王世纪》云:"神农氏,姜姓也。母曰任姒(《册府元龟》作任己),有乔氏之女,名女登,为少典妃。游于华阳,有神农首感女登于尚(一作常)羊,生炎帝。人身牛首,长于姜水,因以氏焉。有圣德,以火承木,位在南方,主夏,故谓之炎帝。"[2]是故,以后诸史皆称炎帝神农氏。炎帝与神农氏名号的结合,提高了炎帝的地位,炎帝与黄帝由弟兄关系,转换成了继承关系。所以,《越绝书·记倪内经》载"臣闻炎帝有天下,以传黄帝。黄帝于是上事天,下治地"[3],云云。

这样看来,炎帝身份角色的变换,是因为战国秦汉时人以黄帝为先变易五帝次序,因此五帝均成为黄帝之后。《礼记·祭法》云:"有虞氏禘黄帝而郊喾,祖颛顼而宗尧;夏后氏亦禘黄帝而郊鲧,祖颛顼而宗禹;殷人禘喾而郊冥,祖契而宗汤;周人禘喾而郊稷,祖文王而宗武王。"[4]夏商周都奉黄帝为祖先神。然而,黄帝与炎帝明明是"异德",是属于不同的文化系统,为了二帝的和谐,一定要给炎帝安排合理的位置。田兆元和明亮看出了这一问题,他们提示应该注意到《史记》中的一个问题是:"五帝中除黄帝外,称谓都叫帝某某,如帝颛顼、帝喾、帝尧、帝舜,而不是叫颛顼帝、喾帝,但是,《五帝本纪》里却提到了炎帝。这里的含义是:黄帝外,其他四帝均为黄帝之后,五帝是一个血统,一个系列,这在叙述中十分明白。五帝是从黄帝开始的,故称黄帝,而不是帝黄,其他继承者,都是帝某某,既表现为血统的一致性,也表现为文化的一致性。《大戴礼》有《五帝德》篇,五帝之所以为五帝,在于德,这是一种文化认同。而炎帝

---

[1] 至于炎帝与神农氏的关系,当另文着重论析,关于"火"作为二者的纽带,高光晶在谈及神农、炎帝的古义时曾从字义上有所考证,惜其不详。见《神农、炎帝和黄帝考辨:兼谈"炎、黄成为中国人祖先"的原因》,《湖南师范大学学报》1995年第2期。
[2] (西晋)皇甫谧撰:《帝王世纪》卷1,"中国基本古籍库"收录清光绪贵筑杨氏刻《训纂堂丛书》本,第3页。
[3] (东汉)袁康、吴平辑录:《越绝书》卷4《记倪内经》,上海古籍出版社1985年,第30页。
[4] 《礼记·祭法》,杨天宇《礼记译注》本(下),上海古籍出版社2004年,第599页。

和黄帝不一样,是'异德',因此,炎帝不能和五帝并列在一起。炎帝是另外一个系列。我们在《帝王世纪》里发现了这样的叙述,炎帝称谓是某帝,但是,炎帝的后裔则是帝某,如所谓的炎帝八代,帝临魁、帝直、帝榆罔等,和《史记》对黄帝系列的称谓一样。显然,黄帝和炎帝是不同的两个系列。"[1]在新的古史系统里,黄帝居于主要地位,炎帝无法安排,所以炎帝和黄帝均上升为皇。

《史记》卷6《秦始皇本纪》所云"三皇"为天皇、地皇和人皇,是谓战国即有"三皇"之说。汉初,伏生传《尚书大传》,所记三皇则为燧人氏、伏羲和神农;此时三皇中已有炎帝。至东汉,《吕氏春秋·执一》高诱注则云:"神农,炎帝,三皇之一。"其后《国语》卷10《晋语四》韦昭注曰:"神农,三皇也,在黄帝之前。"是以炎帝为三皇遂成为主流意识。

战国秦汉时人引入"皇"的概念,不仅是为了解决新古史系统内炎帝和黄帝次序的困难,也是现实政治中权力集中的表现。初,周天子先称王,为天下共主,战国之世,礼崩乐坏,诸侯纷纷称王,王已不足贵,所以一些大国开始称帝。《史记》卷69《苏秦列传》载:"齐伐宋,宋急。苏代乃遗燕昭王书曰:'……秦为西帝,燕为北帝,赵为中帝,立三帝以令于天下。韩、魏不听则秦伐之,齐不听则燕、赵伐之,天下孰敢不听?'"[2]可见战国后期,诸侯之间已有称帝的动议,而事实上,秦和齐两大国的君主都曾称"东西帝"。帝是高于王的称谓。《说文》曰:"帝,禘也,王天下之号也。"《周易·益卦》"王用享于帝,吉"句王弼注曰:"帝者,生物之主,兴益之宗。"《礼记·郊特牲》"天子牲孕弗食也;祭帝,弗用也"孔颖达疏曰:"因其生育之功,谓之帝。"因此,帝有"生"之意,明显比"王"要高贵。而"皇"则更为突出,《公羊传·成公八年》何休解诂曰:"王者,号也。德合元者称皇。孔子曰:皇象元,逍遥术,无文字,德明谥。德合天者称帝,河洛受瑞可放,仁义合者称王。"《帝王世纪》亦转述孔子之言:"天子之德,感天地、动八方。是以功合神者称皇,德合天地称帝,[仁]义合者称王。"又曰:"功合神者称皇,德合地者称帝,德合人者称王。"[3]从以上描述来看,皇与"神"相关,带有一些神秘主义的色彩。结合《史记》卷6《秦始皇本纪》中天皇、地皇、泰(人)皇的"三皇",可以看出时人心目中由皇、帝、王所构成的权威等级和权力结构。正因为如此,秦始皇才认为"人皇"不足贵,才"去'泰',著'皇',

---

[1] 田兆元、明亮:《论炎帝称谓的诸种模式与两汉文化逻辑》,《华东师范大学学报》2007年第3期。
[2] 《史记》卷69《苏秦列传》,第2756页。
[3] (西晋)皇甫谧撰:《帝王世纪》卷1,第1页。

采上古'帝'位号,号曰'皇帝'"[1]。这样看来,三皇说的出现,也是现实政治的反映,是中央集权神化的需要。

二、炎帝身份转换的社会背景

炎帝身份的变化,是由于"五行终始说"下五帝次序的更换,炎帝上升为三皇,而这也是权力集中和地位神化的体现。这一系列的身份角色变化,有着深刻的社会前景,即是战国后期统一意识的增强和"统一"政治的出现,它是"大一统"思想的体现,同时也论证了"大一统"思想的合理性。不同文化间需要有一个共同的文化认同的精神偶像。这种社会和政治需要在秦汉统一、中原王朝成为多民族国家以后,显得更为重要。因此,"炎黄"认同成为战国秦汉政治思想中"大一统"理论中重要的文化建构。

早在《尚书·大禹谟》中,就提出了"天下"的概念,其云"奄有四海,为天下君"。《诗经·小雅·北山》亦曰:"溥天之下,莫非王土。率土之滨,莫非王臣。"这就是其时"天下观"的具体体现。在战国之世,儒家、法家、道家和墨家都纷纷提出"天下"的命题。如《墨子·尚同中》提出"一同天下";《庄子·天道》提出"一心定而王天下";《申子》亦云:"明君治国,三寸之机运而天下定,方寸之谋正而天下治,一言正而天下定,一言倚而天下靡。"[2]他们提出的统一天下的问题,在孟子那里表述得更加直接,他在回答梁襄王"天下恶乎定"时明确地说:"定于一。"[3]可见统一的政治观念已经在战国早中期出现,至战国晚期,《荀子》《易传》《韩非子》都十分强调统一"天下"的重要性以及统一天下的方式和手段[4]。也就是大致在这个时候,"传说"中的帝王世系经过了一个较长时间的整划,顾颉刚所谓的"大一统帝王世系"最后形成[5]。

---

[1] 《史记》卷6《秦始皇本纪》,第304页。
[2] 《太平御览》卷390引,见《太平御览》第4册,上海古籍出版社2008年影印《四库全书》本,第547页。
[3] 《孟子·梁惠王上》,杨伯峻《孟子译注》本,中华书局1960年,第12页。
[4] 《荀子·王霸》提出"人主者,天下之利势也"。《易·系辞上》也曾提出"通天下之志"、"成天下之务"、"定天下之业"。《韩非子》尤其重视统一天下的问题,他的言论中,多次出现诸如"霸天下""强天下""制天下""有天下""取天下""治天下""王天下""一匡天下""强匡天下""进兼天下""谓天下王""为天下主""取尊名于天下""令行禁止于天下"等话语。
[5] 裘锡圭:《新出土先秦文献与古史传说》,《中国出土古文献十讲》,复旦大学出版社2004年,第26—29页。

"统一"观念的出现和加强,是与各诸侯国、各民族的交往加深以及华夏民族的地域扩展同步的。

成书于战国时期的《尚书·禹贡》提出"九州"的概念,当时"九州"的地理范围,大致是指"阴山山脉以南和辽河中游以西南,青藏高原、横断山脉以东,南岭以北的中国大陆。这一范围正是战国中期以后各诸侯国的基本疆域,只是在局部稍有差异"[1]。这就超出了夏、商、西周的"中国"的范畴,并把长期以来的"天下"具体化。秦统一中国,其疆域与此基本一致。此外,《周礼·职方》、《尔雅·释地》和《吕氏春秋·有始览》都提出了自己的"九州"规划,甚至《尚书·舜典》中也提到尧、舜时"肇十有二州"。当然,上举各州名称与《禹贡》不尽相同,划分的范围也有所差异。另外,邹衍也提出"大九州说",其范围远超出中国的疆界。[2]

同时,《尚书·禹贡》还记载了一种"五服"制,即:"五百里甸服,五百里侯服,五百里绥服,五百里要服,五百里荒服"。这在《国语》卷1《周语上》中有详细阐述:"夫先王之制,邦内甸服,邦外侯服,侯、卫宾服,蛮、夷要服,戎、狄荒服。甸服者祭,侯服者祀,宾服者享,要服者贡,荒服者王。"[3]这当然是战国时期一些人关于政区划分的政治理想,但到了《周礼·夏官·大司马》中,则出现了侯、甸、男、采、卫、蛮、夷、镇、蕃等九服之说,同时《逸周书·职方》的记述也与此同。"五服"到"九服"的变化,同样反映了当时"天下"("九州"、"中国")范围的扩大。

在《禹贡》之后,《山海经》也记载了当时"中国"的地理空间。《山海经》虽语诞不经,但其中《五藏山经》却较为平实可观,谭其骧先生在《论〈五藏山经〉的地理范围》一文中详细考证了其中所述,认为其南山经地域范围应东起今浙江舟山群岛,西抵湖南西部,南抵广东南海,包括今浙闽赣粤湘五省,不包括广西、贵州、云南等省,也不包括广东西南部高、雷一带和海南岛。西山经地域范围东起山陕间黄河,南起陕甘秦岭山脉,北抵宁夏盐池西北、陕西榆林东北一线,西南抵鸟鼠山、青海湖一线,西北可能到达新疆东南角的阿尔金山,但不包括罗布泊以西以北。北山经的地域范围是西起今内蒙古、宁夏腾格里沙漠、贺兰山,东抵河北太行山东麓《山经》河水下游,南起山西中条山,北至内蒙阴山

---

[1] 葛剑雄:《论秦汉统一的地理基础》,《葛剑雄自选集》,广西师范大学出版社 1999 年,第 109—191 页。
[2] 葛剑雄:《统一与分裂:中国历史的启示》,生活·读书·新知三联书店 1994 年,第 11—13 页。
[3] 《国语》,胡文波校点,第 3 页。

以北直抵北纬四十三度迤北一线。东山经地域范围北起莱州湾,东抵成山角。可见《山经》的地域比《禹贡》要大,记载也比之详密。谭先生推断,其作者大约是周秦河汉间人[1]。

地理认知范围的扩大,反映在思想观念上,就是统一观念和大一统思想;而五帝次序的更换就与"统一"观念的主流化有密切关系。随着当时中国人地理视域的扩展,他们需要一个更高大的形象来论证"大一统"的合理性。顾颉刚先生在《战国秦汉间人的造伪与辨伪》中提到,春秋战国时期,由于民族合并而产生一元化观念,就是在这融合的过程中,利用了"同种"来打破各方面的种族观念;创造了两个偶像:种族的偶像是黄帝,疆域的偶像是禹。这是以黄帝为先创造古帝王世系的背景。秦汉之际,《帝系》和《五帝德》因此而生,并深刻影响了司马迁《史记·五帝本纪》的对五帝世系的认定[2]。前文已经述及,由于神农和炎帝的地位和影响,遂将炎帝与神农氏并合,将之提到黄帝之前,从而有了"炎黄"的概念。

在中国文化里,"祖先崇拜"的理念一直存在,并成为商周政治制度的一部分,所以宗法血脉也就成为维系政治凝聚力的主要力量。这样,夏、商、周远绍黄帝也就可以理解,并成为中国人的普遍意识。而且这也造成中国文化的"祖述"的致思取向。《淮南子·修务训》曰:"世俗之人,多尊古而贱今,故为道者,必托之于神农、黄帝而后能入说。乱世暗主,高远其所从来,因而贵之。"[3]就反映了中国文化中这种人文主义的倾向。顾颉刚考辨古史,认为"中国古史是层累地造成的",此为"古史层累说"或"层累构成说",他的观点是:第一,"时代愈后,传说的古史期愈长"。他举例说,周代人心目中最古的人王是禹,到孔子时始有尧舜,到战国时有黄帝神农,到秦时三皇出来了,汉以后才有所谓"盘古"开天辟地的传说。第二,"时代愈后,传说中的中心人物愈放愈大"。他认为,"我们要辨明古史,看史迹的整理还轻,而看传说的经历却重"[4]。"对于古史的主要观点,不在它的真相而在它的变化","不立一真,惟穷流变"[5]。

顾颉刚和"古史辨派"给我们一个提示,那就是古史上的圣王形象,是建构

---

[1] 谭其骧:《论〈五藏山经〉的地理范围》,《长水粹编》,河北教育出版社2000年,第299—345页。
[2] 《战国秦汉间人的造伪与辨伪》,见顾颉刚编:《古史辨》第七册上,上海古籍出版社1982年,第23页。
[3] 《淮南子》卷19《修务训》,上海古籍出版社2016年,第496页。
[4] 顾颉刚编:《古史辨》第一册,第59—60页。
[5] 顾颉刚编:《古史辨》第一册,第273页。

起来的,并不一定体现客观的历史现实。然而,"炎帝"和"黄帝"这样的被建构起来的文化形象,虽未必是历史事实,但在中国走向统一的过程中,起了文化上、精神上的凝聚力的作用,强化了中国"大一统"的文化观念。汉代,"大一统"思想已经成为中国文化的主流,《公羊传·隐公元年》曰:"何言乎王正月?大一统也。"正式在提出了"大一统"的概念,这不仅是战国以来"统一思想"的总结,也是纲领性的宣示,经董仲舒的论证而更加光大。董仲舒说:"《春秋》大一统者,天地之常经,古今之通谊也。"又说:"并有天下,海内莫不率服,广览兼听,极群下之知,尽天下之美,至德昭然,施于方外。夜郎、康居,殊方万里,说德归谊,此太平之致也。"〔1〕这不仅反映了一种"大一统"的天下观,还反映出一种奄有四海的气魄和"天下一家"的理念。"这一点,在《淮南子》中表现得很明显。《淮南子·地形训》罗列了天下辽阔无垠的疆域,篇中对当时中国国土依据想象中的'大九州'范围加以考察。它以九州为中心,然后扩展到八殥、八纮、八极,记载了我国境内的九山、九塞、九薮,以及四十多条水道。同时讨论了不同地理环境对人种、民族的影响。"〔2〕尤其重要的是,它还依据传说,描述了海内外之广阔:

> 地形之所载,六合之间,四极之内,昭之以日月,经之以星辰,纪之以四时,要之以太岁。天地之间,九州八极。土有九山,山有九塞,泽存九薮,风有八等,水有六品……
> 九州之大,纯方千里。九州之外,乃有八殥,亦方千里……〔3〕

《淮南子》可以说是继承了邹衍的"大九州"理论,它扩大了中国人的地理认知,"大一统"的观念就是用文化和精神的力量统一了一个广大的地域范围,形成"王天下"的政治局面,形成一个由血缘认同到精神认同的文化格局。

余论:从血缘认同到文化认同

在中国早期国家形成过程中,社会组织的血缘关系解体极不充分,因此,宗法制成为中国古代重要的政治制度,深刻影响了中国的历史进程。"家国同构"的政治模式,同样也加重了政治文化中的血缘认同。

---

〔1〕《汉书》卷56《董仲舒传》,第2523、2511页。
〔2〕袁济喜:《两汉精神世界》,中国人民大学出版社1994年,第203页。
〔3〕《淮南子》卷4《地形训》,第80、85页。

春秋战国以降,由于"中国"地域的扩大,不同的民族集团进入"华夏"的视野,各民族通过各种方式不断互相浸透、融合,互相之间的界限大多消亡殆尽,大都泯灭无存。归化成为同一民族("华夏")的人们,需要有一个共同的始祖,于是"五帝同源说"就应运而生,共同把"炎、黄"作为自己血缘上的祖先。他们建立的政权为了论证其权力的正统性和合法性,均号称远绍炎黄二帝。战国时代建构的古史体系,就把夏、商、周都塑造成是黄帝的后代。秦汉以降,除了汉朝自称为"赤帝"之子之外,所有王朝,包括少数民族建立的政权,无不自奉"黄帝"为祖先,自号为"炎黄子孙"。戎、狄、苗、越,以至后来的匈奴、鲜卑甚至安息、党项都自认为或被认为是黄帝之苗裔,正如《辽史·世表》所说:"炎帝氏、黄帝氏子孙众多,王畿之封建有限,王政之布濩无穷,故君四方者,多二帝子孙,而自服土中者本同出也。"[1]这一现象,不得不归功于战国秦汉间儒家学者制造的《五帝德》和《世本》诸书,他们基于战国以来大一统的趋势和秦汉以来大一统的政治现实,对古史作出系统的综合整理,树立起统一国家人民的血缘始祖,增强了人们的血缘认同。不仅于此,在此基础上,儒家学者还在政治思想层面进行理论建构,塑造了统一民族和国家的文化认同。在这个文化认同中,最重要内容之一就是以"炎黄"为人文初祖的文化大一统,据于右任《黄帝功德记》辑录,汉初论及黄帝以及假托黄帝或黄帝时人所撰的著作多达百余种,其内容涉及诸子百家[2]。秦汉时人就是从对"炎黄"的血缘认同来营造精神认同的文化环境的。而这一个举措,也取得了实效,中国统一的民族出现了,顾颉刚在《九州之戎与戎禹》说:"夫戎华本出一家,以其握有中原之政权与否乃析为二;秦汉以来,此界限早泯矣,凡前此所谓戎族俱混合于华族矣。"[3]"胡汉一家"、"天下一家"的观念蔚为主流,"大一统"思想遂进入中国早期政治价值观体系。

政治价值观是一个民族核心价值体系的重要组成部分。它提供人们政治行为评价的标准,形成政治生活的基本理念和组织安排的基本原则,因此决定政治的意义、方向和目标。作为政治体系的基础性的深层结构,政治价值体系是一个社会长期的文化积淀的产物,渗透于政治意识形态和政治文化之中,共同构成了政治系统的"观念"系统[4],直接影响着政治行为主体的政治信念、

---

[1]《辽史》卷63《世表》,中华书局1974年,第949页。
[2] 转引自邓乐群:《当代炎黄文化热的兴起及其文化意义》,《当代思潮》1994年第6期。
[3] 顾颉刚编:《古史辨》第七册下,上海古籍出版社1982年版,第138页。
[4] 燕继荣:《现代政治分析原理》,高等教育出版社2004年,第54页。

信仰和态度,成为某种政治心理和政治行为的直接动因。某一政治价值观的形成,首先是决定于某一文化集团或政治团体的政治传统和文化习惯,所以,政治价值观的背后,必定有其政治文化的背景,它是政治文化在价值观层面的提升。正因为政治价值观归因于政治文化,它决定着政治人群的政治心理,因此,"基本政治价值应是具有普遍影响力和普遍指导意义的价值"[1],它有着稳定性和延续性的特点,对政治生活具有长期而深远的影响。

经过战国秦汉时人在思想和文化上的理论建构,"大一统"成为知识界的共识,并进入政治思想的价值层面,成为重要的政治价值观之一,开始指导古代中国的政治实践。文化大一统的观念,继承和发展了先秦儒家文化优于血统的民族理论,推进了中国统一理论由血缘认同向文化认同转变的进程,对中国统一国家的维护和再造,有着重大的理论价值和实践意义。

本文曾提交"中国(宝鸡)炎帝·姜炎文化与民生高层学术论坛",有修改。

---

[1] 桑玉成、商红日:《政治价值、意识形态和政治信仰——关于当代中国政治哲学基本问题的断想》,《江苏行政学院学报》2002年第4期,第85页。

从考古资料看孔子礼制思想的来源

马 雷

孔子作为儒家的创始人而为中国人所熟知和纪念。由于西汉统治者的大力扶持,特别是汉武帝"罢黜百家,独尊儒术"的排他性思想钳制政策的实施,使儒家从春秋战国时期与道家、法家等其他学说并列的一个学派,一跃而成为占据中国汉族地区统治地位思想的主要来源。儒家信仰也成为贯穿中国汉族地区两千多年而不衰,与世界其他地区各种信仰并列的独特信仰体系,并在19世纪中期以前一直成功地向周边地区进行着思想传播和辐射。尽管在成为汉族地区占统治地位的思想体系以来,特别是自清末中国面临深刻的民族危机以来,儒家信仰体系不断受到来自中外各种思潮的冲击,但作为汉族地区信仰的中流砥柱,其影响并没有受到太大的削弱。甚至直到今天,儒家仍有借着"新儒家""国学"等口号而大举反攻之势。因此,不管是喜欢还是厌恶,赞成还是反对,儒家思想体系都是中国汉族地区,乃至整个儒家文化圈中,想要推动思想进化或者进行论争的人们无法回避和忽略的现实讨论基础。

儒家思想体系作为中国汉族地区的信仰主体,其宣传重点也随着朝代更替和历史环境变迁而经历了几次大的改变,可以说与孔子最初的理想设计有了很大的不同。但是仅就儒家思想的创始人孔子本人思想体系的形成来说,对其进行探讨的文章并不多[1]。而对于孔子成年以前,也就是其思想萌芽阶段进行讨论的就更少。本文拟在考古学和人类行为学等学科成果的基础上,对《史记》等史书中所记载的孔子所处的生活环境和文化传统进行剖析,力

---

[1] 这方面的研究论文,如方延明:《孔子思想的四个来源和四个组成部分》,《求索》1985年第5期;方延明:《对仁礼之于孔子的再思索——兼论孔子思想的来源与组成部分之一》,《扬州师院学报(社会科学版)》1986年第2期;赵文:《孔子思想的形成和来源浅谈》,《文史杂志》1996年第3期;魏衍华:《鲁国社会与孔子学说互动研究》,《燕山大学学报(哲学社会科学版)》第15卷第1期;韩阿荣:《试论孔子思想体系来源》,《语文学刊》2015年第3期;李军政:《从"义以建利"到"志于道"——孔子思想的渊源》,首都师范大学2014年博士学位论文;等等。

图找到孔子思想形成的最初来源和动力。

根据《史记》和《孔子家语》的记载,孔子是宋国贵族的后代,其先祖因避华氏之祸而由宋奔鲁,其父叔梁纥求婚于颜氏而生孔子[1]。孔子生于鲁襄公二十二年,即公元前551年,这已经处在春秋晚期。据史料记载,孔子在很小的时候就懂得遵从礼仪规范,甚至在游戏中也是如此:"孔子为儿嬉戏,常陈俎豆,设礼容。"[2]这样的事件说明,至少从幼年开始,孔子就开启了成年后他所极力推崇和宣扬的"礼"的萌芽,并在其成长过程中,这种遵循"礼"的意识也日益加强和巩固,由外在的模仿转化为内在的修养,这也为他成年以后思想成形,成为仁与礼的坚定倡导者奠定了基础。

但是人并非生而知之,总是要先去感知外部世界,然后再通过模仿加深领悟,最终形成自己的理解和独特的行为模式,从而塑造出自己的人生观、价值观和世界观。对于还处在孩童期的孔子也同样如此,他不可能从一出生就懂得如何按当时华夏族公认的礼仪去待人接物。拿"设俎豆"这种行为来说,如果没有周围环境所施加的影响,没有接触到这些礼仪及礼器,幼年时的孔子就不可能尝试模仿和掌握这些,并将其运用到游戏中去,就像不可能想象一名英国女孩在玩过家家的游戏时会使用中式的俎豆而不是英式的茶具和洋娃娃当作道具一样。

那么幼年时期的孔子,其关于礼仪的知识来自哪里?这首先最有可能的

---

[1] 《史记》卷47《孔子世家》:"孔子生鲁昌平乡陬邑。其先宋人也,曰孔防叔。防叔生伯夏,伯夏生叔梁纥。纥与颜氏女野合而生孔子,祷于尼丘得孔子。鲁襄公二十二年而孔子生。生而首上圩顶,故因名曰丘云。字仲尼,姓孔氏。"
《孔子家语·本姓解》:"孔子之先,宋之后也。微子启、帝乙之元子,纣之庶兄。以圻内诸侯,入为王卿士。微,国名,子爵。初,武王克殷,封纣之子武庚于朝歌,使奉汤祀。武王崩,而与管、蔡、霍三叔作难。周公相成王东征之。二年,罪人斯得,乃命微子于殷后,作《微子之命》由之,与国于宋,徙殷之子孙。唯微子先往仕周,故封之贤。其弟曰仲思,名衍,或名泄。嗣微子后,故号微仲。生宋公稽。胄子虽迁爵易位,而班级不及其故者,得以故官为称。故二微虽为宋公,而犹以微之号自终,至于稽乃称公焉。宋公生丁公申。申公生缗公共及襄公熙。熙生弗父何及厉公方祀。方祀以下,世为宋卿。弗父何生宋父周。周生世子胜。胜生正考甫。考甫生孔父嘉。五世亲尽,别为公族。故后以孔为氏焉。一曰:孔父者,生时所赐号也,是以子孙遂以氏族。孔父生子木金父。金父生睪夷。睪夷生防叔,避华氏之祸而犇鲁。防叔生伯夏。夏生叔梁纥。曰虽有九女,是无子。其妾生孟皮,孟皮一字伯尼,有足病,于是乃求婚于颜氏。颜氏有三女,其小曰徵在。颜父问三女曰:'陬大夫虽父祖为士,然其先圣王之裔。今其人身长十尺,武力绝伦,吾甚贪之,虽年大性严,不足为疑。三子孰能为之妻?'二女莫对。徵在进曰:'从父所制,将何问焉?'父曰:'即尔能矣。'遂以妻之。徵在既往,庙见,以夫之年大,惧不时有男,而私祷尼丘山以祈焉。生孔子,故名名丘,字仲尼。"《孔子家语》,中华书局2009年,第296页。

[2] 《史记》卷47《孔子世家》。

是来自孔子的家庭,特别是其母亲的影响。因为据史料记载,孔子的父亲叔梁纥在孔子出生不久即故去[1],这样对孔子进行言传身教、影响最大的莫过于其母亲颜徵在了。关于孔子的母亲颜徵在的记载不多,只是从《孔子家语》里她对颜父"从父所制,将何问焉?"的顺从回答以及私祷尼丘之山等行为[2]来看,应是一位比较传统又尽心守礼的女性。此外,家庭环境对孩子的影响至关重要,也为人类行为学等学科的研究所证实。如达特茅斯学院(Dartmouth College)的学者 Bruce Sacerdote 于 2004 年开始了一项被领养孩子与其家庭的关系研究。通过比对领养家庭与非领养家庭中成长起来的孩子,该研究认为环境对于孩子个人行为方面的修养影响极大。即如果想使自己的孩子得到更好的发展,最有效的方式是言传身教,在孩子周围塑造一系列良好的氛围和形象[3]。只是由于《史记》等其他史书对其着墨不多,所以只能推测幼年孔子受到的影响有相当一部分是来自其母。

不过孔子的母亲颜徵在虽然可能从生活方式和态度上影响了幼年的孔子,但是孔子关于礼的模仿和学习也并非完全来自于母亲和家庭。因为从《史记》和《孔子家语》等的记载来看,孔子虽然出身于士的阶层,但是由于其父在幼年即去世,孤儿寡母,其家境并不富裕,并不具备日常生活中经常使用礼仪的条件。那么对于孔子"礼"的思想形成有重要影响的,除了他的母亲和家庭之外,就是当时的鲁国社会,特别是鲁都曲阜的民风民俗了。这些社会影响可能更为宏阔而深远,因为当时的鲁国已经是著名的礼仪之邦。《左传》中记载:"(昭公)二年春,晋侯使韩宣子来聘,且告为政,而来见,礼也。观书于大史氏,见《易》《象》与《鲁春秋》,曰:'周礼尽在鲁矣。吾乃今知周公之德,与周之所以王也。'"[4]有学者认为这里的"周礼尽在鲁"只是指周代关于礼的典籍都在鲁国,并非其礼仪制度都被鲁国继承了下来,而且在现实中,春秋时期的鲁国周礼崩坏程度比大多数诸侯国都要严重,周礼并不在鲁[5]。但是从史书记载的情况来看,鲁国对周礼的违反只是出现在春秋时期鲁国国君及大夫,即鲁

---

[1] 据《史记》卷 47《孔子世家》:"丘生而叔梁纥死,葬于防山。"以及《孔子家语》记载:"孔子三岁而叔梁纥卒,葬于防。"都可证明孔子幼年时父亲已经去世。
[2] 《孔子家语》,中华书局 2009 年,第 296 页。
[3] Bruce Sacerdote, How Large Are the Effects from Changes in FAMILY Environment? A STUDY OF KOREAN AMERICAN ADOPTEES, *The Quarterly Journal of Economics*, 2007, vol. 122, issue 1, 119-157.
[4] 《左传》"昭公二年"。
[5] 毕经纬:《论"周礼在鲁"的二元界定》,《殷都学刊》2011 年第 4 期。

国上层中。这些人由于身处高位,出于政治上的亲疏以及自身权力扩张等的需要,对于死板而又要求严格的周礼,当然是本着适合自己需要的就遵守,不适合的就摈弃的态度去进行取舍。但在一般的中下层官吏和民众中,则仍应该是恪守着礼的基本程式和规则。周礼典籍在鲁国能得到很好的保存,以致让韩宣子发出"周礼尽在鲁"的感慨,以及阳虎绌"季氏饷士,非敢饷子也"之类的言论即是证明。而且换一个角度来看,鲁国上层贵族正是因为知礼,了解这些礼仪的细节才会明知故犯。他们往往是在日常的政事处理中出现各种不严格遵守礼仪制度的行为,更多违反的是礼仪制度中君臣、尊卑、上下等级设定的制度和行为,而并非对礼仪活动本身的违反。也就是说,鲁国上层贵族们往往是在礼仪中对使用祭器的种类和多寡等这些规定上做出僭越行为,但对于祭祀中大致使用什么样的祭器、进行什么样的步骤仍是谨遵慎守的。

  根据考古发现,当时的鲁国礼仪制度已经十分完备,上层和下层都具备一定的礼仪知识。这集中反映在丧葬等"事死如事生"的行为上。在春秋时期,齐鲁地区随葬陶器组合较常见的是鬲、罐等[1]。而在曲阜以及附近地区所进行的发掘中,可以看到鲁国平民墓葬中随葬品也基本遵守着这样的随葬规格。但值得注意的是,对鲁国国都曲阜的考古发掘表明,这里存在着甲、乙两组不同的墓葬文化,表明城内同时居住着两种不同的文化人群。例如在曲阜鲁国故城共发掘了129座两周墓葬,其中西周时期墓葬中的甲组墓墓坑较宽,墓底盛行殉葬狗的腰坑,墓主绝大多数头向南,随葬品多放置于头端的棺椁之间。随葬陶器有鬲、豆、盂、簋、圜底罐、平底罐,流行圜底和圈足器。乙组墓墓坑相对较窄,没有腰坑和殉狗习俗,墓主大多头向北,随葬品基本放置在头端二层台上,不见圜底罐和簋、豆等圈足器,也不见盂,随葬的陶鬲大多为仿铜陶鬲[2]。而到了东周时期,所见墓葬皆为长方形竖穴土坑墓,葬具主要是一椁一棺,葬式流行仰身直肢。甲、乙组最大的区别在于随葬的陶器类型不同,应是代表了不同的族属。其中甲组被认为是当地原住民的墓葬,即分封给伯禽的"殷民六族",乙组墓则属周人墓葬[3]。这表明殷遗民并没有随着鲁国统

---

[1] 见山东省文物考古研究所等编:《曲阜鲁国故城》,齐鲁书社1982年,第188页。另见中国社会科学院考古研究所编:《中国考古学·两周卷》,中国社会科学出版社2004年,第315页。
[2] 中国社会科学院考古研究所编:《中国考古学·两周卷》,中国社会科学出版社2004年,第116页。
[3] 山东省文物考古研究所等编:《曲阜鲁国故城》,第214页。

治者的"变其俗,革其礼"而消失,在政权的高压下也没有与迁徙来监视其行动的周人产生严重对立,而是与周移民的墓葬并存,分区埋葬,直到战国时代随着甲组墓特征的消失,二者的差异才逐渐消弥。

殷礼与周礼有一定的区别,即王国维所认为的"殷礼质而亲亲,周礼文而尊尊"。有学者提出批评,认为商代已有贵贱亲疏的宗法制,已有嫡庶之分[1]。其意似乎在于证明,殷礼与周礼的差别不是很大。但是从前面提到的考古发掘结果来看,甲、乙两组墓的差异似乎表明,殷礼与周礼至少在随葬品上还是存在着显著的区别。春秋时期同城而邻居的两种有差异的文化当然也会对当时年幼的孔子在心理上产生影响,问题是哪种文化对幼年孔子影响更大呢?

从鲁国故城墓葬分区来看,"望夫台"乙组墓,即一般所认为的周人墓,主要分布在孔林附近,即鲁国故城的西北方向;而甲组墓,即一般所认为的殷人墓,主要分布在药圃、斗鸡台和旧县城西北角等地,也就是曲阜旧县城的西北部,主要位于鲁国故城的西北及西南方向。目前所揭露的斗鸡台等甲组墓区离孔子3岁以后所迁居的阙里,即现在的孔府和孔庙的位置,在地理上更为接近(见图1)。而孔子幼年所陈的"俎豆"也只是在殷人墓,而不是在周人墓中出现,这都说明殷人的礼制对幼年孔子的心理影响更大。这也可以从孔子的家世来得到解释。《史记·孔子世家》中记载了孔子的先祖为宋人,而《孔子家语》直接说孔子是宋微子之后,由于先祖属于战乱移民而保留了原宋地的习惯,并与当地的殷遗民习俗相结合,因此当孔子之父去世后,孤儿寡母由于受到逼迫而迁到殷遗民聚居的阙里也是情理之中的事情。

虽然鲁国国君是周王嫡系周公之子的后代,但被统治者的主体却是支持武庚叛乱的奄人以及分给伯禽的"殷民六族"。甚至到孔子父亲时,这里的土著居民对商殷时代仍怀有深厚的怀念之情。当孔子父亲向颜家求婚时,颜父征询三女意见时说:"陬大夫虽父祖为士,然其先圣王之裔。今其人身长十尺,武力绝伦,吾甚贪之,虽年大性严,不足为疑。"殷人这种与先祖相联系的情感是居于统治地位的周人无法在短时间内消除的。可以说,鲁国统治者不管是出于主观意愿还是迫于客观需要,都不得不接受这种现实,从而使殷、周两种文化共存于一城之中,在鲁国都城形成一种对立又互存的二元社会格局。这使幼年孔子接受殷遗民的伦理和道德观念成为可能。不仅如此,殷人的礼

---

[1] 王晖:《季历选立之谜与贵族等级名号传嗣制》,《中国史研究》1996年第1期。

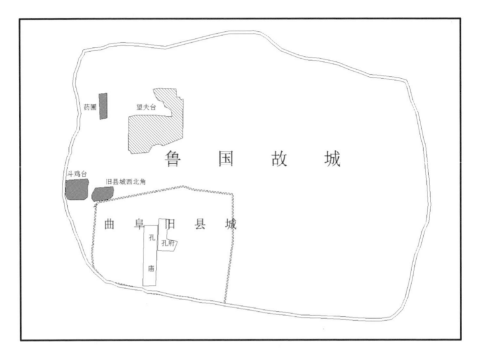

图 1　曲阜鲁国故城遗址示意图[1]

仪行为还应该经常举行,或者非常隆重,才会在幼小的孔子心中留下深刻的印象。另外从殷人尚鬼的传统来看,"陈俎豆"应该更多地具有模仿其祭祀方面的意义,即这种模仿行为也可能与祭祀鬼神有关,而不仅仅是对祖先的祭拜。

但在成年以后,孔子的思想却发生了极大的转变,全面接受了周公以及周移民文化,而摒弃了殷遗民文化。关于这一转变,《论语》只是简单地记录了孔子的一句话:"周监于二代,郁郁乎文哉,吾从周。"[2]不过从孔子作为殷移民后代的成长经历来看,这似乎并不只是"郁郁乎文哉"这么简单的事情。孔子出身宋国贵族后裔,其父在鲁国的地位虽然并不显赫,但也属于"士"一级,有一定的家产和身份地位。而根据文献记载,孔子早年的生活非常困顿,应该没有继承到多少家产。除此之外,根据孔子合葬父母时,阳虎绁言"季氏饷士,非敢饷子也"使其悻悻而退的记载来看,孔子似乎也没有继承到其父的爵位。这些情形与殷人的继承制度相符合,因为商代前期的继承制是嫡长制与"兄终弟

---

[1] 据田岸《曲阜鲁城勘探》(《文物》1982 年第 12 期)改绘。
[2] 《论语·八佾》。

及"并行,到了商代后期则完全转变为嫡长子继承制[1]。按《孔子家语》的记载,孔子是其父叔梁纥求婚于颜氏而生,其上虽有庶兄孟皮,本也不应影响其继承权。但《史记》中说"纥与颜氏女野合而生孔子",不管这里的"野合"作何解释,可见总有些名不正、言不顺的意味在里面。所以当孔子父亲去世时,其母子被赶出家门对于殷礼来说也并没有违反之处。只是早年这种亲身经历必然会让还处于思想成长期的孔子产生深深的反感。虽然孔子在幼年时仍不自觉地以模仿殷礼为荣,但是在成年以后,当他要寻觅对自己来说更为合适的礼仪制度时,相比之下,周人"尊尊亲亲"、泽被所有后代的分封制似乎更符合孔子作为"野合子"的利益和感受。因此从感情层面来说,成年后的孔子更易于接受周人的礼制思想。

当然从另一方面来讲,孔子接受周人礼制思想也有其现实的理性考量。鲁国是由周公之子伯禽做国君,但最终使重神鬼之祀的殷遗民成为周朝治下之民的,仍然是周公,因为伯禽在鲁国采取的策略是全面贯彻周公的思想。《史记》记载,鲁公伯禽之初受封之鲁,三年而后报政周公。周公曰:"何迟也?"曰:"变其俗,革其礼,丧三年然后除之,故迟。"[2]这种"变其俗,革其礼"是想从根本上改变殷顽民的礼俗习惯,变成能遵守周家礼法的鲁民,虽然殷遗民的葬俗仍顽强地因循旧有的传统,但在日常生活中当有很大的改变,其成效也十分巨大。鲁国成为各诸侯国观礼的去处,也说明了这一点。鲁国这种尚礼的传统一直延续到《史记》和《汉书》记载的时代。据《史记·货殖列传》记载,汉代早期"而邹、鲁滨洙、泗,犹有周公遗风,俗好儒,备于礼,故其民龊龊"[3]。《汉书》则记载:"其民有圣人之教化,故孔子曰'齐一变至于鲁,鲁一变至于道',言近正也。"[4]而在时间上距离孔子生活的时代更为接近,记载也更为直接的《春秋左传》中曾经记载,鲁闵公元年鲁难之后,齐桓公问齐仲孙:"'鲁可取乎?'对曰:'不可,犹秉周礼。周礼,所以本也。臣闻之,国将亡,本必先颠,而后枝叶从之。鲁不弃周礼,未可动也。君其务宁鲁难而亲之。亲有礼,因重固,间携贰,覆昏乱,霸王之器也。'"[5]这与《左传》中各种周礼在鲁的记

---

[1] 参见李龙海:《商代的继承制度》,郑州大学2000年硕士学位论文;张艳萍《试论商代的王位继承制度》,《兰州文理学院学报(社会科学版)》2018年第4、5期。
[2] 《史记》卷33《鲁周公世家》。
[3] 《史记》卷129《货殖列传》。
[4] 《汉书》卷28下《地理志下》。
[5] 《左传·闵公元年》。

录相呼应,都说明鲁国的礼仪文化即使是经历了春秋战乱的洗礼,也并没有受到根本的破坏。即使在其国力衰落以至灭亡以后,鲁之遗民仍固守礼节,哪怕只是"丧祭之礼文备实寡"[1],也要把表面的礼节做足,可以说是鲁国文化的一个特点。而孔子对于春秋时期礼崩乐坏的忧虑也在于此,即孔子的理想是不仅从形式上,更重要的是从思想上恢复原来礼仪备至的传统,而不是阳奉阴违,或者公然违反礼的基本准则。相对而言,"郁郁乎文哉"的周礼不仅更符合他个人所不懈追求的礼仪制度的理想状态,而且也已经成为当时整个华夏所共同接受和遵守的礼仪制度,这也使得弃殷礼而取周礼成为孔子必然的选择。

这里有一个问题,就是一国之君的意志何以会成为一国臣民的整体意志和行为准则?这种东方特色在现代西方具有民主传统的人士看来是不可思议的,却符合当时华夏族的整体思想观念。我们似乎可以从当时华夏各个诸侯国通行的政体中找到答案,即在周王朝"封邦建国"的统治模式下,形成了从西周到春秋时期各诸侯国自上而下的权力加血缘的统治模式,这不仅使上级成为下级宣誓效忠的对象,也使下级对上级的争相摹仿成为时尚的常态。一个很典型的例子就是《韩非子》中所记载的"齐桓公好服紫,一国尽服紫"[2]的寓言。如果没有现实中的现象作为基础,这一寓言就没有存在和流传的价值了。在"简其君臣礼,从其俗"[3]的齐国,国民对于国君的一个小爱好都如此热衷地探求和遵从,更不必说是在国君刻意推行周礼的鲁国了。这样周公的意志就自上而下进行了完全地贯彻,成为全体鲁国国民效仿的对象。虽然对于其中的殷顽民来说,也许并不是出于自愿,这从其固守殷的墓葬礼仪里就可以看出来。

这种在承认殷遗民文化的基础上强制推行周人文化的做法也为鲁国带来了正反两个方面的影响。从正面来说,鲁国国民完成了从殷之顽民向周礼之民的转变,并将这种对礼仪的遵守体现到社会的各个角落中,从而影响到孔子成年后的选择。而另一方面,这种对礼的过度推崇也使鲁国陷入国力削弱的窘境之中。西周初年,姜太公在分封后报政周公,及后闻伯禽报政迟,乃叹曰:"呜呼,鲁后世其北面事齐矣!夫政不简不易,民不有近;平易近民,民必归

---

[1]《汉书》卷28下《地理志下》。
[2]《韩非子·外储说左上》。
[3]《史记·鲁周公世家》:"太公亦封於齐,五月而报政周公。周公曰:'何疾也?'曰:'吾简其君臣礼,从其俗为也。'"

之。"〔1〕现实也的确向着姜太公所言的方向发展而去。这是重实用与重礼仪、重简化礼制与重坚守礼制的齐和鲁所走的不同道路。这种对礼的执着追求使鲁国的实力逐渐受到削弱,在春秋时期表现为一面礼崩乐坏、一面又谨守周礼的矛盾状态。到了战国时期,鲁国则更丧失了大国地位,成为夹在大国之间朝夕进贡的小国。而在此之前,已长大成人的孔子则开始忧心忡忡地周游列国,去宣传他的仁与礼的思想,作为其毕生奉献的事业了。

虽然孔子接受了周礼作为其儒家学说的正统来源和主体,但是殷人的思想也在潜移默化中影响着孔子,并成为其思想的必要补充。这不仅表现在孔子对部分殷人思想的接受,如在《论语》中所体现的经过改造的"天命观"思想以及《史记·孔子世家》中"予始殷人也"的感慨〔2〕,也包括对殷人思想的否定和批判,如对"怪力乱神"的批判即是如此。因此,可以说孔子的思想学说是周礼与殷礼相结合并去伪存真的结果,是商与周这东西方两大思想传统在鲁国社会这个发酵池中酝酿而形成的。

周游列国的孔子提出的是"仁"的理论,这也是儒家所一贯主张的。从表面上看这是一种"爱人"的理论,主张的是人与人之间相亲相爱,从而使社会变得和谐的理想状态,但实际上这种理论的重点却并非是"仁爱",而是将"礼"作为核心的"仁礼"理论。"礼"才是儒家理论中最为核心的,为其张本的,就是"克己复礼为仁"这种表面上对"仁"、实质上却是对"礼"的解释。在这一点上更加明确的表达,是在鲁昭公二十六年(前516),"齐景公问政于孔子。孔子对曰:'君君,臣臣,父父,子子。'"〔3〕孔子这种"克己复礼为仁"以及"君君,臣臣,父父,子子"的"礼"的核心思想,实际上都来自于周公"尊尊亲亲"的原初思想,也可以说是其翻版。据《汉书》记载:"周公始封,太公问:'何以治鲁?'周公曰:'尊尊而亲亲。'太公曰:'后世浸弱矣。'"〔4〕这种以爱人的面貌出现在世人面前,实际上却是要人遵守礼制、回归传统的内涵,成为儒家内在最核心的价值取向,也迎合了大一统后统治者重建统治秩序的需要。所以从汉高祖开始,官方一改战国时对儒家的忽视态度。虽然汉高祖本人就有轻视儒家的言论和举动,但当获得了儒家崇"礼"所带来的利益后,就转而开始对儒家思想青睐有加,给以不断的宣传和强化,最终助其占据了中国汉族思想文化的统治地

---

〔1〕《史记·鲁周公世家》。
〔2〕 成云雷:《孔子天命观及其源流》,《南通师范学院学报(哲学社会科学版)》2002 年第 3 期。
〔3〕《论语·颜渊》。
〔4〕《汉书》卷 28 下《地理志下》。

位。而在这一庞大却又精细的体系面前,我们也应当追溯回到它的本初状态,看它是如何从最初某位统治者的思想一变而成为某个诸侯国臣民俯首遵从的行为规范,并进而影响到新的理论缔造者的精神世界,从而改变了整个民族乃至国家和地区的信仰体系,以对其有更加深刻的认识和体会。

处处是江南：中国古代耕织图中的
地域意识与观念

王加华

作为一种空间形式，"地域"是具有差异性的。大体言之，这种差异性主要表现在两个方面：一个是自然的，具体如地形地貌、土壤质地、气候环境、植被覆盖等；一个是人文的，具体如经济发展、社会传统、人文艺术、政治制度等。与一个地区的自然地理环境与社会人文景观相适应，针对一个特定的地区或区域，人们通常会产生一定的地域认知与观念意识。而作为一种意识与观念，这种关于地域的认知必定是充满主观性、情感性的。不过，虽然因具体情境之不同而产生的地域认知与观念意识是主观的、充满地域性的，但就一个国家或更大的区域范围而言，其下的各个区域在人们的观念中却并非是完全"等同"的，而是总会有那么一两个"区域"备受人们的青睐与称誉，如西汉时期的关中地区、今天的长三角等。"江南"地区，作为我国历史上经济最为发达、文化最为繁荣的地区之一，唐宋以来，尤其是明清时期就一直是个令人神往的诗意之地，并由此产生了一种明显的"江南意象"。这一意象，可通过很多方面体现出来，如诗歌、绘画、舆图等。基于此，本文就以中国古代的一种特殊图绘形式——耕织图为具体切入点，看其中体现出的中国古人关于"江南"的地域意识与观念问题。

地域意识与观念在我国很早就已产生，如秦汉之前的"山东"与"山西"认知、秦汉之后的南北观念等。对此问题，许多学者曾从不同角度，对不同时期的东西、南北等地域观念的由来、表现与变迁等问题做了相关探讨[1]。具体到本文所要探讨的江南地区，作为唐宋以来经济发达、文化繁荣、令人神往的诗意之地，中外学者多有关注，可谓成果累累、汗牛充栋，至于"江南"地域的历

---

[1] 具体如金发根：《中国中古地域观念之转变》，台北兰台出版社2014年；蓝勇：《中国地域方位话语嬗变与东亚大陆天地生背景》，《江汉论坛》2013年第10期，等等。

史认知与观念意识问题亦是多有探讨[1]。不过这些研究，主要是从文学、审美、经济或政治等角度展开进行的，而从绘画角度展开的却很少见[2]。有鉴于此，本文将在已有研究的基础上，以中国古代体系化耕织图为具体研究对象，对其中所体现出的中国古人对于"江南"的具体认知，及其背后所再现出的创作者思想情感、地域经济与文化发展、不同王朝的政治理念与运作等问题略作讨论与分析。

一、图中江南时时现

耕织图，就是以农事耕作与丝棉纺织等为题材的绘画图像。具体来说，其又有广义与狭义之分。广义的耕织图，即指所有与"耕""织"相关的图像资料。狭义的耕织图，则指呈系统化的耕织图，即通过成系列的绘画形式将耕与织的具体环节完整呈现出来，并且配有诗歌等对图画以作说明。据现有之资料记载，可知此类图像最早出现于北宋仁宗宝元年间（1038—1040）。南宋李心传《建炎以来系年要录》载宋高宗话语说："朕见令禁中养蚕，庶使知稼穑艰难。祖宗时于延春阁两壁，画农家养蚕织绢甚详。"[3]只是此图早已亡逸，亦基本不为后人所知。相比之下，真正"声名显赫"并对后世产生巨大影响的为南宋楼璹《耕织图》——是为我国体系化、系列化耕织图的真正开创者。楼图之后，历经宋、元、明、清，又先后创作绘制了至少几十套体系化耕织图。本文所云之耕织图，主要是就狭义耕织图而言的。

在空间表现上，与早期的单一耕织图相比，宋之后出现的体系化耕织图开始具有了明显的空间性表达意向。具体来说，耕织图的空间表现主要有两个，即与"耕"及"织"相对应的田野与庭院[4]。不过这主要是就每幅图片所表现的狭小空间而言的，就耕织图所要表现的更大的区域空间而言，则基本都以

---

[1] 具体研究，如李伯重：《简论"江南地区"的界定》，《中国社会经济史研究》1991年第1期；胡晓明："江南"再发现——略论中国历史与文学中的"江南认同"》，《华东师范大学学报（哲学社会科学版）》2011年第2期；邹逸麟：《谈历史上"江南"地域概念的政治含义》，《浙江学刊》2010年第2期；杨念群：《何处是"江南"：清朝正统观的确立与士林精神世界的变异》，生活·读书·新知三联书店2010年，等等。
[2] 当然，也有学者做过相关探讨，如钟朝芳：《元四家绘画作品的江南文化意识》，《文艺争鸣》2010年第10期。
[3] （宋）李心传：《建炎以来系年要录》卷87，绍兴五年三月，中华书局1956年，第1445页。
[4] 王加华：《显与隐：中国古代耕织图的时空表达》，《民族艺术》2016年第3期。

"江南"为具体的坐标描绘区域。

先看作为我国体系化耕织图真正开创者的南宋楼璹《耕织图》。此图创作于南宋初年,由时任於潜县县令的楼璹,通过在於潜的实地考察,根据农夫、蚕妇的劳作场景创绘而成[1]。而其之所以在此时被创制出来,是由多种因素共同促动的结果[2]。於潜县,南宋时属临安府,治所即今杭州市临安区於潜镇。按对"江南"的界定与认知,於潜属于名副其实的江南区域。但是,与绝大多数人心目中典型的江南平原水乡景观不同的是,於潜为多山、少水之地,且直到清末仍以麦类作物种植为主。对此,嘉庆《於潜县志》记载说:"潜为山国,冈峦盘错";"潜邑山多田寡,水行乎两山间。凡濒溪低平之地,皆有田,俗所谓大源田也。外则倚山历级而上,水皆无。及其所资以灌溉者,浅涧断溜而已。岁雨时若,其收亚于大源,一有旱暵,拱手待槁,所藉以为民命者,惟大源田";"邑中之田艺麦者居多"[3]。不过,楼璹据此所描绘之《耕织图》,呈现的却并非山峦叠嶂、以麦为主的自然与农业景观,而是平整的水田、桑园及水稻种植景观。也就是说,其景观描绘仍就是比较典型"江南化"的。之所以如此,与楼璹所依据之田为"濒溪低平之地"的大源田有直接关系。据说,楼璹所引以为据的为於潜县治十二乡周边的南门畈、横山畈、方元畈、祈祥畈、对石畈、竹亭畈、敖干畈等大畈[4]。如今,楼璹《耕织图》已不存,但临摹本却多有存世,如元程棨《耕织图》——不论在画幅还是画目上均与楼璹《耕织图》完全一致,因此通过程棨《耕织图》就可以看到楼图的基本原貌[5]。江南传统农田景观约形成于唐代末年,此后经过宋元时期的农田水利开发及作物种植的发展而最终定型。其特色在于高高低低的微地貌、高出田面且被作为道路的高厚圩岸、野草与树木、田地池相错综、稻田与桑林等[6]。而所有这些传统江南农田景观的特点与构成元素,在楼璹《耕织图》中我们都可以发现。也就是说,虽然楼璹所据以描绘耕织图的於潜县并非江南的代表性区域,但其图中所呈现的却

---

[1] 具体创作过程,可参见(宋)楼钥著,顾大朋点校:《楼钥集》卷74《题跋·跋扬州伯父耕织图》,浙江古籍出版社2010年,第1334页。
[2] 对此,可参阅王加华:《观念、时势与个人心性:南宋楼璹〈耕织图〉的"诞生"》,《中原文化研究》2018年第1期。
[3] 嘉庆《於潜县志》卷1《疆域》、卷4《山川》、卷8《水利》、卷10《食货志》。
[4] 郑明曙编著:《於潜之耕织图》,浙江天目书院、亚太国际出版有限公司2015年,第001页。
[5] 王潮生主编:《中国古代耕织图》,中国农业出版社1995年,第46页。
[6] 王建革:《唐末江南农田景观的形成》,《史林》2010年第4期;《宋元时期吴淞江流域圩田区的耕作制与农田景观》,《古今农业》2008年第4期;《19—20世纪江南田野景观变迁与文化生态》,《民俗研究》2018年第2期。

是比较典型的传统江南之景观。

楼璹《耕织图》之后，在其影响下，后世又出现了诸多耕织图绘，如南宋马远《丝纶图》与《耕获图》、梁凯《耕织图》、刘松年《耕织图》、汪纲《耕织图》，元代程棨《耕织图》、杨叔谦《农桑图》、忽哥赤《耕稼图》，明代宋宗鲁《耕织图》、邝璠《便民图纂》本《耕织图》、仇英《耕织图》，清代康熙《御制耕织图》、雍正《耕织图》、陈枚《耕织图》、《御制棉花图》（乾隆）、《授衣广训》（嘉庆）、光绪木刻《桑织图》与《蚕桑图》、何太青《耕织图》，等等。据文献记载，或将收藏在各地的《耕织图》与楼璹《耕织图》相对比，我们可以发现，已知的南宋以来先后创作的各种形式的耕织图，不论在图画内容还是画幅上，绝大部分[1]都与楼图相类同。这是因为它们要么是据楼图临摹、刊刻或再创作而成，要么是据楼图临摹、创作本的再创作。具体如南宋汪纲《耕织图》："后六十余载（即楼璹创作《耕织图》后六十余年——笔者注），诸孙虑其岁久湮没，欲刻诸石……后二十年，新安汪纲，沐蒙上恩，叨守会稽，始得其图而观之……于是命工重图，以锓诸梓。"[2] 元代程棨《耕织图》，更是直接据楼图摹绘而成，被认为是最接近楼璹原作的图绘作品[3]。元代忽哥赤《耕稼图》，为忽哥赤任职司农司时于江南访求而来，完全是据楼图而来。明代《便民图纂》本《耕织图》则是增删、改动楼图的结果，"宋楼璹旧制《耕织图》，大抵与吴俗少异……因更易数事，系以吴歌"[4]。宋宗鲁《耕织图》："图乃宋参知政事楼钥伯父寿玉所作……历世既久，旧本残缺。宋公重加考订，寿诸梓以传。"[5] 康熙《御制耕织图》，由宫廷画师焦秉贞绘制而成，其依据则是康熙二十八年（1689）南巡时江南士人进呈的南宋楼璹《耕织图》残本。康熙《耕织图》之后，"厥后每帝仍之拟绘，朝夕披览，借无忘古帝王重农桑之本意也"[6]，成为清代大部分官作《耕织图》的"母图"。

楼璹之后创绘的《耕织图》，由于绝大部分都是直接或间接地依据楼图而

---

[1] 据笔者所搜集到的 50 余种南宋以来各种版本的体系化《耕织图》，与楼璹《耕织图》相类同的占 80%以上。
[2] 据王红谊主编《中国古代耕织图》（红旗出版社 2009 年）第 347 页所载日本仿刻宋宗鲁《耕织图》之图片文字。
[3] 王潮生主编：《中国古代耕织图》，第 46 页。
[4] （明）邝璠：《便民图纂》卷 1《农务之图》，中华书局 1959 年，第 1 页。
[5] （明）王增祐：《耕织图记》。据王红谊主编《中国古代耕织图》第 345 页所载日本仿刻宋宗鲁《耕织图》之《耕织图记》图片。
[6] 《清雍正耕织图之一（浸种）》，《故宫周刊》第 244 期，1933 年，第 455 页。

来,而楼图的描绘背景区域为"江南",因此这些《耕织图》亦是以"江南"为描绘区域的。相比较而言,楼璹《耕织图》及直接据其摹绘而来的程棨《耕织图》,受散点透视画法及主要针对一块稻田或桑园展开方式的影响,使我们无法看到相对更大"范围"的场景呈现,因此相对"江南"特色不是那么非常明显。而明清时期创作的耕织图,比如仇英《耕织图》、邝璠《便民图纂·耕织图》及清代诸耕织图,由于描绘场景增大及焦点透视画法(清康熙《御制耕织图》首次采用)的运用,"江南特色"亦是越来越明显。当然,并非所有耕织图都是以"江南"为描绘区域的,概而言之,清代乾隆年间之前,除一个特例外,所有图绘都是直接或间接以楼璹《耕织图》为依据进行创作的,因此也都是以"江南"为具体描绘区域的。这唯一的例外,即元代杨叔谦《农桑图》(至今尚未发现),其是"因大都风俗,随十有二月,分农桑为廿有四图"[1]。也就是说,其是以今天的北京而非"江南"为描绘区域的。清乾隆年间以后,以"非江南"区域为描绘对象的耕织图开始增多,这其中最为典型的即是《棉花图》。《棉花图》最早由清乾隆年间的直隶总督方观承绘制并进呈于乾隆帝,"高宗南巡,观承迎驾……四月,条举木棉事十六则,绘图说以进"[2]。对方观承之举,乾隆皇帝大加赞赏,并亲为之题诗,所以《棉花图》又名《御题棉花图》。嘉庆十三年(1808),嘉庆帝又命大学士董诰等据乾隆《御题棉花图》编订并在内廷刻版 16 幅《棉花图》(又名《授衣广训》)。《棉花图》的绘制与明代以后棉花在人们生活中的作用日益提高直接相关。如在河北,"三辅(直隶)……种棉之地,约居什之二三。岁恒充羡,输溉四方"[3]。直隶为我国产棉大省,《棉花图》又是由时任直隶总督的方观承负责绘制的,因此可以想见,此图像的描绘区域是"华北"而非"江南"。

二、只因最美是江南

南宋以来我国体系化耕织图中的地域呈现,除极少部分外,都是以"江南"为具体描绘区域的,那为何是"江南"呢?从直观的角度来看,与后世图绘绝大部分都以楼璹《耕织图》为蓝本有直接关系。不过,为何作为后世体系化耕织图开创者的楼璹《耕织图》诞生在"江南"地区?为何楼璹会忽视於潜多山、以麦为主的主流景观而描绘的是比较典型的"江南"景观?假设楼璹《耕织图》诞

---

[1] (元)赵孟頫:《〈农桑图〉叙奉敕撰》,《松雪斋诗文集外集》,上海涵芬楼影印元沈伯玉刊本。
[2] 光绪《畿辅通志》卷189《宦绩录七·国朝一·方观承》。
[3] 据《棉花图》第7图《收贩》所载之文字,王潮生主编:《中国古代耕织图》,第122页。

生在非江南以外的其他地区,这一套图册还会受到如此重视吗?这一点,我们可以和以"华北"为描绘区域的元代杨叔谦《农桑图》及清代《棉花图》做一个比较。为何它们也在受到皇帝重视与褒奖的情况下,未被广泛临摹、刊刻呢?归根结底,是与"江南"在唐宋以后的重要地位与象征隐喻直接相关的。

何处是江南?总体言之,从春秋到明清,江南不论是指称的自然地理范围,还是行政区域,都有一个由大到小、由西向东、由泛指到特指的变化过程。而学术研究中所指称的"江南":大可包括苏皖南部、浙江全部及江西大部,小则仅为太湖东部平原之一角,中则为苏南、浙北与上海地区[1]。但"江南"又不仅仅只是一个地域概念,其还有着更为丰富的内涵,"其意义已经不仅限于地理学科、文学艺术、社会文化或者其他任何一个单独的领域。她是一个中国人心中的渴慕情结,一个关于梦和美的想象载体,一种温柔蕴藉的文化品格"[2]。由此,国人产生了一种深切的江南意象与江南认同感。而江南意象与认同背后的根本推动力,则在于江南经济的日渐富庶与文化的日渐昌盛。正如周振鹤说的那样:"江南不但是一个地域概念——这一概念随着人们地理知识的扩大而变易,而且还有经济意义——代表一个先进的经济区,同时又是一个文化概念——透视出一个文化发达区的范围。"[3]除此之外,建基于经济的发达与文化的繁荣,"江南"还具有深刻的政治象征意义,是王朝国家寻求政治认同与统治合法性的重要标志。

首先,经济的富庶与发达,使"江南"成为重农、劝农的"示范"之地,而耕织图被创作的重要目的之一即在于教化劝农。

江南地区经济,有一个历史发展的过程。从春秋战国,历经秦汉、三国、晋、南朝及隋唐的发展,江南地区农业经济开始逐渐走向繁荣与兴盛。据李伯重之研究,唐代中叶以后,江南地区不论在生产技术、集约化稻作农业、农村副业、农民劳动生产率等方面都取得了长足发展,并自此之后走在了中国各地的最前面[4]。这在文献中多有记载,如"天宝之后,中原释耒,辇越而衣,漕吴而食"[5],"当今赋出于天下,江南居十九"[6]。宋代之后,历经元、明、清三

---

[1] 徐茂明:《江南的历史内涵与区域变迁》,《史林》2002年第3期。
[2] 王明辉:《"江南":一个隐喻》,《海南师范大学学报(社会科学版)》2012年第6期。
[3] 周振鹤:《释江南》,《中华文史论丛》第49辑,上海古籍出版社1992年,第147页。
[4] 李伯重:《唐代江南农业的发展》,农业出版社1990年。
[5] (唐)吕温:《吕衡州文集》卷6《碑铭·故太子少保赠尚书左仆射京兆韦府君神道碑铭》,商务印书馆1935年,第61页。
[6] (唐)韩愈:《昌黎先生文集》卷19《书 序·送陆歙州诗序》。

朝,江南地区经济发展始终居于全国领先地位,成为整个国家的命脉所系:"元都于燕,去江南极远,而百司庶府之繁,卫士编民之众,无不仰给于江南"[1],"韩愈谓'赋出天下,而江南居十九',以今观之,浙东西又居江南十九,而苏、松、常、嘉、湖五郡,又居两浙十九也"[2]。

作为传统时代最为主要的经济部门,农业是江南经济发达的最主要体现。而在江南发达的农业经济中,稻米种植与蚕桑生产又是最为主要的部类,成为满足人们"食"与"衣"等基本生活要求的象征与代表——虽然明以后棉布越来越成为人们的主要衣料。这也是为何楼璹会以"江南"为描绘区域、以稻作与蚕桑生产为描绘主题来创作《耕织图》了。正如白馥兰所说的那样:"江南的稻作农业在宋代迅速成为高效生产效率的象征符号",由此"南方的稻田景观被感知为一种自然资源、取代了基于粟米的北方农业,变成了象征着产出丰富而且社会和谐的理想景观",而"它们既是经济上的现实,也是政治上的理想"[3]。

中国自古以农立国,农业是国民经济的最主要部门与民众衣食之源,直接关涉王朝的稳定与社会的长治久安,因此历史上很早就形成了"农为天下之大本"与"重农劝农"的理念,而"劝农"更是成为中国古代"政府的哲学理念和治理技巧的核心所在"[4]。进行劝农,最好要有"榜样"与"示范",而既为之"榜样",则最好的选择自然是经济最为发达之地了。于是经济发达的"江南"被选做"示范"之地,也就顺理成章了。事实上,早在南宋时期,很多地方官所颁布的劝农文,就是以江南地区为示范的,如陈造在房陵劝农、陈傅良在桂阳军劝农、高斯得在宁国府劝农、黄震在抚州劝农等。兹以黄震在抚州所颁布劝农文为例:

> 今太守是浙间贫士人,生长田里,亲曾种田,备知艰苦。见抚州农民与浙间多有不同,为之惊怪,真诚痛告,实非文具,愿尔农今年亦莫作文具看也。浙间无寸土不耕,田垄之上又种桑、种菜。今抚州多有荒野不耕,桑麻、菜蔬之属皆少,不知何故。浙间才无雨便车水,全家大小日夜不歇。去年太守到郊外看水,见百姓有水处亦不车,各人在门前闲坐,甚至到九

---

[1]《元史》卷93《食货一·海运》。
[2](明)丘濬:《大学衍义补》卷24《治国平天下之要·制国用·经制之义下》,中州古籍出版社1995年,第368页。
[3][英]白馥兰著,吴秀杰、白岚玲译:《技术、性别、历史:重新审视帝制中国的大转型》,江苏人民出版社2017年,第88、101、71页。
[4][英]白馥兰:《技术、性别、历史:重新审视帝制中国的大转型》,第87、216页。

井祈雨。行大溪边,见溪水拍岸,岸上田皆焦枯坼裂,更无人车水,不知何故。浙间三遍耘田,次第转折,不曾停歇。抚州勤力者,耘得一两遍,懒者全不耘。太守曾亲行田间,见苗间野草反多于苗,不知何故。浙间终年备办粪土,春间、夏间常常浇壅。抚州勤力者,斫得些少柴草在田,懒者全然不管,不知何故。浙间秋收后便耕田,春二月又再耕,名曰耕田。抚州收稻了田便荒版,去年见五月间方有人耕荒田,尽被荒草抽了地力,不知何故。虽曰千里不同风,抚州不可以浙间为比,毕竟农种以勤为本。[1]

在文中,黄震从各个方面将江南与抚州做了对比,以江南农业耕作之精细与民众之辛劳为参照,劝导抚州民众勤于农作。

重农、劝农是传统王朝的重要理念,而耕织图之所以被不断创作出来,其主要目的即在于劝诫与教化劝农:对上劝诫皇帝与为政者要重农、爱民,对下则教化民众勤于耕作[2]。正是这种劝诫与教化劝农的功用,使楼璹《耕织图》在后世被不断临摹、刊刻与创绘。因此,正是鉴于江南农业经济的发达与强烈"示范"作用,于是以描绘"江南"耕织的图绘作为工具与媒介,来传达教化与劝农理念也就顺理成章了。而既然主要目的在于传达一种理念并彰显其象征意义,则何必再费工夫去重绘一套图案呢?与此相伴随的,自然是"江南"场景的一次次出现。

其次,江南地区浓厚的文化艺术氛围,使耕织图被大量创作与绘制成为可能,间接促进了"江南"场景的表现与传播。

与江南地区的经济发展逐步走向发达相关联,江南地区的文化发展亦经历了一个渐次走向繁荣与兴盛的过程。具体来说,江南文化发轫于商周以前,成型于春秋战国,至隋唐时期趋于繁荣与兴盛,宋以后走向成熟与稳定,至明清时期形成一个以艺文、图书、兴学、隐读为地域特色的文化型社会[3]。江南文化的发达表现在诸多方面,如文学、诗歌、戏曲、书法等,而绘画亦是一个重要体现。宋代之前,我国绘画艺术的重心在北方地区。南宋初年,随着高宗南渡,江南成为全国的政治中心所在地。此后,随着南宋宫廷画院的建立及

---

[1] (宋)黄震:《黄氏日抄》卷78《公移·咸淳八年春劝农文》。
[2] 具体参见王加华:《技术传播的"幻象":中国古代耕织图功能再探析》,《中国社会经济史研究》2016年第2期;《教化与象征:中国古代耕织图意义探释》,《文史哲》2018年第3期。
[3] 景遐东:《江南文化传统的形成及其主要特征》,《浙江师范大学学报(社会科学版)》2006年第4期;罗时进:《明清江南文化型社会的构成》,《浙江师范大学学报(社会科学版)》2009年第5期。

大量原北宋绘画名家的南渡,江南一跃成为全国的绘画中心[1]。总之,宋室南渡之后,江南绘画重心的地位,确立了其在此后绘画史上的经典地位[2]。

江南地区绘画艺术的发达与绘画名家的众多——刘松年、马远、梁凯、李嵩、程棨、仇英等一干画家即全为江南人,为耕织图的创绘造就了先天优势条件,进而间接促进了"江南"场景的描绘与传播。至于江南人为何要画江南事,这在一定程度上应该与他们自身作为江南人所具有的那种江南情怀有关。事实上,江南的地域环境与社会文化意识在画家的笔下也确实多有反映。具体而言,如董源"一片江南"的"真山真水":"董源平淡天真多……峰峦出没,云雾显晦,不装巧趣,皆得天真;岚色郁苍,枝干劲挺,咸有生意;溪桥渔浦,洲渚掩映,一片江南也。"[3]再如元四家的绘画作品,"江南意识"亦是多有体现[4]。

再次,发达的经济、昌盛的文化,使江南成为彰显政治认同与王朝统治合法性的重要隐喻与象征。

江南地区的政治地位,在我国历史上有一个由低到高的发展、变化过程。大体言之,六朝之前,江南是中原王朝心目中的异域地区;六朝时期,江南成为中原之外的另一个政治中心,是为南北对峙的象征之地;隋唐以后,则一直都是极受王朝重视的统治之地(尤其是明清时期)[5]。作为南宋首都所在的核心之地,"江南"自然在南宋王朝的政治统治中具有极为重要的象征意义。以"江南"场景为描绘对象的楼璹《耕织图》,之所以会受到高宗皇帝的重视,就因其符合了高宗及南宋王朝的多方面政治需要。而在各种"政治需要"中,彰显南宋王朝相对于金王朝的正统性又是一个重要方面。虽然相较于金,宋没有更广阔的统治区域,没有强大的军事力量,甚至还要向金称臣纳贡,但作为一个由"华夏"建立的国家,南宋却有发达的农业生产,这是金这样一个由"蛮夷"建立的国家所无法比拟的,而农业正是立国之基与满足人们生活的根本保障[6]。既然要向"敌国"凸显自己农业的发达与重农理念及由此而来的王朝正统性,则以农业最为发达的"江南"之地作为代表也就再合适不过了。

---

[1] 赵振宇:《南宋画家分布及流迁研究》,《艺术工作》2017年第1期。
[2] 汤哲明:《江左风流——十四至二十世纪江南绘画嬗变的脉络》(上),《艺术品》2015年第12期;袁平:《论元代太湖流域成为绘画中心的原因》,《郑州大学学报(哲学社会科学版)》2013年第4期。
[3] (宋)米芾:《画史》,中华书局1985年,第15页。
[4] 钟朝芳:《元四家绘画作品的江南文化意识》,《文艺争鸣》2010年第10期。
[5] 邹逸麟:《谈历史上"江南"地域概念的政治含义》,《浙江学刊》2010年第2期。
[6] 参见王加华:《谁是正统:中国古代耕织图政治象征意义探析》,《民俗研究》2018年第1期。

地域意识作为一种观念表征,具有强烈的主观性,往往会因立场的不同而产生差异。江南,作为南宋王朝的统治中心与荣耀所在,自然具有崇高之地位。但在元人眼里,同一块江南地区,却具有完全不同的象征与意义。江南作为曾经敌国的统治中心所在,同时又是对蒙古人"蛮夷"身份与统治合法性不断进行大肆攻击与质疑的地区,于是蒙古统治者对其采取了压制与防范的政策。事实上,对于"汉人"之文化,元朝多数皇帝都是持不认同态度的,正如忽必烈所认为的那样,"采纳文言文意味着文化上对汉人的屈从"[1]。而"江南"又恰是"汉人"文化的最主要代表区域。因此,对"江南"的不认同,正是导致杨叔谦《农桑图》不以"江南"、而以"大都"为描绘区域的最主要原因。

作为同样由汉人眼中"蛮夷"所建立的王朝,清王朝对"江南"却采取了完全不同的态度与策略,即要处处设防,又要时时拉拢,而"拉拢"又是其中的主要面向。之所以如此,与"江南"对清王朝统治正统性与合法性建构的巨大作用直接相关。正如杨念群所说的那样:"过去是对中原地区的占有,具有象征的涵义,而对清朝而言,对中原土地的据有显然已不足以确立其合法性,对江南的情感征服才是真正建立合法性的基石",因为"凡是在满人眼里最具汉人特征的东西均与'江南'这个地区符号有着密不可分的关联",因此"如何使江南士人真正从心理上臣服,绝不是简单的区域征服和制度安排的问题"[2]。事实上,"清王朝的权力与统治策略,因为无法规避与汉文化核心地带的博弈互动,因而实际上是经由对'江南'的定义与再定义、建构与再建构而进行的"[3]。于是,为收服江南士人之心,清初帝王采取了一系列措施,而绘制以"江南"为描绘区域的耕织图就是一个重要体现。这正是为何清代所绘制与刊刻的耕织图,绝大多数都以"江南"为描绘区域的最主要原因。

三、结 语

以上我们对中国古代耕织图中的地域呈现问题做了相关分析与讨论,从中我们可以发现,绝大多数耕织图都是以"江南"为描绘区域的。之所以如此,有艺术传统的原因,但更主要的是"江南"地域因素的影响。正是"江南"的重

---

[1] [德]傅海波、[英]崔瑞德编,史卫民等译:《剑桥中国辽西夏金元史》,中国社会科学出版社1998年,第313页。
[2] 杨念群:《何处是"江南":清朝正统观的确立与士林精神世界的变异》,第13、14、15页。
[3] 刘拥华:《何处是江南?——〈叫魂〉叙事中的'江南隐喻'》,《史林》2015年第1期。

要地位与象征隐喻作用,使历代耕织图描绘显现出"处处是江南"的场景特点。而"江南"的重要地位及其在耕织图中的时时呈现,又深刻体现出中国古人的地域意识与观念问题。首先,各个地域之间并非是完全均质、等同的,而是有着高下、等级之分。其次,对同一个"地域",不同的人或群体基于不同的立场,其认知可能是完全不同的,如元代统治者对于"江南"的评价与认定。而这一品评背后,实际上反映出来的是不同的政治经济利益与立场。正如美国社会学家卡斯特说的那样:"空间就是社会,空间的形式与过程是由整体社会的动态所塑造的,这其中包括了依据社会结构中的位置而享有其利益的行动者之间相互冲突的价值与策略所导致的矛盾趋势。"[1]

　　针对"江南"地区而产生的地域观念与意识,体现出人类所生存空间(地域本质上是一种空间)的一个重要特点,即社会性,对此我们可称之为空间的社会性。所谓空间的社会性,是相对于空间的自然属性而言的,指空间在原有自然属性的基础上而被赋予了社会含义与属性,从而使空间成为了一种社会性的存在[2]。与自然或物理属性的空间相比,社会空间凸显的是"社会"与"人"的因素,强调社会与人在空间创造过程中的作用与影响。正如涂尔干所说的那样:"空间本没有左右、上下、南北之分。很显然,所有这些区别都来源于这个事实:即各个地区具有不同的情感价值。既然单一文明中的所有人都以同样的方式来表现空间,那么显而易见的,这种划分形式及其所依据的情感价值也必然是同样普遍的,这在很大程度上意味着,它们起源于社会。"[3]因此,"社会空间总是社会的产物"[4],"空间在其本身也许是原始赐予的,但空间的组织和意义却是社会变化、社会转型和社会经验的产物"[5]。而在空间的社会性属性中,政治性又是其中的一个重要面向,所谓"空间是政治性的、意识形态性的。它是一种完全充斥着意识形态的表现"[6]。所有这些关于空

---

[1] [美]曼纽尔·卡斯特著,夏铸九、王志弘译:《网络社会的崛起》,社会科学文献出版社2001年,第504页。
[2] 参见郑震:《空间:一个社会学的概念》,《社会学研究》2010年第5期;王贵楼:《当代空间性社会理论的主题与路径阐释》,《中国人民大学学报》2015年第4期,等等。
[3] [法]艾弥尔·涂尔干著,渠东、汲喆译:《宗教生活的基本形式》,上海人民出版社1999年,第12页。
[4] [法]亨利·列斐伏尔著,王志弘译:《空间:社会产物与使用价值》,载包亚明主编:《现代性与空间的生产》,上海教育出版社2003年,第48页。
[5] [美]爱德华·W. 苏贾著,王文斌译:《后现代地理学:重申批判社会理论中的空间》,商务印书馆2004年,第121页。
[6] [法]亨利·勒菲弗著,李春译:《空间与政治》,上海人民出版社2008年,第46页。

间社会性的讨论,虽然在列斐伏尔、福柯、哈维等空间社会学代表性人物看来,都是伴随着现代性而兴起的、主要是针对当下城市与资本主义社会而言的,但从以上我们对于"江南"观念与意识的讨论中可以发现,其实在传统社会中,这种空间的社会性特点亦是同样存在的。

本文原载《中国历史地理论丛》2019年第3期,收录时有删节。

从坞壁到"九龙攒珠"
——汉末以来长江中下游向塘式聚落的结构与演化

张靖华

一、向塘聚落的晚期形态
——"九龙攒珠"及其形式变体

作为一种常见的聚落类型,向塘式聚落在长江中下游地区的安徽、湖北、湖南或江苏等地都能见到。概而言之,它以水塘为中心,建立围绕水塘,或面对水塘的建筑空间。在这些村落中,塘体不仅有洗涤、灌溉之功能,一般还有风水文化的意义。在巢湖流域,向塘式聚落主要分布于巢湖北岸面积约50平方公里的半岛及外围地区。这一区域内,分布着大量以明初南方移民为始祖的传统聚落,被称之为"九龙攒珠"。"九龙攒珠"的语汇,采集自位于黄麓镇的张家疃村,该村坐落于巢湖岸边,传说是巢湖北岸最早的移民者——张元一所建(图1)。村落整体呈圆形,外有环濠,中部有一口圆形的水塘。在水塘的周围,地形起坡,民居绕水塘建立,形成燕窝状的围合。这一建筑空间,以水塘北侧的商业街为界限,形成南北两片,其中北片的年代相对较早,以张氏家族聚居为主。从西向东,大概有十余条巷道彼此平行,对准水塘。巷道整体呈东偏南30度角。根据其中的建筑年代判断,是整个村庄发育最早的片区。片区内的民居有两个特点:一,建筑单体的规范性。民居建筑主体统一按三开间五架形式建造,开间约10米,进深约7米,装饰简单,风格朴素。二,群体的完整性。主体建筑向通过外伸出两厢(两厢中部为十分窄小的天井)与前进院落联系。从而形成前后相连,可达10余进的长龙状的民居群,长龙与长龙之间,挖掘排水明沟,"如遇到大雨,有九条水沟,滚滚直入门口塘,看起来活像九条龙在戏水,群众称此为'九龙攒珠'"[1]。

---

[1] 张靖华:《九龙攒珠——巢湖北岸移民村落的规划与源流》,天津大学出版社2010年,第31页。

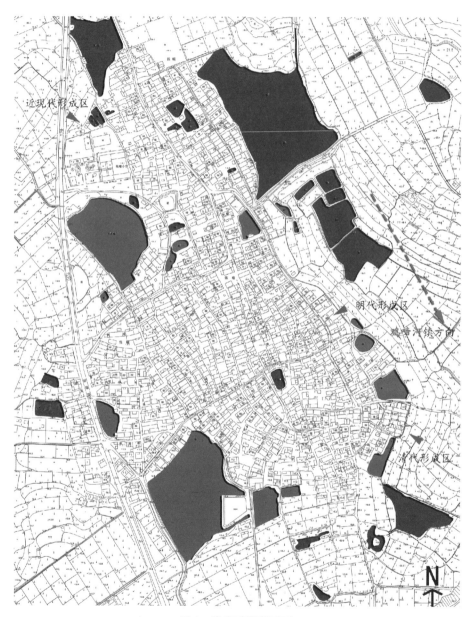

图 1　张家疃聚落平面

资料来源：张靖华：《九龙攒珠——巢湖北岸移民村落的规划与源流》，天津大学出版社，第 99 页。

"九龙攒珠"的整体空间格局,和明初严格的建筑制度紧密相联。一方面,北部原始片区单体建筑呈现比较明显的受洪武三年和二十六年建筑制度影响的痕迹[1]。另一方面,按群众指认的"九龙"所划出的原始片区,符合军屯聚落十甲、百户左右的规模要求[2],在其他一些疃中,也能看到这种原始片区的统一制式。如唐家疃村,排除西部明显的现代区域,东部原始聚落,长宽均为100米左右,巷道存9条左右,形成非常规整的矩形平面(图2)。在洪家疃村,南部之原始部分,也和张家疃、唐家疃一样,近似方形。村口在清代文献中,称"九龙口"[3],说明"九龙攒珠",就是本地区军屯聚落的制式。在严格遵循这一规制的军屯聚落以外,还有其他聚落根据地形变化,设计为扇环、扇形、石锁或者折线形态。表明明代初期就开始建立的"九龙攒珠",一开始就拥有较为成熟的技术积淀。

二、向塘聚落的中期形态
——鄱阳县"九剑射东湖"的城市空间

　　由于巢湖北岸是典型的明代移民集聚区。因此,通过对于"九龙攒珠"最初建造者的研究,就可以推断这一技术传播的大致路径。根据前期的调研,本区域的移民主要来自于长江以南的江西和徽州地区[4]。徽州移民人口较少,其故乡聚落多靠山滨河而建。而江西移民则为本区域的主体。他们口述及文献记载的故乡分布在两个区域,其一位于鄱阳湖西岸的南昌、新建、丰城一带。另外一种,称自己的故乡在"江西瓦屑坝"。20世纪90年代,葛剑雄等学者对该地区进行了研究,确认莲湖乡一个叫"瓦燮坽"的地方,就是这一古老的移民集散地[5]。这一区域,是鄱阳湖东岸湖中的一个圆形岛屿,当地也称莲荷山。和北方移民多称来自"大槐树"类似,瓦屑坝是明代各类江西移民,甚至也包括一部分皖南移民口述历史中最常使用的故乡代称。从社会文化的层面理解,我们把以瓦屑坝为中心的鄱阳湖周边区域作为明代江西移民的总体故乡,那么"九龙攒珠"应该和这一区域的建筑

---

[1]　《明史》卷44《地理志四》。
[2]　《明史》卷90《兵志一》。
[3]　洪家疃《洪氏宗谱》卷1《碑记》,1917年编修。
[4]　见葛剑雄等:《简明中国移民史》,福建人民出版社1993年,第340页。
[5]　见曹树基、葛剑雄:《江西瓦屑坝——中国历史上的移民发源地之二》,《寻根》1997年第2期。

图 2 唐家疃平面空间分析

资料来源：作者根据 Google Earth 遥感照片绘制。

文化的存在一定的承传关系。通过对航拍和实地情况的勘察,我们在鄱阳湖周边找到了大量的证据。

首先,在瓦屑坝所在的鄱阳县城(即饶州府城)以内,确实存在和"九龙攒珠"近似的建筑区域,并且年代更早。在县城西南角,有一个被称之为"九剑射东湖"的片区(图3)。根据乾隆《鄱阳县志》,片区内分三坊、九巷。每坊三巷,分别为魁辅坊:崇儒巷(即一条巷)、望湖巷(即二条巷)、通德巷(即三条巷);世美坊:迎晖巷(即四条巷)、大通巷(即五条巷)、全节巷(即六条巷);尊古坊:银台巷(即七条巷)、承流巷(即八条巷)、艮止巷(即九条巷)[1]。这九条巷道均呈东西走向,指向西侧城墙,城墙以外,是东湖水域。又据康熙《鄱阳县志》卷3《城池》一篇,鄱阳县的城市空间曾有过几次演变记录。最早的鄱阳县,从秦代到三国有扩建:"按旧城,秦番君芮所筑,周七里,吴周鲂守郡,时山越负固,增修至九里三十步。"这一规模保存在北宋灭亡,至"宋建炎初,舒贼刘文舜寇饶,知州连南夫缮治御之,绍兴水坏,史定之修增至十二里"。根据对鄱阳县城地理特征的研究,该城三面临水,北侧对山,区域范围比较有限。如从北侧芝山开始算起,则将山体南部所有陆地包括进来,也只与南宋所围合的12华里左右区域范围基本一致。如以芝山为边界,向南部扩展约9华里的圆形区域,则今"九剑射东湖"的片区,恰在城墙以外。这一区域在唐宋时期,可能属于城市近郊的一个居住片区。

对于这一推测,有几方面证据可供佐证。其一,对于这个片区的来源,地方上流传多个版本,有些带有神话色彩[2],但都指向北宋中期范仲淹主政时进行的城市管理活动。其二,我们发现,九条巷所处片区,空间秩序十分严整,和里坊制空间形态比较一致。和周边对比容易发现,这一区域的空间肌理和周边区域有较为明显的差异,可以推测它的形成应该不同于明清时期鄱阳县的其他区域。其三,从"九剑射东湖"的语义以及诸如"望湖巷"、"迎晖巷"的名称,也可以认定"九剑射东湖"所描述的城市景观,必然是未被城墙所阻隔之前的空间环境——换言之,必然是先有空间,再有传说,再有城墙。联系两宋之际鄱阳的城市建设和拓展,可以推测"九剑射东湖"的建立时间,应该和传说中的北宋中期,时间相差不大。这片区域,当时可能是邻水的村落,后来慢慢发展为"不独农桑别有营"[3]的一个近城地区。随着商品经济的发展,形成

---

[1] 乾隆《鄱阳县志》卷2《坊隅》。
[2] 见鄱阳县志编纂委员会编:《鄱阳县志(上)》,方志出版社2010年,第257页。
[3] 《全唐诗》卷506,章孝标《送张使君赴饶州》。

图 3 鄱阳县"九剑射东湖"平面空间分析

资料来源:作者根据 Google Earth 遥感照片绘制。

人口十分稠密的里坊。我们将"九剑射东湖"的语言和"九龙攒珠"进行对比发现，二者无论从语义结构上，还是空间特征上，都存在非常明显的同源性关系。

三、宋元以来江西向塘聚落的空间结构

在"瓦屑坝"移民迁出的其他区域，我们也能发现当地建筑文化和"九龙攒珠"的联系。根据族谱的记录，我们在鄱阳湖西侧南昌、新建、丰城三县所在的赣抚平原地区，发现了不少创立自宋元时期，形式和巢湖"九龙攒珠"十分近似的村庄。它们面向水塘，建筑单体基本都为三开间，有些民俗符号和语言也十分类同。不仅如此，区域内的向塘聚落还具有和巢湖"九龙攒珠"一致的多种平面（图4），如方形聚落（如丁坊袁家村、同田村），扇形聚落（岗上镇侯家村），圆形聚落（尧岗村）[1]，它们的分布十分密集。正如前文所推测的，作为一种十分成熟的聚落空间设计方法，向塘聚落（包括"九剑射东湖"），在明代以前，就在鄱阳湖流域十分成熟了。研究这一区域的人口来源，会发现一些家族从汉代开始建立，到唐宋时期，逐步走向稳定。以丰城的家族为例，该地区从西汉元康元年至元寿二年，有雷、谢、杨、张四姓先后由外地迁来丰城境内居住。东汉时，有邹、曾、徐等姓先后从外地迁居本县。至魏晋南北朝时，增加孙、罗、朱、傅等姓，隋唐时，全县人口姓氏则发展到80多个[2]。而村落发展在唐宋以来达到高峰，如《丰城吴氏总谱》列举了丰城境内的100个吴氏聚落，它们广泛的分布于境内各片区域。在这100个聚落中，以泉港镇塘坊最早，祖先自唐乾符七年由高安龙山东岭迁来。其后吴氏在本地区逐渐增多。北宋产生了4个村落，南宋产生了13个村落，元代产生了15个村落，明代最多，产生了35个村落，清代继续稳定增加，产生村落20个[3]。江西中部的向塘聚落文化，应该是汉代以来区域建筑文化逐步发展演进的结果。

对于这一发展过程，我们可以从向塘聚落的两方面信息加以分析。首先，向塘聚落所面对的水体存在演化的迹象。虽然目前发现的赣抚地区宋元时期

---

[1] 张靖华：《九龙攒珠——巢湖北岸移民村落的规划与源流》，第74—83页。
[2] 江西省丰城县编纂委员会编：《丰城县志》，上海人民出版社1989年，第49页。
[3] 张靖华：《九龙攒珠——巢湖北岸移民村落的规划与源流》，第87页。

图 4 尧岗村平面

资料来源:Google Earth 遥感照片。

创建的村庄,有些已建造了十分典型的半月形水塘。但区域内仍有相当一部分村落,其巷道和建筑面对自然河流而建。由于人类的早期聚落,从新石器时期开始,就已经频繁的利用自然水体(有些则利用自然河流形成环濠),这给我们提供了一种思路,即:向塘聚落的塘体可能和自然水体之间存在某种密切的关系。二者之间可能存在着形式或者意义上的先后发展顺序。其二,从向塘聚落的建筑空间特征来看,无论是在鄱阳湖周边,还是在鄱阳湖以外的各种类似聚落(包括"九龙攒珠")中,其主体建筑空间,仍未摆脱高度防御性的影子。这种防御特征体现:一,典型的方形向塘聚落往往通过严格的里坊空间划分(包括坊门设置等),以及十分标准化的,彼此接搭的单体建筑,形成十分密闭的建筑空间。这种建筑空间在关闭坊门之后,形成天然的堡垒。巢湖"九龙攒珠"屋顶建筑空间彼此联合,还构成了从下到上的两重防御系统。二,一些聚落在扩展过程中,存在着以某个具有防御性的建筑空间为核心,逐步向外拓展的过程。较为典型的如湖北大冶的水南湾村,在水塘北侧的"九如堂"之外,形成了多层围墙环绕结构(图5)。第一道围墙,"墙高4米,厚约0.4米,成方形设计,四边对称,三道围墙全长约800米",在这道围墙之外,后世子孙在其周围采取类似方式连续建了两道围墙,形成完整坚固的三重围墙系统[1]。水南湾的空间结构和张家疃"燕窝型"的扩展模式类似,都提示了关于向塘聚落祖型的思考角度,即向塘聚落可能起源于高度闭合的防御空间,后期逐步发展演化,这个防御空间和流水相依存,后随着时间的流逝,慢慢演变,最终形成向塘聚落的稳定形式。

四、溧水族谱图像中的早期形象

在赣抚平原以外,一部分在空间上较为接近,但文化上存在影响的区域,其聚落中的文献资料,能够提供这一发展演化过程的相关证据。这些材料主要采集自溧水县晶桥镇境内的一些村庄。溧水位于江苏省南京市南,区域农业发展历史悠久。溧水故地秦代属会稽郡溧阳县,清代属江宁府。它的地形地貌和巢湖北岸及大冶比较相似,西部为石臼湖,东侧则为略呈环形围绕的清洪山山脉,河流从山脉而下,蜿蜒进入石臼湖中。从山脉直至湖边的丘陵、岗

---

[1] 陈晶、李晓峰:《血源型村落的同构型空间解读》,《南方建筑》2008年第5期。

图 5　水南湾村平面

资料来源：Google Earth 遥感照片。

地和围田区,遍布着各种农业村庄。和赣抚平原相比,这一区域的向塘聚落有两个共性,第一,创建的年代十分近似。溧水地区的人口和江西中部类似,从汉末开始迁入,中间陆续加入其他移民。有人对溧水等地的家族做过统计,发现从永嘉之乱以来至唐宋都有分布。"从我们所看到的家谱中,最早迁溧的是方边及开泰村的张姓,于东晋咸康四年(338)先迁句容戴亭,后分支迁徙溧水",此外,"尤其是南宋从河南、河北、山东迁入的最多"[1]。第二,其形态也分为两种,一种依水流而建,如创立自南宋的环步岗村。一种是开挖独立塘体的聚落,如碧山里、西宋等村。无论哪一种,它们的总体空间结构和巢湖或鄱阳湖向塘聚落并无太大不同,都建立南北朝向的巷道,彼此平行,形态较为一致。虽然江西与溧水中间相隔徽州地区,这一区域,向塘聚落的分布较少[2],但溧水向塘聚落的族谱却能为理解赣抚聚落发展的动力提供重要参考和关键思路。

我们从该地区的族谱中发现了四幅图像,分别为《环步岗陈氏宗谱》的白石园村图二幅、里佳山村图一幅以及邵村《富春孙氏宗谱》的"大陇前后阴阳地图"。它们为我们研究向塘聚落的起源,提供了一些有趣的信息。

第一种信息,笔者称之为"堡垒与流水建立阶段"的图像。采自《白石园图》和《白石田居别墅之图》(图6、7)。陈氏是南宋移民,其始祖为随高宗南迁之官僚集团的一员,"迁溧之祖则为四十七世讳嘉贵者。贵缘从弟嘉善为溧水令,故从宋高宗南渡之任邸,未几,会善殁于官,遂携犹子卜居于溧南环步港之善地,躬耕农桑,因世其家,迄今六十有三世"[3]。图中显示的聚落或园林均为陈氏后期从环步岗发展而来。它们都呈正方形,其中白石田居内部非常严整,有横向和纵向建筑多列,堡垒朝向流水,但外部有严密的围合。对流水的处理,通过两座桥梁,一左一右,加以分限,构成和堡垒中轴对称的内部水体。白石园内部有亭台楼阁,对流水的处理十分类似。

---

[1] 中国人民政治协商会议江苏省溧水县委员会学习文史委员会编:《溧水古今》第9辑,1991年,第217页。
[2] 徽州存在少量向塘聚落,但其发展演化过程不具备一次性规划、防御为主的核心特征。以宏村为例,它的南部有南湖,中部有半月形水体——月沼。和向塘十分近似,但它们建设的年代均在元代以后,其中月沼的建造在永乐时期,南湖在万历时期,均为伴随建筑空间增长的后发形成。
[3] 溧水县《环步岗陈氏宗谱》卷1《溧水环步岗陈氏族谱序》,1908年编修。

图6　百石园图

资料来源：溧水县《环步岗陈氏宗谱》卷1，1908年编修。

图7　白石田居别墅之图

资料来源：溧水县《环步岗陈氏宗谱》卷1，1908年编修。

第二种信息,笔者称之为"堡垒与池塘建立联系"的图像(图8)。采自《陈氏里佳山基址之图》。里佳山是"陈氏石屋公之别墅"[1],它也是一个封闭的正方形堡垒。堡垒依水而建。根据《陈氏石屋公卜筑里佳山基址图记》,"于此可佳之里,遂拘一宅,门堂楼室,作百余楹,极其华美。面錾石槛一池,旁为左右两关,极其巩固。砌石桥,以锁南注,济濑阳之通衢,作石坝,用涨北流,溉西畴之沃壤。列乡市,以通贸易,广閟恤,以敦仁风。"堡垒内部有三列建筑,排列整齐,周围高墙围合,整个堡垒面向一口半月形水塘。在临塘的边界两侧,建有两阙。两阙高出主体聚落高度。总体功能,是融合了居住、经济、防御为一体的小城堡。

图 8　陈氏里佳山基址之图

资料来源:溧水县《环步岗陈氏宗谱》卷1,1908年编修。

第三种信息,笔者称之为"开放的村落和水塘、流水产生关系"的形象。该图像出自邵村孙氏的《大陇前后阴阳地图》(图9)。孙氏是汉末移民。"花犇

---

[1] 溧水县《环步岗陈氏宗谱》卷1《陈氏石屋公卜筑里佳山基址图记》。

孙氏，原出东吴，吴并于晋室。北迁居河南固始之枣林村，传数世，至逸公，行五十，后世称为五十公者也，见中原鼎沸，不可久留，还归江东丹阳之浒而居焉。地名花犇，是为花犇孙氏之始祖。"[1]该图像反映的是该族后期聚居的某村情景。南部面向河流，前有"宗塘"，宗塘以北，有建筑围绕。中间有"祖祠"，祖祠周围有四条巷道，分别为官巷、巷、井巷、大巷。和祖祠堂朝向完全一致。我们仔细对比上述三种信息会发现，如果暂不考虑这四幅图像中家族聚落的起源时间，则会明显发现，由于本地区各时期的移民族群长期混合发展，导致一些古老的建筑形象在后期文献中残留并混合，从而形成了一种十分罕见的"江南建筑形象"。

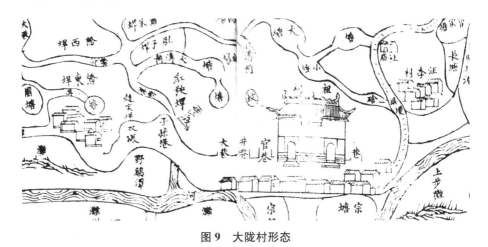

图9　大陇村形态

资料来源：根据溧水县《富春孙氏宗谱》1924年编修《大陇前后阴阳地图》改绘。

　　为了核实这些建筑形象的可靠性，笔者对白石园、里佳山等地进行了调查。发现现存的建筑空间，根本无法和图形相统一。或者巷道并不规整（白石园），或者堡垒的边界根本无从看出（里佳山）。笔者判断，白石园、里佳山的图像来源，与其说是制图者的想象，毋宁说，它们是类似《俞氏家谱·黄公府事略》中的《吴郡康城地域图》那样，非常巧合性的保存了一些古老家族发展过程中的珍贵历史信息。特别是，这几张图中所绘制的极为典型的双阙形象、闭合的围墙，和我们常见的汉代明器中的堡垒建筑——坞壁是完全一致的（图10）。刘华祝曾对坞壁有过详细的考证，认为"壁"早于"坞"，"从先秦时期

---

〔1〕　溧水县《富春孙氏宗谱》，《富春孙氏续修宗谱序》，1924年编修。

就已出现","《周礼·夏官·量人》:'营军之垒舍',郑注:'军壁曰垒',孙诒让《正义》:'军所止之处,则外币为壁垒,又于垒中为馆舍。'"[1]而坞的含义犹如"壁",也是小型的军垒,"营居曰坞,一曰库城也"[2]。一开始,坞壁为国家军事设施,多为四方形,在边疆地区十分常见。两汉之际,伴随农民起义的爆发,豪强地主纷纷自建营垒,用以防御,从而使坞壁从军事向民用方向转化:"豪人之室,连栋数百,膏田满野,奴婢千群,徒附万计。"[3]从各种史料来看,这种封闭的、集合了诸多功能的坞壁到东汉时已非常普遍。

图10 坞壁明器

资料来源:Google Earth遥感照片。

联系永嘉之乱中,大量的北方移民南下的历史。这种空间信息在溧水文献中的残留应该不难理解。史载:"永嘉之乱,百姓流亡,所在屯聚。"[4]又敦煌石室本《晋纪》记载:"中夏残荒,堡壁大帅,数不盈册,多者不过四五千家,少者千家、五百家。一从几百到效千家。"谭其骧先生对包括溧水在内的移民人口曾有过统计,"来自北方诸省者,以山东占绝大多数(十五侨郡、三十九侨县),河北次之(一侨郡、五侨县),河南、山西、陕西又次之(河南一郡、二县,山

---

[1] 刘华祝:《试论两汉豪强地主坞壁》,《历史研究》1985年第5期。
[2] (宋)杨侃撰,车承瑞点校:《两汉博闻》,黑龙江人民出版社1990年。
[3] 《后汉书》卷49《仲长统传》。
[4] 《晋书》卷100《苏峻传》。

西三县,陕西一郡、一县),独甘肃无",上述移民又分为几个批次,花犇孙氏所称之元嘉二十八年,可能与是年"鲁爽兄弟率部曲来奔","凡六千八百八十三人",及"徙彭城流民于瓜步,淮西流民于姑熟,合万许家"[1]属同一批次。这些南下人口所建立的聚落,最初应会采用坞壁的形式。这是因为:其一,一种较为成熟的聚落建筑方法,坞壁的技术与文化必然在一定时期内存留。其二,对于刚刚进入南方,尚未解除安全隐患的北方移民来说,坞壁适合防御,有利于保护家族和人口,所以较为封闭的坞壁聚落,在本地区应该有过十分流行的阶段,之后又对本地区的聚落发展有过十分明显的影响。

五、小　　结

除上述文献以外,对于永嘉移民南下过程中,将北方的建筑形式带到南方的证据,在客家移民聚居的福建地区也十分常见,虽然学术界对客家移民的真实来源尚存一定的异议,在发现更多的材料之前,笔者也不能马上得出结论。但综合上述信息,有一点可以肯定:无论从溧水还是江西中部人口的发展序列来看,永嘉移民的坞壁和向塘聚落之间,都存在着某种密切的关系。向塘聚落的各种空间特征,符合中原地区周代以来逐步发展的中轴对称、内外分别的建筑思想,向塘聚落的防御性特征,又与永嘉移民采用的聚落空间形态之间存在形式上的关联。在巢湖"九龙攒珠"村落刘家疃中,《刘氏宗谱》中有一段话,记录了始祖从汉末以来的迁移过程:

> 我祖系陶唐之裔,居彭城郡,历三代已及于秦,千有余年,直东晋之末,五胡之变,播迁于江西广信之紫溪,世治清平,耕读为业,迨至元末明初,干戈扰攘,流离散漫,再迁于金斗郡。

我们即以这段文字所描述的迁移路线为中心,谨慎地推测汉末以来长江中下游向塘聚落向"九龙攒珠"发展演化的几个关键阶段:

第一阶段:坞壁南下,与南方环境简单适应。这一阶段集中于永嘉移民之后,这一阶段中,坞壁尚未开始真正南方化的过程。即便和南方环境有初步的接触,出于特殊的安全考量,其空间形态不会发生本质的变化。

第二阶段:坞壁初步南方化,封闭的建筑空间逐步与水流相靠近,这一过

---

[1] 葛剑雄:《中国移民史》第1卷,福建人民出版社1997年,第332页。

程发生于移民以后的一段时间。由于环境的不稳定,外部建筑空间的围合可能尚未突破,但伴随北方家族的南方化过程,建筑和水流的关系更加密切,水流的文化意义凸显并加强。这个阶段可能一直到唐宋之际才结束。里佳山和白石园图部分代表了这个阶段的情况。

第三阶段,伴随着宋代以来社会的发展。相对开放的建筑空间、独立的水体空间和联系性的巷道的慢慢形成。建筑空间和水塘的整体性联系基本形成。这一阶段是赣抚平原的向塘类型以及"九剑射东湖"的城市片区的形成时期。

最后一个阶段是通过明初移民活动,向塘聚落和"九剑射东湖"的建筑文化向周边地区传播,并逐步地域化的过程,这一阶段是巢湖北岸"九龙攒珠"的建造和发展阶段(图11)。

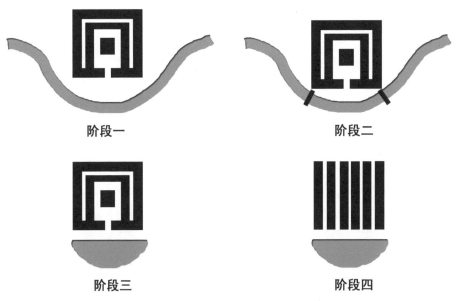

图 11 从坞壁到"九龙攒珠"的演化过程

资料来源:作者绘制。

整个过程大约持续1 700年左右,其中永嘉之乱至隋唐之际可以视为向塘聚落的孕育期,大约跨度300年。从唐宋至元末,为向塘聚落诞生期,大约跨度800年。明清两代至今,为向塘聚落的成熟期,大约跨度600年。这三个阶段,大体经历了中国古代社会,从集团式、贵族式,到中央集权统治下的家族式,开放式的发展过程。当然,这个相对理想化的空间模型的完善还需要更多证据,特别是在历史发展长河中,开放与封闭这两种空间特征变化,会随着社会环境的变化出现反复。但在这一过程之中,乡村聚落空间从汉末以来的封闭形态,走向更具社会管理机能的里坊结构,最后走向近古的开放空间,以及在此过程中坞壁聚落与水流之间从简单的利用关系,到逐步融合,并形成稳定的文化意义,这一总体的发展趋势,应该是比较明确的。

宋元东南沿海宝箧印石塔与中日建筑交流

闫爱宾

宝箧印塔是型制较为特别的一类佛塔,以形似箱箧、内藏《宝箧印陀罗尼经》而得名。其塔体由基座、塔身、山花蕉叶与塔刹三部分组成,尤以形似箱箧并遍布雕刻的塔身、塔身常常出现的"四舍"[1]题材雕刻、壮硕的山花蕉叶与塔刹为特色,其造型在佛塔中独树一帜(图1)。中国宝箧印塔主要为两个类别:其一为金属宝箧印塔,多分布于五代吴越国地区及其周边,以吴越国王钱弘俶造"八万四千"金属宝箧印塔并分送各地为滥觞[2];其二为宋元时期东南沿海的宝箧印石塔,以福建泉州一带最为集中。在日本佛塔中,宝箧印石塔则是数量较众、影响较大的一种类型,出现于鎌倉时代中期。对宋元中国东南沿海宝箧印石塔及日本鎌倉时代宝箧印石塔的对比研究,将对揭示这一时期中日建筑文化交流有所补益。

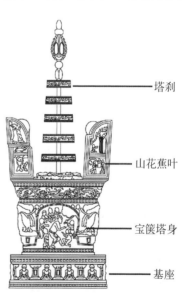

图1 宝箧印塔构成

---

[1] 就遗存宝箧印塔实物分析,其"四舍"题材分别为月光王捐舍宝首、摩诃太子舍身饲虎、尸毗王割肉饲鹰救鸽、快目王舍眼四个佛本生故事。
[2] 闫爱宾、路秉杰:《雷峰塔地宫出土金涂塔考证》,《同济大学学报(社会科学版)》2002年第2期。闫爱宾:《钱弘俶、汉传密教与宝箧印塔流布》,《兰州理工大学学报》第37卷,总第43期,2011年。

一、五代至元代的中日建筑文化交流概况

中日间的文化交流素以唐代时日本的十三次遣唐使最受瞩目,但事实上自838年(日本承和五年)派遣最后一次遣唐使后,尤其是894年(日本宽平六年)日本正式停止遣唐使制后,中日海上交通与文化交流非但没有停滞,反而有更加频繁的趋势;五代两宋间中日交通更加便捷,尤其在南宋中叶以后,仅搭乘商船往来的入宋日僧与入日宋僧之知名者即有120余人之多[1]。中国对日交通一向以明州港为对口港,五代两宋间亦如此,一般是横渡东中国海,经肥前松浦郡的值嘉岛,进入博多津港,货物在此交易。其中航船船主大多为中国人,如五代时期频繁往来于吴越与日本间的吴越商人蒋承勋、蒋衮、盛德言,宋代商人陈仁爽、郑仁德、朱仁聪等。除明州船主与商人外,也有其他浙闽沿海各州县商人往来,如多次经商宋日之间的台州商人周文裔、福州商人陈文祐等[2]。

此阶段因中日并无正式的外交关系,均为私人商船往来其间贸易;入宋巡礼的日僧和赴日弘法的宋僧也均搭乘商船。建筑文化交流与技术传播是伴随着商贸行为、宗教传播同时发生的。如五代时期伴随天台密宗的传播而发生的金属宝箧印塔向日本的传播,致使后来日本亦学习了这种铸造技术,自行铸造了金属宝箧印塔,其型制则完全模仿钱弘俶宝箧印塔。日高仓天皇治承五年(1181)始的东大寺重建工程,则促成了浙闽沿海木构建筑风格影响下的日本"大佛样"体系,及浙闽沿海石作技术影响下的日本伊派、大藏派石作技术。南宋时期入宋日僧摹写江南禅寺的《五山十刹图》(主要是明州、杭州带寺庙),并回国模仿建造,则促使日本形成了"禅宗样"体系[3]。可以说,五代至元代间的中日建筑交流,主要就是浙闽沿海与日本间的建筑文化交流与技术传播。

二、宋元东南沿海宝箧印石塔分布及型制研究

就目前调研所知,中国现存宝箧印石塔基本分布在东南沿海的江苏、浙

---

[1] [日]木宫泰彦著,胡锡年译:《日中文化交流史》,商务印书馆1980年,第294—296页。
[2] [日]木宫泰彦著,胡锡年译:《日中文化交流史》,第222—226页。
[3] 张十庆:《五山十刹图与南宋江南禅寺》,东南大学出版社2000年。

江、福建、广东至海南一线，尤以福建泉州、厦门一带最为集中，年代则基本为宋元时期。在调研所及的现存46座宋元宝箧印石塔中，福建36座，广东5座，浙江3座，江苏与海南各1座。而在福建36座宋元宝箧印石塔中，泉州占34座（包括宋元属泉州的同安县之4座），漳州2座。就建塔年代论，其中15座有较确切年代，起始于嘉祐四年（1059）泉州洛阳桥建成时所造的桥头宝箧印塔，终止于元末大量被毁的宝箧印塔。在这46座石塔中，仅有20余座较为完好，各部分构件基本齐全或有较充分证据可以补齐，其余则为残存塔身或山花蕉叶，但基本可判断属于宝箧印塔类；另有一些残存塔基座等，亦与宝箧印塔基座类似，但以缺乏充分证据，故暂不列入（表1）。

自表中宋元东南沿海宝箧印石塔之型制分析可知，总体而言，塔身尺度有逐步变小的趋势；塔身雕刻内容从早期以"四舍"本生故事为主逐步向后期的佛像雕刻或文字雕刻演变；基座有增加圭角、增加素平高基座以使之日益变高的趋势；山花蕉叶逐步由壮硕变纤细，由直型变弧线型，雕刻日益简化，揭示出其重要性日益被弱化；塔刹亦逐步由壮硕变纤弱，其轮廓线由梭形日益变为直线型。总体而言，作为彰显宝箧印塔独特性的各项特征——塔身的本生故事题材雕刻、突出的山花蕉叶、壮硕的塔刹——均处于日益弱化的演变过程中。

三、日本早期宝箧印石塔分布及型制研究

五代时期，吴越王钱弘俶在乙卯年（955）、乙丑年（965）两次铸造八万四千宝箧印塔后，曾遣使将其中五百座颁至日本。现已知日本所藏宝箧印塔计有12座，其中9座题记尚在，可确认即为钱弘俶乙卯年所造铜塔[1]。由于后世宝箧印石塔在日本大量兴建，这一型制与宝箧印石塔如出一辙的小塔，自然引起研究者的强烈兴趣与关注。川胜政太郎、石田茂作、薮田嘉一郎等均认为钱弘俶宝箧印塔是日本宝箧印石塔的祖型[2]。与钱弘俶宝箧印塔四面雕刻"四舍"佛本生故事不同，日本现存宝箧印石塔中，除旧妙真寺宝箧印塔、观音院宝箧印塔等极少部分早期塔为塔身雕刻单尊佛像外，其他均为塔身刻密

---

[1] [日]冈本智子：《中国の宝箧印塔と日本の宝箧印塔》，《シルクロード学研究》，奈良明新社2007年，第91页。
[2] [日]川胜政太郎：《日本石造美術辞典》，東京堂1978年；[日]石田茂作：《塔：塔婆、スツーパ》，日本の美術77，至文堂1972年；[日]薮田嘉一郎：《宝箧印塔の起原》，綜芸舎1966年。

表 1 国内现存宋元宝箧印石塔及演变特征一览表

塔 名	年代	塔分类	塔身尺度			塔身雕刻内容			基 座			山花蕉叶			塔 刹			类别	塔址详址
			A	B	C	A	B	C	A	B	C	A	B	C	A	B	C		
泉州洛阳桥南塔	1059	I	●			○				●			●		●			2	福建惠安
泉州洛阳桥北塔	1059	I	●			●				●			●		●			2	福建惠安
潮州开元寺塔（共4座）	1069	I	●			●			●			●			●			4	广东潮州
同安梵天寺北塔	1086—1094	I	●			●			●			●			●			2	福建同安
同安梵天寺南塔	1086—1094	I	●			●			●			●			●			2	福建同安
同安梅山寺塔	1086—1094	I	●			●						●			●			2	福建同安
永春井头塔	宋	I	●			●			●			●			●			2	福建永春
永春五保庵塔	宋	I	●			●			*			*			*			2	福建永春
泉州九日山石塔	宋	I	○						*							●		2	福建南安
泉州开元寺宝箧印石塔（共2座）	1145	I	●													●		1	福建泉州府城
泉州石笋塔（共2座）	1150	II		○		○										●		1	福建泉州府城
漳州颜厝宝箧印塔	宋	II		●			●						●			*		3	福建漳州
石狮塘园塔	宋	II			●		●		●							●		2	福建石狮

续 表

塔 名	年代	塔分类	塔身尺度 A	塔身尺度 B	塔身尺度 C	塔身雕刻内容 A	塔身雕刻内容 B	塔身雕刻内容 C	基座 A	基座 B	基座 C	山花蕉叶 A	山花蕉叶 B	山花蕉叶 C	塔刹 A	塔刹 B	塔刹 C	类别	塔址
晋江潘湖塔	1180	II		●										●			●	2	福建晋江
温州江心寺宝箧印塔（其一）	宋	II		○			●			*			●			*		4	浙江温州
温州江心寺宝箧印塔（其二）	宋	II					●			*						*		4	浙江温州
泉州美山码头塔	宋-元	II					●			○			*				*	1	福建泉州府城
同安新民镇土楼石塔	宋-元	II		●			●		●				*				●	2	福建同安
南靖溪境镇四面佛塔	宋-元	II		●			●		●				*				●	3	福建漳州
深圳沙井龙津石塔	宋-元	II		●			●		●				*				●	4	广东深圳
澄迈美郎石塔	宋-元	II		●			●							●			●	4	海南澄迈
苏州镇湖万佛石塔	宋-元	II		●			●			●			*				●	4	江苏苏州
泉州乌屿盘光塔	宋-元	II		●			●		*					*			●	1	福建泉州府城
南安诗山石塔	1256	II		●			●		●					●			*	2	福建南安
晋江陈山石塔	宋-元	III			●			●						*			*	2	福建晋江
惠安浮山塔（其一）	1304	III		●			●							*			*	2	福建惠安
惠安浮山塔（其二）	1304	III		●			●							*			*	2	福建惠安
泉州博物馆残塔（其一）	元*	III			●						*			*			*	1	福建泉州府城

续 表

塔名	年代	塔分类	塔身尺度 A	B	C	塔身雕刻内容 A	B	C	基座 A	B	C	山花蕉叶 A	B	C	塔刹 A	B	C	类别	详址
泉州博物馆残塔（其二）	元*	Ⅲ			●	●					*			*			*	1	福建泉州府城
泉州南建筑博物馆残塔（其一）	元*	Ⅲ			●	●				*				*			*	1	福建泉州府城
泉州南建筑博物馆残塔（其二）	元*	Ⅲ			●	●					*			*			*	1	福建泉州府城
泉州水陆寺残塔（其一）	元*	Ⅲ			●		●				*			*			*	1	福建泉州府城
泉州水陆寺残塔（其二）	元*	Ⅲ			●		●				*			*			*	1	福建泉州府城
泉州南建筑博物馆残塔（其三，四，五）	元*	Ⅲ			●			●			*			*			*	1	福建泉州府城
泉州安平桥塔（共2座）	元*	Ⅲ			●			●			*			*			*	2	福建晋江
泉州南建筑博物馆残塔（其六）	元*	Ⅲ			●		●				*			*			*	1	福建泉州府城
浙江普陀山太子塔	1334	Ⅲ		●			●			●			●				*	4	浙江普陀
泉州开元寺拜庭宝箧印塔塔身	宋—明	Ⅲ			●	●					●			●			●	1	福建泉州府城

注：1. 表格分项演变特征分类标准说明：塔身尺度（按塔身表面积（宽×高）计，单位：cm²）：A型—5 000至7 000；B型—3 000至5 000；C型—3 000以下。塔身雕刻内容：A型—本生故事类；B型—单面佛像类；C型—单面佛像三面文字类（文字有佛法僧类或佛日月类）或四面文字类（佛法僧宝）。基座类别：A型—重层须弥座类；B型—素平高座加须弥座类；C型—梭平座加须弥座类。山花蕉叶：A型—壮硕型分层雕刻故事类；B型—弧型雕刻佛像类或瘦细直型无雕刻类；C型—弧线型无雕刻类。塔刹：A型—梭线形壮硕类；B型—直线形壮硕类；C型—纤弱类。塔址类别的分类标准说明：1 泉州府城区，2 泉州属县区，3 泉州以外福建其他区域，4 福建以外区域。

2. 确定的适项用"●"表示，基本确定或疑似类似的选项用"○"表示，存疑选项用"*"表示。

教种子图(图2),没有任何一座雕刻佛本身故事,这一状况不仅使人怀疑其摹自钱弘俶宝箧印塔的说法。如前所述,浙闽沿海早期宝箧印塔塔身以刻本生故事为主,类似钱弘俶金涂塔;中期宝箧印塔塔身以刻单尊佛像为主;晚期宝箧印塔塔身则是以雕刻文字为主,只是多刻"佛"、"法"、"僧"、"宝"诸字。塔身雕刻梵文种子的亦有一例,即北宋嘉祐四年(1059)所造之泉州洛阳桥宝箧印塔南塔,其面桥一侧的塔身上雕刻了五方佛种子图(图3)。自宝箧印塔型制及发展谱系分析,日本宝箧印石塔很难会是摹自钱弘俶金涂塔,因为其间有着跳跃性的异变,不符合型制与技术的发生发展路径;同时,浙闽沿海中晚期宝箧印石塔与日本宝箧印石塔之间存在着的型制与演进过程上的相似性,暗示着其间或有相互的传播影响关系。而两宋宝箧印石塔建造中心是在泉州,按照现存遗迹分析,泉州更可能是这一型制与技术传播中的关键点。日本研究者也曾提出过日本宝箧印石塔可能摹自中国宝箧印石塔的说法,典型代表如吉河功《石造宝箧印塔の成立》一书[1],只是尚未进行深入的展开研究。

日本宝箧印石塔出现于13世纪30年代,之后经历了20余年的空白期,13世纪60年代前后才又再度出现,至13世纪90年代则建造量较广,宝箧印塔也基本定型了[2]。日本研究者将13世纪30年代的

图2 日本箱根山塔塔身种子图
(冈本智子摄)

图3 泉州洛阳桥宝箧印塔南塔
(塔身种子图)

---

[1] [日]吉河功:《石造宝箧印塔の成立》,第一书房2000年。
[2] [日]山川均:《中世石造物の研究:石工·民衆·聖》,日本史史料研究会2008年。

宝箧印塔称为"出现期宝箧印塔",将 13 世纪 60 年代前后的宝箧印塔称为"初期宝箧印塔"[1]。日本现存早期主要宝箧印石塔见表 2。

表 2　日本早期宝箧印石塔一览表

序号	名　称	造立年代	所在地	型制特征	造塔大工
1	旧妙真寺塔	—	京都府京都市伏见区	塔身单尊佛像 转角有迦楼罗	
2	高山寺塔	1239	京都府京都市右京区	塔身素面无雕刻 山花蕉叶壮硕	
3	興山往生院塔	1259	奈良县生驹市	塔身刻种子图	
4	額安寺塔	1260	奈良県大和郡山市	塔身刻种子图、有轮廓线 基础有格狭间	大蔵安清
5	観音院塔	1263	奈良県高市郡	塔身刻单尊佛像	
6	為因寺塔	1265	京都府京都市右京区	塔身素面无雕刻 山花蕉叶壮硕	
7	山口薬師寺塔	1278	奈良県吉野郡	塔身刻种子图	
8	江滝寺塔	1279	滋賀県野洲郡	塔身刻种子图	
9	新善光寺塔	1280	滋賀県粟太郡	塔身刻种子图	
10	湯船塔	1287	京都府相楽郡	塔身刻种子图	
11	正寿寺塔	1291	滋賀県八日市市	塔身刻单尊佛像 蕉叶刻轮廓线	
12	熊山塔	1292	岡山県赤磐郡	塔身刻种子图	
13	円福寺北塔	1293	奈良県生駒市	塔身刻种子图	
14	妙法寺塔	1295	滋賀県八日市市	塔身素面无雕刻	
15	箱根山塔	1296	神奈川県足柄下郡	塔身有轮廓线 基础有格狭间	大蔵安氏 (沙弥心阿)
16	乾徳寺塔	1297	滋賀県五個荘町	塔身刻单尊佛像 基础有格狭间 蕉叶有装饰图案	

---

[1]　[日]岡本智子:《律宗と初期宝篋印塔》,《戒律文化研究会第 4 回資料集》,2005 年。

续 表

序号	名 称	造立年代	所在地	型 制 特 征	造塔大工
17	释迦院塔	1299	大阪府池田市	塔身刻种子图 基础有格狭间 蕉叶有装饰图案	
18	金胎寺塔	1300	京都府相楽郡	塔身刻种子图 蕉叶刻轮廓线	
19	篠田神社塔	1301	滋賀县近江八幡市	塔身刻种子图 基础有格狭间 蕉叶有装饰图案	
20	余見塔	1304	神奈川县足柄上郡	塔身刻轮廓线、种子图 三层基座，有格狭间	大倉□□
21	安養院塔	1308	神奈川县鎌倉市	塔身刻轮廓线、种子图 三层基座，有格狭间	沙弥心阿
22	鏡山神社塔	—	滋賀县蒲生郡	塔身刻种子图，有迦楼罗 蕉叶有装饰图案、轮廓线 三层基座，有格狭间	
23	覚勝院墓地塔	—	京都府京都市右京区	塔身刻单尊佛像 蕉叶有装饰图案、轮廓线 三层基座，有格狭间	

日本"出现期宝箧印塔"有两座，分别代表两种风格：其一为旧妙真寺塔（图4），为"装饰系列"；其二为高山寺塔（图5），为"简素系列"[1]。"装饰系列"细部做法考究，塔型制与金属宝箧印塔或浙闽沿海早期宝箧印塔相似，分基础、塔身、山花蕉叶与塔刹三部分；妙真寺塔造型最为原始，塔身每面均刻单尊佛像，转角有迦楼罗，基础仿壸门三佛形式，但简化为三个种子图案，德宇为斜面，上刻鬼面图案及忍冬纹，蕉叶分两段，内刻图案，但体形偏瘦，并向两侧打开。旧妙真寺塔之后，还有滋賀鏡山神社塔、金沢尾山神社千利休手水鉢（图6）、京都清水寺手水鉢、奈良観音院塔等延续了这一风格，但観音院塔已将德宇及基座的斜面改为仰莲与覆莲，其轮廓线是枭混线式的，已较接近方线脚叠涩出挑（日本称"段形"）形式（图7）。"简素系列"体形方正壮硕，塔身素

---

[1] [日]川勝政太郎：《宝箧印塔における二つの形式試論》，《史迹と美術》，1974年。

图 4　旧妙真寺宝箧印塔(引自：小野勝年《石造美術》,至文堂 1970 年,图 15)

图 5　高山寺宝箧印塔（岡本智子摄）

图 6　尾山神社千利休所用梟の手水鉢

图 7　観音院塔段形做法（岡本智子绘）

面无纹,德宇、基座均不用斜面做法,而采用"段形"做法,蕉叶壮硕直立向上。高山寺塔后,京都为因寺塔亦完全延续了这一风格,之后的各塔逐渐呈现出要素与风格混一的特征。

四、道元、庆政与日本早期宝箧印塔传入之关系

日本学术界如薮田嘉一郎等曾有日本曹洞宗创始人道元(1200—1253)将宝箧印石塔传入日本一说,即源于对旧妙真寺塔的推测研究。旧妙真寺在京都伏见区久我,而道元则是村上天皇后裔、内大臣久我通亲之子,久我为道元家族势力范围,故旧妙真寺塔很可能是道元为纪念亡母所造之塔[1]。道元于1223年至南宋,历游天童、阿育王、径山等著名寺院,后回天童寺随侍新任住持、曹洞宗第十三代祖如净,受曹洞宗禅法、法衣等回国。但道元在南宋期间活动范围限于明州、杭州一带,就现存宋元宝箧印石塔遗迹看,集中于以泉州为中心的福建沿海一带,尚未发现明州宝箧印石塔案例,道元传入宝箧印石塔之假设仅备一说。

与高山寺塔建造密切相关的则是入宋僧庆政(1189—1268)及高僧明惠(1173—1232)。《高山寺緣起》中有明惠墓塔相关的记载:"右塔婆者,依敬重上人(明惠)之德恩,以彼髪爪納此塔婆,ここ者則模大唐育王塔之形,暦仁二季乙亥二月廿四日供養之,導師義林房。"[2]记载中明确了几点信息:1. 高山寺塔为明惠上人墓塔;2. 此塔为模仿中国"阿育王塔"之形,亦即宝箧印塔之形;3. 塔造成之日为暦仁二年(1239);4. 塔成之后的供养仪式由明惠弟子义林房喜海任导师。明惠、喜海均无入宋之记录,则由谁来完成"模大唐育王塔之形"的重任呢?作为明惠至交的庆政上人是与此密切相关的人物。庆政为天台宗僧侣,1212年与随行僧行一、明仁等入宋,1217年在泉州游历,1219年返回日本[3]。庆政回国时请回福州版大藏经,对日本佛教发展产生了较大促进作用。1225年,庆政在京都西山开创法華山寺,1227年在法華山寺举行多宝塔百僧供养,由明惠上人任导师务;1232年1月明惠迁化,4月举行百日供养,则由庆政任导师务,可见二人交谊之深。1239年明惠殁后七年忌时模仿中国宝箧印塔形式造立其发爪塔,对于作为明惠至交,又曾游历泉州、对南宋泉州之宝箧印塔必有濡染的庆政来说,完成这一摹建宝箧印塔的工

---

[1] [日]山川均:《中世石造物の研究:石工・民衆・聖》,日本史史料研究会2008年,第66页。
[2] [日]高山寺典籍文書綜合調査団:《明惠上人資料第一》,東京大学出版会1971年。
[3] [日]木宫泰彦著,胡锡年译:《日中文化交流史》,第309、347—348页。

作是相当可能的。另外,《庆政上人传考》中引用了高山寺旧藏《波斯文书》前言,值得注意:"此是南蕃文字也,南无释迦如来、南无阿弥陀佛也,两三人到来舶上望书之。尔时大宋嘉定十年丁丑(1217)于泉州记之。为送遣本朝辨和尚(高辨明惠上人),禅庵令书之,彼和尚殊芳印度之风故也,沙门庆政记之。"[1]从文中可见庆政、明惠来往密切,而所说的谙于印度之风,很可能指的是密教仪轨、法物等。庆政为天台密宗僧人,台、密双修,而明惠则是日本高山寺派华严宗的重要代表,率先将华严教与密教互相融合,主张华、密一致的思想,被后人称为"严密始祖"[2],二人在密教方面的共同倾向和濡染,导致了二人共同的对密教建筑的尊崇,最终由庆政主持,为之建成了模仿泉州密教宝箧印塔的明惠发爪塔——高山寺塔。

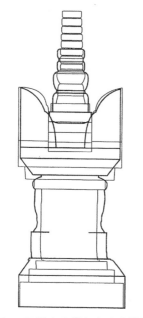

图8 旧妙真寺塔与高山寺塔体形比较(引自山川均:《中世石造物の研究:石工・民衆・聖》,日本史史料研究会 2008 年,图 35)

从旧妙真寺塔与高山寺塔的体形分析,二者体形比例惊人一致(图8),很可能有着一些共同的参照对象。但细部上的分歧则很大:高山寺塔蕉叶壮硕,按照中国宝箧印塔演变谱系分析,偏早期风格,但塔身简素,德宇基座均不用斜面而用"段形",属晚期风格;妙真寺塔迦楼罗、塔身雕刻、德宇斜面装饰、壶门等要素均为早期宝箧印石塔的做法,但蕉叶比例趋纤细,偏较晚期风格。高山寺塔与旧妙真寺塔之间型制上的较大差异,暗示着二者不可能是简单的相互模仿关系,而可能是在日本同一时期宝箧印石塔的建造中同时模仿了浙闽沿海不同时期宝箧印塔的要素和风格,导致将其列在中国宝箧印塔演变谱系中时不可避免地产生混乱与矛盾。

当庆政在泉州之际,正是禅宗极其兴盛时,开元寺作为泉州最大禅寺,庆政三人不到开元寺的可能性是比较小的,而开元寺大雄宝殿前拜庭的两座宝箧印塔(图9)如此瞩目,也不可能不引起庆政等注意。将其中开元寺宝箧印塔

---

[1] [日]木宫泰彦著,胡锡年译:《日中文化交流史》,第 347 页。
[2] [日]北见吉弘:《日本华严宗与明惠之研究》,见网络资料 http://club.topsage.com/thread-824157-1-1.html。

宋元东南沿海宝箧印石塔与中日建筑交流

图9　泉州开元寺塔宝箧印塔　　图10　泉州博物馆所藏宝箧印塔塔身

与旧妙真寺塔、高山寺塔对比分析，除去下部加高的素平塔座外，其余部分比例极相似。而藏于泉州博物馆的中晚期宝箧印塔塔身（图10），则与妙真寺塔如出一辙，均为迦楼罗雕像、单尊佛像塔身，是前述浙闽沿海中期宝箧印塔的典型做法。

至于高山寺塔中德宇部分的叠涩做法，在浙闽沿海宝箧印石塔中并未见到。不过在1219—1237年的法隆寺东院伽蓝营造工程中，庆政多主其事，法隆寺金堂多闻天手持塔等宝箧印塔形象（图11），塔身上下部分均为叠涩，日本研究者推测，或许庆政受此启发，在模仿泉州宝箧印塔造明惠发爪塔时将德宇斜面改成了叠涩做法。不过考察唐以前佛塔型制及发展史可知，

图11　奈良法隆寺金堂多闻天手持塔（引自石田茂作：《塔：塔婆、スツーパ》，日本の美術77，至文堂1972年，图123）

金属宝箧印塔德宇斜面及基座斜面很可能是对古代砖石塔叠涩出檐和叠涩收分的模仿表达,后来延续到宝箧印石塔上,则成了一块石料雕成的纯斜面做法,这种做法在中国其他建筑中并未出现过,以致国内并无名词术语来确切描述它;金石学家们名之曰德宇,也是个金涂塔中所用的专有名词,可见此造型及做法之奇特。而砖石塔以方角叠涩出檐的做法,则在中国一直延续使用,但很多时候也用枭混线的形式。在宋代浙闽沿海的楼阁式石塔中,檐部叠涩出挑常用一层枭线石、一层方石相间的做法(图12),以分别模仿木结构的华栱层和罗汉枋层;其方石叠涩出挑承檐部的做法与高山寺段形的做法则如出一辙了。或者这种叠涩出檐的做法也可能会为慶政所借鉴。

图 12 莆田广化寺塔枭线石、方石相间的叠涩出挑

五、東渡宋人石工与伊派石作技术

東大寺名列奈良七大古寺,也是中国佛法东传的研修中心之一,号称"八宗兼学";鉴真、空海等均曾在此驻锡弘法。同时,東大寺与皇室也保持着密切关系,并招募僧兵,势力很大,以致在平安时代末期与平氏政权产生了摩擦。治承四年(1180),源氏奉皇命举兵与平氏对抗,東大寺参与对抗平氏的战争,但很快战败了;同年12月,平氏纵火焚烧東大寺,大佛殿、讲堂、食堂、四面回

廊、僧坊、戒坛院、尊胜院等全部烧毁[1]。

治承五年(1181)6月26日,天皇颁布重建東大寺的"知識詔書"[2],并任命时年六十一岁的高僧俊乘房重源为"勸進"之职,负责東大寺复建的募缘和工程推进工作。重源曾三度入宋,并参与南宋佛寺营造工作[3];在東大寺复兴工程期间,重源招募了南宋工匠参与其事,如铸佛师陈和卿、陈佛寿兄弟等,并形成了"大佛样"风格(亦称"天竺样")。在此次复建工程中,也有宋人石工参与其中。《東大寺造立供養記》建久七年(1196)条记载:"建久七年、中門石獅子、堂内石脇士、同四天像、宋人字六郎等四人造之、若日本国石難造、遣価値於大唐所買来也、運賃雜用等凡三千余石也。"[4]其中明确提到了宋人石工六郎等四人,建造了東大寺中门石狮子(图13)、石胁侍、四天王像,且石材是购自南宋。日本石料大多为花岗岩,虽硬度很高、耐风化,但石质不够细腻,无法做精细雕刻;相反,浙闽沿海石料如泉州辉绿岩、明州梅园石、苏州湖石等则石质细密,适合做雕像,故有自中国购买石料雕像之举。而六郎之名也曾再度出现过,在宇陀川安山岩承元二年(1208)大野寺线刻弥勒大磨崖佛题记中,提到"巧匠宋人二郎、三郎、五郎、六郎、七郎、八郎が彫造したとある"[5],此役与東大寺中门石狮子工程等相距12年,很可能两处所记宋石匠六郎为同一人。而同造石狮子、石胁侍、天王像的其他

图13　東大寺中门石狮子

---

[1]　[日]山川均:《中世石造物の研究:石工・民衆・聖》,日本史史料研究会2008年,第11页。
[2]　[日]百鍊抄:"養和元年六月廿六日"条(实为治承五年,当年七月十四日方改元),《国史大系》第十四卷。
[3]　[日]木宫泰彦著,胡锡年译:《日中文化交流史》,第382页。
[4]　[日]《群書類従》第二十四辑《釈家部》,转引自山川均:《中世石造物の研究:石工・民衆・聖》,第11页。
[5]　[日]川勝政太郎:《石の奈良》,東京中日新聞出版局1966年,第47页。

三人则未说明，亦未记载此四人籍贯。

奈良宇陀市大藏寺层塔基础上则有如下铭文："延应式年庚子二月四日造□了、大工、大唐銘(明)州伊行末。"[1]此处明确记载了明州石工伊行末于延应二年(1240)建大藏寺层塔(图14)之事。而另一处记载，即奈良般若寺笠塔婆铭文，则对伊行末做了清晰交待：

图14　大藏寺十三重層塔

先考宋人行末者、異朝明州住人也、而来日域経歳月。即大仏殿石壇、四面廻廊諸堂、垣塌荒無、□□悉毀。孤為□□□□□、発吾朝□陳和卿為鋳金銅大仏、以明州伊行末為衆殿□石壇故也、土匪直也、□者也、則於東大寺霊地辺土中得石修造。正元二年七月十一日安然逝去。彼嫡男伊行吉志□(哀?)三年、建立一丈六尺石率都坡二基、以一本廻過去慈考、以一本宛現在悲母。就中般若寺大石塔者、為果大工本趣□、為□彼影像所写也。此□□建立也、与今以企□□□□上同合与力、并阿□上人、修石壇大功徳、結縁畢願、以此功徳救□亡□□苦偏……今一子行吉造石□(窣)都坡、詣極楽界都一切衆生□□□□。弘長元年辛酉七月十一日伊行吉敬白。[2]

此铭文由伊行末之子伊行吉所书，明确记载了伊行末为明州人，参与東大寺众殿石坛修建，石料为当地所采；伊行末于正元二年(1260)逝去，当时其妻尚在世；其子伊行吉承父业为石工，并于弘长元年(1261)周年忌时造石窣堵坡二座纪念其父、为母祈福；文中所记"般若寺大石塔"，即般若寺层塔(图15)，似乎也是伊行末或其子所造，因有阙文，难以确认。日本研究者据此铭文认为伊行末即参与東大寺石狮子修造的四位南宋石工之一。不过，据铭文内容及前引《東大寺造立供養記》记载分析，建久七年(1196)的石作工程记载了中门

[1] [日]山川均：《中世石造物の研究：石工・民衆・聖》，第16页。
[2] [日]山川均：《中世石造物の研究：石工・民衆・聖》，第17页。

石狮子、堂内石胁侍、四天王像三项，已较为详细，且指明所用石料购自南宋；而般若寺笠塔婆铭文则指明伊行末所参加東大寺工程为众殿石坛，且石料采自日本本地，与六郎等的建久七年石狮子工程未必是同一期。

图 15　般若寺十三重層塔　　图 16　東大寺法華堂石灯籠

另外，铭文记载为伊行末作品的还有東大寺法华堂石灯笼（图 16），有格狭间做法（即以框线分区的做法，为日本大藏派石建筑所常用），竿上有铭文：

敬白
奉施入石灯炉一基
右志者為果宿願所
奉施入之状如件
建長六年甲寅十月十二日
伊権守行末[1]

据铭文可知，此石灯笼为伊行末于建長六年（1254）舍入寺中，也当为伊行

---

[1]〔日〕川勝政太郎：《石の奈良》，東京中日新聞出版局 1966 年，第 179 页。

末雕就;其时已被封为权守之职。

自伊行末后,其子孙世承祖业,在日本从事石工,且多有作品留存至今。从伊行吉起,其家世的文化习惯显然已日本化了,以姓名为例,中国习惯不可能父子名中有重用之字,日本则不同,为表示其家族为有传承的世系,往往父子重字,代代相传;这种习惯在中国云南的地方政权南诏时期(738—902)亦如此,父子子孙依次起名为皮逻阁、阁逻凤、凤伽异、异牟寻、寻阁劝、劝龙晟等。伊行末家世亦相类,自伊行吉起至子孙后代,多以"行"字为通用字,以强调其世系(偶有用"末"字者);伊氏子孙或其徒辈有伊行吉、伊末行、猪(猪与伊通读)[1]末行、井末吉、井行元、伊行氏、井野行恒、伊行经、末次、猪行恒、井行长等,成为重要的"伊派"石工体系;其作品均在奈良、京都一带。其世系关系,经日本研究者梳理,初步判别如下:

按作品及相应铭文分析,伊行末子孙姓名中基本有伊、行两字,甚或伊、行、末三字。非伊姓者如井野、井等,则可能为其子孙辈而改用了日本化的姓氏,也可能是非伊姓子孙的徒弟辈。伊派石工之作品集中于13—14世纪(表3)。

表3 伊派石工作品一览[2]

序号	年　代	石工姓名	作　品
1	延応二年(1240)	大工大唐明州伊行末	大蔵寺十三重層塔
2	建長六年(1254)	伊権守行末	奈良県東大寺法華堂石灯籠
3	弘長三年(1263)	伊行吉	奈良県般若寺石塔婆
4	弘長四年(1264)	伊行吉	奈良県丹生川上神社石灯籠
5	文永十一年(1274)	伊末行	京都府岩船摩崖弥勒像
6	弘安元年(1278)	大工猪末行	京都府法泉寺十三重層塔
7	弘安四年(1281)	井氏末吉	大阪府円通院十三重層塔
8	弘安九年(1286)	宋人石工末行	京都府宇治川十三重層塔

[1] [日]川勝政太郎:《大和の石造美術》,天理時報社1942年,第57页。
[2] 参考[日]藤沢典彦:《律と石:叡尊・忍性と律宗系集団》,大和古中近研究会2000年。

续表

序号	年代	石工姓名	作品
9	正応四年(1291)	大工井行元	奈良県松山春日社水鉢
10	永仁二年(1294)	大工伊行氏	奈良県石仏寺阿弥陀三尊像
11	永仁六年(1298)	大工井行元	奈良県談山神社十三重層塔
12	永仁七年(1299)	大工末行	京都府岩船摩崖阿弥陀三尊像
13	嘉元二年(1304)	大工伊行氏	奈良県無量寺五輪塔
14	嘉元三年(1305)	大工井野行恒	岡山県保月宝塔
15	嘉元三年(1305)	大工井野行恒	岡山県立石三尊塔婆
16	嘉元四年(1306)	大工井野行恒	岡山県保月六面石幢
17	嘉元四年(1306)	井野行恒	岡山県土井三尊塔婆
18	徳治二年(1307)	石切大工伊行経	岡山県笠神摩崖碑
19	元亨三年(1323)	大工薩摩権守伊行経	和歌山県地蔵峯寺地蔵像
20	元徳三年(1331)	石大工行経	奈良県南田原摩崖阿弥陀像
21	建武元年(1334)	石大工末次	京都府鹿背山不動石龕仏
22	暦応二年(1339)	大工猪行恒	奈良県高屋春日社五輪塔
23	暦応三年(1340)	大工行恒	兵庫県多田院石灯籠
24	感応元年(1350)	大工井行長	京都府八幡大乗院石灯籠
25	正平七年(1352)	大工行長	奈良県都祁郡観音寺層塔
26	正平二十四年(1369)	大工薩摩権守行長	奈良県鳥住鳳閣寺宝塔
27	永和元年(1375)	大工行長	奈良県桜井日女社石灯籠
28	永享二年(1430)	大工行氏	奈良県霊厳院阿弥陀三尊像

伊派石工活动范围均集中于奈良、京都等近畿地区及相邻的岡山一带,故后世将伊派石工也称作大和石工或南都石工,南都即奈良古都,大和则为大和古国,即今奈良县一带。

東大寺复建告一段落后,在寛喜年间(1229—1232)明恵主持的高山寺复兴工程中,其佛像制作是由南都复兴时期活跃于奈良的慶派佛师担任,有日本研究者认为很可能南都石工也一并参与了此次工程[1],按照高山寺明恵、慶

―――

[1] [日]山川均:《中世石造物の研究:石工・民衆・聖》,第74页。

政等人与浙闽沿海地区的亲缘关系而论,这一推断是不无道理的。而 1232 年明惠殁后,在七年忌时由慶政主持、南都石工承其事建造明惠发爪塔,即高山寺宝箧印塔,其可能性就相当大了。

伊派石工作品雕镌精到,造型简洁,为日本各阶层所推崇。其代表作品大藏寺層塔、般若寺層塔成为后世层塔的典范,而東大寺法華堂的石灯笼则开一代风气,成为后来石灯笼建造的蓝本。其所做的密教建筑实例如石佛像、五輪塔、塔婆、宝塔、石幢等,均对后来的石建筑发展产生了重要影响。

六、忍性与大藏派石作技术

大藏派石工是鎌倉时期的重要石工流派,其活动范围主要在鎌倉箱根一带,大藏派宝箧印塔也主要分布于鎌倉区域(图 17);大藏派石工在宝箧印塔的发展当中影响重大,其作品风格成熟、简洁。现已知最早大藏派作品为额安寺宝箧印塔(图 18),而大藏派石工与伊派则有着密切的传承关系。

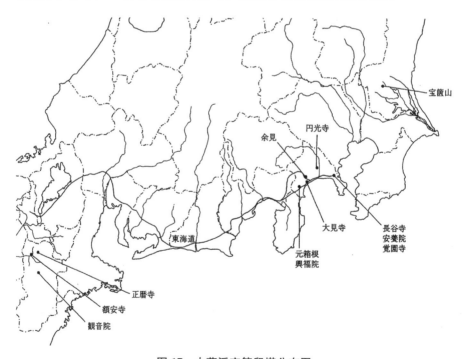

图 17　大藏派宝箧印塔分布图

(引自冈本智子:《大藏派宝箧印塔の研究》,戒律文化(二),2003 年,第 89 页,图 8)

宋元东南沿海宝箧印石塔与中日建筑交流 | 273

1260 年伊行末逝去，而这时在東大寺复建中赴日的第一代南宋石工，估计大多已去世；而就在此年和此前一年，额安寺宝箧印塔、舆山往生院宝箧印塔(图 19)分别造立。二塔型制接近，集合了高山寺塔的檐部、基础的段形做法和妙真寺塔的塔身装饰做法于一身，并将塔身装饰简化为种子图；这一稳定成熟的型制成为后世日本宝箧印塔的典范。额安寺塔塔身有铭文(图 20)，记曰："文应元年(1260)十月十五日、愿主永弘"、"大工大蔵安清"，大蔵安清为所知最早的大蔵派石大工。

而在東大寺复建中为重源所招募的南宋石工，在参与東大寺复建工程后，还跟随重源参与了很多其他工程，甚至南都石工当时即为重源僧团所专用。1993 年大阪狭山

图 18　额安寺宝箧印塔

图 19　舆山往生院宝箧印塔
　　　（冈本智子绘）

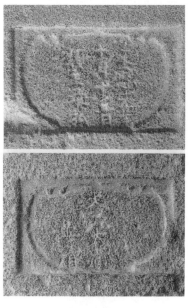

图 20　额安寺塔塔身铭文

池出土重源狭山池碑,其碑文末记曰"大権進造□(東)大寺大和尚……番匠廿人之内、造東大寺大工伊勢□、同物部為里、造唐人三人之内、大工守保"[1],立碑时间为建仁三年(1203)。日本学者经研究认为,此守保即中世石匠守安(保与安通读)[2]。大蔵派自最早作品署名"大蔵安清"始,其鎌倉地区的第一座宝篋印塔箱根山塔署名"大蔵安氏",另尚有大蔵安臼、大蔵延安等,其通用的字为"安"字,以强调大蔵派世系为守安一系,这一做法与伊派类同。箱根山塔铭文记载"大工大和国所生左衛門大夫、大蔵安氏……供養導師良観上人、正安二年(1300)八月廿一日、心阿"[3],据此判断,大蔵派石工一系当于此前不久离开大和奈良区域,前往鎌倉、箱根一带,大蔵安氏是迁来鎌倉地区的第一代,故题记中还特为注明"大和国所生";而在后世的大蔵派作品铭文中,则未再出现过类似表达。而铭文中所记此塔的供养导师,即真言律宗大师良観上人忍性(1217—1303);大蔵派石工迁往鎌倉发展,是和忍性有着密切关系的。

忍性为真言律宗祖师叡尊(1201—1290)的弟子。真言律宗由叡尊于嘉禎二年(1236)开创,讲求密教、律宗双修,以期复兴律宗;总本山为奈良西大寺,其弟子忍性则住鎌倉極楽寺弘律。東大寺复建工程中聚集了很多南宋石工,在東大寺工程告竣后,随之而起的由叡尊主持的西大寺复建工程,则将这些宋人石工搜罗而至,西大寺遗存石建筑中,颇有南宋石建筑之风,可证此点。而在忍性住持極楽寺后,大蔵派石工又移往关东鎌倉一带,此后其作品基本分布于鎌倉、箱根。鎌倉朝中日本佛教的山岳信仰逐渐兴起并普及,在重源、叡尊、忍性等一批"勧進"、"聖"的影响下,僧人们纷纷投身于地方建设与寺院复兴,建筑技术在这一阶段得到了快速发展。南宋石工在这些勧進的带动下,辗转于大和、鎌倉等处,也成了日本关西式、关东式石工技术的代表。不过,伊派、大蔵派石工技术仍有着南宋浙闽沿海石工技术特征,如延续了六道工序的做法、石作工具基本与南宋石作工具雷同,等等。2009年額安寺宝篋印塔在修复工程中发现了粗加工时的矢痕,经日本研究者鉴定,与宁波东钱湖宋代石刻的矢痕极为相似[4](图21),也从侧面证明了其技术的延续性。

---

[1] [日]山川均:《中世石造物の研究:石工・民衆・聖》,第20—21页。
[2] [日]山川均:《中世石造物の研究:石工・民衆・聖》,第21页。
[3] [日]山川均:《中世石造物の研究:石工・民衆・聖》,第118—119页。
[4] [日]山川均:《額安寺宝篋印塔》,《供養をかたちに》月刊石材別冊シリーズ,石文社2014年,第34—37页。

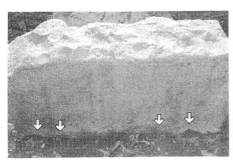 

图 21　中日石建筑矢痕比较

七、结　　语

　　自宋元中国东南沿海宝箧印石塔、鎌倉时代日本早期宝箧印石塔及伊派、大藏派石工世系梳理等的研究中,揭示出日本早期宝箧印石塔与浙闽沿海宋代宝箧印石塔及石工技术具有较为密切的关系。東大寺复建工程中应招募前往的浙闽沿海石工,在東大寺复建工程告竣之后,先后在台密僧人重源与慶政、华严密宗始祖明惠、真言律宗始祖叡尊及其弟子忍性等组织下参与了大和区域、鎌倉区域的大量石工工程和密教石建筑建造,并由此形成了活跃于大和区域的伊派石工集团和活跃于鎌倉区域的大藏派石工集团,深刻影响了日本石作技术的发展。

上海开埠以来的城市人文精神

蒋有亮

上海是座独特而卓越的城市。自1843年开埠以来,来自江苏、浙江、安徽、江西、山东、广东、福建等省份的移民和来自海外英、美、法、俄等国的移民一起为这座新兴城市的发展繁荣做出了贡献。它的独特性基于其优越的地理位置和悠久的历史沿革,它位于中国南北海岸线的中端和第一大河长江的出海口,近靠中国传统文化经济繁华区域苏州、杭州和南京,远带广阔的两湖、巴蜀、鲁豫、冀晋等区域,离韩国、日本、菲律宾、新加坡等国的距离适中,这个独特性是其他任何一座中国城市所不具备的,而这也为上海在开埠百年内一跃成为远东第一大都市的卓越性创造了条件,它的卓越性则表现在文化的高度包容、经济的繁荣多样和思想的自由博洽等诸多方面。

如欲对上海的城市人文精神有较全面的理解,必须回顾一下这一区域的历史。今天上海青浦区的崧泽文化、闵行区的马桥文化大致属于良渚文化的范畴。良渚文化以玉璧、玉琮、玉钺等精美玉器震惊中外,以后中国三代王朝也采用玉器作祭祀用品,其中玉璧礼天、玉琮礼地,钺作为一种似斧的兵器有尚武的含义,所以笔者也想从玉璧、玉琮、玉钺所对应的崇高性、博雅性、威武性三方面来论述上海的城市人文精神。

大史家司马迁把吴太伯世家在各诸侯国中列为第一,并在最后评论说:"孔子言:'太伯可谓至德矣,三以天下让,民无得而称焉。'余读春秋古文,乃知中国之虞与荆蛮句吴兄弟也。延陵季子之仁心,慕义无穷,见微而知清浊。呜呼,又何其闳览博物君子也!"[1]太史公借孔子之口高度评价了吴太伯的德高礼让,并称赞了延陵季子的仁义博雅,可见吴地传统美德的延续。

史家班固描述了项羽率领江东子弟兵破秦军主力的巨鹿战役:"羽已杀卿子冠军,威震楚国,名闻诸侯。乃遣当阳君、蒲将军将卒二万人渡河救巨鹿。

---

[1]《史记》卷31《吴太伯世家》。

战少利，陈馀复请兵。羽乃悉引兵渡河。已渡，皆沉船，破釜甑，烧庐舍，持三日粮，视士必死，无还心。于是至则围王离，与秦军遇，九战，绝甬道，大破之，杀苏角，虏王离。涉闲不降，自烧杀。当是时，楚兵冠诸侯。诸侯军救巨鹿者十余壁，莫敢纵兵。及楚击秦，诸侯皆从壁上观。楚战士无不一当十，呼声动天地。诸侯军人人慴恐。于是楚已破秦军，羽见诸侯将，入辕门，膝行而前，莫敢仰视。羽由是始为诸侯上将军，兵皆属焉。"[1]以上叙述精彩地表现了当时楚兵的威武勇猛，而新出土的吴矛越剑更证明了上海先民的英勇善战。

谭其骧先生考证：弘治《上海志》在卷5《儒学下》，提到咸淳中已有"监镇"董楷，已称作为"诸生肄业所"的古修堂为"镇学"，又在卷7《惠政》下称董楷以咸淳中"分司上海镇"，可见宋末咸淳年间上海确已建镇[2]。上海镇于元至元二十九年（1292）升为县，市舶则在此后六年，即大德二年（1298）弃归庆元路（今宁波市），见《元史·百官志》[3]。邹逸麟先生进一步考证：上海最初兴起于上海浦（今自龙华以北至外白渡桥一段黄浦江的前身，宋朝郏亶《水利书》：吴淞江南岸有大浦十八条，其中有上海浦、下海浦，弘治《上海志》卷3《田赋志》："上海浦在县治东。"），聚落因浦得名。大约北宋天圣（1023—1032）年间以前，在上海设酒务收税，《宋会要辑稿》食货十九之十三（酒曲杂录）记载，秀州有17务，上海为其一。以后随着商业的发展，在咸淳三年（1267）以前上海建镇。此时设在青龙镇的市舶务已迁至上海镇。元代吴淞江河沙汇至赵屯浦约七十里，河沙汇塞江心，两岸又有分庄嘴、严家嘴等沙洲，泥沙淤积几与岸平，吴淞江航运之利几乎丧尽，这时浏河的太仓开始兴起，元代和明初的太仓，"粮艘海舶、蛮商夷贾辐辏而云集，当时谓之六国码头"。郑和七次下西洋，均由浏河出海，浏河取代了吴淞江成为太湖地区的出海口。至元二十九年（1292）于上海镇置上海县，县署"以旧榷场为之"，到大德二年（1298）将上海市舶司并入庆元市舶司，县署才迁到原市舶公署。虽然县城内仍有昔日风光，所谓"襟海带江，舟车辏集……廛贾肆，鳞次而栉比，实华亭东北一巨镇也"，但海上贸易远非昔日青龙镇可比了。上海港海上贸易的再度兴起，则依靠黄浦江水系的形成，吴淞成为黄浦江的支流。江、浦移位是上海港再度发展的决定性因素[4]。以上是上海名称的来历和因航运贸易而兴废的历史，可见上海因

---

[1]《汉书》卷31《项籍传》。
[2] 谭其骧：《长水集》下，人民出版社1987年，第186页。
[3] 谭其骧：《长水集》下，第190页。
[4] 邹逸麟：《椿庐史地论稿》，天津古籍出版社2005年，第516—517页。

港而兴,港口是四方人群聚集之处,各种思潮也在此传播,由此也带来了自由开放的民风。

明正德年间松江府方言分两个大区,即华亭县和上海县。《紫堤村小志》(康熙十七年)曰:"三邑连壤,土风合一,而语音自有微分,属嘉、属上、属青,总不相混。"[1]可见当时上海地区方言的区别和联系,这为开埠后上海方言进一步吸收苏州话、宁波话和一些英语译音而形成独特的沪语提供了基础。

爱狄密勒在《上海——冒险家的乐园》里说:上海真是一个万花筒,只要是人,这里无不应有尽有,而且还要进一步,这里有的不仅是各种各色的人,同时还有这各种各色的人所构成的各式各样的区域、商店、总会、客栈、咖啡馆和他们的特殊的风俗习惯、日用百物。

胡祥翰编的《上海小志》卷10说:上海一隅,洵可谓一粒米中藏世界。虹口如狄思威路、蓬路、吴淞路,尽日侨,如在日本;如北四川路、武昌路、崇明路、天潼路,尽粤人,如在广东;霞飞路西首,尽法人商肆,如在法国;小东门外洋行街,多闽人洋号,如在福建;南市内外咸瓜街,尽甬人商号,如在宁波。国内各市民、外国侨民类皆丛集于此,则谓上海为一小世界,亦无不可[2]。以上说明上海开埠以来的包容并蓄和开阔大度,这为近代上海城市人文精神的形成和发展提供了条件。

美国学者墨菲认为近代上海是东西两种文明并存的城市:对洋人来说,上海是化外之地,不受他们本国文化知识的影响和管辖。……对华人来说,上海同样是不受限制的。那些选定来此过新生活的人,例如商人,由于上项选择而与传统中国及其所行使的维护道德的约束断绝关系。另有一些在饥荒或内战期间漂泊到市区内,或者被从乡间拐骗出来充当私家奴仆的人,就此失去家庭联系,这种境遇在传统中国,便是衣食无靠,道德败坏[3]。中西两种文明在上海并存,但是,哪一种文明都不占优势,于是,上海便成为无论外国人还是中国人都各行其是的地方。熊月之先生总结墨菲的观点说:一方面,西方文明在这里有深刻影响,从西方移植进来的贸易制度、司法制度、金融业、制造业、各种城市公共设施,煤气灯和电灯照耀得通明的房屋和街道,通向四面八方的一条条碧波清澈的水道,轮船、电报、电话、铁路,使得上海成为现代化程度很高的城市;另一方面,这里的基础是农村文明,即使是20世纪40年代,仍

---

[1] 周振鹤、游汝杰:《方言与中国文化》,上海人民出版社2006年,第94—95页。
[2] 尹继佐总主编:《民俗上海》,上海文化出版社2007年,总序第3—4页。
[3] 罗兹·墨菲著,章克生等译:《上海——现代中国的钥匙》,上海人民出版社1986年,第10页。

旧可以在三四小时之内从外滩中段跑到农村,那是没有任何改变的农村,可以从市区任何一座高楼大厦上,清楚地看到附近的稻田和村庄,那里看不到上海影响的任何迹象。在上海,一方面是理性的、重视法规的、科学的、工业发达的、效率高的、扩张主义的西方文明,另一方面是因袭传统的、全凭直觉的、人文主义的、以农业为主的、效率低的闭关自守的中国文明[1]。笔者认为上海确实是东西两种文明并存的城市,同时也是两种文明相对融合的城市,但把两种文明完全对立的观点是不足取的。来到上海的中国近代移民还是同本乡本土保持密切联系,如宁波人的四明公所、苏北人顾竹轩的天蟾舞台等[2],尤其是由不同方言和风俗所形成同家乡的天然联系,这点是语言风俗相对趋同的美国学者较难理解的。许多影响潜移默化地发生作用,所以表面上看起来离开上海不远的农村没有受到西方文化的影响,但如进入农民屋内就会看到很多现代的用品,至于思想上受到的影响就更没法在表面看出来了。而且墨菲抱着西方本位主义,理所当然地认为西方就是文明,东方就是野蛮,这种研究态度应该受到批判,殊不知汉、唐、宋、明时期中国在许多方面都领先西方,但当时的中国对西方也较少这种绝对化的看法,而是抱着仁义之心宽容地看待不同文明。笔者认为几十年后如果中国再次在诸方面超越西方,中国也不会因此鄙视西方,因为中国的传统主流文化是以仁义宽厚为本、以含蓄诗意为怀,与诚信探索、进取张扬的西方文化有很大不同。

墨菲还说:现代中国的银行金融业、工业制造、商业行号(以及跟这些行号有关,并且跟旧中国脱离关系的中国新兴阶级),他们都在上海发迹,现在多半仍旧在上海集合,近百年来从上海,像从一个漩涡中心一样,散布各地……中国的经济变革,像中国民主主义运动一样,在黄浦江边,充分地生长出最早的现代根苗,两者共同描绘出当代的图景。从经济角度来看,随着中世纪的结束而在西方产生的,在十九世纪到达奇葩吐艳、盛极一时的阶段的各种组织制度,更不用说,对待各种价值准则的态度和规范,都被移植到上海来。正当上海城市由于依仗这种令人迷惑而富于滋养的食粮而成长之际,它的成长促使不断扩大的变革格局在全国范围内推广。就上海发展演变的经济结构而论,就经济发展上必须解决的问题而论,就应运而生的妥协方案和杂糅产物而论,就现代商业、金融、工业都市的最后成熟阶段而论,上海提供了用以说明中国

---

[1] 熊月之:《上海城市文明特点——海外学者关于上海城市文明研究述论》,《上海档案史料研究》第1辑,上海三联书店2006年,第4页。
[2] 汪仲华编:《海上名人》,汉语大词典出版社2001年,第215—223页。

已经发生和即将发生的事物的钥匙……作为现代中国革命的一股主要力量，上海有权宣称它在当前革命成果中，享有比莫斯科更大的份额〔1〕。以上主要从经济和政治层面论述上海的变革及由此带来的繁荣发展和可提供的模范样本，上海在中国近代化进程中，在引入西方先进科技和民主思想方面确实起到了关键作用。

如果从文化层面分析，上海更有一个值得自豪的经历，在20世纪20年代，随着全国文化中心的南移，上海成为全国文化人最集中的地区，也是文化程度最高的城市。在这里，无论是供人消遣的通俗小说，还是标榜启蒙、旨在探索的新文学，都能找到相应的读者群。就出版技术而论，早在晚清小说热潮之前，上海的印刷业已经是机器生产，并运用资本主义的管理方式。上海不仅有当时全国最多的书店，其自身就是一个很大的图书市场，而且一些大的出版社，如商务印书馆、中华书局、世界书局等都在国内大中城市普设分支机构。此外，当时上海全国邮政中心的地位也使上海出版的图书远销城乡各个角落〔2〕，并有《申报》《新闻报》等具全国影响的报纸，著名作家有鲁迅、茅盾、巴金等。

近代上海的教育也很先进，在中国近代教育史上，圣约翰大学以"光和真理"为校训，在万商之海中筑起一座令人沉醉的精神殿堂，享有"东方哈佛"、"江南教会第一学府"等美誉〔3〕，1952年9月，在全国院系调整中，圣约翰大学被撤销，医学院并入上海第二医学院，工学院土木建筑系并入同济大学，理化系并入华东师大，经济系并入财经学院，其他外语、历史等系大部并入复旦大学，高中部并入大同大学。这是一所杰出大学的结束，也宣告了上海已终结过去百年的辉煌历史，但这座城市一旦爆发起来，其势头谁又能预料呢？

综上所述，笔者认为上海在中国乃至世界都是一座独一无二的城市，他是中国的门户、世界的窗口，西方的先进思想和物质文明由此进入中国广阔的腹地，东方和西方的精华在此集结融合而产生的结晶将成为全人类的宝贵财富，他比中国内地多了些理性探索，他也比西方世界多了些儒雅人情。历史的进展往往让人感到意外，苏联解体了，9·11事件发生了，而以上海冠名的上海合作组织也已成立并至今运行良好更有壮大的可能性，在全球经济一体化趋势进一步加强和打击伊斯兰恐怖主义的新形势下，笔者相信上海有很大潜力成为能够比肩纽约、伦敦的国际化大都市。

---

〔1〕 罗兹·墨菲著，章克生等译：《上海——现代中国的钥匙》，第4—5页。
〔2〕 徐丽芳等编：《中国百年畅销书》，陕西师范大学出版社2001年，第2—3页。
〔3〕 熊月之、周武主编：《圣约翰大学史》，上海人民出版社2007年，前言第1页。

上海的崇高性基于其与生俱来的高贵气质，他的博雅性表现在文化的包容提升和经济的繁荣创新，他的威武性建筑于以仁义道德为基础的隐而不露和蓄势待发，而于自然勃发之间显示其领袖本质。上海市政府提出"海纳百川、开明睿智、追求卓越、大气谦和"的城市口号，笔者以为这已经道出了上海精神的表象，而如能植以信仰复兴、文艺融和、科学昌明的内核，则此种上海精神必将推进全人类的共同发展而彪炳史册，或许这也是笔者七律《申城》一诗所期待的吧。

宝山戍镇华亭泰，浦水分城沪厦高。
陆子文思流涌泉，其昌画境激深潮。
三环十射苏嘉启，徐汇虹杨广玉飘。
未晓将来路几许，诚知圣铧照程辽。

如同余秋雨融贯东西的文化散文，好似王安忆怀古憧今的忆旧小说，也像上汽集团的自主品牌荣威轿车，上海这座城市吸纳了东西方的精髓而消化创新为自己的特质，他高贵典雅、威武荣耀而又含蓄沉雄、圣洁本色！

最后以《申都怀新》结束本文：

大江归海飞扬气，三一华京宇宙心。
陆嘴豫园相瞩望，悠悠白鹤唤清音。

本文原载《理论界》2009年第10期，收录时有修改。

关于虹口海派文化传承与发展的几点思考

万 勇

深入开展基于问题导向和目标导向的虹口海派文化传承与发展研究,既有利于找到关键问题,寻找解题破题的办法,又有利于确定主要目标,沿着指向目标的路径推进,而最终的目的,都是实现虹口海派文化的传承与发展,并同时起到配合社会、经济、环境发展的作用。

一、寻找城区文化基因　契合虹口气质精神

(一) 虹口城区的几个海派文化基因

在漫长历史发展过程中,虹口孕育出丰富的物质与精神财富、厚重的市政与产业基础、浓郁的社会与文化氛围。其中,以下几个重要特征在虹口发展中值得重视。

近代虹口是典型的移民城区和国际化城区,移民所具有的开拓进取精神、协作分工意识都非常浓厚。在国际化方面,1848年虹口开埠,是美租界范围;20世纪30年代起,日本人大量聚集虹口,自称其"日租界";二战期间,犹太难民逃难至上海,大量聚集于提篮桥一带。加上部分国家的领事机构、地产开发、宗教团体、社会事业或生产性投资项目落户虹口,使虹口一度具有很高的国际化程度,外国侨民的居住密度一度超过其他租界地区。虹口也是国内移民大量聚集的地区。比如在开埠初期,没有很多外商进入,倒是很多广东人、宁波人、浦东人、南京人、山东人涌到美租界,五方杂处,日益兴旺。此后一路发展,江浙籍、广东籍居民渐渐占据虹口主体。至1950年,据统计,当时的虹口、北四川路和提篮桥三区,广东籍居民有近3万人,占全市广东人口的四分之一。若以虹口一区为例,当时全区总人口约18万人,其中广东籍为2万人,占全区人口的11.2%。浙江籍(多为宁波人)为6万人,占33.6%。江苏籍(多为苏锡常)为7万人,占38.1%。本地居民才不到1.5万人,只占7%。如

此特色鲜明的移民比例,在全市各区中非常突出。说上海是五方杂处的城市,虹口最为典型,堪称"中国大熔炉"[1]。

虹口历史上是上海最富活力的生产性地区之一[2],也是现代精神、创业精神和工匠精神得到充分展现的地区。近代上海华界的工业化主要集中在这一片地区[3]。江浙籍人士,凭借在上海同乡多、关系广,和上海的产业有传统联系,大多从事中小实业。海宁路一带,金、银、铜、铁、竹、木、泥、石的作坊很多,通常开在街面上,前店后场。苏州人、扬州人擅长做精细的金银器,到上海后转化为首饰业、时装业;无锡铜匠最早在洋务运动中进入新式企业江南造船局做工,后转化为中国第一代机器车、钳、刨、电工;做纱、布、绸生意的常州、无锡、湖州、杭州人,开办了中国最早的棉丝纺织工业;沪北、沪东市政发展很快,浦东、南京、山东、苏北的泥木工当然很有用场。这些小老板们,在运气好大有生意的时候,就到闸北、杨树浦买地、招工、开厂,由传统作坊向现代大工业转化。比较起来,在上海的广东人喜欢做贸易,而江浙人,特别是江苏人,天性喜欢开厂。所以虹口流行说"江浙老板、广东小贩"[4]。吴粤两地的不同风气,精耕细作和闯海谋生,磨炼出两地人细腻敏感和灵活大胆的不同个性。远缘杂交,以江南人的艺术气质,和岭南人的冒险精神混合,再加上西方制度的某些影响,近代上海人在传统中国人中表现出一种异样的活力,体现出很浓郁的现代意识、工匠精神和创业创新精神。

虹口平民生活活跃之后,出现了上海最富生机的市民文化[5],而虹口也成为中间阶级最集中的地区。如果说 19 世纪上海的高度发展,形成了以福州路为代表的老派文人聚居区和旧式市民文化聚集区的话,那么 20 世纪后虹口的繁荣,集中了一群新派文化人,在大众消费和新派知识分子价值观念上,形成了新一代的市民文化。民国时期,大量文学青年从内地到上海,从日本到上海,大多喜欢有平民气息和日本味道的虹口,虹口成了作家成群的地方。外国冒险家也来虹口市民生活凑热闹,虹口是中国最早的电影市场,带动了电影事业。电影的作用是把过去有钱人才能享受的艺术生活,让一般百姓来分享。大众消费,把公共租界福州路馆阁楼台为代表的士大夫专有的人生赏玩解放出来,"艺术脱下了长衫,换上了短打,并不精致,但非常

---

[1][2][3][4][5] 参李天纲:《人文上海》,上海教育出版社 2004 年。对其中的一些提法作了调整。

普及"。继而,电影圈演职员、新剧界戏剧家、戏曲界艺人和文学界作家,开始形成共生关系,同属小布尔乔亚,都喜欢住虹口。还有虹口的精武体育精神、美术创新和解放精神,等等,虹口留给后人众多的物质与精神财富。这些都是当代虹口可资弘扬、传承、发展的依托,可在新时代大放异彩,形成特色。

(二)深入挖掘虹口文化基因有利于当代虹口的功能发展和特色塑造

前述种种,只是虹口所具有的部分海派文化精髓。而进一步深入研究,将有利于寻找、挖掘虹口的历史文化基因,使现代发展契合虹口的内在精神和气质。例如,虹口作为传统移民社会和国际化城区,所具有的开拓进取精神、创业创新精神、协作分工精神、精耕细作精神、市民文化精神,等等,都与当代中国、当代上海、当代虹口的发展需要相契合,也符合创新、共享、协调、开放、绿色的时代要求,可以在虹口建设具有影响力的创新创业活力区、开放多元的海派文化传承发展区等方面发挥重要作用。

因此,建议站在历史高度,深入挖掘虹口在协作共享、创业创新和工匠精神等方面的渊源,以及虹口海派文化发展的内核,寻找城区发展的内在规律性。通过内在机理分析和案例分析,既启发后人大胆创新和精耕细作,又找到当代城市功能发展的内在逻辑,打通过去、现在与未来,打通形态、生态和业态,使虹口城区定位更加准确,使各项发展更加扎实可行,使城区特色更加突出与彰显。

二、破译历史空间密码 复原虹口历史景观

(一)新时期加强历史文化空间研究的重要性、必要性

2014年2月27日,习近平总书记在北京考察时指出,"历史文化是城市的灵魂,要像爱惜自己的生命一样保护好城市历史文化遗产","把历史智慧告诉人们"。2015年12月21日,全国城市工作会议提出,"尊重城市发展规律。城市发展是一个自然历史过程,有其自身规律";"要加强对城市的空间立体性、平面协调性、风貌整体性、文脉延续性等方面的规划和管控,留住城市特有的地域环境、文化特色、建筑风格等基因";"要综合考虑城市功能定位、文化特色、建设管理等多种因素来制定规划";"要保护弘扬中华优秀传统文化,延续城市历史文脉,保护好前人留下的文化遗产。要结合自己的历史传承、区域文

化、时代要求,打造自己的城市精神,对外树立形象,对内凝聚人心"。2016年5月17日,习近平在哲学社会科学座谈会上提出,"说到底是要坚定文化自信。文化自信是更基本、更深沉、更持久的力量";"文化铸造灵魂";"要加强对中华优秀传统文化的挖掘和阐发,使中华民族最基本的文化基因与当代文化相适应、与现代社会相协调,把跨越时空、超越国界、富有永恒魅力、具有当代价值的文化精神弘扬起来。要推动中华文明创造性转化、创新性发展,激活其生命力"。

上海是一座国际著名的历史文化名城,不仅如此,上海还因其历史地理原因,被认为是全世界古往今来独一无二的异质文化交织的极其复杂的特殊城市。对于这样一座城市,历史智慧的挖掘和人文特色的营造在当代城市规划建设中尤其重要。2016年5月19日,时任上海市委主要领导的韩正同志在考察、座谈时提出,"上海发展到现在的阶段,必须下决心采取最严格的措施,去保护好延续好这座城市文脉和记忆。要本着对历史负责、对城市负责的态度,千方百计尽最大努力做好这项工作","城市不是简单的建筑物堆积,风貌才能体现城市的底蕴,所以我们不是只保护一幢幢建筑,而是要成街区地保护其风貌。保护工作既要符合历史建筑的原有功能,又要充分融入城市让生活更美好的理念,通过一栋一栋、一片一片的保护,充分发挥历史建筑和历史街区的公共功能、公共空间作用,使它们焕发出新的青春。有了规划,就要长期坚持、一以贯之,把历史建筑、历史风貌保护工作纳入城市建设和管理的全过程"。

而虹口素有"文化虹口"之称,是上海海派文化的发源地、先进文化的策源地和文化名人的集聚地。区域内拥有历史文化风貌保护区3处,有全国重点文物保护单位4个,辖区内遗址遗迹、文物点300多处,可谓历史悠久、人文荟萃、风物繁盛,加上众多引领风气之先的元素,包括中国第一条营运铁路、中国第一部电话、中国第一个消防瞭望塔、中国第一次放映电影的徐园、中国第一个国人开办的新式学堂、中国第一盏电灯、中国第一家正式电影院、中国第一个公共游泳池、中国第一座污水处理厂、中国第一个书局、中国第一所美术专门学校、中国第一份大型画报、亚洲第一个专业足球场,等等,使虹口有别于其他城区,风格独特,特色鲜明。既然如此,在这样的情况下,虹口尤其需要如国家和上海市所要求,坚定文化自信,保持人文特色,留住城市基因,重视整体风貌。

（二）加强虹口历史空间演进研究，促进海派文化基因的可视化提炼、宣传、应用

城区的现状和未来，植根于城区的历史。城区的历史演进过程，往往蕴含着丰富的、内在的规律性，与其每一个历史时期所处的自然地理、社会人文、经济环境、政治政策，等等，都有着千丝万缕的联系，并且一路走来，跌宕起伏。因此，一片城区，走到目前这一步，也就是规划中常说的"现状"，根本不是无源之水、无本之木。那些潜在、无形的城市空间密码，绘制了每个城区有别于其他城区的基因，需要解读、挖掘并且给后来者以启示。也就是说，规划既要研究现实和未来，更要回望和反思，分析过去发展的来龙去脉和利弊得失，做到知其然，还知其所以然。然后，才谈得上对现状的改造、更新，对未来的谋划、布局。

过去的文史类研究大多采取文字记述的方式阐释城市空间的演进过程，地理空间描述较为模糊；而规划建筑类研究又较少结合社会、经济、文化元素深入剖析近代城市功能的空间演进规律，且相当多的研究仅针对建筑或城市局部，并未从整体上进行认知和论述，对于将历史地图进行数字化重绘并运用于历史城市空间形态发展方面的研究仍然缺乏。尝试结合历史研究和空间研究的技术路线和表达方式，结合建筑学、城乡规划学和历史地理学的研究方法，通过学习借鉴国内外先进的研究经验和方法，对近代城市功能的空间演进进行分析，是历史空间研究的必然要求。

历史地图、历史图片富含巨量的历史信息，是历史时期大数据的主要载体。而目前，历史地图和历史图片比较分散，一些资源得不到很好的整合和利用。而系统整理和充分利用这些历史地图和历史图片，有利于打通历史人文学科与城市规划学科的联系，探索展现"看得见的虹口城区史"、"一目了然的虹口史"，尝试从想象历史到直观历史，努力寻找建筑与功能、表象与内在、业态与生态的对应关系，努力发现建筑与人、规划与文化、物质与精神的内在"密码"，在"有形"与"无形"之间搭建起桥梁。

如果对历史时期的城市功能与空间加以深度挖掘，并将不同历史截面加以对比分析，将会清晰解读虹口功能变迁和空间演进的过程，结合历史时期政治、经济、社会、文化等的历史文献信息，可以做到互为校核、印证，也可以理清城市发展的内在逻辑，从而更好地为城区规划服务，并最终更好地为城区社会经济发展服务。而且，城市功能变迁研究，对于城区性质定位和土地利用规划具有借鉴意义；同样，历史空间演进研究，对于优化城市空间结构和建筑布局艺术，具有重要参考价值。

只有建立在城区历史空间演进研究基础上的规划,才能够实现事实上的"规划＋文化",这样的规划才能既着眼现在,又着眼未来,还回望过去,是打通过去、现在和未来并具有历史高度的规划,是见物、见人、见精神的规划,是既"贴肉"又"接地气"还真正能用的规划,直至把虹口城区的空间密码破译出来、把文化基因解读出来、把历史景观再现出来。

三、探索里弄非居功能　复兴虹口历史街区

(一) 当前里弄发展存在的普遍问题

自20世纪90年代开始土地批租以来,在市场经济大潮中,全市范围内一些里弄被拆除,里弄总量减少。如今,由于里弄渐拆渐少,其历史文化价值开始慢慢凸显,保护里弄的呼声开始得到重视。

但如何保护好正在被多元力量左右着的里弄,尚在探索中。虽先有新天地休闲商业街区,后有田子坊创意园区、步高里纯居住区,目前还有音乐谷、尚贤坊等案例正在推进中,但针对量大面宽的里弄,此前探索的少数几种模式,还没有找到特别鲜明的可复制性特征。房地产开发模式下的新天地,确实把上海里弄的美丽与魅力展现了出来,但同时也有不少争议,有人认为以50公顷里弄街区的拆旧建新,换取2公顷里弄街坊的整旧如旧和功能调整,代价不小。也有人认为,居住才是里弄最理想、最原真的状态,而新天地完全变成了商业味道。社区自治和市场模式催生下的田子坊,十数年磨一剑,磕磕绊绊,硬是闯出一条新路来。但个案就是个案,如果没有当时的天时、地利、人和,没有思想解放、政策突破、区位优势以及推动者的激情与担当,很难想象田子坊模式能够得以促成。而步高里,虽然基本维持了比较纯粹的居住功能,也努力开展了诸如安装抽水马桶、消防喷淋等具体民生工作,但老百姓的居住状况并不好,勉强维持并非长久之计。而最被推崇的维持居住功能、疏解居住人口模式,除20世纪90年代的成套率改造和21世纪初的建业里实验均在争议声中结束外,至今未见成功的实践和理想的方案。外区的实践,不管是经验还是教训,都值得虹口在今后发展中思考、参考。

要说,里弄的设计初衷确是一幢一户形式的居住,只是随着时代变迁,一幢一户格局变成了"七十二家房客"式的大聚居,实际上也是不得已而为之的合法群居,成为上海重大历史遗留难题之一。未来里弄的使用,如部分专家所愿,如果能够回归一幢一户的初衷,当然是里弄建筑保护的理想目标。但如果

由于经济、社会等众多困难而难以完全回归,则应尽量让里弄得到适应性使用,而不是破坏性使用(内部大改大建),也不是荒废性使用(堆放杂物或空置,自生自灭,也可谓"冰棍式"伪保护),更不是超负荷使用或灭失性拆除。所谓适应性使用,是在时代背景、土地级差、使用主体改变的情况下,设法实现适宜的功能、适当的负荷、适度的内装。因此,寻找相应的功能、控制适当的负荷、开展适度的内部营建,就显得非常重要。

(二) 多样化探索里弄功能适应性的可行性与必要性

上海里弄,从大约1870年出现至今,已近150年历史,虽历经世代变迁,仍有大量百岁里弄尚存。与一些博物馆式的历史建筑保护对象相比,上海里弄是活着的建筑载体,尽管已经老迈、拥挤不堪,仍然发光发热,被成千上万的人使用着,保持着一定的功能,也是许许多多新老上海人的乡愁所寄、情感所系、生活所依。因此,里弄的保护与利用是一个非常复杂的课题,需要破解社会、经济、环境、人文等众多瓶颈问题。而其中的关键议题之一,笔者认为是当代里弄城市功能的选择性及其适应性,更直接一点,就是是否可以有一定规模的里弄用于非居住功能、如何用于非居住功能、可以用于哪些非居住功能。因为,一旦里弄可以在使用功能上有多样化选择,就可以衍生多样化解决里弄难题的方案,在民间智慧、社会资本和市场机制的作用下,就可激发众多才智,探索众多路径。

从不同历史时期看,里弄的使用功能就是多元化、可调适的。很多历史地图显示,历史时期的很多商业"聚处",相当于当代的商业集聚区、服务业集聚区甚至小型商办集聚区,就位于里弄街坊内。可见里弄使用功能的多样化在历史上是有迹可循的。里弄所具有的空间开放性(出入口众多、街巷繁密)和功能开放性使得近代里弄始终保持活力、魅力和生命力,尽管历经沧桑,却鲜活生动、自然天成。在当代的里弄保护与利用中,如果引导好、培育好、组织好和服务好,通过规划完善、政府引导、社区组织、市场运行,很多区位优势明显的里弄街坊,在保持建筑形态和街区风貌的基础上调整成为非居住功能,是完全可能的。一些成功案例的实施,也在一个侧面说明了里弄建筑可为人、为城市功能、为社会生态做出适当的室内调整和功能调整的事实,尽管并不十分理想,但对于正在使用中、具备现实功能且量大面宽的历史建筑,只要能够为社会民生、文化传承、建筑利用、功能复兴、商业繁荣做出贡献,其价值远远大于破坏、荒废、拆除和过度使用。

建筑一旦建成，很难动辄拆建，只有在功能上进行调谐、调适，才能适应不断改变着的时代。国家最近对于房屋租赁的政策，做出很多适应性的调整，比如住房可以分租、商业办公空间甚至可以用于不同性质的使用，就是基于这样的现实。与此相同，如果政府、企业、专家、百姓就保护一定规模优秀里弄建筑达成共识，就需要里弄建筑在外观和结构等要素基本保持、里弄布局方式和整体风貌基本维持的情况下，对建筑内部功能和使用方式进行研究，探索里弄功能自我调适的可行性，探索"人适应建筑"和"建筑适应人"相结合、"功能适应建筑"和"建筑适应功能"相结合的可行性。现代城市规划鼓励城市功能的多样性、兼容性和灵活性，鼓励以城市更新方式促进各类建筑的使用功能的适时调整，也是基于妥善处理建筑与人、社会、经济等的关系。

因此，笔者认为，要保护好虹口里弄历史建筑，就需要顺应时势，探索以适时、适当地功能调整方式"激活"历史建筑。如前所述，历史时期里弄街区内的商业"聚处"往往具有相对集中等特点，一般还与其周边环境具有关联性。这些都启发我们探索当代城市功能相对集聚于里弄的设想。例如在主要商业街两侧的里弄，是否可以探索高档服装订制、无污染餐饮、老字号、土特产营销、石库门民宿等的可能性；北外滩纵深处里弄，是否可以探索现代金融服务业、民间流通领域和小微企业办公等的可能性。还有科研院所、创意园区、孵化基地等周边里弄街坊内的创意产业、信息产业、动漫产业、文化产业等，高档商务区周边作为大型商务办公楼宇补充功能的律师事务所、金融服务业等，医院和医学院周边的社会化弄堂医师、诊所等，高档酒店附近的里弄酒吧，重要旅游景点附近的石库门客栈、民宿，还有各种书业、名小吃、文化用品等的文化集聚地，等等。以历史上这些商业集聚的经验来看，龙头机构、精英组织、著名品牌、领衔专家等的先期入驻，具有带动小街坊、小领域商业发展的可能性。就如当初田子坊里弄区域的陈逸夫、尔东强等艺术名家工作室，之于田子坊初期发展的带动。当然，这些小型里弄商业街坊的实现，需要经过精心地规划选址、营销策划、业态论证，也需要政府通过政策完善、机制创新、规划引导等措施，鼓励先行先试，稳步推进。

四、精心打造河岔地区、舞动虹口"一浦两港"

（一）虹口城区空间发展的几个问题

总体而言，由于各种因素，虹口在一定程度上呈现出总体意象不够鲜明、交通组织不够顺畅、各功能区联系不够紧密等空间特征。

受自然地理和空间演进进程的影响,虹口的路网结构很不规则,不同于黄浦、静安、徐汇甚至普陀、杨浦等城区那样具有总体上横平竖直的格网式路网体系。特别是虹口南部地区道路系统,虽然比较密集,但因近代租界当局越界筑路的随意性,苏州河、黄浦江走向,铁路走向,现存"一浦两港"走向,填浜筑路前的历史湮没河道走向,历史对外交通走向等原因,道路系统呈现不规则特征,也从而将虹口地形分割得异常零乱,地块和街坊形状也不甚方正。虹口的俞泾浦、沙泾港与虹口港交叉的地方,是路网尤其复杂的地区。加上虹口地形南北狭长,绝大多数道路弯曲起伏、干支交错,使路网结构和城市空间难以形成令人清晰、明了、深刻的印象。另外,虹口的南北向道路很少,尤其是海宁路—周家嘴路与宝山路之间的这个扇面,是沪北地区交通在两个方向(沿江向东杨树浦路方向和向北的虹口公园方向)之间转换的区域,以至于交通组织比其他地区更加混乱,干路网密度也更低。

一般来说,从城市规划角度,可以通过分区、分片、分类,划分功能区,建立地标体系,实现道路分级和突出主干路网等办法,力求提炼一定的地域空间特征,形成对虹口全区的整体认识。加上本身存在比较鲜明的北外滩沿线、四川北路商业街等空间和功能元素,从而实现对大虹口宏观意象的结构性感知。然而,即便如此,虹口在人们心目中的整体印象,仍然不够鲜明。

另外,由于道路系统不甚规则、清晰、通畅等原因,在地域比较广阔的情况下,各功能区之间的空间联系也就难以紧密,比如在两个轴向(北外滩轴向和四川北路轴向)的功能区之间,以及三个历史文化风貌区之间,就存在一些功能发展的弱势区域,难以借势借力。

为了系统解决上述问题,笔者经仔细分析虹口全域地形,并结合城市规划和历史人文视角,认为对于虹口空间的总体建构,实际上还有一个重要要素可以利用,那就是水系。虹口的"一浦两港"(俞泾浦、虹口港和沙泾港),是贯通虹口全区的结构性资源,是虹口历史发展的重要文脉依托,不仅具有统领性意义,还是虹口区别于其他城区的重要特色。用好这项资源,既可以提升虹口母亲河的精神价值,还可以在统筹全区文化、功能、环境、空间等方面,实现提纲挈领、纲举目张的效果。

(二) 依托丰富的水系,打造一张虹口的特色名片

这里首先备注一下两个概念,即港河岔地区,为音乐谷、1933老场坊、

1913老洋行等项目所在地区；"一浦两港"，为俞泾浦、虹口港和沙泾港的简称，也可称谓"三河走廊"、"大虹口港地区"。

虹口区文化发展"十三五"规划纲要概括虹口文化空间布局为"两带一港多圈"，很形象，也很精准。特别是关于"一港"，也是前述河岔地区，描述了音乐谷所在的虹口港区域，即海伦路、溧阳路、四平路、周家嘴路围合区域，大约28公顷用地[1]。

而与此同时，如果能够建立起以音乐谷为结点、以"一浦两港"水系为纽带、以滨水沿线带状腹地为功能纵深和景观载体的系统化思维，可以有序统领几乎虹口全域的文化、功能和空间发展，带动形成从地块到街坊、从街坊到街区、从街区与地区的全局发展思维。

如果说北外滩和苏州河一线是虹口的门面，四川北路和北外滩一线是虹口的繁华中枢，则"一浦两港"是虹口的自然、文化之脉，可以以摩登水乡为主题，以创生活和慢生活为基调，以水系、滨水景观和慢行交通相串联，打造以商旅文艺功能为主题和宜居、宜业、宜游为目标的都市水乡走廊。由此，可谓打通虹口的"任督二脉"，即"一路一滩"（四川北路、北外滩）之动脉、城脉，"一浦两港"之静脉、水脉，实现虹口的动静相宜、虚实结合。

"一浦两港"既是孕育虹口的母亲河，也是纵贯虹口行政范围的"主脊"，还是建立大虹口整体城市意象的重要依托。可以与我国"一带一路"国家战略相呼应，与上海"浦江开发"（黄浦江两岸综合开发）重大部署相衬托，将"一浦两港"系统工程上升到虹口新时期发展的战略高度，从空间上统领未来虹口的一系列重点工作，起到统筹、整合作用，具有结构性意义。整个系统工程可以包括：以水系两岸用地结构调整和综合利用为主导的功能开发、以水系为主干的海绵城市建设、以水环境治理和提升为重点的环境保护和滨水空间优化、以沿线地区城市管理为抓手的社会环境综合治理，以及相应的城市设计、人口疏解、交通疏导、公建配套等工作。

要实现"一浦两港"工程，宜建立系统性思维，做好"一浦两港"河道两侧的可建设用地（七通一平）、可征收地块（可拆落地）、可置换建筑（可调整权属）、可租赁房屋（市场化租赁）等各类空间资源的集中梳理与规划引导，分类统计沿河公共空间（道路广场绿地等）、沿河居住空间（居住小区或棚户简屋）、沿河机构空间（工厂单位等）等所占据的岸线资源，力争整体打通河岸空间。同时，

---

[1] 参考苏秉公：《魔都水乡》，文汇出版社2015年。

做好可提升的公共设施、建筑小品、雕塑广告、城市家具、软体景观、硬质防汛墙驳岸铺地景观等建、构筑物的提升规划；编制与"一浦两港"工程相配套的道路系统、交通组织、停车设施、水利环保等的专项规划，特别研究水上交通、跨河交通、地下交通、绿色交通（电瓶车、自行车、步行）、空中走廊等的可行性与科学性；在上海市城市总体规划和虹口区分区规划背景下，抓紧研究"一浦两港"沿线地区综合开发和治理的方向、目标、路径、计划，在可能的情况下积极反馈上级规划，争取在最大程度上兼顾虹口地区发展需要。

特别需要指出的是，随着城市交通状况的进一步演进，未来虹口的南北向交通将愈发拥挤，靠传统地面交通，很难将"一浦两港"两岸的道路空间释放出来。而受新加坡地下道路系统和上海外滩隧道的启发，可以有一个规划设想，即在虹口港和沙泾港沿线建设地下道路，释放地上河滨空间，将两条夹河小路打造成步行文化走廊，以都市水乡为主题，逐渐发展成为虹口区未来的一张新名片。当然，由于该项工作涉及面广，需要审慎地开展研究，结合地区发展定位、交通组织、地质状况等多方面因素综合考虑。

经济史研究

宋代的茶叶"交引"和"茶引"

刘春燕

在宋代茶叶经济活动中,我们常常可以看到茶叶"交引"和"茶引"这样两个名词。因为二者的名称非常相近,且都是商人交纳一定的钱物之后取得的、具有一定经济价值的"券",都可称为"茶券子",它们往往被误认为是同一事物。尽管"交引"和"茶引"在实质上并不相同,但有时候也会混为同一名词。例如,在北宋前期的榷茶制度下,宋人往往因为茶叶"交引"这个名词过于烦琐,将其简称为"茶引"。正是由于我们无法单从字面上给予这两个名词以明确的区别,所以,在今天的许多文章中,我们也可以看到将茶叶"交引"和"茶引"混同的情况。

茶叶"交引"与"茶引"却是性质不同的两种事物,分别盛行于不同的茶叶制度之下。在一定的语言环境中,如果我们将其混同理解,或者在行文中将其混同使用,会出现研究偏差和误会。通过对茶叶"交引"和"茶引"这两种"券"的制度背景,以及对政府参与经济活动的作用的介绍,本文从茶叶制度及变迁的角度,对这两种"券"加以区分,以便从历史的视角更好地理解中国社会的经济制度。

茶叶禁榷制与"交引"的出现

北宋初期,沿袭五代时的榷茶制,对茶叶贸易实行政府垄断。由于茶叶利润的丰厚,政府直接参与经济活动,扮演最大批发商的角色。榷茶制在最初设立的时候,北宋政府尚没有统一江南地区,所以并不能控制所有产茶区生产的茶叶。北宋政府在当时的京师(今河南开封市)、建安(建州治所在,今福建建瓯市南)、襄州(治今湖北襄樊市襄阳城)、复州(治今湖北天门市)等地设立榷货务,将收购的南方茶叶运送到这些榷货务,等待商人的批发。通过垄断茶叶在北方地区的批发,北宋政府一方面可以获得巨大的茶叶利润,另一方面也可以禁止南方商人在北方的茶叶买卖,防止北方财富的流失。

随着北宋王朝相继消灭楚、闽、吴越、南唐的割据政权,统一了全国,政府完全掌握了南方的茶叶产地,榷茶制被延续下来。政府禁止茶农与茶商私自交易,茶农生产的茶叶必须全部卖给政府,政府再通过设立在沿江交通要道上的十三个"榷货务",将茶叶批发给大茶商,再由大茶商转手批发给小茶商,或由大茶商零售给消费者。统一后的北宋王朝对茶叶生产、批发和贸易控制力更强了,但榷货务地点、茶商购买茶叶的形式也相应发生了一些调整:

> 初,京师、建安、襄、复州皆置务,后建安、襄、复州务废,京城务虽存,但会给交钞往还,而不积茶货。[1]

一般来说,榷货务与商人之间的交易是一手交金帛钱物,一手交茶货。如今,南方的一些榷货务被废止了,由于运输的烦难,京师榷货务也不再积存茶货。商人于京师榷货务交纳一定的钱物之后,政府给予一张领货的凭证,叫作"交钞",商人凭交钞到沿江榷货务领取茶货。"交钞"就是"交引"的前身,但其含义与茶叶"交引"又不尽相同,"交钞"只是领取茶货的凭证,所领取的茶货与实际所交纳的钱物价值相当,可以用这样的公式来表示:

> 交钞价值=茶货价值=茶叶收购价+运费+杂费+榷茶利润

所以,以交钞领取茶货完全是一种等价交易形式,交钞也只起到取货凭证的作用,不存在由交钞本身获得额外利益的可能,但茶叶"交引"的性质却不尽相同。宋太宗雍熙年间,由于战争中急需粮饷,北宋政府发行了茶叶"交引":

> 雍熙后用兵,切于馈饷,多令商人入刍粮塞下,酌地之远近而为其直,取市价而厚增之,授以要券,谓之交引,至京师给以缗钱,又移文江、淮、荆湖给以茶及颗、末盐。端拱二年,置折中仓,听商人输粟京师,优其直,给茶盐于江、淮。[2]

所谓茶叶交引,就是商人将粮草、金钱输送到北方边界地区,后来,也可以输送到京师,称之为入中制度。作为回报,政府给予大于商人输送粮草、钱物实际价值的钱、盐或茶货等。其中,政府给予大于这些粮草、金钱价值的茶货

---

[1][2] 《宋史》卷183《食货下五·茶法一》。

领取凭证就是茶叶交引。

因此,茶叶交引与交钞尽管都是领取茶货的凭证,但是,交钞本身不存在获得其价值之外利益的可能,而茶叶交引则可以用低于茶货本身价值的钱物获得茶叶,可以赚取额外的茶叶利益。北宋政府用茶叶交引换取商人的财物,以解财政上的燃眉之急,而商人则能获得高额的利益回报。这时候,茶叶交引的价格与茶货的实际价值之间就存在着一个差额,茶叶交引也就不单单是一种领取茶货的凭证,而变成为一种有利可图的有价证券。茶叶交引的价值可以用以下公式来表示:

茶叶交引价值＝茶货价值＋投资利息＝(茶叶收购价＋运费＋杂费＋榷茶利润)＋投资利息

茶叶交引的发行,无疑对解决国家的财政困难起到积极作用,并使北方人民沉重的赋役负担得到部分解除,商人也因此在榷茶制下取得更多的利益。尽管如此,交引却破坏了政府长期的榷茶利益。商人从茶叶交引中获得的投资利息越高,政府在榷茶制度下所获得的榷茶利润就越少,也有可能完全丧失榷茶的利润,甚至做起亏本的买卖。更何况,急于获得商人钱财的北宋政府,完全不考虑茶叶实际价值和产量情况的滥发交引,过于抬高入中粮草的价格,又过于贬低茶叶的价格,使商人以低廉方式获得高额茶货,最终导致了交引贬值的恶果,破坏了茶叶交引对入中粮草的吸引力:

乾兴以来,西北兵费不足,募商人入中刍粟,如雍熙法给券,以茶偿之,后又益以东南缗钱、香药、犀齿,谓之三说;而塞下急于兵食,欲广储不爱虚估,入中者以虚钱得实利,人竞趋焉。及其法既弊,则虚估日益高,茶日益贱,入实钱金帛日益寡。[1]

另一方面,茶叶交引在市场流通的过程中,往往被大投机商和大茶商所控制,使得政府苦心经营的茶叶利益丧失殆尽,从而陷入持续的财政危机之中:

而入中者非尽行商,多其土人,既不知茶利厚薄,且急于售钱。得券则转鬻于茶商或京师交引铺,获利无几;茶商及交引铺或以券取茶,或收蓄贸易以射厚利。由是虚估之利皆入豪商巨贾,券之滞积,虽二三年茶不

[1]《宋史》卷183《食货下五·茶法一》。

足以偿。[1]

大茶商和投机于茶叶交引的富商大贾以低廉的价格买取那些不懂茶利厚薄、急于得钱的入中者的交引,直接经营茶叶贸易,或者又把它高价倒卖给茶商,以谋取暴利。当时,许多富商大贾在京师都开着交引铺,专门从事交引的倒买倒卖,他们是交引制度最大的受益者。在茶叶交引滥发和投机者的投机这样两种因素的作用下,茶叶交引的信用遭到破坏,出现严重的贬值。最终,不但国家丧失了巨额的茶利收入,入中者也得不到他们应有的回报,茶叶交引制度到了无法维持的地步。

> 入中者以利薄不趋,边备日蹙,茶法大坏。初,景德中,丁谓为三司使,尝计其得失,以谓边籴才及五十万,而东南三百六十余万茶利尽归商贾。当时以为至论。[2]

在茶叶交引贬值严重的时期,每一百贯钱的交引,在市场上只能卖得四十贯,交引的价格贬值达一半以上[3]。面对这种情况,北宋政府除了出钱收购并销毁贬值的茶叶交引以外,不得不实行见钱法,也就是一切以实钱交易,以除虚估之弊。然而,"行之期年,豪商大贾不能为轻重,而论者谓边籴偿以见钱,恐京师府藏不足以继,争言其不便"[4]。见钱法严重威胁到富商大贾和权贵们的利益,在这些大商人和权贵的争相游说下,北宋政府的见钱法又重新被入中茶法所代替,自然,茶叶交引之弊也不可避免的再次出现。北宋榷茶制度实际上就是在入中法和见钱法之间不断变换、交引制度的时兴时废中度过。

通过上面的介绍,我们可以知道,北宋的茶叶交引是榷茶制度下的产物,最初来源于茶叶交钞,然其性质又与之不同。榷茶制下的交钞只是商人交纳钱物获取与之价值相当的茶货的一种取货凭证,交钞本身不存在获取额外利益的可能,而茶叶交引则是北宋政府为了解决财政的困难,获取富商大贾的钱物支持,给予他们含有高额回报的茶叶领取凭证。作为有利可图的有价证券,茶叶交引制与起源于茶马贸易中、又兴盛于南宋时期的、作为卖茶许可证的"茶引制"又有很大区别。

---

[1][2]《宋史》卷183《食货下五·茶法一》。
[3] 见《宋会要·食货三六之一七》。
[4]《宋史》卷183《食货下五·茶法一》。

茶叶专卖税制与"茶引"的出现

"茶引"一词,早在北宋前期实物榷茶法盛行的时候就出现过,在《长编》卷54(第1177页)、卷86(第1971页)、卷92(第2129页)、卷165(第3976页),我们都可以看到"茶引"这一名称。不过,此时的"茶引"只是茶叶"交引"的简称而已,与以后我们常常看到的"茶引"含义完全不同。

"茶引"一词的大量出现是在北宋末期到南宋,只有清楚地了解这一特定历史时期政府对榷茶制度的改革,我们才能清楚"茶引"的真正意义。仁宗嘉祐年间实行通商法以后,国家的茶叶政策发生很大的改变,基本由直接参与茶叶经济活动,改为通过收取专卖税方式间接控制市场。随着茶法改革,商人缴纳一定的专卖税便可以直接上山与茶农交易,作为"取货凭证"的茶叶"交引"自然也就退出了历史舞台,与此同时,"长引"、"短引"、"小引"等与茶叶有关的"引"开始出现,被统称为"茶引"。

"茶引"的最初性质是茶叶的贩运凭证,相当于"卖茶许可证"。早在北宋神宗时期,卖茶许可证被用于产茶区贩茶到边疆地区的茶马贸易中。神宗时,由于"西人颇以善马至边,所嗜唯茶,乏茶与市"[1]。北宋政府决定以茶易马,遂对四川地区的茶叶实行禁榷。商人必须将茶叶卖给政府指定的地区,以长引为证。

> 客人兴贩雅州名山、洋州、兴元府大竹等处茶入秦凤等路货卖者,并令出产州县出给长引,指定只得于熙、秦州,通远军及永宁寨茶场中卖入官。仍先具客人姓名、茶色、数目、起离月日,关报逐处,上簿候客人到彼,画时收买,如计程大段过期不到,即令行遣根逐。若客人私卖茶与诸色人,及将合入秦凤等路货卖茶虚作永兴军等路,回避关报逐处者,并依熙宁编敕禁榷腊茶法断罪、支赏。[2]

这时的"茶引"是茶商在卖茶过程中所经过的路线和卖茶地的证明,上面写明茶商姓名、茶色、数目、起离月日,以便国家能对茶叶贸易进行有效的控制。显然,茶叶"交引"与"茶引"从北宋时期就不是一回事儿:茶叶"交引"是北宋前期榷茶制下,茶商交钱后到政府榷货务拿茶叶的"取货凭证";"茶引"是

---

[1]《宋史》卷183《食货下六·茶法二》。
[2]《宋会要·食货三〇之一二》。

边疆茶马贸易时期,茶商交钱后可以到指定地区卖茶的"贩运凭证"。有些想通过输送粮草获得额外茶叶、又将茶叶运送到边疆贩卖获得厚利的商人,需要同时拿到两个不同的"券"。例如,在蔡京茶法的最初,商人于榷货务交纳钱物之后,即可在榷货务领取到"钞",也就是取货凭证的茶叶"交引"或称"茶钞",凭茶叶交引便可以"取便算请于场"以领取茶货。在商人领取到茶货之后,茶场还必须"别给长引",以便能够获得到指定地方销售的许可证。

北宋末期,蔡京政府停止实行仁宗以来的通商法,垄断茶叶来源,禁止茶商与茶农私自交易,再次对茶叶实行禁榷。后来又对禁榷制进行了重大改革,改革后的禁榷制与之前最大区别在于以下两点:

1. 北宋榷茶法禁止南方产茶区茶叶进行任何贸易,茶农生产的茶叶除自用外,必须全部卖给国家,产茶区及其周边地区的居民如果想购买食茶,也必须要到官府设立的"食茶务"去购买。而蔡京茶法则规定,"产茶州军许其民赴场输息,量限斤数,给短引,于旁近郡县便鬻"[1]。只要交纳一定的"息",也就是国家应得的那部分榷茶利润,茶农可以将自己的产品在本路内货卖。

2. 北宋榷茶法中,茶商向在京榷货物交纳一定的钱物,即可得到领取茶货的凭证,这就是茶叶"交引"。而在茶商凭"交引"领取到茶货之后,他就可以贩往任何地方,但是,经过沿途税卡的时候,需要依次交税。为了使长途贩运的茶商"在道路无苛留",蔡京茶法则规定,"商人于榷货务入纳金银、缗钱或并边粮草,即本务给钞,取便算请于场,别给长引,从所指州军鬻之。商税自场给长引,沿道登时批发,至所指地,然后计税尽输"[2]。茶商输纳一定的钱物之后,得到榷货务给的"钞",也就是茶叶"交引",他在茶场领取到茶货后,还需要换取一张"长引",上面写明茶货数量、所走的路线和经过的税卡,以及所到达的目的地。凭着这张"长引",商人在经过税卡的时候,只需做一些登记,而无须交纳任何茶税,所有的茶税都在目的地一并交纳。这项规定的目的是为了使商人不再因为受到税卡的勒索而滞留茶货,耽误货卖。

从上述规定来看,蔡京政府最初的榷茶制包含了两种不同的榷茶方式:一种可以称为"实物榷茶法",是指政府直接参与茶叶经济活动,通过垄断茶货的来源,将茶叶实物批发给商人,用"寓税于价"的办法获取榷茶利益,这也就是北宋初期的榷茶法;另一种可以称为"榷税榷茶法",即是指国家不再直接垄

---

[1][2] 《宋史》卷184《食货下六·茶法二》。

断茶叶的货源,而是将榷茶利益分配成专卖税的形式向商人征收。商人在进行茶叶贸易的的时候,必须向国家交纳专卖税。对于长途贩运的茶货,蔡京政府采取的是"寓税于价"的方式,而对于产茶区的茶农的小额货卖,则采取征收专卖税的办法。

在这样两种榷茶法下,"茶引"也就有了不同的性质,对于茶叶的"长引"来说,它与我们前面提到过的神宗朝四川地区产茶州县出具的"长引"基本相同,主要起到对茶商在卖茶过程中所经过的路线和卖茶地证明的作用,基本属于一种贩运凭证;而对于南方产茶区内部小额的茶叶贸易,"短引"的发行就不仅仅是对茶农销售茶叶地域的限制,它还代表茶农取得茶叶专卖权所花费的费用,也就等于向国家交纳的茶叶专卖税。然而,无论哪种性质的"茶引",在蔡京茶法中都显得格外重要,因为它们是收取商税或专卖税的依据。

之后的短短数年间,蔡京政府对茶法又进行了三次重大的改变,完全废除了北宋前期的"实物榷茶制",无论茶叶的长途贸易还是短途贸易,一律实行"茶叶专卖税制"。国家根据商人贩卖茶叶数额的大小、距离的长短规定输纳一定的专卖税。这样,不论是"长引"还是"短引",都只有一个性质,那就是商人向政府购买茶叶专卖权的标志,可以用公式来表示:

$$茶引价值 = 榷茶收入 = 专卖税。$$

北宋末到南宋时"茶引"性质,发生了从"贩运凭证"到"专卖税"的转变。"茶引"钞面的内容,代表了茶商为获取茶叶专卖权而付出的金钱,以及在茶叶销售中所赚取的利润。所以,"茶引"也就具有了价值符号的作用,它可以转让、馈赠、买卖,甚至可以代替货币。《夷坚志》中描写了宣和末,一位官吏在赌博时以"茶券子"作为赌注的故事。[1] 宣和末的"茶券子",无疑是指"茶引"而非茶叶"交引"。明代凌濛初《二刻拍案惊奇》中,《沈将仕三千买笑钱,王朝议一夜迷魂阵》讲的就是这一故事,凌濛初对宋代的"茶券子",也就是"茶引"还有详细的解释:所谓"茶券子",即是"茶引","宋时禁茶榷税,但是茶商纳了官银,方关'茶引',认'引'不认人,有此'茶引',可以到处贩卖"[2]。这种对茶引的描述有点模糊,实际上,并非有了"茶引"就可以到处贩卖,一定的"茶引"只能在规定的区域内贩卖。"茶引"的货币功能,在元代的茶引制度中被沿

---

[1] 洪迈:《夷坚志补》卷8《王朝议》。
[2] 凌濛初:《二刻拍案惊奇》卷8《沈将仕三千买笑钱,王朝议一夜迷魂阵》。

用。元剧中,有一则关于冯魁以三千张茶券买娶苏小卿的故事,[1]也可以让我们看到"茶引"的货币功能。

作为茶叶专卖税的"茶引制",是我国古代茶叶制度上的一个重大的变化,茶引制一直被后来的社会所延续,对元明清的茶叶制度都有很大的影响。"茶引"的价值来自茶叶生产的数量和贸易的繁荣,一旦茶叶生产消费大幅度降低、茶叶贸易衰退,作为专卖税的茶引也就失去了价值。但在茶叶专卖税制度下,国家已经不直接参与茶叶贸易、只是通过发行茶引就能获取垄断利益,在一味追求专卖利益的驱动下,茶引往往会远离实际的茶叶生产、消费与贸易,成为政府随时向人民销售和发行的敛财工具。到了元代,茶叶专卖税不仅对茶商征收、还强加给茶农以及产茶区和消费区的消费者。在茶叶经济衰败的情况下,茶引发行变成真正意义上的无名之敛。

本文原载《中国经济史研究》2012 年第 2 期。

---

[1] 王季思:《全元戏曲》第二卷,《苏小卿月夜贩茶船》(残折),人民文学出版社 1990 年。

试论明清苏北"海势东迁"与淮盐兴衰

鲍俊林

位于江苏沿海的明清两淮盐场(淮南、淮北)是古代中国最为重要的海盐产区,清代中叶进入鼎盛时期,长期为全国盐课主要来源。1194年黄河全流夺淮后,苏北海岸不断淤涨,在明清时期快速形成广袤的滨海平原,这一罕见的重大自然事件在文献中称为"海势东迁",对明清时期两淮盐场的海盐生产活动产生了深刻影响。

尽管明清两淮盐业史是学界非常传统的研究领域[1],不过,有关明清苏北海岸环境变化与淮盐兴衰的关系,并没有引起以往学者的正视、关注。有趣的是,相关研究中却又存在一个普遍的说法,即往往将淮盐兴衰的主要原因归结于海岸变迁引起的自然环境变化。如认为自然条件的变化是淮南产盐区衰落的根本原因[2];"海岸线东移,盐场卤水减少,盐的产量也很快下降,盐业趋于衰败"[3];"淮南盐业到了近代迅速衰竭,主要原因是黄河夺淮引起海势东迁"[4];以及"1495年以后,因灌河口以南海岸线变化迅速,淮南盐场发展受到抑制……淮北盐场处于较稳定的海岸滩地,发展颇快"等[5]。类似的说法在文献中也确实有很多反映,如"海势东迁,卤气渐淡";"海势东

---

[1] 何亚莉:《二十世纪中国古代盐业史研究综述》,《盐业史研究》2004年第2期;刘庆龙:《近20年清代两淮盐业研究述评》,《盐业史研究》2005年第2期;陈锋:《近百年来清代盐政研究述评》,《汉学研究通讯》2006年第2期。

[2] [日]渡边惇:《清末における淮南塩場の衰退について》,《立正史学》1972年第36期;应岳林、巴兆祥:《江淮地区开发探源》,江西教育出版社1997年,第249页。另外,王日根、涂丹在《"明清海洋政策与东亚社会"国际学术研讨会综述》(《史学月刊》2012年第9期)一文中介绍了吕小琴的会议论文题目与基本观点,认为"卤水淡薄促使两淮盐业生产重心由淮南移至淮北"(《论明清"海势东迁"对两淮盐场的影响》),目前该文尚未正式刊载。

[3] [日]佐伯富:《清代盐政研究》,《盐业史研究》1993年第2期。

[4] 于海根:《民国期间苏北淮南盐区的废灶兴垦事业》,《盐业史研究》1993年第1期。

[5] 凌申:《黄河夺淮与江苏两淮盐业的兴衰》,《中国社会经济史研究》2011年第1期。

迁,卤气日薄"[1],"海势东迁,卤气淡薄,报荒者达百余副"[2]等。不过,倘若进一步扩大文献考察,便可窥见其中的矛盾:

  自海势东迁以后,昔日斥卤之地,大半去海已远,其间经官勘明放垦者,所在固有,而民间影射私垦者亦多。[3]

  滨海新淤日涨,旧时亭场去海日远,潮汐不至,盐产遂绌……故淮南煎盐渐次衰退。[4]

  因海势东迁,卤气渐淡,荡草日绌,供灶维艰,虽有移置亭灶之议,尚未实行,故石港、刘庄等场产盐极形短绌,金沙一场且久不出盐。[5]

  (刘庄场)卤气枯竭,荡多垦熟化为腴田,又无尾沙,难谋移笼,灶丁乐于开垦,苦于办煎。[6]

  上述记载表明:(1)"海岸变迁"、"海势东迁"导致的主要是"昔日斥卤之地"、"旧时亭场"因远离海潮而土淡。即文献所载的"海势东迁,卤气渐淡"说法本身无误,但不是沿海滩涂均不能产盐。(2)像石港、金沙、刘庄等远离海潮的旧盐场,盐绌的主要原因在于缺少向新淤荡地搬迁亭场,或者没有尾沙(即新淤荡地),自然"难谋移笼"。对这些盐场若不加以综合分析,便会将其作为证明海岸变迁导致盐衰的证据,将个别现象扩大。[7]

  显然,文献记载与学界的普遍说法存在矛盾。笔者认为,造成这一普遍性说法长期流行的原因,一方面可能存在对文献误读,另一方面也可能默认了一个隐含前提,即江苏海岸变迁、滩地淤涨是淮盐的抑制因素,二者负相关[8]。换言之,认为海涂淤涨愈强烈的地区,会因卤水淡薄而使产盐的自然环境条件

---

[1] 如《清史稿》卷123《食货四》,中华书局1976年,第3637页;朱寿朋《东华续录·光绪朝》,上海古籍出版社2008年,第730页;光绪《两淮盐法志》卷18《图说门》,《续修四库全书》第843册,第97页;(民国)张茂炯《清盐法志》卷101《场产门二·草荡》,民国九年(1920)铅印本,第1页。
[2] 民国《续修兴化县志》卷4《盐产》。
[3] 朱寿朋:《东华续录·光绪朝》,第730页。
[4] 实业部国际贸易局:《中国实业志·江苏省》第2册,香港宗青图书公司1980年影印本,第257页。
[5] 《清续文献通考》卷39《征榷考十一》。
[6] 民国《盐法通志》卷27《场产三·物地三》,文明书局民国三年(1914)铅印本,第11页。
[7] 如应岳林、巴兆祥:《江淮地区开发探源》,第249页;凌申:《黄河夺淮与江苏两淮盐业的兴衰》,《中国社会经济史研究》2011年第1期;严小青、惠富平:《明清时期苏北沿海荡地涨圮对盐垦业及税收的影响——以南通、盐城地区为例》,《南京农业大学学报》2006年第1期。
[8] 参见拙文《再议黄河夺淮与江苏两淮盐业的兴衰——与凌申先生商榷》,《盐业史研究》2013年第3期。

丧失,从而抑制盐产。在此隐含前提下,即使出现了相反的文献记载,也甚少怀疑,容易形成沿海滩地逐渐不能产盐的印象与图景,对海岸变迁与淮盐兴衰关系的认识陷入简单化,并一定程度上存在以讹传讹的现象,往往成为其他学者不加检讨的论证前提、被广泛引用[1]。为此,笔者结合历史文献分析与现代海岸研究,尝试考察"海势东迁"对淮盐的影响。

一、"海势东迁"与新淤荡地的"草丰卤旺"

明清两淮盐场主要采用传统煎盐法[2],"草丰卤足"是其生产的必备条件[3]。果真海岸变化引起滨海滩地卤水淡薄、荡草缺乏、不能产盐了吗?事实上,文献中对"海势东迁"引起的滨海滩地变化,特别是新淤地带的"草丰卤足"情况有充分描述,同治年间两淮盐运使丁日昌的实地勘察,便为我们了解当时各场盐作环境变化提供了生动图景:

> 滨海之新淤尽属斥卤,蓄草之外,不能种植……宜置亭而不虑其垦种也。[4]

> 安丰场……乾隆中年以来至道光初年,马路以东得古淤七八里,新淤十余里,续淤又十余里,地方广阔,出草既多,兼卤气极厚,又东至海边光沙六七里,人皆以捕鱼为业。[5]

> 吕四场……场境之北,向有荡地,计可置百余面,实为草丰卤足之区。[6]

---

[1] 如黄公勉、杨金森:《中国历史海洋经济地理》,海洋出版社 1985 年,第 109 页;方明、宗良纲:《论江苏海岸变迁及其对海涂开发的影响》,《中国农史》1989 年第 2 期;王振忠:《清代两淮盐业盛衰与苏北区域之变迁》,《盐业史研究》1992 年第 4 期;邹莉莉:《清末民初苏北沿海滩涂农业开发的缘起及其影响》,《前沿》2007 年第 12 期。

[2] 明清时期淮盐主要采用摊灰淋卤煎盐法,即利用滨海盐土引潮水、晒灰淋卤、采集荡草煎煮成盐;另外淮北盐场嘉靖年间以后开始采用淋卤晒盐法,生产规模较小。

[3] 民国《盐法通志》卷 33《制法》载:淮南盐场"其煎以草……其草有红有白,皆含咸味,白者力尤厚,红可外售,而白有禁斫"。按:白草即白茅(Imperata cylindrica var. major),为白茅草属,有白色圆锥状花序,是草滩带的优势植物;红草或红茅为盐蒿草(即盐地碱蓬)(Suaeda salsa)。

[4] (清)丁日昌:《淮鹾摘要》,《丁中丞政书》卷 33,沈云龙编《近代中国史料丛刊续编》第 77 辑,文海出版社 1983 年,第 1243 页。

[5] (清)丁日昌:《淮鹾摘要》,《丁中丞政书》卷 33,第 1249 页。

[6] (清)丁日昌:《淮鹾摘要》,《丁中丞政书》卷 33,第 1257 页。

>……三场近海下沙之地,其势辽阔,卤最厚,惜无殷商建立亭场。[1]

无独有偶,光绪三十三年(1907),署江宁知府许星璧同样查勘了两淮盐场,所记各场草卤情形如下[2]:

>丰利场有卤无草,如果烧窑、烧锅认真查禁,产草全得归煎,该场荒塌亭灶尚可力图修复。
>
>角斜场引荡式微,向系借购邻场之草……拨富安新淤归角配煎。
>
>栟茶场正场最为困苦,李堡并场较优,亦苦草为窑所占,该场引荡辗转典卖占为民业,近岁草价昂贵,典荡者居为奇货。
>
>掘港场三面环海……草多卤足,为通属九场之冠。历年荒废亭灶尽可修复……各港汊淤,不通潮,卤气不足。
>
>何垛场草丰卤足,泰属十一场中,除草堰外,以此为最。
>
>梁垛……新淤尚可增亭,惟招丁稍难。
>
>丁溪场正场灶亭草卤无缺。
>
>安丰场开垦独多,产草独少,不但堤东之草不准私售供炊,即堤西辖境之草亦只准零星肩挑售与本场街市,严杜出境,庶可勉敷供煎。
>
>伍佑场上亭一千余面,荡草未尝不足,乃前年为西水所淹,亭面浸淡,上年又无潮水引入,现该场员兴挑西潮河及南北两汊,必俟挑通咸潮灌入正场,卤气当可如常。
>
>新兴场规模尚好,草卤皆敷。
>
>庙湾场……学滩营地租价极贱,产草极丰……随地皆卤,随地皆可笼置。且闻学滩、苇营两地草荡几数千顷,诚天然丰沃之区,似宜招商认办补救淮南缺产。

这些文献记载说明:(1)滨海新淤荡地不缺少卤旺之地,卤水资源普遍存在。(2)伴随海岸东迁,滨海卤旺之地空间位置也发生了变化、不断东移。(3)盐场正是通过向海搬迁("移亭就卤")适应了海岸变化,即旧亭场通过移筅到新淤地带继续盐作活动。(4)各场新淤情况不一,草、卤分布具有不平衡性。(5)部分盐场由于人口密集,私垦以及其他手工业发展等原因,以至荡草紧缺,影响了盐作活动的持续。(6)盐场水利兴废对维系旧亭场生存十分必要,

---

[1](清)丁日昌:《淮鹾摘要》,《丁中丞政书》卷35,第1321页。按:三场指栟茶、丰利、掘港。

[2] 民国《盐法通志》卷27《场产三·物地三》。

有些旧亭场远离海潮,对引潮河依赖较高,水利失修,往往导致旧亭场难以为继。(7)财力不济、荡草紧张、招工困难或者水利失修等社会经济原因,导致亭场搬迁乏力,制约了"移亭就卤"的积极性。(8)新淤滩地"尽属斥卤",草卤条件好,"宜置亭",而不宜垦种,伴随海岸变迁,旧亭场不再宜盐,相反,近海新淤地带又成为新的宜盐带,可能存在一个动态的递进过程。

综上,"海势东迁"这一自然过程并未导致滨海地带不利于产盐,也并未导致盐作资源(荡草、卤水)普遍缺乏,只是盐作资源出现了空间分布变化,整体仍然十分丰富。同时,这一特殊的海岸变化——历史时期"海势东迁"引起的盐作资源分布变化,并非孤立的历史现象,在现代海岸带中仍然普遍存在。

二、海涂要素演替作用与海岸盐作活动

海岸变迁与淮盐兴衰的关系复杂,仅依靠文献分析,难以获取对海岸环境变化与盐作活动关系更为深入的认识。实际上,"海势东迁"引发的海岸盐作资源的分布变化,在现代江苏海岸仍有普遍反映,特别是与淤进型海涂生态要素的演替现象有关,这为我们进一步理解苏北沿海环境变化对历史时期盐作活动的影响提供了条件。

据现代海岸学者研究,淤进型海涂生态要素(植被、土质、盐分)存在规律性的自然演替现象,自海向陆,海岸带土壤盐分、植被等生态要素呈现有规律的演替序列。板沙滩逐渐向浮泥滩、光滩、盐蒿滩、草滩转变,在自然状态下,承前启后,循序渐进,不可超越或逆转[1]。显然,这种特殊的海岸自然资源变化,对人类的海岸资源利用方式产生重要影响。

以往研究中少有学者注意到从海岸自然变化考察淮盐生产活动,赵赟等学者从苏北海涂地貌与要素变化去思考、揭示对淮盐生产活动的影响,是笔者目前所见仅有的涉及海岸生态要素演替作用的文章。不过,作者虽然说明了亭场搬迁是伴随海涂淤进而形成的客观变化,但并未明确指出淤进型海涂生态要素演替作用的深刻影响,没有揭示海岸变化对盐业生产的影响机制,未认识到草滩、盐蒿滩也存在空间位移、宜盐带不断东迁的变化,以及亭场搬迁、人工引潮、贩运荡草等活动对盐作要素集约利用的重要意义。故认为自然条件

---

[1] 陈邦本、方明等:《江苏海岸带土壤》,河海大学出版社1988年,第16页。

制约是废灶的根本原因,这与前文其他学者的看法并无明显不同[1]。

(一)海涂要素演替作用及对淮南煎盐的影响

海岸生态要素演替作用对盐作资源变化的发生机制表现为:滩面淤宽淤高,土壤淡化,旧时宜盐带转变为宜耕带,而其向海一侧的新淤滩地又演替为新的宜盐带("新淤卤旺"地带)。这一递变规律、发生机制,促使了盐作资源分布的整体稳定(图1),在古今海岸也具有相似性[2]。这种演替作用对明清苏北海岸的盐作环境、盐作活动产生了重要影响,即"海势东迁"对盐作资源分布变化的影响,实际上只是盐作资源随着海岸淤涨出现的空间分布变化,并未导致资源普遍缺乏[3],作为一种特殊的海岸自然演替现象与资源分布变化,始终保持了动态的存在。

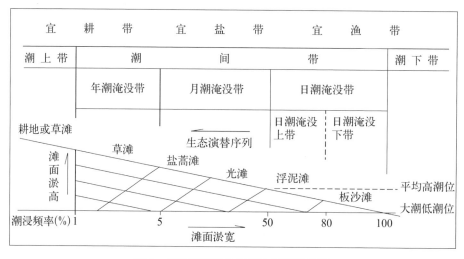

图1 淤进型海涂生态要素演替示意图

资料来源:据陈邦本、方明等《江苏海岸带土壤》第14、16、78页改绘。

---

[1] 赵赟、满志敏、方书生:《苏北沿海土地利用变化研究——以清末民初废灶兴垦为中心》,《中国历史地理论丛》2003年第4期。

[2] 康熙《淮南中十场志》卷1《图经》梁垛场图中将海滩自陆向海分为三带:草荡、新淤沙荡以及海沙。这种分带与今天江苏淤进型岸段的主要分带(自陆向海为草滩、盐蒿滩、光滩)一致。参见张忍顺《江苏沿海古墩台考》,《历史地理》第3辑,上海人民出版社1983年,第52页。

[3] 参见拙文《略论盐作环境变迁之"变"与"不变"——以明清江苏淮南盐场为中心》,《盐业史研究》2014年第1期。

首先,演替作用对海涂盐分分布有着深刻影响。传统煎盐生产以卤水充足为首要条件,制卤是极重要的步骤。近岸海水一般为2—3°Bé,直接煎煮费时费燃料。因此传统煎盐采用晒灰制卤法,通过近海傍潮的卤旺滩地开辟亭场,引潮浸灌、晒取盐分,提高土壤盐度,收土淋卤,一般可以提高到16—20°Bé,再上鎜煎熬成盐[1]。自海岸东迁,引发不同位置的滩地土壤盐分存在明显差异,并有相应演替现象。据现代考察研究,江苏淤进型海涂中,自陆向海,其远离海潮的年潮淹没带(草滩)潮浸频率与潜水位下降(图1),不仅剖面平均含盐量较低(2.1‰),而且0—5厘米的表土盐分低于剖面平均盐分[2]。然而,在近海傍潮的月潮淹没带滩地(盐蒿草滩、光滩),潮浸频率高,植被稀疏,土壤处于强积盐状态。其盐蒿滩土壤含盐量为6‰—8‰,光滩则超过10‰,蒸发作用强烈,是潮间带主要积盐地带[3]。因此在演替作用下,盐蒿草滩、光滩不断东移,地面光洁,杂草稀少,依潮傍海,一般是设置煎盐亭场理想之地。另外,1855年黄河北归,此后苏北沿海淡水径流显著减少,近岸表层海水盐度有所提高,如废黄河三角洲地带土壤盐分不断增加[4]。因此,海岸东迁并不会导致卤水普遍变淡。以往认为范公堤外海岸渐渐淤积,咸水浓度亦逐渐减少[5],但根据前文分析,这种说法很容易被误解,实际上仅指已基本脱盐淡化的草滩地带,出现了卤水淡化的现象,但受演替作用影响,新淤荡地仍然处于强积盐过程,咸水浓度并不会减少,此消彼长,正是海岸要素演替的常态,故清末丁日昌、许星璧查勘盐场时才会看到很多卤旺之地。

其次,荡草丰富是传统煎盐另一个必备条件。"煎盐必资草荡,草多则煎办有具,盐自丰盈。"[6]海岸东迁,草滩带相应东扩。草滩带是海涂演替发育的最后阶段,土壤有机质增多、结构疏松、基本脱盐,不再适宜盐作活动,而对农业生产最为有利,成为宜耕带,适宜种植业(图1)[7],如"泰属各场……每因淤沙外涨,腹内荡地土性渐淡,是以率多改荡为田"[8]。但草滩的不断扩

---

[1] 白广美:《中国古代海盐生产考》,《盐业史研究》1988年第1期;刘淼:《明代海盐制法考》,《盐业史研究》1988年第4期。
[2] 陈邦本、方明等:《江苏海岸带土壤》,第76—77页。
[3] 同上书,第15、20、77页。
[4] 胡焕庸:《两淮水利盐垦实录》,中央大学出版组发行部1934年,第17页。
[5] 郑尊法:《盐》,《万有文库》第一集,商务印书馆1929年,第89页。
[6] 乾隆《两淮盐法志》卷16《场灶·草荡》,《稀见明清经济史料丛刊》第1辑第6册,国家图书馆出版社2009年,第555页。
[7] 陈邦本、方明等:《江苏海岸带土壤》,第17页。
[8] 嘉庆《两淮盐法志》卷27《场灶一·草荡》,同治九年(1870)扬州书局重刻本,第2页。

大,无疑也提供了更加丰富的白茅草资源。多年生白茅、獐毛等草甸植物便大量分布在年潮淹没带的草滩上。其白茅植株一般高 25—80 厘米[1],群落覆盖度 70%—90%,在今天苏中岸段仍有大面积分布[2]。同时,月潮淹没带(盐蒿滩)以一年生盐蒿(盐地碱蓬)为主,其植株高 30—70 厘米[3],自海向陆逐渐密集分布,是滩涂裸地先锋群落,群落覆盖度约 60%。[4] 可见,海岸淤涨、荡地扩大,丰富的白茅、盐蒿等草甸植被,为两淮煎盐生产提供了充裕的燃料来源。

最后,海涂资源利用与演替密切相关,沿海滩地因此同时存在紧密联系又不断递变的宜耕、宜盐以及宜渔带(图 1)。这种此消彼长的动态变化使原位于盐蒿草滩附近的新亭场,由于海潮远离,土壤脱盐加快,周围草渐茂而卤水渐淡,遂成为旧亭场,即荡草丰富易得,卤水资源却难以获得,只能暂时通过引潮沟获取卤水资源。随着海岸不断东移,这种矛盾状况逐渐加深,最终旧亭场只能废弃,搬迁到距海更近的新淤滩地,但也有以贩卖荡草为生,或者转垦[5]。

总之,"海势东迁"引发的盐作环境变化,对淮南盐业具有重要影响。传统煎盐生产离不开较多的土地资源,"荡地既多,煎盐较旺"[6]。据《盐法通志》所载原额草荡、沙荡与历次新淤荡地亩数,淮南各场荡地总面积超过 600 万亩,其历次新淤荡地占原额荡地的 59.3%[7]。显然,淮南盐场因海岸不断淤涨而获得了大量荡地资源——滩地面积增大、荡草、卤水资源丰富,为盐业兴旺提供了更多空间与可能,有利于煎盐生产简单扩张、复制。加上明清官府长期施行蓄草供煎制度,对海岸土地利用采取重盐轻垦的政策,促使淮南盐业在 16—19 世纪中叶海岸快速淤涨的时期内,迎来了黄金时代,至乾、嘉、道时期,为极盛时期[8],如淮南盐课约占清廷全部盐课的 49%[9]。淮盐经济也因此长期保持了南强北弱的基本格局。

---

[1] 江苏省植物研究所:《江苏省植物志》上册,江苏人民出版社 1977 年,第 236—237 页。
[2] 赵大昌:《中国海岸带植被》,海洋出版社 1996 年,第 150 页。
[3] 江苏省植物研究所:《江苏省植物志》下册,江苏人民出版社 1977 年,第 123—124 页。
[4] 赵大昌:《中国海岸带植被》,第 147、150 页。
[5] (清)丁日昌:《淮鹾摘要》,温廷敬编:《丁中丞政书》卷 33,第 1247 页。"煎丁半皆改业力农,其未垦之荡,每遇秋冬收割之时,率皆速楂满载,贩运出场售卖。"
[6] 光绪《两淮盐法志》卷 97《征榷门·灶课上》。
[7] 据民国《盐法通志》卷 27《场产三·物地三》整理。
[8] 徐泓:《清代两淮盐场的研究》,台北嘉新水泥公司文化基金会 1972 年,第 104—105 页。
[9] 陈锋:《清代盐政与盐税》,中州古籍出版社 1988 年,第 171 页。

(二)"海势东迁"对淮北盐业的促进作用

明清苏北"海势东迁"对淮北盐业同样具有重要促进作用。淮北盐场自嘉靖以后皆为晒盐[1],采取淋卤晒盐或晒卤晒盐法(滩晒盐)。以往有学者将淮北盐业兴起归因于淮北海岸东迁不明显、海岸线相对稳定[2],但实际上,如果没有海岸淤涨,淮北晒盐的产生与发展将缺少基本条件——大面积开阔滩地与丰富的粘土层分布[3]。

于淮北晒盐而言,关键的自然条件在于气候与丰富的粘土。利用风日蒸发制卤、结晶成盐,必须空气干燥、降雨量或降雨日数少、蒸发量大、起风日多[4]。淮北沿海地带降水、蒸发条件比较优越,盐城、射阳及其以北岸段,年均日照时数为2 300小时以上,年均蒸发量超过1 500毫米,干燥度明显高于淮南岸段[5]。不过,这种优越的气候条件是天赋的,并非"海势东迁"的结果,淮北岸段大规模粘土层分布才是明清苏北海岸变迁的重要产物。

滨海粘土分布与晒盐活动密切相关,盐田的土质对晒盐发展至关重要[6]。这是因为晒盐的制卤环节需要一定粘土,贮水池(养水滩)、卤井、结晶池等设施的修建均需要依赖粘土层防止渗漏[7]。特别是蒸发池的土壤要求有良好的持水性,毛细管水运动缓慢,含有某种程度的持水强的多量粘土最为理想[8]。另外,海滩远浅、斜度适当,面积广大,附近无河流、高山的平坦海涂更有利于晒盐发展[9]。

海岸变化为淮北晒盐提供了丰富粘土与开阔滩地。1494年后,黄河三角洲淤进速度增快,大量泥沙经过充分分选,在苏北沿海各岸段渐次堆积。连云港至灌河口一带快速沉积了大量粘性泥沙,由原来砂质海岸转变为粉砂淤泥

---

[1] 嘉靖《惟扬志》卷9《盐政志》。
[2] 凌申:《黄河夺淮与江苏两淮盐业的兴衰》,《中国社会经济史研究》2011年第1期。
[3] 拙文:《再议黄河夺淮与江苏两淮盐业的兴衰——与凌申先生商榷》,《盐业史研究》2013年第3期。
[4] 郑尊法:《盐》,《万有文库》第一集,第51页。
[5] 任美锷:《江苏海岸带和海涂资源综合调查报告》,转引自陈邦本、方明:《江苏海岸带土壤》,海洋出版社1986年,第6—8页。
[6] 郑尊法:《盐》,《万有文库》第一集,商务印书馆1929年,第53—54页。
[7] 郑尊法:《盐》,《万有文库》第一集,第36页;薛自义等:《制盐工业手册》,轻工业出版社1994年,第187—188页;河北塘沽盐业专科学校编:《海盐生产工艺学》,轻工业出版社1960年,第74—78页。
[8] 河北塘沽盐业专科学校编:《海盐生产工艺学》,第77页。
[9] 白广美:《中国古代海盐生产考》,《盐业史研究》1988年第1期。

质海岸。南起灌河口、北至临洪河一带,成为明清时期黄河三角洲的北扇冲积滩地,普遍分布着平均粒径在 0.005—0.008 毫米的黄色粘土层,并且自黄河口向南、向北,逐渐变薄、变粗[1]。另外,一般粘性土比砂性土含盐量高,土壤含盐量随物理性粘粒含量的增加而增加[2],并且当土壤粘粒含量大于30%时,随着粘粒的增加土壤盐分增加得更多[3]。在射阳河口以北岸段,其沿海土壤物理性粘粒含量显著高于其他岸段,淮北灌河口附近更超过30%[4]。因此,淮北岸段土质分布变化、干燥的气候、丰富的粘土与开阔滩地,为淮北实现制盐工艺优化、提高生产效率、较早过渡到滩晒盐提供了条件。[5]

不过,淮北盐场虽然晒盐的自然条件优越,晒盐法也出现较早,但发展并非一帆风顺。明清官府为垄断两淮盐利,担心晒盐产出效率高,容易透私,而淮南煎盐的生产要素例如荡地、荡草、劳动力以及生产工具等都容易被控制[6],故而长期采取重南轻北(或重煎轻晒)的政策。同时,在销售市场的分配上,明清官府又将古代中国最大的食盐消费市场(引地)长期配给淮南盐场,而淮北盐场的销岸范围远小于淮南。如清代中期淮北盐场纲盐引地只有皖岸四府三直隶州、豫岸一府一直隶州。远小于淮南纲盐的湘、鄂、西、皖四岸共三十一府三直隶州[7];就食盐人口而论,淮北纲岸(豫南、皖北)、食岸(江苏)在清代中叶人口合计约为 2 770 万[8],而淮南引地范围内食盐人口合计约为 6 000 万—8 000 万。[9]因此,明清官府在江苏海岸重南轻北的政策显然推动了淮南煎盐的繁盛,同时也相应迟滞了淮北晒盐的发展。直到清末,淮北盐产仍远低于淮南,据孙鼎臣上疏,清末淮南岁额 1 395 510 引,淮北 296 982 引[10],淮北只占两淮盐场总引额 17.5%。

---

[1] 王宝灿、恽才兴、虞志英:《连云港地区(临洪河口—灌河口)海岸地貌》,转自陈吉余、王宝灿、虞志英等:《中国海岸发育过程和演变规律》,上海科学技术出版社 1989 年,第 242 页。
[2] 宋达泉:《中国海岸带土壤》,海洋出版社 1996 年,第 55 页。
[3] 陈邦本、方明等:《江苏海岸带土壤》,第 71 页。
[4] 陈邦本、方明等:《江苏海岸带土壤》,第 38 页。
[5] 郭正忠:《中国盐业史》古代编,人民出版社 1997 年,第 510 页。
[6] 王日根、吕小琴:《析明代两淮盐区未取晒盐法的体制因素》,《史学月刊》2008 年第 1 期。
[7] 光绪《两淮盐法志》卷 19《图说门》;民国《盐法通志》卷 6《疆域六·销岸三》。
[8] 乾隆四十一年(1776)人口数字参见葛剑雄主编、曹树基著《中国人口史·清时期》(复旦大学出版社 2002 年)第 87、101、358、361 页。
[9] 葛剑雄主编、曹树基著:《中国人口史·清时期》第 467—468、505、535、540、553 页,1776—1851 年间,五省食淮南盐人口约 6 000 万—8 000 万。
[10] (清)孙鼎臣:《论盐二》,(清)葛士浚:《皇朝经世文续编》卷 43《户政·盐课二》。

到清末民初,随着淮南盐衰,淮北晒盐方迎来快速发展。此时清廷时局维艰,财政困难,更加迫切需要稳定盐课收入,竭力维持淮盐经济,遂逐渐放开了以往对淮北大规模滩晒盐的控制,增加投入,以便"借北济南",淮北盐业因此获得快速发展。光绪三十三年(1907),淮南因产不敷销,于淮北埒子口苇荡左营增铺新池,谓之济南盐池(即济南场)[1]。全采用新式八卦滩(即泥池滩晒盐田),占据了废黄河口北侧苇荡左营大量的开阔滩地,产量增长很快,1910年为17万担,1912、1913年分别为38、88万担[2]。至民国年间废灶兴垦以后,淮北盐产已基本取代淮南,淮南六场合计尚不如淮北一场产量[3]。此后淮北盐场成为淮盐重心,长期以来南强北弱的基本格局发生逆转,是淮盐发展史上的重大历史转折。

总之,尽管受到官府的政策影响,淮北晒盐长期缓慢发展,但不可否认的是,与淮南盐场一样,"海势东迁"同样促进了淮北盐业的产生与发展,特别是丰富粘土沉积以及大面积开阔滩地的形成,是促进晒盐产生发展的重要基础。同时,清末淮北晒盐勃兴、淮盐重心北移,并非"海势东迁"导致淮南盐场难以为继,而是社会经济状况促使淮北晒盐有了发展的历史机遇。

三、淮盐"移亭就卤"对"海势东迁"的响应

如前文所述,由于海涂生态要素的演替作用,海岸盐作资源的变化,集中体现在空间分布的变化,并非盐作资源短缺。为适应"海势东迁",盐场往往放弃卤淡的旧亭场,搬迁至宜盐的新淤卤旺滩地,笼置新亭场,成为淮盐适应海岸变化的基本表现[4]。早在宋元以后,沿海兴筑捍海堰,不同岸段的堤西亭灶便渐次搬迁至堤东滩地,以便就卤生产;约至明代,堤西基本没有煎盐亭场[5]。尽管以往有学者注意到这种现象[6],但未引起其他研究者重视,没有进一步分析海岸变化与淮盐发展的关系。总体上看,淮盐响应海岸变化的机制可以概括为:"海势东迁"—宜盐带东移—"移亭就卤",即伴随海岸东迁,

---

[1] 《清史稿》卷123《食货志四·盐法》。
[2] 民国《最近盐场录》,曹天生点校,《近代史资料》第101号,中国社会科学出版社2001年,第31页。
[3] 江苏省地方志编纂委员会:《江苏省志·盐业志》,江苏科学技术出版社1997年,第97—98页。
[4] 参见拙文:《明清两淮盐场"移亭就卤"与淮盐兴衰研究》,《中国经济史研究》2016年第1期。
[5] 民国《续修盐城县志》卷5《赋税·灶课》:"凡明以前之灶地多在范堤以西,今曰农灶,亦曰引田,其地在明之季世已多垦辟"。
[6] 黄公勉、杨金森:《中国历史海洋经济地理》,第103—104页。

宜盐带也不断东移,草、卤资源分布虽存在一定的不平衡,但通过移笕亭场、人工引潮、修护河道、场内贩运荡草等手段得以弥补,实现了盐作要素集约利用,维持了淮盐发展。

首先,在新淤卤旺之地开设新亭场,是维持盐作的重要方式。对淮南煎盐而言,淤进型海涂要素演替作用使得"草丰卤足"的宜盐带始终存在,而宜盐带伴随"海势东迁"不断东移,又促使亭场通过"移亭就卤"以适应这种变化。故"海势东趋,(旧亭场)卤气日薄,宜劝各垣商另移卤地笕置"[1]。"亭之筑必随荡地……厥后海势变迁,沙淤滩涨,有移亭就卤者。"[2]同时,淮北晒盐也是如此,伴随海岸东迁,卤旺之地也此消彼长,近海傍潮地带成为主要移铺之地。"道光季年,海势东迁,卤气日淡,于是花垛废而中、富兴,盐池悉移铺焉。"[3]由于新淤草卤条件好,对新淤荡地的争夺也往往日趋激烈,如光绪末年,"泰属之草堰新淤最多,其次则何垛、丁溪、梁垛、富安、新淤亦多寡不等。……饬商赶紧认领,迅速增移,迟则本地奸徒择肥私占"[4]。需要注意的是,这种独特的"移亭就卤"生产形态并非清代后期才出现,而是与"海势东迁"的自然过程相伴随。只是清代后期"移亭就卤"逐渐困难,为恢复增产,文献中才有了更多反映。

其次,除在新淤滩地笕置新亭场外,旧亭场尽管距离海潮较远,难以利用潮水,但可以通过大小引潮沟渠实现引潮、定期浸渍摊场、提高土壤盐分,以暂时维持煎盐生产。民国《最近盐场录》载:"各场地面有串场河、引潮河,不独得资蓄泄,亦可借引咸潮,而运草运盐更为便利。若沟河不通,无从得潮,潮水不至,无从得卤水利。"[5]但这种方式必须投入大量财力、劳力资源加以维护。因为引潮河口处由于海潮周期性淤积泥沙顶托,极易淤塞,"每为沙泥壅涨淤塞,每岁亦须频频捞洗以深之"[6],"冬令潮枯水涸,责令一律挑修,其通海口门尤宜疏浚,务使潮流四达,卤旺盐丰"[7]。在社会经济状况恶化、官府管制力下降时,这种方式与投入需求会影响盐作活动维持。一旦水利失修、引潮困

---

[1] (清)丁日昌:《淮鹾摘要》,《丁中丞政书》卷33,第1218页。
[2] 民国《清盐法志》卷103《场产四·亭池》。
[3] 光绪《两淮盐法志》卷18《图说门》,第97页。
[4] 民国《盐法通志》卷37《场产十三·产数》,第10—11页。
[5] 民国《最近盐场录》,曹天生点校,《近代史资料》第101号,第4页。
[6] (元)陈椿:《熬波图》卷上,《景印文渊阁四库全书》第662册,台湾商务印书馆1986年,第322页。
[7] 《东华续录·光绪朝》,第730页。

难,远离海潮的旧亭场便难以为继[1]。如光绪末年许星璧勘察淮南盐场时所见:"各场原有沟河大半淤塞,是以前年雨水为患,经数月而不消,去年卤气浸衰,引咸潮而无,自即平日著名脿产至此亦成荒亭。"[2]

此外,明清时期官府为控制盐业生产,施行"聚团公煎"(团煎)形式,但由于海涂淤涨变宽,亭场日益分散,清初以后逐渐转为散煎[3]。为保护日渐分散的灶民生命财产安全,官府、民间兴筑了数量众多的避潮墩,此后多形成自然聚落。如今盐城市境内部分地名,大量聚落、居民点仍带有"墩"、"灶"等字,保留了其盐作活动的历史遗迹,很有规律性[4]。这也是亭场伴随宜盐带东移,形成明清时期大规模、长期存在的"移亭就卤"适应"海势东迁"的重要图景。

需要注意的是,影响"移亭就卤"的因素固然很多,有自然环境变化,也有社会经济环境的影响,但在并不缺少新淤卤旺地带的情况下,淮盐亭场搬迁(特别是淮南盐场),实际上主要受制于当时社会经济状况的影响。咸丰军兴以来,销岸萎缩、垦进盐退、盐课沉重等社会经济环境变化,严重削弱了淮南盐场"移亭就卤"的能力,长期的"移亭就卤"盐作形态在清末民初已难以为继[5]。显然,战乱直接导致了淮南盐业生产破坏严重,以往移筅的新亭场也大量遭遇破坏[6]。如咸丰八年,"淮南二十场亭鏊大半荒废"[7]。虽然"海势东迁"并没有引发盐作资源普遍缺乏,仍可通过"移亭就卤"增产,但社会情势变化已然促使"亭场移筅为难"。[8] 乾、嘉、道时期淮南盐业鼎盛状况自此转入衰落,尽管各场荡草、卤水资源并不存在问题,但"惜无殷商建立亭

---

[1] 如嘉庆《东台县志》卷10《水利》载:"灶河亭民之命脉也,在团则赖以淋晒,在场则赖以装运,但地系沙土,其性善走,又形势浅狭易致淤垫,逾月不雨,河流立枯,淋晒既艰,装运复苦,驾以牛车劳费数倍。"后定例五年一浚。"万历中未经挑浚者三十余年,几成平陆,天启五年,分司徐光国请浚未果。迄今数十年来灶民恒苦河涸。"
[2] 民国《盐法通志》卷37《场产十三·产数》。
[3] 民国《续修盐城县志》卷4《产殖·场灶》。
[4] 蒋炳兴:《盐城市综述》,江苏科学技术出版社1990年,第258、259页。
[5] 参见拙文《晚清淮南盐衰的历史地理分析》,《历史地理》第28辑,上海人民出版社2013年,第172—183页。
[6] 光绪《两淮盐法志》卷30《场灶门·亭池》。"因海势东趋,卤气日薄,曾于咸丰元年饬令觅地移筅亭场,名为新亭,各场均遵办有案,乃停纲之后,任其荒废,至咸丰七年……查亭鏊仅存十分之六七。"
[7] 民国《清盐法志》卷109《场产门十·产额》。
[8] 民国《清盐法志》卷101《草荡》。

场"[1]。而官府往往"专己自是"、"安于苟且"[2];场商则"安享其成,不思振作,吝于接济,惮于休整,以至灶情疲玩"[3]。此时淮南传统煎盐本重利薄、商力衰耗,移笼乏力,徒有增产愿望[4]。可见,虽然盐作自然条件仍然存在,但社会经济条件恶化迫使传统煎盐难以维持。换言之,此时淮盐之病,在社会因素,而不在自然条件。

总之,淮盐正是通过"移亭就卤"的方式适应"海势东迁",维持了持续发展。同时,清末淮南盐场"移亭就卤"出现困难的原因,并不在于土壤淡化、或盐作资源不足,而是社会经济状况通过制约"移亭就卤",从而影响了淮盐发展及其整体经济格局变化。

四、结 语

通过文献分析、结合现代海岸研究,本文复原了苏北沿海传统盐作活动场景、探讨了两淮盐业与海岸环境变化的关系。"海势东迁"并不会抑制盐作活动,滩涂面积增加提供了更丰富的生产要素,反而有利于淮盐生产规模扩张,为明清时期淮盐繁盛发展提供了物质基础。淮南传统煎盐因此获得了大量的荡地资源、丰富的卤旺之地;淮北晒盐也获得了开阔的滩地空间、丰富的粘土层分布。同时,在海涂生态要素演替作用下,海岸带始终存在宜盐带、随着海岸淤涨而不断向海移动;相应地,两淮盐场正是通过"移亭(铺)就卤",很好地适应了"海势东迁"引起的海岸环境变化,维持了传统盐业的长期发展。这种独特的盐作活动对海岸环境变化的适应机制可以概括为:"海势东迁"—盐作资源演替(宜盐带东移)—"移亭就卤"。

高度动态的沿海滩涂在向海淤涨过程中不断演替分化、生态属性有很大差别,历史文献中看似"矛盾"的记载只有具体落实到相应空间地带,才能更为科学地认识传统盐作活动与不同地带的相互关联、重建传统盐作活动及其人地关系演化。历史文献中大量记载的"海势东迁,卤淡产薄",实际上仅指旧亭场,并非海岸滩地均不能产盐,新淤地带仍然条件优越。在海涂生态要素演替

---

[1] (清)丁日昌:《淮鹾摘要》卷3,《丁中丞政书》卷35,第1321页。
[2] 民国《南通县图志》卷4《盐业志》。
[3] 民国《盐法通志》卷27《场产三·物地三》。
[4] 民国《清盐法志》卷109《场产门十·产额》:"海势既迁,垦地益辟,荡草之供煎不足,亭场之移笼为难,产额虚增,无补实际。"

规律作用下,"海势东迁"的确引发了盐作环境发生变化,但这种变化并非是盐作资源(荡草、卤水)的缺乏,实际上仅仅是空间分布发生了改变,整体上盐作资源仍然普遍存在。海岸始终具备传统煎盐生产的自然环境条件,只要其他条件允许,人们仍可以从事煎盐生产[1]。

综上,尽管海岸变迁与淮盐兴衰关系复杂,但海岸变化对两淮盐作活动具有显著促进作用。以往普遍认为苏北"海势东迁"是淮盐衰落的主要原因,是淮盐发展的抑制因素,这是不准确的。"海势东迁"并未妨碍淮南盐业发展,不是导致清末淮南盐衰、淮北盐业崛起(或淮盐重心北移)的驱动因素;相反,对淮北晒盐、淮南煎盐的发展均发挥了重要促进作用。

本文原载《清史研究》2016年第3期,收录时略有修改。

---

[1] 如民国《江苏省政府咨文》(《财政日刊》1934年第1961期)记载:"现今启东人民,挖取盐泥,日益增多,动辄万人以上,均用小车搬运,每人至少必至数百斤之多,以每日计算被刮盐泥,均在数万斤,以之沥卤煎盐,为数至巨……将有恢复废灶基地、筑墩淋卤之举,税警查禁,恃众反抗。"

明清赋税核算技术变革与赋税折亩数字的制造

郭永钦

一、赋税核算技术的演变

元明之后，算盘开始大规模地在全国范围流行。这一时段，珠算史上一直存在的"商归之争"终以"归"胜"商"败完结，然而学界少有将此事与同时代的赋役统计制度变革联系起来。本文主要在此角度上，参考古代算书和地方税收册籍，复原地丁税折算技术，考察明清折银数据的制度背景。

所谓"商归之争"，是指15世纪以后的两大珠算体系，即"商除·头乘"和"归除·留头乘"算法，最终以后者成为主流[1]。朱永茂将商、归计算方法优缺点归纳如下：

> "商"之于"归"：与现代笔算除法类似，只需乘法九九表即可，易学，计算精确，对算盘具体式样亦无要求。缺陷是商数要另置珠位，不能改变被除数，运算速度较慢。由于使用'立商'法，多位数运算速度较慢。"归"之于"商"：被除数可以调整，以口诀形式处理除数位数较少时，速度迅速。缺点是学习成本较高，"归除"、"撞归"口诀较九九表复杂很多，且往往一个算盘并不够用，需要添加算盘或依靠算手记忆。[2]

商除法源于宋以前筹算，分步求商和余数。一般分筹算和珠算两类，各算位推算数字相对精确，但效率较低，在算盘上并不利于快速计算。元以后补充

---

[1] 此外尚有以加减法取代乘除法的"脱壳·扒皮"算法和"补数"算法。参见朱永茂：《珠算法の計算体系の淵源と変遷を論ず》，[日]《珠算史研究》第20号，珠算史研究学会，1989年5月，第17页；原载《关于珠算渊源与发展的讨论》，《珠算》1982年4期。

[2] 朱永茂：《珠算法の計算体系の淵源と変遷を論ず》，第18页。

了"撞归"、"起一"两种口诀后,商除法迅速没落,这种情况持续到建国前,一般珠算课程都多采用归除法[1]。

即便如此,算手在处理土地和税银折算时,往往会面临较长尾数的乘除法,超过了算盘档13位档位的限制,造成运算不便。[2] 笔者主要参考明代《算法统宗》[3],清代《简捷易明算法》[4]、《数度衍》[5]、《会计全书》[6]及实征册等资料,认为在田亩赋税折算中,都引入过"流法"[7],另外在考成的计算则引入"虚分数"[8]。这两种计算的思路都非常相似,即首先编制流数口诀表,然后以加法或者减法取代除法运算,实质都是"流法"运算。

华印椿认为流法用于处理大数的乘除,在清以前的古算书并未出现,至清初方中通《数度衍》、沈士桂《新纂简捷易明算法》中才首见[9]。笔者认为,应用流法处理大数乘除运算最重要的产生渊源很可能与赋役钱粮计算有关,因此笔者在明代嘉靖年间《海瑞集》就找到了"流法"证据,因此华氏说法尚可提前到明代物料折银时,这种技术就已经开始流行。因下文将对比乘与除法计算的差别,故先简要介绍明代物料折银时,"流法"的运算程序。

明嘉靖年间,海瑞在任职浙江省淳安县知县时,在《量田则例》后附上了各田、地、山、塘折绢的"流数口诀"。为便于分析,笔者将其转化为阿拉伯数字制表如下,各流数对应上排数字为原文口诀,下排为各折率的流数的真实倍数。对照上下排可知,口诀中后退一位为"退",否则为"留",零数位则为"空",所选"流"的基数就是"田、地、山、塘"折绢率:

---

[1] 华印椿:《中国珠算史稿》,中国财政经济出版社1987年,第228页。
[2] 如后文所提沈士桂《新纂简捷易明算法》中也是通过心记少加的算珠数字来处理。据华印椿推断,约18世纪晚期才产生"悬珠法"来解决这一问题。(《中国珠算史稿》,第164页。)
[3] 程大位:《算法统宗校释》,梅荣照、李兆华校释,安徽教育出版社1990年。
[4] 沈士桂:《简明易捷算法》,康熙刊本,笔者藏,亦见藏于中国科学院自然科学史研究所李俨藏书室。
[5] 方中通:《数度衍》,《文渊阁四库全书》第802册,台湾商务印书馆1986年。
[6] 佚名:《会计全书》,抄本,嘉庆十九年以后,浙江地方,上海图书馆古籍部藏。
[7] 按除数先用1到9的倒数形式算出"流数表"后再进行计算,后文详述。
[8] 先转换成按任官日期,以360为除数先制表,作为过渡结果,进入下一步运算。有关"虚分数"问题,详见拙文《晚清地方蠲灾钱粮考成的常见术语及核算技术》,《近代史研究》2018年第6期。
[9] 华印椿:《中国珠算史稿》,第324页。

表 1 淳安县田、地、山、塘折绢流数表

流数	秋粮米流 0.35 石	田折绢流 折绢 7.817 4 寸	地折绢流 折绢 7.418 7 寸	山折绢流 折绢 3.685 25 寸	塘折绢流 折绢 6.642 872 寸
1	退 35	退 78 174	退 74 187	退 368 525	退 6 642 872
	35	78 174	74 187	368 525	6 642 872
2	退 7	留 156 348	留 148 374	退 737 空 5	留 13 285 744
	70	156 348	148 374	737 050	13 285 744
3	留 1 空 5	留 234 522	留 222 561	留 11 空 5 575	留 19 928 616
	105	234 522	222 561	1 105 575	19 928 616
4	留 14	留 312 696	留 296 748	留 14 741	留 26 571 488
	140	312 696	296 748	1 474 100	26 571 488
5	留 175	留 39 空 87	留 37 空 935	留 184 265	留 3 321 436
	175	390 870	370 935	1 842 625	33 214 360
6	留 21	留 469 空 44	留 445 122	留 221 115	留 39 857 232
	210	469 044	445 122	2 211 150	39 857 232
7	留 245	留 547 218	留 5 193 空 9	留 2 579 675	留 465 空空 1 空 4
	245	547 218	519 309	2 579 675	46 500 104
8	留 28	留 625 392	留 593 496	留 29 482	留 53 142 976
	280	625 392	593 496	2 948 200	53 142 976
9	留 315	留 7 空 3 566	留 667 683	留 3 316 725	留 59 785 848
	315	703 566	667 683	3 316 725	59 785 848

资料来源：海瑞：《海瑞集》，第 199—201 页。

至于流数表中，具体口诀应该怎样使用，《海瑞集》中并无任何说明，笔者试举上表万历方志中田亩折绢总数为例，说明这一算法产生的钱粮尾数的特点。若按《海瑞集》所载"流数法"复原出算法如下（参见图 1），如我们要计算万历田亩原额 269 222.040 5(亩)×7.817 4(寸/亩)[1]，则只需要将原亩数从

---

[1] 万历亩数来自顺治《淳安县志》，收入《上海图书馆藏稀见方志丛刊》第 86 册，国家图书馆出版社 2011 年，第 159—165 页。

最后一位依次按照流法表对应的流数向前相加,即(5-0-4-0-2-2-2-9-6-2),这样,在一个县内,亩折绢比例都相同,因此对应于各户不同的亩数,只需按照这个程序(以"田绢折流"数为标准)加总一遍即可,不需要计算乘法,具体操作按照表 1 所示。所得结果与计算机所得乘法准确结果 2 104 616.379 404 7(寸)完全一致。因为若用流数乘法运算,并不会造成有效算位的取舍,造成误差。

```
         2  6  9  2  2  2  0  4  0  5
流5                         3  9  0  8  7
流4                      3  1  2  6  9  6
流2                1  5  6  3  4  8
流2                   1  5  6  3  4  8
流2                1  5  6  3  4  8
流9          7  0  3  5  6  6
流6       4  6  9  0  4  4
流2    1  5  6  3  4  8
(+)  _____
       2  1  0  4  6  1  6  3  7  9  4  0  4  7
```

图 1 《海瑞集》"流乘法"

入清以后,浙江省仍流行着同样的算法,《新纂简捷易明算法》是在原来康熙二十年(1681)《算法大全统鉴》基础上编写,并于康熙四十三年(1704)成书。在这一时段,《浙江赋役全书》的体例、内容也逐渐成型。有关作者沈士桂的具体信息,尚未见其他文献旁证。仅在此书序中透露了他"名重京省,言会计者,莫不首屈一指,入官者莫不虚左仰望"[1]。

该书几乎少有人注意[2],而作者作为算手具有丰富的实际经验,向读者传授记账、计算税赋、考成、兑换、丈田、考成等实用技术。全书结尾处单列了"纂《全书》法",特别记载了编纂《赋役全书》时,流法的作用,这在古算书中尚属首见。我们得以一窥清初时期赋役全书清算方法之概貌:

> 纂《全书》,定例则法数多长共享归除,繁而易错,盘未能即楚。今立此归除流去,尤较归除简便,不用法诀,不劳心力极大归除□而且准,归除

---

[1] 沈士桂:《新纂简捷易明算法》序。
[2] 笔者所见,仅华印椿《中国珠算史稿》提及。

一盘流法可以十盘矣。[1]

由上可知,编纂《赋役全书》时,针对折率"数长"、归除时共享相同的除数特点,就在原有归法的基础上新发明了流法,运算效率是归法的十倍。例题部分记录了清初浙江各府地丁钱粮银额数据,罗列如下:

表2 《新纂简捷易明算法》载浙江分府地丁银额

部 分	两	两以下(钱分厘毫丝忽微尘渺漠埃纤沙)
总 额	3 691 223	2 261 689 788 187
杭州府	436 248	0 679 179 608 397
嘉兴府	413 745	7 399 008 426 859
湖州府	399 387	4 914 380 935 074
金华府	370 467	5 914 080 390 061
衢州府	355 076	8 462 400 726 507
宁波府	336 290	7 135 895 258 425
绍兴府	318 739	9 765 630 756 012
温州府	293 700	6 140 572 873 146
台州府	270 234	6 735 291 754 807
严州府	259 753	1 240 680 093 474
处州府	237 478	3 874 568 965 425

华印椿在《中国珠算史稿》中引用过这一算例,笔者经校对沈士桂原书后,遗憾地发现,由于对"算位"概念的理解偏差,华氏所抄的总额征银、杭州府、嘉兴府、处州府四个数字中三个都是错的[2],对于沈士桂的"流除法",余宁旺曾与方中通《数度衍》中所载记录对比,认为略有不同,即方中通的"流除法"是按照先编除数的倒数的1—9倍数,然后"以加代除",而沈士桂则是直接将除数编1—9倍数,"以减代除",编者认为沈士桂的算法并不方便,不如用倒数倍数"以加代除"的好[3]。但这两种算法原理并无实质区别。在清初,在早已

---

[1] 沈士桂:《新纂简捷易明算法》卷4,第26页。
[2] 华氏误录的额征银总数:3 691 122.226 168 978 818 7两,杭州府:436 248.067 917 968 839 7,嘉兴府:413 745.759 984 268 59,若以华氏抄录的数据,总撒不一,导致后续所有计算都不符。
[3] 余宁旺主编:《中国珠算大全》,天津科学技术出版社1990年,第150页。

弃用"商除法"的情况下,使用算盘计算闰银按府分摊:

$$\frac{87\,026.482\,568\,211\,695\,7}{3\,691\,123.226\,168\,978\,818\,7}=0.023\,577\,235\,772\,357\,723\,577^{[1]}$$

这一过程,若无成型的运算技术,运用以往"归除法"将相当困难,故沈士桂使用的方案一,将大大减少除法运算过程,提高运算速度与精确性。

第一步将总闰银均摊到浙江省总额征总地丁银上,"以减代除",直接对除数编1—9倍,求得额征1两地丁银所征闰银数:

表3 《新纂简明易捷算法》载浙江省闰银流数表

1	36 911 232 261 689 788 187
2	73 822 464 523 379 576 374
3	110 733 696 785 069 364 561
4	147 644 929 046 759 152 748
5	184 556 161 308 448 940 935
6	221 467 393 570 138 729 122
7	258 378 625 831 828 517 309
8	295 289 858 093 518 305 496
9	332 201 090 355 208 093 683[2]

上表的各个流数就相当于 $\frac{1}{36\,911\,232\,261\,689\,788\,187}$(去掉小数点)作"流乘法"的各个数位,随后我们将被除数 87 026.482 568 211 695 7(去掉小数点)置于表头,然后按照流表中的数字,依次从最高位逐步减去"最大、最接近"的流数(如第一位"73 822 464 523 379 576 374"就最接近,故首位商2),即得商数结果(下图左边纵列)0.023 577 235……[3],这样就成功地用减法运算,避开了长尾数的重复除法,这种求得各府分摊之闰银数目,原理与方法与前述《海瑞集》、《数度衍》本质上都是一致的。

---

[1] 均精确到"沙"一位。
[2] 9的倍数原书似有误刻:"332 201 090 255 208 093 682",但因9的倍数不参与下列运算,故没有影响计算结果。
[3] 为节约篇幅,后续数位不再录入,因原华氏之数算至此位将使结果致误。

商	8	7	0	2	6	4	8	2	5	6	8	2	1	1	6	9	5	7	
2	7	3	8	2	2	4	6	4	5	2	3	3	7	9	5	7	6	3	7	4
		1	3	2	0	4	0	1	8	0	4	4	8	3	2	1	1	9	3	2	6
3		1	1	0	7	3	3	6	9	6	7	8	5	0	6	9	3	6	4	5	6	1
			2	1	3	0	6	4	8	3	6	6	3	2	5	1	8	2	8	6	9	9
5			1	8	4	5	5	6	1	6	1	3	0	8	4	4	8	9	4	0	9	3	5
				2	8	5	0	8	6	7	5	3	2	4	0	6	9	3	4	6	0	5	5
7				2	5	8	3	7	8	6	2	5	8	3	1	8	2	8	5	1	7	3	0	9
					2	6	7	0	8	1	2	7	4	0	8	8	6	4	9	4	3	2	4	1
7					2	5	8	3	7	8	6	2	5	8	3	1	8	2	8	5	1	7	3	0	9
						8	7	0	2	6	4	8	2	5	6	8	2	0	9	1	5	1	0	1
2						7	3	8	2	2	4	6	4	5	2	3	3	7	9	5	7	6	3	7	4
							1	3	2	0	4	0	1	8	0	4	4	8	2	9	5	7	4	6	3	6
3							1	1	0	7	3	3	6	9	6	7	8	5	0	6	9	3	6	4	5	6	1
								2	1	3	0	6	4	9	3	6	6	3	2	2	6	3	8	1	7	9	9
5								1	8	4	5	5	6	1	6	1	3	0	8	4	4	8	9	4	0	9	3	5

图 2 《新纂简明易捷算法》载"流除法"

往往商用计算不必对长尾数锱铢必较,但对于政府预、结算来说则是另一回事。赋役类计算需"总撒一致",便于验算正误,更为重要的是,在"一条鞭法"、"摊丁入亩"后,在涉及人丁、谷物、丝绢、贡物等折银后,实际可能产生长尾数,最后在赋役册书上的四柱加减杂糅计算,导致验算数据"总撒源流"难以厘清,不同类型、项目的数目均统统混为银两数,而掩盖了其本来面目。这一点,沈士桂亦有明确认识:

> 若先以县分流之,合对府总,府总合对司总,尾数定然不符。有错字者须细详之。[1]

这样的按不同行政层级间核算时尾数不同的问题,浙江《会计全书》也有记载:

> 将各府额银合对,司总为法,以闰银为实,除之算至未尽尾数方准,仍将每两该闰若干之数为法,以府额为实,相乘或有县分先以府额算之,得

---

[1] 沈士桂:《新纂简捷易明算法》附录"纂全书法"。

数核对司总,然后以县额算之,得数核对府总,其数乃准。若先以县分数算之,合成府总,核对司总,尾数定然不符,宜细参之。[1]

在古算书中,被乘数、被除数的术语是"实",而乘数、除数的术语是"法"。上面两段话虽详略不一,但都说明了先以县分配运算后,再到府及司总加总时,尾数验算不符(即前文中"方案二")。这是一条重要的经验性规律,这对我们下文讨论按"省、府、州县"不同行政层级的分配方案上,或者某类物料从"积步、折亩、折粮、折银"等按顺序作除法运算时,识别折算的先后顺序非常有用。换句话说,从前面乘、除法的运算过程中可以看出,长尾数的乘、除法并不必然是可逆运算。这一点方中通在介绍"流法"时也专门指出:"法数有定者,方可用此,然止乘可用,除则不尽也"[2]。

以现代数学知识理解其背后原理并不难。流法针对乘法而言,是按照倍数编写,并不会对有效数位截位造成计算上的误差,不同于"商除"、"归除"法,始终保持着有效数位的精确性。"流除"法在第一步就需要编制流数表,采取倒数就会对有效数位截位并固定下来,如果之后的计算都在最长截位的有效数位以内的话,也不会造成误差,但是如果超过最长有效数位的话,显然最后在加总验算时,尾数就会有不准确。

清代抄本《会计全书》中,记载了浙江衙门在采取预、结算时的一些数据和方法,其中也提及除了田赋计算之外,钱粮考成时也可用流法计算:

> 按流法即乘法之类,俱从末一位流起。盖钱粮各数,不拘多少,总不外一至九数,如三百六十日考成,遇数内有九,即改作二于下位加五,遇一即将一除去于下位加二及挨次各加七七七七也,余仿此不用归法,而用流法者,取其便捷也。又遇退位须下一位即算法内所逢如须隔位之法也。[3]

我们将上面这段运算口诀,翻译成现代数学用语,则"遇数内有九"之后的句意是指按照 $\frac{9}{360}$ = 0.025(改作二于下位加五),后句下位加 2 挨次加 7 777 则是指 $\frac{1}{360}$ = 0.002 777 7,笔者按《会计全书》所记歌诀制成 1 至 9 流数所对应各日数考成表,对应上排为歌诀原文,下排为计算机计算精确数,相同有效数

---

[1]《会计全书》,"全书算闰法",嘉庆十九年以后,浙江地方,上海图书馆藏抄本。
[2] 方中通:《数度衍》,文渊阁四库全书本,第 802 册,第 265 页。
[3]《会计全书》,上海图书馆藏抄本。

位用下划线表示，可以清楚地看到下划线之后为有效尾数之外的截断。

表4 按日考成流除数表

	360日	390日	540日	720日
1	退 27 777 0.002 777 778	退 25 641 0.002 564 103	退 18 518 0.001 851 852	退 13 888 0.001 388 889
2	退 55 555 0.005 555 556	退 51 282 0.005 128 205	退 37 037 0.003 703 704	退 27 777 0.002 777 778
3	退 833 不息 0.008 333 333	退 76 923 0.007 692 308	退 555 不煞 0.005 555 556	退 41 666 0.004 166 667
4	作 11 111 0.011 111 111	102 564 0.010 256 41	退 74 074 0.007 407 407	退 55 555 0.005 555 556
5	138 885 0.013 888 889	128 205 0.012 820 513	退 92 592 0.009 259 259	退 69 444 0.006 944 444
6	166 666 0.016 666 667	153 846 0.015 384 615	111 111 0.011 111 111	退 83 333 0.008 333 333
7	19 444 及 0.019 444 444	179 487 0.017 948 718	129 629 0.012 962 963	退 97 222 0.009 722 22
8	222 222 0.022 222 222	205 128 0.020 512 821	148 148 0.014 814 815	111 111 0.011 111 111
9	作 25 数却毕 0.025	230 769 0.023 076 923	166 666 0.016 666 667	125 数却单 0.012 5

由上可见，不光钱粮核算如此，钱粮考成也摒除原有归除法，而采用流法。由于考成计算主要是按照36、39、54、72几个数字作为除数，因此用流法较为简便。这几个数字对应考成的实际意义在于分别以一年(360)、半年(540)、两年(720)的不同，也对应了州县、府及省级所涉官员的考成日数，而一般的省份也有采用"三归九除法"计算：

> 以三百六十日除，遇闰按三百九十日除，按三归九除法……每日应征数为实，以官在任几个月几日为法，乘之得见应征银若干，再将应征银数为实，以额银为法，归除之得已未完数目。[1]

从表4可以看出，《会计全书》中，有"退"字表示小数后面两位为零，从第

---

[1] 佚名：《钱谷摘要》，《清代税收税务档案史料汇编》第33册，全国图书馆文献缩微复制中心2008年，第15970页。

三位起算,无"退"则小数后一位为零,再从第二位起算。原口诀并不采取四舍五入,而统一用"舍法",这点也是各个《赋役全书》折算时共有规律。字面上所示加下划线的有效数字虽略有出入,很可能只是为了照顾韵脚而进行数位取舍(如"不息"、"及"、"不煞"),显然该口诀是按照"流法"的思想编制的,可操作性极高。按照360日计算考成,则分别将1至9各数除以360,制成口诀表。

《会计全书》继承了《海瑞集》《数度衍》《简明易捷算法》所载流数计算方法。除方中通《数度衍》外,其他几部书均流传于浙江。而在北方,"流法"用于田亩赋税的计算也有实物证据,如光绪十二年(1886)正月山东益都县《裕恕堂屡年纳粮底札》为收粮税账册抄本,在首页有如下记载:

> 官亩赋役数:上地六五,中地五八三八,下地五一八一,下下地四四九七。
>
> 大亩一亩流成官亩:三亩二分四厘,上地用六五乘,中地用五八三八乘,下地用五一八一。
>
> 大亩流官亩法:一退三二四。二退六四八。三退九七二。四作一二九六。五作一六二。六作一九四四。七作二二六八。八作二五九二。九作二九一六。[1]

若无之前对于流法的讨论,这些数字可能晦涩难明。这里明确提到了用"流法"换算田亩问题。流数"一退三二四"显然是根据大亩和官亩的比例1∶3.24制定的,之后分别按2、3、4等按倍数类推,然后对应于不同的上、中、下地再分别乘以折算率(如上地为六五),具体方法完全类同前文《海瑞集》中的流乘法,如此可以利用口诀和算盘实现快速折算,兹不再展开。

这一传统虽难见于官方文书,但直至当代,在计算器发明之前都广泛盛行。"业务计算的同志,习惯用推算定位法,一般都不用公式定位法,故乘率可用小数表示,只写有效数字即可",公社各大队计算粮油征购入库分配比例,按"归一法,求出乘率,以乘代除",如按照生猪换算大米时,将折率按照1至9的倍数制表,然后再按照各位数分别累加,即"流法"中的变乘为加法。口诀为"固定三五作常数,熟记三五九倍数。逐个倍数盘上累,空盘前加为最优"[2]。"这类百分

---

[1] 此资料承香港中文大学历史系黄雅雯博士惠赐,谨致谢忱。
[2] 洪庆平:《生猪奖售稻谷折合大米计算法》,《中华珠算》1982年第5期;《粮油征购入库进度百分比简算法》,《中华珠算》1982年第11期。作者任职江西省乐平县接渡粮管所,因此有实际操作经验。

比的特点是除数只有一个,而被除数很多。……即先算出 1 占总数的百分比,然后乘以各个分子,就可以算出结果。因为这个方法是以乘为主,所以叫做'以乘代除'。"[1]

二、《赋役全书》的款项折算——以每亩折率为例

在《赋役全书》地丁税统计部分,按每亩折率作为沟通地理要素(田地山荡)与经济要素(征粮、银)的中心枢纽,一切地丁税核算款项均围绕其展开。不仅如此,每亩征银率也是赋税征缴方面,官方与民间最直接的纽带。在本节中,主要是以第一节中所提出的乘除运算规律为例,以展示如何从赋税数据发掘其背后的制度史因素。

清代幕友所写的《钱谷金针》中提到了《赋役全书》与地方实征册中关系最大的一组数字为每亩征银率,这批数字就是地方与中央在征税办法上达成的统一标准:

> 查核征册除弊法,注上则田若干,假如征册内第一户名下完粮 0.353 石,完银 0.488 两。即以此粮数为实,以银数为法,除之便可知上则田 1 石额征银 0.723 404 两,再吊《赋役全书》查明上中下则田,每石征银若干,以田为实,以额征银数为法乘之,如此查核各户上中下则之田,丝毫不爽,如有不符者即系浮开,逐一细查,则浮征飞洒之弊可除矣。[2]

按原书所载的以银数除以粮数的计算精确结果为:$\frac{0.353}{0.488}=0.723\,361$(石/两),实际并不与所载数字(0.723 404)相同,仅前三位至"厘"准确。《赋役全书》中比率主要用于计算和验算,防止地方官员舞弊之用。这种现象让人不得不产生两个问题,这些比率数字是怎么产生的,随着时间又发生过怎样的变动?

《徽州赋役全书》中统计由田纳粮(麦、米)和银时,一共记载了四种每亩折率,分为每亩田载麦的征麦、征银数,以及每亩田载米的征米、征银数。这不由引起我们的困惑,徽州府的田究竟是还是先折银再折粮呢,或是先折粮再折

---

[1] 路先保:《以乘代除求百分比法》,《中华珠算》1982 年第 5 期。
[2] 佚名:《钱谷金针》,"除弊类",《续修四库全书》第 834 册,上海古籍出版社 2002 年,第 258 页,已将原文中汉字数字转换为阿拉伯数字。笔者认为此例似应为"1 两征粮 0.723 404 石"。

银,还是同时折粮、银呢?粮、银每亩征银率的产生中,哪些是实际征收时需要参照的"真实每亩折率",哪些是只在赋役册书中才存在的人工制造出的"虚假性每亩折率"?这些都是赋役制度史上的重要课题,但光看这些数字,并无辅助或说明性的文字帮我们回答上述疑问,笔者转而从数据文本的推算过程入手来验证"制度"。实际上,前人研究很少注意《赋役全书》中这些有田折算粮、银的折率有何不同[1]。笔者取休宁县为例,以前文总结的长尾数乘除法结果不可逆性规律来破解以上谜团。

这一思路是:首先以《赋役全书》中实际存在的册载每亩折率(每亩载麦、米、银)作为标准,与实际田亩数相乘,将结果与册载总征麦、米、银比较(乘法推算)(表5);再将《赋役全书》册载麦、米、银为标准,除以实际田数,将结果与册载每亩折率比较(即除法推算)(表6)。这两次计算,所参与的变量田亩数、折率和总数都是完全一样的,不同的只是乘、除法运算顺序。在尽量保证长的计算尾数情况下,我们认为计算值与册载值匹配程度越高,则表示古人按此顺序计算可能性越大,从而说明数字在实际中产生的先后顺序。参见以下两表:

表5　休宁《赋役全书》乘法计算结果与册载值的比较表

册载被乘数		册 载 乘 数		计算值(积)	册载值
人丁	63 795	丁	征银 (两/丁)	0.118 488 995	7 559.005 436 025	7 559.005 436 025 (A1)
田亩	359 707.25	麦	征麦 (石/亩)	0.021 4	7 697.735 043	7 697.735 1 (A2)
			征银 (两/亩)	0.006 938 618 3	2 495.871 272 799 58	2 495.871 291 38 (A3)
		米	征米 (石/亩)	0.053 5	19 244.337 607 5	19 244.337 6 (A4)
			征银 (两/亩)	0.057 632 223 1	20 730.728 194 526 7	20 730.728 187 361 4 (A5)

资料来源:泰昌《徽州赋役全书·休宁县》,第179页。

---

[1] 涉此问题的研究,可以参见申斌《〈山东经会录·税粮〉的解读方法及由其所见明嘉隆时期山东官府钱粮运作——以"税粮石"和"税粮原额"的含义与机能为中心》,2010年第六届北大史学论坛论文。以及刘志伟、申斌:《从田土科则看明清田赋性质的转型》,《承先启后:王业键先生纪念论文集》,台湾万卷楼出版社2016年,第85—111页。

表6 休宁《赋役全书》除法计算结果与册载值的比较表

		册载被除数		册载除数	计算值（商）	册载值
人丁	丁	共银（两）	7 559.005 436 025	63 795	0.118 488 995	0.118 488 995 (B1)
田亩	麦	共麦（石）	7 697.735 1	359 707.25	0.214 000 001 500 0	0.021 4 (B2)
		共银（两）	2 495.871 291 380 0		0.006 938 618 351 6	0.006 938 618 3 (B3)
	米	共米（石）	19 244.337 6		0.053 499 999 979 1	0.053 5 (B4)
		共银（两）	20 730.728 187 361 4		0.057 632 223 080 0	0.057 632 223 1 (B5)

资料来源：泰昌《徽州赋役全书·休宁县》，第179页。

笔者用下划线标注了计算值与册载值中相同的位数。从前表我们看出，册载人丁银的乘积值与准确值并无差别（A1），故原有按丁征银率可以视作真实折算比例[1]。若视田征麦、征米折粮率为实征采用之真实"折率"的话，册载值尾数（A2）、（A4）完全可以由计算值省略尾数得出，[2]与之相反，凡折银处（A3）、（A5）则册载数字中出现了较多的误差，与真实乘积形式出入很大。而原有折麦、米比率0.021 4、0.053 5尾数精确到"勺"，并非长尾数，更使我们确信实际征收"钱粮"时，是按"粮"而不是按"钱"来折算田税，这也印证了前文"序"中提到明代该处尚未完全折银化的事实。我们再看表7便明白了原有休宁县征麦、米每亩折率的来源：这两个数字（B3）、（B5）的册载数全部可以由总银数除以田亩数获得，仅最末一位取舍稍有出入。按上节所述，明清时期的具有较多尾数计算时，如果采用"流法"乘积结果准确无误，而除后的结果是在"某一有效数位"之后即开始出现误差，即乘、除运算并非可逆。这就已回答了之前的问题：休宁县在明末的条鞭折银化的浪潮中，实际是按照三步走的，即先将田亩换算总需征粮，由总征粮折银，再由总银摊算田亩，计算出每亩折银率。

之所以按上文顺序折银，是因为明代传统是由田地折银过程中，大多都需

---

[1] "丁"是否为真实人丁在此不作讨论，明代视各地可能情形不同，如《海瑞集》《两浙均平录》中记载淳安县在嘉靖年间，将丁、田统一折丁，再按照各丁派银。

[2] 其中（A2）为计算值进一位。

要不是一开始就直接折银,而是经历了实折粮的过渡阶段。如前述之《海瑞集》中算法,直接运用流法计算的如先折"米流"、田、地、山、塘"绢流",后折银。到了清代《浙江赋役全书》中则仅保留了每亩征银率,"米、绢"则完全消失,这一过程则湮没于历史长河中[1]。可见从明到清,每亩征银率随征收对象的变化,发生了实质性的变化,而我们知道,即便在整个清代,不同年代呈现每亩征银率也在不停变化,那么这些变化之间是否存在着什么共有的规律?这就是本节开头的第二个问题。

乾隆《瑞安县志》、嘉庆《瑞安县志》[2]和《瑞安县赋役全书》[3]中存在着不少每亩征银率变化的记录,恰好可以和清初康熙之后的《瑞安县赋役全书》时间上对接,罗列如下:

《瑞安县赋役全书》载:"新增中则田地:雍正十三年报明丈竣等事的每亩科银率为 0.049 026 两",显然这一改用的新每亩征银率沿用的是康熙十年后的,与方志记载并不相同,而乾隆《温州府志》中,也沿用了"顺治十三年—康熙十年新颁定则"每亩征银率[4]。但此后的嘉庆《瑞安县志》[5],又更新为"雍正九年"每亩征银率,可见地方志中所记载的每亩征银率变更情形时的规律,总是存在着比较长的时间延迟现象。尽管这些数目差异的确切原因已不得而知,但无论如何,各个时代折算比例时,"上、中、中中、下、下下"五种田的类型分配比例时,总是完全相同的(有效数在第四到五位小数),因此结论是:康熙之后出现过的林林总总的长尾数亩率,都是按照最初"上、中、中中、下、下下"五种田的分配率(21.72%,21.22%,20.26%,19.26%,17.51%),延续万历原额的比例不断折算。仅顺治三至十二年的折率情形则并不在此条规律之内,只有两位小数,故此数很可能是在清初征税时的真实亩率,而不是后来通过折算比例"人为制造"的。

在清代摊丁入亩之后,从全国范围看,广泛所称的"地丁银"并不能单纯理解为"地银"与"丁银"的加总,而从前文来看,赋税数据之间乘除时的不可逆行可以推断出,各地亩折银的数字渊源过程是按"地(亩)→粮(石)→银(两)"的

---

[1] 因复旦大学图书馆藏康熙《浙江省赋役全书》中,对应于《海瑞集》中的淳安县已佚,仅就浙省其余所有县规律言之。
[2] 嘉庆《瑞安县志》,上海市图书馆古籍部藏。
[3] 嘉庆《瑞安县赋役全书》,杭州市图书馆藏。
[4] 乾隆《温州府志》卷10,民国三年补刻本。
[5] 嘉庆《瑞安县志》卷4《田赋志》。

表 7 《瑞安县赋役全书》各类田每亩征银率变化表

单位：两/亩

田类型	原额率	计算比例	顺治军储改制后	顺治三到十二年（科征）	计算比例	顺治十三—康熙十年新颁	计算比例	雍正九年（科银）	计算比例
上	0.074 2	0.217 276 72	0.047 257	0.046	0.216 674 517	0.050 176	0.217 277 493	0.062 666 17	0.217 230 906
中	0.072 5	0.212 298 682	0.047 824	0.045	0.211 964 202	0.049 026	0.212 297 639	0.061 233 89	0.212 265 939
中中	0.069 2	0.202 635 432	0.046 538	0.043	0.202 543 57	0.046 795	0.202 636 724	0.058 454 24	0.202 630 343
下	0.065 8	0.192 679 356	0.045 656	0.041	0.193 122 939	0.044 495	0.192 677 018	0.055 582 02	0.192 673 855
下下	0.059 8	0.175 109 81	无	0.037 3	0.175 694 772	0.040 438 5	0.175 111 127	0.050 540 91	0.175 198 956
总计	0.341 5	1	0.187 275	0.212 3	1	0.230 930 5	1	0.288 477 23	1

资料来源："顺治军储改制后"数据来自康熙版《浙江赋役全书》。"计算比例"为 0.217 276 72＝0.074 2÷0.072 5＋0.069 2＋0.065 8＋0.059 8 总和之比例，如上田原额每亩征银率的"计算比例"为 0.217 276 72＝0.074 2，其余来自乾隆《瑞安县志》卷三《田赋》。计算比例项对应田土类型占每亩征银率，加下划线"＿"部分表示小数位数在不同时代所取的共同有效算位。

过程折算。但是在甘肃则在粮之后出现了大小草:"地(亩)→粮(石)→大小草"。云、贵、川以及广西部分地方,"丁条粮银"的概念替代了"地丁银",这些"丁条粮银"的来源则复杂得多,经历了"地(亩)→粮(石)→人丁、条银→银(两)"过程。

总而言之,本文基于民间的大量算书、手册所涉及的赋役数字核算办法,来考察钱粮征解政务操作上的技术流播,并以其中的尾数取舍规律反推数字背后的制度背景。若从此角度入手,即可破除许多对传统税收数据的误解,如黄仁宇认为:"税收体制的缺陷在于税收明细表的复杂性,税率可以多达小数点以后的 12—14 位数字,这是很荒唐的,在明代以前从来没有出现过这样的事情。"[1]而经本文分析,这样的长尾数对于实际的折算、验算非常重要,有其存在的必要性和重要意义,并非为"缺陷"。而古算书类文献以往既不受经济史、也不受数学史重视。而我们发现其在民间流行之广,部分内容可补正史空白。

正如刘志伟曾指出:"在形成定额化之前,是难以形成统一的政府预算的,而恰恰当其定额化后,地方政府预算编制成为可能。"[2]伴随明清之际税收定额化的趋势出现后,政府预算所涉及的力役、各类本色物料和银之间的复杂折算技术,并不同于以往商用记账的短位乘除,呈现了新的变革。同时,官厅内部以及民间计算需求迅猛发展,亦对珠算技术流行起到了推波助澜的作用。

本文原载《清华大学学报(社会科学版)》2019 年第 4 期。

---

[1] 黄仁宇:《十六世纪明代中国之财政与税收》,生活·读书·新知三联书店 2015 年,第 128 页。对于该观点的批判,亦见李龙潜:《也评〈十六世纪明代中国之财政与税收〉》,朱诚如、王天有主编,《明清论丛》第 9 辑,紫禁城出版社 2009 年,第 20 页。
[2] 刘志伟:《略论清初税收管理中央集权体制的形成》,《中山大学史学集刊》第 1 辑,广东人民出版社 1992 年,第 116 页。

商镇聚落的生成环境及其历史变迁的考察
——以山西临县碛口镇为例

杜 非

人类的发展伴随着聚落的发展。有关聚落生成及变迁的模式,学者们普遍认为,原始聚落的兴起往往与早期农业活动和人类定居紧密相关,人口、交通、生产力水平、资源拥有等因素对聚落的成长起着重要的作用。从散居到集居,聚落不断成长,由村落到集市到商镇,甚至形成一个地区的"中心"城市,向其周边供应货物和服务,该中心地作为一种供应中心,在空间上形成一种经济力,促进区域的形成和发展。

事实上,这一模式并不能适用于所有的情形。山西临县碛口镇形成伊始,就以商镇的面貌出现,其由盛而衰的历史,表面上看来极富戏剧性,却正为我们考察商镇聚落的生成环境及变迁提供了一个极好的个案。腹地范围生产力的高低、人口密度、经济机能等因素诚然对商镇的形成与发展起着作用,而对碛口来说,明清以降山西商业文化的发达、绥蒙口外的开发这一大背景,以及碛口独特的地理位置与运输方式的配置,似乎是一种更为有效的说法。以上因素中,任何一项条件的变化或消失,都会影响商镇的生存状态,这正说明了区域性商镇聚落生存的脆弱性。

一

碛口镇位于山西省临县县城西南80公里湫水河和黄河交汇处,南与柳林县接境,西与陕西吴堡县隔黄河相望。

(一)兴起

清乾隆年间,河水泛滥,冲没了黄河东岸的曲峪镇及湫水岸边的侯台镇。

两镇商民始移居碛口,碛口从此渐次发展。至道光初元,商务发达,遂称"水陆小埠地"[1]。

(二) 鼎盛

清道光至20世纪30年代中期的百余年是碛口镇的鼎盛时期。当时,在临县可与碛口的地位相比的只有县城以及碛口到县城途中的三交镇[2]。据道光二十七年(1847)黑龙庙碑文记载,其时全镇已有商业店铺60余家。民国五年(1916),挂号的店铺有204个,多数系本县人经营,此外有包头、河口、河曲、绥德、府谷,及孟门、汾阳、平遥、曲沃、孝义、吴城、大麦郊等地人在碛口经营店号[3]。《山西金融》载,抗战前,碛口有坐商360余家,每天有成百上千的商人旅客过往,日渡船只50多艘,船上装卸物不下百万斤。镇内有搬运工2000余人,日过往驮货牲畜3000余头,全年营业额在50万元(银元)以上的有10余家[4]。镇内商号经营的项目以粮油皮毛为大宗,其他行业诸如服务业、手工业小作坊、当铺、骡马店,皆因粮油皮毛的集散贸易而兴起。

(三) 衰败

20世纪30年代后期到70年代末,碛口的商贸日渐衰落。至今,碛口只是一个极为普通的农村小集镇,旧宅或坍塌,或闲空,颇显萧条,已不能与临县县城和三交镇、白文镇、柳林、军渡相比。

二

如果我们将考察的视线固定在明末清初的碛口乃至晋西地区,为该时空做一个剖面,会发现依照聚落发展的一般规律,碛口镇的兴盛似乎没有足够的理由。

山西"土瘠天寒,生物鲜少",土地自然结构上具有"八分山丘二分田"的特点,早在明洪武二十六年(1393),垦殖指数已达到19.1%,这一指数超过了保

---

[1]《临县志·山川略》,1917年铅印本。
[2]《临县志·商业纪略》。
[3]《临县志》,海潮出版社1994年,第28页。
[4] 转引《临县志》,第321页。

持良好生态环境的临界点[1]。山西宁武以西及以南至离石的吕梁山中北段,宋元以前属于牧区,明中期以后九边屯田,影响了土壤的肥力,加之自然灾害频繁,不能保持农业生产稳定。临县的自然环境尤其恶劣,"万山丛簇,绝少平原,是以赋并无水田名目,约略统计湫川左右以及山涧沟湾得占水利者不及百顷,以合县田额比较不及千分之一"[2]。耕地中水田仅占千分之一,这个数字远远低于本已极其可怜的全省 2.82% 的水田比例[3]。临县属黄土丘陵沟壑区,土壤侵蚀严重,虽然并不开阔的湫水河河谷可稍作种植之用,但洪水泛滥,收获往往被席卷一空[4]。临县还素有"十年九旱"的说法,自明代以来,干旱的发生愈来愈频繁。从明嘉靖七年(1528)到崇祯十五年(1642)的 114 年中,共发生大旱灾 15 次,平均 7 年一遇。清康熙三年(1664)到光绪二十六年(1900)的 236 年中,共发生大旱灾 21 次,平均 11 年一遇。民国元年(1912)至 1990 年的 78 年中,共发生大旱 14 次,中旱 10 次,平均 3 年一遇[5]。

这样的自然环境,以中国传统多以农业聚落为起点,逐渐扩大规模的发展模式来衡量,并无优势,不仅区域内各聚落中心的农业难以发展,中心的腹地经济亦显匮乏,不能有效支持一个高密度人口集聚点的存活,聚落持续发展困难。故晋西地区在宋元以前一直是少数族人出没的地方[6],村落畸零,人烟罕聚。明代中叶,临县的人口密度仅为每平方公里 13.7 人。碛口的建置沿革也一直不清晰,县置多变,归隶向不明确。直至民国年间,仍是临县、离石两县的插花地。

就晋西内部及与晋省中心地的晋中的交通而言,碛口亦不在主干道路上。驿铺由政府为满足官方活动而设置,到了清代,民间商务运输亦借用驿路。据《汾州府志》《临县志》《汾阳县志》《永宁州志》载,清时期距离碛口最近

---

[1] 李心纯:《从生态系统的角度透视明代的流民现象——以黄河中下游流域的山西、河北为中心》,《中国历史地理论丛》1998 年第 3 期。
[2] 《临县志·山川略》。
[3] 据 1935 年调查,全省耕地中旱地占 97.18%,水地占 2.82%,旱地中有 48.51% 是山坡地。见徐松荣:《近代时期的山西农业》,《近代的山西》,山西人民出版社 1988 年。
[4] "开阔处不过二里,三交以南宽止里许,甚有仅容河身之处。而川流湍急,冲刷靡常,纵有筑堤起坝近河床进滩地者,一旦河伯肆虐,则付之横流,不能恃为恒产。"见《临县志·山川略》。
[5] 综合《临县农业自然资源》的有关数据。1990 年 12 月版。
[6] 春秋时以北狄为主,秦汉时屡为匈奴侵袭之地,西晋时有大量汉族移入,羌、匈奴、鲜卑等民族也先后移入。南北朝时,境内有山胡、离石胡。

的是碛口东北约 20 公里的三交铺与碛口东南约 70 公里的吴城驿。至于临县内，有孔道与山险小径通达周地，却无碛口这一站：

> 东南屡越湫河，经三交铺五十里，桃园铺十五里，又二十五里至永宁界石门铺，此孔道也；左右峻岭高坡，胥非坦途。东越永宁州北川界九十里，至交城界周家沟祁焉山一百六十里；南经三交镇，过侯圪台四十里，又二十里至黄河岸；西南至黄河岸葭州界高家塔一百二十里，又西南经安家庄四十里，丛罗峪五十里，又五里至黄河岸葭州曲峪镇，又西由清凉寺经雷家碛兔儿坂镇共九十里，至葭州界克虎寨；西北经兔儿坂四十里，至兴县界第八堡黄河岸，又西北至兴县界杨家庄、唐家庄七十里，通神木诸县；北经陈庄二十里，南庄二十里，又二十里至兴县界白交镇，胥山险小径。〔1〕

而据民国《临县志》的说法，"县境万山罗列，舟车不通。惟湫水入川出口之处，以及东南山之石门墕称为孔道。官商来往，必出其涂。至东西山径，皆鸟道羊肠"。这样，就有了入樊家沟村，经南沟、梁家岔的碛口通离石道。这条道兴于何时，是先于碛口兴盛时就有，或是民国年间因碛口发达而形成的道路，目前尚无由得知。但可以肯定的是，无论是孔道，还是小径，路况并不理想，驮货载人的是马、骡子、毛驴、牛、骆驼等牲畜，运输能力极其有限。

然而，相比较于临县的大多数集镇，碛口的地理位置仍有一定的优势。碛口位于黄河岸边、湫水入川之处，有水运之利，河套、陕北，乃至甘肃、宁夏等上游的物资可直达镇内。西又与陕西吴堡县相望，为二地域间交流的前沿地带。碛口因此成为一个区域性的交通枢纽，官商往来较便利的的途径，被称为"临之门户"〔2〕。

三

碛口镇商贸以粮油皮毛转运为大宗。在中国，粮油向为经济的命脉。一个小小的商镇成为百余年大宗商品的集散地，实有更为宏大的背景，那就是清初以降绥蒙口外的开发，人口的移边，山西商业的兴盛及绥晋间商贸往来的日益发展，正是这些因素，促活了黄河水运，更使得碛口地理位置的潜力得以发挥。

---

〔1〕 嘉庆《山西通志》卷 6《疆域》。
〔2〕 "碛口镇，临之门户也，县境万山罗列，惟湫水由碛口达河。"《临县志·山川略》，1917 年本。

早在汉唐时，政府已鼓励绥蒙口外的农垦活动，后天下乱则屯垦废。清初，大量汉民流入蒙古地区，引进了他们所熟悉的农业生产方式。康熙雍正朝默认了这一情形，并以"借地养民令"在事实上支持民众进行农垦[1]。清代前期，农业开发在四个地区进行，一是以卓索图盟为主的东部蒙古地区，多为山东的汉人前来垦殖。二是归化城土默特地区，雍正时期，清廷在此开放了土地14万顷，从山西等地招民垦荒。到了乾隆初年，归化、萨拉齐、托克托、和林格尔、清水河五处已开垦了2万顷[2]。三是察哈尔地区，除了官庄外，河北和山西有农民进入察哈尔两翼开垦。四是河套地区。康熙末年至乾隆年间，山西陕西北部的贫民由土默特向西，私向蒙人租地垦种，甘肃省界的流民也开始在此地区从事垦务。但大规模的垦务始于光绪年间，张之洞、岑春煊在晋设立丰宁押荒局。民国初，又设垦务总局，旋改为垦务督办事务处，嗣又改为绥远垦务总局。汉人得官厅之保障，垦务猛进[3]。

清初延续至民国的绥蒙口外农垦取得了良好的效果。至康熙朝后期，蒙人生活状况改观，"家给人足，乐业安生"。雍正初，口外的粮食收成连年丰收，"归化城土默特地方，年来五谷丰登"，有些盟旗还修建仓储，以备荒年。不仅粮食可自给，从康熙四十年（1701）以后，口外粮食已有出口[4]，可调剂山陕之有无。

清代正是山西商业发展的鼎盛时期，晋商的足迹遍及南北，因其处于农牧区域的物资交易地带，从事蒙汉贸易较为便捷，晋商在口外十分活跃。《绥远志略》中说："本省商务，自前清中叶而后，渐趋繁盛；荜路蓝缕者，厥为晋人。"[5]包头当水陆之要冲，为西北与内地货物转运之中枢，城内经营米面业、油粮业、皮毛业、牲畜业、蒙商业、杂货业、钱当业的，都以山西籍为最多，其中尤以开设数十年之久的米面业、油粮业大商号，拥资可达数千元到上万元[6]。这是驻店经营的商人，另外还有大量山西籍的旅蒙行商，从归化贩运粮食[7]。

---

[1] 成崇德：《清代前期蒙古地区的农牧业发展及清朝的政策》，马汝珩、马大正主编：《清代边疆开发研究》，中国社会科学出版社1990年。
[2] 袁森坡：《康雍乾经营与开发北疆》，中国社会科学出版社1991年，第406—420页。
[3] 廖兆骏：《绥远之垦殖》，《绥远志略》，正中书局1937年。
[4] 见上引成崇德文第177页。
[5] "绥远之商业"，《绥远志略》。
[6] 绥远省政府编印：《绥远概况》，"商业"，1933年。
[7] 张正明：《晋商兴衰史》，山西古籍出版社1996年，第273—290页。

绥远通山西的道路有二：一是自河林格尔县城东南行穿长城之杀虎口至右玉县，再经大同、崞县、忻州等处至太原，此为陆路往来要道。其二便是依托黄河的水路。自托克托县南行，到河口镇，南至碛口，可通行木船[1]。这条水道据山西巡抚刘于义查访，"黄河自托克托城河口村起，至保德州之天桥，计水程四百八十里。又自保德天桥过兴县、临县、至永宁州之碛口，计水程四百八十里。碛口陆运至汾州府，计二百八十里，运至太原府，计四百八十里，此处即可接济汾州、太原二府"[2]。

显然，碛口作用是水陆转运，晋中晋南才是道路的终点。有研究者认为，"清代山西最主要的粮食输入区是晋中南的太原盆地和运城盆地。这一区域明清以来一直是人口繁庶，同时也是粮食相对缺乏的地区。明初晋中南作为人多田少的狭乡，几次大量移民充实晋北、京畿以及直、鲁、豫各省。至清乾隆年间，太原盆地的太谷、平遥等县所产粮食已经远远不够当地食用。晋南的绛州同样是'产收之粮，恒不敷本地居民之食'。浮山、曲沃、荣河等县都感到土狭人满，粮食匮乏"[3]。

在这样的大背景下，碛口的发达就比较容易理解了。汉民移边及其对口外农业的开发，山西商人北上在绥蒙地区的商贸经营，依借黄河相对较为廉价的水路交通背景，使得一条粮油商运路线凭借着黄河，将粮油及其他物资由口外的出产地运至原本默默无闻的碛口，再由碛口起运前往晋中南地区。

正因如此，碛口生成伊始即以商镇聚落的形态出现，而乾隆年间曲峪镇和侯台镇"恰如其时"的毁灭性的灾难，更为碛口的兴起提供了一个契机。

四

相对于碛口显赫的历史，碛口的衰败给人们提供了多种解释的可能，而其败落的过程恰逢一个动荡的时期，这使得解释后的历史具有一种戏剧性的效果。

事实上，除了战争本身的破坏、战时政策、1949年后政策的影响外，根本的原因则是原有交通线路的基本废弃，运输方式的改变，以及晋蒙商贸的衰退。

清末民国初，公路与铁路渐次修建。1920年，太原—平遥—忻县是山西

---

[1]《绥远之交通》，《绥远志略》。
[2] 转引自曹新宇：《清代山西的粮食贩运路线》，《中国历史地理论丛》1998年第2期。
[3] 见曹新宇：《清代山西的粮食贩运路线》一文。

省修筑的第一条公路。其后有由地方集资、兵工筑路,以及用美国红十字会、华洋义赈会所募集的赈款修建的公路[1]。到1936年时,省公路线达2 060公里,有晋北汽路(太原—大同)、晋西汽路(太原—军渡)、白晋汽路(祁县白圭镇—晋城)、侯河支路(侯马—河津)、忻台支路(忻县—五台)、平辽汽路(平定—辽县)、代广支路代营段(代县—繁峙县大营镇)、平公支路(平遥—汾阳)。汽车公司也有七家,省内各区域都能通达[2]。这使得省内及蒙古地区入晋的物资能以较快的速度抵达目的地。

自20世纪初开始陆续兴建的陇海、同蒲、正太、平绥铁路,使得口内外的物资来往更加便捷。依靠铁路运输,辅以公路运输,依靠黄河的长途水运失去了存在的必要[3]。

事实上更为重要的是,抗战以后,地区间的军事战略封锁,使得省际的商贸交流萎缩,山西商业不振,商路随之处于停滞状态。碛口的衰落成为必然。

在考察碛口镇个案时,我们不得不将视野扩大到一个更大的区域,而不仅限于临县,或是山西。在该事例中,邻近区域的开发、区域间的商业发展与贸易,以及特定时期的特定运输环境都会产生至关重要的影响力。山西主要的商业中心在晋中、晋南及晋北的大同,明清时期商务发达。区域性的商业中心则为各县城及交通要冲。碛口成为商镇,但通常情况下所需的商镇聚落支持背景[4]并不牢固,这说明了小商镇聚落对相关因素的依赖性,以及小商镇聚落发展的不恒定性。

在对碛口镇生成环境及其变迁的研究中,需要继续思考的问题是:

1. 清代山西商业文化对碛口发展的影响。碛口镇兴盛时,有晋中、晋南及大同的商人开店经营,那么晋商文化对周边的商业发展具有何种影响力。

2. 影响区域地位的恒定因素与不恒定因素分别对该区域发展所起的作用。

本文原载《天津师范大学学报(社会科学版)》2001年第5期。

---

[1] 《中国公路史》第一册,人民交通出版社1990年,第75—249页。
[2] 全国经济委员会经济专刊《山西考察报告书》,1936年2月。
[3] 如"自光绪三十三年正太铁路通车后,晋南各县暨陕甘等省来往货物,均由榆次车站转运"。《中国实业志(山西省)》,实业部国际贸易局,1937年。
[4] 如人口密度、地形、住民的购买力、交通手段、与中心聚落的关系等因素。

以曾国藩为视角观察清代京官的经济生活

张宏杰

晚清重臣曾国藩自道光二十年初(1840)至咸丰二年(1852)七月均供职于北京,由从七品的翰林院检讨七迁为兼属五部的侍郎,完整经历了京官生活的下层、中层、上层阶段,且日记、家书、亲笔账簿中留有相当多的经济生活资料。因此,他是比张德昌《清季一个京官的生活》所选取的名士李慈铭更为典型的京官个案[1]。此文就以曾国藩为切入点,对道咸年间京官经济生活的具体状况进行进一步的探讨。

道光二十一年左右曾国藩的生活水平

曾国藩于道光二十年初由湖南返回北京,被授为从七品的翰林院检讨,这是他京官生涯的正式起点。

曾国藩翰林生涯的经济状况始终可以用一个字来概括,那就是"窘"。道光十九年十月曾国藩进京为官前,曾专门去看望几位母舅。当时他的大舅已年过花甲,却"陶穴而居,种菜而食",过着半野人的生活。曾国藩不觉"为恻然者久之"。他的二舅江永燕送他走时,向他预约工作说:"外甥做外官,则阿舅

---

[1] 张德昌:《清季一个京官的生活》,香港中文大学出版社 1970 年。清代京官之清贫,不但在时人日记、书信、笔记等资料中有大量记载,甚至成为民间谚语、顺口溜的主题。不过对京官经济生活进行深入研究者寥寥。刘凤云在《从清代京官的资历、能力和俸禄看官场中的潜规则》一文中对这个话题略有涉及,认为这种窘境的成因是京官的俸禄相比有养廉及其他灰色收入的外官过低,这也是大部分论及此话题者的共同结论。京官经济生活研究领域的唯一一部专著《清季一个京官的生活》则从另一个角度进行观察,认为与普通市民阶层相比,京官的收入远在"一般生活费用水平之上","以京官的收入来维持基本生活用度,当绰然有余"。导致京官"时时哭穷,时感拮据"的主要原因,是官场积习导致他们住大宅,事宴饮,忙于应酬,"过着糜烂豪奢的生活"。这本书依据李慈铭日记中的大量资料,详尽分析了他京官期间生活的收入结构和支出项目,让我们对同光年间中下层京官的生活图景有了直观而细致的了解。

来作烧火夫也。"[1]然而,极重亲情的曾国藩当官已经好几年,却没有余力周济他们。五年后江永燕贫病而死,没沾到外甥一点光。

解剖曾国藩这个典型,我们对清代京官俸禄之薄可以有一个具体的了解。曾国藩这样的七品京官年俸45两。从乾隆元年起,京员例支双俸。此外"每正俸银一两兼支米一斛",还有45斛(22.5石)"禄米"[2]。这就是他的全部收入来源。以1石粮食值1两5钱4分银子[3]计算,数项相加,不过124两6钱5分。

正如张德昌的分析,京官生活开支巨大的主要原因是他们必须讲究排场。因为《湘乡曾氏文献》中存有辛丑年(道光二十一年)完整账簿,所以我们以道光二十一年为重点,从衣食住行几项来观察一下曾国藩的支出情况。

曾国藩在京期间的一个主要支出项目为房租。身为朝廷命官,住宅须配得上官制威仪。所以京官们虽然穷困潦倒,却多租住大宅,讲求宏敞气派。道光二十一年八月,曾国藩搬到绳匠胡同,房十八间。"每月房租京钱二十千文。"20千文约合13两3钱3分白银。如此算来,则一年房租就要160两银子,用去全部薪水还不够[4]。

另一项最重大的花费就是社交应酬。正如张德昌所说,京官聚宴习以为常,以此作为最主要的社交方式。曾国藩生性喜交游,也有意识地将结交良友作为在士林中树立自己良好形象的途径之一。查其日记,几乎无日没有朋僚往来。根据《湘乡曾氏文献》中道光二十一年的账单,对曾国藩这一年的社交花费可以进行一个不完全的统计:

正月,团拜分赀二千文。黄矩卿赀分二千五百文。

二月,某友祖母去世,奠份一千文。……

全年人情往来花费79两1钱6分,请客吃饭的支出则为31两4钱4分。

第三项较大的花销是衣服。

翰林们需要出入宫廷,衣服必须体面,方符国家体制。《湘乡曾氏文献》中

---

[1]《曾国藩全集·家书》,致六弟、九弟,道光二十四年三月初十日,第76页。
[2] 黄惠贤、陈锋:《中国俸禄制度史》,武汉大学出版社2005年,第556页。
[3] 参照邓亦兵在《清代前期税则制度的变迁》(《中国史研究》2003年第3期)中引用材料,道光八年,苏松米价每石1.54两。
[4] 在《曾国藩全集·日记》及《湘乡曾氏文献》中,曾国藩多次记载银钱互兑数,从中可以看出,道光年间银钱兑换比率变动频繁,大约在1200余文兑换1两到1700余文兑换1两之间波动。为方便起见,本文一律按1500文兑换1两计算。

有一篇账单,记载他入京之初拥有的衣服颇为华贵,仅帽子一项他就有大毛冬帽、小毛冬帽、大呢风帽、小毛小帽、皮风帽等11顶。衣服档次较入京前明显上升一大级。道光二十一年,曾国藩所添制衣服不多。因为上一年刚入都时已经基本置齐。这一年他及家人购置衣服花费合计28两2钱7分[1]。

除此之外,交通费压力也十分沉重。"一方面由于官场的风气,一方面由于地域广阔,所以京官出入一定要乘车。"[2]道光二十一年中,曾国藩此项全年花费为23两4钱9分[3]。

除此之外,身为士人,文化消费自然不少。比如这一年购买《斯文精萃》等书多种,共花费42两5钱3分。

曾国藩到京不久,夫人也北上入都,仆人工资,生活日用,也是不小的支出。道光二十一年他交付仆人荆七用于日常花费平均每月20千535文[4]。全年生活日用(包括仆人工资)花掉177两9钱7分(当年因闰月,共十三个月)。

通计道光二十一年曾国藩衣食住行及文化消费各项,共花费458两1钱9分。列表如下:

项　　目	占　比
住:75.33两。	16.44%
行:23.49两。	5.13%
日常生活支出:177.97两。	38.84%
衣:28.27两。	6.19%
社交礼金支出:79.16两。	17.27%
请客宴饮:31.44两	6.86%
文化消费:42.53两。	9.28%

---

[1]《湘乡曾氏文献》,第4000—4046页。
[2] 张德昌:《清季一个京官的生活》,第53页。
[3] 道光二十一年中,曾国藩详细记载了六月、八月、十月、十一月、十二月五个月用车花费。据此推算出曾国藩每月零用车花费为2 226文。
[4] 具体数额如下:正月,十九千四百七十二文,二月,十六千二百二文。三月,十八千八百四十七文。闰三月,二十四千八十四文。四月,十三千六百八十三文。五月,二十千二百九十六文。六月,二十千八百八文。七月,十七千九百六十八。八月,十三千三百六十文。九月之后不再记载此项。

由此可见，曾国藩这一年最大的支出是基本生活支出，其次是住房和社交。这种支出结构与李慈铭略有不同。

李慈铭京官生涯中比较典型的一年是光绪九年。在此之前，他以捐纳"分发户部学习行走"，并无正式薪俸可领。光绪六年他中进士后，"以户部郎中原资即用"，才有资格领取五品半俸。据《清季一个京官的生活》中所列资料重新计算，光绪九年他的支出结构如下：

项　目	占　比
住：82.76两。	9.68%
行：30.15两。	3.52%
日常生活支出：212.88两。	24.90%
衣：253.72两。	29.67%
社交支出：69.85两。	8.17%
冶游宴饮听戏191.80两。（其中听戏11.5两，冶游等180.30两）	22.43%
文化消费：14.75两。	1.73%

合计854.91两，比曾国藩多出396.72两，是曾国藩支出的1.87倍。这一年李慈铭虽然是已经是五品户部郎中，但因俸禄不能全额发放，正式薪俸收入尚没有曾国藩高，但其消费却远高于曾国藩。细考李慈铭的住房、用车两项支出与曾国藩基本相当，但日常生活支出是曾国藩的1.19倍。如果将衣服列入生活支出，则更高达2.26倍。同时，李慈铭用于声色的支出在其支出结构中占比较大。他沉溺于"酒食征逐"，"游逛郊外名寺，笺如歌郎行乐"[1]，其冶游宴饮听戏支出是曾国宴饮支出的6.06倍。相反，虽然以文学著名，但李慈铭的文化消费却远较曾国藩为少，仅为曾国藩的34.68%。由此可见，李慈铭的生活远比曾国藩奢侈。李慈铭代表了大部分随波逐流的中低层京官的生活状态，而曾国藩则是小部分刻苦砥砺者的典型。

如上所述，曾国藩入京为官之初，每年法定收入124两6钱5分。这样算来，道光二十一年曾国藩的赤字为333两5钱4分。

那么，这部分赤字是如何弥补的呢？

---

[1] 张德昌：《清季一个京官的生活》，第16页。

曾国藩入京前的财政准备：拜客

曾国藩出身于小地主家庭，家中有地百余亩[1]，经济状况并不充裕。科举是士绅阶层形成的最主要渠道[2]。曾国藩中举，已经使湘乡曾氏由小地主一跃而入高级绅士阶层，道光十八年考中进士之后，其社交对象、筹资能力与以前相比更发生巨大变化[3]。身份的变化使曾国藩可以通过以下三个渠道获得资金：一是接受馈赠，二是借贷，三是通过调节民间纠纷获得报酬。

考中进士之后，曾国藩于道光十八年年底请还乡，在老家待了将近一年。这一年中他生活的核心就是四出"拜客"，收受贺礼。这乃当时社会通习，京官之清贫举世皆知，曾国藩必须通过"拜客"筹集大量银钱，为进京为官做准备。这一筹资方式尚未见其他学者论及。

曾国藩所拜对象，第一类是至亲好友。曾国藩日记记载，道光十九年正月十六日，他"仆一人，肩舆八人"，赴岳父家开始正式拜客。当天他在岳父家收到"轿钱四百六十四文。"第二天岳父在欧阳宗祠大摆宴席，又"入轿钱四百文，送予钱十二千八百文"[4]。

除了亲戚家外，曾国藩拜客的另一个重要内容是祭拜各地的曾氏宗祠，向曾氏各支通报喜讯。从岳父家出来，十九日他到达了"庙山家祠"。二十一日，"祠内经管请外姓人吃酒，四十余席"[5]。这一天收入"轿钱三千二百文"[6]。

在这几次拜客过程中，最重要的对象是各地官员。科举的成功使曾国藩正式被纳入官员社交圈，而官员的赠送普遍较丰。比如八月二十二日，他到武冈州城。知州杨超任"请酒极丰，又送席"，又送银二十两。另两名地方官员一人送八两，一人送二两……[7]

除了亲戚、同族、地方官员之外，曾国藩拜客还有不可忽略的一项内容，那

---

[1]（清）赵烈文：《能静居日记》，同治六年九月初十日，学生书局1964年影印本，第1960页。
[2] 对士绅阶层的研究是近代中国社会史研究的重点，费孝通、张仲礼与何炳棣都论证过科举制对士绅阶层的塑造作用。
[3] 瞿同祖论证，只有官绅和有高级功名者（进士和举人）才可以和州县官平起平坐。"官绅"或有高级功名者可以自由地造访州县官，生员则不能。（瞿同祖：《清代地方政府》，范忠信、晏锋译，法律出版社2003年，第293、294页）
[4]《湘乡曾氏文献》，学生书局1965年影印本，第4061页。
[5]《曾国藩全集·日记一》，道光十九年正月二十一日，第4页。
[6]《湘乡曾氏文献》，第4061页。
[7]《湘乡曾氏文献》，第4167页。

就是湘乡人在各地所开店铺,人情簿中记为"拜乡亲店"。凡是湘乡老乡开的店,不论烟店、当铺、纸行、布店、钱庄、绸缎庄,还是杂货店、烟袋店,一概拜到。他在宝庆城内拜了 44 家湘乡店铺,平均每家收入 384 文。城外 46 家,平均每家收入 795 文[1]。

曾国藩在家乡待了 296 天,外出连续拜客 4 次,共计 198 天。足迹遍及湘乡、宁乡、衡阳、清泉、耒阳、永兴、邵阳、武冈、新化、安化等十县州。按"戊戌、庚子流水账簿"将四次拜客收入逐笔相加,以白银合计,共收入 1 489 两 1 钱 2 分。加上他北上为官时沿途拜客收入也相当不菲,计约 500 余两,因此计其所有拜客收入,在 2 000 两以上。

除了拜客收入外,曾国藩还向别人借过钱。道光十九年四月十六日日记中说,"向大启借钱为进京路费,大启已诺"。

曾国藩的第三个资金来源渠道是"干预地方公事"。

士绅在地方上承担的职责相当广泛,几乎将其"触角"延伸到社会生活的各个领域。而其中排解纠纷是士绅的重要功能之一。黄宗智认为,"在告到法庭的所有'细事'案件中,可能有 40% 通过这种(民间调节的)方式得以解决"[2]。张仲礼则认为:"这种绅士出现来排难解纷的事例在宗谱和方志中比比皆是,致使人们会得出这样的结论,即绅士要比知县裁断更多的纠纷。"

道光十九年二月,曾国藩的朋友朱尧阶典当别人的一处田地。典当到手,旧佃户彭简贤阻挠新佃户下地耕种。这种情况下,曾国藩的进士身份就发挥作用了。二月二十日,曾国藩在日记中写道,他"辰后(8 点钟)带(彭简贤)上永丰分司处法禁(给以刑法处罚)"。此时的曾国藩年轻气盛,连父母官都不放在眼里。五月十七日日记记载,曾氏一族与伍姓一族发生纠纷,"彼此殴伤"。他写信给县令宋某,托县令帮曾家说话,然而宋"亦未甚究",没给他面子。于是新科进士大怒,"是夜又作书让(责备)宋公也"。

乡绅做这些工作,绝大多数时候不是无偿的。一般来说,调节成功后会获得相当丰厚的酬谢。张仲礼在《中国绅士的收入》一书中说:"有些绅士以裁断纷争和调解诉讼案件为业,从而获得固定的收入。"

以上三种渠道汇集成曾国藩进京为官的"原始资本"。除去家中事务及进京路费外花去数百两外,尚有一千余两积余。

---

[1] 《湘乡曾氏文献》,第 4133—4143 页。
[2] 黄宗智:《集权的简约治理——中国以准官员和纠纷解决为主的半正式基层行政》,《中国乡村研究》第 5 辑,2007 年。

弥补赤字的其他管道

京官弥补赤字的管道通常有四。一是如前所述,入京为官前通过拜客等活动筹集大量资金。二是由家中资助。"戊戌六君子"之一的刘光第中进士后钦点刑部主事,因为家境贫困,无力支持当京官的花销,曾不想就任。后来还是族叔刘举臣每年接济他二百两,才勉强做了十年京官[1]。三是收受其他官员特别是外官的馈赠。四是借贷。

外官馈赠是京官收入的主要构成部分之一,关于这一点的讨论已经十分充分。事实上,外官馈赠多少,取决于官京是否致力于与外官勾结。曾国藩持身清竣,注重名声,无意致力于与外官"通消息",故接受的官员赠送不多。道光二十一年正月,在《辛丑年正月记旧存银数》中,曾国藩记载正月这类收入有以下几笔:

程玉樵送别敬十二两,罗苏溪送炭资十两,李石梧送炭资十六两[2]。

在《辛丑年入数》中记载从二月到年底的此类收入:

二月初五日,彭洞源送银四两。

三月初六乔见斋送别敬十六两。劳辛阶送别敬十两。……

曾国藩到京第一年因诸事草创,花去 800 两。到道光二十一年年底,家中带来的银钱花光,外官馈赠又如此之少,年关将近,曾国藩借了 50 两银子,勉强过了个年。及至道光二十二年的春夏之交,他借银已达 200 两。到这年年底,累计更高达 400 两。在这一阶段家书中多次出现"借"、"欠"、"窘"的字样,艰难形状,跃然纸上。

分析道光二十一年曾国藩收入来源,可以列表如下:

项 目	占 比
俸禄:124.65 两。	27.20%
旧有积蓄(拜客收入等存银):67.24 两。	14.68%
外官馈赠:98.57 两。	21.51%
借款:167.73 两(个人借款 85.53 两,"人寄卖货银"42.2 两,挪用会馆资金 40 两)。	36.61%

[1] 刘光第:《自京师与自流进刘安怀堂手札》,《刘光第集》,中华书局 1986 年,第 192—283 页。
[2] 《湘乡曾氏文献》,辛丑正月记旧存银数,第 402 页。

从这张表我们可以看出,俸禄收入只能满足开支的四分之一。

这种收入结构,与同光年间的李慈铭有很大不同。和曾国藩一样,俸禄收入在李慈铭的收入中占比一样很低。不过太平军兴之后,因为财政困难,捐纳之门大开,也为京官们也开辟了一条新的收入渠道:"印结银"。因此咸丰初年之后,印结银逐渐成为京官收入的主要部分。以候补期间为例,李慈铭的薪俸收入为32两,养廉每年20两到40两不等,而印结银收入平均每年为215两。实授期间,他能领到全俸160两,而印结银高达397两[1]。

外官馈赠对李慈铭来说是与印结银同等重要,甚至更重要的收入来源。李慈铭虽然在日记中曾讥评某些达官为了多得馈赠在外官面前举止失态,但他自己却也颇致力于四出宴饮,交结外官。除外官外,京官中也常有馈赠者,因为李中了进士之后,"北京官场中对李慈铭有种种估计,认为他将来不为学政,则为御史"[2]。光绪九年全年,他所获馈赠收入达356.72两。在此之后,李鸿章为了拉拢"信口月旦,以清流名士自居"的李氏,特邀请其主讲天津书院,每年致千二百余两的束脩,这笔钱中的一部分其实也是一种隐性贿赂。

根据张德昌的著作加以勾勒,光绪九年,李慈铭的收入结构如下:

项　　目	占　比
俸禄:50.82两。	5.32%
印结银:284.13两。	29.79%
外官馈赠:356.72两。	37.40%
润笔:250两。	26.21%
书院聘金:12两。	1.26%
借款:20两。	2.1%
合计为953.67两。	

收支相抵,年底尚可剩余98.76两。正式俸禄收入对他来讲可有可无,其收入来源远较曾国藩为广,数目也较曾国藩为高,可见其营谋能力远过于曾氏。而李慈铭因为顾及名士身份,尚属京官中不滥交滥取者,其他活动能力更强的京官收入更高当可想见。曾国藩早就立下了"不要钱"之志。在有关曾国

---

[1] 张德昌:《清季一个京官的生活》,第49页。
[2] 张德昌:《清季一个京官的生活》,第20页。

藩的资料文献中,我们没有发现任何一笔营求私利的记载,但困窘的生活确实使道学家曾国藩在京官生涯中不断为利心所扰,并导致不断的自我批评。

道光二十二年二月初十日,他的一段日记十分典型:"座间,闻人得别敬,心为之动。昨夜梦人得利,甚觉艳羡。醒后痛自惩责。谓好利之心形诸梦寐,何以卑鄙若此,真可谓下流矣!"

道光二十二年十月十九日,曾国藩在日记中说:"两日应酬,分资较周到。盖余将为祖父庆寿筵,已有中府外厩之意,污鄙一至于此!此贾竖器量也。不速变化,何以为人!"

这类记载其实不能说明曾国藩本性如何贪婪,只能说明清代不完全财政制度是何等扭曲。

四川乡试主考所获收入

当然,京官们的生活也不是毫无希望。清代政治体制中为京官特别是翰林们提供了一个摆脱贫困的管道是"得差",即被派到外地办理公务,比如任乡试主考。这是京官生涯的最重要财政补给站,因为乡试结束时,地方官场要送给主考官员一笔"程仪"。

道光二十四年,身为翰林院侍讲的曾国藩获得了四川乡试正考官的派遣。作为一省的正考官,这次任务所获收入曾国藩记有账目。现存账目部分内容如下:

入银数:

四川省城

公项二千四百两。

制台百两。(宝)

藩台百两。(潘)

道台吴(珩)百两。……[1]

共计4 751两。这仅仅是四川一地所收,西安、保定等地也不可能一无所获。加上节省的途费,曾国藩此行收入估计当在6 000两左右。

除了银子,还有实物。曾国藩账中下一部分内容就是"入财料数":

---

[1]《湘乡曾氏文献》,第4361页。

宝中堂江绸袍褂料两套，朱红川绸、川绸料四匹，隆昌夏布料四卷，湖绉四匹……[1]

除了衣料，曾国藩收受的其他四川特产比如藏香、黄连、厚朴、茶叶……也不在少数。回来后，他将这些特产酌量分送了四十二位朋友。清代官场风习及潜规则运作方式，于此也可见一斑。

从四川回来后，曾国藩的经济状况显然大为改善，这表现在三个方面。

一个是他在京中所欠的债务全部还清，大大松了一口气。账目册记载他这年年底还银共1 406两。[2]

二是他寄回家中600两银子，用于还家中所欠。同时，又拿出400两赠送族戚。这是曾国藩步入仕途后对家中及亲族资助最大的一次。曾国藩入京之后，每年都会借上几十两银子寄回家中，做"堂上大人"的"吃肉之费"。不过，由于自身经济状况窘迫，为官前几年，曾国藩对家里帮助微乎其微。这次寄钱大解家中燃眉之急。因为如前所述，随着社会地位由平民升为缙绅，曾家社会交往层次大为提升，社交费用和维持基本体面所需要的钱财也大幅增长。及至此时，为了维持乡绅生活的体面，曾家已经是债台高筑，从往来家书推测，家中欠债总额已经高达800至1 000两。

三是他心情很愉快，生活水平上了一个台阶。"男自四川归后，身体发胖，精神甚好，夜间不出门，虽未畜车，而每出必以车，无一处徒步。"[3]

侍郎曾国藩的经济状况

曾国藩的京官生涯是一帆风顺的。在京期间，他十年七迁，道光二十九年升补为礼部右侍郎，其速度在道光年间是极为罕见的。

不过，即使身为侍郎，曾国藩的经济情况仍然不是特别宽裕。

清代侍郎年俸155两。加以恩俸和禄米等补贴，年收入一共可达620两，此外还有一些公开的灰色收入。但是随着交往等级的提高，开支也随之增加。比如交通费一年就要400两，所以清代一位清廉自守的侍郎仍是一介穷京官。

曾国藩任职京官后，从未回过家乡。他在"梦寐之中，时时想念堂上老

---

[1]《湘乡曾氏文献》，第4364页。
[2] 据《湘乡曾氏文献》，曾国藩出京前曾借银721两。
[3]《曾国藩全集·家书一》，禀父母，道光二十四年正月廿五日，第70页。

人",对弟弟说:"如堂上有望我回家之意,则弟书信于我,我概将家眷留在京师,我立即回家。"〔1〕虽然说了几次,但一直没有行动,原因是筹不起路费。道光二十八年,曾国藩在家书中说:"余自去岁以来,日日想归家省亲。所以不能者,一则京帐将近一千,归家途费又须数百,甚难措办。"〔2〕

"不靠做官发财",就只好寄希望于体制内的收入管道。好在咸丰二年六月十二日,曾国藩梦寐以求的江西主考差使终于落到了他头上。不料行至安徽,忽然接到母亲去世的消息。曾国藩当即易服奔丧,京官生涯正式宣告结束。然而困窘并没有因此离他而去,当年在京所欠债务,多年之后才还清。同治三年,曾国藩在写给朋友的一封中这样说:"弟京居时所借西顺兴店萧沛之名光浩银项……因从徽商吴惇成茶行汇兑湘纹银一千两,函嘱沛之约同江南提塘李福厚往取。"〔3〕可见直到做了多年总督之后,曾国藩才有能力将京官生涯的欠账了结。

对比李慈铭与曾国藩的经济生活我们可以发现,晚清时代,一定程度上也可以扩展到整个明清时期,虽然天下熙熙,但京官群体中曾国藩这样潜心道学,以清廉自誓的人并不少见。比如他的师友倭仁、唐鉴诸人。他们平日相互切磋,相互砥砺,甚至呼朋引伴,形成一定风气。这一类京官的经济生活状态大抵相似。因为低薪制的制度设计,清代京官的收入和支出结构极度不平衡,由此导致了京官独特的经济生活状态,也就是说,实际收入数额及管道与法定大相径庭。清代官员入仕所带来的直接经济收益是十分有限的,但边际效益却非常巨大,包括筹资能力的增长、陋规等灰色收入以及利用权势干预地方事务所获报酬。不过边际效益的开掘受诸多条件的制约:个人操守、官运、个人及亲属的办事能力等,因此官员入仕所带来的间接经济收益具有极大的弹性空间。

本文原载《中国经济史研究》2011年4期。

---

〔1〕《曾国藩全集·家书一》,致诸弟,道光二十七年二月十二日,第142页。
〔2〕《曾国藩全集·家书一》,致诸弟,道光二十八年正月廿一日,第164页。
〔3〕《曾国藩全集·书信六》,复皮小舲,同治三年正月二十八日,第4326页。

清至民国内蒙古土默特地区的水权交易
——兼与晋陕地区的比较研究

张俊峰

水作为一种特殊的资源,具有商品属性和经济价值,然其脱离开土地并被单独买卖却非一夜之间完成,而是经历了一个相对较长的转变过程。这里既有市场和民间力量的推动,又有来自国家上层、各级地方政府和法律条文的规范与调整,是一个相当复杂的历史演变过程。本文对清至民国蒙地水权交易问题的研究,旨在揭示作为商品的水是如何一步一步地脱离开土地并被合理合法地转让和买卖的。水从依附于土地,不得随意买卖,到脱离开土地进行自由买卖经历了一个较长的历史过程。这个过程是如何开始并在越来越大的空间范围内推广开的,以往的研究并未能够给出整体而准确的解释。最新的一项研究曾以山西地区新发现的14件水地契、3件水程契和3件卖水合同为核心资料,揭示了清至民国山西水利社会中存在的多种水权交易方式。其中,以地水分离为特征的私水交易类型显示了该历史时段内地水关系的松动。这一研究表明,土地与水的关系可能存在一个从"地水结合,水随地走"到"地水分离,地随水走"的转变,在水资源日益匮乏、价值不断凸显的历史条件下,山西水利社会存在着从"以土地为中心"到"以水为中心"转变的可能与趋势[1]。然而孤证不立,山西水利社会中"地水关系"的这一转变具有怎样的普遍性和解释力? 它对于我们理解近代北方缺水地区社会经济的历史变迁,又有着怎样的价值和意义? 囿于资料和学识,这一问题在当时未能得到很好的解答。

就学术价值而言,尽管学界对于蒙地经济社会及其变迁的研究成果斐然,但是对于蒙地水权问题的讨论却是为数不多的。究其原因,恐怕与研究者秉

---

[1] 张俊峰:《清至民国山西水利社会中的公私水交易——以新发现的水契和水碑为中心》,《近代史研究》2014年第5期。

持的以土地问题作为观察视角的倾向有关[1]。在与蒙地水利史研究相关的诸多论文中,日本学界的水利共同体论可以说是最为凸显的。1956年,丰岛静英《关于中国西北部的水利共同体》一文揭开了二战后日本中国水利史研究会关于中国是否存在水利共同体问题的讨论。他利用《满铁调查月报》和伪民国司法行政部所编《支那民事惯习调查报告》,将当时山西、河北、绥远、察哈尔、内蒙、甘肃等均纳入了西北的范围,分别探讨了内蒙古包头、河北的平山、绥远的后套地区、察哈尔的张家口、甘肃的导河县以及山西的介休、洪洞、太原、榆次、孝义、原平、定襄等地的水利管理组织和水权分配特点[2]。受时代和资料局限,他当时讨论水权买卖的目的主要是为了解释日本学者所理解的水利共同体解体的原因。作者认为,用水权的商品化导致水利共同体走向解体。这个观点与森田明后来提出的土地集中导致水利共同体解体说形成了日本学界关于水利共同体解体论的主流观点[3]。值得强调的是,丰岛注意到包头农圃社成员手中握有"水股"的现象,并发现水股与耕地是分开进行自由买卖和借贷的。这与本文所讨论的"地水分离",水权交易公开化、合法化的主旨是一致的。由于丰岛掌握的资料过于分散,使得蒙地水权交易的历史过程未得到清晰地呈现,内蒙与山西等地域之间水权交易行为的内在关联也没有得到应有的揭示。结合晚近发现的蒙地水权交易契约文书等新史料和学界已有的水利社会史研究,恰恰可以弥补这一缺憾和不足。

反观近年来国内学界对蒙地尤其是河套水利的研究,大多是在国家与社会互动关系视角下,重点放在清代蒙地开发中的商业资本、民间社会组织、地商经济、水利制度、以贻谷放垦为标志的国家权力刚性介入等涉及内蒙古近代

---

[1] 代表性的成果有黄时鉴:《清代包头地区土地问题上的租与典——包头契约的研究之一》,《内蒙古大学学报》1978年第1期;王建革:《定居与近代蒙古族农业的变迁》,《中国历史地理论丛》2000年第2期;"清代蒙地占有权、耕种权与蒙汉关系》,《中国社会经济史研究》2003年第3期;牛敬忠:《清代归化城土默特地区的土地问题——以西老将营村为例》,《内蒙古大学学报》2008年第3期;"清代归化城土默特地区的社会状况——以西老将营村地契为中心的考察》,《内蒙古社会科学》2009年第5期。田宓:《清代归化城土默特地区的土地开发与村落形成》,《民族研究》2012年第6期;"清代内蒙古土地契约秩序的建立——以'归化城土默特'为例》,《清史研究》2015年第4期。由这一简要的梳理不难发现,以土地为中心的研究一直是清代蒙地社会经济历史研究中一个稳定不变的观察视角。

[2] [日]豊島静英:《中国西北部における水利共同体について》,[日]《歷史学研究》1956年11月,第201号,第24—35页。

[3] [日]森田明:《清代华北における水利组織とその性格——山西省通利渠の場合,清代华北の水利组織と渠規——山西省洪洞县における》,收入森田明著《清代水利社會史の研究》,国书刊行会1990年,第268—325页。

社会历史变迁的中观层面[1],未见有专门关于蒙地水权交易问题的讨论,更勿论与晋陕历史水权问题的先行研究加以比较。相比之下,晋陕地区由于近年来新发现的大量民间水利文书[2],如水册、渠册、水碑、水契等,使得开展区域性水利社会史研究成为可能。其中,钞晓鸿、萧正洪等人对于关中水权问题的讨论[3],赵世瑜、张小军、张俊峰对山西历史水权问题的讨论[4],均向学界展示了利用新史料和新视角推进水利社会史研究的可行性。

本文之所以能够将清代以来北方水权交易问题的讨论扩展至内蒙古中部的土默特地区,实仰赖于近年来当地学者整理出版的多部契约文书著作,主要见于《清代至民国时期归化城土默特土地契约》(全四册)[5]、《内蒙古土默特金氏蒙古家族契约文书汇集》[6]以及内蒙古土默特左旗档案。复旦大学博士生穆俊在其博士学位论文《清至民国土默特地区水事纠纷与社会研究(1644—1937)》中,亦曾利用上述资料整理出清至民国土默特地区水权交易的契约文书总计45件,与山西地区相比,数量相当丰富。这批水利契约文书年代最早的是1790年(乾隆五十五年),最晚者为1936年。不过,由于研究者重点在于讨论蒙地开发过程中的土地和水利纠纷及其解决机制,未能充分挖掘出这批反映蒙地水权交易的珍贵文献对于理解近代北方水权问题具有的重要

---

[1] 代表性的论文有王建革:《清末河套地区的水利制度与社会适应》,《近代史研究》2001年第6期;杜静元:《清末河套地区民间社会组织与水利开发》,《开放时代》2012年第3期;燕红忠、丰若非:《试析清代河套地区农田水利开发过程中的资本问题》,《中国社会经济史研究》2010年第1期;付海晏:《山西商人曹润堂与清末蒙旗墓务》,《暨南学报》2013年第1期。

[2] 该方面的史料主要有白尔恒、蓝克利主编:《沟洫佚文杂录》,中华书局2003年;黄竹三、冯俊杰主编:《洪洞介休水利碑刻辑录》,中华书局2003年;董晓萍、蓝克利著《不灌而治:山西四社五村水利文献与民俗》,中华书局2003年;郝平主持的大清史项目"清代山西民间契约文书的搜集与整理",该项目整理了清代山西五千余件契约文书,成果将由商务印书馆出版发行;刘大鹏:《晋祠志》,山西人民出版社1986年;孙奂仑《洪洞县水利志补》,山西人民出版社1992年,其中收集的明清渠册数十种,其史料价值近年来已引起水利社会史研究者的高度重视。

[3] 萧正洪:《历史时期关中地区农田灌溉中的水权问题》,《中国经济史研究》1999年第1期;钞晓鸿:《灌溉、环境与水利共同体——基于清代关中部的分析》,《中国社会科学》2006年第4期。

[4] 赵世瑜:《分水之争:公共资源与乡土社会的权力和象征——以明清山西汾水流域的若干案例为中心》,《中国社会科学》2005年第2期;张小军:《复合产权:一个实质论和资本体系的视角——山西介休洪山泉的历史水权个案研究》,《社会学研究》2007年第4期;张俊峰:《前近代华北乡村社会水权的表达与实践——山西滦池的历史水权个案研究》,《清华大学学报》2008年第4期。

[5] 《清代至民国时期归化城土默特土地契约》(第一、二、三、四册),内蒙古大学出版社2011—2012年。

[6] 铁木尔主编:《内蒙古土默特金氏蒙古家族契约文书汇集》,中央民族大学出版社2011年。

价值。与晋陕地区发现的水契和水碑相比,这批契约文书全部都是私契,是土默特蒙古人与自晋陕移入当地的汉人之间达成的有关水使用权的经济文书,是一种非正式制度和习惯,具有较强的约束性和实践意义。必须指出的是,土默特水利契约文书的发现,对于我们从更大地域范围内去认识和比较北方不同地区历史水权问题的异同,探讨其内在关联性及其差别,提供了条件和可能。

一、地水结合:附着在土地交易中的水权

蒙地的开发与清以来晋陕民众走西口有极大关系,更离不开山西商人的主导作用。所谓"先有复盛公,后有包头城",讲的就是晋商群体对于蒙地开发做出的重要贡献[1]。虽然清初政府对蒙地和汉地实行分而治之的策略,不允许内地汉人前往蒙地活动。但是随着康雍乾时代"盛世滋生人丁永不加赋"和"摊丁入亩"等一系列有助于人口和经济发展政策的推行,内地人口激增,人地关系紧张,内地有限的土地已经难以适应人口膨胀和社会发展的需求。在此背景下,走西口成为内地民人获取生存资源,养家糊口的一个重要策略。他们为此也甘愿铤而走险。清廷为阻止内地汉人进入蒙地的所谓"黑界地"和一系列禁令,已经难以抵挡住民众的步伐。进入蒙地的晋陕汉人移民数量不断增加。蒙古族是游牧民族,不擅长农业水利,更不懂得精耕细作。汉人进入蒙地后所具有的优势便是拥有丰富的农耕经验和水利开发的技术。无论对于蒙古王公贵族还是普通蒙古族民众而言,他们自身所拥有的最大优势便是广袤无垠的土地和草原。随着蒙汉交流的加强,获取属于蒙古人的土地进行农业经营,便成为进入蒙地的多数汉人首要的目标和谋生方式。

然而,蒙地与内地毕竟是有区别的。对于农业经营最为根本的土地和水这两大资源而言,在蒙地都有特别的规定。关于蒙古土地所有权问题,已有研究指出:"从严格意义上讲,蒙地并没有现代意义上的所有权,因土地不能买卖,无论蒙民和蒙旗王公,都不是所有权的法人代表,只是占有权的代

---

[1] 该方面有启发性的研究可参考安介生:《清代归化土默特地区的移民文化特征——兼论山西移民在塞外地区文化建设中的贡献》,《复旦学报》1999年第5期;王卫东:《融汇与建构——1648—1937年绥远地区移民与社会变迁研究》,华东师范大学出版社2007年;樊如森:《清代民国的汉人蒙古化与蒙古汉人化》,《民俗研究》2013年第5期。

表。"[1]这些土地包括官地、半官地、户口地和公共游牧地。其中,户口地作为普通蒙丁的生计地,是土默特地区最为复杂的土地类型,也是内地汉人或租或佃或买卖的主要对象。清政府为了防止蒙地流失,禁止出卖蒙地,尤其是用来维持普通蒙丁生业的"户口地",如果蒙丁无嗣"绝户"或"正法",户口地随即收为国有。然而,乾隆八年重新分配户口地之后,一方面因为土默特蒙古不善耕作,另一方面土默特蒙丁承担清廷的差兵,对所分土地还是以出租为主。蒙丁及其家人为了维持生计,不顾清廷禁令,将户口地租典,更有甚者将户口地出卖。清咸丰年间,由于土地租典关系的发展,土默特蒙古的户口地,已多半典卖[2]。

至于水权,在清代康熙年间以前,由于土地尚未被大规模开垦,因而不存在水利灌溉的问题。康雍乾时期以来,随着土地开垦力度和范围的不断扩大,水利灌溉的重要性日渐凸显,水权才逐渐明确起来。对此状况,王建革认为:"如果原蒙古地主有水权,无论土地如何转租,水租也随之转移。收水租的权利,即水权总归蒙古地主,但用水权总是随土地的使用权转移。"[3]换句话说,仍然是遵循"水随地走"的原则,与明代晋陕地区的情况相似,强调土地与水的结合。对于户口地的水权问题,穆俊的研究中引用了土默特左旗档案馆的一则1922年官方水利呈文:"查绥远实划特别区域,本旗(即土默特旗)东至察哈尔镶蓝旗,西至乌喇特东公旗,五百余里逢沟有水,有水者必灌地。此即雍正十三年暨乾隆八年两次赏放户口地亩,水连地,地连水,凡系蒙民自种者,池水随其自用。"[4]这里描述的应该是雍乾时期土地开垦不多,水源充足而且使用便利的情形。

蒙地开垦日益广泛,对水的使用就不能再沿用档案中所谓"随其自用"的旧办法了,而是有了固定的份额和轮流灌溉时间,即水程。对于普通蒙民而言,这个水程应当是对应于他的某一块户口地。这在土默特地区的水利契约文书中有显著体现。如乾隆五十五年,蒙民公庆将其云社堡的水地一顷,白汗地五顷和渠水三俸、空地基一块典给一个名叫"雇法"的人耕种。所谓"渠水三

---

[1] 王建革:《清代蒙地的占有权、耕种权和蒙汉关系》,《中国经济史研究》2003年第3期。
[2] 穆俊:《清至民国土默特地区水事纠纷与社会研究》,复旦大学2015年博士学位论文,第113页。
[3] 王建革:《清代蒙地的占有权、耕种权和蒙汉关系》,《中国经济史研究》2003年第3期。
[4] 《请转呈水利公司立案的呈文》,1922年5月22日,土默特左旗档案馆,全宗79,目录1,第872件。转引自穆俊2015年博士学位论文,第162页。

俸",当指一顷水地所连带的水程[1]。嘉庆二十五年,蒙民聂圪登因差事紧急无处辗转,将自己云社堡村祖遗户口白地一顷,随水一俸二厘五毫,租给杨光彦耕种[2]。道光十二年,立租地约人永成店,永成店应是一个商号名称,租到什立兔召当家大斗木气公盖达旺位于圪束桂达旺村南的水地两块,"许水一俸","言明每一年出地租钱八千文"[3]。道光二十年,一个名叫乔安的人,租到蒙古八扣名下祖遗水地一块,"随带第八天大水一奉","同人言定连水带地每年共出租钱二十千文"[4]。蒙人在出租水地的同时,将地上的水程也连带一并租出去,说明地水结合,水随地走的原则在蒙地还是较为常见的一种现象。延至民国,出租各种不同类型水地的合同依然大量存在。如民国七年蒙古人考院政将自家的一块户口地,系水地,租给贾仁为业,"随带东头水渠一半,渠水轮流浇灌"[5]。1936年,汉人王恩渥租到蒙人巴政祥的两块熟茬地,这两块地系清洪水地,契约中"地内原有渠路一直通至桥眼接水地带,夏冬两季灌溉地亩毫无阻碍"[6]。最后写明"恐口无凭,专立一式合同出租永远清洪水地凭据文约为证,以资信守而重产权"。

还有一些土地原本没有水利灌溉,但是具备引水灌溉的条件,因此在汉人承种后,通过投资挖渠引水,变成有水地。这种情况在部分契约文书中也有体现。兹略举一二事例以说明。道光十二年,蒙民聂圪登将自己祖遗云社堡村东北的一块"户口沙地",共计68亩,租给一个名叫"玉成山"的人,看名字似乎也是蒙民。在租约中写到这块地在玉成山名下永远耕种为业,"开渠、打坝、洪水淤地、修理柱座、取土、吃水"等,任其自便。但是另有规定说,如果玉成山在地上开渠,那么"至开渠十年以外,每年地租钱二千七百二十文",十年以内每年支付的地租钱则为一千三百六十文,整整少了一半的价钱。[7] 可见有无水利灌溉条件对于土地出租价钱是相当关键的。类似这种内容的租地契,还有蒙民三皇宝、八扣、海宝、观音保、达木气、塔速合等人与汉民签订的租约。时间也大致为清道光、同治和光绪年间,可见这种形式在蒙地也是很普遍的现象。

[1] 铁木尔主编:《内蒙古土默特金氏蒙古家族契约文书汇集》,第6页。
[2] 铁木尔主编:《内蒙古土默特金氏蒙古家族契约文书汇集》,第8页。
[3] 《清代至民国时期归化城土默特土地契约》第四册上卷,第302页。
[4] 《清代至民国时期归化城土默特土地契约》第一册,第142页。
[5] 《永租朱尔圪岱村水地契约》,1918年12月27日,土默特左旗档案馆,全宗79,目录1,第953件。
[6] 《清代至民国时期归化城土默特土地契约》第二册,第350页。
[7] 铁木尔主编:《内蒙古土默特金氏蒙古家族契约文书汇集》,第10页。

二、地水分离：脱离开土地单独交易的水权

无论如何，上述契约所展现的地水关系仍为传统的"地水结合，水随地走"的固有套路，与内地相比没有太多差异。如果仅仅如此，那么蒙地水利也就没有什么有趣的地方了。重要的是，在上述水利契约文书之外，我们又发现了其他的类型。如果用山西的经验来讲，就是水与地分离被单独交易的类型，在蒙地也同样存在着。这使得研究者在山西区域的研究不再是孤证，而是有了互证和比较的可能。

根据此前对晋陕历史水权问题的研究结论，在公私水交易的多种类型中，最具有时代转折意义的应当是私水交易中的"私水卖私"，亦即私人之间相互进行的水使用权、经营权和支配权的转移。晋陕地区的研究已经指出，私水卖私存在一个由非法到合法的转变过程。目前能够找到的最有力证据便是山西介休洪山泉域的乾隆三十四年私水买卖官契文书。令人惊喜的是，在土默特地区，涉及单独出让和转移水权问题的契约文书共计9件。其中乾隆朝2件，嘉庆朝1件，同治朝1件，光绪朝5件，显现出一种连续性的特点，说明蒙地民间的私水交易并非孤例。为便于了解和讨论，兹誊录年代最早的两件乾隆朝水契约内容如下：

1. 张木素喇嘛约[1]

  立租水约人张木素喇嘛，今租到什不吞水半分。同人言定，租钱七钱五分。以良店合钱，使钱三千整。许用不许夺，秋后交租。如交不到，许本主人争夺。恐口无凭，立租约存照。

  合同【骑缝】

  乾隆五十六年九月廿五日

  中见人　王开正　水圪兔　范士珍

2. 寡妇莲花同子伍禄户约[2]

  立租水约人寡妇莲花同子伍禄户二人，因为无钱使用，情愿将自己水半分租与张惟前使用。每一年出租钱七百五十文。现使押水钱二千文。

---

[1]《清代至民国时期归化城土默特土地契约》第四册上卷，第113页。
[2]《清代至民国时期归化城土默特土地契约》第四册上卷，第126页。

不许争夺,永远使用。立约存照用。
合同约存照【骑缝】
乾隆六十年二月廿五日
中见人　郭世英　那速儿　武慧章　那旺　绥克图

比较可知,这两件水契约的形式和内容大体是一致的,与此前我们看到的作为标的物的"地"不同,这里的标的物只有"水",没有"地",水是被人们单独转让的。在人们眼里,水本身具有可观的价值,通过出让水使用权有助于缓解日常生活中的经济困难。因此对水的处置与常见的对土地的交易一样,都带有蒙地的一些基本特征,如"许用不许夺""押水钱"等规定。这些规定使人们对水的租佃带有永佃权性质,实际上相当于变相卖水。尽管在乾隆三十四年萨拉齐县五当沟海岱村水利碑中尚有"蒙古永不许图钱卖水,民人亦不许买水浇地。日后倘有卖水买水情弊,执约禀官究治"[1]的禁令,但是已无法阻挡民众对水的需求,实践中官方的禁令屡屡被突破,已经形同具文了。不仅如此,当人们发现单独租佃水的价钱比起租种价格较高的水地更省钱时,那些拥有土地且距离水源较近的人们,会想方设法通过单独租水的途径获得水使用权,再将其用于灌溉自己租种的无水土地,如此便大大节约了生产成本。嘉庆二十三年,蒙人尔登山将自己名下的一昼夜蒙古水分推予范德耀等8人,并与他们订立水约。具体内容如下:

> 立推水文约人尔登山,今将自己蒙古水一昼夜情愿推与范德耀、刘永兴、刘通、张承德、刘永琦、刘仰凤、刘永德、色令泰、范瑛各等名下开渠使用。同众亲手使过清钱五十七千文整,其钱分毫不欠,每年打坝,有坝水银四两以八合钱。自推之后,如有蒙古民人争夺者,尔登山一面承当。恐后无凭,立推水约为证。
> 嘉庆二十三年十月十五日立
> 中见人　杨明昱　高培基[2]

无独有偶。道光十年,民人卢恒山租到蒙人更庆南的一块滩地用于开渠引水。该契约中说,"立租地约人卢恒山,今租到更庆南滩地一块,……四至分明,情愿租到开水渠永远为业,同人言明,每年出租钱一百文。现支过押地钱

---

[1] 此碑现存于内蒙古萨拉齐县沙尔沁乡海岱村,又见于《包头市郊区志》,内蒙古人民出版社1999年,第308页。
[2] "将自己蒙古水分一昼夜推予范德耀等八人",土默特左旗档案馆,全宗80,目录-14,第121件。

三百文。两家情愿,恐口无凭,立租地约照用。"[1]可见,在分别获得土地和水权后,人们还会创造条件通过买地开渠的方式,将水引到自己的田间地头。这样的事例在蒙地可以说是屡见不鲜,所在多有,反映了人们灵活的才智和解决问题的策略。

如果说这两件契约反映的只是两个不同地方片段信息的话,那么光绪十六年直至光绪三十四年,蒙古人富老爷与汉人陈元喜、武占鳌因为过水约而引起的风波更为完整,足以说明地水分离在当地已经是一种普遍的现象了。兹先将这两件水契全文誊录如下,以便讨论:

1. 陈元喜约[2]

立租到永远大水合同约人陈元善,兹因光绪十六年蒙古富老爷水租错过成地租,待至光绪卅三年因错起讼,当堂断给。又央请中人说合,改换新过租水约。至此,从立园行第八天大水二厘,轮流浇灌。此水专卖与武占鳌名下管业。中人说合,由己误错,连武姓重新过蒙租约,共作押水租银四十两整,至今改正并无差错。所有富老爷迷失地约合同,嗣后此地约出来以为故纸勿论。若有别人见出此约,有富老爷一面承当,已存地约归与富老爷存放,此地向蒙古巴俊对换过租约,承主另立新合同为似。至此各出情愿并不返悔。同人言明,每年应纳水租钱三千文。按春秋二季缴纳,不许长支短歉,亦不准长跌水租。恐后不凭,端立永远合约为证。

立合同两张各执一张

光绪三十三年八月二十七日

知见人：陈元喜　牛光　石有贵　张有成　园行甲头郭成九　翟鸣山

2. 武占鳌约[3]

立租永远大水合同约人武占鳌,今租到土默特旗蒙古富老爷东河槽必气沟第八天轮流大水二厘。同人言明,情愿租到自己名下管业,承受轮流灌溉、挑渠打坝。一切由己自办。此契向陈元喜以水换水,过约银陈姓带过,多寡不论,执约承产,于过年应出水租九十现成钱三千文,按春秋二季交完,不准长支短欠。又不准长跌水租。水渠通行官渠到地。若有蒙

---

[1]《清代至民国时期归化成土默特土地契约》第三册,第38页。
[2]《清代至民国时期归化城土默特土地契约》第二册,第257页。
[3]《清代至民国时期归化城土默特土地契约》第二册,第254页。

民人等争端者,有承主人一面承当。此系两出情愿,永不反悔。恐后难凭,同立永远租到大水合同约为证。
  立合同两张各执一张
  大清光绪三十三年八月廿七日
  此产原在巴俊名下调错,三十二年十二月廿一日陈元喜佃与武姓。三十三年八月间调正。
  知见:李尚文 牛光 石有贵 张有成
  园行甲头郭九成 翟凤翱

  分析可知,光绪十六年,土默特旗蒙古人富老爷把自己名下的户口水租给陈元喜,户口地租给蒙古人巴俊,结果却在过约时把水租错过为地租。到了光绪三十三年,当陈元喜把富老爷名下的"立园行第八天大水二厘"转让给汉人武占鳌时,才发现当年犯下的这一"乌龙"。于是因错起讼,当堂断令更正。经中人说合,武占鳌和巴俊对调租金,重新过约,此事才得以平息。富老爷分别租让户口地和户口水的行为,使我们看到蒙地地水分离,分别交易的行为事实上已经是相当普遍了。

  同时,我们还注意到,蒙地的地水分离与内地不同之处还在于转让水权的方式多种多样。除了租外,还有典和佃两种形式。兹各举一例。

  首先是典的形式。同治某年,蒙古人金宝、金印同母将自己名下所有的三分户口水,一半典给顾清、顾存仁,一半典给杨喜凤:

  立典清水约一分半,归化城蒙古金宝、金印同母,自今使用不足,今将自己□□清水一分半,情愿出典与顾清、顾存仁二人名下用。清水价钱同人说合,现使过典价钱一百二十吊文,其钱当交不欠。日后钱到回赎,乃钱不到,不限年。现约外杨喜凤清水一分半,同人说合,典清水价钱一百二十吊文,其钱当交不欠。日后有蒙民人争夺者,归化城金宝、金印当面承当。恐口无凭,立合同约为证用。
  大清同治□年十二月十三日 立
  知见人:马元 王永福 乌尔贵布 根焕子 郝全福[1]

  其次是佃的形式。光绪十一年,汉民张维善将自己名下佃到的西包镇园行第四天轮流大河大水二厘五毫,推佃到自己侄子张治邦名下:

---

[1] 铁木尔主编:《内蒙古土默特金氏蒙古家族契约文书汇集》,第41页。

立推佃永远第四天大水文约人张维善,今因自己时需缺乏,不能管业,无奈央人说合,愿将自己祖遗置到西包镇园行第四天轮流大河大水二厘五毫,将自己大水情愿推佃与侄子张治邦名下,永远使水浇地立业。同人当面言定,诸等出佃水价,街市外兑钱二百五十吊文,九十现钱一百吊文整,其钱笔下交清不欠。每年随带蒙古水租钱二千六百文。按春秋二季交纳。不许长支短欠。嗣后倘有家族户内蒙民人等争夺者,有张维善一面承当。系事情出两愿,永无反悔,恐后有疑无凭,立约为证用。
大清光绪十一年二月廿六日立
同中人:乔德财　张功德　张有成　张江[1]

与此相似,我们手头还有光绪三十四年四月初五日蒙人达木歘与富先子、益罗图分别订立的出佃清水协议。内容与张维善约相仿,不同的只是契约双方均为蒙人,而不仅仅限于汉人和蒙人之间。篇幅所限,不再赘述。

此外,在光绪年间土默特地区契约文书中还有一些比较特殊的类型。如光绪四年汉人李海与蒙人海宝所立契约中,可见名为"永远地水合同文约"的说法,与前述直接写明"水地""沙地""滩地""白水地""洪水地""荒滩地"等名称不同,这里的地水合同表明,标的物为地和水两个,而非单纯的某一种土地类型。笔者以为,李海和海宝达成的这件契约中,地和水并非是对应关系,而是通过这次租地行为,将原本没有关系的地和水结合在了一起。接着再看这件契约,李海租到蒙古人海宝位于西包镇南龙王庙南的四块"白地"。其中说,"各块地四至分明,随带第四天轮流大水二厘五毫",并且言定"押地水过约钱四十千文""所有各块地内使水渠路通行老坝""每年随代蒙古地、水租钱五千六百文"[2]。如果是单纯的水地或者说其他土地类型的话,在租约中通常会直接写作"地租钱若干""押地钱若干",而不会是采用这种奇怪的写法。这就证明了笔者的推测:这是一种地与水重新组合的形式。目前所见土默特地区这种形式的契约共有5件,其年代主要集中于清光绪年间,民国初年1件,其他时间未见。这或许表明随着清末水资源稀缺问题的加重,水权问题的凸显,水与地的固定结合关系在当时已经出现了某种松动迹象。

需要强调的是,这与研究者在山西介休洪山泉域观察到的乾隆三十四年地水买卖红契具有极大的相似性。不同之处在于,这里的行为仍停留在民间

---

[1] 《清代至民国时期归化城土默特土地契约》第二册,第96页。
[2] 《清代至民国时期归化城土默特土地契约》第一册,第384页。

层面,未得到官方的正式认可,官方的态度充其量还是一种无视和默许。之所以如此,恐怕还与清代国家制度和宏观政策层面,禁止户口地买卖和出租的硬性规定有关。历史的惯性,有时往往很难一下子改变,直至民国初年这种习惯还在延续。1914年在汉人刘宪文与蒙人富珠理所立契约中,再次出现"永远地水合同文约"的字样。契约的形式与光绪年间几乎没有什么区别,刘宪文租到富珠理祖遗西包镇东河村南水地11亩,又随带第四天轮流大水2.5厘,言定这笔交易共作过约现平足银27两,每年随带蒙古地地水租钱6 250文[1]。

三、同中有异：与晋陕水权交易的比较

在对清以来蒙地水权交易问题的研究基础上,结合学界对晋陕两省相关问题的研究结论,有助于我们在一个更为广大的空间范围内去认识和理解水权商品化的问题。水权商品化这一观念的形成,其实经历了一个比较长期的过程。换言之,今人的水权观念其实是建立在历史水权实践基础之上的,并非凭空生成。

本研究显示,在明清以来人口资源环境关系日渐紧张的大背景下,原本附着在土地上的水的价值日益凸显,其潜在的价值逐渐被人们所发现和认识。水权交易从非法到合法,官方对买卖水的态度从严厉禁止到睁一只眼闭一只眼地默许,再到公开承认其既合理又合法,这背后既有生态环境的因素,也有市场和民间的因素,还有价值观念以及监督管理成本核算的因素。水权交易的普遍化和正当化,正是诸多因素合力作用的结果。其中,最具革新意义的是人们对水的态度和观念的转变。过去的地水结合,将水固定在土地之上不允许其自由转让和买卖,对于管理者而言,并非没有意义,甚至是合理合法的,可能是众多解决问题的策略中最为稳妥的办法。然而,人地关系的紧张,水资源需求量的加大,水资源空间配置的不合理和低效率,使这种平稳发展的态势已经难以适应来自现实生活的压力。变革势在必行,在所难免。水权从被束缚的土地上分离出来,打破制度和空间限制,通过市场调节的方式被较高效率地配置到最需要的地方。在客观上对于提高农业生产,改善民众生活,具有划时代的意义。这个问题的背后,最具决定意义的,其实是人们观念的转变。以此来看,自清乾隆以来出现的地水分离,水权商品化的现象,对于传统农业社会

---

[1]《清代至民国时期归化城土默特土地契约》第二册,第286页。

而言,预示了一个新时代的到来。

在此基础上,我们再来看清以来蒙晋陕水权交易之空间差异性问题。在讨论差异性之前,先说一下统一性的问题,这样或许更有助于我们来认识差异性。在蒙晋陕这样大的地理空间内,自明清以来的水利社会运行中,均出现了买卖水的现象,这里的水尤其是指私水的买卖问题。它表明长久以来地水结合的态势已经处于瓦解的状态,水地关系的松动是一种历史内在动力的驱动,也可以说是大势所趋。

我们在陕西、山西和内蒙所观察到的其实是地水关系松动的三个不同节点。在陕西,现有研究指出,虽然地水关系松动,但是地水买卖的行为只限于地下,始终未能公开进行〔1〕。在山西,地水关系在明代万历十六年就出现了松动,但是传统和革新的力量进行了博弈,以介休县令王一魁所代表的传统力量占据一时之利,将民间和市场要求把水从地上分离出来的愿望暂时打压了下去。但是这并不能阻挠地水分离的步伐。乾隆三十四年介休洪山卖水红契为这场争论打上了一个句号,并宣告了新时代的来临。山西清代和民国时期的私水买卖事例表明,在山西水的买卖进行得是多么地彻底和久远。最后再来看蒙地。蒙地与晋陕传统农业社会相比具有特殊性,因为这里过去是游牧社会,其农业化只是在清代康雍乾时期以后才发生的事情。与山西相比,这里虽然没有出现受到地方政府公开承认的水交易文书,却并不代表其水地分离的程度不高。蒙地与山西一样,自清乾隆年间以来就开始了地水分离,单独转让和买卖水的行为。而且就交易形式而言,更为多样化,他们对水权的交易虽然仅限于租、典、佃等方式,但就其实质而言,与山西地区的水权买卖并无二致。这就是蒙地的特点,是受制于清代国家制度和政策层面不允许蒙古土地和水被随意买卖的现实规定而进行的一种灵活变通。

此外,对于蒙地"地水分离"的时间节点和原因,我们也需要倍加关注。不难发现,反映蒙地水权交易的契约文书,其时间最早者为乾隆五十六年,数量更多的是嘉庆、道光、同治、光绪和民国时期。因此,以现有契约文书资料为据,可以判断蒙地的私水交易发生在乾嘉年间以降的历史时期。这个时间点稍晚于山西在乾隆三十四年政府对水买卖合法性的公开授权,显示了山西和蒙地的前后延续性。这与蒙地大规模开垦和农业化进程主要发生在乾嘉年间

---

〔1〕 有关论述参见萧正洪《历史时期关中地区农田灌溉中的水权问题》,《中国经济史研究》1999年第1期。张俊峰:《清至民国山西水利社会中的公私水交易——以新发现的水契和水碑为中心》,《近代史研究》2014年第5期。

以降应有直接的联系。进入蒙地的汉人移民主要是以晋陕移民为主的,这是清代内地民人进入边疆地区的移民高潮——走西口——的结果。内地民众在进入蒙地的过程中,不仅带去了劳力,也带去了内地农民对于用水的观念和态度。蒙地的水权交易行为,一定程度上可以视为对内地已经发生的地水分离现象和水权买卖行为的一种移植。只是在观念植入过程中,还要充分考虑蒙地的历史、制度和环境因素。因此,蒙地的水权交易,就有了其自身的特点。

四、若干理论性的思考

综合蒙晋陕历史水权交易的区域实践,有助于我们在理论层面从以下四个方面加以总结和反思:

首先是怎样理解通过以水为中心去认识乡土中国社会经济的核心问题。在近年来颇引人关注的山西水利社会史研究中,研究者曾提出以水为中心开展山西区域社会史研究的观点[1]。这一观点旨在强调水在山西这个水资源相对匮乏省份的乡村社会变迁中所具有的重要作用,引起学界或褒或贬的评论,产生争议的焦点在于:尽管研究者承认水资源对于传统农业社会发展所具有的重要作用,但是过度强调某一要素在地域社会发展中的中心作用,可能会有夸大之嫌。即便人们承认水资源很重要,但是土地、森林、植被、矿产资源等自然禀赋和市场圈、祭祀圈、宗族等经济社会层面的因素又何尝不会对区域社会的发展起到某种主导作用呢[2]。应当说,这样的反思不无道理。然而,通过对晋陕蒙历史水权问题的探讨,笔者以为强调水的中心地位其实是与学界以往强调较多的以土地为中心的研究视角相对立提出的。必须承认,以土地为中心的乡土中国说是以往理解传统中国社会一个常见的视角。倘若站在地水关系变迁的立场,不难发现,传统乡村社会中土地与水的关系,随着水资源供给的日益不足,人地关系的紧张,水的价值不断凸显,原本附于土地之上没有太高价值的水开始脱离开土地,具有了较高的商品价值,单独出售水权的行为能够为水权拥有者带来丰厚的经济利益,这一特点在蒙晋陕的水权交易实践中已经得到很好的证明。在此意义上,水相对于土地而言,已经成为一种关键要素,只要有水流到的地方,地价就会提高,产量就会提升且有保障,相

---

[1] 行龙:《水利社会史探源——兼论以水为中心的山西社会》,《山西大学学报》2008年第1期。
[2] 参见张俊峰:《明清中国水利社会史研究的理论视野》,《史学理论研究》2012年第2期。

应的土地上承担的赋税也会有保障。正是在这种意义上,体现了水的某种中心地位。2004年,有学者曾对水利社会的概念进行过这样的界定:水利社会是以水利为中心延伸出来的区域性社会关系体系。对于中国"水利社会"类型多样性的比较研究,将有助于我们透视中国社会结构的特质,并由此对这一特质的现实影响加以把握[1]。正是在此意义上,近些年方兴未艾的水利社会史研究中,涌现出了"泉域社会""库域型水利社会""沟域社会"等不同的水利社会类型。从以土地为中心到以水为中心,这一视角的转换,对于区域社会史研究而言,无疑是有创新意义的。明清以来地水关系的转变,正是对此研究取向的一个有力注解。再扩展言之,冀朝鼎在20世纪30年代所开启的以水利事业来理解中国基本经济区的努力,似应在当代水利社会史研究的发展背景下得到更进一步的理论提升,成为我们理解乡土中国社会经济的一条新的路径。

其次是怎样理解水利共同体论及其水利共同体解体说。水利共同体论是日本学界从事中国水利史研究的学者在20世纪五六十年代提出来的一个学术观点。该观点认为,明清时代中国农村的水利共同体,原本是建立在地水夫钱一体化的基础之上。但是随着土地交易的频繁和水权买卖的商品化,致使地水夫钱一体化的原则遭受破坏,结果导致水利共同体解体,乡村社会水利秩序混乱[2]。结合蒙地和晋陕水权交易的契约文书可知,无论是官契还是民间的草契,在涉及水权交易问题时,对作为标的物的水程相应负担的"水钱"是有明确规定的,不会因为水权的转让而导致有关赋税无所落实。如果"水钱"没有着落,地方政府或水利管理组织会立即追究责任。如山西介休在明代万历十六年整治当地水权交易中出现的"有地无水""有水无地"现象时,就显示了相当积极的态度,对逃避缴纳水利赋税的行为进行了严厉处罚。因此,由于水权交易造成地水夫钱一体化原则被破坏并导致水利共同体解体的结局在实践中是根本不存在的。基于共同用水关系而形成的水利共同体,如果解决不好这个问题,是不可能维持一个地方长期稳定的用水局面的。至于水利纠纷不断的原因,研究者早已指出,"前近代华北乡村社会水权具有分等级、不公平、不合理等特点。随着水资源稀缺程度的加深,乡村社会产生了重新界定水权的要求,原有的文化安排却由于拥有低成本、低风险的特点,为地方政府和村庄普遍接受,使前近代以来形成的水权分配格局持久维系。由于水权的不合理

---

[1] 王铭铭:《水利社会的类型》,《读书》2004年第11期。
[2] 参见好并隆司:《中国水利史研究论考》,[日]冈山大学文学部研究丛书9,1993年12月;森田明:《清代水利社会史研究》,郑樑生译,台北"国立"编译馆,1996年。

界定,致使水资源时空分布不均,利用效率极低,水利纠纷因而难以避免"[1]。

第三是怎样理解明清以来北方区域社会的水权观念。必须明白的是,水权是水资源稀缺条件下的产物。水权交易所转让的并非水的所有权,而是具有实际意义的水使用权、支配权和处置权,在这个意义上的水权是私有的,是神圣不可侵犯的,是有财产意义的,更是个人财富的象征。侵犯个人私有水权的行为,不论在道义上还是法律上都是无法容许的。丰岛静英前揭文中曾讲到道光年间包头农圃社制定的"轮流浇水之法",这个办法被记录在《遗注大小水花名册》上。其中大水是河水,小水是泉水。从他们实施的办法来看,每天的水依据公鸡打鸣和太阳上下山的时间,被区分为"早水""晚水"和"夜水"。大水和小水均包括这三个时段。其中,大水的早晚夜水按照1个水股10厘计算,小水的每个水为1厘。1厘水股可灌溉面积平均是4亩半。灌溉一个周期按照11天计算,大水330厘小水33厘合计363厘,这些水被分配给90余人共同享用。一个灌溉周期里,每天的灌溉人、灌溉顺序,每人的灌溉量都是固定好的[2]。内蒙古包头如此,晋陕地区的水册、渠册亦然。本文所展示的土默特水权交易契也显示了水权的明晰可辨,并不存在因为水的流动性而导致的水权界定困难问题。在此意义上,我们认为,正因为蒙晋陕地域范围内水权交易实践中呈现出来的水权归属的确定性,保证了地水夫钱一体化原则的贯彻执行,因而维护了正常的用水秩序,水权交易并非水利秩序的破坏者。

最后是怎样理解历史水权问题研究的现实意义。本文对清至民国蒙地水权问题的讨论,有着极强的现实意义。就当今社会的水权观念和水权交易现状而言,早已超越了明清和民国时期。形成于清至民国的水权观念,不断凸显和强化了水作为一种资源所具有的不可替代的经济价值。这个观念对于解决当下中国城市化、现代化进程中水资源瓶颈问题,是有启示性的。建立人水和谐的节水型社会,建设资源节约型、生态友好型社会是我国当前和今后面临的一项重要战略任务。要实现这个目标,转变观念是至为重要的。近代蒙晋陕水权观念的形成和变迁轨迹,呈现出来的也正是观念的力量。这正是本文对于解决好当下问题最有价值的思考和启示。

本文原载《近代史研究》2017年第3期。

---

[1] 张俊峰:《前近代华北乡村社会水权的表达与实践——山西"滦池"的历史水权个案研究》,《清华大学学报》2008年第4期。
[2] [日]丰岛静英:《中国西北部的水利共同体》,载钞晓鸿主编:《海外中国水利史研究:日本学者论集》人民出版社2014年,第3页。

新荒与老荒:"丁戊奇荒"后山西省的荒地清查与整理
——兼论灾后山西土地抛荒情况

张 力

战争、灾害及赋役制度等都会造成土地的荒芜,对此政府一般会采取优待政策进行招垦或直接蠲免,以促进荒地的垦复。无论是招垦与蠲免,都需要建立在对荒地情况的了解之上。掌握土地实际情况最为理想的方式是对所有土地进行清丈。然而,全面清丈不仅耗费巨大,且费时费力,一般不易展开。明清时期针对土地荒熟变动进行了大量荒地清查整理活动。尤其是在社会出现较大变动之后,荒地清理往往成为社会秩序恢复的起点,对区域社会影响深远。例如,清初针对战争破坏造成的荒地进行了大规模的清理,奠定了清代土地赋税的基础[1]。清代后期,太平天国战争、白莲教和捻军起义等战乱后的荒地清理对战区社会经济产生深远影响[2]。此后不久,光绪初年北方地区的"丁戊奇荒"也对地方社会造成极大影响,"较之东南久被兵燹者,其情形尤为惨酷"[3]。关于光绪"丁戊奇荒"的研究成果丰硕,对灾后的荒地招垦等问

---

[1] 王业键:《清代田赋刍论(1750—1911)》,人民出版社 2008 年,第 31—32 页;彭雨新:《清代土地开垦史》,农业出版社 1990 年,第 5—10 页;陈锋:《清代财政政策与货币政策研究》,武汉大学出版社 2008 年,第 126—133 页。

[2] 李文治:《论清代后期江浙皖三省太平天国战区土地关系的变化》,《历史研究》1981 年第 6 期;李文治:《论清代后期恢复及强化封建土地关系的政策措施》,《中国社会经济史研究》1984 年第 1 期;葛庆华:《近代苏浙皖交界地区人口迁移研究(1853—1911)》,上海社会科学出版社 2002 年;林齐模:《旧制度的危机——太平天国战争对安徽田赋征收的影响》,《安徽史学》2002 年第 3 期;舒满君、曹树基:《太平天国战后歙县的田赋征收机制——以"胡六贵隐匿田粮案"为例》,《近代史研究》2016 年第 3 期;肖依依:《从浙江荒田清查看同光时期州县的财权》,浙江大学 2017 年硕士学位论文。

[3] (清)曾国荃:《与牧令书》,光绪《续刻直隶霍州志》卷下《艺文》,《中国地方志集成·山西府县志辑》第 54 册,凤凰出版社 2005 年,第 521 页。

题也多有讨论。然而,对于荒地清理的具体方法和过程多仅做概括[1]。王社教的研究指出了清代山西田地数字变化与自然条件、开发历史和土地垦殖限度的关系[2]。关于"丁戊奇荒"之后的荒地情况,其主要采用光绪《山西通志》中记载的除豁老荒地数字。从长时段来看,老荒地数字可以反映土地垦殖限度等问题,但是如果要考察灾后土地抛荒情况,则需要对当时荒地的整体状况进行考察,尤其是注意因灾形成的新荒地。有鉴于此,本文拟对"丁戊奇荒"之后山西省荒地清理的具体方法与过程进行考察,分析灾后荒地数字的来源与性质,在此基础上利用新发现的档案资料分析山西灾后荒地分布与土地因灾抛荒情况。不当之处,敬祈斧正。

一、灾后荒地问题与清理办法的酝酿

光绪初年,北方地区发生了特大旱灾,受灾范围涉及山西、河南、陕西、直隶、山东等地。光绪三年(丁丑,1877)与光绪四年(戊寅,1878)灾害最为严重,此次大灾又被称为"丁戊奇荒"。"丁戊奇荒"波及范围广、持续时间长、造成破坏严重,对受灾地方社会造成了深远的影响。其中影响最大、持久性最强的是受灾地区人口的大量亡失与土地荒芜,形成灾后荒地问题。

就山西省而论,光绪元年(1875)到光绪二年(1876)旱灾已渐呈普遍之势。光绪三年和四年灾情持续扩展,南北各地旱荒普遍发生。尤其晋南多数地区夏、秋两收俱失,并由于干旱失时,多地未能下种[3]。因为各地灾情与下种迟早不同,受灾情况有所区别。晋南平阳、蒲州、解州、绛州四府州受灾较为严重,光绪四年"逃亡绝户地亩虽经地方官设法招徕,耕者寥寥,田地既多荒芜,即以开垦耘锄者,收成又无指望"。相对而言,由于四月、五月两次降雨主要集中在太原、汾州、泽州、潞安、大同、朔平、宁武七府及霍州、隰州、辽州、沁州、平定州五州等地,这些地区受灾情况比南路四府州较小,但也形成大面积的荒

---

[1] 例如,何汉威《光绪初年(1876—1879)华北的大旱灾》,香港中文大学出版社1980年;夏明方:《清季"丁戊奇荒"的赈济及善后问题初探》,《近代史研究》1993年第2期;安介生:《清代山西境内"客民"刍议》,《晋阳学刊》1998年第6期;王雪丽:《曾国荃抚晋赈灾述略》,山西大学2003年硕士学位论文;[德]安特利雅·扬库著,邱志红、夏明方译:《为华北饥荒作证——解读〈襄陵县志〉〈赈务〉卷》,《天有凶年清代灾荒与中国社会》,生活·读书·新知三联书店2007年,第479—508页;郝平:《丁戊奇荒:光绪初年山西灾荒与救济研究》,北京大学出版社2012年。
[2] 王社教:《清代山西的田地数字及其变动》,《中国农史》2007年第1期。
[3] 郝平:《丁戊奇荒:光绪初年山西灾荒与救济研究》,第17—22页。

歉。只有北路忻州、代州、保德州各属受灾较轻[1]。整体看来，光绪四年以后山西各地尤其是中南部不但旧有荒地招垦未果，又有新的荒歉形成，土地荒芜进一步扩展。经过两年的持续旱灾后，人口亡失与土地荒芜造成的"已废田禾无人力以垦治"[2]，"恐数载抛荒益难垦治"[3]，已成当时面临的一大问题。

土地的大量荒芜是灾害造成的结果，反之又加重了灾害的影响。光绪三年四月，曾国荃到任以后采取了各种赈灾措施，一方面缓征各项钱粮，减轻灾民负担，另一方面广泛筹集赈灾钱粮，救济灾民。然而，持续的旱情使土地不断荒芜，已荒之地也无法立即复垦，这造成粮食进一步减产，引起粮价上涨，使赈务变得更加困难[4]。例如，光绪三年春，由于河东一带的缺雨，荒芜土地不能耕种，造成"粮价较去冬为尤贵，赈务视去冬为更难"[5]。赈济仅能解决一时问题，救灾最根本的是要恢复生产。因此，在赈济同时采取了鼓励播种复垦的措施。光绪四年四月、五月得雨之前，受灾最重的晋南各地已经组织了荒地招垦工作，并在降雨失时以后调集耐寒作物种籽，鼓励继续下种[6]。但当时已种耕地与荒地的情况，曾国荃只是听闻晋南荒地不少，至于"荒地多少之间，访闻不一"[7]。曾国荃意识到"得雨后种者约有几成，此事关明岁收成转机，在此极为紧要"[8]。针对已种耕地与荒地情况不明的情况，曾国荃与主持赈务的阎敬铭书信中提到，对荒地"拟行文一查，冀得实在"，并委托阎敬铭对晋南荒地问题进行调查访问，以"密函见示，以便证州县具报之虚实"[9]。可见，当时已有荒地清查之议。

---

[1] （清）曾国荃：《请分别蠲免钱粮疏》，"光绪四年七月二十四日"条，（清）萧荣爵编：《曾忠襄公奏议》，沈云龙主编：《近代中国史料丛刊》第44辑，文海出版社1966年，第904—906页。另见郝平：《丁戊奇荒：光绪初年山西灾荒与救济研究》第一章第一节《光绪初年灾荒的时空轨迹》。

[2] （清）曾国荃：《致吴子建制军》，（清）萧荣爵编：《曾忠襄公书札》，沈云龙主编：《近代中国史料丛刊》第58辑，第1189页。

[3] （清）曾国荃：《复梅小岩》，（清）萧荣爵编：《曾忠襄公书札》，第1191页。

[4] 关于光绪"丁戊奇荒"时期山西粮价问题见郝平、周亚：《"丁戊奇荒"时期的山西粮价》，《史林》2008年第5期。

[5] （清）曾国荃：《请展缓京协各饷解期疏》，"光绪四年三月二十八日"条，（清）萧荣爵编：《曾忠襄公奏议》，第802—803页。

[6] （清）曾国荃：《续得雨泽疏》，"光绪四年五月二十日"条，（清）萧荣爵编：《曾忠襄公奏议》，第860页。

[7] （清）曾国荃：《致阎丹初》，（清）萧荣爵编：《曾忠襄公书札》，第1167页。

[8] （清）曾国荃：《致阎丹初》，（清）萧荣爵编：《曾忠襄公书札》，第1258页。

[9] （清）曾国荃：《致阎丹初》，（清）萧荣爵编：《曾忠襄公书札》，第1167页。

荒地问题不仅对赈灾造成影响,还进一步阻碍了地方财政的正常运转。两年的旱灾,造成钱粮征收损失巨大,救灾也造成"出款反较往岁为增"[1]。对此,曾国荃与阎敬铭于光绪四年五月会奏《缕陈要务疏》,陈述了当时三条切要事宜,以培复元气,其一清厘荒地,其二编审丁册,其三均减差徭,提出"责成地方官督同公正绅耆桉亩清查,另立簿册",以及荒地招垦办法[2]。但并未涉及荒地清理办法。

针对各地受灾程度不同,曾国荃于九月十二日奏请光绪四年的下忙钱粮进行分别蠲免。其中受灾较重的地区予以全免,受灾较轻地区则采取"剔荒征熟"的措施。这就需要查明荒地具体情况[3]。例如,九月二十二日,辽州接到捐输局要求查明已荒之地的函札,责令该州"立即遵照,亲历四乡逐一履勘,将已荒田亩悉数查明造册请免外,其成熟村赶紧察看丰欠情形,应酌减几成征收,核实妥议。如有因歉收不能征收之处,亦即据实具报,勒限文到五日内禀复,以凭汇核办理"。对此,辽州查明已种秋禾之地的情况,但对已荒之地仅是声明进行查明造册,而并未施行。十二月新任知州陈栋上任后,才对光绪四年未种秋禾荒地进行了勘查[4]。该年秋季,曾国荃在给汾州知府罗嘉福的书信中提到,"清查荒地之法已严饬照尊议办理,多有具复者,他日倘能办好,则小民受我公之惠无穷矣"[5]。这里所提的荒地清查当是指此次奏请四年下忙钱粮分别蠲免之后,上述辽州等"剔荒征熟"地区的清查。

光绪五年(1879),灾情稍有缓和,善后事务进一步展开。二月,朝廷下发谕旨称给事中郭从矩奏陈山西受灾疾苦,提出三条善后建议,责成地方认真变通办理。三条建议分别为,清理荒田,编审丁册,均减差徭[6]。这与光绪四年五月曾国荃和阎敬铭会奏《缕陈要务疏》基本相同。但当时三项事务仍是"各州县详禀未齐,尚难具奏"[7]。曾国荃认为其中差徭、丁粮两项不难着手,但荒地清查一项困难重重,并指出了原因:

---

[1] (清)曾国荃:《缕陈要务疏》,"光绪四年五月二十七日"条,(清)萧荣爵编:《曾忠襄公奏议》,第865页。
[2] (清)曾国荃:《缕陈要务疏》,"光绪四年五月二十七日"条,(清)萧荣爵编:《曾忠襄公奏议》,第866—868页。
[3] (清)曾国荃:《各属下忙钱粮请分别征免疏》,"光绪四年九月十二日"条,(清)萧荣爵编:《曾忠襄公奏议》,第949—953页。
[4] (清)陈栋:《为查明荒地缺丁钱粮造册详请蠲免事》,雍正《辽州志》卷8《续艺文》。
[5] (清)曾国荃:《致罗訐庭》,(清)萧荣爵编:《曾忠襄公书札》,第1279—1280页。
[6] (清)郭从矩:《吏科掌印给事中郭从矩奏陈晋民疾苦疏》,光绪《解州志》卷12《奏疏》。
[7] (清)曾国荃:《复阎丹初》,(清)萧荣爵编:《曾忠襄公书札》,第1387页。

惟荒地一项既有新旧之殊,苦乏清厘之策,不得主名项亩数目,碍难请豁钱粮。若逐一清丈,又恐拖累地方,久旷时日。然不亟не清剔,贻留一分累粮,民间即受一分之害。届及民困不支,而经征督催官吏分处,胥无可避。是清理而得其要,则如脱赘疣;清理而不得其要,则益增纠结,此清查荒地着手之难也。……此查明之后,免赋三年五年,以待升科之说,有无窒碍,抑应作何办法,我公必有元解,务求详细指示,藉有持循,至恳至祷。[1]

可见,荒地清查办法面临以下几个问题。其一,如何区分荒地与熟地,需要具体的标准。同时,新荒地的分辨也并非易事。例如,解州知州马丕瑶就提出,"查荒地为第一要事,然此事竟不容易。未种之田为荒,似也,然此中有留作秋田者,有人少而未能全种者。无主之田为荒,似也,然今年乡间皆知势必开征,心存诡避,无主者而报为无主,即有主者亦报为无主。询问之乡约公直,亦有随同隐匿者。缘三忙未开征,该里书、甲催大半死亡,其征粮册子大半遗失,户口地亩底簿大半不符"。据此,马丕瑶认为,只有开征以后才能促使地方查明荒地实际多少,"非开征不能彻底澄清"[2]。其二,荒地清查需要查明荒地主名与面积实数,否则无法进行豁免申请,但逐一清丈不仅耗费巨大,"恐拖累地方",而且费时较长,不能应对当时急需。因此,如何快捷有效获取荒地实际情况,是清查办法必须解决的问题。其三,荒地清理必须把握得要,否则极易造成各种纠纷。这也就是曾国荃所言清查必须要有得力者操办,否则"不得其人,立法无益"[3]。第四,荒地查明以后停征年限的问题。当时分别出现无主新荒与有主新荒分别停征三年与二年、四年与三年以及笼统的三年五年,七年八年等多种说法。由于晋南各地荒地问题最为严重,曾国荃将这些问题向驻晋南署理赈务的阎敬铭提出,并随后与熟悉赈务的李用清、王鼎臣等人进行商议[4]。

上忙钱粮一般于二月开征,光绪三年、四年钱粮已有停征,光绪五年上忙钱粮再难申报停征。受灾害影响,最后议定冀宁、河东两道所属州县光绪五年上忙钱粮推迟于四月十五日开征,至七月十五日征完[5]。由于荒地的大量

---

[1](清)曾国荃:《复阎丹初》,(清)萧荣爵编:《曾忠襄公书札》,第1387—1389页。
[2](清)马丕瑶:《致太原左楚瑛太守》,《马中丞遗集》书牍卷1,光绪二十四年马氏家庙刊本。
[3](清)曾国荃:《复阎丹初》,(清)萧荣爵编:《曾忠襄公书札》,第1333页。
[4](清)曾国荃:《复阎丹初》,(清)萧荣爵编:《曾忠襄公书札》,第1395页。
[5](清)曾国荃:《勘明和托二厅荒地仍恳豁除疏附片》,"光绪五年三月初九日"条,(清)萧荣爵编:《曾忠襄公奏议》,第1231—1232页。

存在,造成了"荒熟不清,主名顷亩不得,豁免无案,计臣将起而议其后,州县必因此而愈累。且历时过久,诈伪日滋,有因荒难纳之粮,即有非荒不完之赋,国家额设经赋,亦且永无规复之望"[1]。因此,只有对荒地进行及时清理,才能保证钱粮的正常征收与恰当豁免[2]。

随着钱粮开征在即,山西省最终于光绪五年四月间订立了荒地清查章程,并"发交查荒委员遵照办理"[3]。至此,筹备酝酿了一年的荒地清理正式开始。

二、光绪五年的荒地清理

目前尚未看到光绪五年四月间订立的荒地清查章程。但在订立并刊发荒地清查章程后,曾国荃随即下发《与牧令书》[4],以督促各地实力办理[5]。《与牧令书》分清荒、恤荒、劝荒、招荒等四个部分,详细阐明了解决灾后荒地问题的具体办法。劝荒与招荒主要针对荒地垦辟与恢复,清荒与恤荒两部分即是荒地的清理方案[6]。

所谓清荒有两层含义,其一是区分荒地和熟地,其二是区分不同种类的荒地。由于全省各地"被灾有轻重之殊,地方有贫富之别,土壤有肥瘠之异",由此造成的荒地也不能一概而论。具体的办法是按照形成机制及招垦的难易程度,将荒地分为老荒地(又称坍荒地)、新荒地(又称无主新荒地)与暂荒地(又称有主新荒地)三类,并对如何区分各类荒地进行详细的规定。老荒地是指"水冲、沙压、石积、碱废赔粮之地,非累在里甲即累在州县,实不关于此次旱灾"的荒地。新荒地是指"地主死亡逃绝,而又非亲族里甲人等所愿承领者"。针对轮荒耕作的土地可能混入此项荒地的情况,规定"因爱惜地力,种夏而不种秋,今年种而明年不种,不得借此牵混"。在实际操作中,一些地方又称新荒

---

[1] (清)曾国荃:《与牧令书》,光绪《续刻直隶霍州志》卷下《艺文》。
[2] (清)曾国荃:《复阎丹初》,(清)萧荣爵编:《曾忠襄公书札》,第1434页。
[3] (清)曾国荃:《复江蓉舫》,(清)萧荣爵编:《曾忠襄公书札》,第1469页。
[4] 另有一份文件《致各府厅州公函》,内容与《与牧令书》基本相同。二者分别见于《曾忠襄公书札》(第1508—1516页)与光绪《续刻直隶霍州志》卷下《艺文》。两份书函的一个差别在于对停征年限规定的不同。《致各府厅州公函》规定无主新荒地与有主新荒地的停征年限分别是三年与二年,《与牧令书》规定无主新荒地与有主新荒地的停征年限分别是四年与三年。最后采取的分别四年与三年停征方法与《与牧令书》相同,因此《与牧令书》应稍后于《致各府厅州公函》。
[5] (清)曾国荃:《复江蓉舫》,(清)萧荣爵编:《曾忠襄公书札》,第1469页。
[6] (清)曾国荃:《与牧令书》,光绪《续刻直隶霍州志》卷下《艺文》。

地为逃绝无主(新)荒地、逃亡绝户荒地、逃绝新荒地、新荒绝户无主之荒地、绝业荒地等。此外，还有一类有主但无力耕垦的荒地。这类荒地如果将其作为新荒地，"令其交地入官，弃其本业固有不可"，但作为熟地又加重田主负担，因此也另立一册办理。这类荒地被称为暂荒地或有主新荒地。对于暂荒地的清理，阎敬铭曾提出此类荒地不易分辨，"实属无能查核"，但曾国荃认为对于暂荒地的清理虽有可能减少国家赋税收入，但有利于民，故将暂荒地列入清理范围〔1〕。因此，"丁戊奇荒"之后荒地清理的对象包括老荒地、新荒地与暂荒地三类。在晋南受灾较为严重地区，新荒地与暂荒地的有主与无主的区别对招垦工作影响较大，因此普遍分为三类。而晋中及晋北受灾相对较小地区，新荒地与暂荒地无实质性差别，又难以分辨，一些地方直接将暂荒地归入新荒地中。

按照《与牧令书》中的规定，荒地清查主要由地方官责令绅耆公社人等逐村进行上报。具体的清查内容包括三类荒地的主名、面积及粮数，并要求开造清册上交官府。待查明后，对三类荒地分别采取不同的处理措施。老荒地奏请永远豁免，新荒地停征四年，暂荒地停征三年。此外，对新荒地与暂荒地优免借贷组织招垦。

荒地清查办法发布后，光绪五年春季一些地方即展开了清查。这一阶段的清查主要由地方官员组织进行。例如，辽州代理知州陈栋于春季邀请城乡绅士，设立总局办理善后事务。在其所立章程中，制定了详细的荒地清查办法。

> 清查荒地，有新荒、老荒之分，从前沙碛、石压、岩崩、水占多年不能耕种者，谓之老荒。近日因灾逃亡死绝，以及有主无力耕种者，为之新荒。查老荒之法，须将是地坐落何村，是何土名，系何年因何致荒，共地若干，应完钱粮若干，业主是何姓名，是否现存，有无执据，荒地粮银现系何人完纳，分晰查明，登记簿内呈候。本州亲诣各地，逐一履勘属实详，请上宪照例分别办理。查新荒之法，何村有未种荒地若干亩分，业主是何姓名，逃亡之户查明该业主于何时逃走，现在有无下落音信，故绝之户查明该业主于何时故绝，现在有无切近亲属。〔2〕

陈栋据此于春季下乡进行清查，共查出未种秋禾荒地七百零七余顷，与光

---

〔1〕（清）曾国荃：《复阎丹初》，（清）萧荣爵编：《曾忠襄公书札》，第1494页。
〔2〕雍正《辽州志》卷8《续艺文》。

绪四年底的清查结果相同[1]。辽州所属和顺县也于五月份由知县陈守中督同地方绅士着手荒地清查。最终查明该县"水冲、沙压、石积、盐碱通共老荒地三百四十六项四十六亩八分四厘二忽七微,又更名老荒地七顷九十二亩三分"[2]。其他一些地方如兴县、左云县等也在六月份由地方官员组织了荒地清查[3]。

时至六月下旬,距二月间谕令阎、曾二人督饬地方官员办理善后事务已有半年(该年有闰三月),但清查的实际效果并不理想。春季以来的荒地清查出现了"各州县查明禀复分晰清楚者甚属寥寥,或借词于地方辽阔一时稽查不清,或以约略之数目即欲空言搪塞,甚至压搁不办,任催罔应,殊属玩延"的情况[4]。善后总局认为清查丁粮荒地之事已有时日,应该不难办理,故将问题归咎于地方官员不能认真对待。但派员到地方进行办理,又恐"委员初到,各出心裁,办理未能一律"。对此,善后总局决定派员会同地方官进行清查[5]。

因此,自光绪五年六月下旬开始,各地又进行了新一轮的荒地清查或复查。其大致情形,从左云县的清查可见一斑。

左云县接到清查荒地通知后,直到光绪五年六月,仍未有结果。对此,知县余卜颐一方面称该县没有鱼鳞册,无法按户清理[6];一方面表明"屡奉札饬清厘,遵经谕令乡保据实确查,不得以少作多,以熟为荒,任意开报。乃该乡保等因事非切己,且届农忙之时,多有观望,来县呈报者寥寥,以致未能详办"[7]。善后总局在六月十四日委派候补徐沟知县王勋祥会同该县办理,并令知县余卜颐先行查明,等王勋祥到达后再进行复查。根据二人会禀,委员王勋祥到达左云县后,即当面告知各地乡保于十日内查明上报,同时出示查办善后事务章程,以让众人知晓。待各地乡保纷纷进行上报后,二人又轻骑减从,对各地老荒地、新荒地分别进行了实地勘查。最后共查出裴家窑等村老荒地十六顷六十四亩,水泉儿等村新荒地三十三顷四十一亩。根据二人实地勘查,各地所报老荒地确实是"沙压、碱废、水冲、石积不堪耕种者",新荒地中"逃亡

---

[1] 雍正《辽州志》卷8《续艺文》。
[2] 民国《和顺县志》卷5《赋役志》。
[3] 兴县"于六月间奉札清查,当即督率乡地村头分赴四乡周历查勘",光绪《兴县续志》上卷《田赋》;左云县在六月之前,知县余卜颐曾"屡奉札饬清厘",(清)王勋祥、余卜颐:《会禀清查荒地情形》,光绪《左云县志》卷4《艺文志》。
[4] 善后局宪:《通饬委查荒地札》,光绪《左云县志》卷4《艺文志》。
[5] 善后局宪:《通饬委查荒地札》,光绪《左云县志》卷4《艺文志》。
[6] (清)余卜颐:《请示豁免民欠仓谷禀》,光绪《左云县志》卷4《艺文志》。
[7] (清)王勋祥、余卜颐:《会禀清查荒地情形》,光绪《左云县志》卷4《艺文志》。

绝户居多,其有主而力不能种者不过十之二三",结果"与该乡保士民等所报情形顷亩尚属相符"[1]。

表1 左云县光绪五年荒地清册整理表

荒地类别	村庄	呈报人	业户	成荒原因	坐落	面积（亩）	逃亡时间
老荒地	裴家窑	村头王鄭	亡户李发	水冲		3	
	南杏庄	村头刘登运	逃户魏永安	水冲沙压	西湾	17	光绪元年十月
	梅家窑	村头武红	武起业	水冲	东厂	9	
	旧高山	村头任大福	吕有等四人	水冲		320	
	助马堡	乡约彭廷宣		石积沙压	堡南二道沟	1 315	
	保安堡	乡约段肇隆	南寺庙龙神庙	水冲石积	口子湾	1 100	
	合计					2 764	
荒地[2]	水泉儿	村头乔国桢	逃户阎志		村南西尖	80	
	水泉儿	村头乔国桢	逃户阎志		西沙窊	75	
	水泉儿	村头乔国桢	逃户阎从法之后阎普		枣核沟	70	
	水泉儿	村头乔国桢	逃户阎从法之后阎普		西窊	65	
	水泉儿	村头乔国桢	逃户阎玥		南棋盘	20	
	水泉儿	村头乔国桢	逃户阎玥		东坡	35	
	南杏庄	村头刘登运	逃户郭成等二人		庄窝	45	光绪二年三月
	南杏庄	村头刘登运	逃户孙掌		西沟路	280	光绪四年十一月
	南杏庄	村头刘登运	逃户孙掌		小北滩	46	光绪四年十一月

[1]（清）王勋祥、余卜颐:《会禀清查荒地情形》,光绪《左云县志》卷4《艺文志》。
[2] 实为新荒地,因光绪六年正月左云县被指不是灾区,应无新荒地,故将新荒地并入老荒地内进行豁免,改称荒地。

续　表

荒地类别	村庄	呈报人	业　户	成荒原因	坐落	面积（亩）	逃亡时间
荒地[1]	南杏庄	村头刘登运	逃户武才		拖尾梁	143	光绪三年九十月
	南杏庄	村头刘登运	亡户王辅成		大北滩	275	
	兴盛堡	村头张振彦	逃户包兴隆等八人			1 000	
	裴家窑	村头王鄸	亡户李发			7	光绪三年
	秀女村	村头安秀	杨继升等四人			1 200	
	二到沟	村头苏顺	李万金			180	光绪四年春间
	合计					3 521	
合计						6 285	

资料来源：《光绪五年编审丁粮清厘荒地等事》，光绪《左云县志》卷3《赋役志》。

从《左云县志》中保留的荒地清册来看，该县荒地清查包含了荒地类别、坐落村庄、呈报人职务姓名、荒地所属业户、成荒原因、坐落土名、面积、粮数、成荒年份等信息。其中成荒原因一项，老荒地标明是何原因，新荒地则在业户姓名前标注是逃户还是亡户。根据荒地清册，该县老荒地实为二十七顷六十四亩，新荒地实为三十五顷二十一亩，多出亩数分别是两项荒地最后一栏保安堡和二到沟亩数，当是王金二人会禀后又有呈报所致。（见表1）

光绪六年（1880）正月初二，左云县于六月间查明的荒地被指存在问题，要求尽快查明后再报。主要的问题是该县位于晋北，并非灾区，不应有新荒地名目，因此善后总局令其将新荒地并入老荒地之下。同时，该县"册内又称二到沟地七块应纳米豆银谷等项，已于无地粮册内开销，地在此册，而粮在彼册，牵混不清"，要求其查明再报。前者较易解决，对于后者，经查二到沟这些土地本是水冲沙压石积不堪播种地亩，该业户因为粮赋无出，所以捏词地无下落，长期进行拖欠，多由地方官进行补交。六月间荒地清查时，该村头以"两歧之语"进行上报，造成了误会。虽然册后有所声明，但这些地亩实际上就是老荒地，

---

[1] 实为新荒地，因光绪六年正月左云县被指不是灾区，应无新荒地，故将新荒地并入老荒地内进行豁免，改称荒地。

并无舞弊。因此,最终的上报结果仅是将新荒地并入老荒地,统称为老荒地亩,其他没有变动[1]。至此,左云县的荒地清查方告结束。根据各地方志记载,辽州、和顺县于七月间,兴县、岚县等地于十月间,也分别派员会同地方官进行了荒地清查,大致情形与左云县相同[2]。

晋南地区受灾最为严重,但因各地赈务繁忙,影响了荒地清查。虽然在光绪五年七月,曾国荃奏请对晋南绛州等地荒地和部分地方所有地亩的五年上忙钱粮进行蠲免或缓征,但是此时荒地尚未查明。六、七月间,随着赈务告停,晋南各地也陆续派员会同地方官进行荒地清查[3]。例如,猗氏县光绪五年九月奉文清查荒地[4];洪洞县于光绪五年冬,委员蒋拱辰会同知县庄敏清查[5];霍州也在洪洞县前后由蒋拱辰会同知州进行清查[6];还有县份如蒲县对所有荒熟地亩进行全面清查,到光绪五年十月"有主熟荒地亩尚未查明",直到十二月始将"老荒、无主新荒、有主新荒、现种熟地应豁、应免、应缓、应征地粮各细数四柱清折,加具委员印结,会禀呈送"[7]。

早在光绪四年荒地清理计划中已表明,"晋地亩向有老荒累及里甲户族者,此次大祲之余,孑遗无几,何堪重为民累,是老荒亩亟应先行查明奏请豁除者也"[8]。因相对较为固定,并且直接进行豁免,所以老荒地的上报较无障碍。光绪六年正月二十日,曾国荃奏报共查得太谷等五十六州县坍荒地一万一千八百九十八余顷,奏请永远豁免[9]。而新荒地清查情况较为复杂,到光绪六年初仍未报齐。

老荒地奏请豁免以后,各地又有续报老荒地,对此只能在新荒地查明以后才能继续,否则极易引起混乱[10]。直到二月间各地新荒地陆续报齐[11],曾国

---

[1] (清)余卜颐:《清查荒地禀》,光绪《左云县志》卷4《艺文志》。
[2] 雍正《辽州志》卷8《续艺文》;民国《和顺县志》卷5《赋役志》;光绪《兴县续志》上卷《田赋》。
[3] (清)曾国荃:《请分别蠲免本年上忙》,"光绪五年七月初六日"条,(清)萧荣爵编:《曾忠襄公奏议》,第1467页。
[4] 光绪《续猗氏县志》卷1《税课》。
[5] 民国《洪洞县志》卷9《田赋志》。
[6] 光绪《续刻直隶霍州志》卷上《礼祥》。
[7] 光绪《蒲县续志》卷6《政略》。
[8] 《爵抚部院曾公奏明晋省疮痍难复胪陈切要事宜札案》,光绪《左云县志》卷4《艺文志》。
[9] (清)曾国荃:《豁减丁粮银米疏》,"光绪六年正月二十日"条,(清)萧荣爵编:《曾忠襄公奏议》,第1631—1632页。
[10] (清)曾国荃:《复江蓉舫》,(清)萧荣爵编:《曾忠襄公书札》,第1597—1598页。
[11] (清)曾国荃:《复江蓉舫》,(清)萧荣爵编:《曾忠襄公书札》,第1612页。

荃于三月初四上奏申请蠲免缓征,洪洞等五十州县逃绝新荒地一万二千二百一十八余顷,自光绪五年上忙起停征,蠲免四年;忻州等四十五州县有主无力新荒地九千八百五十八余顷,自光绪五年上忙起停征,蠲免三年[1]。六月十七日,曾国荃又奏请交城等十二州县续报老荒地二千二百四十二余顷概予豁免[2]。

三、光绪五年荒地清理的问题及其后的调整

光绪五年的荒地清理多具权宜性。对于荒地清查能否顺利举办并取得成效,曾国荃在与地方官吏的往来书信中就多次表达了担忧,"如此第派委各员与地方官能否照此清理,本管府州能否悉心督率,实亦毫无把握"[3],"能否办有成效,刻尚毫无把握"[4]。对善后措施的权宜性,曾国荃也认为善后三项事务仅"举其崖略,纵有罅隙,后来贤能当可寻绪补缀,不敢谓我辈现定章程胥可一成而弗变也"[5]。

光绪八年(1882)张之洞到任山西巡抚,此时距曾国荃所奏善后事务就绪已经两年,但山西积弊仍多。张之洞指出"公私积弊本多沿袭,前抚臣曾国荃治晋之日饥馑荐臻,专意荒政,多用权宜",而继任巡抚葆亨"因缘为奸,坏法乱纪",致使善后事务有所延误,后经继任卫荣光始稍整顿[6]。具体到荒地一项,清理完成两年后,山西仍有大量荒地。根据榆次、霍州、吉州、芮城、荣河等地上报,当时荒地主要面临"原报荒地数目不符,或当时查办遗漏;或以老荒混入新荒;或迫于官令,村邻社长勉强认领,而至今无人垦种完粮;或本人领到籽种徒以救饥,已领而未能开垦;或因工力过贵,已垦而旋即抛荒"等问题[7]。张之洞认为,光绪五年的荒地清理存在以下两方面的问题:

首先,荒地清查在不断催促中方得完成报齐,因此当时勘查其实是"上司

---

[1] (清)曾国荃:《恳分别暂停荒地钱粮疏》,"光绪六年三月初四日"条,(清)萧荣爵编:《曾忠襄公奏议》,第1691—1700页。
[2] (清)曾国荃:《办理晋省善后就绪疏附片》,"光绪六年六月十七日"条,(清)萧荣爵编:《曾忠襄公奏议》,第1810—1813页。
[3] (清)曾国荃:《复江蓉舫》,(清)萧荣爵编:《曾忠襄公书札》,第1522页。
[4] (清)曾国荃:《复黄沛阶》,(清)萧荣爵编:《曾忠襄公书札》,第1536页。
[5] (清)曾国荃:《复阎丹初》,(清)萧荣爵编:《曾忠襄公书札》,第1632页。
[6] (清)张之洞:《整饬治理折》,"光绪八年六月十二日"条,《张之洞全集》第1册,河北人民出版社1998年,第101页。
[7] (清)张之洞:《札善后局派员分查荒地》,"光绪九年三月二十三日"条,《张之洞全集》第4册,第2332—2333页。

责令委员及州县草草蒇事"。"勒限严急"的方式造成了地方的压力。例如,灵石县有因荒地清查"社长迫限畏刑,剖腹自戕"[1]。后经光绪八年查明,灵石县地粮由户头催办,按年轮充。光绪五年桃钮村有逃亡户绝遗粮二十一石,在招垦中该村纠首杨逢春等领获籽种银米承种,但是该年户头杨茂林催办钱粮时,杨逢春等逃匿不认。杨茂林遂到县控告,但未批示。户头杨茂林惧怕杨逢春等逃走后其他各户效仿,钱粮更难催办。又恰逢此时荒地清查,该县委员责令限期二十日上报,而户头杨茂林"荒地造册违限"。综合各种情形,杨茂林"恐受比责",因而自杀[2]。虽然杨茂林自杀有多方面原因,但也可见当时荒地清查"勒限严急"。一些地方如榆次县在荒地清查结束之后仍有上报,但未能得到妥善解决,因而造成"地芜民流,控诉不已"[3]。此外,清查过程中还存在"属吏迎合意指,往往以荒报熟,其实真正新荒不止所报之数,故至今纷纷呼吁,种种棘手,以后催征事体为难尚多"[4]。例如隰州、吉州就出现了"以荒报熟,钱粮无着之案"[5]。

其次,新荒地清理的主要目的是通过停征缓解开垦压力,最终获得复垦。上文提到,荒地清查办法商议中,曾有多种起征年限的建议。光绪六年三月奏请中,最终确定无主荒地自光绪五年为始停征四年,到光绪八年为满,有主荒地自光绪五年为始停征三年,到光绪七年(1881)为满。但二者皆以光绪五年为始,不问其是否已经开垦。这造成光绪五年实际上仍未开垦的荒地,不仅未能真正获得三年或四年的停征优免,甚至到停征期满仍未能开垦[6]。

光绪八年六月,张之洞奏称当时据善后局"查开已报之有主无主荒地未垦者共一万顷有奇",实际数目当在一万一百八十三顷六十四亩,占光绪六年所报有主无主新荒地近一半。这些荒地"缘曩年饿莩过半,流亡不归,比年虽稍稍苏息,而丁少工昂,芜深资薄,复畏赋役之累,契税之征,相率观望"。对此,

---

[1] (清)张之洞:《特参贻误善后各员片》,"光绪八年六月十二日"条,《张之洞全集》第1册,第110页。
[2] 《光绪七年十二月二十五、二十六日〈京报〉全录》,《申报》(上海版)1882年3月6日。
[3] (清)张之洞:《特参贻误善后各员片》,"光绪八年六月十二日"条,《张之洞全集》第1册,第110页。
[4] (清)张之洞:《未垦荒地请宽限起征折》,"光绪八年六月十二日"条,《张之洞全集》第1册,第103页。
[5] (清)张之洞:《特参贻误善后各员片》,"光绪八年六月十二日"条,《张之洞全集》第1册,第110页。
[6] (清)张之洞:《未垦荒地请宽限起征折》,"光绪八年六月十二日"条,《张之洞全集》第1册,第103页。

张之洞主张先化无主荒地为有主。一面奏请"无论有主无主荒地，均以实在开垦之日起限三年后起征"，以解决未垦荒地的升科问题；一面"督饬善后局司道赶紧开造清册送部查核，并严饬各该州县，此等新开荒地升科以前概不得派及差徭，其实在无力者，禀明酌给牛种之资"，以此来促进荒地的尽快复垦[1]。以开垦之日作为停征年限的规定，使各地可以根据荒地的开垦情况进行优免升科。这实际上是不再对荒地复垦做硬性的时间规定，放宽了荒地开垦年限[2]。

新的调整后，未垦新荒地的问题基本解决，而光绪五年荒地清查中未能如实呈报等问题，需要新的清查。光绪九年(1883)三月，张之洞令善后局派员与报有问题的各地方官会同查勘荒地。具体办法如下：

> 各属如有老荒，只可饬办清丈，查出余地设法补剂，既不至上耗国课，亦不致下累民生。其新荒地亩，若实有从前查办遗漏者，具报错混者，代认无领者，已领未垦者，既垦旋荒者，查缺情形，截清数目，即由该局议详以凭，奏恳恩施展限启征，以纾民力。合亟札饬该局立即遵照，查明各州县报荒原案。上项所开各厅州县外，如有曾经具禀者，一并查办，不得遗漏。分派委员，迅速前赴各路，会同地方官切实勘查。如实有未垦、未种新荒，如上项所指五条，准其详开书目，会禀该局汇详核办。[3]

光绪九年十二月，张之洞根据上述办法将山西新荒地亩分为奏准展缓的旧案和此次续查的新案两类奏请分别处理。具体如下：

> 旧案准缓之荒地，截至光绪八年六月十九日止业已全垦者为浮山、岳阳、长治、襄垣、壶关、荣河、虞乡、猗氏、万泉、安邑、解州、沁州一十二州县，应查照原案停征限满，即于光绪八年、九年起照常启征。其未经开垦及尚未合垦者为阳曲、临汾、曲沃、太平、洪洞、翼城、襄陵、乡宁、吉州、介休、屯留、凤台、高平、阳城、陵川、沁水、永济、临晋、右玉、平鲁、夏县、平陆、芮城、垣曲、闻喜、绛县、稷山、河津、赵城、灵石、隰州、大宁、永和、辽州、榆社、沁源、忻州三十七州县，此三十七州县中之已垦新荒地亩查照原案，即于光绪八年、九年分别启征。其实在未垦有主新荒计地二千七百四

---

[1] (清)张之洞：《未垦荒地请宽限起征折》，"光绪八年六月十二日"条，《张之洞全集》第1册，第103页。
[2] 民国《陵川县志》卷2《赋役略》。
[3] (清)张之洞：《札善后局派员分查荒地》，"光绪九年三月二十三日"条，《张之洞全集》第4册，第2332—2333页。

十八顷二十亩零,无主新荒地计七千二十八顷八十二亩零,除此项旧案准缓之应征正耗盐税米豆谷石,自应遵照光绪八年六月十九日奏事谕旨,不论有主无主,概俟实在开垦之日起展缓三年再行启征,已截清数目,开折咨送户部查核外,共新旧应缓之荒地系此次委员会同有新荒地亩之各该州县续查确实□□具报,由清源局司道核明,详请具奏。前未及查报错混项下有榆次,又吉州、榆次、岳阳、介休、芮城、和顺六州县上案遗漏荒粮报四千七百五十七两五钱,介休县代认无领荒粮银八十五两,平陆县已领未垦荒粮银五十四两五钱,介休、垣曲、闻喜、芮城四县试种旋荒荒粮银二千三百八十五两八钱,芮城县自光绪十年起停征。[1]

续经查明新荒地中,具报错混项下,榆次县在光绪五年原报有主荒地90.4余顷,但光绪六年善后总局上奏写为390余顷,后经重查除去当时已垦荒地后还有荒地121.4余顷;查办遗漏项下,吉州94.46余顷,榆次县115.35余顷,岳阳县971.14余顷,介休县43.75余顷,芮城县119.78余顷,和顺县241.58余顷,六州县共遗漏未报荒地1585.4余顷;代认无领项下,介休县12.32余顷;已领未垦项下,平陆县5.22余顷;试垦旋荒项下,介休县20.63余顷,垣曲县43.28余顷,闻喜县190.35余顷,芮城县105.13余顷,四县共试垦旋荒地358.82余顷[2]。此外,对光绪六年各地新老荒地漏报与多报耗银情况上奏请免[3]。

《清实录》中所记光绪九年十二月对凤台、陵川、石楼、高平、沁州、沁源、忻州、安邑、夏县、灵石、平陆十一州县各荒地漏报耗羡租谷予以豁除,以及榆次、吉州、岳阳、介休、芮城、和顺、平陆、垣曲、闻喜九州县各荒地银谷钱粮进行缓征,即是此次荒地清理上报的结果[4]。值得注意的是,张之洞到任之初即表彰解州知州马丕瑶,灾后"清丈招垦精密有法,以故解州既无荒地亦无累粮,至今征收最易,官赋不亏,民力不困"[5]。他认为彻底解决灾后荒地及累粮问

---

[1] (清)张之洞:《奏为确查晋省荒地未垦尚多等情请准分别展限启征钱粮事》,"光绪九年十二月十二日"条,中国第一历史档案馆藏,档案号:03-6714-093。
[2] (清)张之洞:《呈光绪六年山西省查报新荒地亩案内续经分别查明实在抛荒地亩银米豆谷数目清单》,"光绪九年十二月十二日"条,中国第一历史档案馆藏,档案号:03-6714-094。
[3] (清)张之洞:《奏为凤台等州县漏报荒地耗羡租谷请援案更正事》,"光绪九年十二月二十日"条,中国第一历史档案馆藏,档案号:03-6210-084;《呈光绪六年等原报永远豁免坍荒各案内漏报多报耗银等清单》,"光绪九年十二月二十日"条,中国第一历史档案馆藏,档案号:03-6210-092。
[4] 《清德宗实录》卷176。
[5] (清)张之洞:《保奖循良片》,"光绪八年四月二十日"条,《张之洞全集》第1册,第98页。

题,"断非清丈不可"[1]。荒地及累粮可用清丈后的正供以外余地"设法补剂"。据此,张之洞鼓励各地效仿解州清丈,并计划对实施清丈的县份暂免一年田房契税,作为清丈经费。曲沃县、阳曲县、绛州等地的土地清丈即在这一背景下展开[2]。全面清丈的主张也使光绪九年的荒地清理力度有所减弱。

光绪九年后,一些县又进行了荒地续查或更正。例如,光绪十年(1884),隰州知州谢洗详奉题允续经查出遗漏无主荒地三百六十七余顷[3]。翼城知县陈燕昌在光绪十一年(1885)的荒地清查记载较为详细。翼城县位于山西省南部,是"丁戊奇荒"中受灾较为严重地区。灾后翼城县查得新荒无主之地约二百三十余顷,新荒有主无力之田约二百八十九余顷,共计五百二十余顷。在此之外,仍有大量荒地未能上报[4]。陈燕昌到任后曾"催科过严,杖毙数命,乡民畏惧,大起风潮,聚众控府,被撤任"。光绪十一年,陈燕昌第二次出任翼城知县后,意识到田赋拖欠确实是因为荒地太多所造成。因此,"将所有荒地传谕各乡花户按名造具鱼鳞册",展开荒地清查[5]。民国《翼城县志》中的光绪十一年《新老各色荒地粮银表》是根据此次荒地清查形成的鱼鳞册,按照全县二十里整理而来。此次荒地清查查出新老荒地共计一千五百四十四余顷[6]。光绪十三年(1887),时任巡抚刚毅又奏请豁免停征灵石县、太原县、沁源县漏报老荒地,永济县漏报新荒地及隰州、大宁县漏未请停之随荒地土盐税银等项[7]。光绪二十七年(1901),时任巡抚岑春煊又奏请豁免"丁戊奇荒"后吉州误报为新荒的水冲沙积被碱老荒地二百三十余顷[8]。

整体来看,光绪五年到六年的灾后荒地清查整理由于时间紧迫,勒限严急,造成了荒地上报不实、升科年限处理不当等问题。这些问题在光绪八年停征期满以后逐渐凸显出来。对此张之洞采取了一系列的调整措施。此后,各地又根据情况进行了局部整理。至此,灾后山西省荒地数字基本形成。

---

[1][2] (清)张之洞:《豁除累粮片》,"光绪八年六月十二日"条,《张之洞全集》第1册,第104页。
[3] 光绪《续修隰州志》卷3《田赋》。
[4] 《丁丑大祲后之荒田粮银》,民国《翼城县志》卷9《田赋》。
[5] 民国《翼城县志》卷24《名宦》。
[6] 《新老各色荒地粮银表》,民国《翼城县志》卷9《田赋》。
[7] (清)刚毅:《奏为查明灵石等州县荒地请分别豁免钱粮事》,"光绪十三年十二月十八日"条,中国第一历史档案馆藏,档案号:03-6224-039。
[8] (清)岑春煊:《奏请豁免吉州荒地钱粮并免历任巡抚等官处分事》,"光绪二十七年五月十六日"条,中国第一历史档案馆藏,档案号:04-01-35-0120-009。

四、灾后荒地数字与山西土地抛荒情况

光绪《山西通志》载光绪五年田地数字形成于"丁戊奇荒"之后，分府县记载了山西各地田地数字及变动情况，相较山西其他田地数字最为系统、全面。因"豁免详于光绪五年，以志异数"，此项数字多被认为是灾后土地大量抛荒后的耕地情况。通过上文分析可以肯定，光绪《山西通志》中所载光绪五年豁免地(以下简称《通志》豁免地)仅反映了进行豁免的老荒地情况，而未包含实际受灾害影响而形成的新荒地亩。

表 2 灾后荒地清查与光绪《山西通志》载光绪五年豁免地涉及地区对比表

地区	光绪六年				光绪九年	光绪九年后续报		《通志》豁免地
	老荒地	无主新荒地	有主新荒地	续报老荒地	新荒地	老荒地	新荒地	
太原府	阳曲、太原、太谷、岢岚、兴县	阳曲	阳曲、榆次	交城	榆次	太原		阳曲、太原、太谷、交城、岢岚、兴县
平阳府	临汾、襄陵、洪洞、浮山、太平、岳阳、曲沃、翼城、乡宁	临汾、洪洞、浮山、曲沃、翼城、太平、襄陵、汾西、乡宁、吉州	临汾、洪洞、浮山、曲沃、翼城、太平、襄陵、汾西、乡宁、吉州、岳阳		吉州、岳阳	翼城	翼城	临汾、襄陵、洪洞、浮山、太平、岳阳、曲沃、翼城、乡宁
蒲州府	永济、临晋、虞乡、万泉、荣河	永济、荣河、虞乡、临晋、猗氏	永济、荣河、虞乡、临晋、万泉			永济		永济、临晋、虞乡、万泉、荣河
潞安府	长治、壶关	长治、屯留、襄垣、壶关	屯留	长治				长治、壶关
汾州府	介休	介休、石楼	介休、石楼	介休	介休			介休
泽州府	凤台、高平、阳城、陵川、沁水	凤台、高平、阳城、陵川、沁水	凤台、高平、阳城、陵川、沁水	凤台、陵川				凤台、高平、阳城、陵川、沁水

续 表

地区	光绪六年				光绪九年新荒地	光绪九年后续报		《通志》豁免地
	老荒地	无主新荒地	有主新荒地	续报老荒地		老荒地	新荒地	
大同府	怀仁、应州、山阴			山阴				怀仁、应州、山阴
朔平府	右玉、朔州、左云、平鲁	右玉、平鲁	右玉、平鲁	朔州				右玉、朔州、左云、平鲁
宁武府	偏关			宁武				宁武、偏关
辽州	辽州本州、榆社、和顺	辽州本州、榆社			和顺			辽州本州、榆社、和顺
沁州	沁州本州、沁源、武乡	沁州本州、沁源	沁州本州、沁源			沁源		沁州本州、沁源、武乡
平定州								
忻州	忻州本州、定襄		忻州本州					忻州本州、定襄
代州	代州本州、崞县、繁峙							代州本州、崞县、繁峙
保德州								
解州	夏县、平陆、芮城	安邑、夏县、平陆、芮城	芮城、安邑、夏县		芮城、平陆			夏县、平陆、芮城
绛州	稷山、河津	绛州本州、垣曲、闻喜、绛县、稷山、河津	绛州本州、猗氏、闻喜、垣曲、绛县、稷山	绛县		垣曲、闻喜		稷山、河津、绛县
隰州	隰州本州、蒲县	隰州本州、大宁、蒲县、永和	永和、大宁、蒲县				隰州本州	隰州本州、蒲县

续表

地区	光绪六年				光绪九年新荒地	光绪九年后续报		《通志》豁免地
	老荒地	无主新荒地	有主新荒地	续报老荒地		老荒地	新荒地	
霍州		霍州本州、赵城、灵石	霍州本州、赵城	霍州本州、赵城、灵石		灵石		霍州本州、赵城、灵石
合计	53州县	50州县	45州县	12州县	9州县	4州县	3州县	59州县

资料来源：(清)曾国荃：《豁减丁粮银米疏》，"光绪六年正月二十日"条，《曾忠襄公奏议》，第1633—1634页；(清)曾国荃：《呈查明洪洞等五十州县因灾逃亡故绝之新荒地亩请停征钱粮数目清单》，"光绪六年三月初四日"条，中国第一历史档案馆藏，档案号：03-6202-029；(清)曾国荃：《呈查明忻州等四十五州县现有业户因灾无力耕种之新荒地亩请停征钱粮数目清单》，"光绪六年三月初四日"条，中国第一历史档案馆藏，档案号：03-6202-030；(清)曾国荃：《呈续查交城等州县坍荒地亩恳请豁免银粮数目清单》，"光绪六年六月二十二日"条，中国第一历史档案馆藏，档案号：03-6203-106；(清)张之洞：《呈光绪六年山西省查报新荒地亩案内续经分别查明实在抛荒地亩银米豆谷数目清单》，"光绪九年十二月十二日"条，中国第一历史档案馆藏，档案号：03-6714-094；(清)刚毅：《奏为查明灵石等州县荒地请分别豁免钱粮事》，"光绪十三年十二月十八日"条，中国第一历史档案馆藏，档案号：03-6224-039；光绪《山西通志》卷58《田赋略》。

说明：光绪六年老荒地和《通志》豁免地中包括口外荒地，其不在本文讨论范围内，故表中未列。

表2反映了光绪六年、光绪九年、光绪九年之后与《通志》豁免地涉及地区情况。光绪六年正月共报56厅州县老荒地，其中宁远厅与清水河厅属口外，朔平府所报荒地为助马口外庄头地不计外，共有53州县。光绪六年六月续报老荒地的地区中一些正月已报，实际仅增加霍州、绛县、交城、灵石、宁武、赵城等6个州县，故光绪六年正月与六月所报老荒地合计59州县，与《通志》豁免地区数相同。

从数额上看，曾国荃在光绪六年正月曾有《坍荒地亩粮银米豆谷石数目》上奏，但目前未能看到原文，仅见光绪六年六月《呈续查交城等州县坍荒地亩恳请豁免银粮数目清单》。对比可以发现，续报新增的6个州县老荒地数与《通志》豁免地数完全相同。其他地方光绪六年老荒地情况，各地方志中的记载可以大致反映。由于方志资料记载详略不一，共查出方志记载的33个州县光绪六年老荒地数。对比发现，33个州县方志记载中共有30个州县光绪六年老荒地数与《通志》豁免地数完全相同。其余不同者，或由于县志所修年份先于后续调整年份，造成记录不同，或可能错将新荒地亩记为老荒地亩。例如，光绪《介休县志》记载老荒地数是光绪六年正月所报数字，与六月续报数字相加即为《通志》豁免地数[1]；光绪六年《平陆县志》记载豁免河冲沙压水平坡沙地66.54顷，与光绪《山西通志》载72.33顷不符，后者当是光绪九年平陆县"因前查遗漏尚多，委员复勘"后的结果[2]；又如，光绪《蒲县志》记载水冲沙压老荒地数为131.55顷，但《通志》豁免地额记为140顷，这可能是由于"霍州、蒲县、汾西、石楼四州县因查报之数未能十分详确"造成[3]。总之，《通志》豁免地数实由光绪六年正月所报老荒地数与六月续报老荒地数合并而来，即《通志》豁免地是灾后荒地清理中采取豁免措施的老荒地。

事实上，新荒地与老荒地皆是当时未被耕种的土地。从各地新荒地的复垦情况来看，到光绪九年还有大约一半光绪六年上报的新荒地未能招垦，且有漏报新荒地不断被报出[4]。一些地区的新荒地到民国年间才得以垦复。因此考察光绪灾后荒地情况，应将当时未能耕种的新老荒地一并加以考虑。尤其是对各州县来说，新荒地与老荒地的差别造成了仅以《通志》豁免地来反映当时土地抛荒情况的明显误差。荒地清查形成的荒地数字虽是赋税上的统计，但也大致能够反映当时荒地基本状况。

表3 "丁戊奇荒"后山西省各地新老荒地统计表

荒地比重	地　　区	荒地数额	地　　区
50%以上	永和、隰州、石楼、灵石（4州县）	10万亩以上	朔州、隰州、临汾、永济、翼城、应州、灵石、洪洞、芮城、岳阳（10州县）
20%以上	岳阳、蒲县、大宁、汾西、垣曲、辽州、翼城、芮城、偏关、临汾、阳城、永济、吉州、应州（14州县）	5万亩至10万亩	平鲁、阳曲、凤台、偏关、闻喜、阳城、山阴、石楼、介休、太平、垣曲、绛县、临晋、河津、永和、沁水、曲沃（17州县）

---

[1] 光绪《介休县志》，山西人民出版社2012年，第32页；(清)曾国荃：《呈续查交城等州县坍荒地亩恳请豁免银粮数目清单》，"光绪六年六月二十二日"条，中国第一历史档案馆藏，档案号：03-6203-106；光绪《山西通志》卷58《田赋略》。

[2] (清)张之洞：《奏为确查晋省荒地未垦尚多等情请准分别展限启征钱粮事》，"光绪九年十二月十二日"条，中国第一历史档案馆藏，档案号：03-6714-093。

[3] (清)张之洞：《奏为确查晋省荒地未垦尚多等情请准分别展限启征钱粮事》，"光绪九年十二月十二日"条，中国第一历史档案馆藏，档案号：03-6714-093。

[4] (清)张之洞：《奏为确查晋省荒地未垦尚多等情请准分别展限启征钱粮事》，"光绪九年十二月十二日"条，中国第一历史档案馆藏，档案号：03-6714-093；《呈光绪六年山西省查报新荒地亩案内续经分别查明实在抛荒地亩银米豆谷数目清单》，"光绪九年十二月十二日"条，中国第一历史档案馆藏，档案号：03-6714-094。

续 表

荒地比重	地 区	荒地数额	地 区
10%以上	洪洞、平鲁、沁水、朔州、山阴、绛县、乡宁、河津、介休、太平、阳曲、虞乡(12州县)	1万至5万亩	汾西、右玉、虞乡、稷山、蒲县、襄陵、太原、夏县、和顺、吉州、荣河、屯留、怀仁、辽州、赵城、沁源、绛州、榆社、大宁、霍州、交城、乡宁、陵川、平陆、安邑、长治(26州县)
1%以上	闻喜、凤台、襄陵、右玉、沁源、临晋、和顺、曲沃、赵城、霍州、怀仁、荣河、太原、稷山、榆社、交城、夏县、屯留、平陆、陵川、绛州、岢岚、安邑、左云、长治、代州、高平、沁州(28州县)	2000亩至1万亩	代州、高平、左云、宁武、岢岚、沁州、襄垣、太谷、浮山、壶关、定襄、忻州、崞县(13州县)
1%以下	宁武、浮山、壶关、定襄、襄垣、太谷、兴县、忻州、崞县、武乡、繁峙、万泉(12州县)	2000亩以下	武乡、繁峙、兴县、万泉(4州县)

说明：荒地数额由光绪六年、光绪九年及光绪九年后续报数字合计而得。由于光绪六年正月上报老荒地数目清册未能见到，根据上文分析，《通志》豁免地额实为荒地清查形成的老荒地数，故用《通志》豁免地额代替老荒地数。另外，根据光绪九年及其后续报和更正情况对榆次县、翼城县、隰州等地荒地数字进行了修正。

通过表3可以发现,"丁戊奇荒"后新老荒地遍及山西南北各地,共有70个州县,占当时山西州县总数的69.31%。从荒地数额上看,最集中的地区是晋西南灵石以西、以南的吕梁山地、临汾盆地和运城盆地一带,荒地数在10万亩以上的10个州县这一地区占8个[1]。该区33个州县上报荒地22 517余顷,占总数的59.64%。晋北地区共16个州县,上报荒地7 806余顷,占总数的20.68%。这一地区以不堪耕种的老荒地为主。晋中地区共9个州县,上报荒地3 984余顷,占总数的10.55%。晋东南地区共12个州县,上报荒地

---

[1] 为方便比较,本文对山西区域划分与《中国人口史·清时期》第十五章《光绪大灾对北方人口的影响》中的划分一致。《中国人口史·清时期》中将阳曲以北部分地区包含在晋中地区,然而实际上阳曲以北地区即属于晋北地区。此外,本文仅讨论山西口内部分,不包括口外归绥六厅。因此,对山西的划分调整结果如下：晋西南地区包括解州、绛州、蒲州府、平阳府、隰州、霍州；晋东南地区包括泽州府、潞安府、沁州；晋中地区包括辽州、汾州府、太原府、平定州；晋北地区包括大同府、朔平府、忻州、保德州、代州、宁武府以及太原府阳曲以北的岚县、兴县和岢岚州。详见葛剑雄主编,曹树基著：《中国人口史·清时期》第十五章《光绪大灾对北方人口的影响》(该章由刘仁团完成),复旦大学出版社2001年,第676—677页。

3 448余顷,占总数的9.13%。荒地数额占土地原额50%以上的四个州县,全部位于灵石以西吕梁山地。而荒地数额占土地原额20%以上的18个州县,除晋北偏关和应州、晋中石楼和辽州及晋东南阳城外,也均位于晋西南的吕梁山地、临汾盆地和运城盆地一带。可见,"丁戊奇荒"之后,山西南北各地都有大量荒地,但无论是数额上还是比重上看,晋西南吕梁山地、临汾盆地与运城盆地一带都是荒地最为集中地区。

表4 "丁戊奇荒"后山西省各地新荒地统计表

新荒地比重	地区	新荒地数额	地区
20%以上	永和、石楼、岳阳、隰州、灵石、大宁、汾西、垣曲、蒲县、芮城、阳城(11州县)	10万亩以上	永济、隰州、洪洞、芮城(4州县)
10%以上	辽州、洪洞、永济、绛县、河津、乡宁、沁水、平鲁、太平、临汾、虞乡(11州县)	5万亩以上	灵石、岳阳、闻喜、临汾、阳城、阳曲、石楼、垣曲、太平、绛县、河津、临晋、平鲁、介休、永和、凤台、翼城(17州县)
5%以上	闻喜、阳曲、介休、襄陵、翼城、临晋、赵城、曲沃、凤台、沁源、吉州、稷山、霍州、屯留、右玉(15州县)	1万亩以上	汾西、曲沃、虞乡、稷山、襄陵、沁水、屯留、夏县、蒲县、右玉、赵城、绛州、大宁、辽州、乡宁、榆次、沁源、陵川、霍州、安邑(20州县)
5%以下	榆次、夏县、陵川、绛州、平陆、安邑、荣河、猗氏、左云、沁州、高平、襄垣、长治、榆社、浮山、壶关(16州县)	1万亩以下	吉州、猗氏、平陆、荣河、高平、襄垣、长治、沁州、左云、榆社、浮山、壶关(12州县)

上文分析表明,《通志》豁免地实际上是灾前已经荒芜的老荒地,而受灾害影响而未能耕种的新荒地更能反映因灾抛荒情况。通过表4发现,新荒地主要分布在晋西南、晋中及晋东南地区。无论是从比重上还是数额上,晋西南地区都是新荒地的主要集中区。新荒地占土地原额比重20%以上的11个州县,晋西南地区占9个,新荒地数10万亩以上的4个州县全部在晋西南地区。晋西南地区33个州县新荒地共17 919余顷,占总数的74.58%。晋中地区6个州县新荒地共2 608余顷,占总数的10.85%。晋东南地区11个州县新荒地共2 586余顷,占总数的10.76%。晋北地区新荒地数最少,仅有平鲁、右玉、左云3个州县新荒地913余顷,仅占总数的3.8%。

各地新荒地数与土地原额之比,大致可以反映土地因灾抛荒程度。计算得出,抛荒程度由强到弱依次为晋西南地区 11.47%,晋东南地区 3.37%,晋中地区 2.1%,晋北地区 0.64%。这与以《通志》豁免地分析得出的抛荒程度依次为晋北、晋中、晋东南和晋西南的结果明显不同[1]。

根据刘仁团的分析,"丁戊奇荒"后山西"整个西南区人口损失比例为 67.6%,晋中地区为 47.8%,晋东南地区约为 30%,晋北地区所受影响较小,可能为 10%"[2]。按照本文对山西区域的划分对晋中和晋北地区人口损失进行调整得出,实际晋中地区人口损失 52.11%,晋北地区人口损失 17.77%。对比可见,人口损失最重的晋西南地区土地抛荒程度最高,受灾较小、人口损失较少的晋北地区土地抛荒程度最低,人口损失与土地抛荒程度大致相符。而晋中与晋东南地区则相反,晋中地区人口损失较大,土地抛荒程度却较低,晋东南地区人口损失较晋中地区小,但土地抛荒程度却较高。究其原因,晋中地区的新荒地主要集中在石楼、辽州、阳曲、榆社等山地地区,平原地区仅有介休和榆次有新荒地上报,由于这些地方经济发达,自然条件较好,故土地抛荒较轻。晋东南地区主要是山地,故土地抛荒程度较重,总共 14 个州县中有 11 个州县有新荒地上报。

五、结　　语

何炳棣先生从土地登记制度与过程的角度对历史土地数字的性质进行了分析,得出了土地数字与实际耕地面积之间存在巨大差异的结论[3]。同样,历史荒地数字也需要我们从制度与形成过程的角度了解其性质与来源,方能理解荒地数字的真实含义。灾荒或战乱过程中,对荒歉土地钱粮进行蠲免是一项重要应对措施。但随着灾荒或战乱影响的持续,一些荒歉土地转为需要重新开垦的荒地。由于荒地的产生有自然、人为以及历史的原因,一个时间断面上的荒地往往是一个层累的结果,其中包含了由于自然环境变迁而产生的不堪耕种土地,也包含了受灾害与战乱影响的人为抛荒地,后者又有无主和有主的区别。不同性质的荒地开垦难易程度不同,在善后措施中也采用不同的处理策略。"丁戊奇荒"之后山西省即将荒地分为老荒地、新荒地和暂荒地三

---

[1] 王社教:《清代山西的田地数字及其变动》,《中国农史》2007 年第 1 期。
[2] 葛剑雄主编,曹树基著:《中国人口史·清时期》,第 677 页。
[3] [美]何炳棣:《中国历代土地数字考实》,中华书局 2017 年。

类,分别进行除豁和蠲免。其产生的结果是进入册籍的荒地数字的部分缺失。我们在处理荒地数字时应注意这种差别。老荒地可以从较长时段上反映土地开垦限度的变化,但如果讨论灾后土地抛荒情况则需要对新荒地进行考察。尤其是对受灾严重地区来讲,忽略新老荒地的差别,甚至会对抛荒情况得出完全相反的结论。

新老荒地的差别也为我们考察灾荒或战乱后人口损失和人口迁移提供一些新的佐证和线索。以往移民史研究中,已经关注到迁入地土地状况对移民分布等问题的影响[1]。通过辨明荒地数字的性质,对因灾荒或战乱形成的新荒地情况进行复原可以更准确了解其后迁入人口的分布情况等问题。当然,荒地数字本身也可能存在漏报和虚报等情况,而垦荒和移民过程也相当复杂,涉及迁入地的社会、自然条件和土地产权等问题,这些需要我们进一步的分析。

本文原载《历史地理》第38辑,复旦大学出版社2019年,收录时略有修改。

---

[1] 例如,谭其骧:《湖南人由来考》,《长水集》上册,人民出版社2009年,第300—360页;[美]何炳棣著,葛剑雄译:《明初以降人口及其相关问题(1368—1953)》第七章《人口—土地关系:超省际的人口迁移》,中华书局2017年,第162—200页;葛剑雄主编,葛剑雄著:《中国移民史》第一卷《导论》,福建人民出版社1997年,第3—41页;葛剑雄主编,曹树基著:《中国移民史》第六卷《清民国时期》,福建人民出版社1997年;安介生:《山西移民史》第七章第五节《清代山西自然灾害与人口迁移》,山西人民出版社1999年,第394—412页。

近代山东黄河水患与人口迁移的时空变化

董龙凯

咸丰五年(1855),黄河在河南兰阳铜瓦厢决口。此次决口结束了黄河夺淮700年的历史,而由大清河入渤海。这是黄河变迁史上的大事,自是以后,兰阳以下旧河道变成黄河故道,沿岸居民的生产生活逐步安定,还吸引了其他地方的灾民前来垦荒。而对于山东黄河两岸广袤大地,却经历了频繁的泛滥,农田被吞噬,村镇被冲荡,地方水系被破坏,居民无家可归、号呼转徙。直到1938年花园口决口,这种状况才得以改变。

一、触目惊心的河患图

铜瓦厢改道后,山东段黄河决溢、水灾轻重在不同时段、不同空间是有区别的。

(一) 黄河漫流时期(1855—1874)

铜瓦厢改道的原因在于老河道河床迅速抬高,水不能容,也就是说,黄河的改道是势所使然。但在当时,具体形势难以把握,其至多数人的头脑中还没有任何这方面的准备,因此这次改道使得多数州县猝不及防,被灾范围很广。据载,"菏泽、濮州以下,寿张、东阿以上尽被淹没,他如东平等数十州县亦均波及,遍野哀鸿"[1]。

改道初期20年,也就是咸丰五年至同治季年,运河以西黄河并无大堤,所以黄河如脱缰野马,在以铜瓦厢为顶点,以北金堤、废黄河为两边,东至运河的三角地带肆意漫流,所到之处,顿成泽国。这一漫流区域,除少部分在河南、河北外,大部分面积在山东西南部。正如同治十三年(1874)正月山东巡抚文彬

---

[1] 王先谦:《十朝东华录》卷51,光绪二十年石印本。

所奏,"菏泽、巨野、郓城、濮州、东平、汶上、济宁、嘉祥等处周围数百里,近年以来被水最重"[1]。漫流期间,当地的生存环境遭到严重破坏,如巨野"新柳蔽空,芦草没人"[2],菏泽境"尽为鼍窟"[3],等等之类的描述在史籍中俯拾皆是。民国二十七年(1938)河决花园口,在豫、皖、苏泛滥近八九年,现在我们可以比较容易地通过各种资料了解洪水给泛区带来了究竟怎样的灾难,其状之惨,令人瞠目。如果由此联想咸丰、同治年间的黄河漫流,不难想象这20年洪水到处游荡又给鲁西南人民带来什么样的祸患。

为什么黄河改道初期会在鲁西南一带漫流呢?这是由鲁西南的地形地势决定的。东平州安山以上至曹州府境200余里,"为古巨野泽,即宋时八百里梁山泊也"[4]。宋代的梁山泊虽早已消亡,梁山周围也早已淤成平陆,但无论如何还是能显示其低洼的特征。较低的地势,易于黄河游荡其间。游荡的结果是,大量泥沙在运河以西淤积。经沉淀后的河水进入东部的大清河,不但没有引起灾情,还有利于刷深河槽。因而,这一时期运河以东黄河即原大清河道水患要轻得多。但随着西部大堤的修筑,黄河漫流结束,情况逐渐发生了变化。

(二) 西部大堤修筑以后(1875—1938)

铜瓦厢改道后,清政府对河工基本不作为,主要是因为忙于军事。同治季年,军事稍松,筑堤事宜才提上日程。最先得到修筑的是黄河南堤,由山东巡抚丁宝桢主持。此举以堵筑菏泽贾庄决口为开端,同治十三年(1874)末开工进椿,"兼檄各州县于南岸筑堤防泛滥,北补金堤以屏畿辅",历时四月即于光绪元年堤工完成[5]。南堤"上起直隶和山东交界处,下至十里铺运河之处止,计一百八九十里"[6]。光绪三年(1877),另一任巡抚李元华又修建了近水北堤一百七十余里。这样,黄河就被固定在今河道上。

大堤修筑后,黄河决溢在不同时段有不同表现。其中光绪元年至七年,虽偶尔也有水灾发生,但都规模很小。随着后来下泄泥沙的增多,河床的抬高,

---

[1] 武同举等编校:《再续行水金鉴》卷102引《黄运两河修防章程》,水利委员会1942年。
[2] 民国《续修巨野县志》卷8《杂抄》。
[3] 光绪《菏泽县乡土志》不分卷《水·黄河》。
[4] 宣统《山东通志》卷122《河防志·黄河考中上》。
[5] 丁宝桢:《十五弗斋文存》附《菏工大王庙碑记》,《丛书集成续编》本集部第140册,第13页。
[6] 武同举等编校:《再续行水金鉴》卷106引《山东河工成案》。

原大清河道渐至淤塞,以致"光绪八年(1882)后溃溢屡见"[1]。

1. 运河以西

黄河决于北岸,洪水往往东流穿运至东阿陶城埠一带入正河,或流徒骇等河入海,或沿运北趋。如光绪十一年(1885)河决寿张孙家码头,溜分两股:小股漫流阳谷;大股穿过陶城埠,趋东阿、平阴、肥城,抵长清赵王河,一半由齐河入徒骇河,一半由五龙潭入大清河。据次年山东巡抚张曜所奏[2],一旦山东上游北岸漫决,水必趋向运河;上年(光绪十一年)寿张境内孙家码头漫溢,黄水已达东昌,若不是加固运河堤坝,其水势必过临清。

河决南岸,水流则直冲鲁西南,或入南阳诸湖,或由运河通道南下淹及苏北,或东流穿运流入黄河,造成严重灾害。如民国二十四年(1935)鄄城董庄决口后,黄河水十之七八夺口而出,小股由赵王河穿过东平运河,汇合汶水复归黄河河道;大股则平漫于菏泽、鄄城、嘉祥、巨野、济宁、金乡、鱼台等地,由运河入江苏,又由南阳、微山诸湖淹及丰、沛、铜三县,又灌入邳、宿,流入六塘河、沭河,泗阳、淮阴、涟水、沭阳、东海、灌云等县皆被灾。[3]

黄河北依北金堤,金堤南侧有一条堤河通往陶城埠。依照这种地势,黄河北岸决口后,水便多沿金堤东趋而鲜北走。就灾情而言,由于受到金堤的限制等因素,这里的灾区相对狭小。南岸的决水多东南流,这与当地有一系列东南流的河流诸如沮河、万福河、柳林河等有关。相比之下,河决南岸,灾区要广阔得多,灾情也严重得多。对此,岑仲勉也指出:"自东明至鄄城,如有失事,必冲曹、单、金乡、鱼台,下达丰、沛。"[4]一句话,这是由地势地形决定的。运河穿黄河而过,自然也免不了被扰的命运。黄河决水流至运河后,其中往往会有一部分沿运而趋,或北,或南,以致运河亦涨,沿岸被淹。运河受冲淤当以黄河以南为主。民国初年,水利咨询工程师方维氏(Vander Veen)勘察山东南运河工程后指出:"黄河以北,仅至淤塞,尚无大患;黄河以南,则河壅湖垫,水系紊乱。泛滥成灾,势所必然。"[5]

2. 运河以东

运河以东黄河走的基本上是大清河河道。黄河在北岸决口,水多归徒骇

---

[1]《清史稿》卷126《河渠志》,中华书局1976年,第3762页。
[2]《光绪朝东华录》,光绪十二年三月,中华书局1958年,第2091页。
[3] 郑肇经:《中国水利史》,商务印书馆民国二十八年,第99—100页。
[4] 岑仲勉:《黄河变迁史》,人民出版社1957年,第674页。
[5] 侯仁之:《续天下郡国利病书·山东之部》上编《运河》,哈佛燕京学社民国三十年,第17页。

河,亦有北流入马颊等河者,山东黄河以北被灾几尽。此等情状,比比皆是。如光绪八年(1882)历城桃园等处决口,黄水滔滔下注,由济阳入徒骇河,经商河、惠民、滨州、沾化入海。但黄水势猛,徒骇河根本无法容纳,遂到处漫溢,波及阳信、海丰、乐陵等,尔后续向北犯。据山东巡抚任道镕奏,"几至漫及畿疆"。畿乃京师所辖之地,此指直隶。海丰、阳信皆南临马颊河,乐陵居其北岸。黄水既至乐陵一带,极易侵及马颊河。马颊河与徒骇河几乎平行排列于大清河之北,况且马颊河源于河南滑县、直隶开州一带,豫东及直境北岸河决,黄水未必不入其道。任道镕又言,此次历城决口,黄水所到之处,房屋冲塌,一片汪洋,小民千百成群,"或凫水奔逃,或登高阜,或栖树巅",仅历城、济阳二县灾黎就达 20 余万口[1]。

黄河南岸决溢之水一般南下注入小清河,致使其两岸亦常被淹浸。黄河南岸由于地形不同,东西部灾情又有差异。其中,西部东阿至长清一带多山,决溢很少;东部情形却有很大不同,自历城以下以平原为主,河多决。例如光绪十五年(1889)七月二十五日,章丘县境大寨、金王等庄圈埝被冲灌,南堤决口,其分溜由小清河经乐安县境入海[2],两岸章丘、邹平、新城、青城、高苑、博兴等地皆被灾。

通过运河东部黄河泛滥的情况,可以看出徒骇河和小清河沿岸受害最重,主要原因还在于此二河近临黄河又与之平行。黄河北岸决溢基本都可以注入徒骇河,南岸则历城以下大都冲灌小清河。这正如岑仲勉所指出的那样:"就鲁省而论,则长清、齐河、历城、济阳、惠民、滨县、利津的北岸决口都可以溃入徒骇,历城、章丘、齐东、蒲台的南岸决口都可以溃入小清。"[3]

就运河以东黄河南北两岸相比较,情况有所不同。南岸西部东阿至长清一带为泰山之麓,有一道天然屏障,受灾较轻。历城以下也因受泰山余脉及南面鲁、沂等山的影响,地势较为高仰,灾区范围多被限制在历城东部小清河沿岸及以北狭长地区。而黄河北岸地势平衍,一马平川,可任决水所至。所以,就徒骇、小清二河而言,前者受害更重。据山东巡抚陈士杰奏,铜瓦厢改道至光绪十二年(1886),黄河"南决小清者四次,北决入徒骇河者二十余次,水性就下,其势使然"[4]。岑仲勉经过研究之后,亦云黄河"以入徒骇为特多,故北

---

[1]《清代黄河流域洪涝档案史料》,光绪八年九月初五日任道镕奏,中华书局 1993 年,第 714 页。
[2]《清代黄河流域洪涝档案史料》,光绪十五年七月初三日山东巡抚张曜奏,第 772 页。
[3] 岑仲勉:《黄河变迁史》,人民出版社 1957 年,第 674 页。
[4]《光绪朝东华录》,光绪十二年三月,第 2093 页。

岸是鲁河较弱的一环"[1]。其实,黄河北岸决口,不仅仅徒骇河两岸被灾,徒骇河北部与之平行的马颊河及其沿岸也时有波及。

综合黄河漫流时期和筑堤时期来看,黄河水灾已遍及黄河南北两岸。为了能较明显地体现黄河水灾的时空变化,笔者根据大量地方志、清实录、东华录及有关档案等,对光绪八年至民国二十七年花园口决口止,山东沿黄州县决溢情形作了统计(表1)。由此可知,光绪八年至二十八年,决溢间隔平均为1年,决溢州县20个,年平均决溢州县6.4个,可见程度之强;光绪时山东临河为20州县,皆有决溢出现,又可见范围之广。可以说,这一时期是山东段黄河决溢频发期。光绪二十九年至民国五年,无论从决溢间隔、范围还是程度上讲,都属决溢较少期。民国六年至二十七年,决溢间隔平均为1.2年,决溢州县12个,年均决溢州县1.8个,为决溢一般期。若从空间分布来看(表2),光绪八年至中后期,黄河决溢主要发生于东阿以下大清河道特别是齐河至齐东段。对此,张含英也说决溢"皆在齐河以东"[2]。东平以西也有河患发生,不过并不太频繁,且集中于濮、范、寿张一带。光绪末期至花园口决口,黄河决溢除利津较频繁外,以西部河段特别是濮、范一带为主,因而此地有"豆腐腰"之称。

表1 不同时段黄河决溢比较

	总年数	决溢年数	平均决溢间隔(年)	决溢州县(个)	累计决溢州县(个)	年均决溢州县(个)
光绪八年至二十八年	21	21	1	20	134	6.4
光绪二十九年至民国五年	14	8	1.8	4	12	0.9
民国六年至二十七年	22	18	1.2	12	39	1.8

表2 不同州县黄河决溢次数比较

	菏泽	濮州	范县	寿张	阳谷	鄄城	东平	东阿	平阴	肥城	长清	齐河	历城	章丘	济阳	齐东	青城	惠民	蒲台	滨州	利津
合计	3	15	13	14	2	1	2	12	6	2	13	15	20	13	12	13	3	12	4	3	29

说明:鄄城为民国二十年析濮、范二县所置。由于设县较晚,故统计表中仅有1次决溢,即民国二十四年董庄决口。但实际上自铜瓦厢改道后,此地屡有河泛。

---

[1] 岑仲勉:《黄河变迁史》,人民出版社1957年,第674页。
[2] 张含英:《历代治河方略述要》,商务印书馆民国三十五年,第75页。

几乎每次黄河决溢,波及面都很广,据笔者统计,山东约计 50 余州县被灾,灾区范围是马颊河以南,小清河以北,泰山山脉以西、以北,运河沿岸及其以西一带,已经超出山东总面积的三分之一。这可以说是黄河泛滥在山东的主要波及区,它里面隐含的是一幅幅触目惊心的河患图。

二、黄河泛滥下的人口迁移

铜瓦厢改道后,山东黄河两岸常常是遍野哀鸿。灾民为了生存,纷纷四处流徙。本部分主要论述铜瓦厢改道至花园口决口这一时段因黄河泛滥而出现的灾民迁移活动。

(一) 咸丰五年至同治季年

这一时期山东段黄河灾区的灾民迁移活动主要发生于鲁西南,有这么几种迁移形式:

一是开垦湖边荒地。咸丰元年(1851),黄河决于江苏丰县,洪水分入微山、昭阳等湖。沛县首当其冲,受害最为惨烈;铜山县及山东鱼台县与之毗邻,因而也一片汪洋。这次决口主要波及上述铜山、沛县、鱼台三县,其所属微山湖、昭阳湖周边土地均遭黄水淹没,成为巨浸。面对汪洋洪水,当地居民无以为生,不得不携家带口,逃往他处。但没过几年,黄河就在铜瓦厢改道东流山东,鲁西南陷入了汪洋之中。此时,"铜、沛之巨浸,已成新涸之淤地""地既沃美,又屡值岁丰,渐以富饶"。于是,郓城、嘉祥、巨野、成武等县遭受黄河水患之难民,"由山东迁徙来徐"。地方官想"押逐回籍",结果却"继而来者日众",无奈之下,只得准许"招垦缴价输租以裕饷"[1]。咸丰七年(1857),南河河道总督庚长派人丈量湖边荒地,还专门设了湖田局,招收灾民垦荒。此号一下,鲁西南灾民更是应者云集。

二是淮徐故道移民。黄河东流山东入渤海后,江苏等地河道成为废黄河。河身占地面积较广,淤地辽阔,史籍称"徐海一带河身涸出千余里",因此,山东被水灾民除垦占微山、昭阳湖边荒地外,还有一部分迁避或耕垦于此。例如,同治十二年(1873)六月直隶总督李鸿章奏称:

由兰仪以下抵淮徐之旧河,身高于河地约三四丈,因沙河成堆,老淤

---

[1] 民国《沛县志》卷 16《湖团志》。

坚结。年来避水之民移住其中,村落渐多,禾苗无际。[1]

李鸿章的意思是,黄河已经东流山东多年,淮徐故道已经废弃,而且避水患的灾民已经迁去居住,就不要再让黄河回故道了吧。结合黄河在鲁西南漫流的背景,我们很容易推断,这些"移住其中"者是遭受了黄河之患的灾民。看来,黄河漫流时期,鲁西南灾民不仅移至铜、沛一带垦荒,还迁居于淮徐故道。淮徐故道是旧河床,当时属于无主荒地,迁此开垦的灾民难免发生纠纷,所以李鸿章又上言:"至南河故道千余里,居民占种丰收,并请查明升科,以免私垦争夺之患。"[2]升科,就是对新垦田地按税法规定征收钱粮。这也从侧面反映了迁此移民数量之众。笔者在鲁西南考察时,曾遍捡曹、单等县的地名资料,结果发现,山东曹、单故道亦有一些这样的村庄:建立时间较早,黄河泛滥时被冲淹,村民为避水患外迁,黄河改道后又返回重建。如曹县邵庄乡的东李寨,乾隆年间因黄河决口,居民四散,咸丰五年黄河改道后,村民陆续返回。但相比之下,更多的是近百年来新建的移民村,这样的村庄,其村民的来源除本县外,还有附近各县,个别的甚至来自相邻省份。

三是后撤型移民。这是一种短距离移民,一般从低处迁于高处,从距河较近的地方迁至稍远的地方,或从河此岸迁至彼岸等。这种迁移方式多发生在临河之处。如咸丰五年,因黄河决口,陈氏由菏泽李村镇陈庄迁至今鄄城梁堂乡,并建立了陈庄。迁移治所也是常见的方式,如同治五年(1866)山东巡抚阎敬铭奏称,濮州靠黄河较近,自黄河兰仪漫口后,州城久被水淹,因于南岸筑圩移徙州民,以为新治[3]。但迁治不久,阴雨兼旬,黄流盛涨,新旧城圩均被淹没,被水灾民荡析离居。

(二) 光绪、宣统年间

黄河在时段上决溢的不同,势必会影响人口迁移的频繁程度。光绪元年至七年,由于黄河比较安澜,史料中基本未见被河灾民迁移的描述。而光绪八年以后,随着河患的频繁,灾民迁移现象就比较多见了。

1. 沿河灾民后撤

这种类型的移民自西徂东皆存在,其中既有官方组织的,也有民间自发

---

[1] 宣统《山东通志》卷122《河防志·黄河考中上》。
[2] 《清史稿》卷126《河渠一》,第3750页。
[3] 《清穆宗实录》卷182,中华书局1987年,第266—267页。

的，规模远大于黄河漫流时期。官方组织的后撤型移民规模较大的主要有三次，是迁东平、东阿以下13州县堤内居民于堤外。

第一次是光绪十五年(1889)三月至十七年(1891)七月。因山东河溃频仍，民无宁岁，光绪十五年三月十五日，山东巡抚张曜奏请迁滨河村民于大堤之外，并试办于下游历城、章丘、济阳、齐东、青城、滨州、蒲台七州县[1]。利津县拦黄坝以下另饬该县筹办[2]。光绪十五年，共迁民二千余户[3]。光绪十六年迁民数量则较上年为多。此次迁民随着张曜于光绪十七年七月离任而终止。这两年多，总计迁民七千余户。当然，也有灾民未迁出者，原因是经费不足，并且适逢"伏秋大汛，黄水涨发"。未迁出灾民主要在历城、蒲台、利津等处[4]。

第二次是光绪十八年(1892)正月至十一月。张曜在巡抚任上迁民较少，上述八州县"夹河以内村庄未迁之民尚有二万余户"。所以，光绪十八年正月二十日，新任山东巡抚福润奏请设法迁移赈抚，"与司道再四筹商，拟在该州县适中处所分设三局，委员清查户口，择高阜之区购地立庄，资令盖房迁徙"。至当年六月止，"新庄盖成之屋已有十之七八"；十一月初，历城等八州县全部迁竣。

第三次为光绪十九年(1893)春至二十年(1894)五月。这次迁民也可以看作光绪十八年的继续。是年春天，先是道员黄矶等"督同提调、候补知县杨建烈周履上游一带"，然后向巡抚福润报告："长清、平阴、肥城、东平、东阿五州县及历城、蒲台续请迁徙各庄并齐东城内各贫户，均应赶为筹办。"福润即遴派员绅分投设局，购地立庄，给资盖房迁徙。至次年五月，第三次迁民结束，"共计迁出二万六千六百二户，一百九十三村庄，分立新庄二百一十八处"。

除此之外，其他小规模或民间自发的后撤型移民也多有出现，移民发生地主要是东段黄河两岸，特别是历城以东。例如：光绪九年(1883)，历城黄河北岸决口，省城东北数十村庄悉被淹没，乡绅陈汝恒于黄台山左侧建房五百余间，于花园庄东建房三百余间，让灾民迁居。十一年(1885)，汝恒知齐东县时，因该处南店子屡出危险，遂将居民移至北店子，并建房令其居住[5]。同年，

---

[1] 黄矶：《山东黄河南岸十三州县迁民图说》铁岭庆增序，光绪二十三年石印本(此三次官方移民下不注明者同)。
[2] 武同举等编校：《再续行水金鉴》卷127引《京报抄册》。
[3] 武同举等编校：《再续行水金鉴》卷128引《京报》。
[4] 杨士骧等修，孙葆田等纂：宣统《山东通志》卷123《河防志·黄河考中下》。
[5] 民国《续修历城县志》卷40《列传》。

利津决口,河东村庄一半被冲陷,地方乡绅"设迁民局,以救灾黎"。光绪二十九年(1903),巡抚周馥迁利津堤内居民于堤外。等等之类的记载,在沿河地方志中很普遍。为躲避黄水而迁县治亦属后撤型移民的一种。例如:齐东县城原址位于黄河岸边,三面临河,汛期一到水就灌入城内,因此在光绪十六年(1890),齐东知县王儒章就申请迁城[1]。在探明相对安全的地点后,二十年(1984)二月山东巡抚福润称,"该县境内距城三十里之九户镇地处高原,未经黄水,可图改建",还专门委派候补知州冯德华会同齐东知县"兴工移建,务于伏汛以前告竣"[2]。

如上文已述,光绪八年至中后期,黄河决溢主要发生于东阿以下。巧合的是,光绪年间官方组织的三次大规模后撤型移民及民间自发的后撤型移民就是在这一段进行的,尤其是齐河至齐东段。民间自发的后撤型移民活动也主要发生于东阿以下两河两岸。

2. 开垦黄河故道与西迁

黄河漫流结束后,仍有一些灾民迁至黄河故道,其中亦有鲁西南灾民。可以宣统年间史料为证:"凡河滩垦种之人,曹徐淮海四属居多。"[3]此处的"曹",即为鲁西南的曹州府。正因为垦种之人多,废河淤地才不断得到开垦。民国年间所修《单县志》也说:"自黄河北徙四十余年……故堤根官地,勤苦小民亦渐开垦,上之人以其无损于国而有益于民也,率弗之禁。"[4]笔者在菏泽实地考察时发现,山东曹、单黄河故道一带,也有光绪年间建立的移民村。这些村庄中,又以光绪八年特别是光绪末期建立者为多;宣统年间也有一些移民村建立。这与黄河重灾区移至山东西部有关。和漫流时期一样,移民村的来源有的是曹、单本县,有的则来自外地。所不同的是,来自外地的灾民范围较广,如濮州、范县、寿张、郓城、菏泽、定陶,也有的来自河南宁陵。

西迁也存在类似情况。例如光绪九年(1883),山东黄河灾民接近山西省境时,该省巡抚张之洞奏称:"今山东重罹河患,度支竭蹶,流至河南卫辉境内颇多。"[5]光绪九年,黄河于长清、齐河等地决溢,被水灾民荡析离居,其中一部分到了河南省卫辉府境内。长清、齐河毕竟距河南远于鲁西南,既然这样,

[1] 民国《齐东县志》卷5《人物志》。
[2] 《光绪朝东华录》,光绪二十年二月,第3342页。
[3] 宣统《山东通志》卷123《河防志·黄河考中下》。
[4] 民国《单县志》卷19《艺文》。
[5] 《皇朝政典类纂》卷189,《近代中国史料丛刊续编》第88辑,第890册,第3128页。

鲁西南遇水患时灾民更容易到西部诸省。甲午战争中国战败后,有人写了一篇名为《报贝君书》[1]的文章,分析中国失败的原因并寻求发展道路。书中也曾涉及山东灾民西迁之事:

> 昔行陕、甘道中,见山东、河南被水灾黎民挈妻子、负农器而西迈,流离饥困,心窃哀之。停车慰问,云将迁耕旷土。问:"素愿乎?"曰:"苦资斧不足,自达耳。故乡一片汪洋,岂复堪虞?"

从中不难推测,此处所指的灾民主要为河南、山东两省黄河灾区的居民。又从"陕、甘道中"可以得知,被水灾民不仅就近开垦废黄河故道等,还不远千里,迁徙至陕、甘一带"耕旷土"。对此还深有感触,又说:"西北土满,胡不遂迁濒江、濒河湖被水之民于彼,使水得所容受,以杀堵激之怒耶?"作者所云只不过是一条建议。不过就当时的情况看,陕甘一带的确土旷人稀,足以容下众多灾民。宣统年间依然有灾民西行,如宣统二至三年(1910—1911),"由夏邑至虞城,更有山东曹县饥民三四起"[2]。通过民国年间所修的陕西通志可以发现,光绪、宣统年间西迁灾民还是比较多的,比如三原县,"招集湖北、山东流民拓垦,生齿日繁,至宣统末,约增五六万口"[3]。这只是一个例子而已。三原县位于关中,关中自然条件优越,向称富庶之区,这对灾民来说无疑具有吸引力。

有关灾民的流徙,山东巡抚张曜曾写过一首诗,名《查勘齐河水灾有感》,其中两句曰:"古渡空余杨柳色,荒村齐挂鹭鸶烟。几番欲把流民绘,满目苍凉画不全。"[4]该诗是在光绪壬午、癸未、甲申、乙酉间(1882—1885)齐河屡年河决背景下写就的。这时期,正是运河东部黄河决溢频繁期。此处作者虽仅指齐河一县,东部其他被水较重的州县也应与此相差无几。

3. 闯关东

闯关东并不是光绪年间才出现的,而是可以上溯至清初。黄河漫流时期即咸丰五年至同治季年,虽然笔者所接触到的史料中未发现鲁西南灾民因河患而迁往关外的记载,但从传统的迁移习惯分析,这种现象可能依然存在,只

---

[1] 《皇朝经世文统编》卷100,"近代中国史料丛刊"续编第72辑,第720册,第4121页。
[2] 李振华辑:《近代中国国内国外大事记》之"中国时事汇录",《近代中国史料丛刊续编》第67辑,第663册,第1948页。
[3] 民国《续修陕西通志稿》卷31《户口志》。
[4] 民国《齐河县志》卷30《艺文》。

是由于时间较短,东北未开禁到刚刚开禁[1],以及有湖田淤地等可以开垦,移民东北没有形成较大规模。

光绪、宣统年间,尽管有关山东黄河两岸被水灾民闯关东的直接记载不是很多,但足以说明问题。例如,光绪年间肥城县所修乡土志对该县灾民闯关东有如下记载:

> 自光绪十七年修志以后,生齿繁衍,户口日增于前,唯沿黄河各庄村迭被水患,迁徙无常。……近数年来,庄农之赴哈尔滨等处谋生者不下万余人。[2]

据笔者统计,肥城县在黄河改流山东后共被灾14次,其中漫流时期仅1次,时间为1855年,即改道最初一年因猝不及防造成的;光绪年间被灾12次,占85.7%,其中光绪十七年(1891)以后7次,占58.3%。也就是说,肥城县的黄河水灾主要出现在光绪年间,特别是十七年以后,这与该县乡土志所载不谋而合。正因为频繁的水灾,肥城县灾民们一批批迁往关外。该条资料中的"近数年来""不下万余人"等字眼,足以说明该县灾民人数之多。

而且,在山东黄河两岸肥城县被灾程度算是较轻的,尤其与东部其他州县相比,差距更大。据笔者统计,光绪年间超过肥城县累计被灾次数的东部其他州县有齐河、历城、章丘、惠民、滨州、利津等,大多数州县的灾情重于肥城县。这实际上是由其所处地理位置决定的。肥城与东阿、平阴、长清等县境内多山,为黄河水的天然屏障,所以大堤在此地很少修筑,只是在长清县城东部才能看到一段。除临河岸边常被灾外,多数地方还是比较安全的。既然肥城县"近数年来"闯关东者如此之多,东部其他州县焉能少? 即使是运河以西,也有六个沿黄州县被灾次数超过肥城,那么当地灾民除南下与西迁外,未必就没有出关者,只是可能不能与东部相比罢了。

(三) 民国年间(至1938年止)

1. 人口迁移的主要流向

相比之下,民国时期山东灾民特别是运河以西灾民迁往关东更盛。近人

---

[1] 康熙七年(1668)到19世纪前期,由于清政府实行封禁政策,移民闯关东的进程受到限制。随着鸦片战争后东北大片领土被割,清廷终于在咸丰十年(1860)将关外开放,此后移民东北的步伐逐渐加快。

[2] 光绪《肥城县乡土志》卷6。

朱家骅曾经研究过各省移民,他说,"山东的西部和西南部,在民国十五年(1926)以后连遭水灾,收成只有平常的两三成",故多至关外[1]。民国时期研究东北移民的王海波也指出,"鱼台等县,年来因逢歉岁,农民所有收入,尚不足以纳税。革根、树皮,啮吃殆尽,有时竟十里不见树木",灾民多至关外谋生[2]。东平县虽处运河以东,但靠近运河,地势低洼,易被水灾,所以其县民也是闯关东的积极响应者。关于这个问题,著名历史地理学家侯仁之先生于20世纪30年代后期曾指出:

> 东平一县,本处于大清河中游,自黄河北徙夺大清河入海,大清河水遂郁聚于县城之西北,成为巨浸,名虽为湖,实皆陇亩也。每年黄河涨发,倒灌复巨,以致湖面日渐增广。近数年来,人民自动建筑堤埝,以资范束,然一遇泛期,动辄溃决。湖中深处之村民,泰半均赴关外谋生,唯少数人民犹恋而勿去,因无田可耕,故只以捕鱼为业。[3]

侯先生此处所指的湖,当为东平湖。东平湖及其前身安山湖等,在历史上屡遭河患,其变迁与黄河有着千丝万缕的联系。如上文如述,铜瓦厢改道初期黄河在鲁西南漫流,泥沙大多淤积在运河以西的冲积扇上,泄入大清河的河水较清,大清河反而被刷深,其支流汶河等也容易下泄。但西部大堤筑起后,下泄泥沙增多,大清河道渐至淤塞,汶河等下泄不畅,河水停蓄在洼地中,再加上黄河水涨时的倒灌,致使东平湖面"日渐增广"。很显然,湖面增广的直接后果便是淹没村镇、农田。这种情况下,依湖而居的村民无法生存下去,于是"泰半均赴关外谋生"。与此相应,民国年间的《东平县志》亦载有20世纪30年代邑人出关时的规模:"远徙关外谋食他乡者,乡村动以百计。"[4]由此看来,东平县灾民在民国年间徙往关外是很平常的事。

以上只是山东段黄河灾民移徙东北的数例而已。实际上,民国时期山东黄河泛区灾民迁至关外者非常之多。华洋义赈会曾经宣布,山东省60%的居民迁往他处——迁出地主要在山东西南部,这里22个区的居民几乎走光;而迁入地则主要是东北,其中又多分布于东北北部地区。[5]初迁者一般为男

---

[1] 朱家骅编:《浙江移民问题》第四编第四部,浙江省民政厅1930年,第81页。
[2] 王海波编:《东北移民问题》,中华书局1932年,第19页。
[3] 侯仁之:《续天下郡国利病书·山东之部》,哈佛燕京学社1941年,第19页。
[4] 民国《东平县志》卷1《方域》。
[5] 陈翰笙:《国民党统治下的中国农民》,载《陈翰笙文集》,商务印书馆1999年,第98页。

性青壮年。以后随着东北开发程度的加深及其在迁入地的基本稳定,家属才逐渐迁去。家属的加入,意味着越来越多的人转化为移民,这正如时人王海波所云:"据满铁调查,近来(指20世纪30年代初)永居的移民已逐渐增加。"[1]

2. 灾民西迁

黄河两岸灾民西迁也有一定规模。据朱家骅云:

> 近年南北各省,因天灾人祸的逼迫,大多数的民众,无以为生,不得不离开乡井,一群一群的流亡他处去图谋生活……山东西部定陶、嘉祥、范县、寿张、朝城、堂邑、博平、高唐、德县等县的难民,投奔山西、陕西、河北的很多。[2]

尽管此处朱家骅并未明确说明灾民流徙的具体原因,但根据上文黄河灾害的叙述我们可以很明白,黄河水患是其中极其重要的因素;而且,朱家骅所举的都是西部诸县,它们基本上在黄河泛区之内。1922—1931年的胶海关十年报告中也有类似情形:"近年以来[3]……鲁省人民移往满蒙及西北一带乞食者,踵趾相接,其中属于莱、胶、沂、登、青各州及鲁西各地者居多。"[4]这里提到的满蒙,实际上主要就是东北地区。除东北以外,西北地区也是重点。对于迁出地,除山东东部一些地区外,鲁西也在其中,而鲁西的主要灾害无疑便是黄河水患。该报告还说,灾民等迁至满蒙及西北不仅仅出现于"近年以来",且"与前期情形大致相仿"。

对于灾民迁移这个问题,笔者也曾专门拜访过老一辈著名水利专家徐福龄先生。据他回忆,民国二十四年(1935)董庄决口后,山东西部众多灾民曾流落至陕西省朝邑等县。当时徐老恰在朝邑,目睹了此幕。笔者还在黄河水利委员会调查了几位老勘测队员。据言,走西北者有河南灾民,也有山东灾民,主要迁往关中等地。台前县(原寿张一带)几位老者也向笔者透露,20世纪30年代时当地有一批人迁至西安附近。移民们在关中一带建立了村庄。起初关中地区将山东人聚居的村庄都叫山东庄,后来才各自起了名字。至于迁出地,

---

[1] 王海波编:《东北移民问题》,第21页。
[2] 朱家骅编:《浙江移民问题》第四编第一部,第6页。
[3] 海关十年报告以10年为一阶段,此处当指1922年以来。
[4] 胶海关税务司:《胶海关十年报告(1922—1931)》,青岛市档案馆藏海关资料5号,转引自青岛市档案馆编:《帝国主义与胶海关》,档案出版社1986年,第244页。

张晓青在研究中[1]曾提及,这些移民主要来自山东西南部和东部的青州一带。

3. 近代新型迁移

鸦片战争后,一批沿海、沿江和内陆城市陆续开埠,这对灾民来说,无疑具有很大吸引力,于是近代新型移民——向开埠城市迁移展开了。当然,灾民向城市迁移,早在开埠之前就已经开始,只不过属于零星的,不上规模。

青岛、烟台等山东开埠城市距灾区近,灾民迁去较易。以青岛为例。青岛开埠始于光绪二十四年(1898),此后特别是三十年(1904)胶济铁路通车后,青岛的地理优势显现出来,成为山东乃至东部沿海地区的产地市场、集散市场和消费市场。这样,成千上万的人从山东各地聚集而来,以致人口数量激增。据统计,宣统二年(1910)市区人口约3.4万人,民国十四年(1925)达16.3万人,二十四年更是超过30万人。[2]这其中也包括众多黄河泛区的灾民。据载,他们还在青岛设立了同乡会,如曹县等八县同乡会、兖济十四县同乡会、东平同乡会、肥城同乡会等[3]。这几个同乡会,其成员的家乡皆位于山东西南部,都属于黄河重灾区。

北京、天津距山东不远,水陆交通都相对便利,而且还有着较广阔的生存空间,这对山东灾民来说,同样具有相当的吸引力。"例如从民国时期北京市人口的籍贯统计来看,外来人口来自全国各地,占到北京市总人口的一半左右,其中山东人仅次于河北人,位列第二。"[4]

当然,灾民迁往这些城市,有的最初并不把它们作为迁入地。当时山东灾民到东北逃荒的线路主要有两条:一条是由陆路到天津等,再乘火车抵达奉天;一条是由烟台、青岛等地坐轮船到大连、营口等。虽然天津、青岛、烟台等城市多是作为灾民的中转地,但也有一些灾民因为各种原因而滞留、居住下来。特别是随着城市的开埠,吸引力的增强,滞留现象更为明显,有些直接把它们作为迁入地。如民国十七年(1928)《益世报》[5]记载,天津本埠各街巷难民异常众多,均操直南及山东等处口音,"有一部分滞留津埠"。这些滞留的

---

[1] 张晓青:《国际人口迁移理论述评》,《人口学刊》2001年第3期。
[2] 青岛市史志办公室编:《青岛市志·人口志》,五洲传播出版社2000年,第5页。
[3] 李森堡等编:《青岛指南》,中国市政协会青岛分会1947年,第71页。
[4] 孙向群:《近代山东人"闯京城"路径探析》,《西北师大学报(社会科学版)》2011年5月,第100页。
[5] 《近日乞丐加多 半系直鲁难民》,《益世报》1928年5月2日第11版。

难民大多缺乏必要的职业技术和谋生手段,被迫沦为乞丐、人力车夫、脚行苦力等。

也有不少灾民迁入南方的开埠城市。如据上海当局调查,宣统二年至民国十四年(1910—1925),15年间仅上海公共租界内的山东人口就由2 000余人增长到1.2万余人;民国十九年至二十四年(1930—1935),5年间公共租界内的山东移民翻了一番[1]。这种现象的出现并不是偶然的。在这两个时间段,黄河都发生了决溢。特别是后一个时间段,河患更是剧烈。民国二十二年黄河决口虽主要在河南、河北,但山东由于是近邻且处下游,鲁西南"俱成泽国"。民国二十四年鄄城董庄大决口,其状之惨,上文已述。对此,邹依仁也说,"由于黄河和海河的经常泛滥","河北省与山东省的人口来旧上海的比重亦为不小"[2]。为联络乡谊,保护山东人的利益,山东移民还在上海建立了会馆和同乡会。不只是上海,其他城市也有灾民迁入,如每年冬天总有四五千名由山东省来的穷人,来镇江寻求工作[3]。尽管其中不少人到了春天就回去耕作,但总有一些居留于当地。

从交通上看,山东人去江南开埠城市主要有两条途径:一是通过海运,由青岛等地乘船可抵达;二是通过津浦铁路。海运对山东东部的人而言比较方便,但对于山东西部特别是鲁西南灾区来说,津浦铁路应是首选。交通的便利再加上城市本身的吸引力,鲁西南等地的灾民蜂拥而至就不难理解了。

三、结　　语

自然灾害往往能够影响人口迁移。就灾区本身而言,其灾情轻重、范围广狭、持续时间长短往往决定人口迁移的进程,二者几乎是成正比的。在近代山东,黄河水灾是最主要的自然灾害,灾民迁移流徙的频繁程度、规模与进程同样受灾情的制约。换句话说,河患与人口迁移有着一定的时空关系。

铜瓦厢改道初期20年,黄河在北至北金堤、南至废黄河、东至运河的三角地带漫流,因而黄河泛区主要位于鲁西南。与此相应,人口迁移活动也主要发生于这一带。西部黄河大堤修筑之初,东部黄河决溢情况与之前相比并没有

---

[1] 邹依仁:《旧上海人口变迁的研究》,上海人民出版社1980年,第114页。
[2] 邹依仁:《旧上海人口变迁的研究》,第42页。
[3] 《海关十年报告(1912—1921)》第1卷,载章有义编:《中国近代农业史资料》第2辑,第386页,生活·读书·新知三联书店1957年,第639页。

太大变化。也就是说,灾情依然较轻。但光绪八年以后决溢变得频繁起来,人口迁移重点区域也就随之东移。到了光绪末期特别是民国年间,灾民迁移活动又随灾情西移而主要发生在运河西部。如果从范围来讲,漫流时期的人口迁出地相对单一,而漫流结束后不久,人口迁移便自西徂东在黄河两岸更广阔的区域内展开。正如史书所载的,"黄河自铜瓦厢决口后……顾上游泛滥,地方不过数十县;下游冲决,则人民荡析,环袤千里"[1]。在这其间,又表现出了范围广狭的变化。

本文原载《学术研究》2016年第6期。

---

[1] 武同举等编校:《再续行水金鉴》卷114引《谕折汇存》。

略论民国时期河南水旱灾害及其对乡村地权转移的影响

苏新留

河南自古就是一个水旱灾害的多发区。民国时期，由于自然和人为因素的影响，该地区水旱灾害严重，给河南社会造成了巨大的危害。灾害与乡村的经济链条往往存在着千丝万缕的联系。本文依据相关资料，拟在完成民国时期河南省水旱灾害描述的基础上，探讨灾害与乡村地权变动的关系。以期对民国时期河南乡村有更深刻的认识。不当之处敬祈方家指正。

一、水旱灾害等级序列的建立与时空分布

中国史籍浩如烟海，文献中有关水旱灾害的记载相当丰富，但这些记载基本上是描述性的资料。要想对历史时期的水旱灾害作深入细致的分析，目前常用的研究方法是采用水旱灾害资料参数化方法。按照先行的研究，就水旱灾害而言，一般存在着四种情况：较旱、很旱、较涝、很涝。加上正常年份共可分为五级。《中国近五百年旱涝分布图集》[1]（以下简称《图集》）的分级是：1是大涝，2是涝，3是正常，4是旱，5是大旱。满志敏出于标记数字的大小与降水量的大小一致的考虑，制定了旱涝等级的规定[2]。综合上述两项研究，旱涝等级的定义和规定以及各级的主要描述语言如下：

1级　旱　持续数月或跨季度的旱，大范围严重干旱。如"春夏大旱，赤地千里人食草根树皮"；"夏秋旱，禾尽槁"；"四月至八月不雨，百谷不登"；"自三月不雨至五月……秋七月至十一月旱。……民多饥死"。"夏亢旱，饥"；"河枯"；"塘干"；"井泉竭"；"大旱，湖干数里"。

---

[1] 中央气象局气象科学研究院主编：《中国近五百年旱涝分布图集》，地图出版社1981年。
[2] 满志敏：《历史旱涝灾害资料分布问题的研究》，《历史地理》第16辑，上海人民出版社2000年。

2级　偏旱　单季、单月成灾稍轻的旱、局部地区旱。如"春旱,禾稼苗有枯死";"秋旱";"旱";某月"旱";"旱蝗"。

3级　正常　丰收或庄稼收成正常的年份,或无水旱可记载。如"大稔"、"有年"、"大有年"。

4级　偏涝　单季成灾不重的持续性降水,或单月局地大水。如"春霖雨伤禾稼";"秋霖雨害稼";"八月大水";"秋,雨水,毁沿河田亩";某县"山水陡发,坏田亩"。

5级　涝　持续时间长而强度大的降水,或大范围的大水灾。如"自春至夏,淫雨六十余日";"大雨浃旬,城中涨水深及丈余";"夏大雨浃旬,河水溢";"春夏大水,溺死人畜无算";"夏秋大水,禾苗涌流";"大雨连日,陆地行舟";数县"大水";"飓风大雨,漂没田庐"。

要对民国时期河南水旱灾害进行研究,就必须建立民国时期河南省水旱灾害等级序列。按照满志敏的研究,"旱涝灾害资料分级的基础是旱涝灾害形成的原因,因为从机制上来看旱涝主要由降水量的多少决定的。降水量偏少形成旱灾,而降水量的偏多又导致涝灾"[1]。然而,民国时期河南省的部分水灾并不是由降水量偏多而引起的,而是人为因素造成的。若按照这个定级基础,则无法对这些灾害进行定级。所以,本文在对河南省水旱灾害资料参数化时,还需要考虑非降水因素。

为了更准确地把握民国时期河南省水旱灾害的总体情况,本文针对民国时期河南社会的实际情况,以灾害程度和灾区大小等多方面状况综合衡量为原则,通过对民国河南水旱灾害史料的分析整理[2],将 102 县每年的水旱灾害资料参数化,得到一个民国时期河南省各县每年水旱灾害资料参数化表[3],

---

[1] 满志敏:《历史旱涝灾害资料分布问题的研究》,《历史地理》第 16 辑,上海人民出版社 2000 年。
[2] 由民国河南部分方志,当代河南各地新方志,《大公报》《申报》《民国日报》《河南民国日报》等报纸,《河南政治》《东方杂志》等民国期刊,中国第二历史档案馆(简称"二档")等有关民国河南省档案资料、黄河水利委员会档案资料,并参照《近代中国灾荒系年》(湖南教育出版社 1990 年)、《近代中国灾荒系年续编》(湖南教育出版社 1993 年)、中央气象局等编《华北、东北地区五百年旱涝史料》(1975 年)、河南省气象局科研所编《河南省西汉以来历代灾情史料》(1976 年)、《河南省历代旱涝及水文气候资料》(未刊稿)、《河南省历代大水大旱年表》(未刊稿)等综合而成。本文论述的时间范围基本上是整个民国时期,为了时间上的完整性和表述上的方便,1949 年的灾害情况忽略不计,1912—1948 年虽然是 37 年,均称为是民国时期,特殊情况除外。
[3] 由于民国以来河南省出现了部分县归并的情况,笔者根据 2000 年该省行政区划,用现今 102 个县代表民国时期河南省政区范围,并以此为基础进行统计分析。一地有其他灾害记载而没有水旱灾害记载的视为正常年份,定为"3",把历史记载中不超过 3 年的空缺年份亦看作是无水旱灾害,定为"3",表中只体现"1""2""4""5"四个等级,具体数据参见苏新留《民国时期水旱灾害与河南乡村社会》之《附录》,复旦大学博士学位论文,2003 年 6 月。

然后按照"历史时期所发生的大水、大旱在时间上的相同性和地区上的一致性,并考虑近期实际观测的水文、气候要素(如暴雨、径流、年降水量的均值及其在年内的分配,形成暴雨的天气成因等)的相似性,将全省划分为五个分区",分别选定信阳、南阳、郑州、洛阳、安阳五个站点代表各个区[1]。区域水旱程度由两个因素构成,一是各站的水旱严重程度,这由水旱等级的值所决定,二是水旱的面积,在区域内各站点分布基本均匀的情况下,可用水旱各自的站数来表达。等级为3的站点不加入计算,因为史料中关于灾害的记载往往是"记异不记常",避开这部分资料,有利于增加现存资料的有效性。下面采用先行研究的方法[2],水灾、旱灾指数分别由下式算出:

$$D_1 = 1/Z \sum (K_m \cdot N_o + K_n \cdot N_p)$$

$$W_1 = 1/Z \sum (K_m \cdot N_s + K_n \cdot N_t)$$

D_1—旱灾指数,W_1—水灾指数,N_o—1级站数,N_p—2级站数,N_s—4级站数,N_t—5级站数,$K_m=2$,$K_n=1$,公式中K_m和K_n是不同水旱等级的权数,用以表示水旱程度的差异,Z表示每个站点所有的县数。通过计算,得出民国时期河南省及各个站点水旱灾害指数表。其中,0值表示无灾。数据越大,表明灾情越严重。详见表1。

表1 民国时期河南省各地水旱灾害指数

年份	信阳		南阳		洛阳		郑州		安阳		平均	
	D_1	W_1	D_1	W_1	D_1	W_1	D_1	W_1	D_1	W_1	D_1	W_1
1912	0.3	0.2	0.2	0.6	0.7	0	0.6	0	0.1	0	0.4	0.2
1913	0.4	0.2	0.4	0.6	0.2	0.3	0.5	0.2	0.4	0.2	0.4	0.3
1914	1.1	0.1	0.5	0.5	0.1	0.1	0.1	0.4	0	0.2	0.4	0.3

---

[1]《河南省历代旱涝等水文气候资料》,综—2。洛阳区包括黄河流域的伊、洛、沁水系和京广线以西淮河流域的沙颍河水系部分;安阳区包括海河流域的漳卫河水系,马颊河水系和黄河流域的金堤河水系;郑州区包括京广线以东淮河流域的开封、商丘、许昌和周口等地所属县市;信阳区包括淮河流域的本干、淮南以及洪汝河水系的县市;南阳区包括南阳市所属县市。不过,所有县市以能覆盖民国时期的区域为准,未必是现在的所有县市,各分区具体包括的县、市范围详见苏新留博士论文之附图《河南省水系及水文气候史料分区图》。

[2] 满志敏、张修桂:《江淮地区近2000年旱涝序列的重建》,载张兰生主编:《中国生存环境历史演变规律研究》(一),海洋出版社1993年,第218—223页。

续 表

年份	信阳		南阳		洛阳		郑州		安阳		平均	
	D_1	W_1	D_1	W_1	D_1	W_1	D_1	W_1	D_1	W_1	D_1	W_1
1915	0.2	0.6	0.1	0	0.1	0.7	0	0.5	0.2	0	0.1	0.4
1916	0.1	0.9	0	0	0.2	0	0.1	0	0.2	0	0.1	0.2
1917	0.1	0.4	0.1	0.2	0.1	0.3	0.1	0.7	0.1	1	0.1	0.5
1918	0.1	0.2	0.4	0.3	0	1.1	0	0.3	0	0.7	0.1	0.5
1919	0.2	0.2	0	1.3	0.5	0.5	0.3	0.6	0.1	0.8	0.2	0.7
1920	0.5	0.4	1.7	0	1.6	0	0.5	0.2	1.9	0	1.2	0.1
1921	0	1.2	0	0.2	0.2	0.5	0	0.7	0.2	0.8	0.1	0.7
1922	0.2	0.2	0.6	0	0.3	0.1	0.1	0.1	0	0	0.2	0.1
1923	0.1	0.2	0.1	0.5	0.1	0.7	0	0.5	0	0.1	0	0.4
1924	0.1	0.4	0.6	0.2	0	0.3	0	0.4	0.1	0.4	0.2	0.3
1925	0	0.5	0.1	0.2	0	0.3	0	0	0	0.1	0	0.2
1926	0.3	0.5	0	0.4	0.4	0.7	0.1	0.8	0	0.4	0.2	0.6
1927	0.2	0.1	0.4	0	0.3	0.2	0.3	0.1	0.1	0	0.3	0.1
1928	1.3	0	1.5	0	1.3	0	1.4	0	1.2	0	1.3	0
1929	0.7	0.1	1.5	0	1.4	0	0.6	0.1	0.3	0.6	0.9	0.1
1930	0	0.8	0.4	0.1	0.7	0.4	0.4	0.4	0.3	0.4	0.4	0.4
1931	0	1.2	0	1.5	0	1.3	0	1.4	0	0.8	0	1.2
1932	0.4	0.4	1	0.2	0.3	0.9	1.1	0.3	0.5	0.8	0.7	0.5
1933	0.2	0.2	0.6	0.2	0	0.8	0.1	0.5	0.2	0.5	0.2	0.5
1934	0.3	0.9	0.1	0.6	0.2	0.6	0	1.3	1.1	0.2	0.3	0.7
1935	0.8	0.3	0	1	0.5	0.6	0.3	0.6	0.4	0.6	0.4	0.6
1936	1	0	0.6	0	1.5	0	1.1	0	1.1	0	1	0
1937	0.1	0.2	0.5	0	0.5	0.1	0.1	0.9	0.2	1.1	0.3	0.4
1938	0	0.5	0	0.4	0.1	0.3	0	1.1	0.2	0.5	0	0.5
1939	0.6	0.9	0	0.2	0	1.1	0.1	0.9	0.1	0.9	0.1	0.8

续表

年份	信阳		南阳		洛阳		郑州		安阳		平均	
	D_1	W_1	D_1	W_1	D_1	W_1	D_1	W_1	D_1	W_1	D_1	W_1
1940	0	0	0	0.2	0	0.3	0.1	0.8	0.1	1.5	0	0.5
1941	0.8	0.1	1	0	0.9	0	0.5	0.4	0.8	0	0.8	0.1
1942	1.7	0	2	0	1.9	0	1.5	0	1.7	0	1.8	0
1943	0.2	1.2	1	0.6	0.6	0.6	0.6	0	1.1	0	0.7	0.5
1944	0.5	0	0.2	0.2	0.1	0	0.2	0.1	0.3	0.1	0.3	0.1
1945	0.2	0.3	0.3	0	0	0.2	0.1	0.2	0.4	0	0.2	0.1
1946	0.1	0.9	0.2	0.4	0.1	0.7	0	1.1	0.1	0.5	0.1	0.7
1947	0.1	0.8	0.1	0	0.1	0.2	0	0.6	0	0.8	0	0.5
1948	0	0.1	0.1	0.2	0	0.3	0	0.7	0	1.1	0	0.5

从图1中可以看出,水旱灾害的变动情况都呈现出波浪形发展的态势。总体上看,20世纪20年代到40年代初期,河南省出现了逐渐趋旱的态势。20年代到40年代初期是河南省旱灾集中发生的时期,其中尤以20年代末到40年代初期更甚。1930年代成为水灾发生频繁而集中的时期。总之,民国时期河南省水旱灾害的发生是相当频繁的,严重的灾害对河南乡村地权转移产生了深刻的影响。

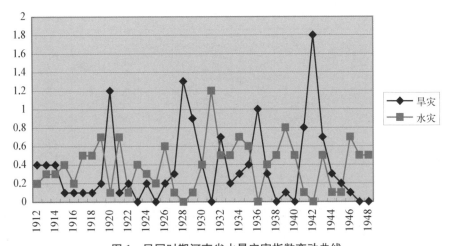

图1 民国时期河南省水旱灾害指数变动曲线

二、灾害与地权转移

灾害所造成的损失绝大多数是由灾区农民来承担的。地主和商人不是农村中的直接生产者,所以,灾害对他们的损害相对来说要轻许多。当灾荒降临的时候,他们凭借着充裕的原始资本积累和有利的条件,往往趁火打劫。当饥饿的灾民没有生活来源之时,地主便开始靠手中的资本榨取更高额的利润。实际上,民国时期河南多数农民的生活是相当艰苦的,他们每年总是处在入不敷出的悲惨境地。(见表2)

表2 民国时期河南省各类农户收支状况表

农户类别	纯收入(元)	总支出(元)	收支不敷(元)
自耕农	124.57	133.42	8.85
半自耕农	76.18	148.67	72.49
佃农	55.19	157.57	102.38

资料来源:刘茂增:《河南农业金融与地权异动之关系》,成文出版社、(美国)中文资料中心1977年,总第46572—46578页。

从表2中可以看出,河南省农户中不论自耕农、半自耕农和佃农,他们都入不敷出,其中以佃农不敷最多。平常年景尚且如此,遇到荒年,他们便难以自保,只得靠借贷度日。河南农民借贷的方法包括信用借贷和保证抵押借贷两种。信用借贷一般包括现金借贷、食粮借贷和赊账借贷。现金借贷的利率一般是二分到五分不等,借贷期限普通为三至五个月,最长不得超过一年。食粮借贷是农民在青黄不接或灾荒歉收的时候,为了维持生活而向地主等借贷食粮,借时言明借粗粮还细粮或借小粮还大粮。河南借粮情形也和高利贷一样,自春至夏,时间不过三月,以开封为例,春借高粱一斗,麦后还小麦一斗,高粱一斗价洋三角四分,而小麦一斗价洋一元三角,区区三个月时间,却得到如此高的利[1]。商店赊欠名不计息,实际商家往往在赊欠时抬高时价。由于水旱灾害频仍,商人宁愿低价销售,也不愿赊欠,以致农人借贷无门,不得不饮鸩止渴。

---

[1] 刘茂增:《河南农业金融与地权异动之关系》,成文出版社、(美国)中文资料中心1977年,总第46643页。

表3　河南省十县农家借贷方式统计表

县　别	信用借贷%	田地抵押%	房屋等不动产抵押%	物品抵押%
镇平	19	76.14	4.86	—
沁阳	21	78.21	0.79	—
安阳	6	91.18	1.88	0.94
永城	64	25.56	6.84	3.60
新野	42	50.46	6.38	1.16
洛阳	23	62.37	10.78	3.85
陕县	8	79.12	10.12	2.76
郑县	13	82.65	3.48	0.87
禹县	25	63	10.50	1.50
杞县	51	33.81	10.29	4.90
平均	27	63	7	3

资料来源：刘茂增《河南农业金融与地权异动之关系》，总第46652—46653页。

从表3中可以看出，抵押借款是河南农村中通行的借款方式，其中以实物抵押借款更为普遍。实物抵押中土地抵押占了绝大多数。土地抵押尤以豫北最为通行，一般月利三分，借贷期限多在一年以内，如果到期不能还本付息，农民往往因此而失去土地[1]。当然，土地抵押时，土地的使用权仍归债务者所有，而土地典当则不同，典当后，土地的使用权随之丧失，所以不到万不得已，农民是不会拿自己的"命根子"作赌注的。然而，"当土地在自然灾害的袭击下失去了其价值增殖的机能而其主人又被自然灾害剥掘得一干二净的时候，生存第一的原则将会压倒一切习俗的束缚和观念的限制，出卖土地便成为人们求取一息生机的最无奈的手段了"[2]。土地典当价一般在卖价百分之五十以上，如果农家在土地典出后还需要用款时，可在卖价范围内续典，直到典价与卖价相等改立卖契时为止，这样农民也便失去了土地。

一般来说，放贷者都希望所贷出的款项能够如期归还，但在那个"望天收"

---

[1] 刘茂增前引书，总第46658页。
[2] 夏明方：《对自然灾害与旧中国农村地权分配制度相互关系的再思考》，载复旦大学历史地理研究中心主编：《自然灾害与中国社会历史结构》，复旦大学出版社2001年。

的农业时代,农业的收成多受频繁灾害的影响,所以靠农业的收成来实现所贷款项的回收,往往带有很大的风险。所以,以土地为抵押品对于债权者来说是比较稳妥而安全的办法。

对于农民来说,没有了土地就没有了一切,所以不到万般无奈的时候,农民一般不会出卖他们的土地。然而,当灾害突然降临的时候,境况本来就很严峻的农民往往会陷入告贷无门的窘境,为了生活,或者说为了活命,他们不得不奔走于高利贷者之门,以土地为抵押换来需要的款项,有时如果抵押借款无门,他们也被迫忍痛割爱,把土地典当出去。

河南土地抵押的手续十分简单,只要找中间人和债主说合,订立借契,将田单交给债主就算完事。土地抵押借款的期限普通是十个月,短的为五六个月,最长为一年。如果到期不能还本利,"有的重立契约,把利息作本计算;有的改为典契,把农田底使用权让给债主;也有的延长几期,到本利累积的数量与地价相等时,即没收其地"[1]。

灾害的频繁发生,使得农民经常处在极端贫困的边缘,所以,农民对其地从抵押进而为典当便成为很自然的过程。按照河南省 30 年代农村调查所了解的情况,农民失去土地的方式是零星的,"拖泥带水"的,大批收买农田的事实在河南农村中还不多见。但是,零星的收买,也能使地权呈现集中的趋势。如辉县有一个姓李的地主,民国十六年前只有三顷多地,五年来逐渐的收买已经使其田产达到八顷有余[2]。

另外,据《农情报告》的统计,民国二十年以来,河南土地价格呈现出下降的趋势,如果二十年的地价为 100 的话,则二十三年河南水田为 86,平原旱地为 95,山坡旱地为 89。[3] 民国二十五年水田为 83,旱田为 92,山坡旱地为 87[4]。正如巫宝三所说:"华北几省地价跌落的程度,比东中部更为剧烈。"[5] 王方中对 20 世纪 20 年代末到 30 年代所出现的大范围的地价跌落现象进行了较为详细的研究[6]。在谈到地价下跌的原因时,王方中认为,"首要的原因是土地收益降低","赋税繁重是地价下跌的另一个重要原因",

---

[1] 行政院农村复兴委员会编:《河南省农村调查》,商务印书馆 1934 年,第 52 页。
[2] 《河南省农村调查》,第 58 页。
[3] 《农情报告》第 3 卷第 12 期,1935 年。
[4] 《农情报告》第 7 卷第 4 期,1939 年。
[5] 巫宝三:《民国二十二年的中国农业经济》,载《东方杂志》第 31 卷第 11 期,1934 年。
[6] 参见王方中:《本世纪 30 年代(抗战前)农村地价下跌问题初探》,载《近代史研究》1993 年第 3 期。

"灾荒历来是地价下跌的重要原因。"实际上认真分析这三方面的原因,对于河南来说,如果没有频繁的灾害的袭击,其他两个原因未必就能够如此严重地导致地价的狂跌。灾荒一方面使土地荒芜,另外,突如其来的灾害往往使农业受到不可预见的打击。投资土地的风险是相当大的,当投资者对土地失去兴趣的时候,土地市场便处于疲软状态,当一种商品没有市场的时候,它的价格自然要下来。因为河南田赋并不是很高,只占地价的百分之二左右[1]。关于土地收益率降低,对于河南来说,也不能忽视灾荒打击下灾民的购买力问题。尽管粮食价格出现了不小的跌落,但相对于农民的购买力来说,如此的价格仍是"天价"。因为这一时期正是河南灾害频繁爆发的时期。就连卜凯也认为,"春麦区地价一九二五年以后之所以未能上涨者,无疑由于一九二八至一九三〇大旱及灾荒所致"[2]。

一方面,灾荒的打击使投资者对有如此风险的土地望而却步,不敢购买,使土地市场趋于疲软,导致地价下跌;而另一方面,地价下跌又使农民倍受损失,由于还要生活下去,饥荒中的灾民不得不求助于借贷维持生命,这样他们就要抵押以至典当本已很贱的土地。从而可以看出,这样一个恶性循环还是以灾荒的不断降临为始点。

尽管土地市场的交易并不十分景气,但零星的购买还是导致了土地的集中。更重要的是,"许多农民不等到买卖,已经从抵押典当的过程中失掉了他们土地的大半"[3]。在河南农村,土地几乎是他们唯一的生产工具,不到万不得已的时候,他们绝对不会转让他们的土地,因为土地是他们的"命根子"。但频繁的灾荒使他们朝不保夕,当只有靠"失去"土地才能苟延残喘的时候,他们也只好打土地的主意了。一般说来,农民并不是一开始就卖掉土地,而是在万般无奈之时,第一步往往是抵押土地借款,如果抵押也不能借到所需要的款项,他们才开始走第二步——典当土地,最后由于无法回赎而把土地完全出卖。据行政院农村复兴委员会的调查,河南乡村中的土地,"特别是灾荒区域的农民所有的土地,很快地在那里流入城市地主和商业高利贷者的掌握中去"[4]。

---

[1]《农情报告》第3卷第12期,1935年。
[2] 卜凯主编:《中国土地利用》,金陵大学农业经济系1941年,第456—459页。
[3] 张锡昌:《高利贷支配下的滑县农村经济》,载《解放前的中国农村》(三)。
[4]《河南省农村调查》,第43页。

三、土地回赎

土地当出后,无论南北,最通行的当期为三年。一般在三年内不得回赎。当然也有例外的,如内乡等地有一年就可回赎的,而滑县等个别地方,不到五年不得回赎。一般来说,三年以后,无论哪一年都可回赎。但从实际回赎的比例来看,情况不容乐观,辉县一带有少至二成的,镇平一带一成的也不少[1]。所以,农民的土地一经当出,便不容易赎回。

正是由于灾民无力回赎,于是大量的土地便离开了他们原来的主人。河南的土地集中很多并非买卖的结果,而是灾民抵押无力回赎造成的。如果靠灾民自己的力量,回赎土地是相当困难的,这时就需要政府的介入。1942—1943年河南大旱荒,当灾民无法以土地抵押办法获得生计时,"贫者变卖田产,觅取生计,富者利用余资,广置产业"。据估计,在灾荒最严重的地区,农民失去土地的比例不低于百分之二十[2]。

灾期过后,生存下来的灾黎,赤手空拳,无产无业,他们唯一盼望的是灾荒期变卖的田地灾后能够赎回。然而,各县灾期内获得土地的士绅,为了保护他们已经获得的财产,经常仗势抗不放赎,致使灾民不能按时买回土地。为了保证灾民在灾后能够回赎灾期出典的土地,河南省政府于民国三十三年二月公布施行《被灾时期地权移转处理办法》。后考虑到实际情形,重加修正,共十二条。规定凡在被灾时期内出典之土地,准原业主于民国三十六年六月底以前,随时按原典价不加利息赎回。买受或承典土地人,不得借故规避或希图加价。否则,依法起诉。

尽管有如此严格的规定,但土地回赎仍不像想象的那样顺畅,这里举出1942—1943年河南旱荒时期的一个土地回赎的例子:

> 某县南乡李某,原系世家,在民国三十一年冬季,经中人说合,拟买王姓之地数亩,当时地价每亩约值两千元,王姓卖地之主因,一则为维持生活,一则为母亲有病,需款孔急,事已成协,讵李某查知王媪病重,希图减价,遂变原议,藉故无款,予以搁置。王某央人百般说合,商酌再三,终无

---

[1]《河南省农村调查》,第56页。
[2] 貊光华:《灾荒下土地集中现象与灾后应有之措施》,《银行通讯》(河南)第4卷第3、4期合刊,1943年。

成效,后又一再让价,并向李某下跪,磕头哀恳,方以每亩地价一千二百元成协,然李某当时虽经首肯,仍藉故无钱,不能照付现款,仅允以实物(棉花)作价办理,按当时棉花价值每捆约值二百元,此次以一百七十元作价,尚需陆续支取,苛虐之状,可谓行于极端,目前王某依法要求回赎,不料李某不但拒绝,反而大加责斥,尽情侮辱,王某痛恨之余,特向有关机关起诉,在起诉书上有"为富不仁"字样,益触其怒,因此于过堂后,李某又责王某云,"尔等小民,胆敢如此,赎地只说赎地,何谓'为富不仁'?"此时王某衔恨已极,又遭申斥,自觉穷人难活,一怒之下将李某拉住,要求将自己置之死地而后已。[1]

从上面的例子可以看出,灾后土地的回赎并不是一个容易的问题。正是这样,灾后土地回赎问题便成为当时大街小巷、公私场合议论的中心,纠纷之繁,诉讼之多,为其它任何案件所不及。据报载,开封每天因为灾期土地回赎而涉讼者有一千多起,洛阳不到二十天时间,发生六百多起。[2]

综观各地关于土地回赎问题所产生的纠纷,尽管原因错综复杂,但不外出卖者依法要求回赎,承买者不愿因放弃已得之权而蒙受物价飞涨的损失。因为按照当时土地回赎的规定,"凡于被灾期内出卖或出典的土地,具备前面所述条件者,准由原业主按原卖价或原典价,向买受人或典权人,买回或赎回。"这里面就存在一个地价的问题,因为被灾时期法币的购买力较以后的购买力为大,如果以原卖价或典价买回或赎回,原买受人或原典权人感到于无形中遭受了一定损失,所以他们便借故拖延或规避,要么就是双方发生纠纷。其它一些原因也加重了灾后土地回赎的难度,如土地转卖、坟地问题等。尽管政府颁布了灾荒期间地权转移契约无效的规定,"但卑微的村夫,敢和那些三位或四位一体的大人物打官司吗?"[3]

灾后土地回赎是关乎灾民灾后重建、灾后社会稳定的重大问题。一方面要让买卖双方申明大义,不可贪图一时利益;另一方面,政府在其中一定要起到重要作用。只有靠政府的努力和典权人的体恤之心,土地回赎问题才能得到圆满解决。但试想一下,如果政府在灾期加强救济,体恤灾民,怎么会出现灾后土地回赎这种棘手的问题呢?

---

[1] 郭兰亭编著:《灾期土地回赎问题》,中国创作出版社(洛阳)1946年,第29—30页。
[2] 《行都日报》1946年1月5日。
[3] 石岚:《目前的豫西农村》,《中国农民》(月刊)第4卷第4期,1944年。

四、小　　结

民国时期河南水旱灾害是相当严重的。以自耕农为主体的河南小农社会,土地是他们唯一的生命所系。没有了土地,基本上等于断了他们的生命线。河南频发的水旱灾害一方面使得土地变得瘠硗,另一方面,使土地的收成变得捉摸不定。没有哪一个投资者愿意进行风险很大的投资,所以他们都不太愿意出巨资购买土地。因此,尽管河南地价很低,却并没有出现大规模地疯狂购买土地的狂潮。但这并非意味着河南没有地权移动的变化。尽管珀金斯在其著作《中国农业的发展(1368—1968)》(中译本,上海译文出版社1984年)中对"农家借债破产说"进行了极具说服力的否定。但这并不能否定"灾荒是土地兼并的杠杆"这一经典命题(夏明方语)。河南(其至整个华北)之所以没有出现"农家负债"与"高租佃率"之间的线性发展的状况,原因就是投资灾害频发地方的土地具有高风险。

本文原载《社会科学》2006年第11期。

20世纪上半叶的西康建省与藏彝走廊地区的发展初探

孙宏年

藏彝走廊地区是指今川、滇西部和藏东横断山脉高山峡谷地区,内有怒江、澜沧江、金沙江、雅砻江、大渡河、岷江六条大河自北向南并流,形成若干南北走向的天然河谷通道,是历史上西北与西南民族之间进行沟通交流的重要孔道。对于这一地区,1978年9月费孝通先生在政协全国委员会民族组会议上论及民族识别时提出了"藏彝走廊"这一概念,认为这一地区"沉积着许多现在还活着的历史遗留,应当是历史与语言科学的一个宝贵的园地"。正如费先生所指出的"这个走廊正是汉、藏、彝接触的边界,在不同历史时期出现过政治上拉锯的局面,而正是这个走廊在历史上是被称为羌、氐、戎等名称的民族活动的地区,并且出现过大小不等、久暂不同的地方政权"[1]。在20世纪上半叶,西康建省涉及的区域主要是今川、滇西部和西藏东部地区,因此又是对于藏彝走廊地区有重要影响的事件之一。本文拟从边疆治理的角度,对西康建省进程及其对藏彝走廊地区发展的影响进行探讨,恳请方家指正。

一

西康建立行省实现于1939年,又起步于清末川边的改土归流,前后历时30多年,其间大致经历了三个大的阶段:

一、清末的改土归流为起步阶段。清前期,清政府对藏彝走廊地区的行政区划曾进行过调整,特别是1727年前后将中甸、阿墩子、维西等地划归云南,宁静山以东康定、理塘、巴塘等地划归四川,以西划为西藏辖地,从而确定

---

[1] 费孝通:《关于我国民族的识别问题》,《中国社会科学》1980年第1期。

了西藏与邻省的管辖区域。当时,清政府在这一地区设立了道、厅、宗、卫、所等军政机构,但仍存在着大量的部落、土司,事实上处于封建割据状态,如西藏所辖地区有拉多土司和波密噶朗第巴的辖地,还有帕巴拉(在今昌都)、庞球(今类乌齐)等活佛、贵族的封地;四川、云南辖区也存在着大量土司,如川西地区就有德格宣慰司、明正宣慰司和理塘宣抚司、巴塘宣抚司的领地,四大土司又统辖着30多个安抚司、长官司、土千户和80多个土百户等小土司。

20世纪初,由于英、俄两国对西藏展开激烈的争夺,特别是英国发动第二次侵藏战争,西南边疆危机进一步加深。而且,西藏地方上层对清政府的不满情绪加剧,双方矛盾不断激化,以十三世达赖为首的西藏上层一度表现出"亲俄"倾向,使形势更加复杂。在这种情况下,朝野上下都极为关注西藏和邻近地区的治理问题,1908年前后引发了建省与否的争论,涉及的地区也由西藏扩大到川滇藏交界地区。

1908年前后,内地知识界、舆论界对于西藏和邻近地区的建省问题颇关注,主要集中在西藏建省问题上。一些爱国知识分子著书立说,为筹藏守边出谋划策,不少人主张西藏应与新疆、台湾、东北三省一样改建行省,如《东方杂志》第3卷第2期刊登了《拟改设西藏行省策》。同时,有人对此也提出了异议,如单毓年在《西藏论序》中,认为西藏之所以危机加剧,不是管理体制不完善,是因为"仅有其法而无能胜任其任之人",恰是"因改省之议"才使西藏出现了不该出现的复杂局面[1]。

在民间进行争论的同时,清廷内部对此也存在着分歧与争论。1907年5月(光绪三十三年四月)两广总督岑春煊上奏清廷,提出了一个系统的筹边方案,包括开办垦务、改革官制、设立行省、划分辖区、加强边防、兴办学校等。这一方案的核心是在北部的蒙古族地区设立热河、开平、绥远三省,在西南的川滇边区、西藏分别设立川西省、西藏省;至于川西、西藏两省的辖区,他主张以"原来察木多地,东括打箭炉(今康定),南至乍丫,西至宁静(今属芒康)"的地区属于川西省,"布达拉及札什伦布、阿里"属于西藏省[2]。清廷对此非常重视,把这一奏折下发给内、外大臣,让徐世昌、锡良、唐绍仪、联豫等发表意见。

这就引发了康、藏建省的争论,作为西南的封疆大吏,联豫和赵尔丰提出了不同的意见。针对岑春煊的奏折,驻藏办事大臣联豫在1907年12月(光绪

---

[1] 单毓年著:《西藏论序》,《西藏小识》,复旦大学图书馆藏抄本。
[2] 岑春煊:《统筹西北全局酌拟变通办法折》《变通官制拟设民官片》,四川民族研究所编:《清末川滇边务档案史料》,中华书局1989年,第921—927页。

三十三年十一月)上奏清廷,指出从长远看西藏地区"自非改设行省不可,万无疑义",但当时不宜骤然变革,又不必改大臣为督、抚,而是通过训练新军、设理事官等手段,以治行省之道治西藏,待水到渠成时再改为行省[1]。对这一主张,清政府最初并不完全认可,1908年3月任命赵尔丰为驻藏大臣,仍兼任川滇边务大臣,就表明了这一态度。清廷同时又任命其兄赵尔巽为四川总督,"以免扞格而便联络";要求赵尔丰与联豫"察度情形,将藏中应办各事通盘筹划,详拟章程,次弟奏请施行"[2]。这表明清政府希望赵尔丰能统筹安排川滇边区和西藏事务,与赵尔巽、联豫协调好关系,以强硬手段扭转西南边疆的危急形势。

赵尔丰是西藏和川滇边地区建省的积极支持者和实践者。他在1905年就奉命镇压"巴塘之变",而后被任命为炉边善后督办,接着又平定了里塘土司四郎占兑勾结桑披寺喇嘛的变乱,攻克乡城。1906年,他被任命为川滇边务大臣,在巴塘、里塘等实行"改土归流",在"北至瞻对,南至云南之中甸,东西各千百数里"的广大地区设立流官[3]。他在1907年6月上奏清廷,就办学、通商、练兵、设官等进行规划,在设官一项中指出"川、滇边地辽阔",距两省省会均各三、四千里,"论者皆谓宜分设行省",他认为这一主张在"开办之初……稍涉铺张",但川滇边务大臣的权限、辖区"不能不预为筹定"。这种"预为筹定"就是为将来建省作准备,他在这里以退为进,婉转地提出了川滇边建省的主张。以后半年内便积极选调人员准备经营边、藏,他又与赵尔巽拟定在川滇边区原土司地方改设府、州、县,为川滇建省做准备。他们建议在已往"改土归流"成果的基础上,把巴塘改为巴安府,打箭炉改为康定府,里塘改为理化厅,三坝改为三坝厅,盐井改为盐井县,中渡改为河口县,乡城改为定乡县,稻坝改为稻城县,贡噶岭设县丞,隶属于稻城县。至于整个边区的行政建置,他们建议理化、河口、稻城隶属于康定府,三坝、盐井、定乡隶属于巴安府,并设康安盐茶道统辖各府、州、县[4]。

由于赵尔丰在川滇边区以强硬手段推行"改土归流",西藏部分僧俗上层人士对他入藏极感恐慌,1908年要求清廷免去他的驻藏大臣之职,即使仍担

---

[1] 联豫:《遵旨复岑春煊奏陈统筹西北全局折》,见吴丰培编:《清代藏事奏牍》,中国藏学出版社1994年,第1496—1498页。
[2] 《光绪朝东华录》光绪三十四年二月,中华书局1958年,总第5855页。
[3] 赵尔丰:《申报锡良巴、里塘改流情形》,《清末川滇边务档案史料》,第92—93页。
[4] 赵尔巽、赵尔丰:《会奏边务亟待举办事宜折》,《清末川滇边务档案史料》,第205—207页。

任此职,也不要带兵进藏。在这种情况下,清廷虽然谕令驳回他们的要求,但又不能不有所考虑,1909年初不得不解除赵尔丰的驻藏大臣职务,让他作为边务大臣声援西藏。此后,清廷对于川边、西藏采取了分别处置的态度,即在西藏则支持联豫的变革计划,采取渐进的策略,表面上不设行省,事实上又以治行省之道治之;在川滇边区支持"改土归流",为设省作准备,为西藏作后援。在西藏,联豫大力推行新政,包括创办印书局、兴办学堂、设立督练公所和巡警总局等,与之同时又在清廷支持下进行行政体制的调整,其目的是从达赖和西藏噶厦"收回政权",并仿照内地总督、巡抚衙门的体制,把权力集中到驻藏大臣手中。

同一时期,赵尔丰和傅嵩炑(1911年5月后代理边务大臣)继续在川、滇、藏交界地区大力推行"改土归流"。1909至1910年间,他们陆续把春科、高日、德格等土司地区改设流官,设立了登科府,德化、白玉两州和石渠、同普两县;又进军江卡、三岩、桑昂曲宗、杂瑜等地区;清廷还将察木多、乍丫等地划归川滇边务大臣管辖,而后改察木多为昌都府,乍丫改为察雅县,又合并恩达、八宿设恩达县,并设三岩、贡觉两委员。1911年,又奏请将桑昂曲宗改为科麦县,杂瑜改为察隅县,拟在察隅沿边部落设原梯县、归化州、木牛甲卜县丞;将瞻对改设怀柔县,甘孜改为孜孜县,炉霍屯改为炉霍县,在色达三部拟设果罗、达威两县,在原明正、鱼通等土司地区设立了道孚、九龙、丹巴三县,在沪定桥巡检辖区改设沪定县;令察木多、乍丫两活佛缴出印信,改察木多粮员为理事同知,乍丫设立理事通判;又配合驻藏清军会攻波密,平定后由驻藏大臣设理事官管理。至此,川滇边务大臣的辖区已包括了今天西藏自治区的昌都、林芝地区的一部分和四川省的甘孜藏族自治州,是费先生所说的藏彝走廊地区的很大一部分。

赵、傅的"改土归流"行动,为川滇边区设省做好了准备。1911年春,赵尔丰呈递《议复岑春煊等统筹西北全局奏请川边建省折》,针对岑春煊的奏折,集中阐述了川滇边区、西藏建省的观点。他指出当时"强邻环伺、得寸进尺","达赖亲俄仇英"又使"门户已开",所以康区(川滇边区)迫切需要设立行省,否则"不足以为控制,而为藏援";就形势而论,西藏也应当建省,"提前经营,以杜外患"。针对清廷既害怕英国干涉、又想加强边防的矛盾心理,他还强调,"康、藏为我国领土,措置在我,尤非拓地开疆,外人万难干预";"康藏以前之横散,实因无人经营",设立行省就可"连贯一致,共筹边圉","以备不虞"[1]。

---

[1] 赵尔丰:《议复岑春煊等统筹西北全局奏请川边建省折》,《清末川滇边务档案史料》,第920—921页。

1911年8月,傅嵩炑又向清廷上奏《请建西康行省折》,正式请求设立西康省。在奏折中,他首先指出以前在川滇边区实行羁縻政策,是"以数千里之地,分二三十部落,皆同封建之规,虽有朝贡之名,而无臣服之实",接着又回顾了1906年以后"改土归流"的过程,认为"已成建省规模"。因这一地区本为"古康地",且"其地在西",所以他主张新建行省名称为"西康省";建省之后,各长官的称谓在现有基础上改名即可,原来的"边务大臣"改为"西康巡抚","边务收支局""关外学务局"分别改为"度支司""提学司","康安道""边北道"分别改为"提法司""民政司"。他还强调,这一地区地域辽阔,东起打箭炉,西至丹达山,有3 000多里;"南抵维西、中甸,北至甘肃、西宁",有4 000多里,建省之后可以"守康境,卫四川,援西藏",一举三得,因此建议清廷"亟应及时规划,改设行省",以便"扩充政治,底定边陲"[1]。这一奏折虽然是以傅嵩炑的名义上奏的,实际上是对赵尔丰观点的完善和发展,反映了赵、傅等力图通过建省巩固"改土归流"的成果的思想。但是,此时四川已经兴起"保路运动",辛亥革命的风暴也即将在全国掀起,赵尔丰、傅嵩炑先后率军赴川镇压革命运动,清政府也无心过问此事,不久武昌起义爆发,清王朝土崩瓦解,西康建省的建议也就搁置下来。

第二阶段是1912年至1927年,为西康建省的停滞阶段。1911年10月武昌起义爆发,1912年1月1日中华民国在南京宣告成立,4月临时政府迁都北京。这期间,西藏发生了新军起事和西藏地方部分上层对抗新军的变乱,川边地区则因赵尔丰、傅嵩炑先后率军回四川内地镇压革命,被废除的土司、头人和寺院喇嘛乘机驱逐汉军、汉官,藏军又乘机向这一地区发动进攻,先后攻占定乡、理塘、河口、盐井等地,并包围巴塘、昌都,到1912年7月川边地区除沪定、甘孜、巴安、德格等11县外,其他20个县都不在原川边军队手中了[2]。这就威胁到邻近的四川、云南的安全,使形势日益危急。

鉴于西藏、川边局势的剧烈变动,在全国人民的呼吁,特别是云南、四川等省地方政府和军政长官蔡锷、尹昌衡、张培爵等积极要求下,1912年6月民国政府正式命令尹昌衡率军西征,此后不到3个月的时间内,尹昌衡率川军迅速西进,控制了里塘、巴塘、昌都、德格等地,进抵通往拉萨的战略要地太昭(江达),并平定了定乡之乱;蔡锷所派出的滇军一部也控制了盐井,从而稳定了原

---

[1] 傅嵩炑:《请建西康行省折》,《清末川滇边务档案史料》,第1032—1034页。
[2] 民国政府外交部政务司编:《藏案纪略》,1919年铅印本,第25页。

川边地区的局势,并为进军西藏做好了准备。9月,由于英国的干涉,西征部队停止了进军,国务院决定改前清的"川滇边务大臣"为"川边镇抚使",管理原川边地区,并任命尹昌衡兼任川边镇抚使[1]。

对于川边与西藏的界限,民国政府力图维持清末归流后的旧界,并与西藏地方进行过交涉。1913年初,民国政府驳回了达赖提出的"归还所有被蒙古占据藏地一事",指出"自五世达赖时,即明末清初所据之地域,均由民国管辖","民国政府实难应允"[2]。5月又发布命令,强调"所有川边区域,应守前清末年界限",要求川边军队"所驻勿过江达以西,凡附近各处番人,无叛逆显状者,皆不得派兵前往"。6月又通知达赖喇嘛,强调昌都等地"自前清末年已划定为川边区域","民国承受前清领土,不能变更",并要求"所有藏、川军,嗣后均应恪守现驻守地点",以免产生误会和冲突[3]。

这些命令表明,民国中央政府希望维持清末以来的川、藏行政管辖区域,并肯定西征的成果,不希望西藏与川、滇等邻省的界限发生变化,以稳定西南边陲形势。但此时英国力图借中国政权更替之机分裂中国领土,通过外交手段向中国政府施加压力,借口"西藏问题"干预中国内政。1912年5月后,英国一再表示反对中国政府视西藏为行省,以后又多次施加压力,迫使袁世凯政府最后同意在印度西姆拉召开所谓的三方代表会议。在1913年10月至1914年7月的西姆拉会议上,英国代表指使西藏地方代表向中国中央政府代表提出种种无理要求,包括"西藏独立","西藏疆域包括青海、里塘、巴塘等处,并及打箭炉",企图把西藏和甘肃、四川、云南所辖藏区从中国分裂出去,建立一个作为英帝国主义附庸的"西藏独立国"。这一要求遭到中国中央政府代表的拒绝和严厉驳斥,强调"西藏为中国领土之一部分",并提交了西藏与邻近省份的界限图,图中把江达等地一律划入四川。而后,英国代表以"调停人"的身份,抛出了所谓的内藏、外藏的划界线,把西藏和邻近藏区划分为"内藏"、"外藏",前者"包括青海及巴塘及打箭炉之间的整个地区,但不包括昌都",后者则包括阿里、卫、藏和康区大部。1914年4月,三方代表草签《英、中、藏条约草

---

[1]《国务院电蔡锷请派兵会同蜀军进藏镇抚》,《国务院电尹昌衡应遵迭次电令暂勿深入并定名为川边镇抚使》,吴丰培辑:《民元藏事电稿》,第75页。
[2]《袁世凯为重定川藏界限实难应允、请速派员赴昌都面商善后并勿迫钟颖离藏事致达赖喇嘛电》,《元以来西藏地方与中央政府关系档案史料汇编》(以下简称《汇编》),第2368—2369页。
[3]《临时大总统令》,民国政府印铸局编印《政府公报》第378号"命令";《袁世凯为藏军、川军嗣后恪守现驻地点静候解决事复达赖喇嘛电》,《汇编》,第2376—2377页。

案》,中国政府郑重声明不予承认,这就使英国利用三方会议引诱西藏"独立"、分裂中国领土的阴谋最后破产。

1914年前后,面对英国分裂中国的阴谋,民国政府加强了对川边地区的管理。1913年6月13日,民国政府把川边镇抚使改为"川边经略使",任命尹昌衡为首任川边经略使,11月尹昌衡因病请假,此后两个月内由边东观察使颜镡暂行护理川边经略使一职[1]。这一时期,川边地区虽然未改为行省,但仍为特别的省级行政区。面对英帝国主义分裂中国领土的阴谋,尹昌衡任镇抚使、经略使期间,一再呈请中央政府表彰川边地区忠于民国的土司,以稳定局势、加强管理、安定边陲。1913年3月,根据尹昌衡的呈请,民国政府发布命令,鉴于川边一批土司"倾忱内向,于军需、设治各事实力赞助,洵属著有成劳",授予德格土司多吉僧格、明正土司甲宜斋三等嘉禾章,毛丫土司其美多吉、曲登土司然登汪吉、崇喜土司阿登四等嘉禾章,丹东土司汉汪登、巴旺土司楠诗、巴底土司登争汪五等嘉禾章[2]。10月,尹昌衡又汇报了土千户拉色在前清原属西宁办事大臣管辖,被封为"隆庆二十五族王子,赏给红顶花翎,颁有关防,世袭无替",辛亥前后西藏地方曾要求他出粮出兵"与汉人打仗,该王子誓不肯从",川边西征时接受招抚,还报效军费4万多藏洋和48多石青稞,并希望能"永远改隶川边"。鉴于他的突出表现,民国政府决定特别授予他三等嘉禾章,晋升为土安抚使,"仍管千户事",并让川边先行颁发本质关防,以后更换[3]。

1914年1月13日,民国政府下令裁撤"川边经略使兼都督事",改为"川边镇守使,归四川都督节制",尹昌衡入京晋见后被"留京另候任用",并任命张毅为第一任川边镇守使[4]。此后,民国政府又把川边以前的府、州、县理事官、委员一律裁撤,改设县治,共34县。这就把川边的行政级别降低了,由原来的一级(省级)政区降低为相当于道的二级政区。1914年的上半年,张毅又呈请把川边"与蒙古等处一律",改为特别行政区,并主张以康定为省会,民国政府批准"循清末旧制,将川边之康定等县,划为特别区域,归川边镇守使管

---

[1]《临时大总统令》,《政府公报》第397号"命令"。《护理川边经略使、边东观察使颜镡呈大总统报明接印视事日期文并批》,《政府公报》第571号"公文"。
[2]《临时大总统令》,《政府公报》第305、313号"命令"。《政府公报》第321号"更正"。
[3]《川边经略使尹昌衡呈大总统暨致国务院电》《国务院致川边尹经略使电》,《政府公报》第524号"公电"。
[4]《政府公报》第606号"命令"。

辖，以责专成"，并通知川、滇两省和西宁办事长官"按照川边现行区域，将界址划清"。张毅随后又呈报了《西康特别区行政公署组织大纲》，拟定"川边辖境定名为西康特别行政区域"，镇守使为西康特别区行政公署的长官，"总辖军民两政事宜"，下设军政厅、副官处、民政厅、财政厅和司法专员，分管各项相关的事务[1]。川边因此又恢复到了省级政区，与热河、察哈尔、绥远一样成为特别区域，川边镇守使的地位也就与一般的镇守使有所不同。

1914至1927年间，由于中国境内军阀混战，民国政府在皖系、直系、奉系等大军阀控制之下，川边地区则处于"川军""边军"和"滇军"几派力量争夺之中，张毅、刘锐恒、殷承瓛、陈遐龄先后出任镇守使，他们也时常卷入川、滇地方军阀的混战[2]。1925年，段祺瑞执政府又下令撤陈遐龄镇守使职，任命四川军阀刘成勋为西康屯垦使兼管民政，统管军政大事，刘成勋便控制了川边地区。到1927年6月，刘文辉又驱逐刘成勋，控制了川边地区[3]。在这十几年间，川边地区的建省问题被搁置下来，其辖境也曾因1917—1918年边藏战争而缩小，原属川军驻防的昌都、同普、江卡、德格、瞻化等地被藏军控制，1918年西藏地方政府设立了朵麦基巧（昌都噶厦），常驻昌都，长期管理这些地区。

第三阶段为1928至1939年间，为西康建省的筹备阶段。1927年4月，国民政府在南京成立，1928年又取代了北京的民国政府。对于尚未设省的边疆少数民族地区，国民政府在1928年9月17日就发布命令，指出"统一告成，训政开始，边远地方行政区域，亦应分别厘定"，宣布"所有热河、察哈尔、绥远、青海、西康各区，均改为省，依照法令组织省政府"，热河、青海、西康三省区域"均仍其旧"，察哈尔、绥远的辖境有所调整[4]。此令发布后，热河、察哈尔、绥远、青海迅速行动，西康方面却迟迟未见行动。当时，刘文辉控制着西康地区，又担任四川省主席，对于筹备建省并不太热心，仅仅设立了西康特区政务委员会，在西康正式政府成立以前负责西康民政事务。

对于西康设省，1939年前的10多年间，西藏地方在与民国政府接触的过程中，多次讨论西藏与邻近省区的划界问题，西藏地方一再要求收回包括康区

---

[1]《川边镇守使电呈》、《×月十二日川边镇守使呈》、《六月一日云南行政公署函》、《国务院、内务部呈》、《近代康区档案资料选编》，第16—19页。
[2] 任乃强著：《康藏史地大纲》（下），雅安建康日报社1942年，第36—48页。
[3] 温贤美主编：《四川通史》（七），四川大学出版社1994年，第339—340页。
[4]《一九二八年九月十七日国民政府令》，《近代康区档案资料选编》，第50页。

在内所谓的"失地"。同一时期,内地知识分子中一度出现过康藏建省的呼声,不少人还著书立说,当时的主要著作有胡吉庐的《西康疆域溯古录》、王昌禄的《康藏建省略》和任乃强的《西康图经》(境域篇、地文篇、民俗篇)。其中,著名学者任乃强先生详细考证清代以来康藏地区的沿革,提出了新的西康省辖境设想,即把四川的会理、汉源等县和云南的中甸、阿墩子、维西等县划入西康,使"邛崃山脉为康川之天然界线,大渡河、雅龙江、金沙江、澜沧江、怒江诸河流域完全属于西康",并使"奉行喇嘛教之民族分隶于"西康、青海两省与西藏、蒙古两区〔1〕。

正当西康建省行动迟缓之际,1930至1933年间因大金寺与白利土司纠纷引发了西藏、开展西康、青海的战争,到1933年西康部队收复金沙江东岸的德格、石渠等地,青海军队收回了玉树等地,从而结束了1918年以来西藏地方控制金沙江东岸的局面,基本恢复了青、藏此前的各自辖境,形成了藏、康军队隔金沙江而望的形势。这次战争之后,1933年秋刘文辉又被刘湘等击败,退守川西和西康地区。这两次战争加速西康建省的步伐,1934年10月国民政府决定成立西康建省委员会,12月任命刘文辉为委员长。1935年7月,西康建省委员会正式成立,刘文辉任委员长,委员为诺那、向传义等人〔2〕。

建省委员会的成立标志着西康建省已走上正轨,此后三年内却因经费、辖区问题而缓慢下来。抗战爆发后,四川成为大后方,西康的地位再度提高,而四川省主席王缵绪也给予支持,答应把四川的雅安、西昌等14个县和2个设治局划归西康,建省随之步伐加快。这样,西康的实际辖区就不再限于金沙江以东的原川边地区,包括了33个县和3个设治局,即宁属地区的西昌、会理、盐源、盐边、宁南、昭觉、冕宁、越西8县和宁东1个设治局;雅属地区的雅安、荥经、汉源、天全、芦山、宝兴6县和金汤1个设治局;康属地区的康定、泸定、丹巴、九龙、雅江、理化、稻城、定乡、德荣、巴安、义敦、白玉、石渠、邓柯、德格、甘孜、炉霍、瞻化、道孚19个县和泰宁1个设治局〔3〕。1938年11月28日,国民政府批准西康建省,驳回"建康省"的提议,确定省名为"西康"。1939年1

---

〔1〕 任乃强:《西康图经》(境域篇),新亚细亚学会1933年10月初,第71—74页。
〔2〕 《二十二日西康委员会成立宣言》《二十四日西康建委会呈》,《近代康区档案资料选编》,第51—53页。
〔3〕 《一九三八年六月十一日西康建委会咨》《一九三八年六月二十六日四川省政府、西康建委会呈》《一九三八年七月三十日行政院训令》《一九三八年九月一日刘文辉告宁雅两属父老昆季书》《一九三八年九月一日西康建委会公告》,《近代康区档案资料选编》,第56—63页。

月 1 日,西康省正式成立[1]。至此,历经数十载的西康建省最后完成。

二

通过回顾西康建省的过程,我们可看出,西康建省从清末开始就与藏彝走廊地区密切相关,赵尔丰时代完成改土归流区域包含这一地区的大部分地方,1912 年不少地方一度为西藏地方控制,通过尹昌衡等的西征恢复了原川边大部分地区,后因 1917 至 1918 年、1930 至 1933 年的两次战争最后形成了以金沙江为界的局面,这一地区又处在了西藏、川边(西康)、云南三个省级政区管辖之下,西康仍然管理着相当大的地区。那么,西康建省对于藏彝走廊地区的发展有何影响呢?笔者认为,无论是西康建省 30 多年的进程,还是建省后的政策措施,都对藏彝走廊地区的政治、军事、经济、文化、民族关系等方面产生了重要的影响,尽管对各个方面的影响程度各有不同。

一、政治、军事方面,主要是在帝国主义对西南边疆加紧侵略的情况下,这一地区的政治、国防上的地位大大提高,尽管其行政区划几次变动,但逐步从清代的川、滇与西藏分别管辖的状态形成了一个新的省级行政区,适应了治理边疆、巩固边防的需要。

清末的改土归流就是由英国加紧侵略西藏、西南局势不稳的内外压力促成的,清政府原计划由赵尔丰兼办川边、西藏事宜,正是希望迅速稳定西藏边疆形势,而后主要因西藏地方的反对被迫将川边、西藏区别对待,支持赵氏、傅嵩炑大力推行改土归流。经过几年的改土归流,在今天我们所说的藏彝走廊地区初步形成了一个新的省级政区,为建省做好了准备。1911 年赵、傅先后上奏请求设立行省,如果辛亥革命的爆发推后数年,赵尔丰等会继续巩固改土归流的成果,川滇藏边区就会成效显著地建立完全的行省制度。而且,改土归流和这一新政区的出现在一定程度上维护了国家统一、抵御外来侵略,在当时已收到了巩固边防的作用,如 1909 年英印"考察队"曾到杂瑜"东南三站之压必曲"的中国领土上活动,得知当地少数民族已经"投汉"后,即拔旗而去、远离

---

[1]《一九三八年十一月二十八日行政院电》《一九三九年一月一日蒋介石训词》《一九三九年一月一日刘文辉讲话》,《近代康区档案资料选编》,第 69—78 页;温贤美主编:《四川通史》(七),第 341—345 页。

中国领土[1]。这是英帝国主义对藏东南地区较早的侵略活动之一,由于川边的改土归流而暂时中止,就说明了这一点。

西康建省的进程因辛亥革命的爆发而一度中断,1912年的西征仅仅是重新控制了川边的大部分地区,形成了省级的川边镇抚使、经略使辖区,但由于英国的侵略、干预和西藏地方分裂势力的抬头,并未在这一地区进而建立了一个有凝聚力的行省。1914年以后,十几年的军阀割据和混战使西康建省的进程陷于停滞,不仅川边的地位有所下降,而且部分土司恢复旧有势力和辖地,还出现了内地军阀与西藏地方争夺辖地的局面,原属川边的大片地区被藏军控制。1928年,虽然国民政府宣布西康建省,但刘文辉对筹备建省并不积极,而1930至1933年间的西藏与西康、青海战争不仅将康、藏界限稳定在了金沙江一线,同时也加快了建省进程,1935年成立建省委员会,1939年才完成建省。1939年1月1日,刘文辉在西康省政府成立的大会演说中曾指出了西康建省的政治意义,即抗战以来,"山河残破,民族危机,空前严重……中央为坚定最后必胜之信念,表示长期抗战之决心",完成西康建省大计,对内可激励军民斗志,对外"以吾国力雄厚,国情凝固之姿态,昭示世界各国"[2]。这既说明了此时建省完成,恰恰与抗战爆发西南地区大后方的地位相适应,也说明了藏彝走廊地区在政治、国防上的地位在提升。

当然,在西康建省的过程中,藏彝走廊地区的行政区域几度变动,也出现了各地方力量争论、争夺的情况,这又与局势的变化密切相关。清末的改土归流主要在川西、藏东进行,包含藏彝走廊地区的大部分地区,成为以后西康建省的基础。在这一过程中内地曾经与西藏方面协同解决过波密的问题,但也曾为川边所辖范围问题有过争论,最后由清政府出面解决。民国初年,一方面是藏军向东进攻,而川边、云南协同作战,重新夺回原属川边的大部分地区;另一方面川边也与云南、青海都发生过争论。川边、云南的争论发生于滇军规复盐井后,双方就进军范围、路线产生分歧,以致影响了西征的协调行动。川边与青海在1914年前后就玉树25族的归属问题发生争界纠纷,川边方面一度占领囊谦,青海方面则极力相争,民国政府饬令川、甘两省派员会堪,最后确定玉树25族仍归青海管辖。1912年后,川边(西康)与西藏辖地纠纷最为突出,

---

[1]《程凤翔禀报查洋人插旗情形》《程凤翔禀复洋人插旗拔旗情形》,《清末川滇边务档案史料》,第576—577、604页。

[2]《一九三九年一月一日刘文辉讲话》,《近代康区档案资料选编》,第72—78页。

西藏地方一再希望中央政府同意交还"失地",西姆拉会议期间还企图借英国的干预建立一个囊括西藏和周边所有藏区的"大西藏国";1914年后又两次诉诸武力,1917—1918年的战争中西藏方面从川边夺取了大片地区,1930—1933年的战争中西康、青海协同作战,收回了金沙江东岸的地区,此后至1949年一直呈隔江布防局面。至于金沙江以西地区,国民政府和西康地方政府始终认为仍属于西康辖境,1947年国民政府内政部所编《中华民国行政区域简表》就明确表示:西康辖有48县、4个设治局,金沙江以西的宁静、察雅、察隅等13县"政令未达",所以各县面积只能估计确定[1]。

二、经济、文化方面,随着西康建省进程的演变,20世纪上半叶这一地区的经济、文化经历了从清末的短期迅速发展到1912年后的长期停滞乃至衰退,再到1939年以后稳步、缓慢发展的过程。在清末改土归流过程中,赵尔丰等推行"新政",包括核实户籍和田亩(牲畜)、移民垦荒、改良农业生产技术、兴办实业、开办电报局、创办新式学堂等。又因为初创时期,发展颇为迅速,使藏彝走廊地区迅速出现了新式学堂、电线等新生事物,比如在几年内迅速创办了130多所新式学堂,这对于近代经济、文化的发展有一定的积极意义;而新政在推行过程中同时也表现了出民族歧视、强制同化等倾向,这又带来了负面作用。有关论著已对此进行较为深入的研究,这里不再赘述[2]。

民国建立后,虽然1912年的西征恢复原属川边大部分地区,但因此后20多年间的政局变化,尤其军阀混战和两次西藏、川边(西康)战争,使这一地区长期处于战乱状态;即使是和平时期,控制该地区的军阀往往视其辖区为取得粮饷的基地,经济、文化的发展受到严重影响。而且,1918年后大片地方又由西藏地方所设的朵麦基巧(昌都噶厦)管理,与西藏地区一样处于停滞状态。以教育为例,《西康通志稿·教育志》就称:尹昌衡任职"为时甚暂,对教育未遑措置";1914至1927年间,张毅、陈遐龄等军阀"悉全力于军事政治之纷争,无暇顾及教育之兴办",康定、雅江、巴安三县的学校"尚能保持原状外",其余各县的教育设施都"任其自生自灭"。其间,1920年前后川边道尹康明良曾设立川边师范讲习所外,各县学校也"渐次恢复",但"数量与质量均不如赵尔丰时代远甚"[3]。

---

[1] 国民政府内政部编:《中华民国行政区域简表》(第11版),商务印书馆1947年,第55—61页。
[2] 徐铭:《清末川边藏区改土归流初探》,《西藏研究》1982年第7期;赵云田:《清末川边改革新探》,《中国藏学》2002年第3期。
[3] 转引自《近代康区档案资料选编》,第388页。

1933年后,刘文辉在与刘湘等争夺中被迫退守西康,才把经营这一地区作为紧要任务,不仅对于西康建省比较积极,而且开始重视发展西康的经济、文化。1939年1月1日,在西康省成立大会上,刘文辉在演说中所提今后施政纲要中就把"厉行经济建设""发展边地教育""改善人民生活"作为重要任务。其中,在论述经济建设问题时,他提出要确立经济计划、举办移民垦荒、发展合作事业、奖励私人投资;对于边地教育,他提出要改订学制、发展职业教育与民众教育、培养干部[1]。

1939年建省以后,西康的经济、文化发展状况如何呢?温贤美先生主编的《四川通史》(七)对此曾有过论述:农牧业方面,西康建省后设立了泰宁、西昌、雅安农场,推广优良棉种,改良茶叶、桑蚕;工业方面,创办了毛织厂、造纸厂等工厂,道路交通方面,川康公路(雅安—康定)、乐西公路(乐山—西昌)、西祥公路(西昌—祥云)的修筑有利于内通外连;文化教育方面,宁属、康属地区尤其落后,西康建省后全省教育有所发展,如公私立各类中学,包括省立、县立中学和师范、职业学校及私立中学、职业学校,就由1939年学年度的16所发展到1945年学年度的41所[2]。这都表明西康建省后本辖区的经济、文化事业都得到了一定的发展,当然这又都在金沙江以东的辖区内,因为以西的13个县仍在西藏地方的控制之下。而且,这种发展不同于清末的迅速增加,而是稳步、缓慢的,中学的发展就是一个典型的例证。根据西康省的官方统计,1939年学年度至1946年学年度的公委立各类中学,1939年学年度共有16所。1940、1941年学年度为20所,1942年学年度增加到27所,1943、1944年学年度分别为33、36所,1945、1946年学年度则分别为41、44所[3]。

三、民族关系方面,在建省的进程中的多次战争曾产生了很大的消极作用,1939年后以刘文辉为首的西康省政府在改善民族关系方面曾经做出过一些努力。清末改土归流过程中,赵尔丰采取了以武力镇压为主的高压政策,而且时时表现出歧视少数民族的倾向,虽在这一地区一时建立了统治,但少数民族首领或者被杀,或者被逐,而表示"投诚"者往往是"畏威"而不"怀德",事实上恶化了民族关系,只是可能激化的矛盾隐藏在了地下,一旦军队控制力量削弱,稳定局面立即崩溃,这也是辛亥革命后不少土司迅速恢复势力的原因,而且直到1949年不少土司的势力仍十分强大。因此,民国时期对于赵尔丰在改

---

[1]《一九三九年一月一日刘文辉讲话》,《近代康区档案资料选编》,第72—78页。
[2] 温贤美主编:《四川通史》(七),第351—353页。
[3]《西康省县公私立中等学校历年统计比较表》,《近代康区档案资料选编》,第404—405页。

土归流中的功过是非就争论不止,不少人往往肯定其奠定西康建省基础、巩固边防的功绩,同时又对其政策、方式给予批评,如刘文辉在1939年1月1日西康省政府成立大会的演说中就称赞赵氏"锐意进取,惨淡经营,先后五六年内,设治三十余县,军功政绩,均有可观",同时又指出他"过于注重武力",未对"康藏民族及宗教习惯"进行"深刻之研讨,结果使藏人力绌而心怨,畏威而不怀德",以致清朝一亡即前功尽弃[1];又如戴季陶(传贤)在1931年就指责赵尔丰在川边的政策属于"惑于古来辟地封侯与近代欧美、日本所行之殖民政策,或者徒欲遂个人之野心,或者不知为边民谋幸福"之类,忘记了"继绝举废、治乱持危、厚往薄来之王道",其结果是"个人之事功既不能成,国家大事亦因之受害"[2]。

民国建立后,虽然从1912的《中华民国临时约法》到1914年的《中华民国约法》,再到1924年的《中华民国宪法》,都规定中华民国境内的各族人民"一律平等",或法律上"均为平等"[3],但在处理民族关系上仍然存在着诸多的问题。民国初年,川边的土司力图恢复旧有势力,藏军东进又加剧了这一地区的混乱局面,西征的军事行动恢复了原川边的大部分地方,尹昌衡任职期间请民国政府多次嘉奖"倾忱内向,于军需、设治各事实力赞助"的德格、明正、毛丫、曲登等土司,不仅有利于稳定局势,也以安抚的方式弥补了改土归流以来军事高压的不足,有利于藏彝走廊地区民族关系,特别是汉、藏民族关系的缓和。1914年以后,军阀割据、忙于内战,无暇顾及民族关系的改善,1917年川边军队因藏军越界割草引发边藏战争,1930年因大白之争引发藏、康、青战争,汉、藏民族关系和川边、西藏两地关系的不断恶化。

鉴于此前30年间的教训,1939年西康建省前后就注意处理民族关系问题。刘文辉将此作为西康建设的一项重要任务,通过多种方式一再提醒部属。1939年1月1日,在西康省成立大会上,刘文辉在演说中所提今后施政纲要中就把"加强民族联系"作为六项任务之一。他指出本省"汉夷杂处",民族分布情况复杂,应"巩固民族团结而加强其联系",并提出了三项政策,一是要"确认省内康夷各族之平等权而予以尊重",包括各少数民族政治上"与汉人同享

---

[1]《一九三九年一月一日刘文辉讲话》,《近代康区档案资料选编》,第72—78页。
[2] 戴传贤:《〈蒙藏状况〉序》,见马福祥著:《蒙藏状况》,蒙藏委员会1931年印。
[3]《中华民国临时约法》第5条规定中华民国人民"一律平等,无种族、阶级、宗教之区别";1914年《中华民国约法》第4条规定中华民国人民"无种族、阶级、宗教之区别,法律均为平等";1924年《中华民国宪法》第5条规定中华民国人民"于法律上无种族、阶级、宗教之别,均为平等"。

平等之权利,同担公民之义务",允许其有才学或德高望重者参与政务;经济上强调汉夷之间公平交易,保障少数民族的生存权,"非依法律程序,不得侵害其土地、财产、营业及居住迁徙之自由"。二是要"尊重康民夷民之固有文化及其宗教习惯",尤其是尊重少数民族的佛教信仰。三是"汉夷杂处"及日常往来中要纠正"大汉族主义"观点,提倡"平等友爱互助合作"。而后,刘文辉又创办"省训团",亲自作了《建设新西康十讲》,其中多次谈到改善民族关系问题,他在《建设新西康的三化政策》中大讲"德化""同化和"进化",批评威胁、分化和羁縻政策;在《建设新西康的六项任务》中再次详细论述"加强民族联系",并把"耍夷人"作为吏治"不易澄清"的症结之一[1]。

首先,汉、藏民族关系是重中之重,对西康的稳定和康、藏两地关系有直接的影响。国民政府在西康筹备建省过程中与西藏地方沟通,1935年6月5日蒙藏委员会就通过西藏驻京办事处致电噶厦,指出"西康建省,原为健全行政组织,发挥施政效能,而谋福利地方人民",强调"对任何方面,绝无恶意",而且"用人方面,自以拥护中央、爱护国家人民之人员为标准",以免引起误解[2]。

西康建省后,刘文辉始终注意改善与西藏的关系,他认为宗教关系是搞好"同藏族的政治关系"的关键,就把工作重点放在这方面,在西康召开僧伽大会,成立西康佛教整理委员会,拨款修建寺庙、广发布施,对于在拉萨学佛的汉僧和入康学佛的各族人士予以经济照顾;通过大德高僧与西藏的政教上层建立广泛联系,几次派人到三大寺布施,并派人到拉萨学佛,据说"每年要送大批茶叶等礼品到拉萨去慰问"。他对这些工作及其作用十分满意,认为它们起到积极作用,即"大大缓和了西康汉藏民族间的矛盾,改善了西康省政府同藏族土司头人间的关系"[3]。

其二,西康建省后,刘文辉注意加强与彝族头领联系,改善汉、彝民族关系。1939年西康南部的西昌等宁属地区是彝族聚居区,又处于康、滇交界地区,民族矛盾本来就较为尖锐,再加上蒋介石一度设置"西昌行辕""西昌警备

---

[1]《一九三九年一月一日刘文辉讲话》,《近代康区档案资料选编》,第72—78页;刘文辉《刘自乾先生建设新西康十讲》,民国年间铅印本。

[2]《蒙藏委员会为转达对中央官员驻藏、西康建省暨班禅回藏诸事意见致西藏驻京办事处代电》(1935年6月5日),《九世班禅内地活动及其返藏受阻档案选编》,第158—159页。

[3] 张练庵:《蒋介石派我回西康的前后》,《文史资料选辑》(总110号),中国文史出版社1987年;刘文辉:《走到人民阵营的历史道路》,《文史资料选辑》(第23辑),文史资料出版社1963年。

司令部",与西康地方进行争夺,刘文辉对改善同彝族头领的关系更为重视。1939年,他在建省之初即巡视南部地区,并提出"不要见面礼""不收投诚费""汉夷平等""不准打冤家"四个口号,据说颇受当地少数民族欢迎,一年之内就有3万多家、10万多人前来"自动投诚"。他认为这证明其"德化"政策已收到实效[1]。当地的彝、汉民族首领又多为拥有武装的实力派,所以刘文辉通过争取地方头领控制地方。为争取西昌靖边司令邓廷秀,他曾亲自到他家"移樽就教",并与邓氏手下有实力的夷务指挥孙子文、邓德亮联系密切[2]。

当然,无论是建省前后国民政府、西康方面刘文辉的文告,还是刘氏的行动,在改善民族关系方面都取得一定成效,同时由于其阶级性、时代性的特征,各民族的"平等"在实际上难以实现,而且仍然存在着地方政府与少数民族、大民族与少数民族之间的矛盾,有时在某些地方还表现得极为激烈。这类事件在建省前后多次发生,其中比较严重的有两次,一是甘孜事件,即1940年前后,因为伊西多杰与孔撒土司德钦汪母的婚事,西康地方与班禅行辕发生冲突,尽管此事起因、性质说法各异,但无疑对汉、藏关系产生了某些消极影响;二是普雄事件,即刘氏下属的136师以铲烟为名进攻普雄,遭到当地彝族人民反抗,双方对抗激烈,后以136师撤军了结,这又影响了西康当局与部分彝族居民的关系[3]。

如上所述,西康建省从清末开始就与费先生所说的"藏彝走廊地区"密切相关,而且其建省进程中和建省后西康当局的施政又对这一地区的政治、经济、文化等方面产生了相当大的影响。建省适应了抗击外来侵略、巩固西南边疆的需要,提升了这一地区在政治、国防上的地位;对这一地区的经济、文化教育总体上产生了积极的影响,对本地区民族关系的影响则因时期的不同而有所变化。

本文原载石硕主编《藏彝走廊历史与文化》,四川人民出版社2005年。

---

[1] 刘文辉:《刘自乾先生建设新西康十讲》,民国年间铅印本,第154—158页。
[2] 刘文辉:《走到人民阵营的历史道路》,《文史资料选辑》(第23辑)。
[3] 张练庵:《蒋介石派我回西康的前后》,《文史资料选辑》(总110号)。

政区与政治史研究

西汉存在"太常郡"吗？
——西汉政区研究视野下与太常相关的几个问题

马孟龙

西汉时代的"太常"（景帝中六年以前称"奉常"）是主管国家祭祀和礼仪的机构，又因一度管辖陵邑而兼具民政的职能。之前有学者就"太常"能否视为一级政区进行了有益的探讨，深化了学界对西汉太常属性的认识。但在探讨过程中，学者们对一些关键问题尚有分歧，而对某些传世文献和出土文献的理解也有偏差，这在一定程度上影响到对"太常"属性和职能的认识。本文试图在重读文献的基础上，对有关"太常"研究的三个问题进行分析，同时对"太常"能否视作政区提出自己的看法，期望能将西汉政区研究推向深入。

一、是否存在"太常郡"的称谓

前人普遍认为西汉曾经设置"太常郡"来统辖陵邑。学界之所以存在这样的看法，主要基于史籍中如下两条记载：

> （元凤二年）六月，赦天下。诏曰："朕闵百姓未赡，前年减漕三百万石。颇省乘舆马及苑马，以补边郡传马。其令郡国毋敛今年马口钱，三辅、太常郡得以叔、粟当赋。"[1]
>
> （初元元年正月丙午）以三辅、太常郡国公田及苑可省者振业贫民，訾不满千钱者赋贷种、食。[2]

两条记载均出现"太常郡"字样，似乎"太常郡"是西汉明确存在的政区称谓。如清儒周寿昌在为元凤二年（前79）诏书作注时称："以近畿便于输送，若

---

[1]《汉书》卷7《昭帝纪》，中华书局1962年，第228页。
[2]《汉书》卷9《元帝纪》，第279页。

他郡则远矣。"[1]周寿昌称诏书只适用于京畿,显然认为"太常郡"是一个固定的政区称谓。而周振鹤先生在《西汉政区地理》中提到:"太常与一般郡国没有区别,可当成一郡看待,事实上史籍亦有时称之为郡。"[2]此后,西汉存在"太常郡"称谓的观点成为学界共识,张焯[3]、胡剑[4]、孔祥军[5]诸位先生在对西汉"太常"民政职能进行探讨时,便直接使用了"太常郡"的称法。

不过,仔细审读两条史料,前人的解读似乎存在偏差。我们先看初元元年(前48)的记载。该条记载在"太常郡"三字后,还有一个"国"字。这个"国"无疑是指诸侯王国。西汉中后期的全国政区划分可以分为三辅、郡、国三类,那么初元元年朝廷颁布减省公田、苑囿以赈济贫民的法令为何只适用于三辅、太常和诸侯王国,唯独将汉郡排除在外?带着这样的疑问重读史料,不难发现初元元年的法令同样适用于汉郡,以往被理解为"太常郡"中的"郡"字应当与"太常"分断,而"郡"字正指代汉廷所辖诸郡,这段记载应当点断为"以三辅、太常、郡、国公田及苑可省者振业贫民"。同样,元凤二年诏中的记载也应当点断为"三辅、太常、郡得以叔、粟当赋",这份诏书乃适用于全部汉廷直辖区域,并非只是针对京畿的优惠政策。

对本始四年(前70)四月所颁诏书进行分析,可以进一步辅证笔者的上述看法。该诏书提到"令三辅、太常、内郡国举贤良方正各一人"[6]。中华书局点校本《汉书》对这句话的点断不甚准确,应修正为"令三辅、太常、内郡、国举贤良、方正各一人"。该法令只适用于除边郡以外的汉廷属地,因此朝廷在对诏令适用区域进行说明时,对"郡"作以限定,明确为"内郡"。这说明元凤二年、初元元年诏书中提到的"郡"都是独立的义项,专指汉廷管辖下的郡,而不应当与"太常"连读。再看始元五年(前82)六月颁布的诏书,"其令三辅、太常举贤良各二人,郡、国文学高弟各一人"[7]。由于京畿和郡国举荐的人才品类和数量不同,诏书分别进行限定,于"太常"和"郡"之间作以分断,从而清楚

---

[1] 周寿昌:《汉书注校补》,收入《二十五史三编》第三册,岳麓书社1994年,第463页。
[2] 周振鹤:《西汉政区地理》,人民出版社1987年,第133页。以下引述周振鹤先生观点,凡不另注出处者,皆出自该页,不再一一注明。
[3] 张焯:《西汉"太常郡"考述》,《历史教学》1993年第4期。
[4] 胡剑:《西汉隐形郡——"太常郡"小考》,《牡丹江教育学院学报》2007年第4期。
[5] 孔祥军:《肩水金关汉简所见"太常郡"初探》,《中国历史地理论丛》2012年第3期。以下引述孔先生观点,皆出自该文,不再一一注明。
[6]《汉书》卷8《宣帝纪》,第248页。
[7]《汉书》卷7《昭帝纪》,第224页。

地表明"太常"和"郡"是不同的指示对象。以这两份诏书为依据,我们有理由相信元凤二年、初元元年两条记载中的"太常郡"指的是"太常"和"郡"两种不同的行政单位类别。

其实,昭、宣时期的诏书,如下达对象只限于京畿,其书写格式为"三辅、太常",而非"三辅、太常郡"。除了前面所举始元五年诏书,还可以举元凤六年正月诏书为例:"夫谷贱伤农,今三辅、太常谷减贱,其令以叔、粟当今年赋。"[1]而班固在记述西汉史事时,若言及京畿,也都写作"三辅、太常"。如《昭帝纪》载元凤元年:"武都氐人反,遣执金吾马适建、龙额侯韩增、大鸿胪广明将三辅、太常徒,皆免刑击之。"又如《食货志》载武帝末年"边城、河东、弘农、三辅、太常民皆便代田,用力少而得谷多。"可见,东汉时代的士人仍十分清楚西汉没有"太常郡"的概念。后人有关西汉存在"太常郡"政区称谓的观点乃得自对相关文献的误读,应当予以订正。

从上面引述的记载来看,汉昭帝至汉元帝时期的诏书,若下达事项涵盖全国,存在着"三辅、太常、郡、国"的固定书写格式。而类似这种在行政文书中分述各类行政单位的做法,存在着更早的渊源。据介绍,湖南岳麓书院入藏的秦简中,有相当数量的秦令,部分秦令的标题为"内史郡二千石官共令"[2]。仅从字面上来看,似乎秦代设置有"内史郡"。其实不然,这里的"内史郡"分指秦代的两类郡级行政单位"内史"和"郡",这些律令是内史二千石官员和郡二千石官员共同执行的[3]。这一文书书写传统在汉初仍能见到。《史记·孝景本纪》载景帝后二年"令内史、郡不得食马粟,没入县官"[4]。该条史事应直接抄录自景帝后二年诏书原文,可见西汉初年的诏书书写仍延续秦代的惯例。西汉后期诏书下达时分述三辅、太常、郡、国的做法,正是这一书写规范的延续。

通过以上分析可知,传世文献中并没有西汉设置"太常郡"的记载。前人所举西汉存在"太常郡"称谓的例证,其实缘于未能理解汉代诏令书写格式而

---

[1]《汉书》卷7《昭帝纪》,第232页。又徐冲先生见告,元凤六年诏书内容与元凤二年诏书几乎完全一致。故怀疑元凤二年诏书中的"郡"字可能为衍字。此聊备一说。
[2] 陈松长:《岳麓书院所藏秦简综述》,《文物》2009年第3期。
[3] 从秦令标题的这一书写格式来看,秦代的内史和郡是性质不同的两类行政单位。辛德勇先生认为"秦始皇三十六郡"包括"内史"。(《秦始皇三十六郡新考》,收入《秦汉政区与边界地理研究》,中华书局2009年)现在看来,辛先生的看法似有重新考虑的必要。
[4]《史记》卷11《孝景本纪》,中华书局1959年,第448页。原书"内史郡"未作分断。《汉书·景帝纪》引此处作"禁内郡食马粟,没入之"。脱漏"史"字。

做出的误判。

有关"太常郡"称谓的讨论似乎可以到此结束了。但在新近公布的肩水金关汉简中,再度出现"太常郡"。肩水金关汉简记载:(引文中标点符号为笔者所加)

甘露二年十二月丙辰朔庚申,西乡啬夫安世敢言之:富里薛兵自言,欲为家私市张掖、酒泉、武威、金城、三辅、大常郡中。谨案:薛兵毋官狱征事,当得以令取传,谒移过所津关毋苛留止,如律令,敢言之。十二月庚申,居延守令、千人属移过所,如律令。/掾忠、佐充国。

73EJT10∶313A[1]

基于肩水金关汉简的记载,似乎西汉的确存在"太常郡"的称谓,如孔祥军便认为肩水金关简明白无误地证明了"太常郡"的存在。然而,事实果真如此吗?

从EJT10∶313A木简记载的内容来看,该文书是居延县富里薛兵因私出关所持有的"传"[2]。汉代这类性质的"传"有一套固定的书写格式。首先由出关者向当地乡一级机构申报出入关的理由。薛兵申请出关的理由是去外地经商,即"私市",这是汉代私人申请出入关最为常见的事由。而申请人在申报出行目的地时,如路途遥远,往往会列举途经郡国,最后以"郡中"二字结尾。请看汉简中的以下例证:(引文中标点符号为笔者所加)

甘露四年四月□□朔……自言为家私市张掖、酒泉郡中,与子男猛持牛车一两……毋官狱征事,当得取传写,移县道河津关毋苛留止,如律令,敢言之。……之移……令/掾安世、佐亲。

73EJT9∶62A

□家私市张掖、酒泉郡中,持牛一车一两　73EJT10∶21

EJT10∶313A木简

---

[1] 甘肃简牍保护研究中心等编:《肩水金关汉简(壹)》,中西书局2011年。
[2] 李均明:《汉简所见出入符、传与出入名籍》,《文史》第19辑,中华书局1983年。大庭脩:《秦汉法制史研究》第五篇第一章"汉代的关所与通行证",上海人民出版社1991年,第475—501页。杨建:《西汉初期津关制度研究》第四章"通关文书",上海古籍出版社2010年,第85—108页。

> 元延二年七月乙酉,居延令尚、丞忠移过所县道河津关:遣亭长王丰以诏书买骑马酒泉、敦煌、张掖郡中,当舍传舍从者,如律令/守令史诩、佐襃。七月丁亥出。　　　　　　　　　　　170.3A[1]

以上所举汉简皆为"传",文书性质与肩水金关汉简 EJT10:313A 相同。从中可以看到,文书中列举持传者所经郡国名称后,均以"郡中"二字结尾。可见"郡中"乃是固定的文书用语,也就是陈直先生所说"过所公牍中的习俗语"[2]。因此,EJT10:313A 简文中的"郡中"应当是一个独立的义项,而不应当与之前的"太常"连读。

汉代传信文书中的"郡中"是一个固定的文书用语,也存在其他的旁证。那就是传中的"郡中",有时亦写作"界中"。今试举三例:

> 甘露四年正月庚辰朔乙酉,南乡啬夫胡敢告尉史:临利里大夫陈同自言,为家私市张掖、居延界中。谨案:同毋官狱征事,当得传,可期言廷,敢言之。正月乙酉,尉史赣敢言之。谨案:同年爵如书,毋官狱征事,当传,移过所县、侯国,毋苛留,敢言之。正月乙酉,西鄂守丞、乐成侯国尉如昌移过所,如律令。/掾干将、令史章。
> 　　　　　　　　　　　　　　　　　73EJT10:120A

> 五凤元年六月戊子朔癸巳,东乡佐真敢言之:宜乐里李戎自言,为家私市长安、张掖界中。谨案:戎毋官狱征事,当为传,谒移廷,敢言之。
> 　　　　　　　　　　　　　　　　　73EJT10:312A

> 建始四年闰月癸酉朔丁丑,楡中守长、允街尉、守丞贺……武威、张掖、酒泉、敦煌界中、当舍传舍从者,如律令……　Ⅱ0314②:220A[3]

以上三份传中的"界中",其用法、意义与之前所举三份传中的"郡中"完全一致,可相互替换。这进一步证明汉代传信公文中附加于出行目的地之后的"郡中"乃是固定的文牍用语,其中的"郡"字不能拆分出来与前面的地域名称合并看待。总而言之,EJT10:313A 木简中的"郡中"是一个固定的文牍用语,不可与太常连读,理解为"太常郡之中"。所谓出土文献记载有"太常郡"称谓的说法也是不可信的。

这里附带讨论一下居延汉简255·30之"太常郡"问题。汉简255·30释

---

[1] 此类简号见谢桂华、李均明、朱国炤:《居延汉简释文合校》,文物出版社1987年。
[2] 陈直:《居延汉简综论》,收入《居延汉简研究》,天津古籍出版社1986年,第39—40页。
[3] 此类简号见胡平生、张德芳:《敦煌悬泉汉简粹释》,上海古籍出版社2001年。

文见有:"移二辅大常郡大守诸□"。该简残泐较为严重,但与台北"中央研究院"历史语言研究所公布的红外线照片比对[1],仍可辨识出原整理者所释之"二辅"实为"三辅"之误,"诸"字以下缺释两字。与后文比对,不难发现全文应为"三辅、大常、郡大守、诸侯相"。这其实是昭帝至元帝时期与诏书"三辅、太常、郡、国"相对应的官员名称书写格式,也不能作为西汉存在"太常郡"称谓的出土文献证据。

秦汉时期,京畿地区的行政制度与其他地区存在区别,而郡、国(包括王国、侯国两类)之类的行政单位并不设置于京畿。秦汉时代的京畿范围内从未设置过"郡"。刘邦平定关中后,曾设置渭南、河上、中地三郡,但在迁都长安后,便将三郡撤销,改置内史[2]。又建武元年,刘秀定都雒阳,随即改都城所在的河南郡为河南尹,以突显京畿地区的特殊地位[3]。西汉时代的陵邑,地处京畿,在京畿内设置"郡",与秦汉的地方行政制度不符,因此当时绝不会出现"太常郡"这样的行政单位名称。

二、太常管辖陵邑的起始时间

西汉太常管辖陵邑起于何时,学界尚有争议。《汉书·百官公卿表》载太常本名奉常,景帝中六年(前144)更名。周振鹤先生推测奉常更名与管辖陵邑有关,故太常管辖陵邑始于景帝中六年。但孔祥军不同意周先生的看法,他认为陵邑地位非同寻常,设置后不应由地方管理,故太常管辖陵邑应始于陵邑初置之时。

让我们先来分析周先生的看法。周先生认为景帝中六年奉常更名是因为开始管辖陵邑,由于职权发生变化,故官称也随之改变。但根据《史记·孝景本纪》和《汉书·百官公卿表》的记载,景帝中六年有大批中央官职发生了官名变更。通过对景帝在位末年政治形势的分析,可以发现这次中央官员的集体更名与之前进行的王国制度改革存在密切关联。更名的目的,是为了区别朝廷和王国官员的称谓(此前朝廷官员与王国官员名称相同),从而突显朝廷官

---

[1] "历史语言所藏汉代简牍资料库",http://ndweb.iis.sinica.edu.tw/woodslip_public/System/Main.htm。

[2] 周振鹤:《西汉政区地理》,第130—131页。

[3] 《续汉书·郡国志》载建武十五年更河南郡为河南尹。其说有误,应为建武元年。详见谭其骧:《〈两汉州制考〉跋》,载《长水集》上册,人民出版社1987年,第43—47页。

员的尊显地位[1]。所以景帝中六年的奉常更名与管辖陵邑并无关联。相较而言,孔祥军的看法更具合理性,第一个陵邑设置的时间应当就是太常管辖陵邑的起始时间。

不过,孔祥军认为西汉设置的第一个陵邑是高祖之长陵邑。孔先生似乎忽视了在长陵邑设置之前,汉廷还设置过两个陵邑,即高祖母亲之黄乡邑和高祖父亲之万年邑。

张家山汉简《二年律令·秩律》所载三百石官员见有"黄乡长"和"万年邑长"[2]。这之中的万年邑,即高祖父亲之陵邑。据《三辅黄图》的记载,万年邑置于高帝十年(前197)[3]。而《秩律》中的黄乡,原整理者认为是《汉书·地理志》广平国之广乡。后晏昌贵撰文指出,黄乡实乃高祖母亲之陵邑,故在《秩律》中与高祖父亲之万年邑排列在一起[4]。晏说可作定谳。《汉书·高帝纪》曰:"(五年二月)汉王即皇帝位于氾水之阳。尊王后曰皇后,太子曰皇太子,追尊先媪曰昭灵夫人。"又《陈留风俗传》曰:"沛公起兵野战,丧皇妣于黄乡。天下平定,乃使使者,以梓宫招魂于幽野。……因作寝以宁神也。"[5]根据这些记载,虽然不能明确黄乡邑设置的具体时间[6],但可以肯定的是,黄乡邑一定设置于高帝在世期间,结合万年邑的设置时间来看,黄乡邑的设置不会晚于高帝十年。所以,西汉太常(奉常)管辖陵邑的起始时间应在高帝五年至十年之间。

接下来讨论一下长陵邑设置的时间。《汉书·地理志》长陵县自注"高帝置"。孔祥军以为高帝时期只是设置了长陵寝园,而长陵邑的设置时间应据《汉书·高后纪》"(六年)秩长陵令二千石。六月,城长陵"的记载推定为高后六年(前182)。不过,从汉代帝陵奉邑的设置情况来看,往往是修建陵园的同

---

[1] 详细论述可参见拙文《西汉"王国境内无侯国"格局的形成——以景帝封建体制改革为视角的考察》,载《中国中古史研究:中国中古史青年学者联谊会会刊》第3卷,中华书局,2013年。
[2] 张家山二四七号汉墓竹简整理小组:《张家山汉墓竹简(释文修订本)》,文物出版社2006年,第79页。
[3] 《汉书·高帝纪》载:"(十年)秋七月癸卯,太上皇崩,葬万年。"颜师古注引《三辅黄图》曰:"十年,太上皇崩,葬其北原,起万年邑,置长丞也。"颜师古所引《三辅黄图》与今本略有不同。见何清谷:《三辅黄图校注》,三秦出版社2006年,第424—425页。
[4] 晏昌贵:《张家山汉简释地六则》,《江汉考古》2005年第2期。
[5] 杨守敬、熊会贞疏:《水经注疏》卷7,江苏古籍出版社1989年,第682页。
[6] 晏昌贵先生认为黄乡邑设置于高帝五年或稍后。见《张家山汉简〈二年律令·秩律〉地名补释(三则)》,收入周长山、林强主编:《历史·环境与边疆——2010年中国历史地理国际学术研讨会论文集》,广西师范大学出版社2012年,第614—618页。

时，即设置陵邑，以便接纳从关东迁徙来的富户豪强[1]。如果高帝时期置长陵园寝，高后六年才设置陵邑，则两者相隔时间过长。这之间被迁徙到长陵的关东豪强由哪一个机构来管理，也是难以回答的问题。因此，长陵邑的设置不会晚至高后六年。其有力的证据是张家山汉简《二年律令·秩律》已经出现"长陵令"，秩级为八百石。《秩律》反映的是高后元年的行政建制[2]，则高后元年以前已经设置了长陵邑。高后六年只不过提高了长陵令的秩级，同时修建了长陵邑的城墙而已[3]。

至于高帝时期设置长陵邑的具体时间，王先谦曰："高帝陵，十二年置，见《史记年表》。"[4]周振鹤先生亦从此说，"高帝十二年置长陵邑，正式建立陵县制度"[5]。查中华书局点校本《史记·汉兴以来将相年表》高帝十二年栏载有"夏，上崩，葬长陵"[6]，未言置长陵邑之事。对此孔祥军解释道，南宋黄善夫刻本《史记》作"置长陵"，中华书局点校本《史记》改"置长陵"为"葬长陵"，属妄改原文。今案，张文虎《校刊史记集解索隐正义札记》此条出校记云："《史诠》曰'葬'作'置'，误。"[7]可见中华书局本《史记》改"置"为"葬"并非毫无依据。查《汉兴以来将相年表》惠帝七年栏载"葬安陵"，文帝后七年栏载"葬霸陵"，则书某帝葬某陵为《汉兴以来将相年表》之通例。又《汉书·高帝纪》记此事亦作"葬长陵"，黄善夫刻本《史记》之"置"字确为"葬"字之误。[8]

明确了《史记·汉兴以来将相年表》"置长陵"记载有误，则前人有关长陵邑设置于高帝十二年的看法自然失去了凭据。而以情理度之，在高帝驾崩后，才设置陵邑亦显匆忙。前面提到，西汉的惯常做法是在营建陵园的同时，设置陵邑，因此长陵邑的设置应在高帝十二年之前。陵邑的功能之一，是安置从关

---

[1] 如景帝之阳陵邑。《汉书·景帝纪》曰："五年春正月，作阳陵邑。夏，募民徙阳陵，赐钱二十万。"又如武帝之茂陵邑。《汉书·武帝纪》曰："(建元二年)初置茂陵邑。"《汉书·元帝纪》载永光四年十月诏书曰："今所为初陵者，勿置县邑，使天下咸安土乐业，亡有动摇之心。"汉元帝在营建初陵的同时，下诏不再设置陵邑，可见元帝以前都是在修建陵寝的同时，设置陵邑。

[2] 参见拙文《试析张家山汉简〈二年律令·秩律〉的抄写年代——以侯国建置为中心的探讨》，待刊。

[3] 汉代常有先置县，后筑城墙的情况。如长安县设置于高帝五年，惠帝元年开始修筑城墙，惠帝五年完工。(详见《汉书·惠帝纪》)

[4] 王先谦：《汉书补注》卷28上，书目文献出版社1995年影印清光绪虚受堂刻本，第651页。

[5] 周振鹤：《汉书地理志汇释》，安徽教育出版社2006年，第43页。

[6] 《史记》卷22，第1122页。

[7] 张文虎：《校刊史记集解索隐正义札记》卷2，中华书局1977年，第269页。

[8] 王欣夫先生曾指出，宋版虽然保留较多古本信息，但错讹甚多，学人不可持有迷信宋版的态度。见《文献学讲义》第四章第二节"宋版有不可尽信"条，上海古籍出版社2005年，第161—162页。

东迁徙来的移民,分析高帝时代的移民活动对于推断长陵邑的设置时代会有帮助。史籍记载,高帝九年曾迁徙关东六国遗族十万口于关中。而《汉书·地理志》云:"汉兴,立都长安,徙齐诸田,楚昭、屈、景及诸功臣家于长陵。"葛剑雄师推测,高帝九年从关东迁徙来的六国遗族是长陵人口的主要来源[1]。这样看来,长陵邑的设置约在高帝九年、十年之间。

三、太常能否视为一级政区

在以往的研究中,学者们普遍认为太常已具备郡级政区的某些特征。但对于太常能否视为真正意义上的政区,学界尚有分歧。周振鹤先生认为太常郡具备有郡级政区的基本职能,只是管辖的县邑散布在三辅之中,不具有固定的边界。因此太常郡是一个半实半虚的郡级政区,周先生还首创"隐形郡"的概念来作以限定。而孔祥军则认为,太常郡是真正意义上的郡级政区,它不但管辖陵邑,而且具有明确的边界,还具备郡级政区的各项职能。

首先,笔者并不能同意"太常"拥有明确郡界,构成完整、独立辖域的观点[2]。孔祥军指出,西汉的陵邑——茂陵、平陵、安陵、长陵、阳陵、霸陵、南陵、杜陵——在地域分布上连贯一体,基本呈倒"L"形,可以构成独立、完整的政区。不过,除了这八个陵邑外,还需要考虑到昭帝生母之云陵邑,该陵邑的方位远离孔氏所划定的区域。对此,孔先生称云陵属特例,虽然稍离于汉室陵区,但仍能划到太常郡的范围内(见图2)。如果说云陵邑还能勉强解释得通,那么万年邑如何划入太常郡就难以想象了。《三辅黄图》曰:"高帝葬太上皇于栎阳北原,因置万年县于栎阳大城内,以为奉陵邑。"[3]与长陵等陵邑采取徙民置邑的方式不同,万年邑是划取原栎阳城民户而设置,与左冯翊之栎阳县同治于栎阳大城内[4]。栎阳大城距离孔氏所划定太常郡之辖域更为遥远,其间还阻隔

---

[1] 葛剑雄:《中国移民史》第二册,福建人民出版社1997年,第97页。
[2] 本文第一部分虽然否定了"太常郡"称谓的存在,但并不意味着"太常"不能作为政区的称谓。因为汉代也存在官名等同于辖区名的情况。如京兆尹、左冯翊、右扶风既是京畿行政官员名,也是各自辖区的名称。汉初的"内史"也是如此。
[3] 何清谷:《三辅黄图校注》,第424页。
[4] 根据考古勘探,西汉太上皇陵附近除秦汉栎阳故城外,未见有其他城邑遗址,这验证了《三辅黄图》有关万年邑设置于栎阳城内的记载。见中国社会科学院考古所栎阳发掘队:《秦汉栎阳城遗址的勘探和试掘》,《考古学报》1985年第3期;刘庆柱、李毓芳:《西汉十一陵》,陕西人民出版社1987年。

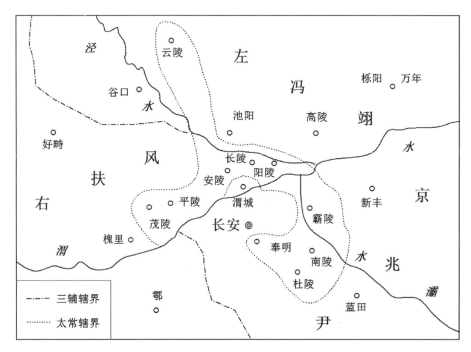

图 2　孔祥军所复原太常郡辖域示意图(汉元帝时期)

有左冯翊所属高陵、新丰两县。纵使太常郡郡界能跨越两县划到万年邑,其与左冯翊的郡界在栎阳城内如何划定,也是无法想象的事情。万年邑尚且如此,远在陈留郡的黄乡邑如何纳入太常郡,无疑也是考验朝廷的难题。因此笔者认为,西汉时期关中地区诸陵邑在地域上并不相连,无法构成完整独立的辖区。再考虑到远在关东的黄乡邑,则西汉显然不存在边界分明的"太常"行政区。

这里附带讨论一下孔祥军引述肩水金关汉简 EJT10∶313A 论证太常郡存在边界的问题。孔氏在对肩水金关汉简 EJT10∶313A 进行分析时提到"此汉简为通关凭证,在传中明列太常郡,说明太常郡是有关所的。……故而太常郡理应有属于自己的实土,需要利用关隘进行监督,而非全无境域,托管于三辅三郡。肩水金关汉简明白无误地证明了太常郡实有边界。"前面介绍过,EJT10∶313A 汉简中提到的"张掖、酒泉、武威、金城、三辅、大常"是申请人薛兵自述的经商目的地,与关所设置没有关系。该传所使用的对象是"移过所津关",即沿途经过的津关[1]。依据这份"传"并不能得出太常郡设置有关

---

[1] 大庭脩:《秦汉法制史研究》,第 489 页。

所,甚至拥有边界的结论。

既然已经否定了"太常"拥有完整、独立的辖域,那么是否意味着"太常"是一个不具备明确行政界限,却具备郡级政区职能的"隐形郡"呢?孔祥军结合传世文献、出土文献列举出太常拥有通缉罪犯、推举贤良、垦田纳租、兴修水利的职能。可是,汉代的县级政区同样具有这些功能。陵邑本身属于县级政区,有实土和编户,因此具有上述职能也属正常[1]。孔氏所举只能证明陵邑确为县级政区,并不能证明太常属于郡级政区。

要想证明太常属于郡级政区,应当着眼于太常是否拥有一套类似郡府机构的地方政务官员建制。而通过分析,可以发现太常的地方政务官员建制极不完整。首先,太常不具有处理地方军务的武官体系。西汉时代的郡级政区往往有一套武官体系与之相互匹配,以负责郡内的军事事务。如三辅地区设置有京辅都尉、左辅都尉、右辅都尉分别与京兆尹、左冯翊、右扶风辖区相配,而郡则设置有都尉,王国则设置有中尉。太常的属员中,见不到任何与武职系统有关的官职,这表明太常不具有处理地方军务的职能。

另外,在三辅、郡守、诸侯相官署中,有大量属吏负责处理地方政务。如尹湾汉墓 YM6D2 木牍所载东海郡郡府属吏有"卒史九人""属五人""书佐九人""用算佐一人""小府啬夫一人"[2]。尹湾汉牍 YM6D2 所载,仅仅是朝廷定编的郡吏。而在尹湾 YM6D5 木牍中,则记载了东海太守府除 25 个朝廷定编的属吏,还有无编属吏 68 人,分管各类郡务[3]。这些分管具体郡务,而无定编的曹、掾、史乃由郡太守根据政务需要自行辟举,其数量极为庞大[4]。而遍检传世史籍、出土文献,见不到太常自辟举负责具体郡务的曹、掾、史。可见在太常官制体系中,并没有如同郡府机构的众多分管地方政务之属吏。太常的工作重心乃在国家祭祀和典仪,而不在地方行政。

总之,从官员设置和机构建制来看,太常并不具备完备的郡级政区行政职能,还不能称之为郡级政区。反观此前学者们倾向认定太常为郡级政区,应是因为太常管辖有县邑,正如孔祥军所说"太常既辖实县何来隐形之有"? 其实,

---

[1] 如孔祥军引述大庭脩的意见,称太常机构存在管理水利的属官——都水,此与三辅、郡、国相同。但大庭脩的原文是"由于各陵县中有人民居住,所以(太常)有管理治水的必要"。(见《秦汉法制史研究》,第 26 页)可见大庭脩也认为都水一职的设置,是出于陵邑事务的需要。
[2] 连云港市博物馆等编:《尹湾汉墓简牍》,中华书局 1997 年,第 79 页。
[3] 连云港市博物馆等编:《尹湾汉墓简牍》,第 100—102 页。
[4] 安作璋、熊铁基:《秦汉官制史稿》,齐鲁书社 1984 年,第 92—147 页。

汉代的行政隶属权限较为灵活,县邑并非一定隶属郡国,中央官署直辖县邑的情况也较为常见,绝非太常所特有。如张家山汉简《二年律令·秩律》记载有丰、沛。汉初两县地处楚国,不与中央直辖区域相连,显然不属汉郡管辖[1]。通过与《汉书·高帝纪》的对照,可知汉初丰、沛两县为天子汤沐邑,当时应直属管理皇室财政的少府。又如《秩律》记载的"汝阴",汉初地处淮阳国,与丰、沛一样孤悬于汉廷直辖区域之外[2]。笔者曾结合《二年律令·津关令》"汤沐邑在诸侯,属长信詹事者"的记载,推测汝阴是吕后汤沐邑,汉初不属淮阳国管辖,而直属长信詹事[3]。另外,《秩律》之灵州、圜阴两县在简文中不与其他县邑排列在一起,而杂列在中央诸卿属官之间。何慕已指出,汉初灵州、圜阴并不归属所在北地郡、上郡管辖,乃出于马政的需要而直属太仆[4]。除《二年律令》以外,《汉书·食货志》记载武帝推行"告缗"制度后,大批富豪的田产被没入官府,这些田产也不归属地方郡县,而是由中央官署管理,"水衡、少府、太仆、大农各置农官,往往即郡县比没入田田之"。这虽然不是中央官署直辖县邑的实例,但至少证明武帝时期的中央官署可以管理散在郡国境内的实土。如果说太常因为管辖县邑,故被视作郡级政区,那么也曾管理县邑的少府、太仆、长信詹事是否也要作为郡级政区来进行研究呢?

周振鹤先生曾将层级、幅员、边界、形状、地理区位归纳为衡量行政区划的几个要素[5]。而太常不仅不具备这些要素,而且也不具备适应地方行政管理的官员设置。所以笔者认为,西汉时代的太常,既不能算作完全意义上的郡级政区,也不能算作半实半虚的"隐形"郡级政区,而只不过是一个管辖有县邑,具备一定民政职能的中央官署而已[6],与行政区划毫无关系,不应作为

---

[1] 周振鹤先生指出,丰、沛"亦有特殊地位,恐怕不是所在地之楚国所能管辖"。(见《〈二年律令·秩律〉的历史地理意义》,中国社会科学院简帛研究中心编:《张家山汉简〈二年律令〉研究文集》,广西师范大学出版社 2007 年)但周先生未能指明丰、沛属哪一机构管辖。
[2] 关于《秩律》所载各县在汉初的隶属关系,可以参考拙文《汉高后元年中央直辖区域行政区划复原——以张家山汉简〈二年律令·秩律〉为中心》,待刊。
[3] 参见拙作:《汉高后元年中央直辖区域行政区划复原——以张家山汉简〈二年律令·秩律〉为中心》。
[4] 何慕:《张家山汉简〈二年律令·秩律〉所见吕后二年政区及相关问题》,武汉大学 2006 年硕士学位论文,第 26—27 页。
[5] 周振鹤:《中国地方行政制度通史·总论》,复旦大学出版社 2009 年,第 9—11 页。
[6] 大庭脩也有类似的看法。他认为:"秦到汉的九卿虽说是中央政府的机构,但与一般的行政和民政没有关系。……我也注意到了九卿履行从其本来的职务范围派生出来的职责,例如奉常(太常)掌管各陵县的行政就是一个例子。"(见《秦汉法制史研究》,第 26 页)大庭脩认为九卿官署不牵涉行政职能,太常管理陵邑行政只是由其本来职务所派生出的附带职能。

西汉政区研究的对象予以讨论。

本文原载《中国历史地理论丛》2013年第3期。

附记：2014年《肩水金关汉简（肆）》出版，公布的73EJT37：1586汉简出现"大常郡茂陵始乐里公乘史立年廿七"。随即有学者根据此简撰文认为西汉存在"太常郡"确凿无疑。笔者认为这一论断尚显轻率。因为目前所见西北汉简书写陵邑人口籍贯除73EJT37：1586简外，全部写作"太常某陵"，此简籍贯书写形式与其他汉简陵邑籍贯记录明显矛盾，故不能排除抄手笔误的可能。因此本着"孤证不立"原则，对73EJT37：1586政区信息的使用应该采取更为谨慎的态度。

王朝和岭南双重视野下的广西边疆意象

郑维宽

"边疆"作为一个特别区域,具有政治、军事、经济和文化等方面的特殊内涵。在政治上,历史上的中国边疆是从国家政权的统治中心区向域外过渡的区域,即由治向不治过渡的特定区域。在军事上,边疆是国防的前沿,具有十分重要的战略地位。在经济上,由于自然环境和人文、社会条件等方面的差异,边疆在经济类型和发展水平上往往与内地存在较大的差距。在文化上,边疆的文化类型与边疆的民族(或种族)构成密切相关,文化的异质性和民族性特征较为明显[1]。深入研究边疆问题,对于认识统一多民族国家的形成过程、疆域的变迁、与周边国家的地缘政治关系和经济文化交流、边界的划分与疆域的维护等至关重要。

在研究实践中,往往将"边疆"划分为广义、狭义两个层次进行使用。广义的"边疆"是指位于一个国家或政治实体疆域边缘部分的省级高层政区。狭义的"边疆"即指"边境",也就是拥有国界线的边境县的总和。本文主要是在狭义层次上使用"广西边疆"的概念,即指今广西与越南陆海毗邻处的一片区域,在传统时代就是沿边府州级政区的总和。广西边疆包括陆疆和海疆两部分,陆疆是指沿国界内侧有一定宽度的地区,海疆则包含国家的内海和领海基线以外国家管辖的海域与岛域。从历史上看,北部湾海域的北部显然主要属于广西的海疆,而在北部湾海域的西部则与越南海域分界。

一、国家视野下的广西边疆意象

在历代王朝国家的视野中,广西边疆往往意味着自然环境较为恶劣的边

---

[1] 上述有关陆疆、海疆的界定和边疆内涵的阐释借鉴了马大正为"中国边疆通史"丛书所写总序的提法,参见马大正主编:《中国边疆经略史》,武汉大学出版社 2013 年,第 797—799 页。

远之地,位于天之涯、海之角,具有异质性地域文化特征,而且为了维持对该地区的统治,中央王朝不得不采取较为特殊的行政治理措施。具体而言,广西边疆可通过马援铜柱、马援铜鼓、天涯亭、海角亭、鼻饮、火葬等具有显著文化意义的事象来进行界定。

(一) 马援铜柱的陆地界标意义

自从东汉初马援平定交趾征侧、征贰的叛乱,并竖立铜柱作为王朝南部疆界的标识以来,马援铜柱便成为历代中原王朝确定南部疆域边界的重要标志,从而具有了边界确认的象征意义。我们发现,在文献的记载中,随着中原王朝在岭南疆界的伸缩,马援铜柱的位置也发生着变化,比如汉唐时期马援铜柱作为交趾(安南)与林邑(环王国)分界的标识,宋代以后则成为广西与安南(交趾)之间的界标。

据较早的文献记载,马援铜柱位于今越南中部,即汉代交趾南部的象林县,用来标识汉帝国最南面的疆界,并由此产生了马援留下十余户士兵守护铜柱的传说。据清人李调元记载:"马人,一曰马留,俞益期云:'寿泠岸南,有马文渊遗兵,家对铜柱而居,悉姓马,号曰马留。凡二百余户,自相婚姻。'张勃云:'象林县在交趾南,马援所植两铜柱以表汉界处也。援北还,留十余户于铜柱所,至隋有三百余户,悉姓马。土人以为流寓,号曰马流人。铜柱寻没,马流人常识其处,尝自称大汉子孙云。'"[1]事实上,李调元的记载继承了北魏以来的一贯说法,在《水经注》《旧唐书》《通典》《旧五代史》《太平御览》《太平广记》《南裔异物志》《大明一统志》《峤南琐记》《七修类稿》等文献中都有相似记载。唐代安南(交趾)仍是中国疆域的一部分,马援铜柱的界标意义在于标识安南(交趾)与南部环王国之间的界线。据唐人刘恂《岭表录异》卷上《铜柱》载:"旧有韦公干为爱州刺史,闻有汉伏波铜柱,以表封疆,在其境。(韦)公干利其财,欲摧熔货之于贾胡。土人不知(马)援之所铸,且谓神物,哭曰:使者果坏是,吾属为海人所杀矣。(韦)公干不听。百姓奔走诉于都督韩约,(韩约)移书辱之,(韦)公干乃止。"这里的马援铜柱显然位于安南南部,而且唐代马援铜柱已被安南土人奉为神圣之物,甚至关系到他们的命运休戚。这一故事也成为后来"铜柱折,交趾灭"传说的源头,在元代《安南志略》和明代《寰宇通志》

---

[1] (清)李调元:《南越笔记》卷7《马人》,《清代广东笔记五种》,广东人民出版社2015年,第277页。

《大明一统志》等文献中都有记载。《安南志略》卷1《郡邑》"越王城"条载:"汉马伏波平交趾,立铜柱为汉界。……昔传钦州古森洞有马援铜柱,誓云:铜柱折,交趾灭。交人每过其下,以瓦石掷之,遂成丘。"景泰《寰宇通志》卷118《安南·古迹》载:"汉马援既平交趾,立铜柱为汉界。相传在钦州古森洞上,有援誓云:铜柱折,交趾灭。"《大明一统志》称铜柱在钦州古森峒,上有誓词云"铜柱折,交趾灭",越人过其下皆以石培之,遂成丘陵,恐其折也。

元朝统治者甚至派遣使者寻找马援铜柱,以确定边界范围。至元九年(1272),元朝派遣使臣兀良到安南询问铜柱旧界,安南国王于是派黎敬夫前往会勘,黎敬夫声称马援竖立铜柱的地方已经不可查考[1]。至正五年(1345),元朝又派使臣王士衡询问铜柱旧界,安南国王派遣范师孟前往辨析[2]。从元朝统治者两次派遣使臣询问铜柱旧界的做法,可见元朝统治者将马援铜柱真正看做了中原王朝与安南疆域的分界标志。

笔者认为,"马援铜柱"实际上是王朝势力所到达范围的一种标识,甚至用于界定王朝在西南、中南民族地区的疆土开拓,远远超越了马援本人所立铜柱的意象范畴。唐元和中安南都护马总在安南所立铜柱,五代十国时期马希范在湘西溪州所立铜柱,都被后人附会为"马援铜柱"。由此可见,至迟在唐代,"马援铜柱"已经演变为一种标识封疆的象征符号,不管后面立铜柱的人姓马还是他姓,后人都以"马援铜柱"为铜柱名。宋代以来,随着交趾的独立,文献记载中马援铜柱的位置已经由安南(交趾)南部"北移"至钦州古森峒分茅岭,成为广西与安南(交趾)分界的重要标识。据景泰《寰宇通志》载,分茅岭"在钦州西南三百六十里,汉马援征交趾,立铜柱其下,与之分界。山顶产茅草,头南北异向,至今犹然"[3]。这里明确指出钦州分茅岭是中国与交趾的分界线。清代钦州贡生吴邦瑗在《分茅岭铜柱行》中将分茅岭上的铜柱视为"夷夏之限",认为分茅岭是天造地设的分界线,因为"北茅北向南茅南,中外区分同夹辅",而铜柱又加持了这一标识[4]。清末两广总督张之洞将古森洞分茅岭称为"历朝中华边徼之地"[5]。分茅岭铜柱对于中越分界线的意义,在宋代交

---

[1] [越]潘清简:《钦定越史通鉴纲目》正编卷6,(河内)国立中央图书馆、中越文化经济协会1969年。
[2] [越]潘清简:《钦定越史通鉴纲目》正编卷9。
[3] 景泰《寰宇通志》卷105《廉州府·山川》。
[4] 乾隆《廉州府志》卷20《艺文下》。
[5] 黄国安等编:《近代中越关系史资料选编》(中),广西人民出版社1988年,第427页。

趾独立的背景下得以凸显出来。而确立分茅岭铜柱这一界标,对于巩固宋以后中原王朝的广西边疆具有重大意义。

越南人也用马援铜柱标识中越之间的分界线,但他们眼中的铜柱不止分茅岭一处,而是分布于宋以来中越边界上几处地方。道光五年(1825),越南使臣潘辉注出使中国,他在《登伏波岩第一楼览古有怀》中写道:"君不见日南铜柱标封疆,边关在处志留芳。"并解释道:"铜柱原在钦州界,今太平、南宁地志皆云有遗迹。"[1]可见越南人将铜柱视为钦州、太平府、南宁府等沿边府州与越南交界的标志。

(二)"马援铜鼓"和"诸葛鼓"对广西边疆的隐喻

铜鼓是广西边疆土著民族在文化创造活动、自然崇拜和社会运行方面的重要体现,分布地域广,使用较为普遍。在国家视野中,铜鼓在一定程度上代表着广西边疆的文化特征。史料表明,铜鼓在成为乐器、祭祀礼器和权力重器后,在广西边疆民族社会的运行中发挥着重要作用,也曾是周边邻国向中原王朝进贡的物品。岭南蛮酋之家一般都拥有铜鼓,作为权力、身份的象征,据《岭表录异》卷上《铜鼓》载:"蛮夷之乐,有铜鼓焉。形如腰鼓,而一头有面。鼓面圆二尺许,面与身连,全用铜铸。其身偏有虫、鱼、花、草之状,通体均匀,厚二分以外。炉铸之妙,实为奇巧。击之响亮,不下鸣鼍。贞元中,骠国进乐,有玉螺铜鼓,即知南蛮酋首之家皆有此鼓也。……僖宗朝,郑绹镇番禺日,有林蔼者为高州太守。有乡野小儿,因牧牛,闻田有蛤鸣,牧童遂捕之。蛤跃入一穴,遂掘之深大,即蛮酋冢也。蛤乃无踪,穴中得一铜鼓,其色翠绿,土蚀数处损阙。其上隐起,多铸蛙黾之状,疑其鸣蛤即鼓精也。遂状其缘由,纳于广帅,悬于武库,今尚存焉。"可见岭南蛮酋生前拥有铜鼓以号召部众,死后还以铜鼓陪葬。

当今广西是中国出土并保存铜鼓最多的地方,因此被称为"铜鼓之乡"。铜鼓原本是西南和岭南土著民族的创造,随着中原王朝势力向岭南的扩展和汉文化的影响,铜鼓与马援铜柱一样,也被打上了王朝的烙印。根据《后汉书·马援传》的记载,东汉初年马援征交趾,得骆越铜鼓,铸为马。正如后世将岭南铜柱都附会为"马援铜柱"一样,马援征交趾获得铜鼓一事,在后人的记忆加工中也被附会为"马援铜鼓",后来甚至将岭南所发现的铜鼓都称为"马援铜

---

[1] 黄权才:《古代越南使节旅桂诗文辑览》,广西师范大学出版社2015年,第310页。

鼓"。宋人范成大在《桂海虞衡志·志器》中记载:"铜鼓,古蛮人所用,南边土中时有掘得者,相传为马伏波所遗。其制如坐墩而空其下,满鼓皆细花纹,极工致,四角有小蟾蜍。两人舁行,以手拊之,其声全似鞞鼓。"明人邝露在《赤雅》中直接将两广、滇黔发现的铜鼓都称为"伏波(即马援)铜鼓",他说:"伏波铜鼓,深三尺许,面径三尺五寸,旁围渐缩如腰形,复微展而稍奆其口。锦纹清古,翡翠焕发。鼓面环绕作龟黾十数,昂首欲跳。中受击处,平厚如镜,两粤、滇黔皆有之。……夷俗赛神宴客,时时击之。重赀求购,多至千牛。制度同而小过半者,诸葛鼓也,价差别矣。"值得注意的是,邝露在这里将岭南大型铜鼓称为"伏波铜鼓"(即"马援铜鼓"),而将小型铜鼓称为"诸葛鼓"。从有关史料的记载看,滇黔和桂北之人多将铜鼓称为"诸葛鼓"。清人戴朱绂在《铜鼓歌》中记载柳州境内的铜鼓传说来自于诸葛亮,歌词曰:"蛮溪雾毒苍虬舞,土人架阁悬铜鼓。问是当时谁所留,尽说传从汉武侯。武侯天威靖蛮落,田畴岁垦桑麻蓊。四时儿女吹芦笙,椎牛酹酒欢相噱。"[1]无论是"马援铜鼓"还是"诸葛鼓",都是以中原王朝的名将马援、名臣诸葛亮命名,反映出汉文化对广西边疆的影响。这种影响通过对原有土著文化的改造和重塑,贴上了汉文化的标签,隐喻着王朝对广西边疆的统治。

(三)钦州天涯亭、廉州海角亭对王朝疆域极限的隐喻

"天涯海角"在汉语中是指一个国家疆域的极边之地。今天中国的天涯海角是指海南岛的三亚,而宋王朝的"天涯海角"则位于广西的钦州和廉州,分别建有"天涯亭"和"海角亭"。在宋代中原人士眼中,广西无疑是边远之地,而钦州和合浦更是极边之地、"南辕穷途"[2],位于海陆相接处,是王朝陆疆的尽头,渡海即是域外的交趾,隐喻着王朝疆域的极限。而在文人士大夫的诗文中,地理上的极边又演变为对远离政治中心的无限感慨和对自身际遇的感伤,天涯亭和海角亭就是这种情感的寄寓物。宋代钦州知州陶弼在《登天涯亭》中写道:"雾雨昏昏风益骄,天涯亭上觉魂消。一家生意付秋瘴,万里归心随暮潮。兵送远人还海界,吏申迁客入津桥。山公对此虽酣饮,未免醒来两鬓凋。"[3]生动地体现了钦州官吏对身处海陆交接、环境恶劣的极边之地和远离故乡的惆怅之感。明初陶九畴任广东按察司佥事,巡视来到钦州天涯亭,他

---

[1] 乾隆《马平县志》卷10《艺文》。
[2] (宋)周去非:《岭外代答》卷1《地理门·天涯海角》。
[3] 景泰《寰宇通志》卷105《廉州府·题咏》。

登亭远眺,虽然感慨"遥望交趾在缥缈间",但已经没有其先祖陶弼的天涯羁旅之感,而是觉得"爽心豁目",可见明代钦州与内地的联系已大为加强,发展的差距也大为缩小,其"边疆意象"已大为改观。陶九畴在《天涯亭记》中写道:"余总角侍先王父宦游江浙,每闻天涯、海角之名,盖惊其远也。洪武五年(1372),自广东分巡德庆等处,行部抵廉州,果有海角一亭。既抵钦州,又果有天涯一亭。考天涯亭初在州城外渡口,因毁,迁东门子城之上,遥望交趾在缥缈间,岁久风雨剥蚀就圮,郡司马郭君僑摄州篆,捐俸择吉于本年六月初九日建亭而新之。余得登城而纵观焉,因忆钦州余远祖宋郡守商翁(指陶弼)旧治也。今日得游斯亭,更有爽心而豁目者。"[1]

合浦位于南流江与北部湾交汇之处,早在西汉时期就是中国南方海上丝绸之路的重要始发港,而合浦的海角亭则是广西内河水运的尽头和海上航路的起点,代表着中原王朝在广西统治触角的末梢。宋以来的官僚士大夫多有题咏,其借物抒情之中,亦隐含着王朝经略极边之地的不易和对谪贬者、官于斯土者的同情。元代廉州路总管范椁在《海角亭记》中就表达了上述思想,他说:"钦廉僻在百粤,距中国万里,郡南皆大洋,而廉又居其奥,故曰海角。旧有亭在西南隅,岁远代易,倾圮已尽。延祐三年(1316)秋,余过郡访遗址,得于荒烟蔓草间,以嘱郡吏思复之。越年来而亭成,请记于余,余思土木之靡多矣,至于云霞之映带,岛渚之出没,每在遐荒僻壤,稍用人力培补之,而景益奇,亭亦殊方之胜概也。然登斯亭也,往往抑郁无聊,百感交集者,何也?盖炎岭瘴疠,非谪徙者鲜至,海角之名殆亦古来怀奇抱异之士望故乡而不见,因名其亭,以志一时悲愤欤?余与群吏觞诸亭上,缥渺云山,万里之外,又南望占城、暹腊、喇哇诸番,历历在指顾。"[2]清人吴邦瑗则在《望安南海口》中抒发了对王朝经营安南的艰难曲折过程的感伤,他写道:"喜逢晴日破阴霾,望极西南瘴海涯。夷狄古今常亡覆,朝廷终始务绥怀。何时良将收铜柱,不日屠王□藁街。惆怅藤桥兵死鬼,年年沙上哭坟□。"[3]

(四)王朝国家视野下广西边疆的共性与个性

在历代王朝国家的视野中,广西边疆既受到中原文化日渐深入的影响,同时也存在鲜明的地域个性,反映出"一体化"与"多元性"并存的文化面貌。就

---

[1] 乾隆《廉州府志》卷20《艺文下》。
[2] 乾隆《廉州府志》卷20《艺文上》。
[3] 乾隆《廉州府志》卷20《艺文下》。

受中原文化的影响而言,唐代岭南地区的重大节日已经与中原汉人的节日趋同,反映出外来的中原文化正日益改变着岭南边疆的文化面貌。据唐人刘恂《岭表录异》卷上记载:"岭表所重之节,腊一、伏二、冬三、年四。"这里的"腊一"即腊日,为农历十二月八日;"伏二"即伏日,为农历七月十四日"鬼节";"冬三"即冬至;"年四"即春节。上述四个节日在岭北、岭南地区都同等重要,应该是北方汉族移民将中原地区的汉俗传播到岭南地区的结果,并对岭南土著民族的节日习俗产生了较大影响。

广西边疆在逐渐内地化的过程中,其地域特征也十分突出,特别是民族文化的特色十分鲜明。从唐宋文献所载岭南边疆土著民族的鼻饮习俗,可以看出其饮食文化与内地的差异。唐人刘恂和宋人周去非分别记载了交趾和今桂西南、桂南地区的鼻饮习俗,可知唐宋时期广西与安南(交趾)不仅在族群上具有相似的渊源(即土著居民都是骆越人后裔),而且在饮食习俗上也具有较大相似性。据《岭表录异》卷上载:"交趾之人,重不乃羹。羹以羊、鹿、鸡、猪肉和骨,同一釜煮之,令极肥浓。漉去肉,进葱姜,调以五味,贮以盆器,置之盘中。羹中有嘴银杓可受一升,即揖让,多自主人先举。即满斟一杓,内嘴入鼻,仰首徐倾之饮尽。传杓如酒巡行之。吃羹了,然后续以诸馔,谓之不乃会。交趾人或经营事务,弥缝权要,但备此会,无不谐者。"宋人周去非记载了广西邕、钦二州的鼻饮之法,其载:"邕州溪峒及钦州村落,俗多鼻饮。鼻饮之法,以瓢盛少水,置盐及山姜汁数滴于水中,瓢则有窍,施小管如瓶嘴,插诸鼻中,导水升脑,循脑而下入喉,富者以银为之,次以锡,次陶器,次瓢。饮时,必口噍鱼鲊一片。然后水安流入鼻,不与气相激。即饮必噫气,以为凉脑快膈,莫若此也。止可饮水,谓饮酒者,非也。谓以手掬水吸饮,亦非也。史称越人相习以鼻饮,得非此乎?"[1]宋人范成大亦记载道:"南边人习鼻饮,有陶器如杯碗,旁植一小管,若瓶嘴,以鼻就管吸酒浆,暑月以饮水,云'水自鼻入,咽快不可言'。邕州人已如此。"[2]

明清时期在广西边疆逐渐推行改土归流政策,虽然实现了边疆地区政治制度的变革,但在风俗上仍长时间保持"夷风"色彩。明前期太平府已改流,但直到嘉靖年间,除了城厢地区,太平府的乡村和土司地区仍是一派"夷风",呈现出与中州迥异的边疆风貌。嘉靖时崇善县知县何道临在《崇善县论》中写

---

[1] (宋)周去非:《岭外代答》卷10《蛮俗门·鼻饮》。
[2] (宋)范成大:《桂海虞衡志·志器》。

道:"崇善极边小邑,山石绾延,巉岩险窍,岘隘四旋,人物星稀,烟火不接,棘木茂密,茅草蔓芜,恶兽怪鸟,盘巢钻穴,与民为伴。……(土民)据山麓平旷之土,辟而耕治为田,犁锄布种以食,夫妻竭作以耕,蓬头跣足,兽走禽奔。上论诗书,下谈礼节,则如夏虫疑冰、井蛙骇日,乃尧舜未博之俗,唐虞尚顽之民。……而夹谷遡阻之众与牛马、鹿豕同游,管窥蠡测,尚蹈披发余风,非延师树训,以涵养防范,则百年无尊君亲上之俗。"〔1〕可见崇善县乡村的土民对诗书、礼节毫无所知,"如夏虫疑冰,井蛙骇日","尚蹈披发余风"。

在沿边的思明土府,明永乐年间虽已设立学校,但清康熙年间仍是"阖郡皆用火葬,则送死之道非;若夫兄死而弟妻其嫂,弟死而兄妻其妇,则兄弟之伦绝;娶妻不拘同姓,反唇辄易其妻,则夫妇之情乖,以至闺门无洁妇"。土司带头实行火葬,"土司习俗,父母死辄焚之,徐收灰骨埋于土中,谓之火葬,以至五服宗党莫不皆然"。实行收继婚制,"土司地方,其天性友爱、壎篪迭奏者亦不乏人。惟是兄死而弟娶其嫂,弟死而兄纳其妇,俨然伉俪,至长子孙,父母不以为督,妇家不以为言,习俗既成,恬莫知怪"。夫妇情谊甚薄,轻易休妻另娶,"土司风俗,其为妻子好合如鼓瑟琴者亦不为少,有等轻薄之流,娶妻不问家门,或渔其色,或贪其财,遂成匹偶。追财尽而谷风兴咏,色衰而白头著吟。宴尔新婚,以我御穷,殊足悲也。甚者今年娶妇而明年弃之,而弃者不知何罪,一人之身已几易其妻,而嫁者尚忘其丑,以至夫妻道若淫僻,易生伤风坏俗,莫此为甚"。此外,还实行同姓为婚,"土司地方,婚娶惟身家、年貌是问,不论同姓,以至侄妻其姑、姊归其弟,渎伦莫大焉"〔2〕。

(五)中央王朝对广西边疆的特殊行政治理措施

广西沿边多属烟瘴之地,自然环境恶劣,迫使中央王朝采取特殊的行政治理措施,对边吏的升转也实行较为特殊的政策。据清人张心泰《粤游小志》载:"西省南(宁)、太(平)、泗(城)等府,东省海南均多瘴。又气候之变者,有青草、黄梅诸名目,受之至重者,有冷瘴、热瘴、哑瘴之分。余随宦之所,幸非烟瘴之区。闻友人至泗城来者云,鼻间忽闻有香气,即瘴也。人至午时始敢出行,受瘴者十八九不生,诚可畏也。"〔3〕清代广西毗邻安南三府(即南宁、太平、镇安)的边吏在清初就被确定为烟瘴缺分,实行满三年或五年予以升迁的管理办

---

〔1〕 雍正《太平府志》卷41《艺文志》引(明)何道临《崇善县论》。
〔2〕 雍正《太平府志》卷38《艺文志》引(清)高熊征《请正风俗条陈》。
〔3〕 《小方壶斋舆地丛钞》第九帙,第296页。

法。钦州的情况与此相似,在乾隆年间也争取到"沿边烟瘴要缺"的待遇。乾隆二十年(1755),据两广总督杨应琚《钦州文武改边俸》载:"窃照广东廉州府属之钦州境处极边,山海交错,西连西粤,南接安南,乃全省西南之门户。顾山多则瘴岚时作,滨海则湿热常凝,每至春夏之交,熏焗腾郁,最易伤人。而官斯土者,或驻扎州城,或分防边隘,要之皆非水土平善之区,故近年该处文武员弁染病身故者几至二十员,人皆视为畏途,情亦深堪悯恻。伏查广西省南宁、太平、镇安三府属,凡与安南接壤之正印、佐杂暨武职等官,均列为沿边烟瘴要缺,按照等次定以三年、五年报满候升。……今钦州毗连广西,与南(宁)、太(平)、镇(安)三府属沿边一带,同为接壤安南烟瘴地方。且广东省琼、廉二属皆号瘴乡,廉属钦州与琼属崖、感、昌、陵四州县暨儋、万二州情形无异。"最后得到朝廷的批准,"定为五年报满,文员调回内地升用,武员令在本任候升"[1]。

广西自然环境恶劣,导致王朝士大夫将到广西做官视为畏途。不仅害怕到广西沿边地区,而且也不愿意到广西腹地做官。清人沈日霖在《粤西琐记》中写道:"广西地瘠民贫,俱属苦缺,故选人以为命运低、选广西。然亦间有善地,选人复编为口号云:'莫要怕,选宣化;莫要急,选怀集;莫要怨,选贺县;莫要慌,选永康;莫要愁,选北流。'呜呼,既作显官,复求美缺,但欲肥其身家,竟民社之罔顾,官方之不可问,抑亦甚矣。"[2]

当然,在王朝推广教化、普及文教制度的情况下,沿边流官统治区的人文面貌也逐渐发生着变化,明代廉州府的情况就反映了北部湾边缘区文教的兴起。据万历年间朱燮元《按廉校士碑》记载:"粤东圣化所沾,靡不涵煦,亦惟广、惠、潮彬彬称盛。若日南、海北之邦,乃龙蛇之所窟,豺狼之所嗥,士生其间,鲜自振拔。而雷、廉为极陋,廉视雷又过之。学使者往往及雷而止,垂三十年矣。廉州士子担簦负笈,裹粮就试于雷,艰辛万状。又以四郊多垒,萑苻窃发,劫掠堪虞。是以多士灰心,而廉属几同化外矣。"廉州知府郭愨焉为此于万历三十年(1602)修葺试院,学使者也愿意到廉州考校生员,一时读书人咸思振奋,人文渐兴[3]。这是王朝国家视野下广西边疆"内地化"的一个普遍进程。

---

[1] 乾隆《廉州府志》卷20《艺文上》。
[2] 《小方壶斋舆地丛钞》第七帙,第182页。
[3] 乾隆《廉州府志》卷20《艺文上》。

二、岭南视野下的广西边疆意象

从有关文献的记载看,岭南视野下广西边民对自身和对与安南交往的认识,显然不同于中原王朝士大夫对广西边疆地域形象的认知与描绘,集中体现了"我者"与"他者"视角的差异。在广西边民以"我者"为中心的视角中,自身有着独特的族群文化,该文化与安南乃至中南半岛北部地区的文化具有相似之处,形成了一个文化带或文化圈,而且具有相同文化特征的边民之间交往频繁,缺少国家和边界的观念。正如清人赵翼《粤滇杂记》所载:"至粤西边地,与安南相接之镇安、太平等府,如吃饭曰紧考,吃酒曰紧老,吃茶曰紧伽,不特音异,其语言本异也。然自粤西至滇之西南徼外,大略相通。余在滇南各土司地,令随行之镇安人以乡语与僰人问答,相通者竟十之六七。"[1]充分反映出广西与毗邻国家边境地区民族语言的相似性以及与中原内地的差异性。

(一) 中越两国边民之间较为密切的人文交流

北部湾地区的中国边民认为自身既非蛮夷之民,所居之地亦非蛮荒之地,而周边邻国也仅是普通的邻居而已。清代文献所载有关广西与安南之间铜钟的传说故事,隐喻着广西沿边地区与安南之间的人员往来和文化交流。同时铜钟的故事曲折地反映出安南国深受中国的影响,以及中国儒家文化相较于安南文化的优越性,这一点在清人马光启《岭南随笔》卷下"廉州学宫安南国钟"条有着清晰记载。马光启写道:"曩合浦汪令君藏《安南昭光寺钟铭》,云是安南国所拓得者,字势飞舞,神韵洒然,有六朝之遗意。合浦离安南近,水道四五日可达也。家德隅弟曰:'钟今在廉州府学文庙大成殿,覆于地上,悬则廉人不安(意为安南来的铜钟不能高悬于文庙大成殿内)。高可二尺有五寸,古色斑斓,盖宝物也。'相传康熙十三年六月,廉州海滨风雨昼晦,龙门水涌,守兵以炮击之,遂得此钟。"[2]康熙年间钦州龙门岛守军用炮击水得到铜钟的传说,似乎折射了安南对钦廉沿海地区的袭扰和清朝的反击,而安南铜钟来到廉州府,则是藩属国最终臣服于宗主国的象征。

从交趾(安南)边民向钦州境内的迁移与保存的"唱哈"习俗看,两国边民

---

[1]《小方壶斋舆地丛钞》第七帙,第383页。
[2]《岭南随笔(外五种)》,广东人民出版社2015年,第163页。

相互间的流动较为自由,交往也较为频繁。乾隆《廉州府志》记载了钦州思勒峒的安南移民在"解亭"唱歌的习俗,其载:"钦州思勒瑶有解亭,脊高二丈,三间,各宽一丈五尺,楹柱穿枋,无墙壁,中铺地板,较两傍微高尺许。其地距安南一岭之隔,每岁花朝、中秋,群瑶敛钱,邀少年夷女五七人为一队,彩衣花裙,歌唱于中亭,远近观者男女两旁杂坐,椎牛烹鲜,席地以食,竟一日之欢始散。"[1]引文中的"解亭"即今天京族的哈亭,既是京族青年男女唱歌交友的地方,也是祭祀祖先的地方。"思勒瑶"即来自安南的跨国移民,已经演变为今天东兴市江平镇境内的京族。本则史料具体描述了"解亭"的建筑形制,以及每年花朝、中秋节京族青年男女在哈亭唱哈的情况。唱哈除了是京族青年男女交往的一种方式,还具有祈求风调雨顺、五谷丰登的寓意。很显然,"解亭"及唱哈的习俗是安南人迁移至钦州思勒峒后带过来的,表明历史上中越两国边民之间存在着较为密切的交流。这一点也为钦州三都(如昔、时罗、贴浪)、七峒(思勒、罗浮、河洲、㵯凛、古森、时罗、贴浪)的边民在服饰上具有安南"夷风"特征所证明。正如乾隆《廉州府志》所载:"其三都七峒多住高栏,人居其上,牛处其下,炎蒸腥秽,习而安之。无论男女,不著裙,以布围下体,蓬头跣足,则交南夷俗矣。"[2]

(二) 中越两国之间较为自由的经贸往来

一方面,中国内地和沿边民众大量进入安南境内从事采矿活动。据清赵翼《粤滇杂记》载:"粤闽二省用银钱悉海南诸番载来贸易者。滇边外则有缅属之大山厂,粤西边外则有安南之宋星厂,银矿皆极旺,而彼地人不习烹炼法,故听中国人往采,彼特设官收税而已。大山厂多江西、湖广人,宋星厂多广东人。大山自与缅甸交兵后,厂丁已散,无复往采者。明将军曾过其地,老厂、新厂两处,民居遗址各长数里,皆旧时江楚人所居采银者。岁常有四万人,人岁获利三四十金,则岁常有一百余万赏回内地。……宋星厂距余所守镇安郡仅六日程,镇安士民最懦钝无用矣,然一肩挑针绣鞋布诸物,往辄倍获而归。其所得皆制镯贯于手,以便携带,故镇郡多镯银。而其大夥多由太平府之龙州出口,时有相杀事,恃人众则择最旺之山踞之,别有纠夥更众者,则又来夺占,以是攻剽无宁岁。安南第主收税,不问相杀事也。"[3]清初,就有一些广东、湖广商

---

[1] 乾隆《廉州府志》卷4《风俗》。
[2] 乾隆《廉州府志》卷4《风俗》。
[3] 《小方壶斋舆地丛钞》第七帙,第386页。

人带领贫民跨越桂西南土司地区的国境,到安南境内从事采矿。康熙五十六年(1717),安南后黎朝针对北部边境地区矿场多招募清人开采的情况,担心清人聚集生事,特别下令限制矿场人数。据越南人潘清简记载:"各镇金银铜锡诸矿多募清人掘采,群聚日众,恐生他变,乃定例,每矿多者三百人,次者二百,少者一百,毋得过数。"这些矿场包括金马、三弄金厂,隆生银厂,聚龙、玉碗、爽木、安欣、廉泉、送星(即中国史籍中的"宋星")、务农、怀远铜厂,昆铭铅厂等[1]。事实上,后黎朝对清朝矿工人数的限制并未取得成效,因为至清乾隆年间,安南北部矿场"一厂佣夫至以万计",矿商和矿工多来自广东潮州、韶州[2]。

为了维持桂西南边境地区的秩序,清对广东、湖广籍矿工越境采矿的行为开始严加管控。雍正二年(1724)广西提督韩良辅在《奏恭进国界关隘地图并陈边境情形折》中说:"若下雷、思陵、湖润诸土属,则村落相望,并无隘口可守矣。……臣留心细查,其安南之人被发跣足,服制不同,从不敢阑入粤境。若楚、粤贫民,向日多有兴贩货物及潜出偷挖安南山矿。臣闻知,即会同督臣、镇臣严行禁止,不许各土司纵放一人出隘。"[3]虽然韩良辅等两广地方大员对湖广等地的商贩、矿徒偷越国境之事严加禁止,但是效果似乎并不理想,因为雍正九年(1731)广西提督张应宗仍在奏请朝廷严行稽查、盘阻湖广矿徒潜往安南。张应宗奏称:"查得矿徒之多,未有过于湖广衡州、永州二府民人,每年八九月间收获已毕,即相约由广西所属之全州、桂林、柳州、宾州、南宁等处零星陆续潜往。将近交趾地方,凡安设营汛处所,不敢经过,于偏僻小路无人烟处结队成群,或三五十人、八九十人前往出口,次年三四月间仍结队而归,亦有流落外国不归之人。"[4]张应宗的奏折无疑反映了雍正年间湖广衡州府、永州府的农民在秋收后成群结队前往交趾采矿挣钱的事。

另一方面,自宋代以来,中国、安南商人之间就存在较为密切的经贸往来,既包括在边境进行互市贸易,也包括中国商人进入安南境内经商和安南大米运销廉州府等地。宋代主要在邕州永平寨(今宁明爱店)和钦州博易场与交趾人进行互市,其中永平寨"交人日以名香、犀、象、金、银、盐、钱与吾商易绫、绵、罗、布而去",钦州博易场在城外江东驿,交趾人所赍乃金、银、铜、钱、沉香、光

---

[1] [越]潘清简:《钦定越史通鉴纲目》正编卷35。
[2] [越]潘清简:《钦定越史通鉴纲目》正编卷44。
[3] 中国第一历史档案馆编:《雍正朝汉文朱批奏折汇编》第3册,江苏古籍出版社1991年,第443页。
[4] 中国第一历史档案馆编:《雍正朝汉文朱批奏折汇编》第20册,第414页。

香、熟香、生香、真珠、象齿、犀角,与中国商人交易纸、笔、米、布、锦、生药等〔1〕。清代北部湾沿岸的钦廉地区与安南海陆相接,成为中国商人特别是广东商人前往安南经商的便捷通道。其中钦州是北部湾沿岸的商业重镇和中国商人前往安南经商的必经之地。嘉庆年间陆屋圩保存的一块《赵孝子墓碑记》〔2〕,揭开了清初浙江商人经由钦州到安南经商的冰山一角。康熙三十五年(1696),安南后黎朝鉴于来自清朝的商人甚多,担心对安南人的语言、服饰等产生负面影响,严格要求清朝商人遵守安南习俗。据越南人潘清简所载:"北商往来日久,国人亦有效之者。……诸北商来寓,无有知识人经引,不得擅入都城。沿边之民,亦不得效其声音、衣服,违者罪之。"〔3〕这里的"北商",主要是指来自广东的商人。乾隆五十五年(1790),安南国王阮光平请求开关通市,得到清廷的允准。乾隆五十六年(1791),开通了经由平而、水口、由村隘三地至安南的贸易通道。按照程序,从平而、水口关出境者,由龙州通判查验印照;从由村隘出境者,由宁明州知州查验印照,再到明江厅同知处换领腰牌〔4〕。安南境内也设立了相应的互市场所。据乾隆五十八年(1793)署两广总督郭世勋奏称,从平而、水口关出境的商人,在安南高平镇牧马圩进行贸易;从由村隘出境的商人,在谅山镇驱驴圩立市〔5〕。

清代安南(交趾)是重要的大米产地,而毗邻的广东境内却成为缺粮之区,于是安南大米不断运销至廉州、广州等府。乾隆年间,廉州知府周硕勋向两广总督杨应琚禀称:"廉州边海僻壤,田少山多,贫民每苦艰食,向赖江坪夷米接济。近闻安南国产米颇多,可以贩运内地,但愚昧商人不知海关论载科征之例,以致退阻。伏请明示条例,酌定科则,俾商民咸知遵守,踊跃运济,实于地方民食有益等语。"〔6〕可见安南大米对解决廉州府贫民生计的作用。道光四年(1824),两广总督阮元甚至奏请朝廷对进口的安南洋米免征关税,以接济广东民食,而米船返程时载货出口安南,仍需照例纳税,于是"商船、番舶源源而来,三十年民食不匮,此诚万世永赖善政"〔7〕。

由此可见,自宋代以来,岭南人民与安南民众之间已经建立了较为紧密的

---

〔1〕(宋)周去非:《岭外代答》卷5《财计门》。
〔2〕嘉庆《灵山县志》卷5《疆域志·祠宇》,岭南美术出版社2009年,第87页。
〔3〕[越]潘清简:《钦定越史通鉴纲目》正编卷34。
〔4〕《大清会典事例》卷239。
〔5〕《清史稿》卷527《属国二·越南》。
〔6〕乾隆《廉州府志》卷20《艺文下》引(清)杨应琚《夷米钞规》。
〔7〕(清)颜嵩年:《越台杂记》卷2,《清代广东笔记五种》,广东人民出版社2015年,第481页。

经济、文化联系,他们既不自视为边远蛮荒之民,也不将安南之人视为域外异端,这一视角无疑与中原王朝统治者的视角存在较大不同。

总之,在历代王朝国家的视野中,广西边疆往往意味着自然环境较为恶劣的边远之地,位于天之涯、海之角,具有异质性地域文化特征,并通过马援铜柱、马援铜鼓、天涯亭、海角亭、鼻饮、火葬等具有显著文化意义的事象来进行界定。为了维持对该地区的统治,中央王朝不得不采取较为特殊的行政治理措施。同时,王朝的制度也在渐进式地渗透到广西边疆,反映出广西边疆意象"多元一体性"的特征。但在岭南地方的视野下,广西边民对自身和对与安南交往的认识,显然不同于中原王朝士大夫对广西边疆地域形象的认知与描绘,集中体现了"我者"与"他者"视角的差异。在广西边民以"我者"为中心的视角中,自身有着独特的族群文化,该文化与安南乃至中南半岛北部地区的文化具有相似之处,形成了一个文化带或文化圈,而且具有相同文化特征的边民之间交往频繁,缺少国家和边界的观念。可见自宋代以来岭南人民与安南民众之间已经建立了较为紧密的经济、文化联系,他们既不自视为边远蛮荒之民,也不将安南之人视为域外异端,这一视角无疑与中原王朝统治者的视角存在较大不同,体现出在不同视角下广西边疆意象的多重面相。

"插花地"的命运：以章练塘镇为中心的考察

吴 滔

近年来，有关历史时期插花地的研究越来越受到历史地理学者的关注[1]。"插花地"又称"扣地""嵌地"等，从性质上说，类似于现代社会中的"飞地"。所谓"飞地"，主要是针对国与国之间领土结构而言的，特指一国位于其他国家境内或被其他国家领土所隔开而不与本国主体相毗邻的一部分领土。郭声波将之引申到中国古代政区研究之中，提出"飞地行政区"的概念，从而为"飞地"和中国历史上的"插花地"之间的古今对话提供了一种可能的途径[2]。胡林翼在安顺知府任内曾根据贵州省的实际情况，将晚清该省插花地纷繁复杂的情形归纳为三大类："如府厅州县治所在此，而所辖壤土乃隔越他界，或百里而遥，或数百里之外，即古所谓华离之地也；又如二壤本属一邑，中间为他境参错，仅有一线相连，即古所谓犬牙之地也；又如一线之地插入他境，既断而复续，已续而又绝，绵绵延延至百十里之遥，即古所谓瓯脱之地也。"[3]其中，华离之地和瓯脱之地与"飞地行政区"性质相若，而犬牙之地仅指两个或两个以上政区边界的相互交错，并不游离于其中任一政区的主体之外。由此可见，传统社会中的插花地与从西方语境衍化来的"飞地"相比，情况更为复杂，外延亦更加广阔。

插花地形成的原因及其性质，是目前学界讨论最主要的热点。杨斌注意

---

[1] 史念海：《战国时期的"插花地"》，氏著：《河山集·七集》，陕西师范大学出版社1999年；杨斌：《历史时期西南"插花"初探》，《西南师范大学学报(哲学社会科学版)》1999年第1期；傅辉：《河南插花地个案研究(1368—1935)》，《历史地理》第19辑，上海人民出版社2003年；覃影：《边缘地带的"双城记"——清代叙永厅治的双城形态研究》，《西南民族大学学报(人文社科版)》2009年第6期。

[2] 郭声波：《飞地行政区的历史回顾与现实实践的探讨》，《江汉论坛》2006年第1期。

[3] 民国《贵州通志》卷21《前事志》。

到改土归流和卫所设立对明清西南地区插花地形成所起的巨大作用[1],傅辉则将河南历史上插花地的形成归结于屯垦政策、卫所制度、藩王赡地及寄庄等现象[2]。出于获取更为"准确"的耕地面积数据的意图,傅辉还将"县辖耕地"譬如寄庄地等均算作插花地,虽然极大地扩充了插花地的内涵,但也将很多与政区统辖无关的田土混杂在内[3]。对此,冯贤亮清醒地认识到,传统社会中的嵌田错壤和现代以来通称的"插花地"(即"飞地")之间不容混淆,具体说来,后者的户口与赋税都多与插入地无关,仍然由所属政区直接管辖;而前者的户口和赋税管理基本上是由两个或两个以上地方政府兼摄,或者户口归所属政区管理,但赋税由嵌入地负责,或者赋税由所属政区管理,但户口由嵌入地负责[4]。然而,如果我们将"插花地"(或"飞地")形成、定型乃至撤销视作一个相对完整的过程,那么,户口和赋税的管理或许就不再成为制约政区归属的"刻板"因素,换言之,在不同的阶段,它们会表现出一定程度的"弹性"。特别在插花地成型之初或者撤销之时,户口和赋税管理的不确定性往往表现得甚为突出。为了更好地展示插花地行政区的历史演变轨迹,本文拟以位于江南地区的章练塘镇为例,立足于沿革地理、地名学等视角,考察其形成直至撤销的全过程,进而揭示插花地区域在清末民初江南市镇区域构建中所面临的特别处境,在具体的历史情境中深刻理解中国传统地域社会中的"插花地"现象。

一、插花地溯源

位于苏州府、松江府和嘉兴府交界之处的章练塘,在明清两代,由隶属苏州府的长洲县(雍正二年改属元和县)二十八都的十一个图和吴江县二十九都的两个图[5]构成,"四面皆水,前通五邑"[6],东、南、北三面被隶属松江府青浦县的四十一保所包裹,西面与嘉兴府嘉善县相邻,是江南地区最为著名的一块插花地,在形制上与"飞地"行政区的标准基本吻合。20世纪初叶,围绕这

---

[1] 杨斌:《历史时期西南"插花"初探》。
[2] 傅辉:《河南插花地个案研究(1368—1935)》。
[3] 傅辉:《插花地对土地数据的影响及处理方法》,《中国社会经济史研究》2004年第2期。
[4] 冯贤亮:《疆界错壤:清代"苏南"地方的行政地理及其整合》,《江苏社会科学》2005年第4期。
[5] 按:还有另一种说法,吴江县除二十九都的两个图外,十二都副七图也在此范围内,具体情况详后文。
[6] 光绪《颜安小志》卷12《杂记》。

块插花地的归属曾爆发了一场颇具规模的争端,最终以全域改属青浦县才得以收场。

对于这块插花地在历史时期是如何形成的以及形成于何时,目前尚没有发现相对直接的材料。然而,如果我们立足于政区演变和区域开发的视角,或可寻绎出些许有价值的线索。

章练塘位于太湖水系的淀泖地区,"虽不滨江湖,而四面皆水。薛淀、莲湖诸荡绕其北,三泖环其东,大蒸塘注其南,西亦汊港纷歧,淼然水乡,四通八达"[1]。薛淀即目前青浦境内最大的湖泊淀山湖;三泖,亦称"华亭水",上承淀山湖,下流合黄浦入海,古有上、中、下之分[2],另有团泖、大泖、长泖之称,[3]故名。根据文献记载,历史上淀泖地区的水面曾经历了一个由大变小的过程,北宋初年,"淀湖周回几二百里"[4],三泖亦颇宽阔,"泖之狭者,犹且八十丈"。[5]自北宋末年始,这一带的水面遭遇到几近疯狂的围垦,"数十年来,湖围为田,大半豪右之家,旱则独据上流,沿湖之田无所灌溉,水则无所通泄,沿湖被淹民田,无虑数千顷,反为不耕之地"[6],所围的湖田大多分布在九峰以北、淀山以南,即后来所谓"青浦所称'湖田五十保'者"[7]。南宋淳熙年间,淀山湖又"被人户妄作沙涂,经官佃买,修筑岸塍,围裹成田,计二万余亩"。[8]这使湖面大幅度萎缩。原本湖心有一塔寺,随着湖面日益淤淀,"其寺已在湖岸之上",到了元代,情况非但没有好转,"湖岸又复开拓于六七里之外矣"。[9]围垦的结果是,大量新涨的田土不断涌现。起初,这些田地被势家富户所占,后来又被充作"官田",这恐怕与景定间贾似道实施公田法有关。元人后来回忆道:"所占湖田是宋系官田地,宋亡之后,富户据之。"[10]明代农书《农田余话》曾透露了曹氏家族在这一过程中围占淀山湖的一些细节:

---

[1] 民国《章练小志》卷1《水道》。
[2] 朱文长:《吴郡图经续记》卷中《水》。
[3] 绍熙《云间志》卷中《水》。
[4] 绍熙《云间志》卷中《水》。
[5] 朱文长:《吴郡图经续记》卷中《水》。
[6] 《卫泾与提举赵霖言水利书》,正德《松江府志》卷3《水中》。
[7] 万历《长水泖塔记》卷1《纪事·谷水纪》。
[8] 《宋会要辑稿》卷11109《食货》61之129,第6册,中华书局1997年,第5938页。
[9] 《都水书吏吴执中言水势》,康熙《青浦县志》卷5《水利中·条议》。
[10] 崇祯《松江府志》卷18《水利三》。

> 海隅曹宣慰,其先起农家至富强。……曹宣慰父,知县,前宋福王府管庄田人也。至宣慰日益盛大。时淀山湖为潮沙漂塞大半,曹氏占为湖田九十三围,凡数万亩。相传其仓中米囤凡十二行,每行十百十二枚,又一所少差,亦十二行,行入八十四枚,积粟百万,豪横甲一方,郡邑官又为之驱使。[1]

像曹氏这样的权豪势要占田而不治水,虽然在灾荒年份里其田产收成或许会遭受一些损失,但凭借着将历年收取的租谷囤积居奇,仍可在市场交易中获取利益,[2]州县政府对之竟毫无办法。在这种情势之下,即使进行局部的水利修葺,也是相当困难之事,立足于太湖以东全局的治水营田更是无从谈起。尤为严重的是,新围垦出来田土的产权多属悬而未决。"河道田围,虽常修理,沿河上下,彼疆此界,州县不相统属,围内田土,别管佃户,民官不能勾摄,人力不齐,事功难就。"[3]直到大德年间,专设浙西都水庸田使司,总行督责疏浚河道,官府通过确认富户占垦湖荡围田的既有产权,对之课以一定额度的水利修理费,"收粮米还官,为挑支河用"[4],局面才得以改观。长洲县的二十八都和吴江县二十九都的部分图很可能就是在这一背景之下飞插入青浦县的前身华亭县的四十一保的。

在水面不断萎缩的宋元时代,"彼疆此界,州县不相统属",成为理解这一问题的关键所在。按照元代水利专家任仁发的描述:"浙西之地低于天下,而苏湖又低于浙西,淀山湖尤低于苏州,此低之最低者也"[5]。在人为因素和自然因素的共同作用下,号称地势最低的淀山湖一带水面迅速成陆。水面本不在官方贡赋系统的统计范围之内,一旦成陆以后,官府为求赋税和水利经费,总是力图将之纳入经界范围。元初江南田制,以"围"为基本单位,延祐四年(1317)以后,行经理之法,"悉以上、中、下三等入则,计亩起课"[6],宋元时代很多围占田土自此开始融入地方经野体系之中。前述曹氏家族在淀山湖围占湖田93围合数万亩即是体现。这种统计口径的细微变化,从一个侧面反映

---

[1] 长谷真逸:《农田余话》卷上。
[2] 谢湜:《高乡与低乡:11—16世纪太湖以东的区域结构变迁》,复旦大学2009年博士学位论文,第102页。
[3] 任仁发:《水利集》卷1《江浙行省添力提调》(大德二年三月)。
[4] 乾隆《青浦县志》卷6《水利下·治绩》。
[5] 任仁发:《水利集》卷2《水利问答》。
[6] 正德《姑苏志》卷15《田赋·田地》。

出江南农田"干田化"的趋势。而大德间设立浙西都水庸田使司,将"彼疆此界,州县不相统属"的局面加以整饬,乃是这一趋势中必不可少的环节之一。

然而,令人有些费解的是,宋元文献中首次记载章练塘这一地名的,既不出自平江路,也不出自松江府,而是出自嘉兴路。至元《嘉禾志》卷5《陂塘》载:

> 章恋塘,在〔嘉兴〕县东北七十里,东通长泖,有章姓世居此,故名。

无论从位置上还是读音上看,这里的"章恋塘"即是"章练塘"无疑。考虑到嘉兴路在元代是松江府上一级行政单位的因素,这样的表达似乎并不离谱,但将章恋塘列在嘉兴县名目之下,而不是华亭县下,多少体现出一些壤地插花的意味。那么,我们如何理解章练塘与吴江、长洲二州县之间的瓜葛呢?吴江设县始于五代。后梁开平三年(909),吴越王钱镠奏割吴县松陵镇置吴江县[1],同时,"分嘉兴之北境与焉"[2]。所谓嘉兴北境,概指吴江南境特别是平望以南的部分区域,章练塘地处吴江东南,从嘉兴分划出来给吴江的可能是存在的。而按照崇祯《吴江县志》的说法:"〔吴江县〕初设,王江泾以东至汾湖沿北至黎泾(今思贤乡),俱属本县,宋太宗纳钱氏地,割属嘉兴县"[3],虽然这一说法的可信度尚不确定,但直至清初,吴江县依然保持着"田分其三,盖水已居其六也"[4],也就是水面占主导的地理环境,且水陆面积仍处于不断变化的动态之中[5]。试想在这样的环境里,试图对田土疆界作相对精确的分划,其难度是相当大的。所以,在吴江立县之后相当长的一段时间里,与嘉兴县之间随着水陆环境的变迁作一些疆界上的微调也并非没有可能。而章练塘在20世纪初叶"自西区与浙省嘉善县交界"[6]则可作为一个旁证,因为嘉善县乃是宣德四年(1429)从嘉兴县东北境分出的。从地理沿革的角度,章练塘地域中属于吴江二十九都的部分与嘉善县直接接壤,或有可能是宋初吴江、嘉兴两县疆界犬牙相入的产物,北宋末开始的淀泖地区大规模的围垦,极大地改变了吴江、嘉兴、华亭三县交界之处的水环境。明初嘉善县的设立,彻底将章

---

[1] 弘治《吴江县志》卷2《沿革》。
[2] 弘治《嘉兴府志》卷1《沿革考证》。
[3] 崇祯《吴江县志》卷1《疆里》,清初抄本。
[4] 康熙《续吴江县志·董尔基序》。
[5] 据民国《章练小志》卷1《水道》:道光大水以后,章练塘附近水面淤塞越来越严重,"河水之势日弱,海潮之势日强,以致潮沙积滞,昔之汪洋一片者,今则皆成滩荡圩田"。
[6] 光绪《颜安小志》卷1《界域》。

练塘所在的吴江东南境和嘉兴东北境犬牙交错的格局打破。而至元《嘉禾志》中对于"章恋塘"的记载,恰好表达出章练塘曾经一度与嘉兴县接境的历史事实。光绪《颜安小志》卷1《界域》中有一段文字暗藏着些许玄机：

> 〔吴江县〕二十九都领图三十三,芦墟、莘塔及汾湖左右均是,章练塘祇正扇三十图,副扇七图。按《鱼鳞册》,副七图系属十二都,查苏《府志》,吴江县四乡管都十四,通无十二都,惟震泽县澄源上乡有十二都,领图五,亦并无七图。册籍不符,莫明其故。

既然遍查吴江县境内的都图,均没有发现十二都七图,如果尝试从邻近的嘉兴县或者嘉善县疆土中寻踪,是否会有意想不到的收获呢？考虑到年代久远及基层区划调整等原因,这么做的可行性颇不确定,但考虑到宋元时期吴江县和嘉兴县之间犬牙交错的关系,与其从青浦县的角度去追寻插花地中吴江县的都图是如何形成的,不如从嘉善县的角度来加以理解,或不失为一条可供选择的路径。

至于长洲县,并非青浦的邻县,中间还隔着昆山县,它为何会有疆土飞嵌入松江府境呢？这首先得从青浦县的前身之一华亭县说起。华亭县设立于唐天宝十载(751),唐宋地理总志对于其从何县分置,说法不一。《太平寰宇记》称："华亭县,本嘉兴县地"[1]；《舆地广记》则曰："华亭县,本昆山县地"[2]；而《元和郡县图志》说得最全面："华亭县,天宝十年,吴郡太守赵居贞奏割昆山、嘉兴、海盐三县置。"[3]这三种说法均未提及长洲县,似乎华亭立县与长洲无涉。然而,洪武《苏州府志》中介绍长洲县时,透露出"华亭亦此县割出"的信息[4],正德《姑苏志》卷7《沿革》与正德《华亭县志》卷1《沿革》因循此说。如果该说法属实,长洲县第二十八都飞插入青浦前身华亭县的可操作性无疑变得明朗了很多。成书于北宋的《吴地记后集》,总共记载了长洲县一十九个都,并无第二十八都之说,但十九个都中已有与章练塘直接相关的"东吴""东吴下乡"等名目[5]。洪武《苏州府志》将"东吴下乡"对应于"下颜安里",另有

---

[1]《太平寰宇记》卷95《江南东道七·秀州》,中华书局2007年,第1915页。
[2]《舆地广记》卷23《两浙路下》,四川大学出版社2003年,第670页。
[3]《元和郡县图志》卷25《江南道一》,中华书局2005年,第602页。
[4] 洪武《苏州府志》卷1《沿革》。
[5]（宋）佚名：《吴地记后集》,载（唐）陆广微：《吴地记》,江苏古籍出版社,1999年,第115、116页。

"东吴上乡"对应于"上颜安里"[1]。东吴上乡在苏州城内,而"东吴下乡颜安里,在〔长洲〕县东南,管都二:二十八,二十九附郭"[2],其中的二十八都即是长洲境范围内章练塘的辖地。第二十八都从无到有,发生在北宋至明前期,这段时间恰好与淀泖地区大规模的围垦相始终。章练塘(或者"章恋塘")本古时一陂塘,是从水利工程名称衍化而来的。修筑塘路乃围湖垦田过程中必不可少的一个步骤,沮洳之地由此可垦为农田。从章练塘的得名,我们或可窥见其与淀泖水系围垦密不可分的一些迹象。而围垦淀泖水系,又使经界并不明确的淤涨新区极易滋生出促成所谓"彼疆此界,州县不相统属"的壤地插花或疆界犬牙相错的复杂情况。在明清两代,章练塘的水源一直被认作是"源出陈湖,东流入泖"[3],陈湖位于长洲和昆山交界处周庄陈墓间,白蚬江以西,与章练塘相距有四十里之遥,"中间隔越湖荡甚多,不知当时奚所据云"[4],这或许是从"瓯脱"的角度表达章练塘归属的一种特殊方式吧。另外,正德《姑苏志》透露出长洲县东吴下乡颜安里由二十八都和附郭的二十九都所构成,则颜安里下辖的两个都间距达一百余里之远。这或可视作县级以下乡里的壤地插花现象,从某种程度上说,县级及县级以上政区插花正是以乡里的插花为基础的。长洲县的二十八都对于颜安里一直有着较为强烈的认同感,目前存世的第一部章练塘的志书称作《颜安小志》,即得名于"颜安里"。

以往的政区研究,多注力于县级以上政区的沿革,对于县级以下行政单位如乡、都、区等的归属极少涉及。上文根据政区调整和区域开发的有限材料,推测章练塘插花区域的形成过程,只能算是一个初步的尝试。但无论如何,探寻插花地形成的历史渊源,或许对于推进县级以下政区的研究更加具有实践层面的意义。正因为壤地插花,才使得某一区域的幅员变得相对清晰且易于把握。

二、章练塘之命名

按照至元《嘉禾志》的说法,章练塘得名于陂塘水利,并与章姓聚居于此有关。然而,到了明末清初,章练塘由村落发展成为市镇,"章姓聚居陂塘"说被

---

[1] 洪武《苏州府志》卷3《乡都》。
[2] 正德《姑苏志》卷18《乡都·市镇村附》。
[3] 正德《松江府志》卷2《水上》。
[4] 民国《章练小志》卷1《水道》。

废弃,一个更为流行的版本逐渐占据了上风。

章练塘在明中前期还是一个村落,万历以前各个版本的长洲县志和吴江县志分别将之归在二十八都和二十九都的村落名目之下[1]。嘉靖《吴江县志》甚至注意到章练塘壤地插花的状况:

> 庄练塘,去县治东南八十里,属二十九都,奠华亭界,内西受南阳港、叶舍荡水华亭界,东流入三泖湖,其南为长浜嘉善界,北为葫芦兜华亭界,内有周泾港、叶舍港。[2]

为了强调章练塘与吴江县之间的紧密关系,此处有些刻意地提到了"南阳港"。南阳港之所以重要,是因其"西承汾湖之水,东流入庄练塘"[3]。这种表达方式显然是为了突出章练塘与吴江境内的汾湖之间的关联,与上文所述章练塘源于长洲境内的"陈湖"的说法有着类似的意图,即通过水道相连巧妙地将瓯脱之地引入县境主体。在这种意识影响之下,很多吴江人已充分认识到该县"东稍北尽境为章练塘"[4],甚至细致到"吴江之极东为庄练塘西栅,去县治八十里,与青浦县接界,金泽尚在庄练塘之西,去吴江仅六十余里,非尽境也"的程度[5]。

万历朝前后,章练塘逐步由村落演变为市镇,[6]崇祯间,已发展成有居民数千户的大镇,有关其起源的故事也随之有了相应的改编:

> 章练塘镇,在东二十九都,县治东九十里。吴孙权造战舰于青龙镇,于此张纛练水军,后人误张为章。地方二三里,百货交集,属长洲、华亭者多,吴江不下千家,贸易亦盛,花布居多。[7]

崇祯《吴江县志》这条材料可谓是关于章练塘镇最早且最详细的记录。寥寥数句,不仅概括了镇域范围,而且揭示出三县交错地市场繁荣的景象,并从中可见章练塘镇所经营的主业为棉花业和棉布业。材料只提到"华亭"而不提"青浦",说明它的史源或有可能出自万历元年(1573)青浦从华亭、上海分置建

---

[1] 正德《姑苏志》卷18《乡都·市镇村附》,隆庆《长洲县志》卷12《乡都·市镇村附》,弘治《吴江县志》卷2《乡都》,嘉靖《吴江县志》卷1《地理志·沿革疆域》。
[2] 嘉靖《吴江县志》卷3《地理志三·山水下》。
[3] 弘治《吴江县志》卷2《山川》。
[4] 崇祯《吴江县志》卷1《疆里》。
[5] 乾隆《吴江县志》卷1《疆土·界域》。
[6] 按:万历《长洲县志》卷12《乡都·市镇村附》仍将章练塘视作村落。
[7] 崇祯《吴江县志》卷2《市镇》。

县之前,而将章练塘的得名解释为源自孙权张纛练水军,无疑加强了地名的历史深度。明中叶以后,江南地区的商业市镇大量涌现,这些市镇大多与章练塘一样脱胎于村庄,在形式上已经有别于一般村落,从而极大地改变了传统乡村的聚落结构。与此相应,各个新兴的市镇纷纷卷入到加工自身历史的行列中,在重新书写和诠释市镇历史的过程中,越来越多的信息被"层累"进来[1]。章练塘镇也不例外。有关镇之得名,除了孙权练水军说以外,还出现了章练夫人捨宅为寺说。章练夫人捨宅的故事最早出自明天启间陈仁锡所作《重建天光寺记》:

> 盖自□□□时,有章练夫人捨宅为寺,题曰"天光"。从虚立宇,凭空起像,启常明灯之基,树万载顶礼之根,《大统志》中开载来由甚详悉也。延宋端平间,佛殿垂剥,寺僧赀钵,寂寥莫能更新。赖有一时长者大行布施,重庄严之。又延至本朝天启甲子(1624),虽多高藤伟木虬枝龙幹以征古色,然庙貌日圮,栋楹几折,寺中住持则解如也,其徒则优昙公也,俱不无攒眉莫措之虑。而忽焉有应元章君者,小号心田,发心布捨。既置田十亩以助灯香,又捐金百两,以资改创,使解如得因机,广募大成胜举,而殿中诸佛不至与鸟鼠争席,非章君之力而谁其功德,殆与章练氏相上下欤?诚心感召,万无不成,龙树马鸣,必预设章君之座矣。谨记之碑,以序其事。

文中虽未直接挑明章练夫人和章练塘得名之间的关系,却塑造了章练夫人这一形象,这显然与章练塘地名的正规化有关。之前"章恋塘"或者"庄练塘"这类地名,还停留在读音近似一旦进入书面就易引发歧义的阶段。崇祯《吴江县志》中有一首据称是明代初年夏元吉所作的诗歌曰:

> 塘名章练起何时,试问村翁尽不知。画舫乘风槌鼓击,落花飞絮漫相随。[2]

尽管后人对这首诗的断代以及作者的真伪表示了置疑,但可以肯定的是,在由村成镇之前,章练塘的历史几近一片空白,当为不争之事实。明季成镇之后,涌现出一些与地名来源有关的故事,赋予原本"空洞"的地名以新的文化涵

---

[1] 吴滔:《在田野中阅读江南乡镇志》,王铭铭主编:《中国人类学评论》第12辑,世界图书出版公司2009年。

[2] 崇祯《吴江县志》卷2《市镇》。

义,或可认为是整理新创市镇历史的最初尝试。不可否认的是,每一个故事的版本都有其存在的理由,"章练夫人捨宅"说也不例外。《重建天光寺记》中,天启间捐助天元寺的善士章应元或是理解这一问题的关键所在。实际上,章练夫人的履历,并不出自章练塘本土,而是出自福建建州浦城。章练夫人在宋元时代已经成为名人,据说她是五代十国闽王王审知手下大将章仔钧的夫人,因曾经义释南唐二将使建州百姓免遭屠城[1],传说由于练夫人的义举感动了上苍,她生了十五个儿子,皆显贵,章氏"子孙累世官,人以为活人之报"。[2]于是有天下章姓皆出于浦城之说,各地都有很多章姓子孙统谱于章仔钧及练氏夫人的故事,并尊浦城为祖地。清康熙四十五年(1706)浙江绍兴章氏裔孙武昌知府章培基写的《会稽俙山重修会谱序》称:"吾族之会谱也,与他族异,如二十五张、二十王之类,欲牵而合之无不假借附会之病。若吾章氏之分迁江、浙诸省,皆原本闽省建宁之浦城也。源流秩叙,虽妇人孺子亦皆知为太傅公、练夫人之后。"[3]练夫人的故事显然有后人建构的成分,但其在明清时期流传之广泛由此可见。与章练塘毗邻的章堰镇,有娄县人章士荃(光绪十六年进士,吏部文选司),"记述先世履历亦甚详",同样奉浦城章氏为祖先。[4]

章练夫人形象的最早传入是否与章应元有直接的关联,已无从考证。不过,章应元出于对自己族姓源流最流行版本的基本了解,托人请陈仁锡撰写碑记时将章练夫人移植到章练塘,为章练塘地名之由来增添一个更为合理的解释,并非没有可能。章练夫人从此摇身一变,成为章练塘人,章练塘的来源于是有了一个更加"完美"的新版本。陈仁锡所撰碑记在其中所起作用绝不容小视。后人所谓"章练氏之宅居此间,虽志传无征,顾天光寺前之石碣,捨宅为寺之纪载,天启甲子立碑之岁月,翰林学士陈仁锡之撰述,则章章明甚",可作为明证。[5]其后,一些与此相关的资源也纷纷被拉进这个系统中来。章练明王庙即是一例,该庙"在元界二十八都九图充字圩,为本境土地神。相传姓章名仔钧,夫人练氏旧居此里,后仕闽,乃家焉,旧宅遂捨为天光寺"。[6]庙本不在镇中,而是在镇东泖口村,供奉社主章公。章公之来历原不甚了了,惟"生

---

[1] 其事迹参见(元)叶留:《为政善报事类》卷4(清嘉庆宛委别藏刻本)、嘉靖《建宁府志》卷21《杂纪》等文献。
[2] 嘉靖《建宁府志》卷21《杂纪》。
[3] 章耀、章以成等辑:《俙山章氏家谱》卷1《谱序》,民国十七年木活字印本。
[4] 万以增:《记章公及练夫人事》,民国《章练小志》卷8《集文》。
[5] 万以增:《记章公及练夫人事》,民国《章练小志》卷8《集文》。
[6] 光绪《颜安小志》卷5《祠庙》。

前有德,于是乡故乡人立庙以祀之"而已〔1〕,也有人说章练明王乃唐太宗子曹王李明,即苏州府城隍,"故概称曹明大王,近苏各处多有庙"〔2〕,章练明王一旦与练夫人扯上关系,很快就造就了一个双赢的局势,使得"自章公及练夫人宅居于此,吾镇因以得名"〔3〕的传说更加深入人心。有关练夫人的故事随之不断层累,甚有里乡先辈相传谓:"夫人之枢,埋于泖口村章练明王庙神座之下,或言天光寺西之章家埭村,昔有夫人之墓"〔4〕。光绪间元和知县李超琼对此表示出深深的怀疑:

> 章练塘者,吾元和所治镇。旧闻有章公暨练夫人里其野,遂以名塘。然縣古芒昧,率望文生训。〔5〕

以李超琼的见闻识断,是可以轻易地找到章练夫人的破绽的,但他却没有直接点明,而是讳莫如深,显然是出于对请他求碑记的章练塘地方人士的起码的尊重。

以上,从地名学的角度,我们似乎可以较为清晰地梳理出一条章练塘从筑堤围垦到渐成聚落直至演化为市镇的历史全过程,明末以降,孙权张爁练水军和章练夫人舍宅为寺等故事的相继出炉,既体现出地名文化涵义创作的尝试,也成为书写章练塘地方历史的开端之一。

三、东市与西市

章练塘成镇以后,因壤地插花,镇域相应地被分割成两个部分:东市和西市,东市属长洲县(雍正二年后属元和县),西市属吴江县:

> 东市,属元和县东吴下乡颜安里二十八都,上塘系六图饭上段圩,下塘李华港西五图西北绛圩,港东六图东北绛上段圩,去县东南一百二十里。

> 西市,属吴江县久咏乡二十九都,上塘系正扇三十图,下塘系副扇七

---

〔1〕 万以增:《记章公及练夫人事》,民国《章练小志》卷8《集文》。
〔2〕 万以增:《记章公及练夫人事》,民国《章练小志》卷8《集文》。
〔3〕 万以增:《记章公及练夫人事》,民国《章练小志》卷8《集文》。
〔4〕 民国《章练续志》卷4《烈女》。
〔5〕 李超琼:《颜安书院记》,光绪《颜安小志》卷4《公建》。

图,去县东南八十里。[1]

东市和西市"以上塘界桥、下塘界弄为限"[2]。据前引崇祯《吴江县志》,明末章练塘已相当繁盛,其中在长洲境内占地尤多,"镇大属长洲"[3],吴江境内亦有千户之多,虽地方总共不过二三里,但已有壤地分界,吴江县的志书对此多有记载。康熙《吴江县志》谓:章练塘"与松之青浦县及长洲县共壤"[4]。乾隆间,章练塘的规模进一步扩大,乾隆《吴江县志》称:"庄练塘镇,在二十九都,去县治东九十里,与长洲、青浦合,辖民居稠密,百货具备,其居吴江者今几千家。"光绪《吴江县志》也沿袭了这一传统:"章练塘为松泖之间一完土也,为吴江极东境,与青浦、元和分隶。"[5]

令人有些奇怪的是,长洲和元和的地方志,竟接连漏载章练塘镇的相关记录,这显然与该县在章练塘占据大多数疆土的地位不相匹配。康熙《长洲县志》卷8《市镇》丝毫没有出现章练塘的名字,乾隆《元和县志》卷2《疆域·乡里都图》虽提及章练塘镇,但只是寥寥数个字而已,且运用的是与贡赋系统有关的"乡都区图"的话语进行表达,将章练塘镇区系于元和县二十八都正扇六图和副扇五图,并没有把镇区里的吴江部分计算在内。出于嵌入地的尴尬地位,青浦县志对于章练塘镇更是不加重视,康熙志中只简单地称章练塘镇"在泖西"[6],乾隆志干脆没有记录有关章练塘镇的任何信息,光绪志虽增加了不少关于章练塘镇的信息:"章练塘镇,在四十一保,县治西南三十六里,地居泖西,镇有刘姓,善酿酒,颇为时所尚,道光间,设元江青巡司于此",[7]但却同时宣称:"章练塘,西受汾湖,北受叶厍荡,东达于泖,地界吴江、元和之间,非县境也。"[8]如此微妙的记录方式,多少与章练塘壤地插花的特殊位置有关。尽管如此,章练塘存世的第一部志书光绪《颜安小志》毫不犹豫地将镇域定位于苏州府城东南一百二十里,显示出对于苏州府附郭县之一元和县的强烈认同[9]。

---

[1] 光绪《颜安小志》卷2《镇市》。
[2] 民国《章练小志》卷1《镇市》。
[3] 崇祯《吴江县志》卷4《江湖》。
[4] 康熙《吴江县志》卷3《疆域》。
[5] 光绪《吴江县续志》卷38《杂志》。
[6] 康熙《青浦县志》卷2《市镇》。
[7] 光绪《青浦县志》卷1《疆域下·镇市》。
[8] 光绪《青浦县志》卷4《山川·水》。
[9] 光绪《颜安小志》卷1《界域》。

至光绪朝,章练塘已发展成"东西广九里,南北袤六里"的大镇[1],米业已取代棉业,成为该镇货物交易之大宗:

> 镇市民居稠密,百货俱备,水栅东西北各一,南二。镇东太平桥左右为米市,上海米舶及杭、湖、常熟之来购米者多泊焉。镇东新街至轿子湾,西界桥至湾塘,每早市乡人咸集,舟楫塞港,街道摩肩,繁盛为一镇之冠。[2]

在市镇形成的过程中,设置水栅常常是标志性事件,在一定程度上体现了街市范围的逐渐固定。章练塘镇东西南北四面均设立了水栅,由此市镇的范围"东西广九里,南北袤六里"的格局得以确立。虽则如此,水栅之内的街市并非一开始就是均质分布的,"相传章练塘镇向在〔元和县〕西区二、三、四图间,后市集迁移"[3],才逐渐转移到五、六两图,另有一种说法是,章练塘原"无南北街衢,然东西之亘长约数里不止"[4],略呈"一字型"格局,从中可见章练塘镇内部商业布局在历史上曾经历了较大的改变。如果我们留意各个市镇中水栅设立的时间序列,也许可从空间的角度对市镇兴起和衍化的历史过程有更深刻的理解。

从"成镇"到水栅制度的逐渐确立,章练塘从形式上看起来更像一个整体,然而,由于壤地插花现象的存在,吴江县和长洲县(或者元和县)之间还是具有一定程度上的制度差异的。明代苏州府属差役繁重,"当之者无不破家"。章练塘一带,"吴江界有礼部儒士万麟捐助役田二百六亩,以济各该年、粮长、塘长、扇书等各役之困,而长洲界无有赀助,艰苦万状"[5],这种赋役制度上的轻重不一,一直延续到清末民初,并成为解决插花地难题的症结之一。

清中叶以后,随着章练塘市镇规模的日益扩大,越来越多的公益事业亟需处理。乾隆初年,江苏巡抚徐士林饬知下属各州县力行社仓之法,元和知县黄公奉命在全县加以推广,章练塘镇人金鸿客首先在镇捐谷响应,并亲任社长,在地处元和境内的"中市建立社仓",吴江境则没有另设社仓,后因金鸿客的继任者"倚势勒捐,大户莫不为累","仓房仍鬻为民居矣"[6]。社仓法的夭折,

---

[1] 光绪《颜安小志》卷1《界域》。
[2] 民国《章练小志》卷1《形胜》。
[3] 光绪《颜安小志》卷2《镇市》。
[4] 王会图:《(康熙四十二年)重建朝真桥碑记》,民国《章练续志》卷1《桥梁》。
[5] 光绪《颜安小志》卷12《杂记》。
[6] 光绪《颜安小志》卷12《杂记》。

并没使章练塘镇的公益事业裹足不前,嘉道以后,一些更加富有效率的慈善组织纷纷建立,并出现两境甚至三境合办的趋向。成立于嘉庆元年(1796)的同仁堂,专门"收埋元、江二邑境内暴露并报验路毙",光绪六年(1880)重修的保婴局,由"元、江两邑同人集赀",而光绪十五年(1889)建立的颜安书院,"元、江、青三邑同人各捐赀产"〔1〕。慈善组织的整合乃至良性运作,使章练塘愈发成为一个"整体",而上塘界桥被填为平陆,并"列廛其上"〔2〕,东市和西市的分别尽管依旧存在,但已越来越不那么明显了。前述同仁堂"虽属一方之好善,盖缘两邑之分疆;公田固置于元界,收埋兼事乎吴江"〔3〕。同治年间,太平军和清军在章练塘一带反复拉锯,阖镇绅民为保卫乡里,组织了民团,"设立东西二局,东局归曹一山辈主持,西局则〔沈〕承谐亲自董理",遇事全镇一体商议,统一行动〔4〕。太平天国运动之后,各地进行田土清丈,元和人曹庚煦"将〔元、江、青〕三邑所辖田地以及面积四至,咸绘以图,纪载详核,纤微曲尽,而且最为完备",之后"不论官府与民间,如有纠纷争论事起,莫不视为准绳"〔5〕。这些事例均显现出一种迹象:伴随着章练塘市镇区域形成和地方公益的组织化,超越东市和西市的"章练塘人"的集体认同感正在逐步生成。

四、插花地的撤销

明清时代,章练塘壤地插花的状况,虽被各类地方文献或隐或现地呈现出来,但多为"四至八到"这样的沿革地理层面的简单描述。直至同治七年(1868),江苏省绘制舆图,才开始真正对待"州县壤地交错,如元和、吴江之章练塘,地错在青浦"的难题,经过一番调查研究,绘图机构发现吴江县"于远隔东南八十里之邻境而飞插章练塘一隅,揆厥井疆,所谓栉比麟次,夫固有不尽然者"〔6〕,而将插花地绘入吴江和元和县境容易,如何顺应章练塘地域的一体化并加强对该区域的行政统辖,却不是一件容易的事。因地处湖泖之地,又

---

〔1〕 光绪《颜安小志》卷4《公建》。
〔2〕 民国《章练小志》卷1《街巷》。
〔3〕 《署江南苏州府正堂太湖水利分府陶为据禀给示晓谕事》,民国《章练小志》卷3《公建》。
〔4〕 民国《章练小志》卷4《人物》。
〔5〕 民国《章练续志》卷2《田赋》。
〔6〕 民国《青浦县续志》卷1《疆域上·沿革》。

为三县错壤地带,“章练塘、金泽为江浙窾会,金家桥背压吴淞,商塌、王巷苏松咽吭,盐枭盗贼,往往出没其间”[1],治安问题一直困扰着地方官员。道光二十七年(1847),江苏巡抚李星沅会同两江总督陆建瀛奏裁新阳县丞,改设元江青三县县丞,分防章练塘,不仅兼辖金泽镇[2],大小蒸“各图皆隶管辖”[3],“西坪市、金泽镇、葑澳、塘市等,皆隶属焉”[4],其管辖范围如此之大,主要出于治安上的考虑,可惜却收效甚微。光绪十五年(1889)后,章练塘四境萑苻不靖,先后有巢湖帮、南桥帮横行乡里。“皆剽悍善斗,俗呼光蛋,所至开场聚博,自为囊家。殷实之户,时遭劫质。西乡泖湖之区,久已成盗薮。虽地方绅士,时时请兵捕剿,然终清世,卒未能廓而清之也。”[5]行政效率之低下,在很大程度上与章练塘地区壤地插花的问题直接相关。20 世纪初叶,随着地方自治的渐次推行,壤地插花之事终于被提上议事日程。

光绪三十四年(1908)十二月,清政府全面实施新政,颁布了《城乡地方自治章程》,其中第一章《总纲》之第二节《城镇乡区域》中有规定:

> 凡府厅州县治城厢地方为城,其余市镇村庄屯集等各地方,人口满五万以上者为镇,人口不满五万者为乡。
>
> 城镇乡之区域,各以本地方固有之境界为准。[6]

按照此规定,5 万人口成为“镇自治”和“乡自治”之间的分野。尽管明清时代的很多文献对章练塘的户口数极尽夸大之辞,甚至有仅吴江县境就达数千户之多的说法,但从清末民初出于推行地方自治的目的所做的人口调查显示,章练塘元、江二邑仅有 16 250 人[7]。这样的人口规模显然够不上镇自治的标准,只能举办乡自治,从而直接挑战了章练塘自明末以来确立并巩固起来的“市镇”地位。

不光章练塘得要直面这一难题,江南地区的很多市镇均有着因人口数量不够而只能改称为“乡”的危险。因此,不少地方采取了重新划定自治区域的办法作为权宜,“制造”出一些以市镇为核心的“固有区域”,以使更多的自治单

---

〔1〕 光绪《淀湖小志》卷 4《兵制》。
〔2〕 光绪《颜安小志》卷 3《公署》。
〔3〕 光绪《蒸里志略》卷 3《建置·衙署》。
〔4〕 民国《章练小志》卷 1《镇市》。
〔5〕 民国《章练续志》卷 1《泖中萑苻》。
〔6〕 徐秀丽编:《中国近代乡村自治法规选编》,中华书局 2004 年,第 3 页。
〔7〕 民国《章练小志》卷 2《户口》。

位达到镇自治的标准。宣统二年(1910)吴江县分划乡镇区域,拟将全县分作同里、八坼、盛泽、黎里、芦墟、周庄、北厍、莘塔八区,除了这八个区以外,其他达不到镇自治标准的乡镇要分别归并到八区中来,按照此例,章练塘的西市一带被强行划到芦墟区,理由是其地仅"十一方里,人口二千八百八十一","不得独立成一自治区域"〔1〕。站在吴江县的角度,这么处理本无可厚非,章练塘虽插花青浦,但毕竟是本县的疆土,吴江有着全权的处置权,也不违背江苏省地方自治筹备处的相关政策:"凡镇乡固有区域不满五十方里者,应行合并"〔2〕。然而,章练塘镇的西市部分却非芦墟镇的固有境界,将之归入芦墟多少有其牵强之处,因为这直接与地方自治筹备处的另一项规定相左:"各镇均有固有境界,断不准联合,惟各镇附近零星村落不能独立筹备自治所在,自应酌量划并"〔3〕;"若得以某一镇乡为主,而以他镇乡附隶之,将无不成为镇自治,又安得有乡自治乎?"〔4〕章练塘之西市虽与芦墟(该镇坐落于汾湖北岸)水系相通,毕竟不能算作零星村落,且中间间隔青浦县或者嘉善县〔5〕的大片田土。有鉴于此,宣统二年(1910)七月,自治筹备处回复吴江县道:"芦墟区与章练塘中隔浙界,相距辽远,且查章练塘系元和、青浦、吴江三县管辖,应分应合,自应由三县协商,亦无归并芦墟之理。"〔6〕

既然不能归并到芦墟区,就只剩下两个的选择:要么由西市独办,要么联合东市或青浦县的邻近乡镇合办。吴江县士绅孙永清等在得知自治筹备处的基本态度以后,曾力主独办,他们以"青浦辖境僻在四乡,市集繁盛之处,全属元江两邑"以及青浦县已先行独立办理自治为由,打算先撇开青浦县,接着以"元邑辖境在东,江邑辖境在西,中有河道桥梁街衢天然之畛域可寻,且按诸历来地方办事习惯,亦无缪轕难分之处"为由,又企图与元和县划清界线〔7〕。然而,按照自治筹备处的相关规定,"厅州县所辖之乡镇有分属二府厅州县以

---

〔1〕《(宣统二年)吴江县府奉饬筹备自治事宜并人口调查》,吴江市档案馆0101—1—5。
〔2〕《区域标准问题四条》,《江苏自治公报类编》卷1《自治纪事》,近代中国史料丛刊三编第五十三辑,文海出版社1988年,第36页。
〔3〕《覆崇明县自治筹备公所问镇自治户口数函》,《江苏自治公报类编》卷1《纪事类》,第53页。
〔4〕《批长洲县申报会董协议暂划镇乡区域并送简图由》,《江苏自治公报类编》卷7《批牍类》,第75页。
〔5〕按:吴江县芦墟镇直接与嘉善县接壤,从吴江经嘉善亦可达章练塘。
〔6〕《批吴江县详同里等区办事细则区域方里图由》,《江苏自治公报类编》卷7《批牍类》,第106页。
〔7〕《札行元和青浦两县批吴江县详章练塘镇区域三邑士绅议决分办并呈图请示文》,《江苏自治公报类编》卷8《文牍类》,第469、470页。

上者……有天然界限或地方公款公产向系划清者,分为区域"[1],将章练塘境内的吴江壤土分出虽易,厘清那些原来由吴江、元和两县所共有的地方公款公产则异常困难。如前所述,同仁堂、保婴局等乃阖镇公益,经费一向与元和县通盘使用,孙永清等人宣称的"历来地方办事习惯,亦无镠辖难分之处",显然有言过其实的意味。由于自治经费的很大一部分直接来自于传统慈善组织经营的公款公产,关系到地方自治能否正常运转,因此,孙永清等人的意见再次被否决:"凡不满五十方里者,应行合并。今章练塘一镇,隶吴江者不过十余方里,自不得独立成一自治区域。况该镇属该县所辖者,东与元和毗连,而由镇以达该县中间转隔青浦及浙江之嘉善县界,其元和辖境又横隔于青浦南北两境之中,实属壤地插花,不便行政,自应遵照部文及时整理。"[2]

然而,主张分办的声音并未因此销声匿迹。自治经费的另一项主要来源——以田赋为基础的加派,为主分派对抗联办提供了一套现成的托辞。江苏省规定,"将冬漕自宣统元年起,每米一石带捐钱四十文两忙,自二年起,每〔丁〕银一两带捐钱二十文"[3],充作自治经费。由于元、江、青三县赋役繁简历来不一,各州县多"以户籍钱粮过县更变不易"[4]为由,主张各归各办。由于自治经费问题一时没法摆平,宣统二年十月至十一月间,元、江、青三县一直围绕章练塘自治究竟由三县分办还是专由一县统领而争论不休[5]。直至邹铨撰《上苏省地方自治筹备处条陈请将章练塘之元江二邑归并青浦事》,从地理、政治、财政、习惯、权力等五个方面,论证了章练塘镇壤地插花不便行政的种种表现,提议将之划归青浦县管辖,事情才有了根本性转机。其大略如下:

> 章练塘镇,地属苏松二府,为元、江、青三县分治,去苏府省治百里而遥,去吴江亦几百里,地方窎远,飞插松江,且有大湖中阻,水陆不利,为元、江政教、法令所不及。元、江以瓯脱为视,区民亦化外自居。……青邑距镇不三十里,镇距松江府治不四十里,朝令暮行,衡鉴伊迩,即语言风俗习惯,亦皆融会贯通,无或有梗。……若以章练塘之元、江二邑地归青浦,

---

[1][2] 《筹办厅州县自治就区划不便之处酌定更正办法》,《江苏自治公报类编》卷4《章程类》,第133页。
[3] 《苏抚宝奏加捐地方自治经费请立案片》,《江苏自治公报类编》卷5《奏折类》,第296页。
[4] 《(宣统二年)吴江县府奉饬筹备自治事宜并人口调查》,吴江市档案馆0101—1—5。
[5] 《批元和县详报章练塘筹备事务所绘图录折请立案由》《批吴江县申送城镇乡自治区域表请核由》,《江苏自治公报类编》卷7《批牍类》,第164、173页。

则驾轻就熟,有因势利导之益,无格不相入之弊。而持地方政柄者,亦惕于上级耳目,近在肘腋,必兢兢业业,以勉图于善,改弦易辙,焕乎一新,洵章镇人民之幸福也。[1]

邹铨以距离阻隔、政令难以下达为出发点,列举了吴江、元和二县壤地插花所带来的诸多不便,进而提出,章练塘距青浦县治和松江府治均不是很远,若将章练塘归并青浦,无疑可大大增加其行政效率,减少控制的难度。以上理由与宣统二年民政部通令各省妥筹改正壤地插花的政令不谋而合[2],其时,江苏省地方自治筹备处恰好也通饬各属将斗入插花等地绘图列表,详请核准,实行厘正[3],故上书甫出,即得到筹备处的首肯。然而,细读邹铨的上书,亦有颇多牵强之处。例如,邹铨文中非常重视风俗对于办理地方自治的影响,不断强调章练塘与青浦风俗更加接近,与元、江二县则绝然迥异:

> 章镇接近青邑,风俗、言语、习惯无一不致。婚嫁、丧葬诸礼节,虽有奢俭之不同,而未尝有大纰缪者。若与元、江,则风俗习惯大相径庭,而言语尤诘倔不相通,乡曲鄙夫,里巷俗子,则听无语如欧文,磔格钩辀,瞪目不悟,故言语交际之间,动辄误会,格格不相入。[4]

对比正德《松江府志》卷4《风俗》,其中述及方言语音:"枫泾以南类平湖,泖湖以西类吴江,吴淞以北类嘉定,赵屯以西类昆山,府城视上海为轻,视嘉兴为重,大率皆吴音也。"章练塘位于泖湖以西,其方言与吴江本无根本差别,邹铨却刻意突出章练塘与吴江、元和之不同,或只是为增添行文的说服力而随意发挥其想象力罢了。诸如此类的窜改和加工,文中并不止一处,邹铨在论及章练塘户口数量时表达得更为直白:

> 章练塘僻在青邑,虽名为元、江、青三界,实则青邑地方户口均占多数,元和不及十之三,吴江不及十之一耳。若合元、江于青浦,其户口可符镇额,所出议员与职任权利均得,完全享有镇自治会资格。[5]

如前文所述,章练塘本为吴江、元和二县飞嵌入青浦县的一块"飞地行政

---

[1]《青浦报》宣统三年正月十五日。
[2]《通饬各府州厅县督抚札部咨府厅州县辖境壤地插花妥筹改正文》,《江苏自治公报类编》卷8《文牍类》,第402页。
[3] 民国《青浦县续志》卷1《疆域上·沿革》。
[4]《青浦报》宣统三年二月十五日。
[5]《青浦报》宣统三年二月十五日。

区",青浦县的各种志书除了记载水道时会顺带提及之外,仅只留下诸如"镇有刘姓,善酿酒,颇为时所尚"之类的次要信息,即使有迹象表明,青浦境内有部分市廛与章练塘镇域接界,也远达不到元和、吴江二县分别占据东市和西市的规模,所谓"青浦辖境,僻在四乡,市集繁盛之处全属元江两邑"[1],即指此情形。既然如此,青浦县的人口数量何以能占据60%左右呢?民国《章练小志》卷2《户口》记载了民国三年(1914)三月清乡调查的人口数字,总共为16 250,所公布的人口原属村镇全部分布在元和县和吴江县境内。如此看来,邹铨无非是想把章练塘镇"四乡"的范围划得更大一些,顺带将青浦县境的很多地域也囊括进来,由此取得青浦籍在总人口数中的绝对优势,这么做一方面可以大大增加元江二邑的插花壤地归并青浦的概率,另一方面,也是试图让章练塘在归属青浦之后在人口数量上能够达到镇自治的标准。作为曾为分防县丞驻节的市镇,章练塘不能独立实行镇自治最大的阻力固然来自其人口数量不能达标,更在于原来元、江、青三县县丞的辖区因行政归属不一,很难利用其曾经驻节分防佐贰官员的优势对辖境加以"优化组合",构建自己的固有境界。邹铨的上书隐约揭示出症结之所在:只有解决了壤地插花的历史遗留问题,"户口可符镇额",申请"镇自治"相关操作才变得更具可能性。

邹铨,字秉衡,一字亚云,本吴江章练塘人,与柳亚子、陈去病、陈布雷等人交游甚密,"少读书同里,为金天翮弟子,则籍吴江;继随众应试吴门,则籍元和;终以嘉善籍入浙江高等学校肄业,无非其趣利便也"[2]。一人身兼三籍,多少占了壤地插花的便宜,但也对"经界不正,终非政治之良"体会得最为深刻。或许正因为其经历特殊,邹铨并无一般吴江籍或元和籍人士那么强烈的乡土本位意识,故才有胆识上书当事,请将章练塘改属青浦县。

宣统三年(1911)二月上旬,地方自治筹备处采纳了邹铨的上书,并报江苏巡抚批准,正式将章练塘镇归并青浦[3]。此令一出,立刻哗然。"元江二县人民辄出阻挠……以改隶为辱,以合并为耻,不待核准,率行分办"[4],元和自治事务所甚至邀请了元、江两县士绅商议对待之策,并公举绅士刘家驹为代

---

[1] 《札行元和青浦两县批吴江县详章练塘镇区域三邑士绅议决分办并呈图请示文》,《江苏自治公报类编》卷8《文牍类》,第469页。
[2] 陈去病:《邹生传》,载邹铨:《流霞书屋遗集》卷首《传》,民国二年铅印本。
[3] 《批元和县章练塘邹铨请将该镇归并青浦由》,《江苏自治公报类编》卷7《批牍类》,第206页。
[4] 《照会沈顾问恩孚前往章练塘晓谕督同合办选举具覆文》,《江苏自治公报类编》卷8《文牍类》,第616页。

表,赴省面陈未便归并之由[1]。出于"搅局"的目的,两县甚至匆忙选举出各自的议长、乡董,并宣誓就职任事,造成"若将元江两邑所辖合为一区,势必变更选民册籍,重行组织"的既成事实。随后有人提出折衷方案:"先将元和、吴江两县所辖区域合并办理,暂由元江两县会同监督,其青浦辖境仍照青浦详定区域。"自治筹备处对此态度坚决:"章练塘壤地插花,有待整理者所以求统一便行政,今以三县监督之不便,使元江离青浦而独立,避三县为两县,五十步与百步相去几何?徒多此无谓之纷更,于事实无益,于进步转多窒碍",仍力主将章练塘镇归并青浦统辖[2],并"檄元、江、青三县会勘,将元邑属地二十八都辖图十一,江邑属地十二都辖图一,二十九都辖图二,割隶青浦"[3]。在克服了重重困难之后,章练塘这块著名的插花地终于从历史舞台上谢幕。

然而,一波未平一波又起,在章练塘归并青浦之后,有一班对镇自治怀有拳拳之心的热心人士立刻粉墨登场,他们奔走游说,欲联合附近的大小蒸区及西坪区,以章练塘为核心组织镇自治。如前所述,在章练塘壤地插花问题没有解决前,因行政归属不一,这种联合不具任何可操作性。而章练塘区域关系理顺之后,联合同县的相关区域,拼凑出符合镇自治标准的人口数量,则要容易很多。经过这些热心自治者的不懈宣传,镇自治竟然一度办理成功,并陈玉祥被推为总董。然而,之后每届会议,"事杂言庞,多私见,少公理,致碍进行"。这背后或多或少牵扯到自治经费的运用和市镇区域传统等诸多复杂因素,剪不断,理还乱。很快,大小蒸及西坪区以次脱离独立,"章练塘复成乡区"[4]。

章练塘归并青浦之后,并非所有矛盾都随之迎刃而解。其初,为安抚新近归附的元和、吴江二县百姓计,曾专门制定了在青浦接收的第一年里田赋"普减二成外,再核减二成"的优惠政策,以示特别优待[5],但因没仔细考虑执行成本,直至民国元年,各县田赋仍然各归各办,吴江县民政长呈称:"归并青浦之章练塘镇,应征银米,仍由吴江征收,连同图册移交青浦兑解,所有扣留上忙由单,仰即交还吴江民政长分散各户,照数征收",并未按照事先协商的那样,将忙漕归并青邑征收,以致"吴江屡催不到",政令无法得以有效地贯彻[6]。

---

[1] 《归并问题犹未定议》,《青浦报》宣统三年四月初一日。
[2] 《移覆藩司章练塘元和、吴江两县所辖区域自治仍应合办请一并饬遵文》,《江苏自治公报类编》卷8《文牍类》,第617、618页。
[3] 民国《青浦县续志》卷1《疆域上·沿革》。
[4] 民国《章练小志》卷1《区域沿革》、卷4《人物》。
[5] 民国《章练小志》卷2《田赋》。
[6] 《章练塘归并问题之尾声》,《青浦报》民国元年四月初一日。

这从一个侧面表明,插花地从撤销到被人们普遍接受,尚需经历一段较长的适应期。

五、结 语

传统社会划分政区的主要依据是户口和赋税,然而,户籍与实际居住地或者赋税责任所在地的分离,并不是形成飞地行政区的充分必要条件。探寻飞地行政区的成因具有相当程度的复杂性。除了前人既有的视角之外,立足于发掘区域开发的背景和政区调整的踪迹,或不失为一种可行的路径。上文对章练塘所作的个案研究,正是遵循这一思路而进行的一种实践。通过初步考察,我们似乎可以较清晰地把握章练塘插花地的发端、成型直至撤销的全过程。

宋元时期太湖以东水面的大规模围垦,成为吴江、华亭等新设州县与周边地区划分界域的重要契机,经过一系列相关的制度安排,位于淀泖地区的章练塘与邻近政区疆界错壤的格局逐步成型。明宣德四年,嘉善县从嘉兴析出;万历元年,青浦县从华亭、上海析出。自此,吴江县的二十九都的两个图、长洲县二十八都的十一个图,已经远离其行政主体,大部被青浦县的四十一保所包裹,形成一块面积较大的"飞地"行政区。明朝末年,章练塘一带大兴棉业,渐渐由村成镇。与此相应,一些地方人士围绕市镇名称和市镇历史开始了大量的文本创造工作,涌现出一些与地名起源有关的故事,赋予原本"空洞"的地名以全新的文化涵义,并逐步建构出一幅从筑堤围垦到渐次成聚直至演化成镇的地方历史图景,使插花地自身的相对独立性日臻明显。至清中叶,章练塘镇转型为粮食集散地,统一的市镇区域和公益事业运作模式随之确立,从而为清末民初的乡镇自治设下了某些不容逾越的"标准"。在官方版图意识和政策设计的指引下,如何在裁撤具有较高行政运作成本的插花地的同时,兼顾到地方民情和原有的区划传统,成为各自治单位在重新划定地方区划时所必须面对的一项非常棘手的难题,其结果不免会引发一场无休止的疆界争执。在这场争执之中,冲突各方均能依据与户口和赋役财政有关的诸项规定,找到足以表达自己意愿的有利证据,那些热衷于办理"镇自治"的人士,亦可利用政策的缝隙,为"达标"做种种不懈的努力,展现出官方制度安排与实际运作之间的某种弹性。追溯元和、吴江、青浦三县围绕章练塘地域争端之来龙去脉,继而探讨传统中国的社会运行机制,必有助于理解争执产生的历史背景乃至宋元以来东太湖地域社会的整个概貌。

从这个意义上,将章练塘最终归属青浦的事件简单地归结为自此"经界始正,而疆域形势亦因以大变"[1],显然不能完全令人信服,这更多的是站在官方的立场上出于提高行政效率、强化社会控制的考虑。如果变换视角,改以章练塘为几何中心,来重新审视吴江、青浦、嘉善等几县交错地带的水网,那么章练塘不但不是地理、经济和文化上的边缘,反倒是对周边地区具有相当影响力的重要节点,道光间设分防县丞驻防镇区,也许可认为是在行政层面对章练塘"中心地"地位的一种默许。从这个意义上,单纯以"实体化"的标准来认识政区的设置或裁撤,并无助于我们真正认识传统中国地域社会中的"插花地"现象。历史上的诸多飞地行政区如章练塘一样,乃是长时期历史因素不断积淀的产物。在没有引起决策者足够的重视之前,它们可以运用行政管理松弛的特点,灵活而充分地发挥其特有的制度吸纳能力,"制造"出具有一定开放性特征的地域传统;即便到了裁撤归并的关键时刻,亦可承载着当地人深厚且多元的乡土之谊,使当地人为维护既有的地方传统做最后的抗争。

本文原载《史林》2010 年第 3 期。

---

[1] 柳亚子:《序》,光绪《章练小志》,第 3 页。

国家、族群与土司：清代傣族土司与滇缅边区的政治生态
——以孟连土司为中心

张 宁

引 言

滇缅边区是清王朝权力在西南边疆延伸的最前沿，自然和人文环境最复杂，又有多种政治和族群交错，包括中国、缅甸、暹罗、南掌等国家政权，跨境的傣掸民族的土司政权，居住在山区和半山区的各种山地民族，清代雍正改土归流以后大量迁入的汉族移民。在这样一自然和人文环境复杂的区域内，这些政治和社会势力频繁的互动关系，构成了滇缅边区独特的政治生态。

作为清王朝在滇缅边区统治代理人的傣族土司，是这一政治生态系统中最重要的组成部分，它与边区内各种政治和社会势力的互动关系深刻影响着清王朝在边区的统治秩序。通过还原清代滇缅边区傣族土司在政治生态系统中各种利益关系，我们可以更好地认识清代国家权力在这一边疆区域的存在方式及统治效果。

关于元明清以来国家对于滇缅边区的管控，以往的研究注重对国家边疆政策或者制度的阐述[1]，主要方法是从文献中归纳总结国家在政治、经济、军事、文化等方面的政策，这类研究忽略了国家权力在当地的具体存在方式及统治效果的研究。

---

[1] 整体性或专题研究：马大正：《中国古代边疆政策研究》，中国社会科学出版社1980年；龚荫：《中国土司制度》，云南民族出版社1992年；李世愉《清代土司制度论考》，中国社会科学出版社1998年。区域性研究：程印学：《清朝经营傣族研究》，中央民族大学2005年博士学位论文；余文兵：《帝国深入西南边地——清中期中央政府对滇缅边区的治理(1723—1840)》，中央民族大学2011年博士学位论文。

近些年已经有部分学者在讨论滇缅边区政治或族群势力的相互关系对国家统治的影响。杨煜达通过茂隆银厂个案讨论了矿民集团在滇边的影响力及对清王朝在滇边统治秩序的冲击;通过研究明代中后期以来滇边土司与缅甸王朝间的"花马礼"现象来说明近代滇缅边区边界争端的根源。香港人类学学者马建雄在其拉祜族民族认同形成的研究中也涉及拉祜族社会组织的变化对清王朝统治秩序的冲击。C. P. Giersch 将滇缅交接区域作为"中间场域",也对这一中间地带的部分族群关系做了研究,包括日益频繁的滇缅跨境贸易中汉族与土著民族,土著民族坝区与山区之间的经济交往关系,也有分散性个体移民的族群和国家认同,土著族群贵族对清王朝的效忠关系。

这些研究以滇缅边区政治生态中的一种或多种族群或政治关系为主题讨论滇缅政治生态中某一侧面,很少以滇边傣族土司为核心来全面认识滇缅边区政治生态,而以傣族土司为核心的政治生态体系又是我们认识国家权力在这一地区的存在方式和统治效果的基础。

因此,本文选取孟连土司的个案作为考察对象,它涉及滇缅边区所有类型的政治和族群势力,虽然不一定能够完全展现各种政治利益关系,但我们可以从中获取滇缅边区政治生态的一般状况。

孟连土司位于云南西南部,滇缅边境,在清代,其辖境相当于今天云南省澜沧、西盟、孟连三县。东至澜沧江、北到小黑江,与猛猛、猛缅、威远、车里等土司相邻,远隔内地流官区域;西部是广阔的卡瓦大山,山中分布着原始强悍的佤族,南部为丙海山,与独立性很强的缅属孟艮土司接壤,远离缅甸统治中心[1]。孟连土司作为典型的边境傣族土司,本文勾稽史料,以其为中心阐述滇缅边区的政治生态的一般状况。

一、从脱离到内附:孟连土司与清王朝的关系

明末,中原王朝衰弱,云南沿边许多土司被缅甸新崛起的东吁王朝所击破,一些土司被缅甸直接兼并,例如明代的三宣六慰中,有五个宣慰司被缅甸兼并;一些土司不得不暂时臣服于缅甸,向缅甸进贡,例如车里土司对缅甸进贡"花马礼",接受缅甸的册封[2]。

---

[1] 尤中:《中国西南边疆变迁史》,云南教育出版社 1987 年,第 263—270 页。
[2] 杨煜达、杨慧芳:《花马礼:16—19 世纪中缅边界主权之争》,《中国边疆史地研究》2006 年第 2 期。

在缅甸王朝的连年攻扰之下，孟连土司也未能幸免，"内孟琏长官司原系属夷，颁有印信，岁输差发，后因莽酋（作者按：莽酋即缅甸国王莽氏）猖獗，遂尔外附"[1]，"天启二年(1622)三月，阿瓦破之（作者按：孟连土司），会洞吾伐阿瓦，阿瓦乃退"[2]。当时，孟连土司也要向缅甸进贡"花马礼"[3]。此时的孟连土司已脱离中原王朝控制，主要受到缅甸的影响。

　　顺治十八年(1661)，清军底定全滇时，处于偏远地带的孟连土司同明末被缅甸兼并的诸土司一样，没有主动归附清军，这可以从成书于康熙三十年(1691)的《云南通志》中看到。在康熙《云南通志》的土司志中列出当时未归附的明代诸土司，注明"以上诸土司旧志所载，本朝未经授职，附录备考"[4]，而孟连土司就在其中。

　　当时孟连土司与缅甸的关系，清王朝很清楚，"云南孟连土司地方，逼近永昌，属隶缅国"[5]，但清王朝为什么对孟连土司服属缅甸的行为采取放任的态度？这与当时清王朝国内形势有关。清王朝立国初期，在解决了永历皇帝的残余势力之后，在西南主要执行一种安边保疆的政策，以维持西南边疆稳定集中精力解决国内其他更为迫切的事务[6]。在安边保疆的政策下，清王朝对于明末以来在云南边疆所形成的边疆形势采取默认的态度。这样，对孟连土司外属缅甸的纵容也在情理之中。当时缅甸东吁王朝也开始衰落，停止了对外的大规模征伐，它对孟连土司的影响力在减弱。所以，此时孟连土司应该具有很强的独立性，如果没有强大的政治和军事压迫，它是希望一直维持现状的。

　　孟连土司在康熙四十八年(1709)归附清王朝，根据《清史稿》记载，"康熙四十八年，孟连土司刁派鼎贡象，归附，授宣抚司世职"[7]，这一事件也得到《孟连土司亲供册》的证实[8]。为什么孟连土司在康熙四十八年突然归附，史料中没有明确记载，我们只能从一些间接史料中找到蛛丝马迹。

---

[1]《明神宗实录》卷172，万历十四年三月癸卯。
[2] 天启《滇志》，古永继校点，云南教育出版社1991年，第992页。
[3] 杨煜达、杨慧芳：《花马礼：16—19世纪中缅边界主权之争》。
[4] 康熙《云南通志》卷37《土司》，国家图书馆藏民国本。
[5]《朱批鄂太保奏折(原抄本)》第4卷，国家图书馆缩微中心2005年，第144页。
[6] 杨煜达：《清朝前期(1662—1765)的对缅政策与西南边疆》，《中国历史地理论丛》2004年第1期。
[7]《清史稿》卷514《土司三》，中华书局1977，第14266页。
[8] 方国瑜主编：《云南史料丛刊》第13卷，云南大学出版社1998年，第157页。

根据孟连土司自述的傣文史料记载，当时孟连土司境内著名的募乃银厂，开采正旺，云南省地方官员贪图募乃银厂矿税，主动"派人送委任书，给刀派鼎（作者按：孟连土司）继位"，并要求孟连土司缴纳矿税[1]。而汉文史料中正好也有对此事的记载："其（作者按：孟连土司）地募乃银场，旺盛三十余年，故汉人络绎而往焉。先是，署总督张文焕遣辕下官去，意有所在，刀酋设等限而见之，且席之地，如待下属礼，又缚数人于前斩之以示威，各与以酒，各给银一饼，曰：'好归，毋再来也。'差归，陈状，文焕遂不复言募乃矣。"[2]由此我们可以得知康熙四十八年孟连土司的内附可能是由云南少数地方官员的逐利行为促成的，而不是孟连土司的主观意愿。此时王朝对孟连土司仍然没有管控能力，"该土司止上差发银四十八两，交永昌府转解，此外一切公事，即奉牌谕，亦不遵照"[3]，孟连土司对王朝的内附仅是名义上。

孟连与王朝关系疏远的状况在雍正滇南的改土归流期间开始改变。雍正年间，澜沧江以东哀牢山区和车里土司普洱地区改土归流，这样一来，孟连土司隔澜沧江与改流区域直接相接。当时鄂尔泰不惜代价地镇压哀牢山和车里土司境内的民族叛乱，《清史稿》这样描述当时情景："雍正六年（1728），鄂尔泰先檄车里土兵截诸江外，官兵各持斧锹开路，焚栅填沟，连破险隘，直抵孟养，据蛮坡通饷道；其六茶山巢穴四十余寨，乃用降夷向导，以贼攻贼，于是深入数千里，无险不搜……"[4]清军如此深入的剿捕活动对孟连土司造成很大的冲击，于是"孟连土司献银厂"。

雍正八年（1730），云贵总督鄂尔泰奏报云南孟连土司"情愿自雍正七年始，每年纳厂课银六百两，以充兵饷"，鄂尔泰以"边外酋长为应律以恭顺，原不必科其钱粮，但土夷重财，即所以重礼，若无些须上纳，转难以示羁縻"[5]，批准缴纳。雍正皇帝批示"每年六百两，为数太多，著减半收纳，以昭柔怀至意"[6]。雍正在滇南地区的改土归流使得孟连土司与王朝的改流区域仅有一江之隔，孟连土司此时慑于王朝的强大势力，不得不主动向王朝靠拢。随后，孟连的内部争袭事件使王朝有机会插手孟连土司内部事务，孟连土司逐渐

---

[1] 云南省少数民族古籍整理出版规划办公室：《孟连宣抚史》，云南民族出版社1986年，第9页。
[2] （清）倪蜕辑，李埏校点：《滇云历年传》，云南大学出版社1992年，第616页。
[3] 《朱批鄂太保奏折（原抄本）》第4卷，第144页。
[4] 《清史稿》卷514《土司三》，第14257页。
[5] 《朱批鄂太保奏折（原抄本）》第3卷，第144页。
[6] 《清世宗实录》卷98，雍正八年九月壬辰。

产生了对王朝权力的依赖。

雍正十年,孟连土司刀派鼎病故,正妻狼氏无子,妾木氏生子派春,年甫八岁,据众土目公举孟连土司之弟勐览头目刀派烈抚孤,出具甘结,呈请将派春承袭。但到了乾隆元年(1736),刀派烈被应袭土司刀派春之舅刀派佑袭击杀害,刀派烈之子刀派永向云南地方官员求助,但刀派佑声称是因为抚孤刀派烈毒死前土司刀派鼎,谋权篡位,才将刀派烈杀害。乾隆四年,王朝徼调双方到昆明对质审问,刀派佑自愿认罪伏法,王朝将刀派佑羁留昆明,待刀派春长成胜任土司再行放回。但随后几年,以刀派佑之子法朗募为首的孟连河西土目和以刀派永为首的河东土目,仇怨未释,仍然争杀不断,应袭土司刀派春没有任何威信和势力,只能避居募乃银厂。于是,刀派春只能请求王朝再次介入。乾隆九年,王朝派人召集敌对双方互相赔偿损失消除仇怨,并派兵到募乃护送孟连回土司驻地,扶持土司正式袭职,这场长达十几年的土司争袭事件才告结束[1]。

在这次争袭事件中,孟连土司刀派春完全依靠王朝力量承袭土司职位,这使得王朝权威在孟连土司内部得到空前提高,孟连土司也因此对清王朝产生了依赖感,从这以后,孟连土司与王朝建立了基本稳定的隶属关系。

孟连土司从与中原王朝脱离的独立状态到主动向清王朝归附并建立稳定的隶属关系,在这一过程中,清王朝势力向滇南的延伸起到了关键作用,孟连土司争袭为王朝进一步加强其在当地的影响力提供了契机,个别地方官员的逐利行为也是王朝权力在边疆存在的一种形式,对加强王朝在边疆的影响起到部分作用。当王朝势力在滇南削弱时,孟连与王朝的关系会出现相反的走向,这在1856—1873年云南回民起义期间表现最为突出,孟连土司与王朝的关系一度中断,因为战后岑毓英的奏折有这样的记载,"干崖、陇川、南甸、孟连各宣抚使、遮放、盏连各副宣抚使、芒市安抚使,皆未照卯占袭,甚至如孟连、勐卯二处,杳无音问"[2]。

二、坝区与山地:孟连土司政权内部族群关系

孟连土司辖区民族成分复杂,有摆夷(傣族)、倮黑(拉祜族)、窝泥(哈尼

---

[1]《张允随奏稿》中记述了几乎整个事件的处理过程(《云南史料丛刊》第 8 卷,第 571—573、658—660、663—662、718—719 页)。其他记载还见于《清高宗实录》卷 112,乾隆五年三月丙辰;卷 137,乾隆六年二月乙丑。

[2](清)岑毓英:《岑毓英奏稿》第 1 册,广西人民出版社 1989 年,第 394 页。

族)、卡瓦(佤族)、蒲蛮(布朗族)等多个民族,这些民族按居住地的地形和生产生活方式可分为两类,即坝区民族和山地民族,坝区民族主要是傣族,其他民族基本上是山地民族。

傣族主要生活在坝区,以种植水稻为生。傣族社会发展水平较山地民族要高,基本上已经进入封建领主制社会,形成了一套比较成熟的政权组织方式,出现了傣族小邦国。孟连土司就是典型的傣族土司,其政权组织方式遵循傣族传统的封建领主制。孟连土司在辖区内,被称为"召贺罕",意为"金色王宫之王",他在辖区内是至高无上的王,辖区全部土地归其所有。除了直辖一部分村寨外,孟连土司会分封自己的亲信到各地进行统治,分封一般以坝子为单位,一个或几个坝子称为一个"勐",这个坝子及其周围地区就成为被分封贵族的领地,通过这种方式孟连土司实现了对辖区内傣族的统治,这也是傣族土司统治本民族的一般方式[1]。

山地民族主要生活在山区和半山区,除了一部分窝泥采用梯田种植水稻外,其他民族很多都采用刀耕火种的方式种植一些旱稻或旱谷,一些民族还兼及采集、狩猎等辅助生产方式,例如澜沧县糯福地区布朗族,"过去都是山地,没有水田,人们以种植旱稻为主,实行刀耕火种,每片旱谷地耕种1年后即抛荒12年,待树木成林再行砍种,以保持地力"[2]。

山地民族与坝区傣族在生产方式上多有互补,这就形成了他们之间相互依存的关系,云南民族史学者苍铭对此有这样的表述:"由于边疆民族生态分布的差异和文化的差异,使民族间在生产上有着自然的分工,自然分工又使不同民族有着相互可供交换的特色产品。这种差异和自然分工,又可归结为山地和坝区的差异和自然分工,表现为山地民族和坝区(低地)民族经济上的相互需求和依存关系。"[3]

对于山地民族来说,主要是去交换坝区傣族所生产的粮食,因为农业技术的落后,导致农产品不能供给全年食用,例如澜沧县拉祜族所在的山区,"本类地区每年至少有80%的人口缺粮6个月。在缺粮期间,采集野生植物便成了获得食物的重要来源。拉祜族农民在追述1949年以前的生活状况时常说:

---

[1] 晓根:《中国少数民族行政制度》,云南大学出版社1999年,第368—375页。
[2] 《澜沧县糯福区布朗族社会历史调查》,载《布朗族社会历史调查(三)》,民族出版社2009年,第39页。
[3] 苍铭:《云南边地移民史》,民族出版社2004年,第152页。

'我们过去的生活,就是追山和找蜂子。'"[1]在这样的情况下,拉祜族要靠与坝区傣族的交换才能满足生存需要,另外还要交换傣族地区所产的盐、农具等生产生活必需品。坝区的傣族所需的青靛、茶叶、山货以及畜牧产品则需要从山地民族那里获得。这样,就形成了一种互通有无,相互依存的关系。山地民族由于交换的目的是满足基本生存需要,所以对于这种物质交换的依赖更强。

这些山地民族的社会组织发育程度较傣族要低,这种状况源于这一地区山地民族的生产方式。我们已经知道这一地区山地民族多为刀耕火种式的游耕经济,这造成他们的村庄分布极为分散,这样就很难形成比村寨更高一级的公共权力。例如孟连土司境内分布最广的山地民族是倮黑(拉祜族),在清代中期以前,"倮黑无君长,亦不属缅甸"[2]。

因此,面对傣族更为成熟和强大的政权组织,山地民族只能在政治上屈服于傣族土司,向傣族土司缴纳一定贡赋,来维持两者间的政治经济关系。例如建国后的社会历史调查中记载孟连土司向下辖的糯福拉祜族村寨收取的贡赋有:门户钱每户半开1.5元;火炉钱,每户半开0.5元;山水钱,每户半开0.5元[3]。而孟连土司则利用倮黑原有的基层社会组织将其纳入自己的封建领主制统治之下。

关于倮黑社会组织形式比较确切的记述是20世纪50年代民族调查资料,据此我们可以了解倮黑最基层的社会组织形式。倮黑最原始最基层的是卡些卡列制度,"卡"是拉祜族早期社会组织的基本单位,原意是由血亲组成的大家庭公社,后来逐渐演变成地缘聚落的名称,"卡些"是地缘聚落村寨的行政首领,即头人,"卡列"是卡些的副手,"卡些卡列"掌管村寨的政治经济大权,处理各种对内对外事务。最初卡些卡列制度仅是一种社会组织管理制度,政治统治的作用很小,卡些卡列由全体村寨成员选举产生,无任何特权,但后来在土司或政府的强大外部压力作用下,卡些卡列被纳入封建领主制统治体系中,成为土司的统治工具[4]。

孟连土司将境内倮黑所处的山区分为若干各"圈","圈"设有傣族的召圈(圈官)管理。建国初期,在澜沧县糯福地区的拉祜族聚居区保留着完整的

---

[1]《拉祜族简史》编写组:《拉祜族简史(修订版)》,民族出版社2008年,第57页。
[2] 道光《云南通志稿》卷105《戎事五》。
[3] 政协澜沧拉祜族自治县委员会:《拉祜族史》,云南民族出版社2003年,第150页。
[4] 晓根:《中国少数民族行政制度》,云南大学出版社1999年,第331页。

"圈"的行政管理体系,"糯福地区属孟连九圈中的圈海,由傣族贵族召圈海管辖"[1],孟连土司用傣族的称号加封拉祜族的头人,改卡些为"先"(或布格),数寨或十数寨设一大卡些,傣称"先弄"("先"为伙头,"先弄"为大伙头),这些人物都由拉祜族群众选举本族之人,由土司加委,数个"先弄"之上设一"波郎"(圈官),由傣人充任,再上即为孟连土司[2]。土司加封的这些拉祜族头人主要工作是替土司向各拉祜族村寨征收山水银和贡赋[3]。这样就形成了土司—召圈—先弄(大卡些)—先(卡些)的统治层级,通过这样的政权层级孟连土司将拉祜族的卡些卡列纳入自己的封建领主制统治系统之内。

孟连土司这种内部统治秩序也不是一成不变,到嘉庆年间,孟连土司境内的山地民族倮黑发生大规模集体暴动,使孟连土司的内部统治秩序面临崩溃。在暴动中,为对抗强大的王朝和土司势力,倮黑通过改造传入的佛教,建立了政教合一的政治组织系统——"五佛五经",倮黑原有基层的"卡些卡列"社会组织被纳入拉祜化的佛教组织系统,村寨头人向佛教领袖"佛爷"负责,通过新的佛教组织,原来分散的村寨势力被组织起来形成一股强大势力,逐渐可以与土司抗衡,土司对于倮黑头人的管辖被佛教组织系统所替代,土司完全失去了对一部分山地民族的控制力[4]。这就打破了王朝在滇西南边疆原有的统治秩序。

从嘉庆元年到嘉庆十八年倮黑利用佛教的统一组织发动了多次的暴动[5],其中嘉庆十八年是规模最大的一次,孟连土司的统治到了崩溃的边缘,王朝不得不插手帮助土司恢复统治秩序。

孟连土司与辖区内山地民族形成的这种政治隶属关系,是经过长期政治经济互动形成的,山地民族成为孟连土司政权重要组成部分。清王朝以及缅甸王国对于这种社会组织发育程度低的山地民族缺乏管理技术,因此山地民族的存在成为孟连土司维持其自身独立性的一个重要因素。孟连土司进入清王朝的边疆统治秩序之后,约束辖区内倮黑等山地民族的活动,不使过澜沧江

---

[1] 《拉祜族简史》编写组:《拉祜族简史(修订版)》,民族出版社2008年,第60页。
[2] 《澜沧县糯福区糯福寨拉祜族社会调查》,载《拉祜族社会历史调查(一)》,民族出版社2009年,第28页。
[3] 政协澜沧拉祜族自治县委员会:《拉祜族史》,云南民族出版社2003年,第150页。
[4] 马健雄:"哀牢山腹地的族群政治——清中前期'改土归流'与'倮黑'的兴起",《"中央研究院"历史语言研究所集刊》第七十八本第三分,2017年9月。
[5] 光绪《续修顺宁府志·武备志二·戎事》;《清仁宗实录》卷121,嘉庆八年九月癸丑;《清仁宗实录》卷271,嘉庆十八年七月癸酉。

窜扰改流区域,成为孟连土司的职责。清王朝将孟连土司看做维持当地统治秩序的代理人,孟连土司对内统治的稳定性关系清王朝在边疆的统治秩序,清王朝在必要时还要直接插手扶持土司政权。

三、错综复杂的利益关系:孟连土司的对外交往

滇缅边界的各傣族土司与缅甸、暹罗之间以及各土司之间都存在密切关系,他们根据各自的利益或相互对立战争,或进行政治联姻,这种错综复杂的关系构成了王朝权力之外另一个复杂的利益网络。

处于滇缅边区的孟连土司是中原王朝势力延伸的边缘地区,中原王朝对于这一地区控制很松散,因此这一地区受缅甸影响很大。在明代后期,孟连土司与很多滇缅边区的土司一样被迫臣服于缅甸,向缅甸进贡并接受缅甸册封。孟连土司刀派功称"缘孟连始祖罕把法系缅甸国王第十子,每遇故替,必将缅国所赐象只及金银镶刀盒等物交还,复赐新物"[1]。到清代,缅甸对于孟连土司的影响依然很大,孟连土司仍延续着明代形成的与缅甸的传统交往关系。

孟连土司与缅甸王朝交往的重要的内容之一就是向缅甸进贡"花马礼"。花马礼,所谓花即是花银,马即是马匹,也就是每年给缅甸王朝送一定数量的以银和马匹为代表的礼物。在清代,孟连土司长期保持着对缅甸王朝进贡"花马礼",例如在乾隆中缅战争前夕,缅甸派人到孟连来索贡,据当时孟连应袭土司刀派先的供述,"有莽子数十人送伊兄刀派新来连坐索礼物",孟连土司为避免麻烦,向其送了马匹银两,故暂时没有受到骚扰[2]。乾隆中缅战争以后,这种关系仍然延续,例如傣文史料《孟连宣抚史》中记载,"孟连不仅欠缅甸的贡银,也欠天朝的贡银。缅甸在年关时节来摧逼,每户'哈曼'(即五钱银),没有办法,刀派新(作者按:孟连土司)死于乾隆五十八年"[3]。为了免受缅甸的骚扰抢掠,"花马礼"成为孟连等滇缅边界土司应对缅甸势力的一种策略,等于花钱免灾[4]。

---

[1]《木匪节略》,军机处录副奏折7643—32,中国第一历史档案馆藏,转引自《花马礼——16—19世纪中缅边界主权之争》,载《中国边疆史地研究》2004年第2期。
[2]《宫中档乾隆朝奏折》第27辑,乾隆三十年十二月二十七日云南巡抚常钧奏折。
[3] 云南省少数民族古籍整理出版规划办公室:《孟连宣抚史》,云南民族出版社1986年,第22页。
[4] 杨煜达:《花马礼——16—19世纪中缅边界主权之争》,《中国边疆史地研究》2004年第2期。

孟连土司与缅甸王朝另一重要交往方式是接受缅甸的册封授职。历史上，中原王朝对于傣族土司的册封成为其统治权威的重要来源，但是在中原王朝册封的同时，往往还存在着缅甸王朝的册封授职，缅甸的册封对这些土司的权威也有一定影响。到清代，孟连土司接受缅甸册封授职的传统也被延续下来，我们在傣文史料中可以看到很多关于孟连等土司进贡缅甸王朝并接受册封授职的历史记载。例如傣历一一七九年（1817）孟连土司去世，"车里、孟连、景栋（作者按：景栋即当时的缅属孟艮土司）头人又派他两兄弟（作者按：孟连土司两个儿子）去拿大印，哥哥召顿去勐安瓦（作者按：当时缅甸都城阿瓦），弟弟召砍梭去昆明。这时召砍梭上去到勐戞（作者按：勐戞即威远厅所属勐戞土司，去往昆明要经过威远厅），就做了当地的姑爷了。召砍松去到勐安瓦，得了大印，时在（傣历）一一八〇（1818）年，得印后即回孟连当土司"[1]。由于缅甸的册封对于土司巩固自身政权是有利的，所以他们经常很乐意接受这种册封，例如孟连附近的车里土司刀士宛于乾隆四十二年袭位，到乾隆五十五年，缅甸派人招士宛，"士宛甚喜，乃派诏蕴至缅，请求缅王委给刀士宛为缅方宣慰使，缅王许之，并发委状"[2]。

王朝对于孟连等边界附近土司与缅甸的这些交往实际上是很清楚的，如云贵总督鄂尔泰在雍正八年的奏折中讲到，"该土司（孟连土司）虽内输厂课，仍外属缅酋，未经颁给印信，与内地各土司不同"[3]，这里的"外属缅酋"应该是向缅甸进贡并接受缅甸册封的事件。王朝对此之所以采取默认的态度，从根本上是由于王朝对边境地区的控制力尚不足以完全保护土司地区免受缅甸经常性的骚扰[4]。例如，嘉道年间缅甸和暹罗的战争波及清王朝边境地区的车里和孟连两土司，缅甸和暹罗会经常性地入境骚扰，但王朝应对乏力，这使得车里等土司地区长期动乱[5]。因此，王朝只能在保证边境土司归属的前提下默认土司对缅进贡。

傣族土司与其周围土司贵族之间存在着经常性的联姻关系，人类学家埃德蒙·R. 利奇的《缅甸高地的诸政治体系》认为掸人（傣族）王族之间通婚是

---

[1] 《孟连傣族历史》，载《云南省傣族社会历史调查材料：孟连沧源和金平傣族地区（九）》，1963年，第9页。
[2] 李拂一译：《泐史》，载《云南史料丛刊》第5卷，云南大学出版社1998年，第587页。
[3] 方国瑜主编：《云南史料丛刊》第8卷，云南大学出版社1998年，第658页。
[4] 余邦定：《中缅关系史》，光明日报出版社2000年，第195页。
[5] 道光《普洱府志》卷13《武备志》。

政治性联姻,这种联姻可以为袭职的新任土司赢得外部势力的支持,或者是结成政治联盟[1]。孟连土司与周边的车里、孟艮[2]、耿马等土司都有联姻,尤其是车里、孟连、孟艮三土司频繁联姻,例如1864年、1870年、1888年孟连与孟艮土司连续进行政治联姻,这反映了历史上孟连与孟艮土司联姻的频繁程度[3]。在不断的政治联姻下,孟连土司和周围的土司经常保持政治联盟的关系,这种政治联盟关系是维持和稳定土司统治的一个重要因素,例如"嘉靖十九年(1591),王叔刀派汉,杀害孟连第十一世傣王刀强真篡位自立,因勐允等地的召勐不服,刀派汉为了扫平障碍,请孟艮出兵增援。于是,孟艮出动兵马二万、大象十只,在刀派汉的率领下围攻勐允。"[4]孟艮土司帮助孟连土司巩固其统治地位。

这种政治联姻关系,代表着土司之间相互的援助责任,嘉庆十年孟连土司应邀出境援助孟艮土司抗击暹罗夏于腊的攻击,结果身死境外,丢失大印,土司衙门亦被夏于腊入境焚劫[5]。类似事件,傣文史料中记载更多,例如傣历一一九五年孟连和蟒冷发生战争,孟连不敌,车里土司帮助孟连土司抵抗,事后孟连土司重金答谢[6]。与境外土司联姻意味着对外的政治义务,虽然清朝政府已经有了近代民族国家的边界意识,对土司有严格要求不许越境滋事,但边境土司对此并不理解,边境土司与境外土司的联姻往往会给王朝带来麻烦[7]。土司之间的政治联姻还会导致土司政权内乱,会威胁到土司统治的稳定,有时还会引入境外势力介入争端,从而给中央王朝带来麻烦。例如雍正十年孟连争袭中河西土目,引入孟养兵将土司代办刀派烈杀死,孟连土司掌印

---

[1] [英]埃德蒙·R.利奇著,杨春宇、周晓红译:《缅甸高地诸政治体系》,商务印书馆2010年,第206—209页。
[2] 在清代,孟艮是缅属土司。
[3] 召罕嫩:《孟连与孟艮的关系》,载《中国·德宏·云南四江流域傣族文化比较国际学术研讨会论文集》,德宏民族出版社2005年,第132—138页(作者为孟连土司贵族的后代)。
[4] 召罕嫩:《孟连与孟艮的关系》,载《中国·德宏·云南四江流域傣族文化比较国际学术研讨会论文集》,第132—138页。
[5] 《云贵总督伯麟等奏查办孟连土司被暹罗夷人戕杀遗失印信缅甸请求内地兴兵一案折》,载《清代外交史料》,成文出版社1968年,第97—100页;《清仁宗实录》卷147,嘉庆十年七月癸亥。
[6] 《孟连傣族历史》,载《云南省傣族社会历史调查材料:孟连沧源和金平傣族地区(九)》,1963年,第10页。
[7] 孟连土司插手境外缅甸与暹罗之间的战争,事后,缅甸以孟连土司为清朝所属土司为由,不断要求清政府出兵与其剿办暹罗之兵。见《云贵总督伯麟奏缅甸遣使求援遵旨晓谕不准行折》,《清代外交史料》,成文出版社1968年。

夫人狼氏就来自孟艮土司所属孟养地方[1]。

由以上我们可以得出,边疆土司作为利益主体,在边地复杂的政治生态中,为维护自己的利益,必然结成复杂的利益网络。这种利益网络,不能简单用现代国家观念去理解,实际上是与当时边地复杂的地理环境、历史渊源及政治形势相关的,这种状况体现的是中原王朝对边疆控制的不足。

四、外来势力:孟连土司境内的矿民集团

云南矿产丰富,明清以来,云南的银矿生产在全国占有重要地位。这些矿产多由熟谙冶炼技术的汉人开采,因此云南聚集大量矿产移民。云南沿边,甚或境外,明清以来发现多处大型银矿,比较著名的有安南境内的都竜厂、缅属木邦土司辖境的波竜厂、佧佤山的茂隆厂、耿马土司境内的悉宜厂,它们吸引大批汉族矿民涌向边疆和境外。这些汉族矿民是滇缅边区一股重要势力。

> 滇南田少山多,民鲜恒产,又舟车不通,末利罕有,唯地产五金,不但本省民人多赖开矿谋生,即江西、湖广、川、陕、贵州各省民人,亦俱来滇开采;至外夷地方,亦皆产有矿硐……凡外域有一旺盛之厂,立即闻风云集,大抵滇、黔及各省居其二三,湖广、江西居其七八。[2]

孟连土司境内募乃银厂是滇缅边区较大的一处银矿产地,它的始开年代不晚于明万历年间。成书于万历间的《滇略》一书载:"孟琏,旧名哈瓦……所部内有莫乃场矿,世专其利,以致殷富。"[3]尽管孟连土司"世专其利",但募乃银厂的实际开采者应该是汉族矿民,"地募乃银场,旺盛三十余年,故汉人络绎而往焉"[4],并且从事开采之人多达"万余人"[5]。

募乃银厂所聚集的矿民与孟连傣族土司政权必然发生关系,这样他们也构成了当地社会秩序的一部分。

傣族土司作为当地的领主,对土地拥有最高的所有权,募乃银厂的开采必

---

[1] 云贵总督庆复:《奏为遵旨详酌审理孟连土司争杀互控案请旨事》,乾隆四年三月二十九日,第一历史档案馆藏朱批奏折,档号04-01-26-0001-045。
[2] 《张允随奏稿》,载《云南史料丛刊》第8卷,云南大学出版社2001年,第683页。
[3] (明)谢肇淛:《滇略》卷9《夷略》,载《云南史料丛刊》第6卷,云南大学出版社2000年,第784页。
[4] 《滇云历年传》,载《云南史料丛刊》第11卷,云南大学出版社2001年,第106页。
[5] 《张允随奏稿》,载《云南史料丛刊》第8卷,云南大学出版社2001年,第571页。

然是在孟连土司认可的条件下进行,根据傣文文献记载,孟连土司刀派鼎在任时,主持开采,随后各地商人聚集于此。在矿产开发过程中,募乃银厂的矿民集团与孟连土司的关系超出了单纯的分享矿厂收入,例如他们曾直接介入雍正末年孟连土司内斗事件中,积极解救被劫持的应袭小土司刀派春母子,"节据猛猛土巡检罕戴亲及募乃厂客课人等前后投具缅文,将刀派春母子孤危情形具报……召贺白即乘衅诬捏,率夷众波结、波意坎、波温等勾结野夷,袭杀派烈,自居抚孤之任,其波结等旋被厂众公愤打死"[1]。在回驻地孟连坝受阻后,小土司母子选择临时栖身于募乃银厂[2]。土司承袭是影响滇缅边区社会秩序和中原王朝在当地统治秩序的重要问题,矿民集团介入其中可能增加事件的复杂性,孟连土司显然利用与矿民集团建立的互惠关系,在政权内斗中取得了矿民集团的巨大帮助。

当然直接而频繁的交往还在于当地底层民众,矿民社会需求多依赖于土著民族的供应,"夷人不谙架罩煎炼,唯能烧炭及种植菜蔬、豢养牲畜,乐与厂民交易,以享其利"[3]。虽然这种互利贸易是一种普遍性的现象,但双方的实际交往并不总是这样和谐,募乃银厂地处孟连土司西部,这里分布着大量尚武的佤佤民族,他们在20世纪50年代之前保持着猎头习俗,这会威胁到矿民的生命安全,因此处理与佤佤民族的关系需要相当的谨慎,"佤佤来则款之以酒食,惧触其怒而滋扰也"[4]。民国间在募乃银厂附近发现新矿苗,云南地方政府计划开办新矿厂,但是与佤佤民族发生激烈冲突,最后归于失败[5]。

作为地处多民族边疆的汉族群体,矿民集团在必要时还可以成为中原王朝政治和军事力量的一个立足点。在雍正末年孟连土司内斗事件中,面对冲突的双方,清王朝的官员及所带护卫人员仅能暂驻募乃银厂从中调解,"当令代办右营游击萧士能带领把总三员,马步兵丁三百名,并调耿马夷兵三百名,猛猛夷兵二百,于正月初一日星往募乃防护堵御……前发官兵土练,遵照节次批檄,已于二月初三日飞谕守备萧士能暂驻募乃,等候普洱守备马世雄到日,和衷商办"[6]。

---

[1] 《张允随奏稿》,载《云南史料丛刊》第8卷,第572页。
[2] 《张允随奏稿》,载《云南史料丛刊》第8卷,第659页。
[3] 《张允随奏稿》,载《云南史料丛刊》第8卷,第683页。
[4] (清)陈灿《宦滇存稿》,载《云南史料丛刊》第10卷,第637页。
[5] 方国瑜:《滇系边区考察记》,云南人民出版社2008年,第106页。
[6] 《张允随奏稿》,载《云南史料丛刊》第8卷,第660页。

滇缅边区的矿民集团有时也会参与或者卷入中缅两国的国际交往。在卡瓦山的茂隆银厂，以吴尚贤为首的矿民集团通过在中缅双方政府间的关系网络促成了乾隆十六年缅甸洞吾王朝向清王朝的首次进贡，其影响力之大引起了清王朝的警觉，最终导致了吴尚贤本人悲剧性的结局[1]。孟连土司境内的募乃银厂，和大多数边境矿厂一样，都组织有护厂的厂练，这些厂矿武装在乾隆中缅战争中曾经被作为清王朝重要的边防力量，尽管在战争中募乃银厂抗缅失败，但是在战争爆发前的防边工作中还是起到重要作用[2]。

滇缅边区的矿民集团如此深入地介入到当地的民族社会以及国家关系中，对此清王朝是保持高度警惕态度的，正如杨煜达对茂隆银厂矿民集团所做的研究，一旦滇边某一矿民集团的影响力超出清王朝的控制，王朝会果断采取措施予以打击。募乃银厂的个案与茂隆银厂不同的地方在于，在孟连土司特定的区域内，它成为王朝处理与傣族土司之间事务的纽带，在关键时刻能够成为王朝官员或军事力量在边疆的一个支撑点。从另一方面讲，孟连土司招徕汉族矿民开采，与汉族矿民保持亲密关系，也是其维护统治的一个可以依靠的外来力量。

五、结　　论

孟连土司辖区内自然和人文两方面所具有的独特条件，一是恶劣的瘴气和困难的交通，一是辖区内社会组织发育程度较低的山地民族。这两者使得它在清王朝和缅甸王朝两个国家政权中间保持有一定的独立性，这在周边国家政权无力介入时，表现得尤为明显，孟连土司在清初的表现即是如此。清雍正以来，滇南大规模改土归流，孟连土司迫于强大压力，主动向清王朝靠拢，孟连土司由此进入清王朝的边疆统治体系。

孟连土司辖区内的民族可分为坝区傣族和以倮黑为代表的山地民族。山地民族是孟连土司政权的重要组成部分，也是孟连土司维持其独立性的一个重要因素，他们与傣族土司的隶属关系是在长期的政治与经济交往中形成的。清王朝将孟连土司作为其边疆统治的代理人，孟连土司对内的有效统治是王

---

[1] 杨煜达：《清代中期滇边银矿的矿民集团与边疆秩序——以茂隆银厂吴尚贤为中心》，《中国边疆史地研究》2008年第4期。
[2] (清)昭梿撰，冬青校点：《啸亭杂录续录》，上海古籍出版社2012年，第93页；云贵总督吴达善《奏报贼夷窥扰边界拨练防堵敉宁折》，《宫中档乾隆朝奏折》第20辑，第594—595页。

朝维持边疆秩序稳定的重要基础。

孟连土司的独立性使得它能够根据自身利益需求,在滇缅边区构筑广泛的利益关系网络,其对象包括：周围傣掸民族土司、缅甸王朝以及汉族矿民集团。这些互动关系对于孟连具有不同的意义。与周围的傣掸民族土司的政治联姻,通过母方关系保证土司承袭的稳定,同时这也是政治结盟的一种手段；与缅甸王国保持朝贡和册封关系,朝贡可以使孟连尽量免受缅甸的侵扰,接受册封可以增加孟连土司的统治权威；与汉族矿民建立的关系,是与清王朝保持关系的纽带之一,必要时也可以获取矿民集团对政权的支持。

这些关系网络是孟连土司维护政权统治的必要手段,但大多数却与清王朝在一般和平年代维护边境稳定的目标是不一致的,清王朝在当地的力量无法保护傣族土司的利益,也无法完全控制这一地区,所以只能在维持隶属关系前提下默许这些行为,只有在核心利益受损的情况下才会直接干涉。

清代新疆镇迪道与地方行政制度之演变

吴轶群

清初承明制设立的道,既有省与府之间的道员,如分守道、分巡道、兵备道,分管地方府州县,也有不管辖某一地区而因事设置者,即专司某职的道员。清代的道,随着时代的推移而有所变化,其临时派遣的性质逐渐向地方行政官吏转变。道不同于府州县,它既受到行政区划的影响,同时又没有严格的限制。关于清代道的功能及与行政区划的关系,迄无定论。

清代道的研究多是以内地为主要对象,对边疆地区道的设置、职能及其演变探讨的很少,仅林涓在其博士学位论文中有所涉及[1]。有关清代新疆镇迪道建置沿革、建省时期四道建置、新疆地区道的特殊职能,以及四道建置在新疆地方行政建置演变中的作用,均未见有专文进行研究。镇迪道是新疆东部推行州县制度地区设立的道,建置沿革,如时间、名称、驻地、辖境等,因各种记载不同,有待廓清。对比清晚期各地道的演变,新疆巡抚下的四道及所属府州县制,既体现了道作为清代地方制度的演变规律(民政权力增强和向准一级政区演变),也有因其边疆地区的特殊性而具有的不同特点。建省后镇迪道职掌变化较大,与其他三道相比,其突出的政治地位,是乌鲁木齐在全疆的中心地位所决定的。在地理单元上,通过建省以及四道的建置,新疆最终形成了脱离甘肃、更符合于自然地理和民族文化特征的行政区划。

新疆建省和建置四道,是治边政策适应历史变化的需要,也是地方民政事务日益发展的结果。这一改变对清政府在台湾、东北、蒙古等地地方行政建置的演变有直接的借鉴作用。了解清代新疆道制的变迁,对于深入了解新疆地方行政建置变革、行政区划的形成,以及社会发展具有一定的参考价值。同时,对推进边疆政区地理和历代治边政策的研究,有着不可忽视的作用。本人不揣浅陋加以探讨,敬请批评指正。

---

[1] 林涓:《清代行政区划变迁研究》,复旦大学 2004 年博士学位论文。

一、镇迪道建置沿革及职能分析

(一) 镇迪道建置沿革

乾隆二十四年(1759)清朝荡平天山南北,将新疆纳入到中央王朝的直接管辖之下。根据当时的实际情况,采取了军府制统治体系。其中,新疆东部镇迪道辖境实行州县制度,在行政上隶属陕甘总督。镇迪道是由巴里坤道改名而来,而巴里坤道则是安西道移驻哈密后,于乾隆三十七年(1772)除而改设的。

关于镇迪道与安西道的关系,笔者认为:两者之间是有密切联系的,但不能说安西道是镇迪道的前身。两者对新疆东部的统辖地区有所重叠,可以说是先后承继的关系。在这一地区屯垦开发不断发展的过程中,最终安西归于安肃道,镇迪道直接统辖新疆东部地区。这个过程实际上反映了新疆东部地区与新疆政区形成的历史地理的过程,虽然这一过程最终是在建省时期完成的。这也是本文关于政区变化所要探讨的内容。

清廷统一新疆后,将新疆东部与甘肃西部紧邻新疆地区连为一体,实行与内地相同的州县制度。但安西道始设于雍正时期,"增设安西兵备道一员。自肃州抵哈密计程千五百里。其间沙州、安西等处,旧隶肃州道。按肃州道驻肃,事务尤繁,不能远制边外。现今安西屯田,又令吐鲁番回人于瓜州安插,必得大员就近弹压抚辑为便。户部议覆曰,应如所请。增设安西兵备道一员。其旧设安西同知移驻瓜州,办理水利屯田,与靖逆通判,及四卫一所,并隶安西道"[1]。此时,安西道与新疆没有政区联系。清政府统一新疆后,新疆东部行政上隶属甘肃省。这在很多清代文献中都有所反映[2]。清代官修的第一部新疆方志《西域图志》直接叙述了安西道与巴里坤道、镇迪道之间的关系:"道周千里,不必属于安西,亦以安西名者,其地向无统名,今道员已移驻府境,旧称安西道,则因安西以连及之也。哈密、镇西府同在天山东陲,南北相

---

[1] 《钦定平定准噶尔方略》前编卷33,雍正十一年正月。
[2] 如《清朝文献通考》卷283《舆地考十五》,即甘肃省中记述镇西府、安西州、迪化州、哈密厅。同书《舆地记》十六则是"西域"。乾隆《大清一统志》中"甘肃统部"包含九府六州,其中有镇西府、安西州、迪化州,并叙述了迪化州所辖三县。而在"西域新疆统部"中并未包含新疆东部镇西、迪化等地区,仅含有哈密、辟展两地。可见,清政府当时并未将新疆东部与甘肃西部两者严格区分。《西域图志》的记述包含了安西南路(安西州)、安西北路一(哈密暨镇西府)、安西北路二(迪化州)等,将安西州包含在"西域"的范围之内了。

隔……往时以哈密阿各州县由安西道、巴里坤道先后管辖。"乾隆二十四年(1759)九月"升安西直隶州为府，裁靖逆直隶厅入安西府；置哈密、巴里坤二直隶厅来属；徙道治于哈密直隶厅"[1]。安西道治所迁移到哈密，但名称仍旧，隶属于甘肃省。所谓"哈密兵备道"的记述，实际上是移驻哈密的安西兵备道[2]。乾隆二十五年(1760)，陕甘总督杨应琚奏请，乌鲁木齐"应照哈密，巴里坤之例，设同知一员，管理地方，通判一员，收放粮饷，并仓大使一员，以供差遣出纳。再设巡检二员，分驻昌吉、罗克伦两处。以上各员，统听哈密兵备道管辖"[3]。此时被贬授予道衔的哈密办事道员文绶，因"俱实心奋勉，文绶著加恩交部议叙，仍著军机处记名"[4]，并非派驻哈密的安西兵备道，这应该是对派驻哈密的安西兵备道的错误记载。《清朝文献通考》记载，"移驻安西道于哈密，以一府三县属焉"[5]，以及成书于乾隆年间的《西域图志》"分巡镇迪屯田粮务兵备道一员，乾隆二十四年设，初驻哈密为安西道"的记述，应该是确切的[6]。

安西道管辖地域当时跨新疆东部和甘肃紧邻新疆一带。此后，随着设官驻军和移民屯垦开发的发展，新疆东部地区州县建置发展很快，但清政府并没有再增设道，而是除安西道，改设巴里坤道。早在南疆战事还未告捷时，清政府即已开始兵屯。乾隆二十四年(1759)南疆平定，兵屯在哈密、巴里坤等地迅速扩大。乾隆二十六年(1761)始招募甘肃人户移民屯垦，迁入地以乌鲁木齐为中心，东起巴里坤，西到玛纳斯。依据当时的条件，屯田先后分三阶段、有重点地进行：1. 乾隆二十六年(1761)至三十年(1765)，以迪化及其附近地区为主，有昌吉、罗克伦、阜康(即特讷格尔)等地。2. 乾隆三十一年(1766)至三十七年(1772)，重心东移到巴里坤所属木垒地区，以奇台为中心。3. 乾隆四十二年(1777)以后，全面安置，着重充实乌鲁木齐以西的玛纳斯等地[7]。陕甘总督衔、兼理甘肃巡抚事吴达善在乾隆二十五年(1760)的条奏反映了当时的

---

[1] 乾隆二十四年九月初五日朱批杨应琚奏折，转引自牛平汉编：《清代政区沿革综表》，中国地图出版社1990年，第458页。
[2] 《钦定平定准噶尔方略》正编卷74，乾隆二十四年六月乙亥，记载："今准噶尔全部荡平，伊犁皆为内属，则安西又无须文武大员办理防弹压。看来以安西道员移驻哈密，以安西提督移驻巴里坤，于节制控驭之道方为妥协。……安西道文绶既在哈密本任，事务原可就近办理。"
[3] 《清高宗实录》卷612，乾隆二十五年五月丙午。
[4] 《清高宗实录》卷604，乾隆二十五年正月辛亥。
[5] 《皇朝文献通考》卷78，乾隆二十四年，议准督臣杨应琚奏。
[6] 《西域图志》卷29《官制一》。
[7] 华立：《清代新疆农业开发史》，黑龙江教育出版社1995年，第60页。

实际情况:"巴里坤、哈密距安西窎远,新移驻之同知、通判,应定为直隶厅,归安西道管辖,其粮饷刑名钱谷等项,该道核查。"[1]

另外还有派驻乌鲁木齐的专司道员——粮务道,乾隆二十五年(1760)派驻乌鲁木齐,"著陕甘两省,拣选满洲道员一人,同知、通判、州、县四员,县丞、杂职八员,发往乌鲁木齐,道员总办收支各屯粮饷"[2]。《清朝文献通考》中也对此有明确记载:"乌鲁木齐总理粮务道(陕甘总督于内地道员内酌派)一员……分管卡伦、经理粮务则由陕甘总督酌派道员同知以下等官,均照西藏驻防之例,三年更代。"[3]也就是说,乌鲁木齐粮务道是以各地屯田事务为主要职掌的专司道员,而并不像移驻哈密的安西兵备道那样,是管理粮饷刑名钱谷等事务的地方分巡道。

除安西道和设巴里坤道,记载时间约略相同,而巴里坤道移驻乌鲁木齐的时间,以及改名镇迪道的时间,不同记载较多,需加以辨析。据《乌鲁木齐政略》和《西域图志》的记载,除安西道、改设巴里坤道的时间是乾隆三十八年(1773),《三州辑略》则为"乾隆三十八年设镇迪道一"[4],笔者认为皆为错误。乾隆三十七年(1772)四月,议准陕甘总督文绶改设巴里坤道的疏请,"照旧兼辖哈密、辟展、乌鲁木齐等处。其原辖之安西府,请就近改归甘肃道管辖,该道更名安肃兵备道。至安西府一缺,仍移驻渊泉县","所有巴里坤道,同城既有满兵,且统辖哈密等处。时有清文事件,而所辖丞卒,又俱满缺,应请将巴里坤道,于陕甘两省满员内拣调。其乌鲁木齐粮道,系属差缺。今粮务已归巴里坤兼辖,请将此缺裁"[5]。裁撤安西道而改设巴里坤道,还将安西改归安肃道管辖,同时裁撤乌鲁木齐粮务道。加屯田粮务衔于巴里坤道,定其名为巴里坤屯田粮务兵备道,统辖乌鲁木齐屯田及粮饷等事务。但镇西府的设立当在乾隆三十八年(1773),"巴里坤向设同知,不足以资治理,请改设镇西府知府一员,附府宜禾县知县一员。一切刑名钱谷,令该府县管理"[6]。也就是设道员以后第二年,改直隶厅为府。从《清高宗实录》《嘉庆大清一统志》《新疆识略》《新疆图志》等的记载来看,可以确信:除安西道,改设巴里坤道的时间是

---

[1]《清高宗实录》卷622,乾隆二十五年十月丁丑。
[2]《清高宗实录》卷604,乾隆二十五年正月庚戌。
[3]《皇朝文献通考》卷88《职官考十》。
[4]《乌鲁木齐政略文员》、《西域图志》卷29《官制一》、《三州辑略》卷2《官制》等的记载。
[5]《清高宗实录》卷907,乾隆三十七年四月壬午。
[6]《清高宗实录》卷942,乾隆三十八年九月己巳。

乾隆三十七年(1772)。

关于巴里坤道移驻乌鲁木齐的时间,以及巴里坤道改名镇迪道的时间,历史资料的记载颇有不同。《西域图志》中记载:"分巡镇迪屯田粮务兵备道一员。三十八年改今名,移驻镇西府。"[1]而在《嘉庆大清一统志》中记载:"(乾隆)四十二年,移驻乌鲁木齐,改名镇迪道。"[2]首先是移驻时间。从史料中分析,乾隆三十八年(1773)应是确切的时间。道、府不用同城驻扎,甚至道多以分管而移驻他处,在清代并非少见。正如前述升安西直隶州为安西府,即将安西道移驻哈密,同样,乾隆三十八年(1773)升巴里坤直隶厅为镇西府后,即移道治于乌鲁木齐,以示统辖。在陕甘总督勒尔谨奏请升巴里坤为府的奏折中,一并提到"其巴里坤道,应移驻迪化州,并添建各员衙署。铸给印信,增设养廉"[3],也就是理所当然的了。至于《三州辑略》中"乌鲁木齐驻札历任巴里坤道"的记载,始自乾隆三十七年(1772)驻。实际上,从同书记述首任道员永庆(乾隆三十七年八月任事,至二十九年十月卸事进京引见)来看,估计是因自乾隆三十七年(1772)至乾隆三十九年(1774)在任,在其任内移驻,在叙其任职时不以移驻乌鲁木齐时间为断而方便记述,而以出任巴里坤道员为始之故[4]。其次,关于巴里坤道改为镇迪道的时间(镇迪道的名称即各取镇西与迪化的首字而来)。《三州辑略》记载是乾隆三十八年(1773),《新疆图志》为乾隆四十一年(1776)。《乌鲁木齐政略》记载较详,"于四十一年间,经都统大人索(即索诺木策凌)具奏,在于特讷格尔改设知县等官案内,将巴里坤道改为分巡镇迪粮务道"[5],此为改名的记载。这是记载巴彦岱升任镇迪道道员,应该在设置之后。此书据王希隆先生考订,为时任都统七年之久的索诺木策凌主修[6]。这是索诺木策凌上奏之事,应被文员幕僚确切记载。而《清局宗实录》记载的"分巡巴里坤粮务兵备道,改铸分巡镇迪粮务兵备道,兼管哈密、辟展之关防",其时间为乾隆四十一年(1776)十二月,是在改称镇迪道不久后的事件。记载巴彦岱升任镇迪道道员"管理巴里坤、乌鲁木齐、哈密、辟展等处事务,驻巩宁城分巡镇迪粮务道巴彦岱,辖县四,府一,州一,厅三,蒙古正蓝旗

---

[1]《西域图志》卷29《官制一》。
[2]《嘉庆重修一统志》卷251《甘肃统部》。
[3]《清高宗实录》卷942,乾隆三十八年九月己巳。
[4]《三州辑略》卷2《乌鲁木齐驻札历任巴里坤道姓名》。
[5]《乌鲁木齐政略·文员》。
[6] 王希隆:《〈乌鲁木齐政略〉的几个问题》,《西域研究》1996年第1期。

人,四十二年二月升署"[1],应该在设置之后。因此可以断定巴里坤道改称镇迪道是在乾隆四十一年(1776)间。至于除安西道改设巴里坤道之后,很快移驻乌鲁木齐,其原因无外乎乌鲁木齐政治地位提高的需要,原设乌鲁木齐参赞大臣,改为都统,与伊犁将军同一品秩,并且改迪化为直隶州,"乌鲁木齐新设迪化州,地处边隅,幅员辽阔。知州一员,势难统辖。请将迪化州知州改为直隶州知州,宁边州同,作为州属"[2]。

表1 安西道、巴里坤道、镇迪道建置沿革

名 称	设置时期与驻地	移驻时期与驻地	改设时间与驻地
安西道	雍正十一年(1733),西安府	乾隆二十四年(1759),哈密	(改设)乾隆三十七年(1772),巴里坤
巴里坤道	乾隆三十七年(1772),巴里坤	乾隆三十八年(1773)九月,乌鲁木齐	
镇迪道	乾隆四十一年(1776),乌鲁木齐		

(二) 镇迪道辖境变迁

下面将道员辖境变化作一概括。安西兵备道:于雍正十一年(1733)设置时,领安西、靖逆二直隶厅;乾隆二十四年(1759)升厅为府,裁靖逆入安西府,辖一府三县,并移驻哈密,置哈密、巴里坤二直隶厅来属;乾隆二十五年(1760)夏,设乌鲁木齐同知来属;乾隆三十六年(1771)置辟展、三十七年(1772)置奇台二直隶厅来属[3]。乾隆三十七年(1772)除安西道,设巴里坤道。巴里坤屯田粮务兵备道:升巴里坤直隶厅为镇西府,降哈密、辟展、奇台为散厅,往属镇西府,领宜禾、奇台两县;降安西府为直隶州,改属安肃道;乾隆三十八年(1773)七月置迪化直隶州来属;九月复徙道治于迪化,所辖府州各一,县五。分巡镇迪粮务兵备道:乾隆四十一年(1776)改设,宁边(昌吉)改县来属,后增阜康县、绥来县,咸丰五年(1855)降镇西府为直隶厅,置哈密、吐鲁番二直隶厅来属,割镇西之奇台县来属。从光绪八年(1882)到二十八年(1902),新疆建省

---

[1]《乌鲁木齐政略·文员》。
[2]《清高宗实录》卷939,乾隆三十八年七月甲申。
[3] 牛平汉编:《清代政区沿革综表》,中国地图出版社1990年,第503页。

时期,"设道四,府六,厅十一,直隶州二,州一,县二十一,分县二"[1]。光绪十一年(1885)镇迪道兼按察使衔,兼管全疆刑名驿传事务。宣统二年(1910)改为兼提法使衔。地位远远高于其他三道。建省后镇迪道辖境变化不大,其辖属计有迪化府,迪化县,昌吉县,阜康县,奇台县,绥来县,镇西厅,吐鲁番厅,哈密厅,库尔喀喇乌苏厅等。

(三) 镇迪道的边疆地区特殊职能

清代设守道和巡道分管地方府州县。至乾隆十八年(1753),定分守道、分巡道为正四品官,自此道员成为实官。道员职掌"分守、分巡及粮储、盐法各道,或兼兵备,或兼河务,或兼水利,或兼学政,或兼茶马屯田,或以粮盐兼分巡之事,皆掌佐藩臬,核官吏,课农桑,兴贤能,厉风俗,简军实,固封守,以倡所属,而廉察其政治"[2]。道以职司巡守,整饬吏治,弹压地方为己任,各道"类因事因地而设之","辅佐藩臬,监所领之府州"[3],这是道员传统的职权范围。清代兵备道,是为弹压地方而设,多为守、巡道兼领。清代新疆镇迪道加兵备衔,主要因为地方偏远,且为要扼故,均由巡道兼领。乾隆时,内地各道多加兵备衔,旨在加强政府对地方的控制。但由于满族贵族控制军权,地方兵备道的作用不显著,并不能有效控制地方军队。[4]

自新疆东部设置州县地区的道员,既有与内地道员相同的职权,如申详、监察、兼管学政等地方民政权力,也有适应边疆地区具体要求的特殊性。建省前镇迪道职掌的特殊性表现在三个方面:1. 管辖地域和管辖机构重叠。2. 受到军府制度的制约,其权力受到限制,以督理屯田粮务为要务。3. 管辖民众不包括当地全部民众,即不包括当地的土居民族。管辖地域的重叠和管辖机构的重叠,是清政府为了更加有力地统治新疆东部地区。虽然在伊犁将军之下,乌鲁木齐都统实际上直接统辖新疆东部地区。这样,在地域上,道员辖区既隶属于陕甘总督下的甘肃省,又是乌鲁木齐都统辖区;在管辖机构上,地方上既有府州县的行政建置,又有各级都统、大臣的建置。这样的地方建置

---

[1]《新疆图志》卷1《建置志一》。
[2]《清朝通典》卷34《职官》。
[3]《清朝续文献通考》卷134《职官二十》;《历代职官表》卷52《司道》。以上转引自吴宗国《中国古代官僚政治制度研究》,北京大学出版社2005年,第502、500页。
[4] 李国祁:《明清两代地方行政制度中道的功能及其演变》,《"中央研究院"近代史研究所集刊》1972年第3期,第161页。

是清政府军府制度下,"以军统政"思想的反映。但在镇迪道辖境内,军府制与州县制度双重的统辖之下,乌鲁木齐都统限制了镇迪道对各级官吏的监督职能和民政职能,军政官员兼理民政,又缺乏必要的监督,造成吏治腐败。

乌鲁木齐都统"驻扎巩宁城,统辖满、汉文武官员,督理八旗、绿营军务,总办地方刑钱事件"[1]。而道、府、州、县各地方行政机构,则隶属甘肃,是交叉重叠的政治管理体制。乾隆四十年(1775)乌鲁木齐都统索诺木策凌奏请,"乌鲁木齐所属地方命盗钱谷一切案件由该道转呈都统办理,其巴里坤地方一切事件向由该道往报总督办理。查该处距兰州城四千余里,鞭长莫及,难免贻误。且现在巴里坤、古城、吐鲁番满营事务俱属乌鲁木齐都统总理。应将巴里坤、奇台、古城地方事务全归乌鲁木齐都统办理"。"辖领队大臣五(本城一、吐鲁番一、巴里坤一、古城一、库尔喀喇乌苏一),协领十二(本城六、外城六),节制提、镇(迪化城提标、巴里坤镇标、哈密协、玛纳斯协)。"[2]这样,乌鲁木齐都统的辖境包括了全部新疆东部地区,其权限也扩展到"地方命盗钱谷一切案件""地方事务全归乌鲁木齐都统办理"。王希隆认为,实际上清朝在新疆设立了两个军府,即伊犁将军府和乌鲁木齐都统府,乌鲁木齐都统虽然在名义上受伊犁将军节制,但与将军同为武官从一品。都统的权限有"统辖满、汉文武官员,督理八旗、绿营军务,总办地方刑钱事件"三个部分,这实际上是把行政建制归于都统的属下,成为都统的特殊权限,都统府职能权限在某些方面超过了伊犁将军。正是由于乌鲁木齐地方的命盗钱谷一切案件都由镇迪道转呈都统办理,都统府直接管辖钱谷事务,监督机制不足,自乾隆三十九年(1773)开始,府县官员借采买粮石之机,集体贪污。四十七年(1782)案发,上自都统、道员、知府、知州,下至知县、通判、所千总,被处死、发遣计20余人,都统索诺木策凌也因受贿被赐令自尽[3]。

督理屯田粮务是各道员的要务。笔者所见关于内省道员衙门的设置记述不多见,而镇迪道道员衙门的设置较为庞大:"原议镇迪道员缺定为冲繁难三要,满缺三年俸满咨部办理。镇迪道门:书吏十四名,门子四名,门吏二名,皂隶十二名,铺兵二名,库子四名,快手十二名,举伞轿夫七名,民壮二十名。"[4]应该是为了适应协助管理屯垦开发相关事务的要求。解决驻军粮

---

[1] 《三州辑略》卷2《官制》。
[2] 《三州辑略》卷2《官制》。
[3] 王希隆:《关于清代新疆军府制的几个问题》,《西域研究》2002年第1期。
[4] 《三州辑略》卷2《官制》。

饷,是清代新疆道员历来的职责,也是不同于内地道员的特殊职掌之一。重新统一新疆以前,清政府就派驻粮员经办此事。乾隆四十年(1775),巴里坤地方秋收时,勒尔谨奏请乘时采买,以备供支,"据各道府盘查结报,均属实贮在仓,并无亏缺"[1]。是为道员负责核查粮食收成和仓储情况,并上报陕甘总督。乾隆三十七年(1772)道员加屯田粮务衔,改设巴里坤屯田粮务兵备道,后移驻乌鲁木齐,"复因乌鲁木齐地方辽阔,事务繁剧,知州一人,兼管莫及,巴里坤道移驻迪化"[2]。这是由于驻军置守解决粮饷而开展的兵屯、民屯,以及府州县建置已经扩展到奇台、乌鲁木齐、辟展等地,道员管辖职能和管辖范围扩大,原来的建置不敷管理而改设。安西道、巴里坤道、镇迪道的变化,体现了督理屯田粮务是道员的重要职责。至乾隆四十一年(1776),改设分巡镇迪粮务兵备道,去屯田衔而为粮务衔,是因为此时北疆地区屯垦区已经形成,道员职责更侧重于州县民政之故。

镇迪道治内地移民而不治土居民众的特点,是清代"因俗而治"的边疆政策决定的。根据各个民族分布的情况,清政府制定了军府制度之下扎萨克制度、伯克制度、八旗制度及州县制度等多种地方行政制度。镇迪道下辖的哈密、吐鲁番等地区,是南疆回部的组成部分。在吐鲁番和哈密,实施扎萨克制度,即由清政府册封的扎萨克回王管辖本民族事务。各级府州县只管辖从内地迁移来的汉回民众,不得过问回王事务。这是利用当地的封建势力来维持其社会的稳定发展而制定的,是适合当时的国情和有利于清朝统治的边疆政策。但随着时代的发展,多种制度并行必然带来诸多的弊端。地方民政管理多样化,不利于新疆政令的统一;而人为地把一个地区的民众分成两部分进行管辖,不利于各民族的交流和团结,更为严重的是使地方容易产生离心倾向[3]。

二、清末新疆建省过程中四道的设置

有研究认为,由于布按两司成为督抚的幕僚机构,道渐成独立的地方行政机构,乃使其在职权上发生了重大变化,其民政权加大[4]。清末由于省级地

---

[1] 《清高宗实录》卷993,乾隆四十年十月癸巳。
[2] 《乌鲁木齐政略·文员》。
[3] 管守新:《清代新疆军府制度研究》,新疆大学出版社2002年,第178页。
[4] 李国祁:《明清两代地方行政制度中道的功能及其演变》,《"中央研究院"近代史研究所集刊》1972年第3期。

方机构向专业化发展,加之筹备立宪颁订新制,使各省原有的无辖区的专司道裁并殆尽。周振鹤先生认为自清代乾嘉以后,道向一级政区的方向变化,其地方行政机构的性质增强[1],但由于没有官方的正式承认,只能称其为准政区。因应时代需要,又设立了两种负责全省事务的道,即巡警道和劝业道。有的道员督理海关,还有的道员担负地方政府办理中外交涉、筹划军事布防的职责,均为因应外交和洋务的要求而产生的变化。

清末新疆建省时期四道的建置,也体现了这些变化。但由于清末边疆政策的转变,新疆建置四道,与原有的地方行政建置相比产生了巨大的变化,具有地方特色和时代特点。

(一) 四道的设置及其职能特征

光绪十年(1884)新疆建省,"新疆开创行省,于是军府之制一变而为郡县之制,监司守令在位,咸秩大小纳职悉主悉臣,自汉唐以来未有建置若斯之盛也"[2]。州县制推广至天山南北,全疆分属四道。镇迪道由原来隶属甘肃,改隶新疆,并兼按察使衔,为省会所在地之巡道。

在建省过程中,先任命各道员,然后由道员组建辖境内的府州县,因此道员的民政职权加重。镇迪道于光绪十一年(1885)兼按察使衔,宣统二年(1911)改为兼提法使衔,使镇迪道不仅有道员的一般职责,还加强了考核、举荐的权力。在新疆建设行省、全疆各地建置州县时,镇迪道加按察使衔,无疑是为了加强新设各级地方行政机构和地方官员的考察、选任,使省府州县制度在边疆地区顺利、平稳地推行。尤其是对设置较为重要州县的级别和官员人选,需布政使与兼按察使衔镇迪道员共同考察加以选择,以加强对地方行政的管理和监督。道员以下地方官人选,由上一级官员审查上报,如设立莎车直隶州时,由新疆布政使魏光焘与兼按察使衔镇迪道恩纶核议,定莎车直隶州为冲繁难三项要缺[3];再如设立和阗直隶州,也是由新疆布政使魏光焘、兼按察使衔署镇迪道英林会商,请定为疲难二项,拣员请补,以重职守[4]。甚至各地军事建置,也要通过镇迪道查核申报[5]。同时镇迪道"兼管全疆刑名驿传

---

[1] 周振鹤:《地方行政制度志》,上海人民出版社1998年,第85页。
[2] 《新疆图志》卷25《职官四》。
[3] 《刘襄勤公奏稿》卷12,光绪十三年二月二十八日。
[4] 《刘襄勤公奏稿》卷11,光绪十二年七月二十六日。
[5] 《刘襄勤公奏稿》卷11,光绪十二年十月十九日。

事务"[1]，各道所辖地方重要案件，需解赴省城，交兼臬司镇迪道员审训，报巡抚或由巡抚具清单报户、兵等部定案[2]，其地位自然高于其他三道。但由于与新疆巡抚、布政使同城驻扎，其他民政权力就不如南疆两道的发展。建省时期镇迪道的职能变化，加强了乌鲁木齐作为新疆政治中心的地位。

南疆地区建省前各驻扎大臣不相统属，各长其疆，造成吏治腐败。他们不直接统治南疆人民，而由伯克管理民间事务，造成官民隔绝，"民之畏官不如其畏所管头目"[3]。伯克、通事等官吏巧取豪夺，无所不为，从而败坏了清政府的统治基础。经过战乱，伯克制也被摧垮。利用道府州县制度直接统治是势所必然。光绪八年（1882）在南疆设置阿克苏和喀什噶尔两道，选派署理道员赴当地组建州县[4]，开始时南疆两道的职责没有明确，直到光绪十一年（1885）才正式规定了道员的职守，"喀什噶尔兵备道员缺，辖境辽远，紧接俄疆，所属水利屯垦，钱粮刑名，暨通商事件，政务殷繁，应作为冲繁疲难最要缺。南疆设官伊始，百废待兴，道员率属绥民，尤关紧要"[5]；"阿克苏兵备道员缺，驱驭蒙部，弹压布鲁特，稽察卡伦，督饬所属水利屯垦钱粮刑名事件，政务殷繁，应作为冲繁疲三项要缺。该道以守兼巡，率属绥民，均关紧要"[6]。南疆两道的设置，实际上完成了新疆南部维吾尔族聚居区各民族直接受到中央王朝的统辖，结束了间接统治的历史。在南疆州县建置中，署理道员有权对下属州县治所、人事配置进行选择和筹划，然后上报巡抚。对比镇迪道，及以后设立的伊塔道，南疆两道的地方民政权力产生了巨变，对南疆社会产生了深远的影响。

伊塔道设置时间最晚，是由于清政府保留了伊犁将军的建置，限制了州县的建设。陕甘总督谭钟麟、新疆巡抚刘锦棠曾多次奏请伊犁行州县制，"欲厚民生，须由郡县。欲增郡县，须设监司。况新疆北路向设有道厅州县，现在全疆改设行省，南路经营建置亦已三年。……拟请仿照迪道之制，增置伊塔道一员，驻扎伊犁，兼管塔城事务，改伊犁抚民厅为府，改塔城通判为抚民同知加理

---

[1]《新疆图志》卷25《职官四》。
[2]《刘襄勤公奏稿》卷11，光绪十二年七月二十六日。
[3]《左宗棠全集·奏稿》卷53。
[4]《刘襄勤公奏稿》卷8，光绪十年十一月二十六日。
[5]《刘襄勤公奏稿》卷9，光绪十一年四月十二日。
[6]《刘襄勤公奏稿》卷10，光绪十年十二月十四日。《刘襄勤公奏稿》卷10，光绪十二年四月二十一日。

事衔,兼管屯田水利,庶几官事有联而屯政亦因之具举"[1]。清政府直到光绪十四年(1888),才同意在伊犁设置伊塔道及行州县制度。伊塔道的设置,使得建省最终完成。

清末新疆与周邻国家商业交往较多,各道兼管通商、交涉、巡查卡伦等事务,甚至与驻扎当地的军事首领一同筹划军政防务。如光绪十三年(1887)关于是否任命坎巨提头目,署乌鲁木齐提督谭上连会同喀什噶尔道员黄光达要求查核该头目,"抚绥外部,以安民心"[2]。喀什噶尔正署巡道袁尧龄、黄光达,先后会同喀什噶尔提臣谭上连,"查察地势情形,拟议呈请酌办前来。……回城驻分巡通商道员,中俄交涉尤关紧要,拟设副将一员。……此拟设喀什噶尔提标官弁勇丁之数目情形也。"阿克苏道员会同署阿克苏镇总兵董福祥,查勘地形,"阿克苏居南疆适中之地,非驻重兵不足以资策应。拟设镇标中左右三营;乌什兼辖胡什齐奇里克各布鲁特,又连俄境,防卫关重,拟设副将一员;喀喇沙尔为南疆门户,蒙回杂处;……库车为东西通衢,所属沙雅尔,民情刁悍"[3]。各道员均参与各地民政以及军政事务,这是新疆边疆地区的特点所决定的。

(二) 四道在地方行政制度演变中的作用

地方行政制度,对地方行政建置演变的作用是两方面的,即对行政制度和行政区划演变的作用[4],清末新疆建省时期四道的建置对新疆地方行政制度的作用也体现在这两方面。具体而言,就是对新疆建省和府州县制行政建设的作用,以及对新疆东部脱离甘肃省、天山南北成为一个整体政区,大致划分出新疆各地行政区域的作用。

首先是对地方行政制度演变所起的作用,即由军府制之下的多种行政体制变为全疆内统一的、并与内地统一的州县制度,这也是清政府为加强边疆地区行政管理而采取的统治方式。

清代西北边疆政策总的原则是因俗施治和间接统治,即实行军府制度之下的多元行政管理体制,由于总结了历代的边疆政策经验,较前代更加完备。清政府确立伊犁将军对都统、参赞大臣的节制统辖权之后的数十年里,新疆社

---

[1]《刘襄勤公奏稿》卷13,光绪十三年六月二十四日。
[2]《刘襄勤公奏稿》卷13,光绪十三年十月二十七日。
[3] 周振鹤:《中国地方行政制度史》,上海人民出版社2005年,第194页。
[4]《三州辑略》卷2《官制门》。

会处于相对稳定的发展之中。镇迪道之上由陕甘总督这个省一级的行政建置,和军府制下乌鲁木齐都统直接管辖。但自乾隆二十七年(1762)伊犁将军府的设立始,至同治三年(1864)阿古柏入侵南疆前,军府制实施已逾百年,不能满足和平时期地方民政管理的需要。军府制的弊病很明显,如职权分散,地方民政管理体制的多样不利于政令统一,监督不力,"因俗施治"容易使地方产生离心倾向等。另外,军府制重军政轻民政,军府大臣多不理民事,不谙习民事,"原为操演兵丁而设,向不办理地方事务……查地方官亏空,始令兼管。但满洲领队大臣内能管辖兵丁复能办理地方事宜者鲜有"〔1〕。

缺乏监督机制是军府制度最大的弊端。地方事务多由当地民族上层人士管理,造成官民隔阂,政令不畅,南疆地区尤为严重,伯克任意压榨百姓。嘉庆年间南疆发生和卓后裔张格尔之乱,那彦成处理善后事宜时,指出"各大臣驻扎一城,各长其疆,并无维制考核之分,是以彼此不相顾忌,不若外省州县属于知府,复设司道从而考察之,又设督抚从而统辖之,层层相制"。军府制度虽有统制之名,而无考核之实,"遇事迁就。今应增添考核一条。……今各城大臣亦请分隶考察,俾有所纠察,以防其荡检逾闲。每届年终,令将军都统参赞大臣,将各城大臣出具切实密考,各具所见所闻"〔2〕。这是史料中较早对军府制度下南疆地方行政缺乏监督,与州县制度相比不易行监察考核的论述。清政府已经认识到军府制缺乏的正是司道的监察控驭。

同治三年(1864)阿古柏入侵南疆,新疆大乱,军府制度受到沉重打击。收复南疆、筹办善后时期,刘锦棠就建议裁撤伯克等缺,并裁撤军府,拟设巡抚。镇迪道无须乌鲁木齐都统兼辖,即使伊犁将军亦不用总统全疆,"免致政出多门,巡抚事权不一"〔3〕。在置省建议中,为加强吏治监察,刘锦棠提议将旧有镇迪道员,赏加按察使衔,兼管全疆刑名驿传事务〔4〕。"南疆两道距省窎远,所属一切案件,均由该管巡道核转,设案情不确,即由该管巡道提审问拟,统咨镇迪道兼按察使衔衙门。""南路设官以后,所有各属命盗重案,经臣饬由该管道州,层递檄转,再由臣悉心察覆定谳,历经办理在案。"〔5〕按照刘锦棠的建议而建置的南疆两道,仍然要"统咨镇迪道兼按察使衔衙门",以实现兼按察使

---

〔1〕《那文毅公奏稿》,道光七年十二月初八日。
〔2〕《刘襄勤公奏稿》卷3,光绪八年七月初三日,"遵旨拟设南路郡县折"。
〔3〕《刘襄勤公奏稿》卷3,光绪八年七月初三日,"新疆各道厅州县请归甘肃为一省折"。
〔4〕《刘襄勤公奏稿》卷9,光绪十一年五月十一日。
〔5〕《刘襄勤公奏稿》卷9,光绪十一年五月十三日。

衔镇迪道监督吏治、统辖全疆刑名驿传事务的布署。道员兼按察使衔,在职能上加强了监督吏治职权,而且地位与布政使已经很接近,提高了道员的行政管理地位。这是符合新疆建省及加强地方行政管理需要的。

如前所述,清代守、巡道员"皆掌佐藩臬,核官吏,课农桑,兴贤能,厉风俗,简军实,固封守,以倡所属,而廉察其政治"[1]。道员为两司之下,府州之上的地方行政官。其整饬吏治,弹压地方,"辅佐藩臬,监所领之府州"的性质,正可以弥补清代新疆军府制下官员缺乏有效的监督和考察的弊端[2]。尤其是镇迪道加按察使衔,加强对官吏的监察,以解决清末治边政策中的一个难题——对官员的监察考核,以保证吏治清廉,政令下达。而与道及府州县相应的是行省制度,建省也就成为必然的选择。

镇迪道及其他三道,在组织州县建置过程以及建省后的地方行政中,道员的地方民政作用增强。新疆建省,使得原来隶属军府制度之下的南疆伯克制、扎萨克制度、以及军府制度本身,都向统一的地方行政制度靠拢。建省后,设置巡抚1人,布政使司1人,省治迪化府,经历司经历1人,库大使1人。按察使由镇迪道兼摄,后改提法使,司狱由镇迪道库大使兼;分巡道四(镇迪道、阿克苏道、喀什噶尔道、伊塔道)。"往昔军府之制已如冬葛夏裘之不可复御,于是同光再定代以郡县,联边腹为一体。"[3]四道在建省后的地方行政建设过程中,成为地方政治制度中的重要一环,并使得新疆地方行政制度与内地划一。

其次是对于新疆政区形成的作用,包括作为新疆省一级的政区和新疆辖区内的次级政区的形成这两个方面。

乾隆重新统一新疆时,新疆隶属于不同的行政机构管辖,也就自然的形成四个统辖区域,即东部以乌鲁木齐为中心的隶属陕甘总督的地区、伊犁将军直接管辖下的伊犁为中心的地区、北部属于科布多参赞大臣的阿尔泰地区,以及南疆地区。(建省后的新疆巡抚辖区,实际上是沙俄割占了伊犁边外大片领土之后形成的。阿勒泰地区是在民国时期划归新疆统辖。这些本文不予讨论。)建省前镇迪道建置沿革即是新疆东部脱离甘肃管辖、不断向西移动的过程。光绪年间,根据刘锦棠的设省方案,巡抚驻乌鲁木齐,为全疆最高行政长官,兼顾了新疆政治统治及地理分布的特点。为了加强新疆与甘肃的联系,把甘肃

---

[1]《清朝通典》卷34《职官》。
[2] 牛海桢:《清代西北边疆地区民族政策研究》,兰州大学出版社2004年,第139页。
[3]《新疆图志》卷22《职官一》。

与新疆合为一省,称甘肃新疆省。但在设省后,驻乌鲁木齐的甘肃新疆巡抚无权兼管甘肃(甘肃另有驻兰州的陕甘总督统管),甘肃与新疆仍是两省[1]。新疆建省的完成,也是新疆地方行政建置的完成,同时,近现代新疆政区随即形成。行政机构的改变促成了地方政区的形成,新疆大体上以这四道的驻地为中心,形成了各个地方行政的中心,并最终使天山南北成为省一级的整体政区。

新疆政区的形成是地理因素与地方行政建置互相影响的结果。19世纪中叶以后,沙俄侵占了中国西北边疆大片领土,清政府面临更大的边疆危机。随着对新疆地理认识的加深,人们逐渐形成了现在新疆政区的地理和政治的概念。建省前镇迪道的建置沿革表明:由于管理不便,安西道自雍正以来兼辖新疆东部地方,到乾隆三十七年(1772)止,改由里坤道辖东部州县,安西自此改隶肃州。而乾隆时将新疆东部和甘肃西部均视为"缘边一带"而统辖于甘肃省,是新疆东部为入内地孔道,方便内地移民入新、调发钱粮、派遣官吏等起见。新疆东部地区虽然仍隶属甘肃省,但与前相比,镇迪道的辖境已经初步形成,并由乌鲁木齐都统直接管辖,从而奠定了建省后新疆东部和甘肃西北的政区界限。左宗棠在收复新疆过程中,主张哈密应改隶新疆,"将来议设行省必以哈密划隶新疆,形势始合","请将哈密及镇迪道属划归刘锦棠统辖"[2],即是清廷对新疆政区地理认识加深的体现。哈密原来是回王统辖维吾尔族民众,哈密通判管辖汉回人民,隶属甘肃省。新疆建省后,哈密地方回务,"应请划归镇迪道管辖,遇事由该道核转,以专责成"[3]。建省后将哈密划归新疆,结束了行政管理隶属甘肃的局面,使之成为新疆的组成部分。省会迪化建置各级行政管理机构,升迪化直隶州为府,增设迪化县为附郭县,与昌吉、绥来、阜康、奇台四县,隶属迪化府;镇迪道辖府1、厅4(吐鲁番、镇西、库尔喀喇乌苏、哈密)。镇迪道及迪化府的行政建置大体完善,更加巩固了新疆东部地方政区的大体格局。

地方行政建置和政区的设置,也是西北边疆军事防御的要求。清代重北疆而轻南疆,驻军多在北疆,这是符合清统一新疆时边防的要求的。但19世纪西北边疆危机爆发以来,尤其是集中在帕米尔地区的俄国、英国和浩罕势力

---

[1] 苗普生、田卫疆编著:《新疆史纲》,新疆人民出版社2004年,第378页。
[2] 《左宗棠全集·奏稿》卷57,光绪六年十月十二日,第8969页。
[3] 《刘襄勤公奏稿》卷9,光绪十一年七月十六日。

对清朝的威胁日益严重[1]。"南北两路边界,多与(俄)毗连,所在防范宜周,不仅伊犁一隅扼要也。从前额兵职官,北路独多,今则两路并重,南路形胜,以喀什噶尔为最。"[2]建省时首先着手建置南疆两道,渐次废除伯克制度,即是为加强对边外和境内的防范。各地改设州县,由巡抚、各道管辖下的各级官员直接统治。至清末,南疆东四城设分巡阿克苏兵备道1员,驻温宿,辖府2(温宿、焉耆),厅1(乌什),州1(库车)。道库大使1员。温宿府辖县2(温宿、拜城),焉耆府辖县3(轮台、新平、婼羌),库车直隶州辖县1(沙雅)。西四城设分巡喀什噶尔兵备道1员,驻疏勒,辖府2(疏勒、莎车),厅1(英吉沙尔),州1(和阗)。道库大使1员。疏勒府辖县2(疏附、伽师),莎车府辖州1(巴楚),县2(叶城、皮山)。和阗直隶州辖县2(于阗、洛浦)[3]。南疆两道的设置,形成了两大军事政治中心,即喀什噶尔和阿克苏,对新疆地方政区和国界的巩固都起到了积极的作用。收复后历任伊犁将军都力图保持军府的统辖权,认为旧制不可完全改变。但最终于光绪十四年(1888)设分巡伊塔兵备道1员,驻宁远,辖伊犁府,厅2(塔尔巴哈台、精河),道库大使1员。府辖县2(绥定、宁远)。伊犁将军只管伊塔两地防务和全疆军务。伊塔道的建置,虽然保留了伊犁将军,是军府制废止不完全的表现,但对于加强与俄国交界的伊犁地区的军事防御,发展地方政治经济都是有益的。同时奠定了伊犁塔城地区的地方行政区划。

新疆设省过程中,推行"设立行省当从州、县办起"的原则,到1902年(光绪二十八年),全疆共设四道,所属6府、10厅、3州、23县与分县。新疆省的行政区划大体确定。全疆府厅州县,均由四道管辖,各地行政事务,都以四道为基本行政单位。如查核钱粮,由布政使魏光焘汇总,以四道所属为区别。《新疆四道志》即以镇迪道、阿克苏道、喀什噶尔道、伊塔道为一级政区论及各道所属府厅州县[4]。清末新疆建省,最终使新疆成为一个整体行政区域,并集中政令于巡抚,统辖全疆,督办边防,有利于边疆地区的统治和稳定,也有利于防御外敌的入侵。同时,对于边疆地区有重大的意义,为以后台湾(1887年建省)、东北(1900年以后,设立各府州县)、蒙古等边疆地区地方行政建置的发展提供了范本。

---

[1] 马汝珩、马大正主编:《清代的边疆政策》,中国社会科学出版社1994年,第88页。
[2] 《刘襄勤公奏稿》卷7,光绪十年四月二十八日。
[3] 《新疆图志》卷25《职官四》。
[4] 《新疆四道志》,台北成文出版社1968年,第十二号。

三、余　　论

　　建省前镇迪道建置沿革体现了边疆地区行政建置的特殊性,是适应"因俗施治"的边疆政策和新疆东部地区移民屯垦发展需要的。新疆建省,形成了四道及各府厅州县制的地方行政机构,直接统治取代了"因俗施治"的间接统治,新疆内部地方行政制度划一,并与内地省份划一。建省时期道的民政管理权增强,并向准一级政区演变,对新疆省统辖政区的形成起到了推动作用。同时为新疆各个地方行政区域的形成奠定了基础。

　　清代新疆地方政区的变迁,既是清代晚期边疆历史发展的必然要求,也是自然地理区域条件、民族文化特征等内在因素作用的结果。新疆建省后,全疆分为4道,以后又变为8道,后改为行政区。至解放前,新疆为10个行政区。从清末边疆政区地理的角度,以民族文化的角度分析新疆道制的性质和职能,仍是需要深入探讨的问题。

　　实际上,省、道的建置对于南疆社会的影响远大于北疆。北疆东部一直是州县制,伊犁地区的军府制度,其对地方的控制,都是较为严密的。南疆则不同,原来是民族地方管理体制——伯克制,中央对地方的管辖松弛。阿克苏道和喀什噶尔道的设置,使得当地人民直接置于政府的管理之下,尤其是土地赋税制度的改变,促进了地区农业、商业、手工业的发展,从而也促进了人口、文化的发展。地方行政制度变革带来的社会影响,也需要进一步的研究。

　　　　　　　　　　　本文原载《中国历史地理论丛》2007 年第 3 期。

"天赐神佑"：乾隆十三年钱塘江"潮归中门"的过程及其政治意义

王大学

海塘、黄河与运河等大型公共水利工程是典型的人与自然综合作用的景观。两浙鱼鳞大石塘工程肇端于康熙末年，历经雍正和乾隆两朝方成。乾隆皇帝初登大宝，想大规模修筑石塘，囿于条件，第五次南巡时才乾纲独断大规模修筑鱼鳞石塘。塘工决策、施工与乾隆皇帝南巡及王朝政治变化密切相关，乾隆朝海塘史需分时段详析。乾隆十三年（1748）执政由宽转严，这一年皇帝有许多不如意之事，大开杀戒，惩治群臣[1]。但当时钱塘江主泓道重归中小门导致南北两岸稳固，是最让他高兴的事。仔细梳理这段历史，将不难发现塘工建设与乾隆朝初期政治、环境变迁的紧密联系。现有成果对这方面的研究，尚有较大拓展空间。

本文将分析乾隆初期两浙塘工建设过程，了解皇帝各项政策的背景及对塘工影响，透视臣工内心世界和具体行动的变化过程，证明乾隆皇帝登基后起初的十三年中一直想修筑石塘，中小门引河的开通只是无心插柳之举，但其客观效果却远超时人想象，借此探索利用河口海岸动力学知识与档案材料分析古代大型公共水利工程史的路径与方法。

一、嵇曾筠处理海塘遗留问题及其新计划

乾隆初期的两浙塘工是雍正朝尚未完成工程的延续。雍正皇帝曾说"吏治、海塘乃浙江第一要务"，塘工与其对浙江统治密切相关。隆昇专注中小门引河工程而忽视日常维修，导致雍正十三年（1735）六月初海塘因小汛而大面

---

[1] 郭成康、成崇德主编：《乾隆皇帝全传》，学苑出版社1994年，第110—120页。

积崩塌。八月,雍正驾崩,乾隆登基,派河工经验丰富的嵇曾筠总理塘工。嵇曾筠修正隆升策略:坚持岁修,修补坍塌处,实施间接护岸工程;用大条石代替块石和碎石,分段逐层铺砌顶冲坍卸塘工;不在旧塘坍塌处而在旧塘后改建鱼鳞石塘;海宁县南门外首险五百余丈先筑鱼鳞石塘[1]。

嵇曾筠暂停尖山坝工和中小门引河工程。据河工经验,挑水坝一丈挑溜十丈,尖山坝工完成可挑溜二千多丈,附近二十多里海岸有望涨出新沙。石坝完工后沙涨不必修塘、坝工致塘工受累的观点均不符事实。坝工自去年九月迄今筑百余丈,尚余七十余丈。潮汐往来,溜势日湍,抛掷块石多被冲。修旧塘坦水乃急务,就近分拨坝工块石,乘冬季水落潮平底滩毕露时抢修坦水,然后继续坝工[2]。嵇曾筠此举体现了高超的为官艺术。好友、儒林领袖李绂信里猛批尖山坝工,认为堵塞尖山水口只能保证附近二十里塘身,不能保证通塘一百多里稳固[3]。不全面分析石坝效用,李绂可能参奏隆昇。雍正朝严厉打击科甲朋党,李绂与田文镜互参被严惩。李绂对乾隆明确暗示保护的隆昇大肆参奏的话,无疑将触犯新皇敏感的神经,认为李绂和嵇曾筠不遵从圣意,下场可想而知。事实证明嵇曾筠政治嗅觉极敏感,隆昇犯有大罪但被革职回京后未受太大责罚。[4]

嵇曾筠认为塘工重点在北岸但根源在南岸新涨沙滩,沙嘴挑溜,江海水势全部向北。他停止中小门引河工程,借水攻沙,南岸沙洲用铁器具梳挖陡崖,使沙岸根脚空虚,趁冬季西北风多海潮往来冲刷南岸沙滩。乾隆元年(1736)春,南岸沙滩坍塌数十里[5]。四、五月份水势日向南趋,加上南岸挑切沙嘴,北岸沙滩日渐宽厚,东西两塘护沙淤涨首尾相连,大潮而水至塘根不过数尺,小潮可见纵横数十里平沙[6]。嵇曾筠调整工作方案,拆修旧塘建鱼鳞大石塘六千余丈,现水势条顺、塘根又有涨沙在旧塘基址清槽钉桩建设。紧要工程

---

[1] 《大学士嵇曾筠请建鱼鳞石塘及抢修坦水》,《雍正朝汉文朱批奏折汇编》第30册,江苏古籍出版社1986年,第890—894页。
[2] 《总理浙江海塘事务嵇曾筠奏陈现在办理塘工事宜章程并江海水势条顺情形折》,《雍正朝汉文朱批奏折汇编》第30册,第217—221页。
[3] 李绂:《与大学兼管浙江巡抚嵇公书》,《清经世文编》,中华书局1992年,第2924页。
[4] 谢济世参奏隆昇两浙海塘问题上渎职,乾隆对此置之不理。《清史稿》卷293,中华书局1977年,第10329页。
[5] 《大学士总理浙江海塘事务嵇曾筠奏报桃汛水势塘工平稳情形折》,《御批两浙名臣奏议·海塘卷》,华宝斋2001年,第114—120页。
[6] 《奏报旧塘工程告竣江海水势安澜事》,中国第一历史档案馆,档号:04-01-01-0008-026。

止在临水一层,再将临水一面险要处改建鱼鳞石塘[1]。为培养水利技术官僚,十月,上谕刘统勋跟随嵇曾筠学习海塘、河道工程[2]。

乾隆二年(1737)六月,鱼鳞大石塘工程实施,自浦儿兜大石工尾起至尖山段塘头建鱼鳞大石塘5 930.2丈,先修险工2 974.1丈。刘统勋反对当时因过于追求工程速度出现因石料短缺而导致停工的做法;护沙已涨,塘内新筑土堤高厚平整,石工应宽以时日,慎重料理。乾隆告诉刘统勋"虚心和衷,以乞大学士指示可也"[3]。两人的矛盾冲突并未消除。嵇曾筠将刘统勋不服从指示情形上奏,乾隆命嵇曾筠教导刘统勋,如分歧过大可奏明调离刘统勋[4]。次年四月,刘统勋被调回京城[5]。刘统勋的反对事出有因,当时经费紧张[6],钱塘江沙水情形继续向有利于北岸的方向发展。九月上旬自仁和直接海宁长150余里、宽四五十里[7]。

乾隆登基以来钱塘江北岸边滩多有涨沙,与河口海岸动力密切相关。决定杭州湾地貌形态和泥沙运动的最重要条件是水动力,其中风、波浪、潮汐与潮流以及江流等动力情况均极重要。江流作用除供给泥沙外,供给量多少和主泓摆荡可影响杭州湾地貌变形。钱塘江和曹娥江均属山溪性河流,水位和流量变率很大,大水年份和洪水季节水位暴涨,比降和流量增大,钱塘江口受强烈冲刷,杭州湾亦承受较多淡水和泥沙。海宁—尖山间江海交会,江流与潮流消长不定,主泓经常摆荡,直接影响两岸动态和曹娥江发育[8]。七格—海宁段冲淤变化基本上为洪水冲刷、枯水落淤,小于3 000立方米每秒流量的洪水对本河段不起冲刷作用,较大洪水才见显著冲刷,冲刷作用向下游减弱。在一般水文年中,河段被冲物质当年便可恢复,大水年份需较长时间恢复。翁家埠河段动力结构复杂,大洪水之年滩地面积显著缩小,需两三年恢复平衡[9]。不难理解,雍正十年(1732)大洪水造成华家卫以西至翁家埠接仁和

---

[1]《奏为详审江海情形酌建鱼鳞石塘事》,中国第一历史档案馆,档号:04-01-01-0008-015。
[2]《清史列传》卷18,中华书局1987年,第1384页。
[3]《刑部左侍郎刘统勋奏陈海塘平稳工程次第兴修情形折》,《御批两浙名臣奏议·海塘卷》,第140—145页。
[4]《奏为遵旨教导侍郎刘统勋留意海塘工程事》,中国第一历史档案馆,档号:04-01-12-0009-012。
[5] 乾隆三年四月二十六日浙江总督嵇曾筠奏,中国第一历史档案馆,档号:04-01-12-0010-006。
[6]《奏报上年引费节存银两拨充海塘公用事》,中国第一历史档案馆,档号:04-01-35-0442-052。
[7]《工科题本—水利工程》,乾隆三年九月十一日嵇曾筠题,中国第一历史档案馆,档号:487。
[8] 陈吉余等:《杭州湾的动力地貌》,《上海市科技论文选》,1961年。
[9] 陈吉余等:《钱塘江河口段的泥沙移动与河槽变形》,《海洋集刊》,1963年。

沈家埠迤西至万家闸一带旧沙被刷严重,因而主要在翁家埠边滩施工。经几年恢复,乾隆朝以来北岸边滩不断外涨是这一自然地理过程的延续。

钱塘江北岸涨滩持续出现,塘工任务顿时减轻。乾隆三年(1738)底,巡抚卢焯奏停柴草塘岁修[1]。次年四月,停岁修柴盘头[2]。十月,续筑尖山石坝[3]。乾隆五年(1740)闰六月尖山坝工完竣[4]。北岸新涨滩地的不断出现本已减缓了塘工压力,但随之而来的塘工计划却激起大波澜。

二、柴塘改建石塘的争论

乾隆五年(1740)十月,总督德沛、巡抚卢焯奏请将海宁老盐仓以西至仁和章家庵4 200余丈柴塘改建为鱼鳞大石塘。此处因康熙五十六年、五十七年间潮水冲刷,巡抚朱轼用柴抢筑一千余丈。雍正十年、十三年及乾隆元年均风潮大泛,经抢堵始获平安。今沿塘沙涨,人力易施,诚修筑良机。因石料供应有限,分五年完成,约需银九十余万两。浙江盐课除正课外尚有公费,每引输银二钱五分,每年约征解二十余万两,可拨充改筑石塘。工部认为:近年水势南涨、淤沙绵亘,去年正月卢焯奏请暂停草塘岁修,可见石工改建尤非急务。石塘一万余丈尚未完工,各山采石量并不宽裕。俟以后再做打算。[5]

德沛强调:海潮南北不常,浮沙坍涨无定,必须一律改建石塘方可垂诸永久,自老盐仓起至章家庵应改建;万一护沙被冲,水势将由草塘浸灌内地,到时所费更多;动用盐务公费于国帑无损;东西两塘鱼鳞大工陆续报竣,石料日见充裕;原议分年办理已分别缓急,乘此沙涨,人力易施,应早为经营[6]。乾隆六年(1741)四月,皇帝同意[7]。

刘统勋上折反对:柴塘已停岁修,可见堤岸平稳;此处土性虚浮难以钉桩;根据土著经验,大溜或南或北数十年一变,水势向北之日再筹备防御为时

---

[1]《浙江巡抚卢焯奏请暂停草堂岁修以免虚縻钱粮折》,《御批两浙名臣奏议·海塘卷》,第178—183页。
[2] 乾隆《海宁州志》卷5《海塘》。
[3]《浙江巡抚卢焯奏陈堵塞尖山为海塘第一善后事宜缘由折》,《御批两浙名臣奏议·海塘卷》,第208—217页。
[4]《两浙海塘通志》卷6《本朝建筑三》。
[5]《闽浙总督德沛等奏请将仁宁二县境内柴塘改为石塘折》,《御批两浙名臣奏议·海塘卷》,第232—241页。
[6] 翟均廉:《海塘录》卷16。
[7]《清高宗实录》卷141,乾隆六年四月癸卯。

不晚。当时两浙塘工重点：第一，北岸海盐大石塘自明代修建以来御潮效果明显，但天长日久渐现坍卸。第二，仁和与钱塘江塘逼近省城城垣，每年增修，蠹役奸匠将塘身石料拆旧为新或凿大为小，朦胧造册，彼此分肥。需详查维修。第三，若水势南迁，南岸山阴、会稽、萧山、上虞等县的防御刻不容缓。塘工建设应因时因地制宜，没必要将此款项放在缓图处而忽视未雨绸缪的工作。请敕令督抚亲自查勘塘工，将如何修补、堵筑处搞清楚。大体来看，五年之内动用七十万两白银可保通塘安全。草塘工段，可用二十万两白银购买长桩在江干存储，塘后堆积土方，以备将来不时之需。

刘统勋还批驳塘工中弊端："臣观历来论工程者，欲图兴事必曰一劳永逸，然伏睹寰宇之内，凡系海塘、河道从无大工一建不烦再计之事，是一劳永逸等语不过纸上之虚文也。"监工大臣希望建筑塘工，则所属工员必强调工程急不可待，工程报销可借机中饱私囊，议叙可借机晋升功名。此前尖山石坝和中小门引河工程难收实效，近来屡次议请在仁和与海宁两县间建筑石塘，未免专注于一隅而失全局。海宁石塘将竣，在工员役或有亏折之项，害怕水落石出暴露真相，必怂恿当事大臣再兴大工，移东补西。雍正十三年(1735)风潮之日全塘坍陷，可江海之水并未尺寸漫过塘身，"岂真在塘之吏卒能使百余里之潮水点滴不入手乎？盖江直下而不留，海一潮而即退，盛于子者衰于丑，旺于朔望者休于晦魄。江海既有消长之性，则工程亦应相缓急之宜也"[1]。

刘统勋强调北岸边滩稳固且有新涨沙滩，不必费力建造海塘。虽不动用国帑，但民众很害怕劳役。康熙年间塘工每里出夫百名，海宁县每日用三万六千余名[2]。此时兴建大工，民众未必乐意。刘统勋的计划正中要害，远非德沛等人执意于改建石塘的计划可比。另外，刘统勋的意见没有人敢忽视。当年刘统勋升为左都御史，建议三年内不提升张廷玉家族之人、削减讷亲过大的权力。虽然乾隆表面说不相信张廷玉和讷亲拥权自重，但公开刘统勋奏折本身就是告诫群臣要把握好分寸、低调做人。加上刘统勋在浙江学习过海塘工程，技术型官僚的意见远非一般廷臣可比。乾隆皇帝重派刘统勋去查勘塘工[3]。

乾隆七年(1742)三月初四，左都御史刘统勋、闽浙总督德沛、杭州将军福

---

[1] 《工科题本—水利工程》，乾隆六年十二月初五日大学士鄂尔泰题，中国第一历史档案馆，编号：547。
[2] 杨雍建：《与观察熊雪岩免筑备塘书》，《海塘录》卷19《艺文二》。
[3] 《清史稿》卷302《刘统勋传》，第10463—10465页。

森与新任巡抚常安联名上折：刘统勋话锋转变，认为柴塘只能保护一时，经常维修靡费资源，改建石塘方能长治久安。活土浮沙难以钉桩的传闻不可信，但改建石塘并非首要任务，不便急于求成。石塘需维护塘基，现试桩艰涩，夫价势必加增，且钉桩繁难，偷减难免，需宽以时日预备物料，等水缓沙停后每年建三百丈。开槽建石塘于柴塘后身尚有柴工，不必急于刨挖加筑坦水，可添马牙关石桩一道。老盐仓到观音堂一带护沙坍塌无存，观音堂迤西涨沙仅存数丈至数百丈不等，与此前涨沙绵亘、塘堤平稳的情况迥然不同。柴塘应多备料物，先事预防。筑塘所需柴价应照实价九分报销。从前工部则例柴薪每百斤六分，但因实价九分，每百斤向工部报告说一百五十斤，此中弊端太多[1]。该折透露着睿智，每年只修三百丈石塘对地方影响不大，否则一味把柴塘改建为并非必不可少的石塘会激起民愤。刘统勋策略改变并不说明他认为石塘改建势在必行，只是官场智慧。他在前折中谈到的塘工各种弊端仍在，只不过是不想得罪更多官员罢了。

四月初二日，常安单折反对改建石塘。第一，伏、秋二汛潮汐冲激水头高至数丈，加上狂风暴雨往往漫溢海塘，潮汐立时即退并无大患，加高加厚草塘是首要任务。第二，无知小民往往联名呈词夸大塘工，地方官只为向百姓邀誉[2]。常安此举与施政理念有关。常安在被委任为浙抚的谢折中写道："属吏贤否视上司为表率，惟有身先砥砺，共励清操。"朱批："廉固人臣之本，然封疆大臣非仅廉所能胜任。为国家计安全，为生民谋衣食，其事正多。"[3]可见，乾隆的告诫并未引起常安重视，他忽视了为官圆滑之道。

乾隆皇帝质问刘统勋等四位大臣：如果改建石工可垂永久，多费帑金在所不惜，但听闻分年修筑次第兴工者只是实验而非切实之举，可能因沿海淤沙虽说艰涩但究竟是沙而非土，难资巩固。改建石塘有无利益、能否垂之久远与现在海塘情形如何，实在不知。大学士、九卿会议后，命新任闽浙总督那苏图让其据实奏闻[4]，如意见相同则可改建[5]。常安明显得罪了此前联名上折的其他大员。这样的行事风格，为后来他遭诬而死埋下了伏笔。两江总督那

---

[1] 乾隆七年三月初四日都察院左都御史刘统勋等奏，中国第一历史档案馆，档号：04-01-01-0084-027。
[2] 乾隆七年四月初二日浙江巡抚常安奏，中国第一历史档案馆，档号：04-01-01-0084-019。
[3] 《清史稿》卷338《常安传》，第11064—11065页。
[4] 《清高宗实录》卷165，乾隆七年四月甲寅。
[5] 《清高宗实录》卷167，乾隆七年五月辛巳。

苏图与闽浙总督德沛对调[1],就在于柴塘是否改建方面德沛与刘统勋的分歧。

五月二十五日,那苏图上折谈两件事。第一,对刘统勋改变初衷极不理解。海宁老盐仓迤西至仁和章家庵一带4 200余丈柴塘势居险要,塘外淤沙坍涨靡常,每年用柴抢筑仅可保护一时,岁岁加修转多糜费。德沛请改建石塘,刘统勋先主张石塘可缓,到浙江会勘后又公奏待水缓沙停后分年兴筑。在工人员对此莫衷一是。柴塘自观音堂迤东一带春间沙坍无存、海水直逼塘根者,现塘外涨沙数丈或百丈不等,将来大汛涨沙不移,渐逼溜南趋,水势直走中小门由蜀山以南而下,北岸更加巩固,柴塘无虞,即使改建石塘也易于施工。应俟秋汛后方能审定全局。第二,国家动用大量帑金建设的必须是目前必不可缓的项目,不可草率行事。现改筑石塘虽官民无不愿为,但石塘是否可成、建成后能否垂之久远,需伏秋大汛后再与常安勘查确定[2]。可见,在工人员并非没有看法,而是此前德沛和刘统勋意见相悖,下面小人物怎么表态都不合适,故选择沉默。在决定不大规模改柴塘为石塘的情况下,海塘险工段修补以间接性护岸工程为主。

常安自乾隆七年(1742)五月具折奏事后,将近两个月无折上奏。六月二十六日,上谕说常安此举并不说明浙江无事可奏,听说春天坍塌的沙地在近来淤涨数丈至数十丈不等,水势南趋,与此前迥然不同。询问常安为何不上奏此等重要事件?旋即,常安奏称老盐仓各塘工正值伏汛,未免汕刷,正饬令工员分段积柴,随时修补。乾隆训斥常安奏折迟缓,责问为何不汇报近来塘外沙地复涨且水势南趋情况"以慰朕怀耶"。皇帝认为浙江颇有造作浮言之风,去年卢焯一案和李捷三一案群言沸腾,甚至有罢市者,这主要是因风俗不淳,亟需整顿[3]。此事背景,乾隆六年(1741),左都御史刘吴龙弹劾卢焯营私受贿,经查实后夺官审讯,牵扯嘉湖道吕守会和嘉兴知府杨景震,已升任山西布政使的吕守会被逮到浙后自杀身亡。数百名杭州百姓为卢焯喊冤,毁坏副都统厅前鼓亭。龙颜大怒,准备绞杀卢焯、杨景震。次年,卢焯因缴纳赃款被发配军前[4]。乾隆恼怒的不仅是官贪,而是竟有百姓为卢焯而公然对抗朝廷。此前乾隆批评卢焯一味迎合地方而博取清名,此时更得到验证。这一细节再次

---

[1]《乾隆朝上谕档》第一册,档案出版社1986年,第772页。
[2] 乾隆七年五月二十五日闽浙总督那苏图奏,中国第一历史档案馆,档号:04-01-01-0084-049。
[3]《浙江巡抚常安奏覆查看塘工情形折》《御批两浙名臣奏议·海塘卷》,第251—259页。
[4]《清史稿》卷337《卢焯传》,第11047—11048页。

说明常安为官奉君方面不足,他没揣透乾隆真正关心和担心的事情,还要皇帝要求他汇报海塘沙水变化,难怪他后来会被冤死。

九月,闽浙总督那苏图奏请到浙江与常安再次会勘柴塘改建石工是否有益,乾隆叮嘱他与常安密切协商[1]。十一月十六日,那苏图会同福森、常安上折否定改建石塘。旧筑柴塘外涨沙绵亘数里,居民在上面播种棉花菜蔬,毋庸改建石塘。如按原议每年修筑鱼鳞石塘三百丈,沙性艰涩难以钉桩,塘底之沙虽坚但根脚虚松,勉强钉桩后难以承载巨石。在柴塘外临水处仿河工竹络坝法,用竹篓盛放碎石,层层排筑,形同坦水。待石篓根脚坚实,水去沙停,涨滩淤积后再按原议建筑石塘。石塘花费巨大而石篓工费有限,用数十丈石塘预算即可将四五百丈险工堵筑。石塘建设未便遽然停止,但地方兴修大工重点在于持之久远而非速成。先筑石篓坝,待工程稳固后再相机料理[2]。

当日,那苏图单折说明先筑石篓坝真相。康熙五十六年(1717)以来多次议筑海塘,以求一劳永逸者不遗余力。可是,东西两塘先后建筑,独留中间4 200多丈柴塘,主要是自然条件不允许。不便遽然奏停石塘工程,"缘愚民但知筑塘为美事,而不思久远之规"。效力闲员数十人希望兴筑大工,工竣可议叙得官,经手钱粮可从中获利。奏请先堵筑石篓以观形势发展,建议重开中小门引河,乃大溜最好选择。雍正十二年(1734)开挖河头未能直迎大溜,以致随浚随淤,迄无成效。引河开通,实为江海永奠安澜之一大机会[3]。

乾隆八年(1743)九月,海宁鱼鳞塘工告成[4]。

三、潮走中小门的实现及其政治意义

乾隆九年(1744)正月,上谕讷亲到上下江一带、淮徐山东一带查阅营伍并看验河工并就近勘查海塘[5]。三月,乾隆皇帝对河南、江南营伍废弛极不满,"可见外省大吏无一不欺朕者,不可不惩一儆百"[6]。九月,根据讷亲奏

---

[1] 乾隆七年九月二十八日闽浙总督那苏图奏,中国第一历史档案馆,档号:04-01-01-0084-010。
[2] 《闽浙总督那苏图等奏为遵旨会勘海塘情形折》,《御批两浙名臣奏议·海塘卷》,第274—279页。
[3] 《闽浙总督那苏图奏陈勘过海塘全局形势及次第施工缘由折》,《御批两浙名臣奏议·海塘卷》,第260—268页。
[4] 《两浙海塘通志》卷7《本朝建筑四》。
[5] 《乾隆朝上谕档》第一册,档案出版社1986年,第898页。
[6] 《清史稿》卷10《高宗本纪一》,第380页。

疏，以开浚中小门引河和老盐仓建柴塘为主。将中小门故道开浚深通，潮水江流循轨出入则塘工安稳；即使中小门不能遽行开通，趁潮退时在险要处多建坦坡木石戗坝。老盐仓至华家弄迆西一带江面狭窄，一日潮汐再至，南有河庄、葛岙等逼临江岸，若北岸建筑石塘，两厢加峙，益加激荡；柴塘性柔软，不致与水相激，北岸建坝挂沙，即有冲损也易临时抢护；议用竹篓盛贮石块间段排筑以资抵御[1]。这个策略其实与那苏图、常安此前相同，老盐仓一带修筑石塘之事遂寝。

乾隆十一年(1746)挑挖河道1 247.5丈[2]。蜀山以北向有积沙宽四五百丈，先就沙嘴开沟四道均呈坎形，以引潮水攻刷，嗣后不时疏通。南沙坍卸殆尽，蜀山已在水中，如果秋汛不复涌沙则大溜将归中小门。乾隆皇帝谨慎乐观："此言安可轻出，亦再看三五年后何如耳。如果全行中小门，固可喜之事也。"[3]次年春再次疏浚引河，十一月，中小门引河中以往隆昇开浚复淤工段以及常安疏浚挑切处冲刷畅流，装载柴卤船只均由中小门往来。北岸涨沙弥广，十数年未就之工终于见效[4]。为确保引河畅通，动支引费银两逐年疏浚[5]。

中小门引河成功在两浙塘工中绝无仅有。"自乾隆十二年始由中小门而行，实为百年中仅有之事。"[6]这与塔山石坝合拢有密切关系。诚如嵇曾筠所说，尖山坝工堵塞可挑溜二千多丈，附近二十多里海岸有望涨出新沙。现代河口海岸学者也认为，尖山石坝工程是我国海塘工程中向海进攻所取得的第一次胜利，逼使水流离岸，确保依山一二十里沿岸免受秋潮大汛冲刷[7]。尖山石坝客观上推动主泓道向中小门引河转移，加上反复疏浚故道，潮走中门暂时实现。由于中小门地脉相连，中门只维持十数年又重归北大门。不过，潮归中小门在乾隆十三年(1748)特定背景下更值玩味。

乾隆十三年正月，大学士高斌赴浙勘查海塘，建议从省城仁和江塘沿江到尖山石坝处各种石、柴、草塘顶上和后边一律加筑土堰。大学士讷亲同巡抚顾

---

[1]《两浙海塘通志》卷7《本朝建筑四》。
[2] 乾隆《海宁州志》卷5。
[3]《清高宗实录》卷269，乾隆十一年六月癸巳。
[4]《两浙海塘通志》卷7《本朝建筑四》。
[5] 乾隆《海宁州志》卷5。
[6] 乾隆二十四年四月初四日闽浙总督杨应琚奏，中国第一历史档案馆，档号：04-01-03-0024-003。
[7] 陈吉余：《海塘——中国海岸变迁和海塘工程》，人民出版社2000年，第84页。

琮于本月初查勘南岸海塘。江水大溜悉归中小门畅流直下，北大门涨沙已成平陆，南大门老沙绵亘。南岸文堂山脚现已落水，其势南趋。文堂、禅机山以南应相机利导，使两山全落水中，则中门宽展，经临大汛可分北岸潮水。钱江大溜难行葛岙山以南，逼近山脚之水复从山后漫流。江溜初向南行，当防其仍复故道，设一竹篓碎石滚坝。蜀山至尖山一带中有堰沟数道，亦不便任潮水冲刷深长，应酌看形势，于水口或中段沟尾稍加堵御，以期潮退沙淤渐成滩地。会稽县宋家溇，东有曹娥江，西有三江闸，水俱汇归北流入海。海潮汛发阻遏江流，江水改由中门，遇潮水长发遏仰，曹娥、江水并长，堤岸应加意防护[1]。在同一年内先后两位钦差大臣勘察两浙海塘，除说明塘工重要，关键与政治形势变化有关，勘察海塘只是他们去办理巡抚常安贪腐案的顺道而为[2]。

九月，新任巡抚方观承的塘工计划在上述基础上有所发展。设竹篓碎石滚坝以杀汛势。在口门进内700丈之小尖山潮神庙前，就其地势垒起处建竹篓碎石滚坝防水内灌。用柴垫高后排筑竹篓碎石滚坝。潮神庙前接筑竹篓滚坝，在二处各建碎石塘一道[3]。

乾隆十四年（1749）三月，方观承奏请编辑《两浙海塘通志》，极力称颂清代尤其乾隆登基以来修筑海塘的努力。乾隆只批"知道了"，但其内心惊喜自不待言[4]。七月火速提拔刚任巡抚一年的方观承为直隶总督。当年乾隆眼中尽是不如意，养民政策受挫，金川用兵不利，群臣针对粮政展开大讨论[5]。这使他隐隐感到统治危机，大开杀戒，震慑群臣。恰在此时，钱塘江塘工终于实现康熙末年以来追求未果的主泓道重归中小门，这对讲究"敬天法祖"的乾隆而言[6]，无疑是一剂证明施政有方的良药。客观来讲，方观承的海塘治理措施与此前讷亲、高斌等人规划并无太大差别，但他在关键时刻获得这一任务，可谓典型的"时势造英雄"。

十月二十日，总督、巡抚奏请皇帝南巡临幸浙江：自江流忽趋中小门，北岸各县塘外涨沙尽成腴产。望皇上临幸浙省阅视海塘，俾海若效灵安流顺轨，

---

[1]《两浙海塘通志》卷7《本朝建筑四》。
[2]《清史稿》卷338《常安传》，第11064—11067页。
[3]《两浙海塘通志》卷7《本朝建筑四》。
[4]《浙江巡抚方观承奏请纂辑〈两浙海塘通志〉折》，《御批两浙名臣奏议·海塘卷》，第385—390页。
[5] 高王凌：《活着的传统——十八世纪中国的经济发展和政府政策》，北京大学出版社2005年。
[6] 常建华：《敬天法祖、勤政爱民：清代政治纲领研究》，《明清论丛》第5辑，紫禁城出版社2004年，第399—413页。

两浙民生永享安澜之福[1]。这更从侧面说明此次南巡主要是为了消解乾隆胸中的烦闷之气,而钱塘江潮走中门无疑是消解皇帝烦闷的良药。

乾隆十六年(1751)第一次南巡,临幸海滨观潮楼并检阅水师,派遣官员祭祀钱塘江神庙、祭钱塘江[2]。六月,巡抚奏请重挖中小门引河[3]。乾隆二十二年(1757)春,第二次南巡时,"至观潮楼察江水趋南北之势,知大溜直趋中门两岸沙滩自资捍御",龙颜大悦[4]。不过,此局面并未持久,乾隆二十四年(1759)主泓道重归北大门,塘工进入新阶段。

四、结　　语

乾隆初的两浙塘工是雍正末计划的延续,海宁鱼鳞石塘施工中因北岸涨沙不断,学习塘工的刘统勋反对继续施工而与塘工总理嵇曾筠因冲突被调回京。北岸涨沙不断是雍正十年大潮灾后被冲坍边滩自然恢复的结果,官方表现值得玩味。巡抚卢焯奏停护岸工程,旋即又和总督德沛请改筑老盐仓柴塘为鱼鳞大石塘,被工部驳斥后经德沛解释方被恩准,旋即被刘统勋奏停。刘统勋被派实地勘察塘工,旋即改变策略,不再彻底反对柴塘改建而是建议循序渐进地改建。可是,新任巡抚常安单独上折反对,此举惹怒龙颜,常安就此得罪诸臣,缺乏为官艺术的他最终付出了为诬致死的代价。臣工政策针锋相对,乾隆更换总督重新审视塘工。新任总督那苏图反对改建,并表示不解刘统勋没有坚持己见。至此,柴塘改建鱼鳞石塘的计划暂被搁置,转而以间接护岸工程为主,并准备重开中小门引河。那苏图没有完全停止一切塘工,是因为他有更多的政治考虑,他已经洞悉地方官民视塘工为利薮的本质,此举说明那苏图做官情商比常安高很多,也说明刘统勋此前改变塘工态度是官场手段高明的表现。

中小门引河的成功带有一定偶然性,康熙末年以来历次主动开挖中小门不成的历史[5]。乾隆朝后来还屡次努力挑挖中小门引河而终不奏效[6],也

---

[1]《闽浙总督喀尔吉善署浙江巡抚永贵奏请南巡浙省海塘》,《南巡盛典》卷55。
[2]《清高宗实录》卷384,乾隆十六年三月庚子、辛丑。
[3]《清高宗实录》卷392,乾隆十六年六月甲子。
[4]《海塘录》卷5《建筑三国朝》。
[5] 王大学:《雍正朝两浙海塘引河工程中的环境、皇权与满汉问题探讨》,《历史地理》第30辑,上海人民出版社2014年,第39—50页。
[6] 和卫国:《治水政治:清代国家与钱塘江海塘工程研究》,中国社会科学出版社2015年。

证明中小门引河成功与否不仅仅在于人的主观努力,自然因素起到了更关键作用。当初建设塔山石坝的目的并不在此,这一无心插柳的客观结果却成为乾隆视为施政不顺的第十三个年头中的一抹亮色。这一宏观的历史背景也成就了新任浙江巡抚方观承,他的海塘维护措施与当年高斌、讷亲的并无二致,但在这特殊的年份,讷亲因西南战事不利而身首异处,方观承却被擢拔为直隶总督。同时,方观承与同年被构陷而惨死的常安形成鲜明对比,典型的自然因素造英雄。塘工决策和建设就这样与政治因素、人物斗争糅合,边滩与河口变化的动力机制却成为理解海塘工程自然与人文因素复杂交织的重要一极。

本文原载《社会科学》2019年第9期,收录时有删改。

20世纪50年代山西省崞县治所的迁移
——基于地域历史的长时段研究

李 嘎

一、引言：治所迁移问题与长时段理念

治所即地方各级政区主官衙门所在的聚落，是国家在某一特定行政区域之内的统驭中心，是该区域的根本重地，往往也是该区域的经济与文化中心。一般而言，治所位置的移动会带来区域内多种资源的重新配置，对区域发展产生深远影响。因此，官方在选择新治所位置时往往会综合考虑各种因素，慎重作出决定。

历史时期的治所迁移问题长期受到学术界的关注。不少学者将关注点置于考证治所迁移的时间及地点问题上，并进一步追索迁移的原因及规律，他们的工作有力推动了相关领域的研究进展，此类成果多集中于文献资料较为缺乏的历史早中期[1]。由于历史时期的政区治所往往也是区域内的中心城市，治所迁移问题自然也受到历史城市地理、城市史研究者的关注，大量成果集中在对城市选址问题的讨论中，其中侯仁之的贡献是开创性的。侯仁之从地理环境（包括交通、水源等因素）入手分析城市的选址，为历史时期城市选址研究奠定了方法论基础，至今依旧是该领域的重要研究"范式"，影响深远[2]。近年来，成一农对单从地理角度对城市选址进行分析的做法提出了

---

[1] 仅举数例如下，谭其骧：《海盐县的建置沿革、县治迁移和辖境变迁》，《长水集》续编，人民出版社1994年，第274—286页；王德权：《从"汉县"到"唐县"——三至八世纪河北县治体系变动的考察》，《唐研究》第5卷，北京大学出版社1999年，第161—217页；徐少华：《秦汉左邑、闻喜县地望考论——兼论闻喜县的沿革和治所变迁》，《中国历史地理论丛》2017年第3辑。

[2] 参见侯仁之：《历史地理学的理论与实践》第三部分"城市的历史地理研究"的数篇论文，上海人民出版社1979年，第139—420页。此后，以侯仁之的工作方法为指导而产生的成果相当丰富，恕不一一列举。

商榷,认为"地理因素或者宏观因素在很大程度上决定了在某一区域中可能会产生城市,但是否产生了城市以及城市的微观选址则是由人决定的"[1],主张在关注地理因素的同时,应该深入分析其中的人以及非理性因素,展现一个多彩的历史[2]。

成一农的观点无疑是合理的。笔者进而认为,对待历史时期的治所迁移问题,在史料允许的前提下,有必要在"长时段"理念之下开展过程研究,唯有如此,才能最大程度地接近历史真实。不过必须指出的是,笔者所言的"长时段"并不限于布罗代尔所指的"缓慢流逝的、有时几乎静止不动的"[3]地理时间,而是意指在一个足够长的时段内来观察与历史事件相关联的各种要素。就治所迁移问题而言,迁移是主动的还是被动的?问题的起点究竟在哪里?终点在何处?这两点之间究竟经历了怎样的过程或曲折?显然,治所的迁移必是经历了一个较长时段之后多种因素综合作用的结果,要阐明治所迁移背后的基本史实,绝不能仅从迁移事件本身出发,亦不可仅视其为孤立的地理问题,实应以长时段的理念对待之[4]。

本文的研究地域——崞县[5]——在1959年12月发生了治所的移位,从今天的崞阳镇迁至原平镇[6]。当在长时段理念之下看待该现象时,我们有

---

[1] 成一农:《中国古代城市选址研究方法的反思》,《中国历史地理论丛》2012年第1辑。
[2] 成一农:《清、民国时期靖边县城选址研究》,《中国历史地理论丛》2010年第2辑。
[3] 顾良:《布罗代尔与年鉴派》,[法]费尔南·布罗代尔著,顾良、张泽乾译:《法兰西的特性:空间和历史》,商务印书馆1994年,"译者代序"第12页。
[4] 20世纪80年代,台湾学者刘淑芬女士曾针对清代台湾府凤山县城的营建与迁移问题作过探讨,该项研究向我们展示了当治所迁移成为地方的重大事件时所呈现出的复杂性,对本文的撰写有重要启发。不过,在笔者看来,该文比较忽视长时段视野下的"结构"分析是一缺憾。参见刘淑芬《清代凤山县城的营建与迁移》《清代的凤山县城(1684—1895)——一个县城迁移的个案研究》,《高雄文献》1985年第1期。感谢新竹清华大学通识教育中心张继莹先生惠赐刘女士两文。近年来成一农、李大海围绕近代陕西靖边县治所的迁移问题开展了深入讨论,虽未明确提出"长时段"理念,但实际上已作出了较好的实践,这是必须要提及的。参见成一农《清、民国时期靖边县城选址研究》,《中国历史地理论丛》2010年第2辑;李大海:《近代靖边县治迁徙再研究——陕北沿边地方政区治所与城址选择关系的个案讨论》,《中国历史地理论丛》2012年第2辑。
[5] 崞县于1958年12月改名为原平县,1993年再改为原平市,本文为避免读者产生误解,今原平市境决定以历史时期最为稳定的"崞县"称呼之。
[6] 崞阳镇是今天的名称,即1958年12月之前的崞县城、1958年12月至1959年12月之间的原平县城;原平镇是历史时期的名称,今天已是原平市政府驻地。本文为避免读者产生误解,在一般性论述时以两地在非治所身份时代的名称称呼之,即"崞阳镇""原平镇"。不过,当叙述至某一具体时段时,则以当时的实际名称为准,如明清时代,今崞阳镇就表述为"崞县城";原平镇在明代尚未见称"镇"的文献记载,则以"原平"称之。

理由追问,究竟是哪些因素最终促成了这一迁移行为的实现? 1959 年的迁移是别无选择的必然之举吗? 崞阳镇与原平镇各自有着怎样的聚落发展史? 驱动两个聚落发展的动力是什么? 治所迁移是否与二镇在经济方面的地位升降相呼应? 迁移作为一项"动议"是何时由何人(或哪一类社会群体)在何种背景之下提出的? 从动议的提出到迁移的完成之间有无回环曲折? 本文试对这些问题展开探讨,并希冀通过这一微观个案凝练宏观认识,不当之处,敬祈方家指正。

二、交通区位与城镇发展:崞阳、
原平二镇的聚落演进史

1. 历史时期崞县境内的南北交通大道与县治添设

历史时期崞阳、原平两处聚落的兴起与发展始终受到交通区位的强大驱动,可以认为,两地均是"交通型"城镇的典型。从交通地理上来看,由今天太原北行至塞外,很早就发展起一条交通大道。北宋初《太平寰宇记》引北朝时人所撰《冀州图》云:"入塞三道,自周、秦、汉、魏以来,前后出师北伐,唯有三道:其中道正北发太原,经雁门、马邑、云中,出五原塞,直向龙城,即匈奴单于十月大会祭天之所也。"[1]《汉书·匈奴传》载,公元前 201 年,冒顿单于"南逾句注,攻太原,至晋阳下"[2],这里的句注即今天雁门关所在的恒山山脉。由这两则资料可以推知,其一,这条自太原北出塞外的交通线早在先秦时期已开通;其二,自今太原至雁门关之间的交通走向必是循着今忻州至代县之间的走廊地带行进,我们姑且名之曰"忻代走廊",而忻代之间的崞县中部正是忻代走廊的中间路段,这是由该县的山川结构特征所决定。崞县境内东西两面山岭高峻,中部乃是滹沱河谷地,地势平坦,南北向交通大路必取道于此,舍此别无他途。

统治者很早就在行经崞县中部的这条南北交通沿线一带设置县治以控驭地方。西汉时置有原平县[3],唐《括地志》载:"原平故城,汉原平县也,在代州崞县南三十五里。"[4]按今之里距,正在今原平市驻地一带。东汉以迄西晋,原平县治沿而不改,北魏方移治今代县之西,原址遂废[5]。原平县址废

---
[1] (宋)乐史:《太平寰宇记》卷 49《河东道十·云州》"云中县"下,中华书局 2007 年,第 1036 页。
[2] 《汉书》卷 94 上《匈奴传上》,中华书局 1962 年,第 3753 页。
[3] 《汉书·地理志》"太原郡"下明确载有原平县名目,参见《汉书》卷 28 上《地理志上》,第 1552 页。
[4] (唐)李泰等撰,贺次君辑校:《括地志辑校》卷 2《代州》"崞县"下,中华书局 1980 年,第 69 页。
[5] 参见史为乐主编:《中国历史地名大辞典》"原平县"辞条,中国社会科学出版社 2005 年,第 2102 页。

弃之后，至武周证圣元年(695)，在其南部十余里今唐林岗村一带又置武延县，唐隆元年(710)改名唐林县，北宋景德二年(1005)方才废弃。史料记载，滹沱河在唐林县治东侧自北而南流淌而过，沙河(即今云中河)在县南二里自西而东汇入滹沱[1]。该地位于南北交通沿线上，南去忻口甚近，扼守滹沱河谷，战略价值甚为重要，旧志资料形容说：唐林故城"北据唐林岗，当山河之冲，扼南北之要，昔之置县于此，意深矣"[2]，这是很有见地的评价。相较之下，于今崞阳镇添设县治的时间要晚于原平县，而早于武延县(也即唐林县)，不过在治所延续性方面要大大超过它们。北魏永兴二年(410)于此置石城县[3]，是为今崞阳镇置县之始，东魏曾于此置廓州，北齐改曰北显州，北周时州废县存，隋开皇十年(590)改石城县曰平寇县，大业二年(606)改称崞县[4]，此后除元代改崞县为崞州外[5]，迄至20世纪50年代未有任何更易。

今崞阳镇之地自公元410年设治之后缘何有如此强烈的稳定性？这仍旧要从该地所处的交通地理区位来寻求答案。今崞阳镇之地坐落于自太原北出塞外的南北交通大道上，这条交通线在经过崞阳镇之后，东北行约五十里，抵达今代县城，自此转而西北行三十五里，即是扼塞重险雁门关的所在，关北即是长期扮演边地角色的雁北地带了，"夫崞在雁门之南，虽称腹里，而临边止一带"[6]。历史时期塞外部族南下中原，雁门关失守之后，首当其冲即是今代县、崞阳镇之地，故而今崞阳镇之地对于中原政权而言，往往充当扼守要塞的隘口，对于塞外政权而言，这里又是南下中原的平台与跳板。古人对该地的区位特点有着很深刻的认知，一则史料称："崞故楼烦要塞，绾云朔忻代之冲，实曰崞口……三晋资屏藩，而忻代之间恃以为安。"[7]另一则史料称这里"川原漫衍，循路夷旷，为省会北冲，首所恃有雁门一障耳，脱失守，崞即其冲，崞虞，兵可深入无忌"[8]。

---

[1] (唐)李吉甫：《元和郡县图志》卷14《河东道三·代州》"唐林县"下，中华书局1983年，第403—404页。

[2] 光绪《续修崞县志》卷1《舆地志·古迹》"唐林故城"条，《中国地方志集成·山西府县志辑》第14册，凤凰出版社2005年，第343页。

[3] 《魏书》卷106上《地形志上·肆州·秀容郡》"石城县"下，中华书局1974年，第2474页。

[4] 《隋书》卷30《地理志中·雁门郡》"崞县"下，中华书局1973年，第852—853页。

[5] 《元史》卷58《地理志一·中书省·冀宁路》"崞州"下，中华书局1976年，第1379页。

[6] (明)郭世禄：《即事说》，乾隆《崞县志》卷6《艺文志》，《中国地方志集成·山西府县志辑》，凤凰出版社2005年，第256页。

[7] (明)冯琦：《崞县修城记》，乾隆《崞县志》卷6《艺文志》。

[8] (明)郭九州：《崞县砖修城关记》，乾隆《崞县志》卷6《艺文志》。

2. 明清民国时期崞阳镇的交通区位与聚落发展

在烽火湮熄的和平年代,穿行于崞县中部的南北向交通大道成为驱动今崞阳镇聚落发展的强大力量。明代之前因史料的缺乏,这条交通线在社会经济方面的利用情况以及今崞阳镇的聚落发展实态已无从考索了,但明代以来的情况却能够较清晰地把握。

首先是明清时期。明代崞县人郭九州描述称:"崞属通都孔道,出崞者毂击肩摩,冠盖相望。"[1]同为明代崞县人、官至南京户部尚书的梁璟(1430—1502年)在一则记文中的表述更为详细,其言:

> 崞县东北望京师将千里,北望宣府七百余里,西北望大同四百余里。京师为天下根本,而宣府大同京师之后门,御防之极边也。二镇军马之重甲天下,粮储刍豆之需率多出于三晋,运粮无江湖舟楫之便,车挽人荷皆出于陆路,而崞县经行之要冲也。[2]

可以看出,明代宣府、大同两大边镇的日常运转所需多来自三晋之地,转输供给所依托的交通干道正是这条经行于崞县中部的南北大道,而坐落于这条交通沿线上的崞县城就成为受益城镇之一。进入清代,长城内外统一于一个政权之下,社会态势平稳者多而兵革较少,这条南北交通线对崞县城的贡献度是不难推知的。

明清时代崞县城的发展水平可以从它的聚落形态中管窥一二,参见图1:

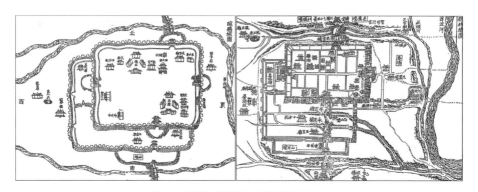

图 1 明清时期崞县城聚落形态图

说明:左图截自乾隆《崞县志》卷1《舆图·崞县城图》;右图截自光绪《续修崞县志》卷1《舆图·县城总图》。

---

[1] (明)郭九州:《崞县砖修城关记》,乾隆《崞县志》卷6《艺文志》。
[2] (明)梁璟:《来宣桥重修记》,乾隆《崞县志》卷6《艺文志》。

从外部形态来看,两幅县城图表现出明显的一致性,即崞县城区除东西狭长、南北短促的主城之外,有着面积可观的南关厢与西关厢,两处关厢均筑有城墙,且互相连通,形成附城,此外南关厢之南又有小南关,面积较南关厢明显为小,但亦筑有城墙。崞县城的这一形态特征是在经过了从元末到明末的一系列维修行动之后逐步形成的,乾隆《崞县志》对此记载说:

> 县城元末察罕知院因旧州城截筑,明洪武八年知县刘伯完、正统十四年知县武桓相继重修。万历二十六七年……砖石包砌,周围长一千一百丈,高三丈六尺,垛墙高六尺,通高四丈二尺,厚三丈八尺。……南关厢城旧附治城,周围三里余,嘉靖二十二年知县史渔加高增厚,万历二十九年知县袁应春、县丞崔穗用砖石包砌,增筑西关城,亦用砖石包砌,两关通连,共长七百九十八丈,高三丈。……旧东关久废,遗址尚存。小南稍关周围二百三十丈,高二丈一尺,门三座,明雁平兵备张惟诚委百户许国用砖石包砌,南面门洞石额曰古楼烦。[1]

引起笔者兴趣的是,明代后期缘何要在城外南部与西部修筑起多座关厢城呢?这是地方官员一时兴起的率意之举吗?显然不是,这实际上反映出至晚在明代后期崞县城外西南方向已经形成面积可观的城市街区,关厢城的修筑正是基于防护这一新的城市建成区的考量而为之的[2]。进一步而言,城外西南区域之所以能够成为新的城市街区,是由该城的主要经济联系方向和微观地理环境决定的。自太原北上塞外的行旅在到达崞县城附近时,必须首先逾越县城南侧的南桥河,经过架设于河上的普济桥[3]之后(参见图2),再北行三里左右即抵达县城南门景明门之下,自此穿行崞县城内,从北门宁远门之下出城,经过城下北桥河上的来宣桥[4]之后,方算是最终离开崞县城区。这一交通布局特征规定了崞县城的对外经济联系方向必然是南北向,而非东西向,这使得崞县城的城外街区理当在南门与北门之外发展。不过,北城墙外紧濒北

---

[1] 乾隆《崞县志》卷1《城池》。
[2] 关于关厢城修筑与城市经济发展之间关系的更详细研究可参见李嘎《边方有警:蒙古掠晋与明代山西的筑城高潮》,《明代研究》第21期(2013年),第31—74页。
[3] 按:普济桥建于金泰和三年(1203),历代皆有修补,全长34米,宽9米,由一个主拱和四个腹拱组成,1986年列入山西省重点文物保护单位,为山西现存最古老的桥梁之一。参见山西省交通厅公路交通史志编审委员会编:《山西公路交通史》第一册,人民交通出版社1988年,第54—55页。
[4] 按:来宣桥亦建于金泰和三年(1203),历代多有修补,1952年在崞县地震中全部坍塌,今桥为1955至1956年重建,已非往日旧观。资料来自笔者于2017年5月21日田野调查时抄录1956年《重修来宣桥碑记》。

桥河,两者相距仅有数步之遥,河道之北已是东桥、西桥二村之地,由河道至北城门之间地势十分倾斜,古人称之为"北门坡"[1],这一地势特征至今依然如此,由此一来,北门外就不存在形成大面积城外街区的条件。相较之下,南门外的优势就明显多了,这里距离南桥河有数里之遥,面积开阔,地势平坦,自然成为城外街区发展的主要地带。西城门保和门之外虽然并非处在崞县城的主要经济联系方向上,但这里的地势同样平坦开阔,且与南关厢一带毗邻,故而也得到较好的发展。在嘉靖《崞县志》的记载中,城区一带共有街巷10条,其中8条在城内,另外2条称为"南关"与"南关西"[2],显然位于城外西南部;至清代晚期,据光绪《续修崞县志》记载,崞县城区一带较大的街巷有15条,其中10条位于城内,其余5条全部坐落于城外西南部[3]。两部县志记载的变化恰正反映出明清时代崞县城受到南北向交通拉动而不断发展的史实。

图 2　今崞阳镇南侧的普济古桥

说明:图片系笔者拍摄于2017年5月21日。从桥面人车分路而行的条石和深深的车辙印痕可推知古时这里毂击肩摩的繁忙景象。

　　进入民国时代,崞县城的交通区位进一步改善。除原驿路继续使用之外,1920年阎锡山政府开始修建太原至大同公路,至1923年正式通车,全长292公里[4]。这条公路在崞县境内坐落于旧驿路的西侧,在崞县城西门外不远

---

[1] 光绪《续修崞县志》卷6《人物志下·义行》载:"张述祖,东桥村人,乾隆年于北门坡拾白金百余,衣物十数,事访知为黄水村路某所遗,悉还之",所言正是北城外的这一斜坡地带。
[2] 嘉靖《崞县志》卷2《建置考·街》,《原国立北平图书馆甲库善本丛书》第338册,国家图书馆出版社2013年,第1028页。
[3] 参见光绪《续修崞县志》卷2《建置志·城池·街巷附》,第354页。
[4] 《山西公路交通史》第1册,第111—112页。

处穿行而过,其道路顺直,路况明显优于旧驿路;1935年时在这条公路线上组建太同长途汽车公司,于崞县城设站,汽车运输呈现繁忙景象,1936年至1937年7月,经济效益居全省各汽车运输公司首位。[1]受益于交通区位的改善,民国时期(抗战爆发之前)崞县城有了进一步地发展。

20世纪20年代测绘的1∶5万比例尺地形图向我们展示了彼时的县城面貌(参见图3),在这幅图上,穿行崞县城区而过的旧驿路清晰可见,城区西

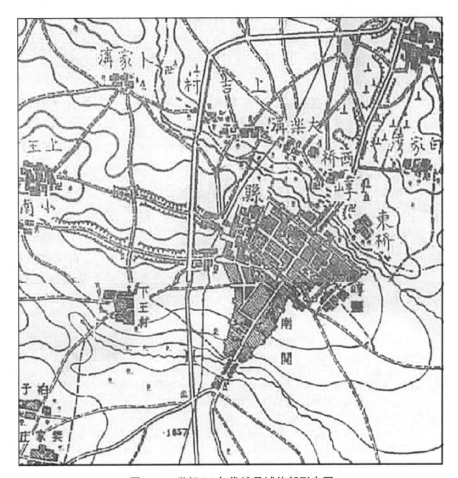

图3 20世纪20年代崞县城外部形态图

说明:图片截自民国军事委员会军令部陆地测量总局编绘:《中国五万分之一地形图》"崞县"图幅,1923年测绘。

[1]《山西公路交通史》第1册,第152—154页。

部的太同汽车路亦有显示,崞县主城、附城的城墙依然见存,在主城之外的西南方向有着可观的城市建成区,形态格外狭长,这正是崞县城长期受到南北向交通线的拉伸作用而展现出的必然形态[1]。据方志资料记载,1933年时崞县城有大小商号230家,资本10万元;1936年时较大的商号有41家,主要经营棉布针织品、百货、日杂等项;抗战爆发后,崞县城的商号纷纷倒闭歇业,县城经济受到很大冲击,抗战胜利后的1946年有商号129家[2]。此外,据1937年1月出版的《中国实业志·山西省》记载,20世纪30年代中期时,崞县城区一带有针织厂1家、油坊1家、酒坊10家、染坊7家、鞋坊3家、砖瓦窑厂1家、印刷厂2家、游民习艺工厂1家[3]。不过,这些生产性行业规模大多较小。

3. 明清民国时期原平镇交通区位优势的逐步显现与聚落发展的后来居上

就原平镇而言,自北魏时期原平县治移至今代县之西导致城址废弃之后,旧址一带的聚落发展情况长期缺乏文献记载[4],但其处在南北交通大道旁侧的区位特征当是没有更易的。据成化《山西通志》记载,明朝官方在原平之地设有原平驿,为县内唯一的驿站,其南承忻州九原驿,北接代州雁门驿[5],此外在这条交通线上另设铺递9处,其中之一即为原平铺[6]。引人瞩目的是,自明弘治年间开始,原平之地还成为西北去宁武关驿路的始发点。现详考如下:

《明实录》记载:"移山西岢岚州永宁驿于偏头关东南,静乐县闹泥驿于宁武关之东,以二关皆要害,从守臣请也。"[7]这是发生在弘治五年(1492)三月

---

[1] 需要指出的是,我们不能就此得出民国时代该城的外部形态与明清时代相比已发生很大变化的结论,这是因为,旧志资料中的县城图并非采用现代科学手段绘制而成,其中夹杂着绘图者的主观想象。实际上,从这幅民国地图中仍然见存的明清城墙走向来判断,明清民国时代崞县城的外部形态是稳定的,变迁不大,其城区的发展主要表现为内部"填充",而非"外扩"。

[2] 参见原平县志编纂委员会编:新修《原平县志》第十一编《商业》,中国科学技术出版社1991年,第221—222页。

[3] 参见实业部国际贸易局编:《中国实业志·山西省》,山西人民出版社2012年影印1937年铅印本,书名易为《民国山西实业志》,第86(己)、228(己)、264(己)、441(己)、537(己)、626(己)、672(己)、699(己)页。

[4] 乾隆《崞县志》卷4《坛庙》载:"原平镇大寺,在堡东南隅,宋时始建",推测县治地位丧失之后,这里当以普通聚落的面目存在。

[5] 成化《山西通志》卷4《驿递》,《四库全书存目丛书》史部第174册,齐鲁书社1996年,第97页。

[6] 成化《山西通志》卷4《驿递·铺舍附》,第101页。

[7] 《明孝宗实录》卷61,弘治五年三月己丑,《明实录》第29册,上海书店出版社1982年,第1187页。

的事情,不过移至宁武关之东的闹泥驿究竟坐落于何处呢?《明实录》弘治十年(1497)五月的一则记载说:"改山西静乐县闹泥驿隶崞县"[1],则这个位处宁武关之东的新驿站实际上位于崞县境内,因此方有由静乐改隶崞县的举动,另据嘉靖《崞县志》载,闹泥驿在县西七十五里[2],光绪《续修崞县志》明确载其位于马圈村[3],考之地图可知,该村之方位里距与嘉靖志记载正相吻合。正是明弘治五年闹泥驿的这一移治行为,最终导致了一条新驿路的形成。那么这条驿路自宁武关出发经马圈村之后,如何进一步行进呢?认真分析崞县地形图可以发现,马圈村坐落于阳武河谷地之中,这条河谷即明代文献中的"阳武峪",史料记载:

> 阳武峪,在县治西南六十里,两山夹峙,隘口漱流,石栈中通,危峰峭壁,拔地参天,俨然如华表之捍门。内镇阳武,外距宁武、偏关,西南跨唐林,东北抵雁门,巍巍天险,形胜之冲也。……嘉靖二十年七月俺答由左卫猪儿窊入掠马邑、朔州,遂入阳武峪,抵太原。《郡国利病书》吴甡《抚晋疏》:"是故由阳方入,则阳武峪为扼要之地。"[4]

上引文揭示了阳武峪在勾连周边战略要地方面的重要价值,其中"西南跨唐林"一句值得重视,"唐林"正是上文所言的"当山河之冲,扼南北之要"的唐林县旧治唐林岗村,如欲由阳方口、宁武关一线南下太原,阳武峪、唐林岗村往往是必经之地。那么在阳武峪与唐林岗之间如何取线呢?显然,位于阳武峪的出山口附近的原平正是经过之地,这同样是由这一区域的山川结构决定的,舍此别无它途。

综合以上分析可以确定,明弘治以降,原平之地处在了两条驿路的交汇点上,这一交通优势,即便是此时的崞县城也相形见绌,这对原平聚落的持续发展无疑是至关重要的。据成化《山西通志》记载,早在明永乐年间,原平之地就修筑起周围二百八十步的土城[5],这一数据显示出明代前期聚落规模并不可观,但于此筑城已说明该地的重要性。在嘉靖《崞县志》中,原平之地已是偶日开集的贸易中心地了,而县内的大牛、扬武、北河、横道、闫庄仅为"五日轮

---

[1] 《明孝宗实录》卷125,弘治十年五月壬寅,《明实录》第30册,第2225页。
[2] 嘉靖《崞县志》卷2《建置考·公署》。
[3] 光绪《续修崞县志》卷2《建置志·公所》"闹泥驿"下。
[4] 光绪《续修崞县志》卷1《舆地志·形势·隘口附》"阳武峪"下。
[5] 成化《山西通志》卷4《驿递》。

市",集期更为密集的原平显然与它所处的交通区位优势紧密相关[1]。至清代康熙八年(1669)原平土城由崞县知县税常春加以重修,外包以砖,城垣高三丈,周长增至三百六十步[2],较之明代增加不少,这是原平聚落不断发展的重要体现。在乾隆《崞县志》中原平已正式称"镇"。清代中前期原平镇的聚落发展实态在乾隆《崞县志》的"崞县全图"中有所表现,在这幅图中,除崞县城之外,还标绘了班政堡、王董堡、原平镇、横道镇等聚落,其中原平镇城有南北二门,城墙绘制手法与县城相同,而迥别于班政、王董二堡,这体现出原平镇在县内聚落群体中的特殊性或重要性(参见图4)。至晚在清代后期,崞县境内形成宏道镇、轩岗镇、原平镇三镇,它们与崞县城一起分列于县境的东、西、南、北四个方位,而三镇之中市镇经济最为发达的,当以原平镇莫属,文献对此有明确记载:

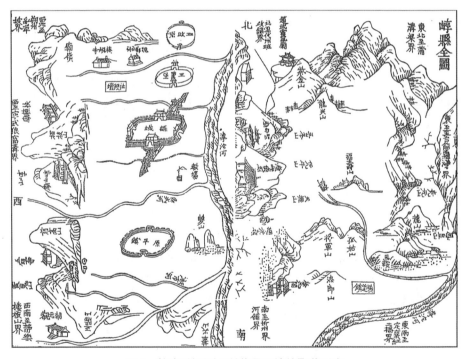

图 4　乾隆《崞县志》所载原平镇的聚落形态

说明:图片截自乾隆《崞县志》卷1《舆图·崞县全图》。

---

[1]　嘉靖《崞县志》卷2《建置考》。
[2]　乾隆《崞县志》卷2《城池·堡寨附》"原平堡"下。

>（原平镇）为崞适中之地，贸迁者萃焉。与宏道、轩岗为邑之三镇，而此尤四达，阛阓较密焉。[1]

可以看出，最迟在清代后期，原平镇已是崞县境内仅次于县城的重要的经济中心地了。因着原平镇冲要的交通区位特征以及发达的市镇经济，官府对该镇也是颇为重视的，在这里设置了义仓，是县内15处义仓之一[2]，还设置有"原平镇公馆"[3]及"原平镇车差总局"[4]，两个机构在县内均仅设两处，除县城之外，就是原平镇了。这里还是县内三处绿营营汛中心之一，即崞县城、原平镇、宏道镇，后两镇均设外委千总一员，但原平镇的外委千总辖武延、板市、界河铺、大牛店、上阳武、沿长会等营汛六处，面积几乎覆盖整个县境南部，而宏道镇仅辖一处，远远不及原平镇[5]。凡此种种已揭示出时至清代后期，原平镇在县内的重要性上升到了新的层次。

民国时代原平镇的发展态势更是令人瞩目，这同样得益于交通区位的大大改善。其一是20世纪20年代初期太原至大同公路的建成通车，原平镇与崞县城同为这条公路所经之地。其二是20世纪30年代北同蒲铁路的修建，原平镇成为此条铁路线的经由设站之地。北同蒲铁路在崞县境内并未循着中部滹沱河谷地行进，而是自太原行至原平镇之后，转而西北行，沿着阳武河谷地铺设，经今轩岗镇之后，再经段家岭、宁武县城、阳方口，由此进入雁北之地。太原至原平镇段于1935年建成通车，原平镇至阳方口段穿越崇山峻岭，为整个北同蒲线中施工难度最大的地段，但最终亦于1937年3月正式通车[6]。虽然不久爆发的全面抗战使这条铁路并未发挥很大的效益，但原平镇从此成为铁路所经之地，而崞县城却被抛离在铁路线之外，这对两处城镇的影响是深远的。

图5是笔者根据20世纪20年代1∶5万比例尺地形图摹绘的崞县城与原平镇一带的交通与聚落外部形态示意图，可以看出，这时原平镇的聚落占地规模依旧小于崞县城区，但与其他聚落相比，却是最大的一处；其聚落外部形态大体呈现出沿旧南北驿路和西行驿路延伸的特点，说明交通线对该聚落的

---

[1] 光绪《续修崞县志》卷1《舆地志·古迹》"原平故城"下。
[2] 光绪《续修崞县志》卷2《建置志·仓庾》。
[3] 光绪《续修崞县志》卷2《建置志·公所》。
[4] 光绪《续修崞县志》卷2《建置志·公所》。
[5] 光绪《续修崞县志》卷2《建置志·营汛》。
[6] 新修《原平县志》第八编《交通》，第200页。

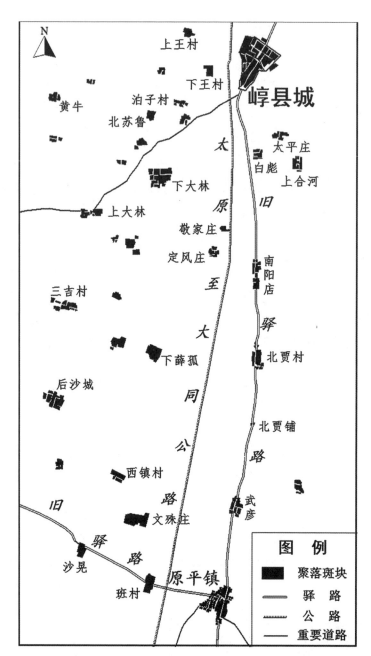

图 5　20 世纪 20 年代原平镇、崞县城一带交通道路与聚落形态示意图

说明：底图采自民国军事委员会军令部陆地测量总局编绘：《中国五万分之一地形图》"原平镇""崞县"图幅，1923 年测绘。

重要影响力。从商业发展态势来看,民国时代的原平镇要远远超过宏道、轩岗等镇,与崞县城相比亦越来越表现出优势,譬如1933年时原平镇凡有商号170户,资本额18万元;崞县城有商号230户,数量虽超过原平镇,但资本额为10万元,明显少于前者;宏道镇与东社镇相合仅有商号25户,资本2万余元;轩岗镇与大牛店镇商号相合仅有20户,资本8 000余元。1936年时原平镇有较大的商号81户,而崞县城较大的商号仅为41户。1946年时原平镇有商号166户,崞县城为129户,仍较原平镇为少,轩岗镇更是仅有28户。如果关照到建国后的1953年,这时原平镇有私营商业户177户,资金近15亿元(旧币),从业人员592人;崞县城相应的数据为139户、7亿余元、376人;轩岗镇为33户、近1.4亿元、68人;宏道镇为103户、4.1亿元、212人,可见原平镇的商业活力已经是县内首屈一指的了。[1] 民国时代原平镇也出现了一些生产性行业,其中以酿酒业为盛,20世纪30年代中期时该镇有酒坊3家,虽然少于崞县城的10家和宏道镇的7家,但这3家的生产规模在20家酒坊中却分列第一、第二、第四位,年产酒量颇为可观,达12 400公斤[2]。缘何如此?这与原平镇有着发达的粮食交易有直接关系,在抗战之前,该镇就是整个山西省内六大粮食交易中心之一[3],可观的粮食交易量为酿酒业提供了充足的原料来源。此外原平镇还设有3家染坊[4]、1家砖瓦窑厂[5]。工商业的发达还直接导致原平镇金融业的兴盛,20世纪30年代中期该镇有2家专营存款与放款业务的钱庄,资本金额3.3万元,而崞县城并无此名目[6];原平镇另有1家商店兼营钱业,资本额高达15万元,虽然崞县城区有5家商店也兼营钱业,但资本额仅为2.8万余元,远远不如原平镇[7]。通过数据比较,及至民国时代原平镇已是崞县金融业的中心,而非县城。

要而言之,历史时期崞阳镇与原平镇的聚落发展均受惠于优越的交通地理条件,至明代中期,原平之地成为两条驿路的交汇点,交通优势逐渐超过崞县城,这对原平镇的聚落发展有重大意义,及至民国时期,原平镇更是成为铁路沿线城镇,而崞县城却无此幸运。至晚在清代后期原平镇已是境内除县城

---

[1] 新修《原平县志》第十一编《商业》,第221—225页。
[2] 《中国实业志·山西省》,第264—265(己)页。
[3] 新修《原平县志》第十二编《粮食》,第250页。
[4] 《中国实业志·山西省》,第441(己)页。
[5] 《中国实业志·山西省》,第626(己)页。
[6] 《中国实业志·山西省》,第68—69(辛)之间夹页。
[7] 《中国实业志·山西省》,第76—77(辛)页。

之外的第一大镇,而民国时代两地在工商业发展水平上更是呈现出并驾齐驱之势,且原平镇越来越表现出超越县城的趋势。基于此,笔者认为,降至民国时期,崞县境内的经济中心呈现为县城与原平镇的"二元结构",且天平已逐步向原平镇倾斜[1]。这一经济结构特征成为建国后崞县治所迁移的最重要因素。

三、一波三折:20世纪50年代后期崞县治所迁移的曲折历程

1. 1956年1月崞县方面的迁治请示与省厅回应

崞县治所迁移的动议最先是在1956年提出的,这一年的1月8日,崞县人民委员会向山西省人民委员会呈报了治所迁移的请示,同时抄送给忻县专员公署,在附件中申明了由崞县城迁驻原平镇的理由,全文内容为:

> 我县原平镇位于全境的中部,领导全县工作较为适中,又且交通也很方便,除系北同蒲沿线较大火车站之一,汽车、皮车、高脚等也为集中地,基本为四方往来的码头地区。从经济上来看,为西山煤焦、东山梨果以及全县土特产品的集散地,工商业又为全省16个重点集镇之一,全县国营公司企业等单位亦均设于此处。从文化上来看,除小学校、高完小、文补校、职工子弟等学校俱全外,并于去年建筑起规模宏大而新型的中学一座。由此看来,该镇不仅为我县当前政治、经济、文化的中心,便于领导全县工作,而且建设社会主义的发展前途也比崞县城的条件优越,特别是与省、专领导机关的往来联系更为方便。为此,我们计划县级党政团体等机关由崞县城移驻原平镇,但移往后没有就便住址,须以因陋就简的原则,并参照省、专使用房屋的办法和中央规定建筑的造价标准重新建筑,请即研究批要,以便遵行。[2]

简而言之,这篇请示陈述的迁治理由可归纳为三点,即原平镇于地理方面在全

---

[1] 1946年7月时,崞县全境解放,全县划为城关市、原平市和9个区,至1948年城关市改为城关区,原平市改为原平区,另外9区不变,直至中华人民共和国成立。城关、原平两市(区)南北并建,正是这种二元经济中心结构的政区体现。参见新修《原平县志》第一编《地理》,第7—9页。
[2] 崞县人民委员会:《县级党政团体等机关拟由崞城移驻原平由》,1956年1月8日,山西省档案馆藏,档案号:C64-3-84-9。

县相对居中,且为交通枢纽之地;于政治、经济、文化方面已成全县之中心;其位置在崞县城以南20余公里之处,与该县的领导机关驻地忻县和太原的距离更近,这在会议繁多的集体化时代是个重要优势。这篇请示的直接指向则是希望上级同意迁治的同时划拨在原平镇兴建新办公建筑的经费。我们于此暂且不讨论该篇请示所言理由的合理性,先将关注点置于事件的后续发展上。在请示呈送之后,迟迟未见批示,于是崞县人民委员会在1月22日这天向山西省人民委员会呈文催促,这篇新的呈文称:

> 我县县级党政团体等机关拟由崞县移驻原平,曾于本年一月八日以(56)办秘会财字第一号呈请批要,但迄今旬余未见批示。因我县现在有些房舍急待进行补修,如能批准移驻原平,则不予补修,同时及早准备原平修建事宜。为此,特再呈请早日研究批示,以便遵行。[1]

这篇催请呈文显示出崞县方面的迁治心情是急迫的,其直接缘由在于避免在崞县城修补房舍产生新的开支。崞县城的房舍缘何要"急待进行补修"?这是否是崞县方面为早日促成机关移驻而刻意给省里以压力?事实并非如此,崞县方面所急于补修的是1952年县城地震塌损的房舍。这年的10月8日,崞县发生5.5级地震,震源深度7—13千米,震中正在县城一带,造成倒塌房屋3 939间、窑洞886孔、死亡48人的严重损失[2],县城北门外修建于金代的来宣桥也在这次地震中全行倒塌。按照崞县方面的计划,如果省里同意县治迁往原平镇,崞县城在修补方面的资金投入即立刻停止,开支自可节省不少。催请的结果如何呢?从两天以后山西省民政厅政区办公室给山西省人民委员会的签报中,我们了解到了民政厅方面的态度。这篇签报称:

> 接崞县人民委员会(56)办秘会财字第一号报告,关于县治地址迁移原平镇的问题,我们认为:第一,崞县治原设于城关镇,僻居该县东北部,对于该县西部地区的领导距离较远,但有北同蒲铁路之便,虽有困难,尚易解决。同时崞县治设于该镇时间较久,在设备上都有了一定的基础,若将县治迁移原平镇,就会产生许多困难,不能及时解决。第二,原平镇的位置又处在崞县南部,虽然比城关镇交通方便,但因距东部和北部地区较

---

[1] 崞县人民委员会:《县级党政团体等机关拟由崞城移驻原平催请早日批示由》,1956年1月22日,山西省档案馆藏,档案号:C64-3-84-8。

[2] 山西省地图集编纂委员会编:《山西省灾害地图集》之"原平崞阳5.5级地震(1952年)"图说,山东省地图出版社2007年,第28页。

远,在领导上亦会产生许多困难,同时,如果将县治迁移此镇时,所需用的房屋必须重新建造,在经济上开支甚大,以目前经济条件来看,难以解决。

根据以上情况,本着节约的原则,目前将县治仍设于城关镇为宜,不必迁移原平镇。以上意见可否,请指示。[1]

这篇签报直接呼应的是1月8日崞县方面的首次迁治请示,说明10余天以来省厅方面并未对崞县的请示漠不关心,而是有一番认真的思考,不过民政厅的意见显然否定了崞县方面的迁治请求。其理由在于两个方面,一是崞县城在地理方位上虽然偏僻,但现代化的铁路交通能够弥补这一短板,而原平镇也并非地理适中之地,位置坐落较显偏南;二是治所迁移所费浩繁,财政难以负担。不难发现,省厅方面最为在意的还是后者,也即经费开支,而这正是崞县方面在1月8日请示中的最终指向所在。收到民政厅的签报之后,山西省人民委员会的最终意见惜无史料依托,但从崞县迁治之事自此搁置两年有余来看,山西省人民委员会显然站在了民政厅一方。

2. 1958年5月崞县方面第二次迁治请求及事态进展

时间降至1958年5月18日,崞县方面第二次向省里呈送了治所迁移的请示,事件由此进入第二阶段。在这次请示中,崞县方面全面地陈述了县治迁移的理由,信息量十分丰富,现全录于下,并作进一步分析:

> 我县县级机关住址在城关,地势偏僻,交通不便,给领导工作带来好多困难,以全县的45个乡说,与城关的距离,15个乡近,30个乡远。全年上县开会的乡社干部和到省专开会的县干部以及省专来我县检查帮助工作的干部,无形中把好多的时间和精力都消耗在遥远的路途中。特别是所有制改变以后,工农业生产发展了,人民的物质文化生活也相应提高了。东社区7个乡梨果产量由第一个五年计划前的年产1 000万斤,到1956年逐渐上升为4 000万斤;轩岗区的煤炭产量,除国营轩岗筹备处外,到1957年产煤328 741吨,较第一个五年计划前的1952年提高将近9倍;公余粮每年征购4 000余万斤。本地的这些产品,大部要运出外地,以及本地所需要运进的物资,都要经过交通枢纽的原平集散起运。此外,还有代县、繁峙两县输出输入的物资,亦必须通过原平。这就使原平形成了崞县的经济中心,如财经单位的人数就有1 444人,超过城关699人的

---

[1] 山西省民政厅:《关于崞县县治地址迁移原平镇的签报》,1956年1月24日,山西省档案馆藏,档案号:C64-3-84-11。

一倍多；同时也是代、繁两县的交通枢纽。经济基础交通枢纽，必须有相适应的上层建筑。现在原平只有一个一般乡级领导，这样看来主要是缺乏政治领导，从去年肃反反右派斗争运动以来，问题暴露的更加明显了。

从工业建设来看，第二个五年计划期间，我县的任务是：1958年基本实现水利化，至60年要实现农村电气化、农业机械化、化学肥料普及化。实现这些任务，必须有充足的物质、畅达的交通和便利的领导条件。原平已有相当的工业基础，而且原平至轩岗沿火车线都有极其丰富的煤、铁、水泥原料以及其他地下地上资源甚多。在全县和原平基本实现水利化的同时，要在各河系特别是阳武河流域建立许多水力发电站，开设煤炭炼油、水果、粮食等加工厂，原平的铁木厂即将创造钢驼机动力生产工具。这些工厂有的在原平，有的离原平较近，而且所用原料都必经原平。同时原平的火车站要改建二级站，还要建立四通八达的中心站。工业和交通发达了，人口必然增多，商业则必须跟上去。到那时原平的经济更加繁荣，政治领导则必须更加加强。但是，这种地理关系所造成的政治领导与经济中心脱节的现象，从发展的眼光看，将是愈来愈严重。解决这个矛盾的唯一办法，只有把县级机关迁往原平。

县级机关迁往原平，不仅有了思想基础，如早在1956年陶书记曾经也支持过，今年焦副省长和省人委会办公厅王副主任来县时，也表示积极支持这一意见。而且在物质基础方面，供销社、银行、商业局、粮食局等系统在原平大部有房子，只是解决党政公检法等机关的用房就行了。这些房子我们计划采取节约修建的原则，只需上级帮助60万元就可搬下去。至希审核批准，及早拨款，以便准备，争取秋季迁移。[1]

与1956年1月8日的第一次请示相比，这份文本显然经过了崞县方面的精雕细琢：在陈述迁治理由时，不仅晓之以理，而且援引大量数据和具体事例以增强说服力；先前所称的原平镇已是"我县当前政治、经济、文化的中心"的说法也不见了，而只强调"原平形成了崞县的经济中心"；随后还将省委书记陶鲁笳（1917—2011年）等省级领导对迁治主张的支持作为强有力的"资本"；为打消省里对迁治需费浩繁的顾虑，更是把所需金额清楚预算出来，可谓使尽浑身解数。不过，仔细分析这次崞县方面提出的迁治理由，与1956年1月8日呈文

---

[1] 中共崞县委员会、崞县人民委员会：《关于我县县级机关住址由城关迁往原平的请示》，1958年5月18日，原平市档案馆藏，档案号：2-1-26-15。

中的内容大同而小异,归纳起来,不出以下几个方面:

其一,崞县城所在的城关镇在地理位置上过于偏僻,不利于县下乡社、县上省专的干部与县城之间的工作往来,将治所迁往原平镇则能较好地解决这一短板。我们按诸地图,崞县方面的这一理由是符合实际的,无需赘言。

其二,原平镇对外交通十分方便,乃枢纽之地,将县境西部轩岗一带、东部东社一带,甚至代县、繁峙两县纳入自己的经济腹地之中,而崞县城在交通方面已毫无优势可言。这一说法能否站得住脚呢?崞县经济地理结构向有"西山聚宝盆,东山摇钱树,中部米粮川"之说,这里的"西山聚宝盆"指的正是以今轩岗镇为中心、北连段家堡乡、南接长梁沟镇的西部煤炭产区。此一区域的煤炭开发据说早在南北朝时期就已开始[1],至清代有文献的详细记载,光绪《续修崞县志》称:"按县属西山,北接代州,南至轩岗口,重峦峻岭,横亘绵延,产炭处极多。炭之肥南不如北,以故有南口、北口之分,北口者谓官地山以北也,山田硗瘠,居民依此为生计焉。"[2]又载:"官地山,在咸阳岭西,距县治四十余里,山前为官地村,土田颇平敞,缘山多炭窑,远近驮者络绎不绝。"[3]至民国时代开始采用机械化方式,开采量大增。建国以后的1954年3月轩岗煤矿筹备处成立,位于黄甲堡、六亩地、焦家寨等地的多处矿井先后动工兴建并陆续投产,[4]开采量达到新的规模。西山地区的煤炭外运基本全部依托北同蒲铁路原平火车站。"东山摇钱树"指的正是上引文中的"东社区七个乡"的梨果产业,即20世纪50年代中期的东社集镇乡、上庄乡、西头乡、上社乡、南河底乡、尚义乡、后堡乡[5],在今为东社、南白两镇所辖的同河流域。这一地带的梨果业自古驰名,据说始于北魏、盛于隋唐、驰名于宋代[6],清代的方志资料载:"棠,俗呼果子……北铜川一带极多","梨有数种,以鹅梨、油梨为上品,树之接法与果子同,亦北铜川一带极多"[7]。这里的"北铜川"即同河流域。进入民国时代,据《中国实业志·山西省》显示,20世纪30年代中期时,

---

[1] 新修《原平县志》第七编《工业》,第169页。
[2] 光绪《续修崞县志》卷1《舆地志·山川》。
[3] 光绪《续修崞县志》卷1《舆地志·山川》。
[4] 新修《原平县志》第七编《工业》,第169页。
[5] 参见原平市政协文史资料委员会编:《原平市乡镇区划史料(1949—2009)》,内部资料2009年印行,第41—44页。
[6] 《原平市乡镇区划史料(1949—2009)》,第182页。
[7] 光绪《续修崞县志》卷1《舆地志·物产》。

全省的梨产量43 495 175斤,其中崞县产量为34 647 680斤[1],占比80%,可谓独步三晋了。经过抗日战争时期的战火摧残,至建国以后同川梨果产量大幅度回升,1957年时已达到5 700万斤[2]。这些数量至巨的梨果绝大部分均经过原平镇转销外地。很显然,在20世纪50年代时,西山煤炭产区与东山梨果产区已牢牢地纳入原平镇的经济腹地范围之内。在1958年5月崞县方面呈送这篇请示报告时,经崞县城、代县、繁峙至北京的京原铁路尚未开工[3],因此,代县、繁峙两地与外地的经济往来也往往依托原平镇的铁路交通。可见,原平镇的经济腹地又不限于本县,而是广及代、繁两县。由以上分析可知崞县方面对原平镇作为县内交通中心、对外经济辐射区广大的观点是站得住脚的。

其三,崞县境内县城与原平镇的"二元经济中心结构"已不复存在,原平镇成为县内唯一的经济中心。笔者认为崞县方面的这一看法也是符合历史事实的,这有诸多方面的依据,譬如从设于两地的粮食管理所来看,崞县城粮管所总人数为77人,而原平镇粮管所有137人[4];建立于1956年的原平铁木厂有职工252人[5],至1958年时职工增至881人[6],1958年建立的原平机械厂有职工86人[7],而设于崞县城的工厂是很少的。

崞县方面的这次迁治申请在数日之后即得到"驻省长办公室批准"[8]。为早日实现治所迁移,崞县人民委员会向山西省人民委员会递交了详细的建筑预算表,以便及早拨款开展建设,这份预算请示载:"为适应当前工农业大跃进和长远建设需要,我县县级机关住址需由城关迁往原平。……根据精简节约精神,在原来很不宽敞的12 000平方米的基础上,现在尽量压缩,包括开大会占用的一部分房子(因原平开会借不到民房)在内,计划建筑13 840平方米,共需人民币620 722元。"[9]事态进展看似一帆风顺,崞县方面的迁治初

---

[1] 《中国实业志·山西省》,第199(丁)页。
[2] 新修《原平县志》第四编《林业》,第134页。
[3] 京原铁路于1958年12月6日开工。参见新修《原平县志·大事记》,第674页。
[4] 新修《原平县志》第十二编《粮食》,第250页。
[5] 新修《原平县志》第七编《工业》,第182页。
[6] 象东:《原平铁厂四十名积极分子入党》,《原平小报》1959年1月8日,第2版。
[7] 新修《原平县志》第七编《工业》,第179页。
[8] 崞县人民委员会:《关于我县县级机关住址由城关迁往原平进行建筑的预算请示》,1958年6月22日,原平市档案馆藏,档案号:2-1-26-17。
[9] 崞县人民委员会:《关于我县县级机关住址由城关迁往原平进行建筑的预算请示》,1958年6月22日,原平市档案馆藏,档案号:2-1-26-17。

衷即将实现。

3. 1958年6月崞县方面第三次迁治申请与目的之实现

正在此时,新的波折出现了。事情的原委是,办公地点设于忻县的忻县地委和专署要迁驻原平镇,使驻地在所辖的14个县中更接近地理中心,便利对辖县的领导,故而省委主张崞县机关驻地可依旧在城关镇保持不动。为因应这一新动向,1958年6月底,崞县方面第三次向省里呈送迁治申请,档案资料记载:

> 为适应当前工农业大跃进、特别是为适应长远建设需要,我县县级机关住址需由城关迁往原平。此已于五月十八日备文请示在案;六月中旬又着专人到省长办公室联系,也得到同意。但是,当6月22日着人拨预算前往省人委请示正式批准的时候,又说省委暂不同意。据说,这是因为原平发展50万人口的城市,地委和专署要迁驻这里。地、专迁原,我们非常满意。但是,我们认为:地、专机关迁驻原平,对于我县县级机关迁往原平是更加必要了。因为地、专对于基层的领导必定要通过县的领导;从此,县与地、专的接触更多了,工作任务也更加繁重了,而县级机关住址偏僻的现状所形成的政治领导与经济中心脱节的矛盾,是更加尖锐了。不仅是上县开会的乡社干部和到地专开会的县乡干部和地专来我县检查帮助工作的干部仍然把好多的时间和精力都消耗在往返的路途中,造成莫大的损失;而且是对于加强人口日益增多、经济文化日趋集中的原平的政治领导更加不便了。为了适应建设高潮和长远打算,我们仍坚持县级机关迁往原平的主张,故特再提出请示,要求拨款60万元,至希早日批准。[1]

仔细分析这则新的请示报告,崞县方面列出的迁治理由基本上属"老调重弹",与前两次请示相比并无大的新意,仍集中在崞县城位置偏僻不利于干部往来、政治中心与经济中心脱节两个方面。在笔者看来,如若忻县地委和专署迁驻原平镇,新的地专驻地与崞县城的距离较之以前近便了不少,可以在一定程度上解决不同层级干部之间往来不便的问题;而且忻县地委和专署迁驻原平镇之后,在行政级别上已高于崞县城,已给予原平镇相当的政治承认。那么,究竟是什么因素使得崞县方面如此"固执"地坚持迁治主张呢?对此,惜已无文

---

[1] 中共崞县委员会、崞县人民委员会:《关于我县县级机关住址由城关迁往原平的再次请示》,1958年6月29日,原平市档案馆藏,档案号:2-1-26-18。

献资料的记载,笔者曾就这一问题对当地两位人士开展田野访谈,两人均认为这是当时崞县领导班子的地方保护主义使然,"县里领导商议决定,与其让忻县行署迁来,不如崞县自己就近迁移,于是崞县先行一步"[1],这一说法当然不可尽信,但我们揣测崞县方面可能担心的是:县治如若仍在城关镇,交通方面的不便将导致这一古老县城与原平镇的经济差距更形悬殊,这应是其坚定主张县治迁移的重要因素。

正在崞县方面坚持迁移之际,事情发生了重大转机,忻县地委和专署放弃了由忻县迁治原平的计划,原因在于他们"发现原平镇位于地震带上,所以主动放弃,没有迁移"[2]。根据学界研究,今原平市(即崞县境)是忻定断陷盆地的三个凹陷——代县凹陷、原平凹陷、定襄凹陷——之一,凹陷地带是地震活动的主体区,其中又以原平凹陷的地震活动强度最大、频度最高[3]。历史时期崞县境内曾发生多次高震级的严重地震,损失惨重[4],1952年10月8日崞县境内5.5级地震余悸犹存,故而忻县地方方面基于回避地震风险而放弃迁往原平镇的说法是可信的。在这种情况之下,崞县方面坚定迁治原平镇的主张终于得到省里的批准,时间在1958年12月初,档案资料载:

> 为了适应工农业生产大跃进形势的发展需要和便于领导起见,根据省人民委员会的决定,忻县专员公署12月1日的通知,经我县第三届第二次县人民委员会议决定:从12月7日起,将崞县改称为原平县;县址设原平镇。(暂住原址)崞县城改称崞阳镇。[5]

因为省里同意县治迁移,崞县之名也相应改称原平县。此后经过约1年的机关办公设施的建设,1959年12月20日原平县党政机关正式迁往原平镇

---

[1] 访谈对象:杨丰收,男,1930年生,访谈地点:杨先生原平市家中,访谈时间:2015年2月1日下午。另一位人士:冯大中,男,1953年生,访谈地点:崞阳镇南关村,访谈时间:2017年5月21日下午。两人均为化名。

[2] 访谈对象:王敬,男,1953年生,访谈地点:崞阳镇唐昌村,访谈时间:2015年2月1日上午。姓名为化名。

[3] 吴攀升、肖建华:《未来10a忻定断陷盆地地震趋势》,《忻州师范学院学报(自然科学版)》2004年第6期。

[4] 譬如康熙二十二年(1683)十月初五,崞县发生里氏7.0级强烈地震,居民死伤惨重,史料记载:"(康熙)二十二年十月初五日未时,地大震,初西北声若震雷,黄尘遍野,树梢几至委地,毁坏民房,人多压死,神山、三泉、原平、大阳等处尤甚",可见原平镇是这次地震的重灾区。参见乾隆《崞县志》卷5《祥异》。

[5] 崞县人民委员会:《关于更改我县县名的通知》,1958年12月6日,原平市档案馆藏,档案号:2-1-26-42。

办公[1],一波三折的崞县治所迁移事件至此尘埃落定。

行笔至此,仍有一个问题是有必要追问和解答的。20世纪50年代后期的崞县治所迁移事件很明显地表现为前后两个阶段,1956年可为第一阶段,崞县方面的迁治申请被省厅否决;1958年为第二阶段,在这一阶段,如果没有忻县地委和专署的"横插一杠",迁治申请本在当年6月份即可顺利得到批准。从崞县方面三次迁治申请所罗列的理由来看,实质上大同而小异,缘何两个阶段却呈现出不同的特点?笔者认为,根本原因在于时代背景的变化,即第二阶段处在大跃进运动时期。众所周知,大跃进运动是一场有违经济规律的试图在短时间内使我国工农业生产摆脱落后面貌的运动,为了达到这一目标,全国上下迅速行动。崞县也响应号召,在1958年2月24日,崞县召开二千人参加的全县农业生产大跃进誓师大会,提出了当年粮食总产量要达到3.7亿余斤、亩产达到410斤的跃进目标[2];1958年5月25日至30日,崞县首次工业跃进大会召开,制定了苦战三年,实现城乡电气化、农业机械化、化学肥料普及化的目标,计划1958年内要在全县建厂1834个,值得注意的是,这次工业跃进大会的召开地点正在原平镇,而非县城[3]。要实现工农业尤其是工业的跃进目标,便捷的交通运输条件是至关重要的前提,这有利于原材料、产品等的输入输出,而在这方面,原平镇的条件无疑最优。不难推知,崞县在大跃进的政治背景下向省里提出县治迁移申请,对方是没有理由拒绝的[4]。

四、结　语

如果从目的方面为政区治所的迁移加以分类的话,可分为生存型和发展型两类。生存型治所迁移的动力主要来自于原治所的推力,战争破坏、洪水打击[5]、地震毁损、水库淹没等往往是这类治所迁移的内在驱动力;发展型治

---

[1] 中共原平县委、原平县人民委员会:《县委党政机关迁往原平新址的通知》,1959年12月15日,原平市档案馆藏,档案号:1-1-241。
[2] 《全县农业生产大跃进誓师大会开幕》,《崞县小报》1958年3月2日。
[3] 《我县首次工业跃进大会胜利结束》,《崞县小报》1958年5月31日。
[4] 在1958年6月22日崞县方面的"预算请示"、6月29日的"再次请示"、12月6日的"县级机关迁址通知"三则档案材料中,均以"为了适应工农业生产大跃进形势的发展需要"或近似文字作为开头之句,这正是治所迁移与大跃进运动背景紧密相连的例证。
[5] 相关研究可参见段伟、李幸:《明清时期水患对苏北政区治所迁移的影响》,《国学学刊》2017年第3期。

所迁移的动力主要来自新治所的吸引力,新治发达的城镇经济、良好的生态环境、便捷的交通条件、居中的地理位置等均可能成为此类治所迁移的根本因素。但是不论何种类型,均十分有必要在"长时段"理念下对问题展开细致分析,唯有如此,方有可能准确把握事物的本质和发展趋势,正如顾良在翻译《法兰西的特性:空间和历史》一书之后所写的"布罗代尔与年鉴派"一文所言:

> 根据布罗代尔的时空观,观察和分析缓慢流逝的、有时静止不动的历史,与社会学对现时的摄影相比,可以更加真实地显示社会的结构,更形象地说,社会学的调查尽管翔实可靠,但它们所反映的社会"层面"却像剃须刀那么薄,而历史学对总体形象的粗线条勾勒,却能展示社会发展的取向。[1]

就20世纪50年代崞县治所迁移案例而言,我们决不能满足于弄清迁移事件本身前后数年的史实,而应将关注时段前推、拉伸,从民国、明清甚至更早的时代中追寻可能的答案,这绝非隔靴搔痒式的无益之举。经过细致追索,我们可以很自信地说,1959年底原平镇能够替代崞阳镇成为新县治,决非自建国后方现端倪,而是早在明代中期其交通优势开始显现之时已经为最终的迁移埋下伏笔,这使得崞县境内的经济中心经历了从一元(崞阳镇)到二元(崞阳镇——原平镇)再到一元(原平镇)的结构变迁;决定交通走向的在于山川结构,而这更是千万年以来既已奠定的"框架"。

当然,探讨作为"事件"的治所迁移本身也是十分必要的,它是历史研究中最富有魅力的部分,社会态势的急速变化、领导者的立场好恶、普罗大众的群体努力均可能对事件的最终解决起到加速或延缓的作用,这已不是地理、交通等因素所能左右的了。在20世纪50年代崞县迁移案例中,我们看到,新治所党政机关建筑的经费投入、忻县地委专署的迁治意向、大跃进运动的推进、崞县方面的迁治坚守等成为扰动迁治进程的关键因素。有趣的是,其中我们并未看到普通民众的身影,尤其是对于居住于城关镇一带的民众可能面临"城民"身份及相关资源的丧失,是文献的有意回避吗?笔者田野访谈的结果并不支持这一假设,他们多以"当时这是政府的事情"之类的话语加以回应,究其原因可能有二,一是建国初期政府与民众的关系处于历史时期最为和谐的时代,民众对地方政府高度信任,二是当时正值大跃进时期(迁治申请的第二阶段),

---

[1] 顾良:《布罗代尔与年鉴派》,[法]费尔南·布罗代尔著,顾良、张泽乾译:《法兰西的特性:空间和历史》,"译者代序"第12页。

治所迁移与大跃进运动高度捆绑于一体,反对迁治就意味着反对大跃进,这是普通民众所不敢冒的政治风险。

崞县治所迁移是地理现象,是社会事件,是经济问题,是政治行为,它们交织在一起,共同构成了一幅绚丽多彩的地域历史图景!

本文原载《历史地理》第 37 辑,复旦大学出版社 2018 年。

环境史研究

上海冈身以西史前遗址分布东缘线的东扩

高蒙河　潘碧华

一、问题的提出

"考古发现对研究一地区的历史地理具有极为重大的意义",是谭其骧先生提出的重要历史地理学思想之一[1]。他将考古发掘资料与文献相结合来考辨历史地理现象、过程及其成因的研究方法,并就上海地区成陆过程长达20多年的实践研究系列成果[2],已成为指导我们后学赓续研究这类历史地理学课题的标识体系[3]。

在上海地区成陆过程中,"冈身地带"是平原地貌形成过程中的一个独特的地貌单元[4]。在距今6000—3000年间,由于江流、潮流和波浪的共同作用,上海西部地区形成了由数条贝壳沙带构成的"冈身地带"。冈身大致呈偏西北至东南走向,宽度约4—10公里,以吴淞江为界,又可分为淞南冈身和淞北冈身[5]。

迄今的各项研究表明,冈身应在史前时期即已开始形成,冈身以东即今上海主要城区几无距今3000年以前的遗址[6]。但具体到冈身中各条沙堤的

---

[1] 谭其骧:《上海市大陆部分的海陆变迁和开发过程》,《考古》1973年第1期。
[2] 1960—1982年,谭其骧共发表了以《上海市大陆部分的海陆变迁和开发过程》为代表的五篇相关论文,详见《长水集》下卷,人民出版社1987年。
[3] 张修桂:《上海地区成陆过程概述》,《复旦学报(社会科学版)》1997年第1期;黄宣佩、周丽娟:《上海考古发现与古地理环境》,《同济大学学报(人文·社会科学版)》第8卷第2期,1997年;宋建:《申城寻踪》,《文明之光》,上海书店出版社2014年;陈杰:《文明之光——上海地区的史前文化》,《文明之光》,上海书画出版社2014年。
[4] 张修桂:《上海地区成陆过程概述》,《复旦学报(社会科学版)》1997年第1期。
[5] 郑肇经主编:《太湖水利技术史》,农业出版社1987年;《上海水利志》编纂委员会编:《上海水利志》,上海社会科学院出版社1997年。
[6] 黄宣佩、张明华:《上海地区古文化遗址综述》,《上海博物馆集刊》第2期,上海古籍出版社1982年。

具体形成年代,却存在分歧:历史地理学者认为,淞南冈身和淞北冈身相对应,其形成年代亦相互对应,大约在距今六七千年之间冈身西侧的淞北浅冈、淞南沙冈开始形成;淞北沙冈和淞南紫冈大约形成于距今5 500年前后;淞北外冈和淞南竹冈则形成于距今4 200—4 000年间[1]。而考古工作者提出淞南冈身和淞北冈身之间虽然看似南北相连,但淞北外冈之上的遗址年代上限只到东周时期,不早于距今2 500年[2];而淞南竹冈之上的遗址年代上限则可早到良渚文化时期,在距今5 500年前后就已形成,淞北外冈并非淞南沙堤的自然延伸[3]。

早在20世纪五六十年代就有地理学家、考古学家指出冈身曾是古代的海岸线[4]。但对于这条海岸线是否稳定则有不同的看法。陈月秋认为太湖不是潟湖而是构造湖,太湖地区在距今6 000年前以来没有受到海侵影响,广布大片陆地[5]。而更多的学者认为在全新世这一地区曾多次发生海侵。杨怀仁等认为海岸线来回进退,在距今7 200年前和5 500年前的海侵盛期,岸线甚至退到今太湖以西的镇江、仪征附近[6]。严钦尚等则认为在距今7 000年到6 500年前海面高度达到目前水平,此后大致稳定,略有波动,此地虽然仍有受特大高潮侵袭的威胁,但通过人工垫土加高,已具备栖息条件[7]。王张华等人的最新成果指出,由于冈身具有一定保护作用,海水并没有蔓延到太湖平原,但可能因海面上升导致暴雨或内涝造成内陆洪水[8]。综而观之,冈身以西到太湖之间的地区受海平面高度变化的影响,经历了从距今7 000年以来水域遍布到沼泽化的过程。相应地从考古发现来看,冈身以西特别是淞南冈身以西区域发现了不少距今大约6 000—4 000年期间的古文化遗址[9],

---

[1] 张修桂:《上海地区成陆过程概述》,《复旦学报(社会科学版)》1997年第1期;刘苍字:《长江三角洲南部古沙堤(冈身)的沉积特征、成因及年代》,《海洋学报》1985年第1期。
[2] 黄宣佩、周丽娟:《上海考古发现与古地理环境》,《同济大学学报(人文·社会科学版)》1997年第2期。
[3] 宋建:《上海考古的世纪回顾与展望》,《考古》2002年第10期。
[4] 陈吉余等:《长江三角洲的地貌发育》,《地理学报》1959年第3期;尹焕章、张正祥:《对江苏太湖地区新石器文化的一些认识》,《考古》1962年第3期。
[5] 陈月秋:《太湖成因的新认识》,《地理学报》1986年第1期。
[6] 杨怀仁、谢志仁:《中国东部近20000年来的气候波动与海面升降运动》,《海洋与湖沼》1984年第1期;潘凤英、石尚群等:《全新世以来苏南地区的古地理演变》,《地理研究》1984年第3期。
[7] 严钦尚、黄山:《杭嘉湖平原全新世沉积环境的演变》,《地理学报》1987年第1期。
[8] Zhanghua Wang, et al. Middle Holocene marine flooding and human response in the south Yangtze coastal plain, East China, *Quaternary Science Reviews*,187,March 2018.
[9] 陈杰:《文明之光——上海地区的史前文化》,《文明之光》,上海书画出版社2014年。

这里既是上海最早的人类生活之地,又是上海最久的人类常驻之区。

本文在梳理以上学术史的基础上,将结合最新的考古成果,通过史前遗址分布现象及其规律,重点讨论过去大家鲜为关注的史前时期冈身以西可能存在的数条南北向的史前人类活动东扩的边缘线及其人地关系变迁问题。

二、遗址分布现象

冈身以西特别是淞南冈身以西地区是上海新石器时代和早期青铜时代遗址的富集区,按照时间的先后序列,包括马家浜文化、崧泽文化、良渚文化、钱山漾文化、广富林文化、马桥文化诸遗存(表1)。

表1 距今约6 000—4 000年上海冈身以西主要考古遗址

	文化年代 主要遗址	马家浜 文化约 6 000 BP	崧泽 文化约 5 500 BP	良渚 文化约 5 000 BP	钱山漾 文化约 4 300 BP	广富林 文化约 4 200 BP	马桥 文化约 3 700 BP
1	松江广富林		√	√	√	√	√
2	松江平原村		√	√			
3	松江汤庙村		√	√			√
4	松江姚家圈		√	√			√
5	松江辰山*	○	○	○	○	○	
6	青浦淀山湖 (水下)			√			√
7	青浦福泉山	√	√	√		√	√
8	青浦果园村			√			
9	青浦金山坟		√	√			√
10	青浦刘夏*	○	○	○	○	○	
11	青浦泖塔						√
12	青浦千步村			√			√
13	青浦寺前村		√				
14	青浦崧泽	√	√	√			√
15	闵行董家村						√
16	闵行马桥			√			√

续表

主要遗址	文化年代	马家浜文化约 6 000 BP	崧泽文化约 5 500 BP	良渚文化约 5 000 BP	钱山漾文化约 4 300 BP	广富林文化约 4 200 BP	马桥文化约 3 700 BP
17	金山查山	√					√
18	金山韩坞*	○	○	○	○	○	
19	金山秦望						√
20	金山亭林			√			√
21	金山颜圩						√
22	金山招贤浜			√			√
23	嘉定马鞍山		√	√			
24	奉贤江海			√			√
25	奉贤浦秀村*	○	○	○	○	○	√
26	奉贤柘林			√			√
	遗址量值	3	9	17	1	2	20

资料来源：底表依据黄宣佩、张明华1982年《上海地区古文化遗址综述》一文中的"上海地区古遗址文化内涵一览表"制作，并根据后来的发现和研究成果进行了校订。主要校订依据为各遗址的考古发掘报告，以及2015年度上海市哲学社会科学规划课题《上海市考古遗址保护现状、问题及对策》（课题负责人陈杰）的结项报告。

说明：*根据目前的考古调查结果，松江辰山、青浦刘夏、金山韩坞和奉贤浦秀村四处遗址仅知存在新石器时代遗存，尚无法分辨具体文化期段，表中以符号"○"表示，也不计入表末"遗址量值"，暂不纳入本文讨论范围。

在以往的发现和研究中，有关上述遗址及其所包含的考古学文化的时空框架，有两种相互关联或者说是递进的基本认知：一种是较为宏观的观察，认为它们"都分布于冈身西部地区"[1]。另一种则较为具体，认为冈身以西在距今六七千年至距今三千年间，普遍发育成滨海湖沼低地平原，崧泽文化之前的古人是避水择高而居，而至良渚、马桥文化之后，湖沼干涸，人们才逐渐选用适合生存的平地而居。而冈身本体所在之处，地势相对高爽，因此有些古文化遗址就发现在冈身上[2]。这些冈身上的遗址的文化属性主要是良渚文化和

---

[1] 陈杰：《实证上海史——考古学视野下的古代上海》，上海古籍出版社2010年。
[2] 张修桂：《上海地区成陆过程概述》，《复旦学报（社会科学版）》1997年第1期；黄宣佩、周丽娟：《上海考古发现与古地理环境》，《同济大学学报（人文·社会科学版）》第8卷第2期，1997年；陈杰：《文明之光——上海地区的史前文化》，《文明之光》，上海书画出版社2014年。

马桥文化等遗存,换言之,以往的研究认为冈身之上未见距今5300年良渚文化年代上限以前的崧泽文化和马家浜文化时期的考古遗址。

以上认知表明,第一,崧泽文化时期或者良渚文化时期是上海新石器时代遗址发生空间分布变化的重要转折期;第二,大家多观察到上海各个不同时期的考古学文化的分布,提出了似有规律可寻的观点,尽管大多的研究还略显笼统,但为进一步的深入分析打下了基础。因此,本文在以上认知的背景下,结合最新考古发现,逐一将这些含有不同文化时期考古学文化的遗址按照各个文化时期分别标识在地图上,结果较之以前更清晰地发现:

马家浜文化时期(距今6 000年前后):上海现已发现确认的福泉山、崧泽和查山三处遗址,分别出现在青浦和金山地区,向西北可延伸到江苏省境内马家浜文化分布区域,即昆山的少卿山遗址以及偏西北的正仪镇绰墩遗址[1](图1),这几处遗址多以"山"或"墩"名之,虽系现代地名,但实系高于一般平地的高地或土墩。这个时期的遗址数量极少,至多只呈线形散点状分布,反映出这一时期人口数量不大,或适合人类居住的地点并非很多。各遗址的分布东距冈身多在20公里左右,构成了几乎与冈身并行的马家浜文化时期的遗址分布线。其中唯福泉山遗址比其他遗址向东前伸,距离淞南沙冈10公里左右。

崧泽文化时期(距今5 800—5 300年):这一时期的遗址数量增幅较大,遗址增加到9处,比较集中地散布在青浦和松江地区。这反映出崧泽文化时期适合人居的环境变好,人类开始较大规模地分布于上海西部地区。其中,这种遗址连片性地条形分布的东部,有一条马鞍山—福泉山—崧泽—广富林—姚家圈的东缘线。值得注意的是,最新的考古调查在淞北沙冈上的马鞍山遗址发现了少量崧泽文化和良渚文化时期的文化遗存[2],这使得马家浜文化时期遗址东缘线与冈身几近并行的情况发生了改变,意味着一部分人群已经开始向东扩展到了冈身上活动甚或居住,从而形成了崧泽文化遗址的东缘分布线,而其他遗址在空间上仍与冈身东西相隔约20公里左右(图2),表明这一地带仍还不太适合人类居住。

良渚文化时期(距今5 300—4 300年):上海地区遗址猛增近一倍,达到17处,完全覆盖了原崧泽文化遗址的分布范围,而且又向西分布到淀山湖,再

---

[1] 苏州博物馆等:《江苏省昆山县少卿山遗址》,《文物》1988年第1期;汪遵国、陈兆弘:《江苏昆山绰墩遗址的调查与发掘》,《文物》1984年第1期。
[2] 陈杰:《上海市考古遗址保护现状、问题及对策》,2015年度上海市哲学社会科学规划课题结项报告。

图 1 马家浜文化时期遗址分布图

资料来源：底图来自国家地理公共服务平台"天地图·上海"，审图号：GS(2019)3333 号©自然资源部。下同。

向南分布到亭林和招贤浜。总体来看，诸遗址呈集群性的团形分布状况，遗址总量上甚至不亚于后来的两周时期[1]。其中值得关注的是，遗址东部的分布线比崧泽文化时期明显向东扩展，形成了马鞍山—果园村—马桥—江海—

---

[1] 翟杨：《试论太湖地区西周至战国时代文化的变迁》，《上海博物馆集刊》第 9 期，上海书画出版社 2002 年。

图 2　崧泽文化时期遗址分布图

柏林一线,并且大部分已经分布到了冈身之上(图3)。

　　钱山漾文化和广富林文化时期(距今 4 300—4 000 年):目前发现的遗址尚少,主要集中在广富林遗址,分布只以点状形态出现(图4)。从目前的现象上看,这个时期的遗址数量的确较之前的良渚文化时期大幅骤减。但从实际情况看,由于这是两个近些年来才先后得以确认的新的考古学文化,因此原有的一些发掘材料中的遗存重新辨识尚有待开展。换句话说,即便在上海地区也可能并不止于这一处遗址,如奉贤江海遗址便不乏有钱山漾文化遗存

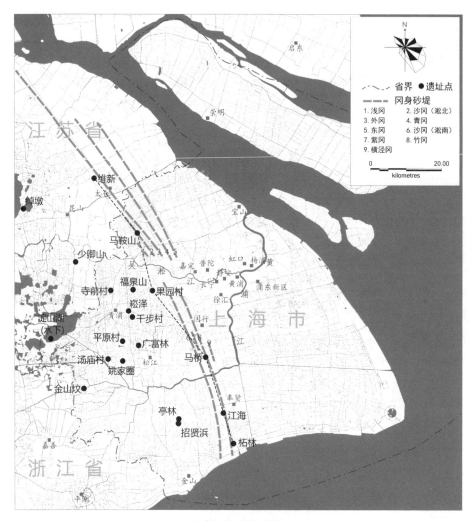

图 3　良渚文化时期遗址分布图

的可能性[1]。然而不管怎么说,遗址数量之少所反映出来的人居环境变差,可能还是一个基本的事实。与此相对应的一个现象是,上海冈身以西遗址自 6 000 年前马家浜文化开始的不断东扩的过程,到了这一时期出现了较大的反复,重又向西退缩到了东距冈身以西约 20 公里的空间里。

马桥文化时期(距今 4 000—3 700 年):遗址数量骤增到 20 处,甚至超过

―――――――――
〔1〕　上海市文物管理委员会:《上海奉贤县江海遗址 1996 年发掘简报》,《考古》2002 年第 11 期。

图4 广富林文化时期遗址分布图

良渚文化时期,反映出遗址量值开始走出钱山漾文化和广富林文化时期的低谷期,又呈现出增长趋势。这个时期的遗址空间位点呈密集分布状况,而且继良渚文化之后又有多处的遗址向东扩展,分布到冈身之上,包括临近上海的江苏太仓双凤镇的维新遗址[1](图5)。

---

[1] 闻惠芬、张铁军、朱巍等:《太仓市维新遗址试掘简报》,《苏州文物考古新发现——苏州考古发掘办稿专辑》,古吴轩出版社2007年。

图 5　马桥文化时期遗址分布图

　　马桥文化不仅在分布范围上大于良渚文化，而且在遗址密度上也是高于良渚文化时期的情况，应当与良渚时期之后马桥文化的人类生存方式有着密切的关系。

　　关于良渚文化衰亡原因一直有多种看法，例如"洪灾说"[1]、"水患说"[2]、

---

[1] 张明华：《良渚文化突然消亡的原因是洪水泛滥》，《江汉考古》1998 年第 1 期；蒋卫东：《自然环境变迁与良渚文化兴衰关系的思考》，《华夏考古》2003 年第 2 期。
[2] 宋建、洪雪晴：《上海马桥遗址古环境探析》，《考古》1999 年第 8 期。

"瘟疫说"[1],也不乏用复杂社会崩溃理论来进行解读者[2]。但各种说法都认同自然环境变化因素的重要性,而且这类环境变化因素对于马桥文化时期人类生存方式也带来了重大影响。马桥文化时期水域扩大,森林覆盖率高,稻作农业生产较良渚文化时期衰退明显,狩猎活动显著加强[3]。狩猎经济条件下的土地载能远不如成熟农业经济,人类社会组织只能是小而分散的狩猎采集人群,而不是大而集中的农业定居社会。根据塞维斯的社会发展理论,建立在流动狩猎采集经济基础之上的"游群",人口规模较小一般不会超过百人;建立在农业定居经济基础之上的"部落",人口规模可以达到千人;而像良渚文化那样"早期国家",人口规模则可以万计。上海地区马桥文化遗址数量较良渚文化遗址多,而且除了位于冈身之上的马桥遗址面积较大之外,其他遗址面积都较小,正是当时这种环境条件与人类生存方式的反映。

因此,从马桥文化时期的人类生存活动空间的边缘线来看,其范围与良渚文化时期大致相当,但从其内在的开发方式来看有着本质不同。良渚文化以稻作农业为基础,在上海地区还存在着福泉山这样的地方性权力中心,这一时期的农业聚落之间应该存在较强的集聚力,是一种网状结构。而马桥文化时期的聚落分布,从位点的空间分布上看与良渚文化时期差异不大,但以狩猎采集经济为基础的聚落之间相对平等,个体之间的规模、等级差异不大,是一种政治经济关系较为松散的散点状的结构。

三、遗址空白区所显示的史前人类活动的水陆交界线

仔细观察上海冈身以西早期遗址分布现象不难发现,冈身以西一直存在着至少两个比较明显的"遗址空白地带":

一处是以松江区主城为中心的半径地带,迄今为止鲜有遗址被发现。有关这一问题宋建早已注意到,譬如他曾分析指出,代表"崧泽—良渚文化过渡段"的汤庙村和广富林遗址所在的松江地区,在地理环境上属于由海湾转变为潟湖后的沉积区,地势低洼,到了"过渡段"起才成为人类聚居地[4]。他的这一认知,实际上与我们现在从遗址分布现象上所观察到的情况,可以互证。

---

[1] 朱建明:《从逐疫文化现象谈良渚文化的衰落》,《南方文物》1999年第4期。
[2] 郑建明:《环境、适应与社会复杂化》,上海人民出版社2008年。
[3] 上海市文物管理委员会:《马桥:1993—1997年发掘报告》,上海书画出版社2002年。
[4] 宋建:《上海考古的世纪回顾与展望》,《考古》2002年第10期。

另一处是淞南冈身以西宽约十公里的地带,自南向北几乎一直是各个时期遗址的空白地带,迄今无早期遗址被发现。这很可能意味着,这一地带始终不是适合早期人居的最佳区域,其环境状况的改善,很可能要晚到两周时期。

结合有关上海成陆的研究成果我们还会看到,以往比较关注的是冈身本体的形成年代,以及以冈身为界自西至东依次分阶段直至上海浦东东部的上海成陆过程研究,而冈身以西空白地带与人类活动的关系的研究,还比较薄弱。但谭其骧先生曾经把这一区域称作"冈身以内",并指出"本区是太湖平原的一部分,是全上海四区中地势最低洼的一区","本区大部分地区则都是在冈身形成以后才由浅海变而为泻湖进而葑淤成陆"。本文对遗址分布的微现象观察和分析后认为,冈身最初作为海岸线形成之时,其本体之上乃至靠近本体西部的数公里地带,很可能处在滨海盐沼、泻湖湿地的情况下,并不适合人类定居生活。这一考古学角度的认识,印证了谭其骧先生的早年的论断[1]。

在图1—4上还可观察到,淞北冈身以西的上海境域空间不大,此外有前已言及的相当一部分属于江苏省域,如临近上海的昆山少卿山遗址,其所处空间东距冈身的位置,几乎恰好可以算在上述冈身以西向北延伸的遗址空白地带。所以,无论是淞南冈身还是淞北冈身以西,都存在一条宽约10—20公里的狭长的遗址空白区地带,只是良渚文化时期的果园村遗址位于空白地带上。

总的来看,本文着重讨论的冈身以西史前各个时期的遗址分布东缘线,并不完全等同于自然成陆的以冈身为代表的海岸线,有时相隔,有时相叠。从目前研究成果来看,冈身以西区域在距今6 000年以来主要是湖沼环境[2]。在这种环境下建立定居点,有两种方式:一是选择自然高地,如前文所指出的马家浜文化时期的遗址多位于"山""墩"之上;二是人工垫土抬高地面,例如广富林遗址2012年度的发掘中就发现了崧泽文化时期的人工土台[3],类似的现象在宁波奉化下王渡遗址的良渚文化时期遗存中也有发现[4]。从这种土台的形状、大小以及其上的遗迹现象来看,它们的平面形状多不规则,高度约几

---

[1] 谭其骧:《上海市大陆部分的海陆变迁和开发过程》,《考古》1973年第1期。
[2] 吴维棠:《从新石器时代文化遗址看杭州湾两岸的全新世古地理》,《地理学报》1983年第2期;刘苍字:《长江三角洲南部古沙堤(冈身)的沉积特征、成因及年代》,《海洋学报》1985年第1期;张修桂:《上海地区成陆过程概述》,《复旦学报(社会科学版)》1997年第1期;[日]海津正伦著,邹怡译:《中国江南三角洲地貌的形成》,《历史地理》第二十七辑,上海人民出版社2013年。
[3] 潘碧华、黄翔等:《2012—2013年上海考古学科发展述评》,上海市社会科学联合会主办《上海学术报告(2012—2013)》,上海人民出版社2015年,第496页。
[4] 宁波市文物考古研究所、复旦大学考古队等:《宁波奉化下王渡遗址考古发掘报告》,待刊。

十厘米,应该是为了居住而人工堆垫的高地,与丧葬、祭祀等关联不大。

人类择居既受自然环境条件的限制,也取决于自身改造、开发环境的能力,所以这数条各时期遗址分布的东部边缘线也可看作是人类拓展生存空间的"开发线"(图6)。换言之,自距今6 000年前后,上海西部地区开始有马家浜文化的人群定居以后,到崧泽文化时期人们在自然成陆的基础上,通过改造环境开拓生存空间,在冈身以西形成了数条类似于"开发线"的水陆交界线,并在良渚文化时期进一步向东拓展到了冈身之上。尽管这一东扩的过程在钱山

图6　上海史前遗址分布东缘线的东扩

漾文化和广富林文化时期出现了短时期的向西收缩现象,但到了马桥文化时期又恢复到了冈身之上。

四、简单的小结

第一,以往大家多关注冈身以东不同时代的成陆过程研究,而未太多顾及冈身以西早期考古遗址所反映的人类活动空间分布变迁现象及其规律的考察。从本文尝试运用遗址分布边缘线和遗址分布空白区等方式的分析看,冈身以西的早期人地关系问题也同样值得我们加以关注。

第二,冈身以西自距今6 000年前马家浜文化时期开始到距今4 000年前后的马桥文化时期,人类活动区域不断东扩是一个总体的趋势,形成了数条遗址分布范围东扩的"东缘线"。尽管其间偶有西退,但在长达约2 000年的时间里,还是总体上向东扩展了约20公里,达到冈身之上,并产生了较大规模的聚落形态。

第三,考古工作者提出的淞南冈身和淞北冈身之间虽然看似南北相连,但淞北外冈之上的遗址年代上限到只到东周时期[1]、淞北外冈并非淞南沙堤的自然延伸[2]等认识,可能需要重新考量。因为当时的主要依据是图6所示淞北冈身上发现的"外冈楚墓",即没有发现比楚墓年代更早的考古遗存。但前曾提到的近年在淞北沙冈上调查到的马鞍山遗址,却新发现了早于楚墓的崧泽文化和良渚文化时期遗存,实证了谭其骧、张修桂等学者指出的淞南冈身和淞北冈身相对应,其形成年代亦相互对应的观点[3]。

第四,如果今后还能进一步开展田野地理实地调查并深化研究上海冈身及其向北延续到江苏冈身的话[4],我们不但将会观察到一条沪苏冈身的全部分布和走向情况,而且还会对进一步做好上海地区成陆过程及其人地关系的历史地理学研究有所裨益。

本文原载《历史地理研究》2019年第2期。

---

[1] 黄宣佩、周丽娟:《上海考古发现与古地理环境》,《同济大学学报(人文·社会科学版)》1997年第2期。
[2] 宋建:《上海考古的世纪回顾与展望》,《考古》2002年第10期。
[3] 谭其骧:《上海市大陆部分的海陆变迁和开发过程》,《考古》1973年第1期;张修桂:《上海地区成陆过程概述》,《复旦大学学报(社会科学版)》1997年第1期;刘苍字:《长江三角洲南部古沙堤(冈身)的沉积特征、成因及年代》,《海洋学报》1985年第1期。
[4] 黄宣佩、周丽娟:《上海考古发现与古地理环境》,《同济大学学报(人文·社会科学版)》第8卷第2期,1997年。

历史时期塔里木盆地水资源的调控过程

阚耀平

塔里木盆地是一个干旱少雨的地区,水资源的多寡直接影响到整个地区的环境状况。历史时期,塔里木盆地水资源的演变是人与自然综合作用的结果,但两方面作用的强度却有区别。从塔里木盆地水资源总的演变趋势看,塔里木盆地以塔里木河为中心的水系呈现出逐渐减小的发展态势,河流多由常年性水道发展成季节性水道,以至于部分河流断流、干涸。原来一些能够汇入塔里木河水系的支流因水量减少、河道退缩,成为独立的小水道,并自行尖灭于沙漠之中。这种水资源演变的现象是由什么原因引起的,其演变的主因是什么,在演变的时序上又有怎样的变化,这些是本文讨论的主要问题。

目前学术界有两种研究的模式:一种是对某一个时期进行研究,如王守春认为:塔里木盆地中的三大遗址群(楼兰遗址群、尼雅遗址群和克里雅遗址群)兴起和废弃是气候变化的结果[1]。李江风也认为在公元前3000年至220年,新疆存在一个冷湿的气候时期,雨水较多,雪线下移,造就了塔里木盆地南缘的丝路文明[2]。另一种是将整个历史时期作为研究范畴。要研究塔里木盆地水资源的调控过程,必须关注后一种研究方法,即以整个历史时期为研究范围,目前具有代表性的观点为:一是以 B. M. 西尼村为代表(以下简称为西文),认为水资源的调控的主因是气候不断变干,河流缩短、沙漠扩大、人类居住地的迁徙等现象都是环境本身演变的结果[3];这种观点忽视了近代人类大规模的生产活动对环境及水资源的影响。二是以夏训诚等人为代表的观点(以下简称夏文),他们认为:

---

[1] 王守春:《塔里木盆地三大遗址群的兴衰与环境变化》,《第四纪地质》1998年第1期。
[2] 李江风:《丝路的变迁与气候的变化》,《亚洲文明》第二集,安徽教育出版社1992年,第129—147页。
[3] B. M. 西尼村:《亚洲中部气候变迁的大地构造因素》,《地理译报》1956年第4期。

古代绿洲和城镇的放弃,不是由于气候变干水量减少造成的,而是由于人为的活动是地表水重新分配,引起局部地区干旱缺水,并受风沙和盐碱灾害所迫。[1]

其观点的核心可以解释为人类活动是塔里木盆地水资源调控的主因,其调控的过程贯穿于整个人类活动时期,即人类从一开始的生产活动就对水资源的区域调配产生决定性的影响。夏训城等的观点有些过分夸大了早期人类活动所发挥的作用,减小了自然环境本身的变化因素,是一种较为悲观的观点,对于以后人类的生产活动会产生消极的影响。

探讨历史时期塔里木盆地水资源调控的主因及调控的时序,可以看出塔里木盆地的水资源演变规律,而水资源的演变又直接影响到人类居住区的地理环境和整个塔里木盆地的环境演变。水资源变化是一个综合作用的结果,但是调控的主因可分为自然环境本身的变化与人类活动两种。本文主要从调控的时序上入手,将整个人类活动的历史时期作为一个研究范围,探求在哪段时序上,哪种主因发挥主要作用,弄清水资源变化的根本原因。所以,要弄清整个历史时期人类活动与塔里木盆地环境演变之间的关系,必须弄清人类本身对环境的压力到底有多大。这种在时序上探讨塔里木盆地内部人类活动对水资源的调控的影响,揭示了人对环境影响力的大小所产生的时间序列,使我们明白人在什么时候、通过什么方式开始发挥主因作用。为今后塔里木盆地的综合治理提供了可以借鉴的历史经验与教训,从而促使人与环境之间走上一个合乎理性的运行轨道。

一、水资源的自然调控阶段

夏文提出在整个人类历史时期,水资源调控的主因都是人类活动,但是对历史时期人类活动的论述却比较笼统,特别是清乾隆以前的这个时期,基本上没有引用可以令人信服的历史资料,因而得出的结论也就值得进一步讨论。

笔者将有关历史资料分析归类,发现塔里木盆地水资源的调控过程在时序上明显可以分为两个阶段,即清乾隆年间以前和乾隆年间以后。

---

[1] 夏训城、樊自立:《关于塔里木盆地环境变化和气候变迁问题》,《罗布泊科学考察与研究》,科学出版社1987年,第106—113页。

1. 塔里木盆地水系的变化

清朝乾隆年间以前,要弄清人类活动是否为水资源变化的主因,首先应该分析塔里木盆地水资源的变化情况。这一时期,在这一区域内,水资源变化明显的主要表现在塔里木盆地的南缘和罗布泊地区。

根据成书于北魏时期的《水经注》记载,塔里木盆地在魏晋时期曾经存在着两个独立的水道系统,称南河与北河,它们分别汇集发源于昆仑山、葱岭和天山的河流,形成两条大的河流,呈南北平行状向东流,最终汇入罗布泊,南河与北河的线路分别为:

> 南河又东经于阗国北……南河又东北,经扜弥国北……南河又东经精绝国北……南河又东经且末北,又东,右会阿耨达大水……且末河东北流经且末北,又流而左会南河,会流东逝,通为注滨河,注滨河又东经鄯善国北……其水东注泽,泽在楼兰国北行。
>
> 北河又东北流,分为二水,枝流出焉,北河自疏勒经流南河之北。……又东经故墨国南……北河又东经龟兹国南,又东左合龟兹川水……又东又右会敦薧之水,其水出焉者之北,敦薧之山……河水又经墨山国南治墨山城西。……河水又东经注滨城南,又东经楼兰城南而东注,河水又东注于泑泽。[1]

《水经注》关于南河、北河东半部的记载,比较混乱,且不符合常理,有关学者已经对其进行了论述[2]。但是,《水经注》对于两河西段的记载却有其合理性,从航片等卫星图片资料可以看出,在克里雅河下游明显存在着一条向东延伸的低洼地带,也就是说存在着一条古河道的迹象。由此可以看出在魏晋时代,最晚在隋唐以前,塔里木盆地水系存在着两个独立的水道系统,它们分别是塔里木南河和塔里木北河。

根据历史资料和卫星照片判读,当时塔里木南河的水道系统为:以发源于葱岭的叶尔羌河为源头,在麻扎踏格山南部拐向东流,汇集和田河、克里雅河之水继续向东,合车尔臣河、且末河、注滨河(米兰河[3]),经喀拉库顺湖,

---

[1]《水经注》卷2《河水》。
[2] 侯灿:《论楼兰城的发展极其衰落》,《高昌楼兰研究论集》,新疆人民出版社1990年,第219—253页;王守春:《〈水经注〉塔里木盆地南河考》,《地理研究》第6卷第4期。
[3] 中国科学院《中国自然地理》编辑委员会:《中国自然地理·历史自然地理》,科学出版社1982年,第211页。

东北注入罗布泊。

北河主要以今喀什噶尔河、阿克苏河为主流,直接向东,合沿途各支流及孔雀河(阿耨达水),东经楼兰国北,从罗布泊北部注入,南河与北河的终点都是罗布泊。

南河与北河平行东流,是塔里木盆地在人类历史时期最早的水道格局,以后两条河均有变化。北河在历史上变化较明显的是两头,即上游和下游,而中游一带变化不大,只是沿河道的南北摆动而已,从现在的塔中公路上观察,塔里木河南北摆动将近一百公里。上游地区在唐以后,叶尔羌河、于阗河先后加入到北河之中,演变为今塔里木河。下游地区在魏晋时期以前,塔里木河合孔雀河水东流入罗布泊,以后,两河又改道南流,进入南河的河道[1]。

南河变化比较大,最晚到唐朝,南河就已经消亡,只留下车尔臣河单独注入喀拉顺湖及罗布泊。卡墙河(车尔臣河)"由卡墙入罗布淖尔约千有余里,虽不通舟楫,夏涨而冬不枯"[2]。说明车尔臣河到清朝的时候,还能够到达罗布泊。南河除西部两条大河改道入今塔里木河外,其他支流如克里雅河、且末河、米兰河等河流由于来水减少,全部尖灭于沙漠之中。

夏文在论述中没有直接说明如此大的水系变化是自然环境变化的结果还是人类活动的结果。而是引用《大唐西域记》中的记载[3],间接地说明河流断流是人类活动的结果。对于这个结论,本文在后部分专门论述。

2. 人类居住地位置与人口的变化

在人类的居住地方面,变化最明显的当数楼兰和分布在丝绸之路南道沿线的人类聚居地,楼兰国南迁为鄯善国,楼兰古城废弃。活跃于汉唐时期的尼雅、喀拉墩、丹丹乌里克等遗址相继报废,丝绸之路南道向南推进了几十甚至上百公里,这种人类居住地的变化与水资源的变化相适应,是人类活动在其变化中起到主要作用吗?从人口的变化入手,我们可以看到人口的数量并没有明显的增加,在人类生产方式没有明显变化的情况下,人对水的用量也不会增加太多。从《汉书》卷96下《西域传》统计,昆仑山北麓十国的人口为84 863人,上万人口的国家为鄯善国14 100人,扜弥国20 040人(分布在克里雅河下

---

[1] 关于北河首次改道南流的时间,由于历史记载不详,现在难以得到确切的时间,有说在公元5世纪左右,具体时间还需要进一步的研究。
[2] 《新疆图志·水道志》。
[3] 《大唐西域记》卷12:"城东南百余里有大河,西北流,国人利之,以用灌田,其后断流。……河水逐流,至今利用。"(此河为和田河上游的支流玉珑哈什河)

游),于阗国19 300人。两个人口的重心在于阗河、克里雅河区和米兰河下游区。根据曹树基的研究,到清乾隆四十一年,同一地区的人口数有20万[1],而且主要分布在和田和叶尔羌地区(以莎车为主)。从上面人口数量的对比变化可以看出,起码在米兰河地区,清代的人口比汉代有所减少,而不是增加。那么米兰河水量的减少,就主要是自然方面的原因了,山区来水减少,是这一区域人类遗址废弃的主要原因。

就楼兰地区来讲:汉代至魏晋时期,位于罗布泊一带的楼兰国,有非常良好的自然环境。陈汝国在楼兰实际考察后,发现"楼兰城建筑在一条大致呈西北—东南走向的古河道两侧……在古河道的两侧,当年居民提水时,打烂的大量陶器碎片,至今历历在目"[2]。说明了人们对于水的依赖程度。"楼兰、姑师邑有城郭,临盐泽"[3],反映出楼兰城建立在塔里木河北河的两岸,处在罗布泊的西北,人们对水的利用有较为优越的自然条件。但是需要说明的是,虽然楼兰濒临罗布泊,但是依据当时人们的生产力水平以及罗布泊周围的微地形地貌特征,人们的日常生活和农业生产难以依靠罗布泊之中的水,人们只能利用塔里木北河的水支撑楼兰的正常运行。由于楼兰正当孔道,在其存续期内,人们非常重视楼兰的地理位置。汉朝的军队曾在这一带屯田驻守,以保证丝绸之路的畅通。班勇曾经建议:"宜遣西域长史将兵五百人屯楼兰,西当焉耆、龟兹径路,南疆鄯善、于田心胆。"[4]杨终上疏西域的屯田情况为:"又远屯伊吾、楼兰、车师戊己……今伊吾之役,楼兰之屯,久而未还。"[5]从这些资料分析,这一时期人们已经利用当地丰富的水源进行屯田,反映了楼兰屯田在当时的重要性。

在西域其他地方也有许多屯田的情况。汉曾在"敦煌置酒泉都尉,西至盐水,往往起亭。而轮头(即轮台)有田卒数百人,置使者护田积粟,以给使外国者"[6]。"地节二年(前68),汉遣侍郎郑吉,校尉司马憙将免刑罪人田渠犁,积谷,欲以攻车师。"[7]这些资料或多或少地向我们展示了人们利用当地的

---

[1] 葛剑雄主编,曹树基著:《中国人口史·清时期》,复旦大学出版社2001年,第446页。
[2] 陈汝国:《楼兰古城历史地理若干问题的探讨》,《罗布泊科学考察与研究》,科学出版社1987年,第300页。
[3] 《史记》卷123《大宛列传》。
[4] 《后汉书》卷47《班勇传》。
[5] 《后汉书》卷195《杨终传》。
[6] 《史记》卷123《大宛列传》。
[7] 《汉书》卷96下《西域传》。

土地,进行农业生产的情况。但是这些屯田的规模都比较小,当地丰富的水资源足以满足人们简单的农业生产,难以对环境的改变起到决定的作用,任何夸大其反作用的提法都不足取。

克里雅河的下流地区,汉时,曾经是昆仑山北麓人口最多的地区。扜弥国有"户三千三百四十,口二万四十,胜兵三千五百四十人"[1]。比当时盛名显赫的鄯善国的"口万四千一百"还多了将近六千人。扜弥国的国都宁弥城的地址当在今马坚勒克遗址,在今于田县城以北克里雅河下游沙漠腹地将近200公里的地方。说明当时这个地方起码应该水源充足,水土丰美,才可以养活这么多的人。汉以后,扜弥国的中心地位被于阗取代,人口也应该相应地减少,人类对水的利用程度也应该降低。唐玄奘在公元644年路过时此地的环境状况为:

> 王城东三百里余里,大荒泽中,数十顷地,决无藨草,其土赤黑。……战地东行三十余里,至媲摩城。……媲摩川东入沙碛。行二百余里,至尼雅城,周三四里,在大泽中,泽地热湿,难以履涉,蕴草荒茂,无复途径。唯趣城路,仅得通行,故往来者莫不由此城焉,而瞿萨旦那以为东境之关防也。[2]

冯承均以为:玄奘在描写丝绸之路南道的地名时,均以梵文读音书写,故尼雅城应该是汉语"扜弥、汉弥、拘弥、宁弥"等的读音,尼雅城是克里雅河下游的扜弥[3]。唐时克里雅河下游的城市规模明显缩小,从玄奘的记载看,当时这里只有一个周长为三四里的小城,人口较汉时的两万多人根本无法比拟。在人口锐减的情况下,人对水资源的作用力肯定会明显减小。而这个时候城市周围的水源大为减少,仅仅成为沼泽地。这种情况的出现只能说明河流的来水量减少是自然因素变化的结果。"于阗东三百里有建德力河……河之东有汗弥,居达(应做建)德力城,亦曰拘弥城,即宁弥古城。皆小国也。"[4]按其方位推算,建德力河应是克里雅河,唐时其城的遗址仍然被利用,但是其城之规模已非昔比,《新唐书》说其为小国,再与《大唐西域记》之周长为三四里之城对应,虽然不能知道其城之人口多少,但从城的大小可知,在唐朝的时候,克里雅河下游的的人口肯定比汉朝的时候大规模地减少。

于阗地区(今和田市一带),是夏文说明这个时期人类活动导致河流断流

---

[1]《汉书》卷96下《西域传》。
[2]《大唐西域记》卷2。
[3] 冯承均译:《马可波罗行记》,上海书店出版社2001年,第97页。
[4]《新唐书·西域传》。

的基础。夏文说："从魏晋到唐代,塔里木盆地农业生产有了大规模的发展(这由《大唐西域记》对盆地各国的记载可知),这是由于农业用水大量增加,使和田河曾发生过季节性断流现象。"夏文没有列举详细的资料,只说是根据《大唐西域记》的记载而判断的。由于《大唐西域记》中,缺乏于阗地区的人口记载资料,只有瞿萨旦那国"伽蓝百有余所,僧徒五千余人"的记载,由这个记载推断当地农业生产大规模地扩展是否合理？首先让我们看一下这个地区的人口变化情况。汉时于阗国有"户三千三百,口万九千三百,胜兵二千四百人"[1]。如果加上位于克里雅河下游扜弥国的 20 040 人,人口总数将近四万。清乾隆二十四年(1759),整个和田地区的户口数为 13 642,人口数为 44 603[2]。这就是说和田周围在从汉朝到清乾隆年间,人口总数基本上在一个水平线上,没有多大的变化。

《大唐西域记》对于阗一带伽蓝居所多有详细的描述,但对伽蓝数和僧徒数却有夸大的成分。同书中关于于阗一带的记载,多以传说为依据。书中曾曰:"昔者匈奴率数十万众,寇掠边城,至鼠坟侧屯军。时瞿萨旦那王率数万兵……","王城东三百余里大荒泽中,数十顷地……昔者东国军师百万西伐,此时瞿萨旦那王亦整齐戎马数十万众,东御强敌"[3]。这个人口数字,夸大得过分。根据史书记载,在唐代以前的于阗,根本没有过几万或几十万军队的时候。从同书中描述的伽蓝、僧徒的情况看,也有夸大的成分。所以,夏文由此推断由于扩大农业灌溉面积,而导致河流断流的说法证据不足。因为干旱地区的农业都是灌溉农业,人们必然采用河流的水资源用来灌溉。如果在人口没有大规模增加的情况下,农业的面积也不会大量增加,这样的话,导致河流断流的原因当然不能说是人类活动,只能是河流来水减少。值得注意的是,《大唐西域记》中明显地说明了河流断流的位置在"城东南百余里",这是位于和田河的上游地区,这里地形地貌极不适应人类居住,就是今天,居住在这里的人也寥寥无几。它只能是下游农业灌溉的引水源头,应该与下游的农业生产关系不大。上游的河水断流应该是自然原因造成的结果。

3. 环境演变的证据

斯坦因曾经在尼雅河下游的尼雅城发现大量的佉卢文文书,其中有一份文书提到:"此人娶般支那之女五爱为妻,时逢(河)水枯竭。"据林梅村的研究,

---

[1]《汉书》卷 96 上《西域传》。
[2] 魏良弢:《叶尔羌汗国史纲》,黑龙江教育出版社 1998 年,第 203 页。
[3] (唐)玄奘、辩机原著,季羡林等校注:《大唐西域记校注》,中华书局 2000 年,第 1017、1026 页。

这份文书是前凉二十三年(335)至前秦建元十年(383)时期的文书[1]。这份文书中给我们提供了这样一个信息：在4世纪的中叶，尼雅河的来水量已经有所减少，水已经难以到达尼雅城附近，以至于影响了人们的日常生活。斯坦因在玉龙喀什河源头考察后认为："历史时期玉龙喀什和昆仑山更东面的河流的所有冰川支流的消退，肯定也直接影响到沙漠中被遗弃的古老居住地的命运，如丹丹乌里克和尼雅遗址。"[2]河源头冰川的消退，使河流来水减少，从而迫使位于河流中下游地区的绿洲不断上溯，古绿洲不断废弃，新绿洲不断开垦。

由于塔里木盆地的干旱气候环境在人类诞生以前就已经形成，河道两边的地势相对低矮，河流在洪水期容易决口改道。这种改道分为两种情况：一种为横向改道，即河流的主流在一场洪水过后，只是在与原河流平行方向的一定范围内流动。这种改动多发生在河流的中下游地区，且改道的频率相对较高。这种改道的直接后果是导致了居住在河流下游的居民被迫进行小区域的迁徙。干旱地区的沙漠中，在河流的下游三角洲一带，经常会产生河流的改道现象。因为河流下游地势相对平坦，在夏季的洪水期，河流极易冲出河床，形成新的河床。斯坦因在1908年从沙雅纵穿塔克拉玛干沙漠进入克里雅河三角洲时，就遇到过20世纪初时的河流改道情况：

> 为了寻找水源和向导，我们在这最靠不住的干枯的三角洲经历了各种艰难困苦。我还要附带说明，我们又走了六段里程后，才找到了那条已干枯的河流，河面以结了一层薄薄的冰，同四年前证实的一样，这条河流已经改道。与1896年赫定博士发现的情形比较，现它已向西迁移了相当一段距离。[3]

楼兰国时期，也有河流改道、河水断流引起生存危机的情况发生。斯坦因在发掘的一份文书中曾有这方面的记载：

> 在一份文书中……自称为水曹助理的赵辩报告说，大队保护人当夜已过城南，并报告说某日找到了水。情形似乎是那时因为河道转移，水源干涸，某地区的河岸丛林变的不能用来放牧，因此，不得不将这些人派出去到一定距离去寻找充足的水源。[4]

---

[1] 林梅村：《新疆尼雅发现的佉卢文契约》，《考古学报》1989年第1期。
[2] 奥雷尔·斯坦因著，巫新华等译：《穿越塔克拉玛干》，广西师范大学出版社2000年，第319页。
[3] 奥雷尔·斯坦因著，巫新华等译：《穿越塔克拉玛干》，第218页。
[4] 奥雷尔·斯坦因著，肖小勇、巫新华译：《路经楼兰》，广西师范大学出版社2000年，第115页。

另一种为纵向改道,河流沿与原河道垂直的方向流动,这种改道多发生在中游,改动的频率很低,有些是一次性的,如原属于南河葱岭河与和田河改道入北河后,再也没有变化。有些是多次性的,如塔里木河的下游。

在人类对水资源自然适应时期,也有小区域性的对水资源的改造活动,这种小区域性的改造活动,对区域性的人类活动、环境各方面都有影响,但是它是次要的,不会影响整个区域的环境变化。《水经注》卷2《河水》曾经记载:"敦煌索劢……将酒泉、敦煌兵千人,至楼兰屯田。起白屋,召鄯善、焉耆、龟兹三国兵各千,横断注宾河……灌浸沃衍,胡人称神。大田三年,积粟百万,威服外国。"如果按当时一个人种十亩地的话,一千人则可种一万亩。一万亩是一个不大的灌溉面积,但是在当时都需要进行水利建设,从一个侧面反映出米兰河水流量较小的迹象。《水经注》曾记载,注滨河为南河的支流,应是现在的米兰河。所以文中所指的水利工程地点并不是楼兰所在地,而是已经迁移到米兰一带的鄯善国。因为汉时楼兰、鄯善之名时常互称,但是却不是一个地方,《水经注》在这一段描写中的楼兰,当指鄯善国所在地。米兰一带现在还保留有大量完整的古代农田灌溉遗址也可以佐证这一点。

这一时期,人口的数量对自然环境、区域水资源利用的压力以及人在流域内上下游的迁移,对水资源的地区分配影响不大。虽然,环境状况也发生了明显的变化,区域性人居环境也有所恶化,但是,这种环境变化的原因主要是来自于自然条件本身的变化,人类活动只是在局部地区改变水资源的用途,对区域环境的变化起到一种催化剂的作用,区域性的水资源利用加速了这种活动的发展程度,对环境变化的本身起不到决定的作用。

清代以前的这一历史阶段,塔里木河流域的水资源调控以自然本身的调控为主,人类只是被动性的适应水资源的调控结果,辅之以小区域性的改造行为,其特征主要表现为:人只是在小区域范围内改造水资源的利用途径,对于整个塔里木河流域水资源的区域分配影响不大。

二、水资源的人工调控阶段

人类对塔里木盆地水资源利用的第二阶段是人工调控阶段,这一时期主要表现在清后期以来的时期。本文从人口、耕地、渠道等因素的变化程度,引证了人类活动对水资源调控的影响程度。这一时期,随着人口规模的扩大,耕地面积的增加,人类的生产活动对水资源的需求量也激增,从而人为地改变了河流水资源的地区分配,致使塔里木盆地的环境发生了显著的变化。这一时期塔里木盆地的环境变化主要集中在塔里木河流域,而且,因河流上、中、下游水资源不合理的调配,使塔里木河的下游"绿色走廊"消失。塔里木河上游大量的拦河筑坝,建造水库,引水灌溉,改变了塔里木河全流域水量的自然分配,使下游的来水减少,河流断流,绿洲废弃。

从人口数量的变化来看,人口变化最剧烈的地区均在塔里木河的上、中游一带。根据曹树基的研究成果:以嘉庆二十五年(1820)和1953年为对比,可以看出人口的变化程度(万人),具体为:库车4.7,30.5;阿克苏7.1,33.8;喀什噶尔31.0,105.8;叶尔羌11.9,67.1;和阗11.9,77.1[1];人口平均增加了4.8倍,人口速度增长最快的库车,人口数量竟然翻了6.5倍。而这一时期增加的人口主要是从事农业生产,这就需要大量的开荒种田,引水灌溉。

清朝乾隆年间以后,塔里木盆地人口激增,清政府通过官方协调的手段,修渠垦荒,效果显著。道光七年(1827),扬威将军长龄奏称:新疆"各城田土肥饶,新垦日增"[2]。清朝时期,除去吐哈盆地以外,塔里木盆地的边缘的23个府州县厅,共修建人工灌溉渠2251条,其中建渠最多的为疏勒府(240条)、莎车府(214条)、疏附县(210条)、叶城县(183条)、和阗直隶州(161条)、乌什县(151条)、巴楚州(149条)、库车府(148条)等[3]。从这些渠的地域分配看,主要集中在塔里木盆地的西半圆型地带,即今天的和田、叶城、喀什、阿克苏到库车一线。它们主要引用塔里木河各大支流的水系,用于农田灌溉。另外,各地也有私垦的现象,阿克苏办事大臣长清亦称:"阿克苏回户生齿日繁,远近回庄多有私垦地亩。"[4]民国六年(1917)六月十五日,谢彬在由阿克苏前往柯坪的途中,在萨伊里克看到了由于引水垦荒而形成的灌溉农业景观,"沿途道柳成行,渠水交错,良田万亩,村庄稠密,饶有江南风景"[5]。这种上中游的引水开荒,直接导致了塔里木河下游来水的减少。斯坦因在1906年至1914年两次考察台特马湖与罗布泊之间的小村——阿布旦村,发现"阿布旦村是一个只有渔民草屋的可怜的小村,却仍然是坚持传统生活方式的那些罗布人最向往的生活方式……1914年访问阿布旦时,我发现这个村子实际上已

---

[1] 葛剑雄主编,曹树基著:《中国人口史·清时期》,复旦大学出版社2001年,第446页。
[2] 《平定回疆剿擒逆裔方略》卷46,第20—24页。
[3] 《新疆图志》卷75—78《沟渠三至沟渠六》。
[4] 《平定回疆剿擒逆裔方略》卷61,第30—31页。
[5] 谢彬著,杨镰、张颐青整理:《新疆游记》,新疆人民出版社1990年,第128页。

经放弃,迁到了一个新的拓居地就在米兰垦区之中"[1]。但是整个清朝时期的引水开荒只是减少了河流下游的来水量,并没有改变河流主航道的方向。而解放以后,随着大修水库,过量开垦,人类的农业活动对河流的水资源进行绝对调控,对水资源进行地区间的重新分配,最终导致塔里木河的主航道改变流向,进而使河流断流。"1952年,在拉因河口筑大坝,使塔里木河水重归故道。经铁干里克、阿拉干最后入台特马湖,孔雀河于塔里木河分离后仍沿库鲁克河入罗布泊。……1958年,为了灌溉塔里木农场的土地,修建了普惠大坝,拦蓄了孔雀河水,此后在普惠至阿克苏普以下断流。"[2]

解放军入疆以后,陆续组建了十个生产建设兵团,从事开荒种田等农业生产活动。在塔里木盆地边缘,有三个生产建设兵团,分别沿塔里木河北部,自喀什到库尔勒一线展开。生产建设兵团的组建,在盆地内部掀起了另一轮开荒的高潮。其开荒引水之多,面积之巨大,创下了历史之最,而且,生产建设兵团多在荒漠地带垦荒,耗水量比熟地用水量更大,其水利工程的方式较清朝的引水工程对河流的影响更大。这一时期,除了修建引水渠以外,更多的是在河流的主航线上修建拦河水库,有些直接导致了库区以下河道的断流。

1950—1957年,修建的主要灌渠有:库尔勒十八团渠(灌溉面积31万亩)、焉耆解放渠(灌溉面积29.43万亩)、阿克苏胜利渠(灌溉面积42.73万亩),仅这三个大渠就可灌溉100多万亩。1958—1966年这九年中,三个师新修的水库、渠道,年灌溉面积为:农一师,79万亩;农二师,84万亩;农三师,147万亩,总数为310万亩,可见开荒规模之大。其中,单农三师的小海子水库,拦截叶尔羌河之水,库容就达到4亿立方米,可灌溉面积达64万亩[3]。

三、结　　论

在前人的研究中,除了将某一历史时期作为研究的主题以外,西文和夏文将整个历史时期作为范畴,无疑更容易揭示塔里木盆地水资源的演变规律,但是他们的研究在某种程度上都具有一定的片面性,过分强调一种主因对塔里

---

[1] 奥雷尔·斯坦因著,肖小勇、巫新华译:《路经楼兰》,第10页。
[2] 樊自立:《历史时期罗布泊地区地理环境的变迁》,《罗布泊科学考察与研究》,科学出版社1987年,第99页。
[3] 李福生主编,方英楷著:《新疆兵团屯垦戍边史》上卷,新疆科技卫生出版社1997年,第246—248、588—595页。

木盆地水资源的调控作用。本文在前人研究的基础上,提出了历史时期塔里木盆地水资源变化的主因并不是单一的,而是随时间的变化而变化,在时序上建立了主因演变的两段论,即清乾隆年间以前水资源调控的主因为自然环境本身的变化;而清乾隆年间以来,水资源调控的主因变成了人类活动的本身。

在清朝乾隆年间以前,调控的主因是自然环境本身,调控的速度比较缓慢,调控结果是河流不断缩短、改道等,调控最明显的时期为魏晋至隋唐时期,地域为塔里木盆地南缘地区。这一时期,原来流淌在这里的南河逐渐消失,汇集于南河的河流各自流向沙漠深出,多数逐渐尖灭,少数如于阗河、叶尔羌河改道流入塔里木北河,使北河成为塔里木盆地中唯一的大水系。人类在这一时期主要以被动性的适应方式为主,多居住在距离水源较近的地方,河流的下游、靠近湖泊或泉水溢出地带,人们只是按照水的自然流向因地制宜地加以利用,间或有些小型的水利工程,但是这些水利工程不足以改变整个盆地水资源的布局和区域分配。在昆仑山的北麓,由于河流来水的减少,人们的居住地随河水上溯,结果导致丝绸之路南道不断南迁。

清朝乾隆年间以后至今,塔里木盆地水资源的调控主因由自然转变为人类,调控的速率明显加快,调控的途径是人类通过修建大量的引水渠道、水库等方式实现的,调控的地区主要分布在天山南麓和盆地的西部地带。这些引水渠及水库建立足以改变整个盆地水资源的空间分配格局,致使塔里木河上下游水的自然分配规律失控,从而导致塔里木河下游断流,罗布泊干涸,绿色走廊消失。在这一调控过程中,人类本身的变化为人口、耕地面积成倍增加,人类的居住地不断扩大,逐渐远离水源,受水资源控制的程度减弱。

本文原载《中国历史地理论丛》2003 年第 2 期。

汉唐时期的瘴与瘴意象

左　鹏

"瘴"与"瘴气"在我国古籍中的记载比较丰富,海内外学者对其研究的成果亦所在多有,仅近十年来专就此一问题的论述,就有龚胜生的《2000年来中国瘴病分布变迁的初步研究》[1]、萧璠的《汉宋间文献所见古代中国南方的地理环境与地方病及其影响》[2]、范家伟的《六朝时期人口迁移与岭南地区瘴气病》[3]和《从医书看唐代行旅与疾病》[4]等见解深刻的论文。另外,廖幼华的《唐宋时代鬼门关及瘴江水路》[5]亦稍有论及。上述论文俱以"瘴"或"瘴气"为某些热带或亚热带疾病的总称,但主要是指恶性疟疾[6]。龚胜生主要讨论了瘴病的地理分布,文中指出:两千年来,由于人为的作用和气候的变迁,瘴病的主要范围有逐渐南移的趋势:战国西汉时期以秦岭淮河为北界;隋唐五代时期以大巴山长江为北界;明清时期以南岭为北界;历史时期瘴病的流行,是导致瘴病分布区域内社会经济发展相对缓慢的重要因素之一。萧璠则以古代南方的地理环境、医药卫生条件和居民的生活习俗为切入点,着力以现代医学的眼光来探讨古籍中记载的各种南方疾病,并进一步阐述了这些地

---

[1] 龚胜生:《2000年来中国瘴病分布变迁的初步研究》,《地理学报》1993年第4期。
[2] 萧璠:《汉宋间文献所见古代中国南方的地理环境与地方病及其影响》,《"中央研究院"历史语言研究所集刊》1993年第一分,第67—172页。
[3] 范家伟:《六朝时期人口迁移与岭南地区瘴气病》,《汉学研究》第16卷第1期,第27—58页。范先生此文对前贤之研究有详细说明,使得本文学术史的回顾省下不少气力,并能就此再作探讨。又,为了小文的进一步修改,范先生特意寄赐发表于《汉学研究》第16卷和第18卷的两篇大作,在此谨致谢忱!
[4] 范家伟:《从医书看唐代行旅与疾病》,《唐研究》第7卷,北京大学出版社2001年7版,第205—228页。
[5] 廖幼华:《唐宋时代鬼门关及瘴江水路》,《第四届唐代文化学术研讨会论文集》,台南成功大学1998年,第547—589页。又,惠承廖先生寄赐此文,谨致谢忱!
[6] 具体可详参前引范家伟:《六朝时期人口迁移与岭南地区瘴气病》。但廖幼华认为瘴疠是指今日所知的亚热带传染疾病,如痢疾、霍乱之类。见廖幼华:《唐宋时代鬼门关及瘴江水路》。

方病对南方的政治、军事、财政制度等各方面的影响,其第四节对疟疾和瘴的种种情形有详细说明。范家伟总结了前人的研究成果,提出人口迁移与瘴病流行有着密切的关系,岭南是高疟区(也即瘴气盛行之地),南来的北人由于没有免疫力而往往因此染病而大量死亡,并导致北人形成了岭南多瘴杀人的观念。

  毫无疑问,上述诸文从不同的角度对瘴的研究,都显示出独到的学术识见,合而观之,则可深入了解瘴的诸多方面。但笔者以为其中犹有可说之处,譬如学者都以瘴为疟之别名,差异乃在地域之不同,故在讨论中没有再加区别,其实这忽略了古人对瘴的认识过程。再如学者们多从地理环境、医学的角度来分析瘴,在文化心态、社会观念方面则着墨甚少,范家伟虽然指出了汉至隋之间是岭南多瘴观念形成的重要时期,惜未作进一步申论。有鉴于此,本文拟以前述之研究为基础,对汉唐时期古籍中有关"瘴"的记载再作分析,并提出一些个人的看法,期就正于时贤同好。

一、瘴 的 出 现

  "瘴"字出现比较晚,但不晚于东汉。作为一个字,它不但没有被收录于东汉许慎的《说文解字》,而且也没有被著录于比之稍晚的另一部字书——东汉刘熙所著《释名》中,当然也不见于比之更早的《尔雅》与扬雄的《方言》。字书中收录此字,据笔者管见所及,最早的可能要算南朝梁顾野王的《玉篇》,并解释为"瘴疠"[1]。尽管如此,它们并不等于说东汉没有这个字或这样的概念,笔者检诸正史,发现《史记》《汉书》中均无此字,而于《后汉书》正文中检出五次,考虑到《后汉书》成书的年代,不能不怀疑此字或许为后人之观念羼入其中,但笔者仔细阅读了前后之文,随即排除了此一可能性。在卷24《马援传》中,录有一封朱勃上给光武帝刘秀的书,朱勃与马援为同代同郡之人,时马援因征讨武陵五溪蛮,染疫而殁,受人谗毁而不得归葬旧茔,是以朱勃为马援申诉鸣冤,其中有文字曰:

    (马援)又出征交阯,土多瘴气,援与妻子生诀,无悔吝之心,遂斩灭徵侧,克平一州。

---

[1] (梁)顾野王:《重修玉篇》卷11,文渊阁四库全书本,第101页。

此书约作于建武二十五年(49)或者稍后,文中已出现"瘴"字,则说明至晚在东汉初年,人们已对交阯(约今越南北部)之瘴气有了认识,比之更早的时代有无此说则不得而知,笔者也暂时没有从东汉以前的古籍中检到此字,故不敢遽断此字何处为首见。又萧璠已指出,早期"瘴"又写作"障",见于《周礼·地官·土训》郑玄注和《后汉书·杨终传》。如此,则《后汉书》对"瘴"的记载可有六条。

尽管《后汉书》中只有六条"瘴"的记载,但犹能从中探出少许东汉时期瘴气分布范围的消息。这六条资料中,汉初四条,汉中一条,汉末一条。另外还有两条出现于注释中,分别出自《水经注》和《华阳国志·南中志》,似不宜当作东汉人的观点。汉初有三条资料与马援南征交阯有关,除前引文外,另两条资料云:

> (建武)二十年秋,振旅还京师,军吏经瘴疫死者十四五。
> 初,援在交阯,常饵薏苡实,用能轻身省欲,以胜瘴气。[1]

这三段文字其实只能算一条资料,即马援南征交阯、日南(治所在今越南广治省甘露河与广治河合流处)等郡,军队十之四五都死于瘴疫。此之所谓"瘴气",其性状应该就是马援所说的"下潦上雾,毒气重蒸,仰视飞鸢跕跕下堕"[2],其范围即为交阯、日南,如果再推而广之,也只能限于交州,即约今五岭以南之地,而不当望之于岭北。因为同传中,又记载马援征武陵五溪蛮夷,死于疫病事,建武二十五年(49)马援从下隽(今湖北通城县西北)出发,进军壶头山(今湖南桃源县西南),溯沅水而上剿击五溪蛮,"贼乘高守隘,水疾,船不得上。会暑甚,士卒多疫死,援亦中病,遂困,乃穿岸为室,以避炎气。"[3]东汉武陵郡地当今湖南西部、贵州东部与湖北西部的恩施地区,其南即交州之郁林、苍梧等郡。显然,如果是时人们以为此地布满瘴气,则史书不会只记马援在此因暑而致疫。这就是说,东汉时人们的观念中,岭北没有瘴气。东汉初的另一条资料出自《后汉书·杨终传》,其文曰:"且南方暑湿,障毒互生。愁困之民,足以感动天地,移变阴阳矣。"[4]萧璠认为这说明淮水以南的广大的暑湿地区都有瘴毒之气,鄙意则以为此结论似嫌单薄。但从中可看出,东汉初时人

---

[1] 上引文见《后汉书》卷24《马援列传》,中华书局1996年,第847、840、846页。
[2] 《后汉书》卷24《马援列传》,第838页。
[3] 《后汉书》卷24《马援列传》,第843页。
[4] 《后汉书》卷48,第1598页。

已经产生了南方暑湿多瘴的观念；上引马援语"仰视飞鸢跕跕下堕"，亦未尝不是一种想像。毕竟每一生态环境都有与其相适应的物种，此物种断不会与闯入异域的人一样感到不洽，而只可能是人将自己的感受投射到了外物之上。

东汉中期与末年的另两条资料所记之瘴气，也与交州有关，其一是永和二年（137），"日南、象林徼外蛮夷区怜等数千人攻象林县（治所在今越南承天省广田县东香江与蒲江合流处），烧城寺，杀长吏"。当时朝廷召公卿百官征求平患之策，拟从荆、杨、兖、豫等州发兵四万讨伐，大将军李固以为不可，其理由之一即"南州水土温暑，加有瘴气，致死亡者十必四五"[1]。其二是记东汉末年公孙瓒徙日南，临行酹酒祭辞先人庐墓，辞曰："日南多瘴气，恐或不还，便当长辞坟茔。"[2]由此可见，东汉时交州的交趾、日南是瘴气的主要分布区之一。

魏晋南北朝时期，瘴气分布的范围有所扩大，南方除交趾、日南外，广州、越州等地也成了瘴疫之区。如《晋书》卷90记："广州包带山海，珍异所出，一箧之宝，可资数世；然多瘴疫，人情惮焉。唯贫窭不能自立者，求补长史，故前后刺史皆多黩货。"此乃言广州的瘴气严重，故虽出奇珍异宝，而中原之人不乐往。《南齐书》卷14也同样记载："越州，镇临漳郡（治所在今广西合浦县东北旧州东）[3]，本合浦北界也。夷獠丛居，隐伏岩障，寇盗不宾，略无编户。……土有瘴气杀人。汉世交州刺史每暑月辄避处高，今交土调和，越瘴独甚。"这是讲东汉时交州瘴气肆虐，而南齐时越州尤有过之。前述东汉马援征讨武陵五溪蛮时驻军壶头山，因暑甚中疫而殁，当时人并不视之为瘴气。到魏晋时，则有此一说，可能以《水经注》之记载为最早，其文曰："（壶头山）山下水际，有新息侯马援征武溪蛮停军处，壶头径曲多险，其中纡折千滩。援就壶头，希效早成，道遇瘴毒，终没于此，忠公获谤，信可悲矣。"[4]

四川西南部、贵州西部和云南省，即两汉时西南夷的分布区，在魏晋时期也出现了瘴气的记载，见于《华阳国志》《水经注》《永昌郡传》等书。龚胜生的文章已分别有所论述，故此不赘。从这些记载可以看出，出现瘴气记载的地点，大抵沿河流分布，如泸水、泸津、禁水、盘江等，此或与当时交通线路多沿河

---

[1]《后汉书》卷86《南蛮西南夷列传》，第2837—2838页。
[2]《后汉书》卷73《公孙瓒传》，第2358页。
[3]萧璠与范家伟俱指出临漳郡之名称由来，与此地瘴气盛行有直接关系，见萧璠：《汉宋间文献所见古代中国南方的地理环境与地方病及其影响》；范家伟：《六朝时期人口迁移与岭南地区瘴气病》。
[4]（北魏）郦道元著，（民国）杨守敬、熊会贞疏，段熙仲点校，陈桥驿复校：《水经注》卷37，江苏古籍出版社1999年，第3085页。

流两岸而行颇有关系[1],而其更深入的地区还没有进入北来的人们的视野,故只说水有瘴气而不言其地。

文献中记载瘴气最北的地方,要数今青海湖一带。北魏和平元年(460),文成帝拓拔濬分两路讨伐吐谷浑什寅,是年"八月,西征诸军至西平(今青海省西宁市附近),什寅走保南山。九月,诸军济河追之,遇瘴气,多有疫疾,乃引军还,获畜二十余万"[2]。西宁以西的地方海拔多在3 000米以上,北魏的军队在此遇到瘴气,大概是因高山反应及长途跋涉的疲劳所致,说详后文。

要之,"瘴"大约出现在东汉初年或稍早。东汉一代,瘴主要分布于交趾、日南等地,至北不过五岭以南。东汉以后,瘴的分布范围大为扩展,岭南以及川、滇、黔之间的地区,甚至青海西宁迤西一带都被认为有瘴气。从东汉到魏晋南北朝,瘴区最初可能以靠近沿海的点状分布为主,进而逐渐西渐北移,沿当时的交通线路扩张。在此必须指出的是,尽管与中原王朝的其他地方相比较,文献中记有瘴气的地方十分边远荒僻,然而以此新生之事物,不一定会发生对类似事件有所遗漏的情况,但是限于资料的短少,这样的论断依然略嫌武断。故而愚意以为,推测西汉以前瘴病流行的区域,应持谨慎态度。

二、瘴的含义

任何事物,只有进入了人们的视野,被人们发现并命名以后,才可能对人富有意义,命名使事物进入人的意识,并因此而转化为人们所熟悉的概念,成为人们讨论与研究的对象。也就是说,新概念的出现即意味着新事物(领域)的发现,新概念越丰富也就表示人们对新事物(领域)的了解越透彻,在这个意义上,人是一个不断启蒙的过程,也是一个不断解蔽的过程。"瘴"的出现与演化就可从这一角度来理解。

上面分析了瘴的出现及其在东汉魏晋时期的分布,并将它大体划定在川、滇、黔之间的地区以及岭南一带。这些地区在两汉时都是所谓的"蛮夷"之邦,以中原为主体的诸夏真正对他们有所了解,经历了很长的时间,证诸史册即一

---

[1] 如廖幼华《唐宋时代鬼门关及瘴江水路》一文中所说的瘴江水路,即可资参考。
[2] 《魏书》卷5,中华书局1995年,第118—119页。

目了然。试以正史中的《史记》《汉书》《后汉书》来考察。无庸赘言,正史对历史事件的记载,基本上可视为前后连续,没有断裂。各书虽以中原王朝为记载对象,但都于"列传"之中为中国当时周边的"徼外"之邦立传,因而,这类传记对"蛮夷"的记录与品评,代表的是诸夏的文化观念。即便如此,从这些文字中,仍然可以看出诸夏关于"蛮夷"的知识随着双方交往的频繁而增多。以三书中的《西南夷列传》为例,《史记》曰:

> 西南夷君长以什数,夜郎最大;其西靡莫之属以什数,滇最大;自滇以北君长以什数,邛都最大;此皆椎结,耕田,有邑聚。其外西自同师以东,北至楪榆,名为嶲、昆明,皆编发,随畜迁徙,毋常处,毋君长,地方可数千里。自嶲以东北,君长以什数,徙、筰都最大;自筰以东北,君长以什数,冄駹最大。其俗或土著,或移徙,在蜀之西。自冄駹以东北,君长以什数,白马最大,皆氐类也。此皆巴蜀西南外蛮夷也。[1]

这段话是总起,下文就是记叙汉朝试图在这些地方建立统治权的过程,于其人民、物产、土贡述之寥寥,稍可勾稽汉朝与他们之间的交通线。《汉书》的叙述体例与《史记》相同,而且前半部分基本上抄录《史记》之文字,后面则是补叙汉武帝以后的情况。《后汉书》的第一段虽然大体沿袭了《史记》的文意,但接下来分别叙述了夜郎、滇、哀牢夷、邛都夷、筰都夷、冄駹夷、白马氐等族类的来历、人口、社会组织、风俗、所处地方的土壤、河湖、方物以及他们与汉朝的关系等各个方面。不言而喻,史书记载的由略至详,显示了汉朝对这些族类了解的加深,正是在汉朝的政治势力向这些地区不断渗透的过程中,诸夏的文化也随之传播。并且,虽然各族叛服不定,汉朝在这些地方的统治权不稳定,大多数时候恩威兼施而羁縻之,但在诸夏文化的强力辐射下,这些族类原有的文化不断地被涵化。西南地区以其地形复杂,故各族纳入诸夏文化圈内的过程非常缓慢,而在交趾、九真等地就要快得多,《后汉书》云:"凡交阯所统,虽置郡县,而言语各异,重译乃通。人如禽兽,长幼无别。项髻徒跣,以布贯头而著之。后颇徙中国罪人,使杂居其间,乃稍知言语,渐见礼化。光武中兴,锡光为交阯,任延守九真,于是教其耕稼,制为冠履,初设媒娉,始知姻娶,建立学校,导之礼义。"[2]以儒家的规范归化诸夏之外蛮夷戎狄,对他们进行移风易俗的改造,是两汉承继的政策,中国境内文化的地域性差异由是减弱,出现了从

---

[1]《史记》卷116,中华书局1996年,第2991页。
[2]《后汉书》卷86《南蛮西南夷列传》,第2836页。

九州异俗到六合同风的转变[1]。

诸夏文化向周边的传播，通过战争、移民、通商等手段来实现，大批量的中国人来到这些陌生的地方，首先面临的就是环境的适应问题，如汉武帝时，为了打通从巴蜀到西南夷的道路，征集了很多士兵，结果数年不得通，而"士罢饿馁，离暑湿，死者甚众"[2]。成帝河平（前28—前25）中，杜钦曾说："（蛮夷王侯）自知罪成，狂犯守尉，远臧温暑毒草之地，虽有孙、吴将，贲、育士，若入水火，往必焦没，知勇亡所施。"[3]汉朝的士兵到了西南地区以后，许多人就因为遭受炎暑、潮湿与蚊虫侵袭而罹患疾病乃至客死异乡，但土著居民却能遁身温暑毒草之地而安然无恙，即使汉朝的精兵良将亦束手无策。在湿热的环境中，汉朝的中国人似乎颇为脆弱，这样的消息反馈到中国，慢慢就会在人们心目中形成一些关于这些地方的印象[4]。从这两段文字中，还没有发现"瘴"的概念，即西汉时虽然认识到西南与岭南的"暑湿"，但人们并没有为它专门命名。因此，上文把"瘴"定为东汉时才有的概念，应该可以言之成理。

东汉人对瘴的认识似乎并不复杂，它只搭配成了两个词，即瘴气、瘴疫，由这两个词约略可以推测它的含义。根据上文的分析，瘴可以被认为是中国人到达岭南以后，因不适应此间的湿热蒸郁之气、水土不服，或感染疟疾，但又不明病因时产生的概念，当时它被看成一种气，产生于岭南地区，停居此地的中国人，极有可能因暴露于此气之中而染病，而且事实上已有大量的人因此而死亡。当此之时，瘴没有被看作一种病，而只是一种致病的因素。从早期的文献中，可读出之信息大抵如此，即使以稍晚的文献来补充，依然不能增加多少内容，人们对瘴的认识还是莫明其妙，如隋唐时人们已经知道，"自岭已南二十余郡，大率土地下湿，皆多瘴疠，人尤夭折"[5]。即一般人认为引起瘴疠的原因，是五岭以南的"土地下湿"，有异于中原之地气高爽，故北来之人水土不服，引发疫病，这与东汉时马援所说的"下潦上雾，毒气重蒸"基本一致。隋朝的御医巢元方，虽然已经认识到岭南之瘴与岭北的伤寒有相似之处，但是他仍然将

---

[1] 说详周振鹤：《从"九州异俗"到"六合同风"——两汉风俗区划的变迁》，《周振鹤自选集》，广西师范大学出版社1999年，第129—148页。
[2] 《汉书》卷95《西南夷两粤朝鲜列传》，中华书局1962年，第3840页。
[3] 《汉书》卷95《西南夷两粤朝鲜列传》，第3844页。
[4] 范家伟在《六朝时期人口迁移与岭南地区瘴气病》一文中对此有精辟论证，足资参看。
[5] 《隋书》卷31《地理志下》，中华书局1996年，第887页。

此归为南方地气之暖和:"夫岭南青草、黄茅瘴,犹如岭北伤寒也。南地暖,故太阴之时,草木不黄落,伏蛰不闭藏,杂毒因暖而生。"[1]直到唐朝初年,医家才将"瘴"与"疟"看作同一事物:"夫瘴与疟,分作两名,其实一致。或先寒后热,或先热后寒,岭南率称为瘴,江北总号为疟,此由方言不同,非是别有异病。然南方温毒,此病尤甚,原其所归,大略有四:一山溪毒气,二风温痰饮,三加之鬼疠,四发以热毒。在此之中,热毒最重。"[2]但这样精到的认识在当时是否被普遍接受,还很难找到确凿的证据。

当今由于医学的发达,人们大都已经明白疟疾是造成"瘴"的主要原因。然而,最初"瘴"并没有被看作疟疾,"疟"很早就出现在文献记载中,并且人们对其观察比较细致,如《礼记·月令》云:"(孟秋之月)寒热不节,民多疟疾。"郑玄注曰:"疟疾,寒热所为也。"许慎的《说文解字》释"疟"云:"寒热休作病。"意谓此病寒热交替,有似酷虐者。而且,在《说文解字》中,还收录了一些人们另造的字,这些字用以表达其它不同症状的疟疾,如"痁",指有热疟,即有热无寒之疟疾;"痎",指二日发作一次的疟疾。这样仔细的分类,表明人们对此类疾病的认识较为深刻。因此,当大量的中国人因感"瘴"而染疫时,人们并没有将它与自己所熟知的"疟"联系起来,认为它就是"疟",否则,就没有必要再重新名之曰"瘴",而径直可以"疟疾"称之。实际上,直到隋朝时,人们才将南方的"瘴"与北方的"疟"加以对比,但如上引巢氏之说,他并没有说"瘴"病就是疟疾,在同书的另一卷中,他讲到某一类"瘴"病的症状及缘由时说:"山瘴疟候,此病生于岭南,带山瘴之气,其状发寒热,休作有时,皆由山溪源岭嶂湿毒气故也,其病重于伤暑之疟。"[3]这样的认识,又被宋人所承袭,宋人范成大云:"瘴者,山岚水毒,与草莽沴气,郁勃蒸熏之所为也,其中人如疟状。"[4]周去非云:"南方凡病,皆谓之瘴,其实似中州伤寒。"[5]宋代时南方人把所有的病都叫作瘴,因瘴而病之人的病症被北来之人表述为"如疟状""似中州伤寒",即

---

[1] (隋)巢元方:《巢氏诸病源候总论》卷10,《景印文渊阁四库全书》第734册,台湾商务印书馆1986年,第637页。
[2] (唐)王焘撰,高文铸校注:《外台秘要方》卷5之《疟病·山瘴疟方》,华夏出版社1993年,第84页。
[3] (隋)巢元方:《巢氏诸病源候总论》卷11,第642页。
[4] (宋)范成大著,胡起望、覃光广校注:《桂海虞衡志辑佚校注》,四川民族出版社1986年,第169页。
[5] (宋)周去非著,杨武泉校注:《岭外代答校注》卷4,中华书局1999年,第152页。

不一定是疟疾,故其治疗也稍异于驱疟之药[1]。现在学者都指出,岭南的"瘴"气可能是以疟疾为主要诱因。但是西南地区永昌郡(治在今云南省保山县)的瘴气或者不能以此为据。《太平御览》卷791引《永昌郡传》云:"永昌郡在云南西七百里。郡东北八十里泸仓津,此津有瘴气,往以三月渡之,行者六十人皆悉闷乱。"这段文字应是著者亲至此地所闻见,《水经注》卷36记禁水云:"水之左右马步之径裁通,而特有瘴气,三月、四月经之必死,非此时犹令人闷吐,五月以后行者差得无害。"[2]这种在一特定的时间内引起人"经之必死""闷乱""闷吐"的瘴气,似不同于疟疾一寒一热的症状,笔者不详其病理,或者与此地的海拔、地形及气候有关?望贤者先达有以赐教。

魏晋时期,"瘴"与"疠"开始连称,如《南史》卷66云:"时春草已生,瘴疠方起。……至合浦,死者十六七,众并惮役溃散。"[3]人们已经发现,每当春季来临,也就是瘴气生发之时,"瘴"可以引起疫病的流行,"疠"也同样如此。与"疟"一样,"疠"在中国很早就被察知并定义了,《左传·哀公元年》曰:"天有菑疠,亲巡孤寡,而共其乏困。""菑"即灾;"疠",杜预注曰:"疾疫也。"即流行性传染病。《周礼·天官·疾医》亦云:"四时皆有疠疾。"郑玄注曰:"疠疾,气不和之疾。"疠疾的发生因天地之气不谐调而起,瘴疫也与此相似,因人之不适应风土而起,但人们不明病理,将其归于一类,故两者得以搭配成词,指因瘴而引起的传染病,或二字之义相通,俱指代恶性疾病。

人们以"瘴"与"疠"合而呼之,已将瘴之原意游移扩散,此一点还可从北魏军队讨伐吐谷浑,遇瘴气而引军退还之事得到证明。上文指出,人们一般指"瘴"为暑湿蒸人之气,青海西宁迤西阴历九月的天气已多寒意,故不当有"瘴气"一说[4]。北魏军队从今山西、陕西等地西击吐谷浑,当时吐谷浑主要分布于今青海西宁以西的地区,这里的海拔多在3 000—5 000米,故文中所说的"遇瘴气,多有疫疾",应是北魏士兵在长途跋涉之后,因连续行军打仗,疲劳过

---

[1] 瘴的治疗方法在宋人范成大、周去非的书中都有记载,唯范书较略而周书较详,范氏文见前引《桂海虞衡志辑佚校注》,第169页,周氏文见前引《岭外代答校注》,第152—153页。胡起望、覃光广在校注中对这两段文字都有讨论,认为"周去非所记为古籍中较可靠翔实之一种"(见前引《桂海虞衡志辑佚校注》,第170页)。

[2] (北魏)郦道元著,(民国)杨守敬、熊会贞疏,段熙仲点校,陈桥驿复校:《水经注》卷36,江苏古籍出版社1999年,第2957页。

[3] 《南史》卷66,中华书局1995年,第1599页。

[4] 萧璠根据有关医学书籍已指出,我国的疟区分四个不同的地带,青藏高原、干旱的黄土高原属自然无疟区。见前引台湾"中央研究院"历史语言研究所集刊》1993年第一分,第67—172页。

度再加上高山反应而引起的疾病。人们不明病因,遂以"瘴"称之,在《南齐书》卷 59 中也是如此记载,其文云:"(吐谷浑)地常风寒,人行平沙中,沙砾飞起,行迹皆灭。肥地则有雀鼠同穴,生黄紫花;瘦地辄有瘴气,使人断气,牛马得之,疲汗不能行。"〔1〕很明显,青海迤西的瘴气可确指为高山反应,但是直至隋唐之世,人们仍然以此为瘴气。隋炀帝大业五年(609),"车驾西巡,将入吐谷浑。(樊)子盖以彼多瘴气,献青木香,以御雾露。"〔2〕唐高宗咸亨元年(670),吐蕃入寇,薛仁贵带领军队出征,军至大非川(今青海共和县西南切吉平原,或谓今青海湖西布哈河),将发赴乌海(今青海兴海县西南苦海),薛仁贵对其部将郭待封说:"乌海险远,车行艰涩,若引辎重,将失事机,破贼即回,又烦转运。彼多瘴气,无宜久留。"〔3〕岭南之瘴与青海之瘴所致之疾,属于不同的病理,但人们将它们作为同一个事物来看待,只能说是人们对瘴之本义的泛化。这可能是由于两地在天气多变、容易使人得病这一点上相似〔4〕,让人们产生了同样的联想;也可能是西南地区自古就与青海东部保持交通往来〔5〕,让人们以两者为同一物什。然而无论怎么说,青海与岭南不同之病因,都被人们称之为"瘴",反映了人们一种知识的迁移,也说明了它来源于人们对新开拓之地域环境的一种文化想像。由是言之,至少在魏晋时期,瘴已被人们用于指称人与环境失调时引发疾病的环境因素。

从魏晋到隋朝,随着瘴的含义的泛化,瘴的分布区域也相应变更扩充,而且与人们的心态、情绪发生了关联。西晋左思在《魏都赋》中云:"榷惟庸蜀与鸲鹊同窠,句吴与蛙黾同穴,一自以为禽鸟,一自以为鱼鳖。山阜猥积而崎岖,泉流迸集而映咽,隒壤潢漏而沮洳,林薮石留而芜秽。穷岫泄云,日月恒翳,宅

―――――――――
〔1〕《南齐书》卷 59《魏房传》,中华书局 1972 年,第 1026 页。
〔2〕《北史》卷 76《樊子盖传》,中华书局 1983 年,第 2594 页。
〔3〕《旧唐书》卷 83《薛仁贵传》,中华书局 1996 年,第 2782 页。
〔4〕 对照本文所论瘴的早期分布,只是部分地区的天气状况如此,如广西、贵州的某些地区,宋周去非记"广右风气"云:"南人有言曰:'雨下便寒晴便热,不论春夏与秋冬。'此语尽南方之风气矣。……钦阳雨则寒气渐渐侵人,晴则温气勃勃蒸人,阴湿晦冥,一日数变,得顷刻明快,又复阴合。冬日久晴,不离葛衣纨扇;夏月苦雨,急须袭被重裘。大抵早温,昼热、晚凉、夜寒,一日而四时之气备。"(见前引《岭外代答校注》,第 149 页)而青海地处青藏高原东北部,气温日较差可达 15℃,两者在气候特点上的相似性,再加上到青海的人可能产生高山反应,从而使人们认为这是"瘴"。
〔5〕 羌人就可能曾经从甘肃东部渭河上游一带西迁至今青海东部的黄河曲地区,又分几支向东南迁移,进入西南地区。说详葛剑雄:《关于西南早期文化和交通的几个问题》,《葛剑雄自选集》,广西师范大学出版社 1999 年,第 206—221 页。

土熇暑,封疆障疠。"[1]左氏之《三都赋》写出后,曾为万人传颂,引得洛阳纸贵。当时吴、蜀已亡,西晋结束了三国鼎峙的局面,但人们对晋宜取何者为续统,颇有争议。左思遂作此赋,意在引魏为正统,而排抑吴、蜀。上引文中"障"通"瘴",此为首例以吴、蜀为瘴疠之地的说法,其实反映的是当时人们的文化心态。朝代的正统之争[2],在南北朝时即纷纷总总,"南方谓北为'索虏',北方指南为'岛夷'"[3]。这样的争论甚至出现在宴间席上,北魏永安二年(529),南人陈庆之因醉而言曰:"魏朝甚盛,犹曰五胡。正朔相承,当在江左;秦皇玉玺,今在梁朝。"当时在座的中原士族杨元慎马上正色反驳说:"江左假息,僻居一隅。地多湿蛰,攒育虫蚁,坛土瘴疠,蛙龟共穴,人鸟同群。短发之君,无杼首之貌;文身之民,禀蕞陋之质。浮于三江,棹于五湖。礼乐所不沾,宪章弗能革。虽复秦余汉罪,杂以华音;复闽楚难言,不可改变。"[4]杨元慎奉北魏为正统,故睥睨南朝,以之为不知礼义之邦,形同鸟兽,语当沿袭自左思之文。北齐魏收撰《魏书》,同样持此观点:"中原冠带呼江东之人皆为貉子,若狐貉类云。巴蜀蛮獠,䜌俚楚越,鸟声禽呼,言语不同;猴蛇鱼鳖,嗜欲皆异。江山辽阔,将数千里,叙羁縻而已,未能制服其民。有水田,少陆种,以罟网为业。机巧趋利,恩义寡薄,家无藏蓄,常守饥寒。地既暑湿,多有肿泄之病,瘴气毒雾,射工沙虱,蛇虺之害,无所不有。"[5]上述三人的观点如出一辙,都以本朝为正统,而贬抑前代或南朝,并不表明他们对南方了解很多。但是在他们或北方人的印象中,南方就是一个炎热潮湿、充满瘴气毒雾的地方。这一刻板的印象在隋朝也没有改变,隋朝孙万寿少年即博涉经史,善于作文,娴于辞令,后因衣冠不整,被配防江南,"万寿本自书生,从容文雅,一旦从军,郁郁不得志",作五言诗寄赠京城知己,开篇即云:"贾谊长沙国,屈平湘水滨,江南瘴疠地,从来多逐臣。"[6]以江南为瘴疠之地,显然与人们对于南方的刻板印象大有关系;诗人又以屈原、贾谊自喻,伤叹自己谪宦江南而郁郁寡欢。当年屈原、贾谊俱因忠信见谗,流落江南,太史公将二人合列一传,以是屈、贾遂成古代贬谪的原型,二人所贬之地也化为迁谪地的象征,这是因人的际遇而改变地方形

---

[1] (梁)萧统:《文选》卷6,上海书店出版社1988年,第91页。
[2] 此可参看饶宗颐著《中国史学上之正统论》(上海远东出版社1996年)之论述。
[3] 《新唐书》卷102《李延寿传》,中华书局1995年,第3985页。
[4] (北魏)杨衒之著,范祥雍校注:《洛阳伽蓝记校注》,上海古籍出版社1978年,第118页。
[5] 《魏书》卷96《司马睿传》,第2093页。
[6] 《隋书》卷76《孙万寿传》,第1735页。

象的一个极好例证,孙万寿在诗中就是引用此典。贾谊因迁谪长沙而意不自得,又因地方卑湿,自以为年将不永,这与瘴疠的暑湿之性趋于同质,故而孙万寿把江南也当作了瘴疠之地,其实更多的是一种心理感受,即因迁处边远之地,导致情绪低落,而视贬谪地为荒蛮之所,此可参看笔者有关白居易江州诗的议论[1]。

综述上文之意,瘴的起源是当时中国人到达岭南等地后,因水土不服、自然条件恶劣而产生的观念,当时人们由于不适应新的环境,往往因此而大量地生病乃至死亡。瘴最初由人们到达南方暑湿之地后才染上,故与卑下湿热联系在一起;再因瘴引起的大规模疫病与疠相似,故瘴得以与疠合称;又因瘴多发生在南方,故为北人所惮往,且形成一刻板印象,视南方为落后荒凉之地。这大体显示出瘴的观念在汉唐之间的一个演化过程。在此一过程中,不但瘴所指称的地域扩大,而且与人们的心理情绪发生了关联,成为表达人们思想感情的一个词汇,从而使得它的内涵更加丰富。瘴的观念的多元化发展,在唐代表现得更加充分。

三、唐代的瘴

与前代的落落少见迥然不同的是,唐代文献中"瘴"出现的次数非常之多,且其构词能力也异常之强,不仅以前所固有的词没有消失,如"瘴疠""炎瘴""瘴气"等仍然大量使用,而且还与各类词语搭配,形成了意义广泛的词类,前引龚胜生和萧璠文中已有列举,故此不再重复。这众多的词组,几乎包括了地面所有的景观,按诸史籍,则其地域了然可见,龚胜生还据此划出了边界,认为隋唐五代瘴的北界在大巴山长江一线。如果仅按照文献的记载,将与瘴对应的地方即视为瘴的分布区,那么此说大体不误;但如果结合上下文考察,则有必要再加斟酌。

依据本文前面的分析,瘴可以分为三类,其一是由岭南或西南地区的暑湿之气所生之瘴;其二是因青海西宁以西地区的高海拔、大温差所致之瘴;其三是孙万寿等人因迁官贬谪所想象之瘴。后两类可看作是第一类意义的延伸衍化,故这三类瘴在地域分布上存在一些差异,笼而统之地将它们归于一区,似乎不太适宜。而且有唐一代几三百年,瘴在这一时段也呈现出不同于以往的

---

[1] 左鹏:《原型空间初论》,《历史地理》第十八辑,上海人民出版社2002年。

特点。

唐代瘴的特点之一是其地域分布的扩大与北移,不仅囊括了前代已有的区域,在这些地区的分布点比过去大为密集,而且向江南扩展,从今湖南、江西到浙江、福建的广大范围内都出现了瘴的记载。

前已提及,隋朝以前的人们认为乌海一带多有瘴气,唐代时依然是如此看法,此不复论。岭南与西南地区是瘴的旧有分布区,但这些地区过去瘴的记载多呈点状分布,而到唐代时可说无处不瘴。以岭南为例,魏晋以前所记载的地方有日南、交趾、广州、越州等沿海一带,到隋朝就有了"自岭已南二十余郡,大率土地下湿,皆多瘴疠,人尤夭折"之说,此说在唐代几乎成了人们的共识。例如,陈少游永泰(765)中被拔擢为桂管观察使,他不愿意就任,遂贿赂宦官董秀,请求他帮忙改换一地,其理由就是"岭南瘴疠,恐不得生还见颜色"[1]。容州之北流县(今广西北流县)南三十里,有两石相对,其间阔三十步,俗称鬼门关。"汉伏波将军马援讨林邑蛮,路由于此,立碑,石龟尚在。昔时趋交趾,皆由此关。其南尤多瘴疠,去者罕得生还。谚曰:'鬼门关,十人九不还。'"[2]当年沈佺期流贬驩州(治所在今越南义安省荣市),路行至此,曾作诗云:

> 昔传瘴江路,今到鬼门关。土地无人老,流移几客还。自从别京洛,颓鬓与衰颜。夕宿含沙里,晨行冈路间。马危千仞谷,舟险万重湾。问我投何地,西南尽百蛮。(《入鬼门关》,卷97)[3]

张均坐附安禄山,接受伪职,被长流合浦(治所在今广西合浦县东北),也有诗云:

> 瘴江西去火为山,炎徼南穷鬼作关。从此更投人境外,生涯应在有无间。(《流合浦岭外作》,卷90)

游宦或贬官到岭南的北方人,因南方气候炎热,蚊蚋虫蛇之属颇多,大都心情愁苦,惧怕不得生还故里,而将岭南之行视作黄泉之路,有幸被赦免招回的人,也就喜极而泣了:

---

[1] 《新唐书》卷224上《叛臣·陈少游传》,中华书局1975年,第6379页。
[2] 《旧唐书》卷41《地理志四》,第1743页。
[3] 本文所引唐诗,均出自《全唐诗》(中华书局1960年),只标作者、诗题、卷数,以下不一一注明;诗中有关字句各兼参本集,不另作校勘。

> 东汉兴唐历,南河复禹谋。宁知瘴疠地,生入帝皇州。雷雨苏虫蛰,春阳放学鸠。泂沿炎海畔,登降闽山陬。岭路分中夏,川源得上流。见花便独笑,看草即忘忧。自始居重译,天星已再周。乡关绝归望,亲戚不相求。弃杖枯还植,穷鳞涸更浮。道消黄鹤去,运启白驹留。江妾晨炊黍,津童夜棹舟。盛明良可遇,莫后洛城游。(张说:《喜度岭》,卷88)

从已经绝望的归乡之想,到离开瘴疠之地而活着回到"帝皇州",对诗人来说犹如梦境一般,所以每念及此,诗人就情不自禁地"见花便独笑,看草即忘忧",进而由此发出"盛明良可遇,莫后洛城游"之感慨。

唐代的江南是瘴的一个新的分布区,江南各地之瘴的描述,已见于龚胜生之文,以其文中所述与笔者收集之资料看,江南之瘴在正史中的记载为数甚稀,为数众多的描写多见于唐人之诗歌。这种差异性需要具体分析,愚意以为此既有唐人对瘴的含义的承袭与引申,也有因地区的开发所带来的观念的套用。前一点是本文将要论述的唐代之瘴的第二个特点,后一点则关涉到福建的开发。

根据吴松弟的研究,福建是我国南方开发较晚的地区,北方移民迁入福建各地,唐前期主要是漳州,安史之乱和藩镇割据阶段的移民以泉州最多,唐末五代则分布在福州、泉州和建州[1]。这些地方也是唐诗中福建的瘴疠之地,笔者粗略地统计了《全唐诗》中记述福建之瘴的诗作,总共约17首,其中13首写于中晚唐以后。这就是说,福建之瘴的出现与北方移民的进入之间具有某种可以拟合的关系。前揭文已论及,瘴是北方人到达南方以后,因水土不服或环境恶劣而遭致疾病所引起之观念,考虑到福建与两广的气候、景观相去不远,这一观念随着大量的北方移民来到福建,也被人们移植于此,应是顺理成章之事。例如,大中十一年(857)寓居福建的明州(浙江宁波)人汤某病死于连江,时人以为其死因是"土风有殊,瘴疠所染"[2]。

唐代瘴的特点之二是瘴往往与蛮对举,二词似乎成为通义。例如:

> 柳叶瘴云湿,桂丛蛮鸟声。(张籍:《送蛮客》,卷384)
> 瘴雨蛮烟朝暮景,平芜野草古今愁。(殷尧藩:《九日》,卷492)
> 井田异政光蛮竹,符节深恩隔瘴云。(陈陶:《赠漳州张怡使君》,卷746)

---

[1] 葛剑雄主编,吴松弟著:《中国移民史》第三册,福建人民出版社1997年,第300—305页。
[2] (唐)林琎:《福建侯官县丞汤府君墓志铭(并序)》,(清)董诰等编:《全唐文》卷791,中华书局1960年,第8283—8284页。

瘴雨晚藏神女庙,蛮烟寒锁夜郎城。(慕幽:《三峡闻猿》,卷850)

诗中的瘴云、瘴雨与蛮烟、蛮竹、蛮鸟平行列出,泛指南方有异于北方的自然景观,所可注意者,是隐藏在这些字面之后的诗人睹物生情的文化眼光。以自己的文化为中心来看待其它地方,而视之为边远荒蛮,在世界各地不同的文化中是普遍现象。古代的中国人就是如此[1],唐代的人们也不例外,他们以老大自居,将诸夏文化圈之外的其他民族都当作化外之邦,称之为蛮夷戎狄,又别之以东南西北,居处于南方者谓之蛮,而南方也是当时北方人心目中的烟瘴之地,故瘴与蛮对称而通义。这既是人们对瘴的含义的引申,也是地域环境及其人群被归于同类的结果。明乎此,则韩愈所咏之"面犹含瘴色,眼已见华风"(《自袁州还京行次安陆先寄随州周员外》,卷344),其中之"瘴色",解之以因瘴疠患病的气色固然于理可通,但如与后句的"华风"对读,训之以"蛮"意,即为荒凉,或更切其原旨,此联大意是说诗人刚刚离开被贬谪的蛮夷之乡,脸上还带着荒野的风尘,此刻被征召回京,转眼之间看见的已是华夏的景象了。

瘴与蛮对举与唐代官员的贬谪也大有关系,前引龚胜生的文章中已经指出,唐代贬谪的官吏"半数以上流放在云贵两广地区",这些地区大多数是蛮夷的聚居点,唐王朝以其"恶我则叛,好我则通",故概以羁縻之策处之,欲使其"候律瞻风,远修职贡"[2]。被贬谪的官员由长安来到这样的地方,不仅水土不服,心情郁闷,而且身处异族之中,言语不通,风俗不同,生命安全得不到保障,故而瘴与蛮几乎成为同义词,即人们认为生瘴之地必出蛮,蛮夷之乡瘴气浓。这一点在上引隋朝孙万寿的诗中虽然没有明确道出,实已启其端,唐朝的诗人们只是顺其意而发其覆,因此唐诗中的"瘴"意象殊为多见,笔者仅据《全唐诗》作了统计,除去重复的诗歌以后,共得283首写到"瘴";也因人们以瘴、蛮互见,蛮夷之地大于瘴疠之区,故瘴之分布范围大为扩展,今之湖南、江西、浙江等地"瘴"之由来大都以此。老杜诗中所谓"江南瘴疠地,逐客无消息"(《梦李白二首》,卷218),不过是抄袭孙氏之诗意,而白居易江州诗中的"瘴"意象,如:"烟尘三川上,炎瘴九江边。"(《忆洛下故园》,卷433)"春畲烟勃勃,

---

[1] 夷夏之称始于西周,夷夏之辨严于春秋;诸夏与蛮夷戎狄的区别,首要的是文化的高低,其次才是族类的同异。不过,华夏为蛮夷戎狄所化成,中国由蛮夷戎狄共同缔造。这一如烟的往事,因时过境迁似乎早已为人们所淡忘,互相之间也因不同的发展条件,造成种种文化上的差异,而将对方当作了陌生的族类。说详见张正明:《先秦的民族结构、民族关系和民族思想》,《民族研究》1983年第5期。
[2] 《旧唐书》卷197《南蛮西南蛮传》,第5286页。

秋瘴露冥冥。"(《送客南迁》,卷442)等,则完全是他自己因贬官江州,心灵荒凉萧索,而投射到自然景观之上的意象。如果只读其诗作中写到"瘴"意象的句子,读者或以为当时的江州、庐山就是瘴气弥漫之地,但是,《旧唐书》卷166之《白居易传》中已否定此说,其文曰:

> 居易初对策高第,擢入翰林,蒙英主特达顾遇,颇欲奋厉效报,苟致身于訏谟之地,则兼济生灵。蓄意未果,望风为当路者所挤,流徙江湖。四五年间,几沦蛮瘴。自是宦情衰落,无意于出处,唯以逍遥自得,吟咏情性为事。[1]

文中只说白居易"几沦蛮瘴",这与编撰者评论唐中宗的话语不大一样,唐中宗李显继位不久就被武则天废为庐陵王,先迁于均州(今湖北丹江口市西北),后徙居房陵(今湖北房县),撰史之臣论曰:"孝和皇帝越自负扆,迁于房陵,崎岖瘴疠之乡,契阔幽囚之地。"[2]即指此事,文中即以房陵为瘴疠之地,其实此"瘴疠"应可解作"蛮荒"。以此对照,则显见白居易所贬之江州不当有瘴疠。事实上,白居易自己也早已否定此说,见于其写给元稹的信中:"江州风候稍凉,地少瘴疠;乃至蛇虺蚊蚋,虽有甚稀。湓鱼颇肥,江酒极美,其余食物,多类北地。"[3]江州的自然景观与北方多有相似之处,白居易在此生活颇为逍遥惬意,唯是其贬谪之身,让他兴意阑珊,常有拘囚幽闭之感,而以江州为边远荒蛮之地,江州之"瘴"就是由此而来。

总而言之,唐代"瘴"的分布范围,如果依其固有之意来划定,大体不出云贵两广及福建地区;如果以其引申之意来划分,虽然在长江以北也有少量的分布点,但不妨以大巴山长江为其北界。纵观东汉到隋唐时期"瘴"的观念的变化,它最初因人们不明病因而产生,也因人们不明病因而衍化,再由它与"蛮夷"同生一地而被引申,因而它的分布趋势,亦由岭南、西南地区的各个点向整个面上扩散,再由岭南向岭北推移,而达于长江以南,甚而至于青藏高原也被认为布满瘴气。"瘴"的这一演变过程,是一个由地理观念向文化观念转变的过程,折射出诸夏人士以自己的文化和地域为中心,在自己的文化背景上对异地的想像与偏见。笔者相信,"瘴"观念的产生与衍化,"瘴"分布地域的伸张与收缩,不仅描画了中原诸夏对异地的地理观念的形成与转换,而且勾勒了诸夏

---

[1]《旧唐书》卷166,第4353—4354页。
[2]《旧唐书》卷7《中宗本纪》,第151页。
[3](唐)白居易:《与元微之书》,《白居易集》卷45,中华书局1996年,第973页。

文化向周边地区传播、中原民族向周边地区迁移的过程。再进一步,如果结合龚胜生文章中所附《历史时期中国瘴病的分布图》来认识,这也是诸夏文化不断涵化周边少数民族文化,将其纳入诸夏文化的过程。如以广州为例,在早期的文献中,这里是瘴疫之地,已见于前述,但到明清时期,这里被排除在瘴地之外,连同福建沿海也是如此,其原因当归之于诸夏文化之持续影响而带来的文化认同,此即所谓"在今日岭南大为仕国,险隘尽平,山川疏豁。中州清淑之气,数道相通。夫惟相通,故风畅而虫少,虫少,故烟瘴稀微,而阴阳之升降渐不乱"[1]。当然,也与这些地方陆续开发成熟、减少了疫病滋生的环境密切相关,此已见于前述诸贤之论述。

以现代的眼光来看,"瘴"虽然可以视作一种致病之因,但实际上它是起源于人们对某些地方的一种感受、一种偏见、一种印象,并被归为一类地理现象的结果;"瘴"的分布、扩散与收缩,既是一种人群的迁移与同化,又是一种文化的传播与涵化。这就是说,地方景观是地方历史文化的有机组成部分,它展示的不仅是一种空间形态,而且是一种文化形态、历史形态。对这类文化景观的深度描述,有助于认识人群的历史观念的演化与文化观念的演变,有利于解读地方意象在不同文化背景上的演进,以及这些地方从边缘向中心的转化。

本文原载《唐研究》第 8 卷,北京大学出版社 2002 年。

---

[1] (清)屈大均:《广东新语》卷 1,中华书局 1997 年,第 24 页。

感潮区变化与青浦沿湖地区的血吸虫病
——以任屯为中心

李玉尚

一、引　言

光绪五年《青浦县志·青浦县图说》对明初以来该县水系变迁记述如下："左控淀湖，前襟泖水，北依吴淞故道，为上海入省之冲，南临佘、薛诸山，扼松郡北来之路。旧时吴淞畅流，青为冲要，迨江塞浦通，而上、南为要，青邑缓矣。然幅员错杂，浦荡纷歧，介入邑之间，亦一郡次冲也。"青浦介于吴淞与黄浦两江之间，永乐二年（1404），户部尚书夏元吉修浚上海范家浜，形成今日黄浦水系，自此之后，太湖水系入海之主孔道，由吴淞转到黄浦江。这一变化对江南地区的农业和寄生虫疾病，影响都极为深远。

青浦属平原感潮水网地区，吴淞成为黄浦支流，感潮区域发生了根本性的改变。光绪五年《青浦县志》提到："吾邑潮候，吴淞江、泖湖为大，皆迟于上海，大汛潮至，系缆不谨，每有倾覆之患，考宋元以来潮候官尝榜于亭以便行旅，今特补录便推测焉。"[1]志书注明此条记录来自"宋府志参黄渡志"。宋元时期感潮区沿吴淞上溯到苏州等地，永乐之后仅达黄渡镇；黄浦潮势在永乐之后则大为加强，沿泖河过淀山湖，甚至影响到吴江[2]。

据1957年的调查，黄浦江流域河岸钉螺的分布主要受水流速度的影响：河流平均流速大于0.14米/秒的河岸不适于钉螺孳生；当流速达到0.35米/秒时，河岸完全无螺。黄浦流域水系水流速度的快慢，则受到黄浦潮汐的影响[3]。

---

[1] 光绪《青浦县志》卷30《补遗》。
[2] 有关江南感潮区的研究可参见孙景超：《清代江南感潮区范围与影响》，《清史研究》2005年第4期。
[3] 郁维、赵承建、薛锡祥等：《黄浦江潮汐影响河岸钉螺分布的因素初步调查》，《血吸虫病研究资料汇编（1957年）》，上海卫生出版社1958年，第66—69页。

青浦县是全国血吸虫病流行最为严重的 10 个县之一。1954 年该县血吸虫病防治站估计城厢、龙固、金泽、练塘、白鹤和余干六区血吸虫病感染率(一区中所有感染者在总人口中的比重)分别为 65%、55%、70%、30%、60%和 60%,除练塘外,各区感染率都相当高。练塘区感染率低,"因该区大部份是潮水地区,水流较急,致患者较少"[1]。1951 年,青浦县血吸虫病防治站对全县 9 个村进行调查,"除练塘一区虽只为水泊地区,饮用水源只是河水,但因黄浦江潮水涨落极大,河中无水草,不能繁殖,故钉螺蛳分布少外,已代表全县的感染情况了,兹将六个村统计在一起,青浦全县血吸虫病的感染率就是 63.7%"[2]。因此,感潮区域的变化,会影响血吸虫病的暴发或流行。

青浦全县按地形特点,可分四大类型:低洼腹地、沿泖(泖河)地区、沿江(吴淞江)地区和沿湖(淀山湖)地区。沿湖地区,"地势略高,一般在 3.5—4.5 米,圩头偏小,湖荡集聚,水源及有机肥源充足,地下水埋深较低,渍情较轻,是本县农业产量较高的地区。少数低荡田田面高程在 2.2 米以下"[3]。民国二十三年《青浦县续志》也记载:"西南水乡田腴值贵。"[4]金泽地区在地形上属于沿湖地貌,1951—1954 年间,全县血吸虫病感染率以该区最高。为什么沿湖地貌血吸虫病感染率如此之高?从流行时间来看,沿湖地区是从 20 世纪 30 年代初开始的,感染率如此之高的地区,为什么是在 20 世纪 30 年代初才始发,又是什么原因造成的?本文以任屯村为中心,回答上述问题。

二、感潮区与水环境的变化

明代华亭人陈继儒在《见闻录》卷 3 中提到:"乃地师论江南平洋专取落水,以世间之水无不东流耳。然予尝至浦上,观董、戴二坟,皆赖布衣所定。坟前但有浦潮,而并无西水一滴到堂。盖西水但能从浦入海,而必不能分灌于沿浦沟港者,势也。然则江南葬地竟当重来潮,而不当重去水,此皆《玉尺》所不载。"松江府境,包括青浦在内,河港多受潮汐的影响,属平原感潮地带。

---

[1] "江苏省青浦县血吸虫病防治站防治工作专题总结(一九五四年十二月廿四日)",95-1-6,青浦县血吸虫病防治站,1954 年。
[2] 青浦县血吸虫病防治站:"青浦县任屯村血吸虫病防治工作初步总结报告",1951 年,青浦卫生防疫站,95-1-1。
[3] 青浦水利志编纂委员会《青浦水利志》,方志出版社 2006 年,第 35 页。
[4] 民国《青浦县续志》卷 2《疆域下·风俗》。

光绪五年《青浦县志》卷 29《杂记上·祥异》记永乐三年至正德八年（1404—1512），共有七次水灾记录。自嘉靖九年至二十三年（1528—1543），有三次较大灾情，但都不是水灾。从嘉靖四十年至崇祯二年（1560—1628），水灾颇为频繁，共发生八次。嘉靖四十年之后水灾加剧，其原因复杂；但潮水力量的加强，可能是其中关键性因素之一。陈继儒在《见闻录》卷 3 中又提到："吾松有谣云：'潮到泖，出阁老。'时徐文贞入相，而泖有潮矣。太仓之潮至仪亭，而味斋顾公以状元相。又潮至娄门，而瑶泉申公、荆石王公大拜矣。吴人至今能道之。"顾鼎臣（昆山人）、申时行（长洲人）和王锡爵（太仓人）分别在嘉靖十七年、万历六年和万历十二年入内阁参政。长江之潮沿娄江而上，顾鼎臣、申时行和王锡爵先后入阁，说明 1537、1577 和 1583 三年，江潮有所加强。黄浦所受为海潮，华亭人徐文贞系在嘉靖三十一年入内阁，可知 1551 年潮水至泖。

清初上海人叶梦珠在《阅世编》卷 1《水利》中亦提到："旧闻民谣云：'潮到泖，出阁老。'嘉靖辛亥，潮到泖，徐文贞公大拜。崇祯初，机山钱先生大拜时，潮亦到泖，可谓屡验矣。"但清初以后这一民谣不再灵验："至近年而泖上之潮与浦中无异，即近泖支河，无不浸灌，而吾郡无拜相者，不知何故。"嘉靖辛亥年正是 1551 年。钱龙锡系崇祯元年入阁，据此可知 1627 年潮水再次至泖。按《阅世编》记天象至康熙三十一年，可知此书约成于康熙中叶。康熙中叶之前几年或几十年，泖河及近泖支河，皆受黄浦之潮，叶梦珠对清代以来潮至泖而"吾郡无拜相者"的解释如下："一说海口老鹳嘴，向来横亘吴淞海口，近为潮水冲决，日就坍毁，以至潮汐直入，无纡回之势，故所被自远，殆不可以风水论矣。即如潮泛朔望，旧以午时为准，今邑城之潮，参前将逾一时，是其明验也。又一说，'潮到泖'二句为地师赖布衣所题，陈眉公《宝颜堂秘笈》亦论及之。犹忆予为儿童时，亲见一日三潮，更不知何故，此崇祯十二年乙亥秋事。邑城市河俱溢，老稚惊相叹异，是又不可以常理论矣。按府志自海潮决李家洪，去吴淞江口南二十里，潮信遂早数刻，故浑潮日至，泥泞日积。"叶氏的解释倾向于李家洪和老鹳嘴被冲毁。

万历十七年，江南水利湖广提刑按察司副使许应逵在一份奏呈中提到老鹳嘴和李家洪对于松江府之重要性："且黄浦一带地土，西北名老鹳嘴，稍东南则为李家洪，相距八九十里，其形如带，固天所以限江海也。"老鹳嘴与吴淞所城相对，其东"旧有墩铺，凡二十里……亦当捍海之堤，以故海水不能直射"。而李家洪一线之路，"不三四年冲开十余里，即今黄浦之水，险迅异常，往来苦之，而后来之冲刷者，犹未已也，今李家洪以东尚存六十余里，老鹳嘴以西亦余二三十里,不再加堤防,使黄浦与海合而一也"〔1〕。

许应逵询之居民,"每云近者海水颇咸,大异往时",他意识到问题的严重性:"往时海水迂回而入黄浦,其来远,其味淡,乃今渐逼跄口,夫安得不咸?然犹未也。李家洪距跄口尚四十里而遥,咸犹未甚。设使李家洪以东六十里,荡然无余,是使大海长驱深入,而苦咸之水,所在杀稼,民何以幸其生矧!"其实早在万历八年,"潮决李家洪,去故道南二十里许,潮汐遂早数晷(按黄家湾界牌去海二十里,今界碑数武之外,即成巨浸,是海已内徙矣)。以是松江故道悉被浑涌入,易于淤塞(《上海县志》)"〔2〕。万历八年潮决李家洪之后,老鹳嘴亦开始受到海潮冲击:"又按李家村既凿,后经海啸而决,遂成巨浸,号李家洪,侵及宝山之址,日胺月削,而山颓老鹳嘴,亦没于海,海之民无宁居矣。"〔3〕根据叶梦珠的记载,康熙年间老鹳嘴"日就坍毁"。清初嘉善人柯耸在《江浙水利疏》中提到老鹳嘴被冲毁后所产生的严重后果:"臣又闻之故老,吴淞、黄浦之口,向有老鹳嘴者,高出水上,横当海潮,所以潮势纡缓,不至沙壅内地,自此嘴即坏,潮趋黄浦,沙积吴淞,岁月增加,渐成平陆。"有鉴于此,他提出:"今于开浚之时,仍挑筑老鹳嘴以当海之冲,亦万世之利也。"〔4〕可惜这一主张没有实现。

光绪十年《松江府续志》卷6《山水志》记载:"自吴松江淤塞,明夏忠靖浚范家浜以通黄浦,自是浦渐深阔。嘉靖年,潮始到泖。其时西水畅旺,清足敌浑。"嘉靖三十一年潮始到泖,其时清足敌浑,说明潮汐较弱。但到了万历年间,浑潮加强。青浦县第一部志书为知县卓钿延王圻所编,付梓于万历二十五年(1597)。该志卷1《山川》在"薛淀湖"条下记载:"是湖北、东两岸俱与浑潮相接,上流势缓,则潮沙由此以注湖内,渐成淤淀,故湖以淀名也。""薛淀湖"即今淀山湖。据现代观察,潮水可以通过黄浦江,直达淀山湖。万历中期,浑潮不仅至泖,而且到达淀山湖,引起该湖的淤淀。

乾隆五十三年《青浦县志》卷4《水利上》详细记录了乾隆时期海潮的再次加强:"数十年来,水势稍异,向者黄浦之潮仅达南泖,今则北过淀山湖,将抵吴江矣。邑城南境诸支港,自来无潮,今则百脉灌注,直与吴淞江潮接会矣。潮之往来应,则水之宣洩疾。"万历县志已记录黄浦之潮可入淀山湖,那么,"向者

---

〔1〕 许应逵:《议筑海塘呈》,张国维:《吴中水利全书》卷16《公移》。
〔2〕 嘉庆《松江府志》卷8《山川志》。
〔3〕 嘉庆《直隶太仓州志》卷24《兵防》。
〔4〕 光绪《重修嘉善县志》卷31《艺文志》。

黄浦之潮仅达南泖",该如何解释呢？顺治、康熙和乾隆三朝青浦县水灾记录有"大雨""大水"之别。假定"大水"之发生为海潮顶托造成的,则康熙四十四年至乾隆二十年间的记录颇令人意外,乾隆元年至十九年竟无任何记录。据此推测,乾隆志中的"数十年来",指的是乾隆二十年以来,即三十年前。乾隆志书编纂者为孙凤鸣和王昶,他们对乾隆二十年来"水势稍异"的原因进行了解释："迩年县境无忧涨溢者,黄浦分泄之力也。然浦潮之北来者,非水性无常,亦非潮有增益,良由濒浦河港为沙淤垫,潮来无可容,不得不日向北流,此时青界之潮幸犹未浊,日久则浑,水必到浑水,到千支百脉,不久将成平陆。"浑潮所夹带的泥沙,极易造成河道淤浅,两人实地观察的情况如下："现在泖淀淤成荡田者数十百顷,而郡城通渠,旋开旋垫,如南蟠、龙北、俞塘、护龙桥、二里泾、思贤港、沈泾等水,日淤而北,此明证矣。"

乾隆《青浦县志》卷6《水利志》记载："按王志详载各水经流、宽深丈尺及坐落何处,细及支河。魏志仍之。"魏志为康熙七年至八年（1668—1669）知县魏球所修。王圻志书记录青邑各保水道情况,从长、阔、深来看,西南区主河道,大都宽深。万历志中在四十二保四区（今金泽地区）特别指出："本区属水乡,俱系大河,白荡、支河无。"河道宽深是这一时期青邑水道的基本特征,乾隆《青浦县志》卷4《水利上》在引用万历志记录后指出："以上西路诸水,俱宽深。"虽然如此,潮水加强所造成的支流淤塞和水灾频繁灾最终导致泾浜小圩的发展。有明一代,万历之前青浦水利主要以疏浚吴淞水系为主。从万历三十六年开始,始有修筑圩岸的记录："巡抚周孔教檄修圩岸"。天启六年,知县郑友元的修圩活动特别值得注意："青浦知县郑友元督治围田。青浦自水灾后,低乡田亩日洼,友元令业主出米,佃户输力,分大圩为小圩,界长圩为短圩,便于戽救,傍邑传以为式。"[1]对青浦而言,浜泾小圩的形成,是在天启年间。乾隆志书并未记录郑友元修筑圩岸的具体区域,从"低乡田亩日洼"来看,应为青浦中部低洼地带。光绪五年《青浦县志》卷30《补遗》中提及："青邑地势低洼,东南乡尤甚。每当春水泛涨,田亩辄多淹没。"万历年间海潮的加强以及所造成的河道淤塞首先影响到地势最为低洼的中部地区,西南地区由于地形的关系,所受到的影响尚为有限。

乾隆后期之后,由于河床升高所造成的潮水水势加强,也影响到江南其他地区。同治十一年《上海县志》卷3《水道上》记载："明万历间潮决李家洪,海

---

[1] 乾隆《青浦县志》卷6《水利下》。

内徙二十里许,潮汐遂早数晷,向来大汛并无潮头。嘉庆以来,愈南愈大,系缆不谨,每有倾覆之患。并考宋元时潮侯尝官榜于亭,以便行李,今故依前志,录之,备推测焉。"光绪十年《松江府续志》卷6《山水志》也记载:"国朝乾隆初年,南至朱泾、泖桥,犹浩淼无际,直至浙之平湖界。迨四十年间,潮汐渐急,南泖已多涨滩,中泖亦浅。至嘉庆初年,南泖尽成膏腴。访其遗迹,仅存小河三道,即俗呼南泖沟、中泖沟、北泖沟是也。其水各就附近支河,东流入浦,中泖亦尽涨成田。北大蒸塘与圆泄泾接连,几无分界。今三泖、淮北泖犹存,然最阔处不至二百丈,深不过八尺,其西沼又有沙埂三条,绵互中流,不特潴蓄无资,即宣泄恐亦不畅。"乾隆四十年之后,潮汐渐急,反映出河道淤塞程度加重。平湖人顾广誉的记载更为详细:"盖乾隆以前海潮仅至泖浦塘而止,未及当湖也,故乾隆五十年后,遵义王侯恒于东湖滨有问潮亭之建。迨嘉庆年而及当湖矣,迨道光年而又及嘉兴、秀水矣,比年来又已渐被海宁之境,水势之变迁如此。"潮水加强导致淤塞加重:"在嘉庆时,泖浦塘、张泾、汇风泾皆汪洋大水也,今则率因海潮灌入,壅为沙陀,每值潮退舟不可行。"[1]

浑潮加强所起的河道淤塞,嘉道时期甚至波及到嘉兴和海宁,青浦县的情况可想而知。嘉庆十八年《珠里小志》"凡例"中提到:"珠里水道,本泖潮支港僑,去来曲折,就所经历,详加考证,方始登载。"该志卷1《疆域·水利》又记:"义冢坟港南受凤剪桥水,潮汐最急……南长条南受李家埭、白荡、童家港诸水,潮汐亦急。"义冢坟港位于珠里(朱家角)境南,其潮汐最急,显然源自南面之泖潮,这从志书编者的一则校注中可以得到证明:"按南北漕港皆受泖潮,潮来自西南至东北,落潮即由是路。薛淀湖水因烂路横阻仅入长泖,不入南北漕,邑志云南北漕受薛淀水,以洩于吴淞江,误矣。又云北漕港西受薛淀湖水南行至龙河桥,西行至九峰桥,出烂路,则更误矣。"

泖河在章练镇内,故该镇受浑潮影响最为直接。民国七年《章练小志》卷1《村落·水道》记载:"惟章练塘本属水乡,四望湖荡,源流活泼,自前清道光大水以后逐渐淤塞,河水之势日弱,海潮之势日强,以致潮沙积滞,昔之汪洋一片者,今则成滩荡圩田,每届潮汐小汛,支流汊港间几成陆地,不特行旅弗便,农需灌溉者苦之。"文中所提到"道光大水以后",在光绪《青浦县志》卷30《补遗》中有所记述:"道光三年大水,视嘉庆九年增尺许……二十九年大水视三年,又增五六寸。"光绪《青浦县志·祥异志》评价此次水灾:"水之大,为百年

---

[1] 顾广誉:《悔过斋续集》卷1《秀州水利纳泄泖湖考》,平湖顾氏遗书,第13—14页。

所未有。"

浦口地带也是如此，光绪五年《青浦县志》卷4《山川》记载："烂路港在淀山湖东南，引湖水南行入泖，东为山泾港，西为金林荡，水势迅驶，四县漕舟所由（案烂路长一十八里，大、小莲湖之间，北接薛淀，南通泖湖，为今华、奉、娄、金、青五县粮艘入湖运道，水势宽深，惟泖口近起沙带，粮艘之自泖来者，多由清水港转入烂路港）。"光绪年间，烂路港水道"宽深"，水势"迅驶"，故为漕运所由，但其下游泖口地带"起沙带"，因此粮船须绕行此口。

河流淤废自然会引起低地的开发，光绪五年《青浦县志·图说》记曰："邑境诸浸，湖泖为大，其间荡漾毗连，支渠相属，罔弗借其余波以资灌溉。大蒸塘西受嘉兴、吴江诸水，东注横潦泾入浦柘塘、葑澳塘、顾会浦，皆大干也，迩来小民贪利，遍植芦蒲，壅涨成田数十百顷，实水道之害，所望兴复水利者，按图经故道，统加疏瀹，以还旧观耳。"光绪初年，泖口地区仍为一片汪洋，但是业已淤塞严重，其南面之大蒸塘流域，"遍植芦蒲"，说明泥沙较多。莲盛、西岑和金泽地区，则是"荡漾毗连，支渠相属"。

万历《青浦县志》记载明代金泽塘深八尺。道光十一年《金泽小志》卷1《水利》记载："又本《水利圩图册》载：金泽塘在四十二保四区，长一千三百丈，阔八丈，深八尺；五区长七百九十四丈，阔十四丈，深八尺，南通白荡，北通淀山湖；考《圩图册》尚有四十二保一区，塘长一千九百丈，阔十四丈，深八尺。"按嘉庆《松江府志》卷九《山川志》引用"万历《水利圩图册》"，故《水利圩图册》和《圩图册》应为万历年间文献，万历《青浦县志》中的河流流径、长、阔、深，很可能亦是来自万历《水利圩图册》，故万历《青浦县志》和《水利圩图册》中对于金泽塘深度的记录一致。

乾隆《青浦县志》卷4《水利上》记小蒸塘"四十一保一区，长二千三十丈，阔十四丈，深八尺"。光绪二十二年，小蒸镇河身淤塞，"浚小蒸市河长四百八十二丈九尺，面宽二丈四尺至四丈六尺，底宽一丈六尺八寸至二丈七尺六寸，深五尺"[1]。乾隆《青浦县志》中小蒸塘深度为万历年间的情况，其时水深八尺，到光绪二十二年，市河段经浚后，仍然深五尺。假如小蒸塘市河段在万历年间亦是八尺，那么到光绪年间，水深缩减1米左右。

光绪五年《青浦县志》卷4《山川》记载："叶厍荡，周二十余里，西北受鹏鱼荡，北受任屯荡水。"又记花莲漾，"东南由叶厍荡东达于泖，其支南出为章练

---

[1] 民国《青浦县续志》卷4《山川上·治水》。

塘。"光绪五年《青浦县志·青浦县西南境水道图》中记有"北任荡"和"任邨荡"。与任屯邻近之钱盛、龚家庄、泥潭头等村庄，水流同样流向叶厍荡，志书记曰："长白荡周二十里，西受马腾湖水（自南周港南胜港来）西北受炎柴荡、鲤鱼荡（在西蔡北）西白荡（在泥潭村西）诸水，北属县境，余属嘉善，东由鹏鱼荡东南张钱盛、广东二村潴为龚家庄，白荡又东南迄高字圩、叶厍二村入叶厍荡。"随着万历以后海潮的加强，青浦西南之区淤塞情况日益加剧，河流、湖荡日益变浅，感潮区日益缩小，遭受血吸虫病的危险越来越大。

三、血吸虫病之流行

光绪五年《青浦县志》卷24《列女·义烈》中记载一例类血吸虫病患者："陈氏，吴上源继妻，年十七而嫁。上源病瘵，姑谋鬻妇，氏闻饮泣，密属其舅氏具双椟。上源瘵发，不胜痛，因自缢，氏即挽夫颈索，同缢死。"血吸虫病流行区有些晚期病人，常因不堪忍受此病折磨而投河、上吊或剖腹身亡。从"瘵发"和"自缢"来看，为典型的血吸虫病病例。

万历、乾隆志书没有这一记录，因此这一记录系光绪志编者所添加。光绪《青浦县志·青浦县志·凡例十六则》指出，和乾隆王昶志比，"列女传分贤淑、才慧、贞孝、义烈、完节，而节烈较多，纪载不敢稍略，义烈依昭忠录列表，且订补讹阙，完节按旌年依次列表，其未旌而守节年月合例者录之，以俟汇"。据此，吴上源死亡时间概在乾隆五十九年至嘉庆元年之间（1794—1796）。吴上源和陈氏都非显赫人物，没有留下更多记录，故无法知道吴上源是青浦哪个乡镇之人。幸运的是，青浦名医甚多，故可通过医案来做一些推测。

著名医生何鸿舫生于道光元年（1821），卒于光绪十七年（1889），其所著《横泖病鸿医案》中有血吸虫病的记录。如病人何氏，是年52岁，其证"咳呛气逆，兼有腹胀作泄，脉细涩。肺脾交困，将成鼓疾矣。"医家何时希对此注释曰："吾师程门雪先生（已故上海中医学院院长）于《何鸿舫医案》题跋甚多，有一段说：'青浦属血吸虫病严重流行区域。阅案中方，言瘖、言下血、防膨胀者特多，知此病当时已蔓延无疑。先生主张治在肝脾，法重温疏，有规律，有变化，名家手眼，不同凡响。今日阅之，可云中医之宝贵材料矣。'"[1]按血吸虫病晚期病人会出现腹水、下血痢等症状，现代治疗主要是采取脾切除之法。何氏医案

---

[1] 何长治：《横泖病鸿医案》，学林出版社1987年，第95页。

中专门列有"痞积、鼓疾"一门,这说明光绪初年,青浦血吸虫病已相当严重。但何代为重固人,重固在青浦县北,其北为吴淞江。根据民国二十三年《青浦县续志》各乡镇地图,重固地区水网状况与青浦西南地区迥然不同。巧的是,清代监生孙峻为嘉庆年间人,他与何鸿舫是同乡。1813年陈峻完成《筑圩图说》,其主要目标是解决"仰盂圩"的水患问题[1]。在"仰盂圩"地区,血吸虫流行较西南地区流行早且严重。对于西南地区而言,"自然圩周围田面较低的滑滩地,俗称'抱娘圩',汛期出没水面上下。由于面积较小,往往难以培修圩堤。"[2]因此,吴上源很可能并不是在青浦西南地区感染了血吸虫病。

目前所见江南地区政府防治血吸虫病的最早档案,为1947年青浦县政府"关于防治日本住血吸虫病汇总"档案,共一卷[3]。这一年,青浦县参议会召开第三次大会,"参议员陆颀孙等提议本县四乡近有日本吸血虫病,孳蔓甚烈,死亡相继,应如何设法救济案;又第二十案参议员陈丁辛等揭底县属西乡发现吸血虫病、恶性疟疾、伤寒、脑膜炎等症,蔓延各村,死亡相继,应请积极救济案",参议会会议处理办法是:"两案合并讨论,当经决议,函县令饬卫生院赶速派员前往,设法扑灭。"

获知参议会议案和卫生院前来诊治后,时任西岑镇长的蒋志宏向青浦县长进行了详细的报告:"窃查镇属各保发现日本住血吸虫症,病患者甚多,而尤以第八保、第四保、第六保、第五保为剧,至第八保之北任村,在九月份因血吸虫病而死亡者,日有数起,骇人听闻……现该北任村已有朱河邱等十人于本(十二)月四日投卫生院求诊,惟病者多遍及各保,虽经本所多方宣传,一面固以乡农顽固未肯悉数投院求诊,而一面卫生院恐亦未能容纳如许病患者,似应设法巡回普遍诊治,以资救济。"1947年西岑各区血吸虫病普遍流行,尤以第八、四、六、五保最烈。第八保为北任村,即今之任屯村,九月份死亡病例"日有数起",极为严重。

蒋志宏在这一报告中附有"先时各保已向本所登记之类日本住血吸虫症病患者名表"。在这份清单中,119名患者中,女性22名,男性97名。117名患者中,平均年龄22岁。119名患者中,4名职业为商人,其余为农民。从临床症状来看,绝大多数患者为晚期病人。其家庭状况,全部为贫民。119名报告病例中,只有10人到卫生院受治,3人接受药物治疗,都是任屯村民。

---

[1] 陈峻:《筑圩图说及筑圩法》,农业出版社1980年。
[2] 《青浦水利志》,第35页。
[3] 青浦县政府:《关于防治日本住血吸虫病汇总》,1947年,青浦卫生防疫站,82-2-592。

1948年6月1日,青浦卫生院在给青浦县长的报告中,提及全县血吸虫病流行区域:"窃查本县西金泽西岑之间,于去岁发现有日本血吸虫病者甚多……然本邑东乡,有否该虫病发现,职无从臆测,理合备文呈请鉴核,迅赐转饬邑东各乡镇,倘有日本血吸虫病发现,速即报告驻院之该队,尽速防治以保民众健康。"第二天县长批示:"即电知东区各乡镇。"这一年,金泽、西岑之间,血吸虫病流行仍甚为普遍。县卫生院对于县邑东部诸乡情况,并不了解,故呈请县长令各乡镇报告病例。各乡镇报告情况,未有文献记录。6月13日,县卫生院院长刘经国就流行区域调查情况向青浦县县长进行了汇报:"窃查本县发现日本血吸虫症,先则遍布于西岑、金泽等乡,蔓延为患,实堪怖人。近由苏南地方病防治所派员来青协助防治,经十余日之调验结果,如邑城四周暨朱家角、白鹤江等处河道中之钉螺丝,内莫不有该虫之发见。"可见,青浦中部和东北诸乡血吸虫病严重流行被发现,并非源于各乡保汇报病患,而是由苏南地方病防治所派员调查所知。

刘经国向县长建议,由"县府县参议会向省卫生处请求,设立本县地方病防治实验区",但江苏省卫生处处长陈万里的答复是:"查本省苏南地方病防治所因人员不敷调派,所请设立实验区一节暂难办理,除电令苏南地方病防治所尽量协助外,合行电仰知照。"对青浦县的请求予以否决。在这种情况下,青浦县政府的对策如下:"患者然药物治疗,难竟全功,拟饬该院除派员口头宣传外,可利用报纸,使民众□□河道、清洁预病防范,函该院现有药物确属缺乏,拟饬依据规定造具预算,报请核定补助。"血吸虫病是一种环境病,宣传预防的成效并不大。另外,有不少病人为晚期病人,即使药物充裕,也不能挽救他们的生命。

1948年8月5日,青浦卫生院新任院长胡长溪向新任县长呈报了《青浦县地方病防治计划》,根据这一计划,之前苏南地方病防治所在西岑调查38人,感染率为28.9%;在金泽检查79人,感染率为16.5%。该计划具体实施情况不得而知。同样,以1950年代的情况来看,宣传和施药(即使普遍实施的话)并不能阻止血吸虫病的流行。因此,1947—1948年的医学干预,并没有产生实质性的效果,1949年之前血吸虫病的流行,几乎是一个自然的行为。

由于任屯血吸虫病流行严重,1951年,青浦县血吸虫病防治站对任屯村进行调查[1],发现该病流行之烈,可谓惨不忍睹:

---

[1] 青浦县血吸虫病防治站:《青浦县任屯村血吸虫病防治工作初步总结报告》,1951年,青浦卫生防疫站,95-1-1,第35—42页。

青浦县金泽区钱盛乡任屯村是淀山湖边水泊地区中的农村,全村有三条河流,分割为几个小岛,周围土地肥沃,产米最著。……在现有的441人中,其中尚有1/4是由外地迁居而来。调查工作是着重在了解血吸虫病在本村的危害历史的现状,可追忆的老年农民谈血吸虫病在这里危害了有三十年以上的历史,全村受害的情况已如前述。……在村中,我们看见四处荒场,是人家全部死亡后,房屋倒毁的痕迹,三处是房屋新近倒毁的,二所大房子空了6年,没有敢来住,其中一所房子还看没有使用的傢具及衣服,无人动用。

调查人员并对全村现有461人进行人口分年龄统计,其中0—9、10—19、20—29、30—39、40—49、50—59、60—69、70—79和80以上年龄段所占百分比,分别为12.36%、23.42%、14.31%、15.83%、17.36%、9.11%、4.77%、2.45%和0.21%。调查人员据此指出:"10岁以下的小孩较少,这说明了在近10年中出生率减低,20—30岁的壮年人较少,可能当此病在10年前危害剧烈,十余年前的儿童大部因而死亡。30—40岁的人较多,这是因为由别地迁居而来的关系。50岁以上的人是更少,而且差不多都有血吸虫病。就现有的15—29岁的农民,95%是有血吸虫病,其多数身材只有七八岁的儿童大小。"这一分析极有见地,说明血吸虫病为害之烈。调查人员用孵化法与直肠活体法检查相辅而行,共检查三次,结果是461人中,阳性人数374人,感染率高达81.5%。

1956年,沈仰贤、马志刚再次对任屯村进行调查[1]。据了解,1933年前后,该村尚是人丁兴旺、经济发达之区:"该村于1933年前后拥有230余户,900多人的大村庄,耕种土地约2500余亩,有18户雇长工,30户左右养牛40余只(头),船约80余只,风车只一部。生产情况:有资本耕种的约500亩,产量在600斤上下,无本经营者约500亩,产量350斤左右,一般在500斤左右,无耕牛的三个人工调换牛力一天生活,车水一般以人力踏车解决,富有者乾以牛打水。"然而,之后发生的血吸虫病彻底摧毁了这个村庄:"(血吸虫病流行后)不能在家谋生而出外做工的约70余户,计男工80余,妇佣20余人。多数农民愁眉苦脸,肚皮挺起,面孔蜡黄,无力劳动,影响生产,荒芜田地。到解放时只有1500亩,剩170户左右,544人。而河边粪缸林立,只只坑缸,一片红色(便血)。村上庙宇崭新,住屋坍塌壁倒,充分的显出任屯衰落悲凄景象。"在

---

[1] 沈仰贤、马志刚:《任屯村情况》,1956年9月23日,青浦卫生防疫站,95-1-13,第1—6页。

血吸虫病盛行的1948年,全村统计,做长工的有70多户100多人,做佣人的有40多户。同时由于人口减少,出现了田无人种和生产力下降的现象:"一部分土地只好租给邻村,罱河泥、稻肥、秋收、秋种□□□时雇苏北人代工。单罱河泥统计,每年雇苏北人的工资,就得化大约100石左右。那时老人反映,种田靠老年人,后代接以□□,如50年种民□田、罱河泥时,全村青年抽不出又多人□,结果老年人去帮助罱的。"

1956年5月,青浦血吸虫病防治站对任屯血吸虫病流行历史进行了详尽的调查,根据这一调查,1933—1956年死亡人数统计如表1所示。

表1 1933—1956年任屯村死亡人数统计

年份	死亡人口		死于血吸虫病								死于其他疾病							
	合计		合计		儿童		青壮年		中老年		合计		儿童		青壮年		中老年	
	男	女	男	女	男	女	男	女	男	女	男	女	男	女	男	女	男	女
1933—1937	85	51	34	16	7	3	3	9	2	4	2	35	27	12	1	8	8	15	18
1938—1945	127	78	49	27	14	8	5	9	7	10	2	51	35	15	9	11	10	25	16
1946—1949	70	34	36	20	13	8	2	10	9	2	2	14	23	5	5	3	4	6	14
1950—1956	54	32	22	17	7	1	1	5	4	11	2	15	15	4	2	2	1	9	12
合计	336	195	141	80	41	20	11	33	22	27	8	115	100	36	17	24	23	55	60

资料来源:《任屯村血吸虫病调查》,青浦卫生防疫站,1956年,95-1-13,第14—119页。

这一资料是由14名村民口述提供,由于距离发生时间不远,故相当可靠。1933—1937、1938—1945、1946—1949和1950—1956四个时期血吸虫病死亡人数在全部死亡人口中的比重,分别为27.06%、32.28%、47.14%、44.44%,平均为36.01%。在1951年,政府组织了医疗队,将村北庙堂改建为医院,为农民治疗,这项工作共持续四年,到1956年,共治疗241人。但即使如此,1950—1956年仍死亡24人。前面已述,从1933年至1949年,血吸虫流行几乎是一个自然的状态,假定1951年之后没有医疗干预,那么从1933年开始,血吸虫病的流行程度是逐渐加剧的。

2010年9月24日,笔者在任屯村进行随机采访,四位村民的回忆可以归纳为以下六点：一、该村过去耕牛较多；二、粮食以水稻、棉花和小麦为主；三、没有水井，饮用水源系从湖、河中挑来；四、粪缸放在屋旁或其它地方，但不在水边；五、钉螺以湖荡为多，稻田里亦有；六、具体水灾情况已没有记忆。村民所述饮用水源[1]、钉螺分布[2]和耕牛较多是准确的，但种植作物和粪缸分布则需要做一分析。

据1951年的调查，该村这两项内容的情况如下："(任屯)这个村庄位于许多相连的湖沼之中，地形□如两个小岛，附近水田棋布，一望无际，产米丰富，冠于各地。农民全年衣食仰给于此，此外，还从事捕虾、蟹、鱼鲜的副业生产，村中河港交叉，粪缸很多，放在河边，且以新粪施肥，因此血吸虫病的流行是比较严重的。"[3]任屯水田面积大，且极为肥沃，根本不宜于种植棉花。棉花和小麦等旱地作物的种植，系在1950年代之后消灭血吸虫病过程中，采用水改旱方法，从而造成种植作物的变化。

1948年《青浦县血吸虫病调查报告书》和《青浦县地方病防治计划》都提到"居民随意于河流洗涤便器、马桶"，是血吸虫病流行之主要诱因。在1951年的调查报告中，亦指出任屯村，"经常存在着不合理的现象，在河中洗马桶，随地大小便等"，所以"预防工作中重要的一环，是使用新陈粪缸，陈粪施肥。……管理粪便首先遇到的是迁移集中的问题，有些群众仍然有着迷信的顾虑……在四天中迁移了所有385个粪缸，完成了搭棚加盖加灰、分别新陈储粪的工作。"[4]1951年任屯村中河流、湖浜较多，那时粪缸系放在河边，放在屋旁则是今天之情况。

光绪五年《青浦县志·青浦县西南境水道图》中"任邨荡"和"北任荡"两荡之间，为一岛屿圩。光绪《青浦县志》还列有四十二保中各村庄，其中"任邨"村位于十九图。民国二十三年《青浦县续志·西坪区域图》中，"任邨荡"和"北任荡"之间，为五个岛屿状地块组成的半岛，其中南面三个小岛即任屯村。1950—1960年间，任屯及其周遭基本形态与光绪、民国年间基本相同。1960年之后，任屯村落内外环境发生了很大的变化，主要表现为：水(田)改旱(地)、河流疏浚与修整、湖荡鱼塘化、圩闸修筑等，因此今日之任屯村本身即为

---

[1] 《红雨洒遍任屯村》，上海人民出版社1974年，第27页。
[2] 任屯村流传着这样的说法："任屯九湾十三浜，只只浜里钉螺生，没有一个好姑娘，没有一个好后生。"
[3] 青浦县血吸虫病防治站：《青浦县任屯村血吸虫病防治工作初步总结报告》，第2页。
[4] 青浦县血吸虫病防治站：《青浦县任屯村血吸虫病防治工作初步总结报告》，第8页。

——血防博物馆。

青浦县较大规模围垦湖荡活动始于20世纪60年代。1967年,又开始新一轮围垦,是年底,任屯荡得到围垦。据记录,"该荡原面积299公顷,湖底标高程0.2米—0.5米,水质优良。因围垦等原因,现有水面仅9公顷,较1985年18.4公顷又减少了9.4公顷。"[1]1967开始围垦,说明任屯荡和北任荡已经淤浅。1970年代初有关任屯村民兵的一幅照片[2],照片中荡中水位达到人的颈部,约1.5米。根据村民的回忆,在1950年代,任屯荡水位在1—2米左右,已是很浅了。湖荡如此,河道更是淤塞。河流淤塞易造成死水浜的形成,而死水浜水面平静,杂草丛生,是钉螺良好孳生场所,1974年小说《红雨洒遍任屯村》提到:"原来这里有条死水浜,是任屯村钉螺最集中的地方,浜滩上钉螺多得可以用扫帚扫,捉了几年都捉不完。"[3]

河道的淤浅和河床的抬高严重阻碍了潮水的涌入,造成河水涨落差值减小,在1956年的调查中,当地人叙及到河水涨落差值的变化:

> 解放前该村河道淤浅,另有"九浜十三湾"(按应为"九湾十三浜"),不利灌溉,既影响生产,又碍船只出进。解放后党说鉴于这个情况,于51年春领导群众疏滩河道,现据老年人讲,近20余年来河水涨落,由5寸以下逐年增到将近一尺,尤其在疏浚后,水流速度加急,河水涨落更大,将近二尺,故而黄病大肚风不发现了,这也说明已经发挥了综合性防治方法效果,在疏滩河道时已留意土进埋了钉螺,减少疾病感染。[4]

1930—50年代,任屯村中河流河水涨落差值为5寸。1951年,由于河流疏浚,增加到将近一尺。到1956年,又增加到将近二尺,水流的加速和涨落加大,使得血吸虫病例有所减少。1951年的调查报告也说:"以全县而论,青浦西半部流行最为严重,东半部较少,因西半部全为水田之故,且为内河流域无黄浦江潮水来往,而东部近黄浦江有潮水来往,钉螺蛳繁殖较少,故流行较差。"[5]

任屯的血吸虫病为什么在1933年前后开始形成流行之势?《红雨洒遍任

---

[1]《青浦水利志》,第48—49、51页。
[2]《红雨洒遍任屯村》,第59页。
[3]《红雨洒遍任屯村》,第34—35页。
[4] 沈仰贤、马志刚:《任屯村情况》,第5—6页。
[5] 青浦县卫生站:《血吸虫病流行状况统计表》,1951年,青浦卫生防疫站,95-1-1,第43页。

屯村》中提到1930年代的一次水灾:"1932年,就在这一年,任屯村遭受一场严重的水灾,大水吞没了李杏宝一家用血汗浇灌的庄稼,地主又把她家从大水中捞起的谷子抢走,但是还没能抵清租米。……这时,李杏宝的未婚夫在地主家当长工,由于劳累过度,又一病不起。……十五岁的李杏宝,只得离乡背井,跟人到上海谋生。"[1]这次大水发生时间很可能不是1932年,而是1931年。《青浦水利志》记载:"二十年(1931)夏,长江流域普降暴雨,洪水遍及中下游。本县7月份降雨556.9毫米。9月16日,青浦站水位出现有史记载最高值3.74米。城中低处与水相接;东南乡圩被冲塌,乡村场地,水深尺许;开往上海、安亭、松江各班轮船,悉行停驰;全县受重灾农田约1.67万公顷。"[2]在湖北湖区血吸虫病流行区,通江湖泊的血吸虫病,往往是在长江大水之后的第二年发生[3]。在湖荡、河浜淤浅、杂草丛生、几乎不受海潮影响的任屯及周围村落,1931年的特大洪水造成血吸虫病的流行,并不难理解。

如果这一解释成立,那么1931年之后青浦西南地区血吸虫病的盛行,不会仅见于任屯一村。情况也确实如此,1951年的一份调查提到谢庄和任屯的血吸虫病流行:"在重要流行区内,为金泽(今莲胜)之谢庄、任屯等村中有五百余户之村庄,在近数十年来人口锐减,仅余数十户而已,常见大片水田中无人耕种。群众相传其中有鬼,或为风水,凡涉足其中耕种者,必得肚包(血吸虫病后期)而死亡。"[4]谢庄在任屯荡东、大莲湖南,与莲盛邻近,该村血吸虫病流行史和流行程度与任屯相同。这份调查还指出,耕种水田之农人,是易感人群。泥潭头村在任屯南,据1951年调查,"血吸虫病流行已有三十多年的惨史,使该村在近二十年中人口不但不能增加,反而减少了1/2～1/4……泥潭头在二十年前有400多人,现仅200余人。"[5]龚家庄在泥潭头村南,据1951年调查,"去年有287人,今年只剩259人,一年内死亡28人,若以此推算,该村如不再防治,九年后可全部死亡"[6]。

---

[1]《红雨洒遍任屯村》,第47页。
[2]《青浦水利志》,第75页。
[3] 湖北省防治血吸虫病委员会办公室:《湖北省血吸虫病流行概况初步报告》,《湖北省血吸虫病研究工作资料汇编》第一辑,1957年,第27—28页。
[4] 青浦县卫生站:《血吸虫病流行状况统计表》,第43页。
[5] 青浦县血吸虫病防治站:《青浦县任屯村血吸虫病防治工作初步总结报告》,第1页。
[6] 青浦县血吸虫病防治站:《青浦血吸虫病防治站一年来工作简报》,1951年,青浦卫生防疫站,95-1-2,第6页。

四、余　论

　　万历八年和康熙前期,原来充当捍海之堤的李家洪和老鹳嘴先后被冲毁,由此导致黄浦潮汐的加强。强势的潮水给上游带来泥沙和激流,造成河道和湖荡的迅速淤浅。因潮来无可容之水道,故嘉道年间进一步影响到嘉兴和海宁地区。在青浦沿湖地区,随着河道、湖荡的严重淤塞,受到潮水的影响越来越小,终于在1931年长江大水之后,血吸虫病暴发,将原本繁庶之地几乎彻底摧毁。

　　青浦介于吴淞、黄浦之间,有沿泖、沿湖、中部低洼腹地和沿江四种地貌类型,各区血吸虫病之流行,系由晚及早,这与感潮强弱适成正相关关系。与青浦邻近之嘉善和嘉兴地区,从感潮区情况来看,血吸虫病出现大规模流行态势,应在太平天国战争之后。从整个太湖地区来看,在塘浦圩田时代,水流通畅,速度较快,因此血吸虫病应当少见。南宋之后塘浦圩田制度遭到破坏[1],随着水流不畅、闸坝兴起和感潮区变化,这一地区的血吸虫病,很可能出现扩大趋势。

　　本文原载《南开学报(哲学社会科学版)》2011年第5期。

---

[1] 缪启愉:《太湖塘浦圩田史研究》,农业出版社1985年,第17—42页。

见微知著：1751年浙江大旱灾的时空过程与社会响应

陆长玮

一、引　　言

无论是自然界的水旱灾害，还是人为的战争都会对社会经济产生冲击，在一定程度上都会引起饥荒等社会失序现象。中国大部地处东亚季风气候，降水在时间和空间上分布不均，引起旱涝灾害经常发生，而干旱对以灌溉农业特别是水稻农业为主的中国南方地区影响更大。因此干旱及其引起的饥荒和社会失序是中国南方在农业社会时代需要主动谋划和应对的冲击。虽然学界对中国各地区干旱的时空特征进行了广泛的研究，但大多是以一定时期和一定空间范围的一系列干旱事件及其衍生后果为研究对象，分析其整体统计特点和时空分布规律[1]，尽管也有一小部分研究对典型干

---

[1] 中央气象局气象科学研究院：《中国近五百年旱涝分布图集》，地图出版社，1981；葛全胜、张丕远：《我国历史时期冷、暖期旱涝特征的比较》，《气象学报》1991年第4期；王静爱、孙恒、徐伟、周俊菊：《近50年中国旱灾的时空变化》，《自然灾害学报》2002年第2期；赵景波、郁耀闯、王长燕：《1850—1949年关中地区干旱灾害研究》，《陕西师范大学学报（自然科学版）》2006年第4期；梁红梅、刘会平、宋建阳、刘江龙：《广东农业旱灾的时间分布规律及重灾年份预测》，《自然灾害学报》2006年第4期；竹磊磊、李清平、李娜：《近539年河南省旱涝变化分析》，《第26届中国气象学会年会气候变化分会场论文集》2009年；朱亚芬：《530年来中国东部旱涝分区及北方旱涝演变》，《地理学报》2010年第7期；郝志新、葛全胜、郑景云：《过去2000年中国东部地区的极端旱涝事件变化》，《气候与环境研究》2010年第4期；李茜、魏凤英、李栋梁：《近159年东亚夏季风年代际变化与中国东部旱涝分布》，《地理学报》2011年第1期；葛全胜、郑景云、郝志新、张学珍、方修琦、王欢：《过去2000年中国气候变化研究的新进展》，《地理学报》2014年第9期；万红莲、宋海龙、朱婵婵、张咪：《明清时期宝鸡地区旱涝灾害链及其对气候变化的响应》，《地理学报》2017年第1期等。

旱事件进行微观分析[1]，但仍缺少对典型干旱事件的时空进程、地理分区以及社会响应的具体分析，这在一定程度上影响了对典型干旱事件及社会应对的全面认知与深入探讨。而乾隆十六年（1751）的浙江大旱正好为探究典型干旱事件的微观时空进程和社会应对等提供了很好的研究对象。而且浙江向为江南富庶之地，又逢康乾盛世之时，出现全省大规模的干旱乃至饥荒更是罕见，因此探讨这次大旱灾的时空过程与社会响应具有特殊意义。

1751年的浙江大旱，波及范围广[2]，持续时间长，影响程度大，造成浙江大部分州县遭遇严重的旱灾，对这一时期浙江的经济生产和社会秩序产生了重大的影响，但以往的研究对这场干旱和饥荒却鲜少涉及，《清史稿》也仅列举了几个县，以寥寥数语记录了这次旱灾："（乾隆十六年）建德、遂安、淳安、寿昌、桐庐、分水夏秋不雨，禾苗尽枯。"[3]对这次旱灾实际覆盖范围、发生地域、灾害的时空进程、旱灾所带来的社会变动和赈灾行为等情况都付之阙如。

因此本文将从灾荒地理的角度探究典型灾荒事件的时空特征，通过对清实录、清人文集、奏折和地方府州县志等文献的收集比勘，复原1751年浙江大旱灾的时空过程，进而分析旱灾产生的自然与社会缘由，刻画灾荒中政府、地方官员、乡绅商贾和基层民众所扮演的社会角色和相应行为，反映清代各种赈灾系统的运作和灾后重建等历史面相，探讨国家、社会和民众个人在非常态的社会秩序下的利益诉求及合作与冲突关系，从而对这一时期的政治经济和社会文化状况有更加全面和深入的了解。

---

[1] 郑磊：《1928—1930年旱灾后关中地区种植结构之变迁》，《中国农史》2001年第3期；杨煜达：《清咸丰六年长江三角洲地区旱灾气候背景分析》，《气象与减灾研究》2007年第3期；曾早早、方修琦、叶瑜、张学珍、萧凌波：《中国近300年来3次大旱灾的灾情及原因比较》，《灾害学》2009年第2期；李卓仑、王乃昂、董春雨、吕晓东、赵力强：《1928年甘肃旱灾的时空差异及气候背景》，《灾害学》2010年第4期；李卓仑、董春雨、杨煜达、满志敏：《1869年长江中下游地区水灾时空分布及天气特征》，《长江流域资源与环境》2010年第Z1期；郝志新、郑景云、伍国凤、张学珍、葛全胜：《1876～1878年华北大旱：史实、影响及气候背景》，《科学通报》2010年第23期；董安祥、王劲松、李忆平：《1928年黄河流域特大旱灾的灾情和成因研究》，《干旱区资源与环境》2014年第5期等。
[2] 仅官方赈灾的范围就包括了浙江省的五十八个州县厅。（《清高宗实录》卷396，乾隆十六年八月乙未，台北华文书局1968年。本文引文中的《清高宗实录》皆为该版本，以下不一一注明。）
[3] 《清史稿》卷43，第1602页，中华书局。

二、干旱与饥荒的时空过程

在乾隆十五年(1750)浙江省只有南部的温州和台州地区经受了旱灾和虫灾,受灾严重、收成稍歉,当时已经进行了有效的赈灾和平粜,由于灾害的范围不大,且有前几年存粮的调剂,并未出现严重的饥荒,社会秩序也没有出现失衡的问题。但到了乾隆十六年(1751)初,由于当地市场上流通的米谷数量仍然不足,出现了米价高昂的情况,正常的经济生产和社会秩序受到冲击,当年年初闽浙总督喀尔吉善和浙江巡抚永贵向乾隆皇帝提出解决方案,要求从粮食储备和流通较多的杭州、嘉兴二府截留漕米,适当放松海禁,通过海路将粮米运往乾隆十五年受灾较重、收成稍歉的温州和台州:

> 闽浙总督喀尔吉善等奏:浙省温、台二府上年被灾,而温属永嘉、瑞安、乐清、平阳等县被虫尤甚。现当赈务已毕,粮价昂贵。该处僻处海滨,外江商贩不通,惟台、处二府属县可资接济。台属上年歉收米价亦贵,该二府常平仓谷,自应留备急需,难以拨运,惟杭、嘉二府截留备粜漕米十万石,酌拨五万石由乍浦海口运往温郡接济。再浙省海禁甚严,如遇水旱之年,例得招商贩运。今即需米甚殷,应令杭、嘉、温、台等府,督属选募殷商,给照前赴宁波、嘉兴等处,购买米谷,运往粜卖。仍饬守口员兵严查验放,不至透露滋弊。早禾登场即行禁止。得旨,所奏甚是。[1]

但由于由杭、嘉二府拨运,时间较长,为解决这一问题,喀而吉善等建议从相邻的福建福宁府先行拨运三万石粮食,以解温、台两地之急:

> 又奏:臣由浙赴闽,节据禀报温郡各邑自上年被灾之后,群赴处属购籴,搬运几空,现在处府粮价顿昂。民食拮据,虽续拨漕米,由乍运往,然海洋千余里,难以计日而待。臣抵闽后与抚臣商酌,福宁府与温郡接壤,储积尚多,动拨三万石由海运往,洋面甚近,殊与瓯民有济。运费暂于存公项内动支。待温郡粜出谷价,归还原款。再所拨仓谷,系二百五十万石总额之外,应行粜价充饷之项,亦毋庸发价卖补。得旨,所办甚妥。[2]

这一阶段在浙江的一些地方已经出现了干旱的迹象,虽然只是局部地区,

---

[1]《清高宗实录》卷387,乾隆十六年四月乙未。
[2]《清高宗实录》卷387,乾隆十六年四月乙未。

而且情况稍轻,但地方官员已经敏感地意识到灾荒出现的可能,这在当时的一些奏折上可以看出:

> 署理浙江巡抚永贵奏覆:三月十五日大风,各属并无被灾之处,目下天气晴和,嘉湖宁近省各属,不特二麦畅茂,即菜豆已遍结实。米粮时价除温台处三郡外,皆与上月相仿。惟浙东节候稍早。平阳永嘉等县雨水过多,小麦间有黄萎。寿昌兰溪二县乡村被雹。臣俱经飞饬确勘。如春熟有失,自应加意抚恤。得旨,览奏稍慰。[1]

由于该年春季局部地区的水潦和虫灾,小春作物的歉收,加上各地的干旱程度有增无减,民众依据以往经验,预料到可能出现饥荒,这种集体恐慌在社会上传播并加强,在社会上出现了抢购粮食和预备灾荒的倾向。由于上年浙南的旱灾,粮食储备已经不多,小春作物又歉收,市场上流通的粮食数量已经有限(虽然有从邻省拨运平粜,但数量仍是不足,特别是在交通不甚发达、商贾少去的地域),一旦出现开始抢购,有余米的人家就将粮食储存起来,还会去再购买一些,以备灾荒;而部分商人出于囤积居奇的考虑将原本想投入流通的粮食储备起来,甚至以高价出售。这样的话,市场流通中的粮食数量更是捉襟见肘,粮价激增。虽然政府一再安抚并平粜,但到了五月份已经有部分民众开始强借和哄抢粮食,在浙江南部的衢州、金华、处州和温州等地出现了数起食物骚乱,严重干扰了社会秩序[2]。

面对出现的社会骚动,清政府采取了严厉的应对措施,逮捕了不少骚乱的参与者,给予惩罚;同时分析骚乱发生的原因,责令地方官员做好平粜米粮的安抚工作,关注民众的情况,以便采取对应的措施[3]。到闰五月时,浙江省各地的旱灾已经比较严重,各地的灾情也随地方大员的奏折反馈到乾隆皇帝[4]。由于六月份的灾情进一步蔓延,政府开始大规模的赈济行动,从相邻省份调集米谷,运往浙江,以供赈济[5];并开始暂时解除海禁,将江西和两湖等省的粮食运往浙江;同时给予商贩通行证,令各地兵丁予以稽查[6]。到了七月份,清政府开始劝谕民间富户,让他们出资出米,以补官赈之不足,并对其

---

[1] 《清高宗实录》卷387,乾隆十六年四月乙未。
[2] 《清高宗实录》卷393,乾隆十六年六月乙未;《清高宗实录》卷393,乾隆十六年六月辛未。
[3] 《清高宗实录》卷393,乾隆十六年六月辛未;《清高宗实录》卷392,乾隆十六年六月丁未。
[4] 《清高宗实录》卷392,乾隆十六年六月丁未。
[5] 《清高宗实录》卷393,乾隆十六年六月辛未。
[6] 《清高宗实录》卷393,乾隆十六年六月庚申。

优加议叙[1];同时浙江巡抚永贵,提出要让浙江和江南的生俊在浙省报捐,以增加粮食供应。起初,乾隆皇帝并没有同意[2],随着灾情的严重,到了八月份乾隆还是同意了永贵的请求[3],并在被旱较重的各州县,开展赈贷:

> 贷浙江海宁、富阳、余杭、临安、昌化、安吉、乌程、长兴、鄞县、慈溪、奉化、镇海、象山、定海、萧山、诸暨、余姚、上虞、嵊县、临海、黄岩、太平、宁海、天台、仙居、金华、东阳、兰溪、义乌、永康、武义、浦江、汤溪、西安、龙溪、江山、常山、开化、建德、淳安、遂安、寿昌、桐庐、分水、永嘉、乐清、平阳、瑞安、丽水、缙云、青田、松阳、遂昌、云和、龙泉、庆云、宣平五十七州县及玉环一厅,杭、台二卫,湖、严、衢三所,大嵩、清泉等场,旱灾民田,并缓征本年地丁场课、新旧漕粮。[4]

且想方设法扩大粮食的来源,并一度想从外洋购买米谷,但最终还是听仍商人自行运贩[5];同时在浙东地区,疏浚河道,以工代赈[6]。

十月份,浙江省的旱灾情况已经基本得到解决,浙江省米价持平,乾隆皇帝也开始着手处理部分官员反映浙江地方官在赈灾过程中存在的问题,斥责永贵等官员,但并未采取进一步的行动,只是让永贵等不要张皇。及到十二月份,乾隆降旨数落永贵在此次办理赈务的过程中的种种不合时宜的做法,将其革职,并任命雅尔哈善为新一任浙江巡抚,继续办理浙江赈务。

乾隆十七年年初,浙江省的干旱情形已经缓解,但灾荒仍旧存在,因此还

---

[1]《清高宗实录》卷394,乾隆十六年七月丙寅;《清高宗实录》卷394,乾隆十六年七月戊寅。
[2]《清高宗实录》卷394,乾隆十六年七月戊寅。
[3] "江巡抚永贵奏:浙东旱灾数府赈项实属不赀,尚之督臣及司道等,无不欲以开捐为请,势处不可如何,不得不再为陈奏。得旨,览奏,另有旨谕。谕今岁浙东数府米稼歉收,所有加赈、协济、免税、截漕诸事,虽次第处分,然尚虑米谷或不敷用,因思捐监一项,向来或系赴部投捐,或在本省输纳,本属因时之制,今浙省常平缺额,亟需筹补,所有各属俊秀情愿报捐者,应令专于本省收捐本色,以补仓储,至附近之江南一省士子应试者,且于浙省一水可通,亦惟令其赴浙捐输本色,并著该督抚等,度量现在情形,比向例稍为酌减,俾生俊踊跃从事,则士子等即可就近急公,而仓贮宽余,民食亦得以资接济。其两省在部投捐之例,暂行停止,待将来该省米粮充裕之日,再复旧例。该部遵谕速行。"(《清高宗实录》卷396,乾隆十六年八月癸卯)
[4]《清高宗实录》卷396,乾隆十六年八月乙未。
[5]《清高宗实录》卷396,乾隆十六年八月癸卯。
[6] 谕:朕今岁南巡浙江,见萧山、会稽一段河道甚为浅窄,后闻夏旱之时。河流淤涸,舟楫难行,又别无旱路可通,以至米价顿昂,较它处更甚。朕思疏浚河道,本以便民,若乘此时。以工代赈,开通深广,足垂永久之利。该督抚即行相度估计,奏闻办理。此就朕所亲临亲见者为之筹画,外此或有当疏浚兴工之处,该督抚次第酌量修举,俾贫民得资糊口亦属荒政应行之一事。(《清高宗实录》卷397,乾隆十六年九月戊午)

需要发放赈粮,并根据被灾程度的轻重,分别加赈二到三月不等,让灾民藉以生活。但到三四月份,农作方兴,如果例行的赈济一旦停止,处于青黄不接中的灾民则糊口惟艰,于是清政府决定展赈,所有灾民展赈一个月。此时,乾隆十六年旱灾的赈务也到了尾声。

特别值得指出的是,1751年浙江大旱灾波及的范围较大,不仅影响到浙江省的大部分地区,而且还波及到与浙江相邻的安徽南部[1]和江西东部[2]的部分府县。

三、灾荒区的划分

1751年浙江大旱灾发生波及范围较广,但各州县受灾的具体情形有所差异(具体情形可参看文末的附表)。从表格中大体可以看出,金华、衢州、温州、台州、处州、严州、绍兴、宁波等浙东八个府受灾的程度较重,而杭州、湖州两个府相对受灾较轻,浙江十一个府中只有嘉兴没有直接受到此次旱灾的影响。因此可以将浙江分为三个区域,分别是金华和衢州等八个府组成的重灾区,杭州和湖州为轻灾区,嘉兴为无灾区。正如前文所指,此次大旱灾还波及了邻近的江西和安徽两省部分地区,皖南的徽州歙县受灾较重,而江西的广信和南昌府受灾较轻[3]。这些相邻地区也都是与重灾区地理上邻近的,也更容易受到此次大旱灾的影响。

即便在受灾最重的八个府里,旱灾的影响程度也各不相同。时人的记载为我们对重灾区的进一步分区提供了依据:

> 查金、衢等八府属成灾,五十一厅县内,宁属之鄞县、奉化,绍属之山阴、会稽、萧山、上虞,温属之永嘉、瑞安、平阳,处属之遂昌、宣平,此十一县在八府属内被灾分数原轻。其金属之兰溪、义乌、永康、汤溪,衢属之西安、龙游、江山、常山、开化,严属之建德、淳安、寿昌,宁属之镇海、象山、定海,绍属之诸暨、余姚、嵊县,台属之天台,温属之玉环,处属之丽水、青田,此二十二县厅最轻。金属之金华、东阳、武义、浦江,严属之遂安、桐庐、分

---

[1] 道光《徽州府志》卷5,第16页;卷16,第20页,成文出版社影印道光七年刊本。乾隆《太平县志》卷1,第29页,成文出版社影印乾隆二十一年刊本。
[2] 光绪《江西通志》卷98,第38页,成文出版社影印光绪七年刊本;乾隆《南昌县志》卷13,第16页,成文出版社影印乾隆五十九年刊本。
[3] 参见注1和注2。

水,宁属之慈溪,绍属之新昌,台属之临海、黄岩、太平、宁海、仙居,温属之乐清、泰顺,处属之缙云、松阳,此十八县次重。[1]

从上述记载中可以看出,即便是一个府内各县,也是"灾重各异",根据以上的记载可以将重灾区八个府所辖的51个县级政区进一步细分为三个亚区:一是由金华府的兰溪、义乌、永康、汤溪,衢州府的西安、龙游、江山、常山、开化,严州府的建德、淳安、寿昌,宁波府的镇海、象山、定海,绍兴府的诸暨、余姚、嵊县,台州府的天台,温州府的玉环,处州府的丽水、青田等22县厅组成的亚区,该区域在重灾区中的受灾程度是最轻的;二是由宁波府的鄞县和奉化,绍兴府的山阴、会稽、萧山、上虞,温州府的永嘉、瑞安、平阳,处州府的遂昌、宣平等11个县级区域组成的区域,该区域在重灾区中受灾稍轻;金华府的金华、东阳、武义、浦江,严州府的遂安、桐庐、分水,宁波府的慈溪,绍兴府的新昌,台州府的临海、黄岩、太平、宁海、仙居,温州府的乐清、泰顺,处州府的缙云、松阳等18个县组成的亚区,该区域在重灾区中的受灾程度相对更严重。

四、灾荒应对与赈灾系统

在旱灾发生时,政府和地方精英以及普通民众等会有不同的响应,并根据所扮演的社会角色、承当的社会责任和自身的资源采取不同的应对措施,由此形成功能和范围各有不同的赈灾系统,比如政府的赈灾系统、乡绅精英的赈灾系统等。

首先是以政府和官吏为代表的国家力量。荒政是政府的一项重要行政事务和基本义务,当发生较大范围自然或者人为灾害时,政府一般都会通过多样形式予以赈济,以稳定社会秩序,缓解社会矛盾。由于荒政在政府行政事务中的重要作用,中国传统农业社会形成了一套应对灾害的赈灾成例和制度,这些赈灾措施在大端上区别不大,但在具体操作上仍然会因地制宜,此次旱灾中政府所采取的赈灾措施,主要有以下几个方面:

一是通过及时调拨邻省邻县的余粮以补充粮食空缺,暂时缓解灾区粮食短缺的压力。浙江巡抚永贵先是把浙西的一部分余粮从海路运到浙南受灾较重的温台地区,但随着旱灾范围的扩大和程度的加深,被旱的地区已经波及到浙东八府,单单依靠省内余粮的调节已经无法满足灾民的需要,于是永贵便向

---

[1]《清高宗实录》卷406,乾隆十七年正月壬申。

中央政府提出要求调拨邻省的粮食以应浙省需米之急。当乾隆皇帝得知浙江旱灾发生程度以后，与廷臣商议，应允抚永贵的要求，命令福建和江苏两省调拨粮食运往浙江灾区[1]，又借拨江苏、湖广、福建、江西米五十五万石[2]。之后再截留本来运往中央的浙省漕米五十万石，江苏省截留三十万石[3]，用以赈济。后又从湖北省调拨数十万石作为备赈之用[4]。除了在国内调拨米谷之外，为了尽可能扩大粮食来源，清政府还试图以官方形式从海外进口大米，并下令沿海地方官按照具体情况看官方购买是否具有可行性。最后闽、浙两省的官员分析认为还是让民间商人自行前往购买，免得外国借故囤积大米，抬高米价[5]。这次官方向国外买米的计划最后虽然没有进行，但这也恰恰表明了1751年东南沿海粮食缺粮的事实。

为了使粮食可以通过海路及时运往灾区，政府还下令暂时松弛海禁。由于要从邻省或浙西调拨余粮运往被灾较重的浙南地区，而浙南的丘陵地形，如果走陆路的话耗时较长，且运量不如水运大，倘若走海路沿着浙江省海岸就可以较快的速度将赈粮运到灾区。但要走海路的话就违背海禁的政策，但灾情刻不容缓，于是永贵就向乾隆皇帝提出是否可以暂时松弛海禁，派员随时稽查，尽快将赈粮运到灾区，中央政府经过商议决定在加强稽查的前提下"暂弛海禁"，以解灾情之急[6]，也同时允许商人贩运粮米到浙南地区，用以增加当地的粮食供应。同时谕令减免各种税种，减轻灾民的纳税负担；并招徕商贩，特免商税。在旱灾初露端倪的时候，政府首先就想到适当减免部分税收，以减轻民众负担，稳定社会秩序[7]。

二是差令地方官员劝谕当地富户乡绅出资平粜和赈济。政府在赈灾过程

---

[1] 前因该省（浙江）温、台等属需粮平粜，即令拨发闽省谷数万石，并于江省附近州县常平仓谷碾米，运往接济。续又以浙省现资平粜，谕令楚省酌拨谷石碾米协济，以备赈粜之用。（《清高宗实录》卷393，乾隆十六年六月庚申）
[2] 《国史列传》卷9，第322页，东方学会编，《清代传记丛刊》第35册，台北明文书局。
[3] 《清高宗实录》卷397，乾隆十六年九月乙酉。
[4] 《清高宗实录》卷393，乾隆十六年六月庚申。
[5] 《清高宗实录》卷396，乾隆十六年八月癸戌。
[6] 前因该省（浙江）温、台等属需粮平粜，即令拨发闽省谷数万石，并于江省附近州县常平仓谷碾米，运往接济。续又以浙省现资平粜，谕令楚省酌拨谷石碾米协济，以备赈粜之用。今浙东府属，雨泽衍期，该抚预筹民食，请弛海禁。著照所请。江闽二省运米商贩赴浙省之温、台、宁、处四府。暂开海禁，仍令该抚饬属，给予印票，沿途实力稽查，严禁奸商借端偷买透露。其浙省各关口并著加恩免征米税，以示招徕，务俾商贩流通，米价充裕。该部尊谕速行。（《清高宗实录》卷393，乾隆十六年六月庚申）
[7] 光绪《处州府志》卷25，第30页。

中充分认识到动用民间财富的作用,认为"从来救荒无奇策,富户能出资赈粜,足协官赈之所不及"[1],所以在赈灾之初就让地方官员营造良好的社会环境,劝谕富户放心出资平粜,并依照贡献大小以"乐善好施"之例加以"议叙"[2],部分州县地方长官还题匾相送[3],承认这些富户乡绅在基层社会单元中的作用,并且建立严格的奖惩制度,对于在灾荒中出资平粜,帮助官方赈灾的富户,按照乐善好施之例予以奖励[4]。

三是在规劝乡绅出资之余,直接在本地实行纳捐,增加粮食供给。浙江巡抚永贵先是以浙江省米谷不多向乾隆提出是否可以让浙江生俊直接在本地捐纳,不使灾区的粮食外流,乾隆皇帝一开始并没接受此项提议,认为就地纳捐"非可常行",要求浙省大员设法变通[5]。但随着浙江省灾情的严重,永贵等又再次提出在灾区本地纳捐,这次乾隆皇帝斟酌了一下,终于同意旱灾期间江南和浙江省的生俊可以直接在浙江捐纳,而不必前往京都捐纳[6]。随后御史大夫辛有大又以江西省临近浙江,可参照江苏省之例,建议江西生俊赴浙江捐纳,乾隆皇帝也同意了这个主张[7]。这样,江苏、浙江和江西的生俊都在浙江报捐,为浙江米谷的供应提供了一个新的途径,一定程度上增加了浙省的粮食供给。

四是雇佣灾民参加基本公共工程建设,以工代赈。这种赈灾方式既可以让灾民有一定的收入,缓解饥荒的影响,同时又可以增加公共工程的建设。此次大旱灾的以工代赈主要是疏浚河道,这是乾隆皇帝特意提出的[8]。

五是对灾荒地区出现的食物骚乱进行镇压以保持地方社会秩序的稳定。在灾荒发生的时候有部分民众参与了食物哄抢,浙江省在1751年闰五月的旱灾最重,此时的食物骚乱也最多,特别是在旱情最严重的浙南数府之中,发生了数起食物骚乱,干扰了社会秩序,对政府的赈灾工作及富户的出资平粜等都产生了影响,所以清政府在碰到这个问题时,立即进行分化治理,一边对参

---

[1] 《清高宗实录》卷405,乾隆十六年十二月乙亥。
[2] 其能敦任恤而出粮平粜者,地方官为之主持,实力稽查,遇有强行滋事棍徒,速即严行惩处,务令奸匪敛迹,富民无所顾忌,源源出粜,则穷黎受惠多矣,所有平粜富民计其所粜之数,照乐善好施之例,优加议叙,以示奖励。(《清高宗实录》卷394,乾隆十六年七月丙寅)
[3] 如"心敦古处"匾、"浩气凌云"匾、"持恭仁厚"匾等。(嘉庆《义乌志》卷6,第44—45页)
[4] 《清高宗实录》卷405,乾隆十六年十二月壬戌。《清高宗实录》卷394,乾隆十六年六月戊寅。
[5] 《清高宗实录》卷394,乾隆十六年六月戊寅。《清高宗实录》卷396,乾隆十六年八月癸戌。
[6] 《清高宗实录》卷396,乾隆十六年八月癸戌。《清高宗实录》卷397,乾隆十六年九月戊午。
[7] 《清高宗实录》卷397,乾隆十六年九月戊午。
[8] 《清高宗实录》卷397,乾隆十六年九月戊午。

与的灾民予以劝说,一边对为首的几个进行严厉的惩罚。

其次是以乡绅和富户为代表的地方力量。地方乡绅和富户往往是基层社会的领导,是政府与民众、中央和地方之间相互连接的中介和桥梁。在此次大旱灾中,浙江省的地方乡绅和富户一方面响应政府号召出资平粜,设立粥厂,另一方面对本族本地民众自主进行赈济。通过配合政府和赈济民众,乡绅与富户进一步确立了其在基层社会治理中的地位和作用。对此,不仅政府根据其表现分别予以奖励和议叙,民众也对他们心存感激。乡绅和富户在1751年大旱灾中的赈灾措施主要有以下几个方面:

一是响应政府号召,出资平粜,缓解米价上升带来的压力。由于富户的手上还储存有不少的粮食,这部分粮食也就成为赈灾粮食的重要来源,于是清政府劝谕富户乡绅出资平粜,以补官赈之不足,而且从官方角度将乡绅在赈济中的作用提得很高[1]。这种民赈形式的赈济在深度和广度方面都对政府的赈灾工作有很大的的补充和帮助,而富户乡绅们也通过在旱灾中的表现获得了政府的信任和奖励,有利于提高其社会政治地位,而且通过平粜不使米谷价格过高,也有利于社会秩序的稳定和乡绅的日常生活,减少哄抢粮食等非常事件的发生。

二是设立粥厂,免费供给饮食。设立粥厂接济灾民成为乡绅们的重要救灾形式,它与政府的粥厂在赈灾中共同扮演了重要的角色。粥厂的设立对流民的生活有很大的帮助,特别是在城市中的流民,同时这在另一方面也有利于城市中社会秩序的稳定和协调。他们甚至合资出外购买粮食。有部分乡绅为了解决饥荒中的粮食供给问题,曾共同出资到外省采买粮食,为灾区的粮食供应提供了新的方式,这也从另一个方面反映了乡绅与地方乡土社会之间的密切关系。

最后是受灾的普通民众。他们是旱灾受到冲击最大的人群,没有余粮可以接济他人,在旱灾时只能根据不同情况进行灾荒进行应对。

一是接受赈济。由于在灾荒发生以后,政府采取各种措施以赈济灾荒,一部分乡绅也出资赈灾,而作为一般的受灾民众,接受政府和乡绅的赈济也是度过灾荒的一种重要的凭籍。

二是采食于外地。部分民众迁移到临近的省县,以增加粮食消费。由于一个地区粮食供应不足,那么如果有条件的话就可以迁移到粮食供应相对充

---

[1]《清高宗实录》卷405,乾隆十六年十二月乙亥。

裕、谋生相对容易的地区,灾民的迁移和异地就食就是到粮食相对充裕的地区去,以减轻饥荒的影响。

三是扩大食物来源。在粮食缺乏的时候,民众会根据经验和本地的生态资源等选取代用食物,扩大食物来源,寻找各种可替代的物品。在这种营养缺乏的条件下民众只得通过这种方式来维持生计。此次旱灾中观音土在很多地方被食用。

四是抢夺粮食。由于粮食供应不足,而部分商人囤积粮食较多,部分民众联合起来参加抢夺粮食,制造食物骚乱。通过抢夺一些富户的粮食,参与的民众可以暂时获得一部分粮食,缓解饥荒的压力,但政府和官员会采取严厉的措施镇压食物抢夺,以维护社会秩序。

五、食物骚乱与社会秩序

浙江大旱灾发生时,米价高昂,市场上粮食供应不足,而部分富户却囤积米粮,哄抬粮价,再加上当政府赈济工作没有跟上,灾民们就很容易产生抢夺米粮的行为[1]。而民众聚众抢夺商家或富户粮食造成的食物骚乱给清政府的赈灾工作带来了不少麻烦,因为对食物抢夺的镇压和维持社会秩序成为政府官员除了赈济灾民外不得不予以解决的问题。

食物骚乱与社会政治秩序的稳定联系在一起,如果政府不能恰当解决就会带来很大的问题,甚至会引发暴乱和起义,所以从乾隆皇帝到基层官员对食物骚乱都非常重视,派员前往镇压,并进行严密的调查,对相关涉案人员进行惩罚。饥荒发生时,社会秩序已经变得相对脆弱,社会矛盾也非常的突出,如果对食物抢夺等事件办理不妥当,会对政府的统治权威和威信产生很大的影响,这也是为什么清政府会极力镇压食物骚乱的原因之一。时人认为"大凡抢夺之案多由富户居奇避粜而起"[2],这时就要求"地方官遇有灾伤,即当先期一面劝谕富民,通所有余,通融平粜,一面密为弹压保护,使两得其平,则饥民无可乘之机,地方自必宁静。"此次灾荒在五月到闰五月之间最为严重,几起食物骚乱也都发生在这两个月中,而这些食物抢夺案发生在灾情相对较重的金

---

[1]《清高宗实录》卷393,乾隆十六年六月辛未。
[2]《清高宗实录》卷412,乾隆十七年四月癸卯。

华、衢州、处州等[1]，从中也可以看出灾荒程度与食物骚乱之间的关系。对已经发生的食物骚动，清政府一方面对参与骚乱的成员特别是为首的头领加以严惩，而另一方面要求地方官员关心民众生活，劝谕富户平粜，避免再次发生类似的情况[2]。

值得指出的是，当地有不少生员和监生也参与了这些食物抢夺，有的还是为首的组织者[3]，官府在调查这些事件的时候逮捕了不少人，其中生员就占了一定的比例，"据该道府督同该县陆续拿获人犯二十余名，内有生员四人"，"据禀缉获叶和生等二十四名，内亦有生员二名，监生一名"[4]，这么多的生员参与了食物抢夺意味着当地的一些地方精英也在旱灾发生的时候为了利益考虑加入抢粮队伍中甚至扮演了领导者和组织者的角色，也一度使得这些抢粮事件变得有些棘手，所以政府在面对这个局面的时候采取了果断的措施，以免抢夺粮食演变成为有组织的叛乱甚至革命。在这个意义上，对抢粮的镇压和输导不仅在稳定社会秩序和保障基本社会稳定上有重要作用，而且在一定程度上是有保持政治稳定的意味。

这次灾荒不仅冲击了经济社会秩序，还影响了浙江省的吏治和政府人事安排。在赈灾过程就已经有部分地方官员因赈灾工作做得不够充分到位被撤职查办，而对浙江省的吏治产生更大影响的是对浙江巡抚永贵的处理。在赈济工作到达尾声的时候，永贵被认为"张皇失措，茫无定见"，其向外省"采买"和"告粜"，也被认为是"从来办理赈务，断无一省中数府被灾，遂欲竭数省之力以供其用者"，而又对赈灾工作"多有讳饰"，加上在赈灾中被御史范廷楷"以徇庇劣守金洪铨"参了一本，这样浙江巡抚永贵被革职，"来京候旨"，派遣雅尔哈善担任新一任的浙江巡抚，继续领导浙江省的赈灾工作[5]。在赈灾之初，御史范廷楷参奏永贵的时候乾隆皇帝出于保持地方政局稳定和赈灾需要的考

---

[1] 浙江巡抚永贵奏：本年闰五月内有金华府刁民方自新等于初五日哄闹公堂挟制罢市一案，据该道府督同该县陆续拿获人犯二十余名，内有生员四人，已据解到严审。又太平县乡民请粜哄闹一案亦访或滋事刁徒吴阿宗士余人。据府禀，讯系该县役明知故纵属实，不日亦可解至省。又前月二十五日风闻处州府遂昌县，亦有刁民哄闹塞署罢市之事，随委员前往查办。据禀缉获叶和生等二十四名，内亦有生员二名，监生一名，究出起意聚众之武生毛琰，一并拿获，解省未到。又金华府汤溪县、衢州府江山县，皆有哄闹米厂之事，获有刁民刘三元及武生邓一元等数十名。（《清高宗实录》卷393，乾隆十六年六月辛未）
[2] 《清高宗实录》卷412，乾隆十七年四月癸卯。
[3] 如处州遂昌县的抢粮案为首的就是一个武生。（《清高宗实录》卷393，乾隆十六年七月辛未）
[4] 《清高宗实录》卷393，乾隆十六年七月辛未。
[5] 《清高宗实录》卷404，乾隆十六年十二月庚子。

虑，仍然保留永贵的巡抚职务，让其积极赈济灾荒，但到了该年十二月，赈灾的事情已经基本告一段落，乾隆皇帝也有空闲考虑浙江省官员的更换，于是就以赈灾不力、讳饰灾情等理由将永贵革职。

六、结　语

1751年的浙江大旱灾是自然与社会原因共同作用的结果，而且波及地域广，影响时间长。面对灾荒冲击政府、乡绅和民众依据不同的角色和能力做出了不同的应对，从中也折射出这三者在社会变动中的互动关系。政府始终是赈灾的主要组织者，通过发动地方乡绅出资平粜、纳捐等方式，充分调动了民间资源，有力的缓解了灾荒期间粮食不足的压力。与此同时，政府也镇压因灾荒而起的食物骚乱，防止出现大规模的食物骚乱以及由此引发的社会动荡，维持灾荒期间的社会秩序和政治稳定。地方乡绅和富户在此次灾荒中一方面响应政府的建议，出资平粜，设立粥厂，为帮助当地灾民的度过灾荒方面作出了贡献，另一面也通过在灾荒这种社会非常态情况下的表现，不仅获得了政府的褒奖，还为其在民众中赢得了广泛的赞扬，进一步加强了绅士在基层社会中的领导地位和模范作用。灾荒中的基层民众是灾荒的直接受害者，同时也是赈灾的直接对象，他们的应对除了接受国家和地方乡绅的帮助外，也有他们自己的一套应对方式，比如迁移到未受灾荒影响的地区、另谋营生或扩大食物来源都成为个人化的应对灾荒方式。

这次灾荒中，政府、乡绅和民众的相互响应与合作正好体现出他们之间的互动关系，特别是在发生社会突发事件的情况下，比如食物骚乱，这种关系显得尤为突出。部分灾民聚集力量哄抢米店、向富人强行借米，甚至冲击县衙门，这部分灾民与地方乡绅、政府之间就自然面临着激烈冲突，如何解决这个冲突呢？政府采取了两手措施[1]，一方面镇压骚乱，处理了为首的灾民，另一面也认识到出现骚乱是与灾荒形式的严峻、贫富差距的扩大不可分割的，甚至部分就是由于富户囤积粮食而引起的[2]，于是更积极地规劝富户出资，而且尽可能增加灾区的粮食供应，安抚灾民。手上还有部分富余粮食的乡绅和富户显然也不想看到社会失序，因为这种失序在很多时候会直接冲击他们的

---

[1] 地方官遇有灾伤，即当先期一面劝谕富民，通所有余，通融平粜，一面密为弹压保护，使两得其平，则饥民无可乘之机，地方自必宁静。(《清高宗实录》卷412，乾隆十七年四月癸卯)
[2] 大凡抢夺之案多由富户居奇避粜而起。(《清高宗实录》卷412，乾隆十七年四月癸卯)

财富和社会地位,对他们的冲击甚至超过了对政府的影响。于是乡绅们就和政府合作拿出部分资产和粮食直接进行赈灾,以缓解灾民们的压力,通过各种方式安抚灾民,不致使灾民铤而走险,参与骚乱。因为这样不仅是为了保护他们自己的利益和财产安全不受到骚乱的冲击,而且也是一个和政府合作的契机,与政府、灾民同舟共济,同时这也被看成是履行其地方领袖职能。

从上文的论述中可以看出,此次灾荒中社会上的各种应急机制都纷纷显示出了自己的功能和作用,普通民众、地方社会精英、地方政府、中央王朝等都有应对灾荒的途径和方式,他们即相互联合,又彼此合作,根据自己的利益诉求和社会预期开展赈灾和救灾行动。

附表:1751 年浙江各州县受灾情况

府	县	灾 荒 状 况	资 料 来 源
杭州府		(乾隆)十六年海宁旱臑,七月海宁、富阳、余杭、临安、昌化及杭州卫旱,八月仁和场虫灾,钱塘县地旱。	民国《杭州府志》卷15,第16页,江苏古籍出版社等影印民国十一年铅印本。
	海宁	(乾隆)十六年旱臑。米石三金,巡抚永贵等题报海宁等五十七州县灾,奉诏按月加赈,应征银米照例蠲缓,次年正月知县刘守城劝赈,赈七十二粥厂,复自捐三百金,议叙记录。	民国《海宁州志稿》卷40,第19页,江苏古籍出版社恩等影印民国十一年续修铅印本。
	临安	(乾隆)十六年旱,给籽本。	宣统《临安府志》卷1,第7页,江苏古籍出版社等影印宣统二年活字本。
绍兴府	诸暨	(乾隆)十六年辛未大旱,岁饥,民食观音土粉,多死。	光绪《诸暨县志》卷18,第10页,江苏古籍出版社等影印宣统二年刻本。
	余姚	(乾隆)十六年大饥,奉旨赈恤,各绅士捐谷有差,其姓名因案佚不载。	光绪《余姚县志》卷7,第7页,江苏古籍出版社等影印
	嵊县	乾隆十六年辛未夏旱,知县李以炎详请,散给籽本,量加施赈,免被灾田粮有差。	民国《嵊县之》卷21,第7页。江苏古籍出版社等影印民国二十四年铅印本。
宁波府	慈溪	(乾隆)十六年饥旱成灾,米价昂贵,夏大旱,饥,自闰五月至秋八月乃雨,稻蟹无遗种,富者仅足自资,贫者鹄立无人色。	光绪《慈溪县志》卷55,第55页,江苏古籍出版社等影印

续 表

府	县	灾 荒 状 况	资 料 来 源
宁波府	镇海	(乾隆)十六年大旱,自闰五月至秋八月乃雨,田禾被旱者十之七,奉旨发帑赈济,减夏秋粮。	民国《镇海县志》卷43,第7页,引"乾隆旧志",江苏古籍出版社等影印民国二十七年铅印本。
湖州府		乾隆十六年夏,雨水愆期,高乡不及栽插,沿河各处亦被旱,兼生虫蟊,浙江巡抚永贵汇报各属被旱被虫偏灾情形等事,请循先行往例,先行折给谷价,并赈一月口粮,其应征钱粮分别蠲缓。	同治《湖州府志》卷42,第13页,江苏古籍出版社等影印同治十三年刻本。
	乌程	(乾隆)十六年夏大旱。	光绪《乌程县志》卷27,第17页,江苏古籍出版社等影印光绪七年刻本。
严州府	建德	(乾隆)十六年辛未夏无雨,秋又无雨,是年免通省钱粮三十万。	民国《建德县志》卷1,第9—10页,江苏古籍出版社等影印民国八年铅印本。
	淳安	乾隆十六年,自夏至冬不雨,川竭苗枯,草根树皮,拨剥几尽,或掘观音粉杂糠覆食之,又致泻腹以毙,抚军永公减从骑,至邑慰谕,请旨蠲赈。	光绪《淳安县志》卷16,第5页,江苏古籍出版社等影印光绪十年刻本。
	寿昌	乾隆十六年辛未,历夏秋不雨,禾苗枯槁,南乡较甚,嗣蒙赈给帑金米石计口抚恤,并设法平粜,凡城市乡坊各设米厂,地方安堵,百姓乐业。	民国《寿昌县志》卷1,第4页,江苏古籍出版社等影印民国十九年铅印本。
	桐庐	(乾隆)十六年大旱,二麦全无,民食草根几尽。	乾隆《桐庐县志》卷16,第22页,江苏古籍出版社等影印南京图书馆馆藏抄本。
	分水	(乾隆十六年)春潦,夏秋不雨,禾苗枯槁。	光绪《分水县志》卷10,第3页,江苏古籍出版社等影印光绪三十二年刻本。
金华府	金华	(乾隆)十六年旱灾,士民捐赈银米。题情议叙,给奖有差。	光绪《金华志》卷12,第29页,江苏古籍出版社等影印。
	东阳	乾隆十六年浙东旱灾,奉旨照例蠲赈,东阳在内。乾隆十六年大旱,虫荒,饿满野。	道光《东阳县志》卷9,第1页,卷12,页16,江苏古籍出版社等影印民国三年石印本。

见微知著：1751年浙江大旱灾的时空过程与社会响应

续　表

府	县	灾　荒　状　况	资　料　来　源
金华府	兰溪	乾隆十六年自五月至闰六月不雨，岁大饥。	光绪《兰溪县志》卷8，第20页，江苏古籍出版社等影印光绪十五年刻本。
	义乌	（乾隆）十六年赈饥，大口米一升，小口米五合，次贫赈给三次，极贫五次。乾隆十六年辛未夏大旱，榆皮草根采食殆尽。	嘉庆《义乌县志》卷6，第53页；卷19，第44页，江苏古籍出版社等影印民国十八年石印本
	永康	（乾隆）十六年大旱，知县杨玉英捐粟济饥，寻得旨赈恤，民赖以生。	光绪《永康县志》卷11，第32页，江苏古籍出版社等影印光绪十八年刻本。
	浦江	（乾隆）十六年辛未以水旱抚恤加赈，给散籽本银两。（乾隆十六年辛未春雨连绵，二麦歉收，米价腾贵，夏又大旱，自四月起至九月不雨，一都到二十三都被灾尤甚。	光绪《浦江县志稿》卷12，第10页；卷15，第5页，江苏古籍出版社等影印。
	汤溪	（乾隆）十六年大旱，是年谷贵，每百斛价银二两二三钱。	民国《汤溪县志》卷1，第7页，江苏古籍出版社等影印民国二十年铅印本。
衢州府	西安	乾隆十六年辛未大旱，民饥，掘土中石可磨粉者，名观音粉，食之。时因食之者终，及穴深土陷，有摧压毙者，陈圣净有观音粉记事二首。	民国《衢县志》卷1，第12页，引"嘉庆县志"，江苏古籍出版社等影印民国二十六年铅印本。
	龙溪	（乾隆）十六年大旱，饥。	民国《龙游县志》卷1，第11页，江苏古籍出版社等影印民国十四年铅印本。
	常山	（乾隆）十六年岁大旱，米价腾贵知县宋鉴劝谕富户减价平粜，邑赖以安。	光绪《常山县志》卷8，第6页，江苏古籍出版社等影印光绪十二年刻本。
台州府		（乾隆）十六年大旱，饥。	民国《台州府志》卷135，第23页，江苏古籍出版社等影印民国二十五年铅印本。
	临海	（乾隆）十六年大旱，饥，五月拨福建、江南仓米平粜。	民国《临海县志》卷41，第31页，江苏古籍出版社等影印民国二十四年铅印本。

续 表

府	县	灾 荒 状 况	资 料 来 源
台州府	太平	乾隆十六年六月邑城民家饭生芽,是岁大饥,因刘令不放仓谷,民哗,阻大门,张令至,劝捐施粥,民始安静。	嘉庆《太平县志》卷18,第15页,江苏古籍出版社等影印嘉庆十六年刻本。
	宁海	乾隆十六年旱,民饥。	光绪《宁海志》卷23,第10页,江苏古籍出版社影印光绪十一年刻本。
	仙居	(乾隆)十六年辛未大旱,禾无收,知县乔序鸯详情入奏,词甚通切,上念其爱民,大加赈恤。	光绪《仙居县志》卷24,第6页,江苏古籍出版社等影印。
	玉环	(乾隆)十六年大旱。	光绪《玉环厅志》卷14,第4页,江苏古籍出版社等影印光绪六年刻本。
温州府		(乾隆)十五年虫灾,九月大水,奉文赈恤。十六年,大旱,奉文赈恤。	乾隆《温州府志》卷5,引《题咨册》,江苏古籍出版社等影印乾隆二十七年刻本。
	永嘉	(乾隆)十六年大旱,奉文赈恤。	光绪《永嘉县志》卷36,第13页,江苏古籍出版社等影印光绪八年刻本。
	乐清	(乾隆)十五年虫,秋九月大水,奉文赈恤,十六年大旱奉文赈粥。	光绪《乐清县志》卷13,第5页,江苏古籍出版社等影印民国元年校印本。
	平阳	(乾隆)十六年辛未旱,大饥。	民国《平阳县志》卷50,第10页,引旧志,江苏古籍出版社等影印民国十五年刻本。
处州府		(乾隆)十六年进缙云饥,松阳大旱,赈济。宣平大旱,县令陈加儒详请蠲免钱粮一百四十九两一钱三分,米一十六石五斗八升,赈济银一千三百余两,米八百五十余石,接运台谷漕米五千石。	光绪《处州府志》卷25,第30页,江苏古籍出版社等影印光绪三年刻本。
	缙云	(乾隆)十六年饥。	光绪《缙云县志》卷15,第15页,江苏古籍出版社等影印光绪七年刻本。虽然这里只是记载饥荒,但在清政府赈恤旱灾的名单(参见《清高宗实录》卷396,乾隆十六年八月)中有缙云县,从中可以看出这里记载的饥荒是与旱灾联系在一起的。

续　表

府	县	灾　荒　状　况	资　料　来　源
处州府	松阳	（乾隆）十六年大旱，赈济。	民国《松阳县志》卷14，第3页，江苏古籍出版社等影印民国十五年活字本。
	宣平	乾隆十六年大旱，县令陈加儒详题，蠲免钱粮一百四十九两一钱三分，米一十六石五斗八升，赈济银一千二百余两，米八百五十余石，接运台谷漕米五千石。	民国《宣平县志》卷8，第6—7页，江苏古籍出版社等影印民国二十三年铅印本。

附录：葛剑雄指导的硕士、博士研究生及博士后人员一览

姓名	硕士入学年份	博士入学年份	博士后入学年份	论文题目	所在工作单位
李懋军	1989			明代湖北人口迁移研究	湖北省鄂州市
赵发国	1990	1995		齐地历史地理研究	山东画报出版社
安介生	1991	1993		山西历史人口迁移研究	复旦大学历史地理研究中心
董龙凯	1993	1996		山东段黄河灾害与人口迁移(1855—1947)	上海教育出版社
张 敏	1994			明清时期苏州府人口的外迁	上海辞书出版社
杜 非		1995		中国古代姓氏地理研究——先秦—公元六世纪	商务印书馆
侯杨方		1995		明清时期江南地区的人口与社会经济变迁——一项历史人口学的实证研究	复旦大学历史地理研究中心
张根福		1995		抗战时期浙江省人口迁移研究	浙江师范大学
王卫东	1996	1998		1648—1937年绥远地区移民与社会变迁研究	复旦大学出版社
葛庆华		1997		近代苏浙皖交界地区人口迁移研究(1853—1911)	复旦大学统战部
刘春燕		1997		茶叶历史景观——生产、流通、消费、文化	上海大学社会学院社会学系
孙宏年		1997		中越关系研究(1644—1885)	中国社会科学院中国边疆研究所
左 鹏		1998		唐诗中的文化景观	上海财经大学人文学院

续表

姓名	硕士入学年份	博士入学年份	博士后入学年份	论文题目	所在工作单位
高蒙河		1999		长江下游考古时代的环境研究——文明化进程中的生态系统与人地关系	复旦大学文物与博物馆学系
阚耀平		2000		清代天山北路人口迁移与区域开发研究	南通大学地理科学学院
苏新留		2000		民国时期水旱灾害与河南乡村社会	南阳师范学院研究生处
吴滔		2000		流动的空间：清代江南的市镇和农村关系研究——以苏州地区为中心	中山大学历史学系（珠海）
周筱赟		2000			广东广强律师事务所
周言			2000		南京大学历史学院
李玉尚		2001		环境与人：江南传染病史研究（1820—1953）	上海交通大学人文学院历史系
胡云生		2002		河南回族社会历史变迁研究	中共河南省委巡视组
杨蕤		2002		西夏地理初探	北方民族大学民族学院
王加华		2003		近代江南地区的农事节律与乡村生活周期	山东大学儒学高等研究院民俗学研究所
张晓芳		2003		蚌埠城市历史地理研究	苏州科技大学历史环境学院
谢湜	2004硕博连读			高乡与低乡：11—16世纪太湖以东的区域结构变迁	中山大学历史学系
陆长玢	2004			唐代中后期区域政治地理及相关问题研究——以若干市镇为中心	复旦大学图书馆
王大学		2004		明清江南海塘的建设与环境	复旦大学历史地理研究中心

续表

姓名	硕士入学年份	博士入学年份	博士后入学年份	论文题目	所在工作单位
吴轶群		2004		清代新疆边境地区城市对比研究——以伊犁、喀什噶尔为中心	新疆大学研究生院
夏增民		2004		儒学传播与汉魏六朝文化变迁	华中科技大学历史研究所
马长泉			2004	新疆卡伦制度的嬗变	中国人民武装警察部队学院边防系
李 嘎		2005		山东半岛城市地理研究——以西汉至元城市群体与中心城市的演变为中心	山西大学中国社会史研究中心
路伟东		2005		清代陕甘人口研究	复旦大学历史地理研究中心
蒋有亮		2006		近代中加文化交流史研究	中国科学院上海有机化学研究所
李 强		2006		1930年代东北地区人口研究	河南工程学院人文学院
李向楠		2006		近代河南人口问题研究（1912—1953）	苏州科技大学人文商学院
郑发展		2006		清代广西人地关系的演进与生态变迁研究	郑州大学马克思主义学院
郑维宽		2006		明清山西水利社会中的非正式制度	广西民族大学民族与社会学学院
张俊峰			2006	西汉侯国地理	山西大学中国社会史研究中心
马孟龙		2008		重庆历史人文地理研究——以区域开发为中心	复旦大学历史学系
侯文权		2008		公元前8—前3世纪中国大陆地区墓葬分布研究	四川文理学院巴文化研究院
马 雷			2008		
魏 枢			2008		上海大学数码艺术学院
郝红霞		2009		中晚唐文学的南方化	中国文联网络文艺传播中心

续表

姓名	硕士入学年份	博士入学年份	博士后入学年份	论文题目	所在工作单位
张宏杰		2009		曾国藩京官时期经济生活研究	中国人民大学清史研究所
闫爱宾			2009	文化交流与技术传播——以浙闽沿海密教建筑为中心	华东理工大学艺术设计学院景观规划设计系
郭永钦	2010	2012		清代财政数据研究及其空间差异研究——以地丁税数字为中心	广东外语外贸大学中国计量经济史研究中心
胡列箭		2010		名与实：广西瑶人分布研究	华南师范大学历史文化学院
万勇			2010	近代上海公共租界中区的功能和形态演进——基于历史地图和历史图片的整理与分析	上海社会科学院部门经济研究所
鲍俊林		2011		明清江苏沿海盐作地理与人地关系变迁	复旦大学历史地理研究中心
张靖华		2012		明初以降巢湖北岸的聚落与空间	安徽建筑大学建筑与城市规划学院
张宁		2013		清至民国滇地区的政治秩序与国家管控研究	上海外国语大学丝路战略研究所
杨林	2013			西藏志出边程站研究	复旦大学历史地理研究中心（博士生在读）
位书海		2015			复旦大学历史地理研究中心（博士生在读）
张力		2016			复旦大学历史地理研究中心（博士生在读）
邓小鲲		2017			上海市委统战部（博士生在读）
黄磊		2017			上海财经大学出版社（博士生在读）

编后记

"师者,所以传道授业解惑也。"作为弟子,耳濡目染,我们了解、认识的葛剑雄先生远远超越了"传道授业解惑"的"师者"。他胸襟宽广,人格高尚,治学严谨,待人和蔼公正。

先生做学问,注重学以致用,视学术为公器,将自己的智慧献于国家,用于社会,利于民众。他是著名的移民史、人口史专家,早在20世纪90年代就撰文提出完全一胎化政策会对以后的人口结构、社会发展造成不良的影响,并提出提倡一胎,放开二胎,杜绝三胎的方案,可惜未被采纳,而目前我们国家也正经历着老龄化社会来得过快、人口红利去得过早的阵痛。当我们的政府提出"一带一路"倡议时,先生即据自己所学,梳理"一带一路"的历史情况,并提出自己的看法与建议。先生是当下的名人,很多机构请他讲课,但他从不摆架子,只要时间允许,都答应尽量安排。

作为政协委员,他敢于建言,因此被媒体称为"大炮"。虽有"大炮"之称,但先生建言从不危言耸听、言过其实,而是在深入调查研究的基础上提出切实可行的提案。这些提案皆系有利于国家、社会和百姓的高质量提案,多数被采纳实施,如关于高速公路节假日小客车免费通行的提案,关于国家重大节庆特赦的提案等。

作为研究生导师,先生从不指定研究生的研究方向,这一点他与大多数导师不同。也正因为这样,报考他的研究生的人很多,而且来自各类专业、各类院校和机构。先生说他是"不拘一格"的受益者,所以他招收研究生真正做到了"有教无类",他也因此成果丰硕——指导的三位博士研究生的学位论文获得了"全国百篇优秀博士论文"。

先生在讲台上侃侃而谈,弟子们请益时,先生总是言简意赅,把道理讲清楚即止。他对弟子们从不"循循善诱人"地讲大道理,更未见过他疾言厉色地训斥学生。他总是身体力行,用自己的行动来指引着我们,提醒着我们,感染着我们。

他是灯塔,永远激励着我们奋力前行。

今年年底先生正式退休,适逢他从教五十五年,十二月十五日也是他的七十五岁寿辰,我们特编辑出版该书以誌纪念,并贺先生寿。

书中所收录的文章皆来自先生指导的硕士、博士研究生和博士后研究人员,多数是在学术期刊已发表过的文章,亦有少部分系新撰写的文章。由于各篇文章体例不同,我们按照图书编校的要求作了体例统一处理;有些文章收录时有修改,在文末作了说明。由于我们水平有限,书中肯定有不少错误或疏漏,敬请方家不吝指正。

编 者

2019.11.12

图书在版编目(CIP)数据

成蹊集:葛剑雄先生从教五十五年誌庆论文集/《成蹊集:葛剑雄先生从教五十五年誌庆论文集》编委会编. —上海:复旦大学出版社,2019.11
ISBN 978-7-309-14697-4

Ⅰ.①成… Ⅱ.①成… Ⅲ.①史学-文集 Ⅳ.①K0-53

中国版本图书馆 CIP 数据核字(2019)第 232223 号

成蹊集:葛剑雄先生从教五十五年誌庆论文集
本书编委会　编
责任编辑/王卫东

复旦大学出版社有限公司出版发行
上海市国权路 579 号　邮编:200433
网址:fupnet@ fudanpress.com　http://www.fudanpress.com
门市零售:86-21-65642857　团体订购:86-21-65118853
外埠邮购:86-21-65109143
上海雅昌艺术印刷有限公司

开本 787×1092　1/16　印张 40.75　字数 654 千
2019 年 11 月第 1 版第 1 次印刷

ISBN 978-7-309-14697-4/K·713
定价:155.00 元

如有印装质量问题,请向复旦大学出版社有限公司发行部调换。
版权所有　侵权必究